제2판

# 노동법연습

김 희 성
김 기 용

신 조 사

# 제 2 판 머리말

변호사시험과 행정고시 및 공인노무사시험 대비 학습목적에 맞추어 학생들의 수험준비를 위한 수험서로서 그리고 법학전문대학원 및 법과대학 수업준비를 위한 자료 및 과제의 제시를 통한 연습서로서의 성격을 띠고 있는 이 책이 나온 지 얼마 안 되어 다시 제2판을 내게 되었다. 그 이유는 수험생들과 노동법전문가들이 초판에서의 문제점을 지적한 것을 개선함과 동시에 조금이라도 이 책의 완성도를 높이고자 함이다.

제2판에서는 첫째, 초판에서 문제의 완성도가 약했던 제9문(제2판에서는 제11문) 전출과 취업규칙을 대폭 손질한 점, 둘째 최근의 골프장 캐디의 근로자성과 관련된 대법원판결을 사례문제화한 점, 셋째 제3회 변호사시험 제2문제를 변형하여 문제를 만든 점, 넷째 2014년의 공인노무사시험 및 변호사 모의시험 1, 2회의 문제를 추가한 점이 주요한 내용이다. 따라서 총 9문제가 대폭 손질되거나 추가되었다.

문제해결을 위한 연습서로서 시도하고 있는 이 책은 여전히 많이 개선할 사항이 남아 있을 것이므로, 계속하여 교수 · 독자 여러분의 고견을 겸허히 받아들이면서 더욱 개선해 나아갈 것을 다짐하고자 한다.

이 책이 나오기까지 공저자인 김기용 변호사는 법률사무소의 대표로서 개업한 지 얼마 안 되어 매우 바쁜데도 불구하고 여전히 열심히 개정작업에 참여해 주었다. 또한 이희진 노무사, 강원대학교 법학전문대학원생인 김세희 노무사가 이 책의 개정작업에 많은 도움을 주었다. 이들에게 깊은 사랑과 감사의 마음을 전한다.

끝으로 이 책이 출간되는 데 언제나 고생을 해 주신 이명재 사장님과 송일근 주간님께 깊은 감사를 드린다.

봄내골 뒷뜰에서

**김 희성**

Kim Hee-Sung

# 머 리 말

노동법은 현대 후기산업사회에서는 매우 중요한 법 분야인 것은 누구나 알고 있는 주지의 사실이다. 자본주의가 성립하면서 산업사회로의 시작은 노동과 자본, 근로자와 사용자라는 두 관계의 성립, 전개, 대립, 진화라는 양상을 띠면서 노동 내지 노사관계를 둘러싼 법적 분쟁이 이 사회의 중핵을 이루고 있다. 따라서 이 분쟁을 해결하고 사전에 이러한 문제를 예방하는 지위와 역할을 담당하고 있는 노동전문법률가의 위상은 계속 높아지고 있다.

그러면 이들이 담당하고 있는 법률분쟁의 전제가 되는 노동법은 무엇이고 그 체계와 구조는 어떻게 이루어져 있는가? 노동법은 일하는 자(취업자)의 대다수인 근로자들의 근로관계를 다루는 법률(학)이지만 근로자보호라는 노동법의 기본목적에 덧붙여 기업이 사업을 운영하는 과정에서 불가결한 인적 부분을 규율하는 법 분야이고, 유럽에서는 비즈니스 로(business law)의 기본과목으로 위치지워져 있듯이 기업사회에서도 불가결하게 중요한 법 분야이다. 그 중 개별적 근로관계법은 그 기본이념이 근로자보호이지만 현대사회에서는 노동시장과의 유기적 관련성도 중요한 주제라는 것을 학생들은 이해하여야 한다. 특히 현대산업사회에서의 노동법의 사명은 근로자의 노동인격의 완성이라는 것을 파악하기 위해 현행 개별적 근로관계법의 체계와 이론을 체계적으로 학습하여야 한다. 그리고 집단적 노사관계법은 그 기본이념이 협약자치(집단적 노사자치)로서 단체협약의 체결을 통한 근로조건의 집단적 규율과 노사의 평화적 질서형성이 중요한 주제라는 것을 학생들은 이해하여야 한다. 특히 현대산업사회에서의 집단적 노동법의 사명은 노사 간의 집단적 협약자치의 완성이라는 것을 파악하기 위해 현행 집단적 노사관계법의 체계와 이론을 체계적으로 학습하여야 한다. 또한 노동법을 학습함에 있어서는 학생들이 채권법상의 계약이론 및 불법행위론을 비롯한 민법의 기본이론 그리고 헌법상의 기본권이론, 형법이 체계적으로 학습되어 이해하고 있으면 매우 쉽게 접근할 수 있고, 기타 연계성 있는 다른 과목(특히 회사법)의 기본지식이 있으면 금상첨화이다.

현재 우리나라의 노동법은 중층(3층) 구조를 이루고 있다 할 것이다. 1층 구조는 근로기준법을 중심으로 한 최저임금법, 남녀고용평등과 일·가정양립 지원에 관한 법률, 산업안전보건법이 차지하고 있고, 2층 구조에는 노동조합 및 노동관계조정법이, 그리고 3층 구조에는 근로자참여 및 협력증진에 관한 법률이 그 내용을 이루고 있다. 사실 이 노동법체계는 정규근로관계를 전제로 한 것으로서 현재의 노동법제는 비정규근로관계를 염두에 둔 것이 아니라 할 것이다. 비정규근로관계를 포함하는 새로운 노동법의 체계구성이 필요한 시점임은 노동법전문가라면 모두가 다 익히 알고 있는 사실이다.

아무튼 노동법의 구조를 간략히 설명하면, 우선 1층 구조는 개별근로자와 사용자 사이의 근로계약관계를 규율하고 있는 개별적 근로관계법이다. 그리고 1층 구조 중에서 가장 중심이 되는 법은 근로기준법이다. 이 법의 특징은 국가가 근로조건의 최저기준을 정해서 이를 강제적으로 시행하는 데 있으며, 현실적으로 법의 준수를 확보하기 위하여 공무원에 의한 근로감독을 실시하고 있다. 2층 구조에 속하는 노동조합 및 노동관계조정법은 근로자들의 집단적 대표기구인 노동조합과 사용자가 단체협약을 체결함으로써 근로조건을 집단적으로 개선하는 것을 목적으로 한다. 노동조합과 사용자에 의한 협약자치는 적어도 국가가 정해놓은 근로기준법의 최저기준 이상의 근로조건을 확보하거나(임금 개선, 퇴직금누진제 채택 등), 근로기준법 내에 규정되어 있지 않은 근로조건 내지 대우를 창설(상여금 지급, 자녀학자금 지원, 경조금 지급 등)하는 데 그 기본적 의의가 있다. 근로자의 참가를 통한 노사의 협력을 바탕으로 근로자의 지위개선을 지향하는 노동법의 구조가 세 번째의 구조다. 이 제3층의 구조에 속하는 것으로 이해되는 우리나라의 법은 근로자참여 및 협력증진에 관한 법률이다. 이 법률의 본래적 성격은 경영참가적 유형에 속하는 노사협의제도를 규율하고 있는 법이다.

이렇게 정규근로관계를 전제로 한 노동법의 중층(3층) 체계에 관한 법률과 비정규근로관계를 규율대상으로 하고 있는 기간제 및 단시간근로자보호에 관한 법률, 파견근로자보호 등에 관한 법률이 노동법의 주요 범위이다.

그러면 이 책의 특징을 소개한다. 첫째, 노동법상 주요 판례의 내용과 법적 쟁점을 법학전문대학원 학생들의 변호사시험 그리고 공인노무사시험 대비

학습목적에 맞추어 학생들의 수험준비에 적합하게 쓴 것이다. 둘째, 법학전문대학원 수업준비를 위한 자료 및 과제의 제시를 통한 연습서로서의 성격을 띠고 있다. 이 책은 강의를 통하여 얻은 지식을 실무와 연계하여 체계적으로 이해함으로써 법률분쟁의 해결능력을 키우는데 그 목적이 있다. 셋째, 주요 대법원 판결을 거의 빠짐없이 소개하였고, 이 판결들에 대한 법적 쟁점을 문제(Question)화하여 제시하였으며, 학생들의 문제해결능력과 체계적 사고의 제고를 지향하고 있다. 넷째, 변호사시험, 변호사 모의시험 및 공인노무사시험 문제를 비롯해 노동법 관련 기출문제를 정밀하게 검토하여 논점을 정리하고 문제를 해결함으로써 수험생들에게 출제경향 및 범위를  파악하고 어떻게 답안을 작성해야 하는지 그 사례해결방법을 제기하고 있다. 특히 뒤의 사례해결방법론은 필히 일독하여 이해하고 체득하여야 할 것이다. 다섯째, 이 책은 기본적으로는 수험생이 교수가 정하는 교과서나 이 책의 참고문헌에서 적시하고 있는 기본문헌 등에서 해당 사항에 대해 기본적인 지식을 확보하고, 그 지식을 보다 구체적인 사안 속에서 확인하며 이해하는 것을 상정하고 있다. 이를 위해 이 책에서는 문제를 해결해 나가는 과정을 통해 수험생이 해당 판례에 관한 구체적 사실을 법률문제의 소재에 유의하면서 파악 정리할 수 있도록 하고, 나아가 다양한 각도에서 법률이론을 전개할 수 있도록 하였다. 이와 같은 방법을 통해 아마도 단편적 · 평면적이었던 노동법에 관한 지식을 보다 유기적 · 입체적인 체계로써 해결 습득하는 것이 가능할 것이다.

또한 이 책은 문제해결을 위한 연습서로서 다른 이론서 내지 교과서와 다르다. 따라서 이론과 판례를 결합하고자 한 새로운 시도인 이 책은 여전히 많이 개선할 사항이 남아 있을 것이다. 교수 · 독자 여러분의 고견을 겸허히 받아들이면서 더욱 개선해 나아갈 것을 다짐하고자 한다.

이 책은 법학전문대학원 개원 이후 제자들과 저자가 노동법연구회를 만들어 세미나를 진행하면서 이루어진 성과물의 하나이다. 공저자인 김기용 변호사는 노동법연구회 1기 회원으로서 주도적 역할을 하였고, 이 책이 나오는데 큰 기여를 하였다. 또한 이희진 노무사, 강원대학교 법학전문대학원생인 김승휘 군, 김세희 양, 박종인 군을 비롯한 노동법연구회 회원들 그리고 이윤탁 강사가 이 책의 출간에 많은 도움을 주었다. 이들에게 깊은 사랑과 감사의 마음을 전한다.

끝으로 이 책이 출간되는 데 언제나 고생을 해 주신 이명재 사장님과 송일근 주간님께 깊은 감사를 드린다.

봄내골 뒷뜰에서

**김 희성**

Kim Hee-Sung

# 차 례

## 제 1 부 사례해결방법론

Ⅰ. 일반원칙 ······ 3
Ⅱ. 노동법의 특징 ······ 4
Ⅲ. 문제의 해답예시와 해설예시 ······ 5
■ 설문의 쟁점 ······ 6
1. 사실관계의 정리 ······ 6
2. 사실관계로부터 쟁점 도출 ······ 7
■ 해답예시(학생의 경우) ······ 7
1. 문제의 소재 ······ 7
2. 징계의 정당성 여부 ······ 7
3. 징계해고와 퇴직금 ······ 8
4. 사안의 해결 ······ 9
■ 해설례(교수의 경우) ······ 9
1. 징계권의 근거와 한계 ······ 9
2. 징계 해고와 퇴직금 ······ 10

## 제 2 부 노동법 사례연구

**01. 근로기준법상 근로자와 퇴직금지급** ······ 15
[문제 01]의 해결 — 부당해고구제신청의 인용 여부
Ⅰ. 설문의 쟁점 ······ 18
Ⅱ. 근로기준법상 「근로자」에 해당하는지 여부 ······ 18
1. 근로자개념의 정의 ······ 18
2. 사례의 검토 ······ 19
Ⅲ. 계약갱신거절의 정당성 ······ 20
1. 계약갱신거절에 대한 법적 평가 ······ 20
2. 사례의 검토 ······ 20
Ⅳ. 설문의 해결 ······ 21
[문제 02]의 해결 — 퇴직금지급청구 인용 여부
Ⅰ. 설문의 쟁점 ······ 21

Ⅱ. 실질적인 근로관계의 존재 여부 …… 21
1. 근로관계 존부에 관한 판단기준 …… 21
2. 사례의 검토 …… 22
Ⅲ. 계속근로 여부 …… 22
1. 계속근로에 관한 판단기준 …… 22
2. 사례의 검토 …… 22
Ⅳ. 설문의 해결 …… 23

**02. 근로기준법상 사용자** …… 26
[문제 01]의 해결 — 부당해고구제신청의 인용 여부
Ⅰ. 설문의 쟁점 …… 29
Ⅱ. 묵시적 근로계약관계의 인정 여부 …… 29
1. 묵시적 근로계약관계의 인정요건 …… 29
2. 사안의 적용 …… 30
Ⅲ. 법인격부인의 법리의 적용 여부 …… 30
1. 법인격부인의 법리의 적용요건 …… 30
2. 사례의 적용 …… 31
Ⅳ. 설문의 해결 …… 31
[문제 02]의 해결 — Z노동조합의 청구에 대해서
Ⅰ. 설문의 쟁점 …… 32
Ⅱ. Y사의 노동조합법상 사용자성 인정 여부 …… 32
1. 문 제 점 …… 32
2. 판례의 태도 …… 33
Ⅲ. 설문의 해결 …… 33

**03. 근로관계의 성립 — 채용내정 —** …… 37
[문제 01]의 해결 — 채용내정 취소의 정당성
Ⅰ. 설문의 쟁점 …… 40
Ⅱ. A사의 채용내정 취소가 甲 등에 대한 해고인지 여부 …… 40
1. 채용내정의 의의 …… 40
2. 채용내정에 관한 판례의 태도 …… 41
3. 사안의 적용 …… 41
Ⅲ. A사의 경영상 이유에 의한 해고의 정당성 …… 41
1. 채용내정자에 대한 경영상 해고규정 적용의 문제점 …… 41
2. 판례의 태도 …… 42
3. 사안의 적용 …… 43

Ⅳ. 설문의 해결 …… 43

[문제 02]의 해결 — 해고예고수당의 지급 여부

Ⅰ. 설문의 쟁점 …… 44

Ⅱ. 甲 등에 대한 해고예고규정의 적용 여부 …… 44

Ⅲ. 설문의 해결 …… 45

**04. 근로계약과 근로관계 — 취업규칙의 불이익변경과 위약예정의 금지 —** …… 46

[문제 01]의 해결 — 취업규칙의 불이익변경 시 동의의 주체가 되는 근로자집단의 범위

Ⅰ. 설문의 쟁점 …… 48

Ⅱ. 동의의 주체가 되는 근로자집단의 범위 …… 49

Ⅲ. 설문의 해결 …… 49

[문제 02]의 해결 — 임금 및 교육비용반환규정의 위약예정금지 해당 여부

Ⅰ. 설문의 쟁점 …… 50

Ⅱ. 임금 및 교육비용반환과 위약예정금지 …… 50

1. 위약예정금지 규정의 의의 및 취지 …… 50

2. 임금 및 교육비용반환규정에 관한 판례의 해석 …… 50

Ⅲ. 설문의 해결 …… 51

[추가문제]의 해결 — 임금 및 교육비용과 퇴직금채권과의 상계가능성

Ⅰ. 설문의 쟁점 …… 52

Ⅱ. 퇴직금의 법적 성질 …… 52

Ⅲ. 임금전액지급원칙 위반 여부 …… 52

Ⅳ. 설문의 해결 …… 53

**05. 위약예정금지** …… 58

Ⅰ. 설문의 쟁점 …… 59

Ⅱ. A회사의 유학비용반환청구의 타당성 …… 60

1. 문 제 점 …… 60

2. 판례의 태도 …… 60

3. 사안의 적용 및 소결 …… 61

Ⅲ. 유학비용과 퇴직금 간의 상계가능 여부 …… 61

1. 문 제 점 …… 61

2. 판례의 태도 …… 62

3. 사안의 적용 및 소결 …… 63

Ⅳ. 설문의 해결 ······ 63

**06. 취업규칙의 불이익변경** ······ 67

[문제 01]의 해결 — 취업규칙의 불이익변경 여부

Ⅰ. 설문의 쟁점 ······ 69
Ⅱ. 불이익변경의 판단기준 ······ 70
Ⅲ. 설문의 해결 ······ 70

[문제 02]의 해결 — 변경된 정년조항의 유효성

Ⅰ. 설문의 쟁점 ······ 70
Ⅱ. 불이익변경에 대한 근로자 동의의 방식 ······ 71
Ⅲ. 동의의 주체가 되는 근로자집단의 범위 ······ 71
Ⅳ. 설문의 해결 ······ 72

**07. 취업규칙의 불이익변경과 근로자집단의 동의** ······ 75

[문제 01]의 해결 — 취업규칙의 불이익변경의 유효성

Ⅰ. 설문의 쟁점 ······ 77
Ⅱ. A사의 2012.12.1.자 취업규칙의 불이익변경 여부 ······ 77
1. 문제의 소재 ······ 77
2. 불이익변경의 판단기준 ······ 77
3. 사안의 적용 ······ 78
Ⅲ. A사의 2012.12.1.자 취업규칙의 유효성 인정 여부 ······ 78
1. 문제의 소재 ······ 78
2. '노동조합'의 동의 여부 ······ 78
3. 근로자 과반수의 동의 여부 ······ 79
4. 사회통념상 합리성 이론의 적용 여부 ······ 80
5. 사안의 적용 ······ 80
Ⅳ. 설문의 해결 ······ 80

[문제 02]의 해결 — 동의를 얻지 못한 취업규칙의 효력

Ⅰ. 설문의 쟁점 ······ 81
Ⅱ. 동의를 얻지 못한 취업규칙의 효력 ······ 81
1. 기존의 논의 ······ 81
2. 판례의 태도 ······ 82
Ⅲ. 설문의 해결 ······ 82

**08. 통상임금** ··· 87

[문제 01]의 해결 — 통상임금 해당 여부

Ⅰ. 설문의 쟁점 ··· 90
Ⅱ. 통상임금의 의의 및 판단기준 ··· 90
1. 문제의 소재 ··· 90
2. 통상임금의 판단기준에 관한 판례의 태도 ··· 90
3. 검 토 ··· 91
Ⅲ. 정기상여금 및 명절상여금의 통상임금 해당여부 ··· 92
1. 정기상여금 ··· 92
2. 명절 상여금 ··· 92
Ⅳ. 설문의 해결 ··· 93

[문제 02]의 해결 — 통상임금에 관한 노사합의의 효력

Ⅰ. 설문의 쟁점 ··· 93
Ⅱ. 통상임금에 관한 노사합의의 효력 ··· 94
1. 문제의 소재 ··· 94
2. 판례의 태도 ··· 94
3. 사안의 적용 ··· 94
Ⅲ. A회사의 신의칙 위반 주장의 인용 가능성 ··· 95
1. 문제의 소재 ··· 95
2. 강행법규를 위반한 노사합의 무효주장이 신의칙 위반에 해당될 수 있는지 여부 ··· 95
3. 강행법규를 위반한 노사합의 무효주장이 신의칙 위반에 해당되기 위한 요건 ··· 95
4. 사안의 적용 ··· 96
Ⅳ. 설문의 해결 ··· 97

**09. 임 금 — 퇴직금감액의 유효성과 근로자의 손해배상책임 —** ··· 100

[문제 01]의 해결 — 퇴직금감액의 적법성

Ⅰ. 설문의 쟁점 ··· 102
Ⅱ. 퇴직금의 법적 성질 ··· 102
1. 퇴직금의 법적 성질에 관한 판례의 태도 ··· 102
2. 사안의 적용 ··· 103
Ⅲ. 위약예정금지 위반 여부 ··· 103
Ⅳ. 설문의 해결 ··· 104

[문제 02]의 해결 — 근로자의 손해배상책임의 범위

Ⅰ. 설문의 쟁점 ··· 105

Ⅱ. 근로자의 손해배상책임의 범위에 관한 판례의 태도 ······ 105
Ⅲ. 설문의 해결 ······ 106
[추가문제]의 해결 — 근로자의 퇴직금채권과 사용자의 손해배상채권과의 상계 허용 여부
Ⅰ. 설문의 쟁점 ······ 106
Ⅱ. 임금전액지급의 원칙 위반 여부 ······ 107
1. 임금전액지급원칙 ······ 107
2. 판례의 태도 ······ 107
Ⅲ. 설문의 해결 ······ 107

**10. 연차휴가와 평균임금의 산정방법** ······ 110
[문제 01]의 해결 — 연차휴가의 산정방법
Ⅰ. 설문의 쟁점 ······ 112
Ⅱ. 연차휴가 관련 규정 및 판례법리 ······ 112
1. 근로기준법 제60조 ······ 112
2. 노무를 제공하지 않은 기간에 대한 출근율 처리방법 ······ 112
3. 정직기간의 소정근로일수 포함 여부에 대한 판례의 태도 ······ 113
4. 사안에의 적용 ······ 113
Ⅲ. 결 론 ······ 113
[문제 02]의 해결 — '평균임금을 산정할 수 없는 경우' 평균임금 산정방법
Ⅰ. 설문의 쟁점 ······ 114
Ⅱ. 평균임금의 산정원칙과 판례법리 ······ 114
1. 평균임금의 산정원칙 ······ 114
2. '평균임금을 산정할 수 없는 경우' 판례의 태도 ······ 115
3. 사안에의 적용 ······ 116
Ⅲ. 결 론 ······ 117

**11. 전출과 취업규칙** ······ 121
Ⅰ. 설문의 쟁점 ······ 123
Ⅱ. A에 대한 징계가능성 검토 ······ 123
1. 영업부장의 연장근로 지시의 정당성 ······ 123
2. 사안의 경우 ······ 124
Ⅲ. D사의 B에 대한 징계권행사 가능성 ······ 124
1. '전출'의 의의와 유효성 ······ 124
2. 전출에 따른 근로관계의 형성 ······ 125
3. 사안의 경우 ······ 125

Ⅳ. B에 대한 징계가능성 검토 …… 126
1. 취업규칙의 주지와 효력 …… 126
2. 징계규정이 없는 경우 징계권행사의 가능성 …… 126
3. 사안의 경우 …… 127
Ⅴ. 설문의 해결 …… 127

**12. 해고의 정당성과 부당해고 구제신청의 구제이익** …… 130
Ⅰ. 설문의 쟁점 …… 132
Ⅱ. 甲이 주장할 수 있는 쟁점 …… 132
1. 취업규칙상 징계권의 근거와 해고절차 …… 132
2. 근로기준법 제27조 제2항 해고의 서면통지의무 위반 …… 132
3. 해고예고(근로기준법 제26조) 불이행의 법적 효과 …… 133
4. 사안의 적용 …… 133
Ⅲ. A회사가 주장할 수 있는 쟁점 …… 134
1. 문제의 소재 …… 134
2. 부당해고 구제신청의 구제이익에 관한 판례의 태도 …… 134
3. 사안의 적용 …… 135
Ⅳ. 설문의 해결 …… 135

**13. 취업규칙의 불이익변경과 퇴직통보** …… 137
[문제 01]의 해결 — 취업규칙의 불이익 변경과 그 효력
Ⅰ. 쟁점의 정리 …… 139
Ⅱ. 변경된 인사규정이 취업규칙의 불이익변경인지 여부 …… 139
1. 취업규칙의 의의 및 불이익변경 …… 139
2. 취업규칙의 불이익변경에 해당하는지 여부 …… 140
Ⅲ. 변경된 인사규정의 효력 여부 …… 141
1. 문 제 점 …… 141
2. 취업규칙 불이익 변경의 요건에 관한 판례의 태도 …… 141
3. 사회통념상 합리성이 인정되는지 여부 …… 142
4. 사안의 적용 …… 142
Ⅳ. 설문의 해결 …… 142
[문제 02]의 해결 — 해고의 정당성
Ⅰ. 쟁점의 정리 …… 143
Ⅱ. 퇴직통보가 해고에 해당하는지 여부 …… 143
1. 해고의 의의 …… 143
2. 사안의 퇴직통보가 해고에 해당하는지 여부 …… 144

Ⅲ. 해고의 정당성을 갖추고 있는지 여부 ··· 144
Ⅳ. 설문의 해결 ··· 145

**14. 경영상 이유에 의한 해고와 재고용의무** ··· 149
[문제 01]의 해결 — 정리해고의 정당성
Ⅰ. 설문의 쟁점 ··· 151
Ⅱ. 정리해고의 요건 및 판단기준 ··· 152
1. 정리해고의 요건 ··· 152
2. 정리해고의 정당성 판단기준 ··· 152
Ⅲ. 사전협의절차의무의 이행 여부 ··· 153
1. 문제점 ··· 153
2. 협의상대방에 관한 판례의 태도 ··· 153
3. 사안의 적용 ··· 153
Ⅳ. 설문의 해결 ··· 154
[문제 02]의 해결 — 재고용의무
Ⅰ. 설문의 쟁점 ··· 154
Ⅱ. 재고용의무의 위반 여부 ··· 155
1. 재고용의무의 제도적 취지 ··· 155
2. 재고용의무가 법률상 의무인지 여부 ··· 155
3. 재고용의무의 인정 요건 ··· 156
4. 사안의 적용 ··· 156
Ⅲ. 설문의 해결 ··· 156

**15. 전적명령과 배치전환** ··· 159
[문제 01]의 해결 — 전적명령의 정당성
Ⅰ. 설문의 쟁점 ··· 160
Ⅱ. 전적의 의의 및 정당성 요건 ··· 161
1. 전적의 의의 ··· 161
2. 전적의 정당성 요건 ··· 161
Ⅲ. 설문의 해결 ··· 163
[문제 02]의 해결 — 전근명령의 정당성
Ⅰ. 설문의 쟁점 ··· 164
Ⅱ. 전근명령의 정당성 요건 ··· 164
1. 근로자와의 협의가 필요한지 여부 ··· 164
2. 사용자의 인사권과 근로기준법 ··· 165
Ⅲ. 설문의 해결 ··· 165

**16. 직위해제 및 대기발령 그리고 당연퇴직의 정당성** ······ 168
[문제 01]의 해결 — 직위해제 · 대기발령의 법적 성질 및 정당성 판단기준
Ⅰ. 설문의 쟁점 ······ 170
Ⅱ. A회사의 직위해제 · 대기발령 처분의 정당성 ······ 170
1. 직위해제의 의의 및 법적 성질 ······ 170
2. 직위해제 · 대기발령의 정당성 판단기준 ······ 170
Ⅲ 설문의 해결 ······ 171
[문제 02]의 해결 — 당연퇴직 처분의 법적 성질 및 정당성 판단기준
Ⅰ. 설문의 쟁점 ······ 172
Ⅱ. 대기발령에 이은 당연퇴직 처분의 법적 성질 ······ 172
Ⅲ. 대기발령에 이은 당연퇴직 처분의 정당성 ······ 172
1. 당연퇴직 처분이 정당한 것으로 인정되기 위한 요건 ······172
2. 해고의 정당성 판단기준 ······ 173
Ⅳ. 설문의 해결 ······ 173

**17. 징계양정과 징계해고** ······ 178
[문제 01]의 해결 — 해고의 정당성(징계양정)
Ⅰ. 설문의 쟁점 ······ 180
Ⅱ. 근로자 A에 대한 해고의 정당성 ······ 180
1. 해고제한의 법리 ······ 180
2. 정당한 이유에 관한 판례의 태도 ······ 181
3. 사안의 적용 ······ 182
Ⅲ. 설문의 해결 ······ 182
[문제 02]의 해결 — 징계절차상의 하자
Ⅰ. 설문의 쟁점 ······ 183
Ⅱ. 징계절차 위반에 관한 판례 법리 ······ 183
Ⅲ. 설문의 해결 ······ 184

**18. 전근과 징계** ······ 187
[문제 01]의 해결 — 전직명령의 정당성
Ⅰ. 문제의 소재 ······ 189
Ⅱ. 이 사건 전직명령의 정당성 여부 ······ 189
1. 근로기준법 제23조 제1항 ······ 189
2. 전직명령의 정당성 판단기준 ······ 190
Ⅲ. 설문의 해결 ······ 190

[문제 02]의 해결 — 징계절차의 하자와 그 효력
Ⅰ. 문제의 소재 ········ 191
Ⅱ. 징계절차의 하자와 효력 ········ 191
1. 취업규칙상 징계절차규정 위반과 해고의 효력 ········ 191
2. 서면통지의무 위반과 해고의 효력 ········ 191
3. 사안의 검토 ········ 191
Ⅲ. 설문의 해결 ········ 192

**19. 시말서 제출명령의 정당성과 징계절차상 하자** ········ 194
[문제 01]의 해결 — 위법한 직무상 명령 위반과 징계절차상 하자
Ⅰ. 설문의 쟁점 ········ 196
Ⅱ. 시말서 제출명령의 직무상 정당성 인정 여부 ········ 197
1. 문 제 점 ········ 197
2. 판례의 태도 ········ 197
3. 사안의 적용 ········ 197
Ⅲ. 징계절차상 하자와 징계의 효력 ········ 198
1. 문 제 점 ········ 198
2. 판례의 태도 ········ 198
3. 사안의 적용 ········ 198
Ⅳ. 설문의 해결 ········ 198
[문제 02]의 해결 — 절차 보완 후 재징계의 적법성
Ⅰ. 설문의 쟁점 ········ 199
Ⅱ. 절차 보완 후 재징계에 대한 판례의 태도 ········ 199
Ⅲ. 설문의 해결 ········ 200

**20. 영업양도와 근로관계** ········ 202
[문제 01]의 해결 — 고용승계배제특약의 유효성
Ⅰ. 설문의 쟁점 ········ 203
Ⅱ. 영업양도와 근로관계의 승계 ········ 203
Ⅲ. 고용승계배제특약의 효력 인정 여부 ········ 204
1. 판례의 태도 ········ 204
2. 사안의 적용 ········ 204
Ⅳ. 설문의 해결 ········ 205
[문제 02]의 해결 — 영업양도와 근로조건
Ⅰ. 설문의 쟁점 ········ 205
Ⅱ. 영업양도 시 근로조건 결정 ········ 206

1. 영업양도에 있어 근로조건 보호의 필요성 …… 206
2. 영업양도 시 근로조건 결정에 관한 판례의 태도 …… 206
3. 사안의 적용 …… 206
Ⅲ. 설문의 해결 …… 207

**21. 부당해고와 평균임금의 산정 …… 211**

[문제 01]의 해결 — 부당해고와 불법행위
Ⅰ. 설문의 쟁점 …… 213
Ⅱ. 甲에 대한 징계해고가 부당해고인지 여부 …… 213
1. 문 제 점 …… 213
2. 판례의 태도 …… 214
3. 사안의 적용 …… 214
Ⅲ. 甲에 대한 징계해고가 불법행위를 구성하는지 여부 …… 214
1. 문 제 점 …… 214
2. 판례의 태도 …… 215
3. 사안의 적용 …… 215
Ⅳ. 설문의 해결 …… 215

[문제 02]의 해결 — 평균임금 산정에 포함되는 임금
Ⅰ. 설문의 쟁점 …… 216
Ⅱ. 평균임금 산정에 포함되는 임금의 개념과 범위 …… 216
1. 관련 법규정 및 문제점 …… 216
2. 판례의 태도 …… 217
3. 검 토 …… 217
Ⅲ. 설문의 해결 …… 218

**22. 근로계약기간 만료와 갱신기대권 …… 221**

[문제 01]의 해결 — 근로관계 자동소멸사유의 요건과 효과
Ⅰ. 설문의 쟁점 …… 222
Ⅱ. 근로관계의 자동소멸사유에 관한 판례의 태도 …… 223
Ⅲ. 설문의 해결 …… 224

[문제 02]의 해결 — 형식에 불과한 기간약정 또는 갱신기대권 주장의 타당성
Ⅰ. 설문의 쟁점 …… 224
Ⅱ. 사실상 기간의 정함이 없는 근로계약의 해당 여부 …… 224
1. 판례의 태도 …… 224
2. 사안의 적용 …… 225
Ⅲ. 갱신기대권의 인정 여부 …… 225

1. 판례의 태도 ······ 225
2. 사안의 적용 ······ 226
Ⅳ. 설문의 해결 ······ 226

**23. 포괄임금제와 기간제 근로계약** ······ 230
[문제 01]의 해결 — 포괄임금제의 허용 여부 및 효과
Ⅰ. 설문의 쟁점 ······ 232
Ⅱ. A주식회사의 甲 등 근로자에 대한 차액상당 임금 지급 의무 ······ 232
1. 문 제 점 ······ 232
2. 판례의 태도 ······ 233
3. 사안의 적용 ······ 233
Ⅲ. 사안의 해결 ······ 234
[문제 02]의 해결 — 사실상 기간의 정함이 없는 근로계약 내지 갱신기대권의 인정 여부
Ⅰ. 설문의 쟁점 ······ 234
Ⅱ. 甲 등이 사실상 기간의 정함이 없는 근로계약을 맺거나 갱신기대권의 인정 여부에 관한 판례의 태도 ······ 235
Ⅲ. 설문의 해결 ······ 236

**24. 기간제근로와 차별시정** ······ 239
[문제 01]의 해결 — 甲에 대한 차별적 처우의 인정 여부
Ⅰ. 설문의 쟁점 ······ 241
Ⅱ. '乙초등학교' 교장의 甲에 대한 차별적 취급 인정 여부 ······ 241
1. 문 제 점 ······ 241
2. 甲의 비교대상 근로자의 확정 ······ 242
3. 차별적 처우의 '합리적 이유' 인정 여부 ······ 242
4. 사안의 적용 ······ 243
Ⅲ. 설문의 해결 ······ 243
[문제 02]의 해결 — 계속된 차별적 처우와 제척기간
Ⅰ. 설문의 쟁점 ······ 244
Ⅱ. 계속된 차별적 처우와 제척기간의 기산점 ······ 244
1. 문 제 점 ······ 244
2. 계속된 차별적 처우에 관한 판례 ······ 244
3. 사안의 적용 ······ 245
Ⅲ. 설문의 해결 ······ 245

**25. 노동조합의 소극적 요건** ············ 248
[문제 01]의 해설 — '노동조합 및 노동관계조정법'상 근로자의 의미
Ⅰ. 설문의 쟁점 ············ 251
Ⅱ. '노동조합 및 노동관계조정법'상 근로자의 의미 ············ 251
1. 문 제 점 ············ 251
2. 판례의 태도 ············ 252
Ⅲ. 설문의 해결 ············ 252
[문제 02]의 해설 — '사용자 또는 항상 그의 이익을 대표하여 행동하는 자'의 의미
Ⅰ. 설문의 쟁점 ············ 253
Ⅱ. 甲 등 근로자의 조합원자격 인정 여부 ············ 253
1. 노동조합 및 노동관계조정법 제2조 제4호 가목의 취지 ············ 253
2. '사용자 또는 항상 그의 이익을 대표하여 행동하는 자'의 판단기준 ············ 254
3. 사안의 적용 ············ 254
Ⅲ. 설문의 해결 ············ 255

**26. 법외노조의 법적 지위** ············ 258
[문제 01]의 해결 — 법외노조와 부당노동행위 구제신청
Ⅰ. 설문의 쟁점 ············ 260
Ⅱ. B근로자연대의 노동조합 성립 여부 ············ 261
1. 문제의 소재 ············ 261
2. 판례의 태도 ············ 261
3. 사안의 적용 ············ 261
Ⅲ. 법외노조의 부당노동행위 구제신청 가능 여부 ············ 262
1. 문제의 소재 ············ 262
2. 판례의 태도 ············ 262
3. 사안의 적용 ············ 263
Ⅳ. 설문의 해결 ············ 263
[문제 02]의 해결 — 법외노조와 쟁의행위의 주체적 정당성
Ⅰ. 설문의 쟁점 ············ 263
Ⅱ. 판례의 태도 ············ 264
Ⅲ. 설문의 해결 ············ 264

**27. 노조전임자의 지위와 조합운영의 민주성** ······ 257
[문제 01]의 해결 — 노조전임자와 근로관계
Ⅰ. 설문의 쟁점 ······ 269
Ⅱ. 甲이 B노동조합의 노조전임자인지 여부 ······ 269
1. 노조전임자의 의의 ······ 269
2. 사안의 경우 ······ 269
Ⅲ. 甲과 A회사 사이의 기본적 근로관계의 단절 여부 ······ 270
1. 문 제 점 ······ 270
2. 판례의 태도 ······ 270
3. 사안의 적용 ······ 271
Ⅳ. 설문의 해결 ······ 271
[문제 02]의 해결 — 조합운영의 민주성
Ⅰ. 설문의 쟁점 ······ 271
Ⅱ. 노동조합 및 노동관계조정법 제17조 제1항의 강행규 정성 인정 여부 ······ 272
1. 판례의 태도 ······ 272
2. 판례의 태도에 대한 검토 ······ 272
Ⅲ. B노동조합의 선거관련 규약의 효력 유무 ······ 273
Ⅳ. 설문의 해결 ······ 273

**28. 노동조합활동과 노무지휘권 시설관리권의 충돌** ······ 275
Ⅰ. 설문의 쟁점 ······ 277
Ⅱ. X의 조합활동의 정당성 인정 여부 ······ 277
1. 문 제 점 ······ 278
2. 판례의 태도 ······ 278
3. 사안의 적용 ······ 278
Ⅲ. Y사의 X에 대한 징계처분이 부당노동행위에 해당하는지 여부 ······ 279
1. 문 제 점 ······ 279
2. 부당노동행위의사의 요부에 관한 판례의 태도 ······ 279
3. 사안의 검토 ······ 279
Ⅳ. Y사의 기업시설의 사용금지가 지배 · 개입에 해당하는지 여부 ······ 280
1. 지배 · 개입의 부당노동행위 ······ 280
2. 지배 · 개입의사의 필요 여부 ······ 280
3. 결과발생 여부 ······ 280
4. 사안의 검토 ······ 281
Ⅴ. X의 구제방안 ······ 281

1. 노동위원회 구제신청 ············ 281
2. 형사제재 ············ 281
3. 민사상 구제 ············ 282
Ⅵ. 설문의 해결 ············ 282

**29. 단체협약의 효력과 해고합의(동의)조항** ············ 286
Ⅰ. 설문의 쟁점 ············ 287
Ⅱ. 단체협약의 효력의 존부 ············ 288
1. 문 제 점 ············ 288
2. 자동연장조항의 성격 ············ 288
3. 사안의 적용 ············ 288
Ⅲ. 단체협약상의 해고합의(동의)조항에 위반한 해고의 효력 ············ 289
1. 문 제 점 ············ 289
2. 판례의 태도 ············ 289
3. 사안의 적용 ············ 290
Ⅳ. 설문의 해결 ············ 290

**30. 단체협약의 해석과 고용안정협약** ············ 293
[문제 01]의 해결 — 고용안정협약의 해석
Ⅰ. 설문의 쟁점 ············ 295
Ⅱ. 고용안정협약의 해석에 관한 기준 ············ 295
Ⅲ. 설문의 해결 ············ 296
[문제 02]의 해결 —고용안정협약에 위반한 해고의 효력
Ⅰ. 설문의 쟁점 ············ 297
Ⅱ. 고용보장협약의 단체협약으로서의 유효성 인정 여부 ············ 298
1. 문 제 점 ············ 298
2. 판례의 태도 ············ 298
3. 사안의 적용 ············ 298
Ⅲ. 단체협약에 위반하여 실시된 정리해고의 효력 ············ 299
1. 문 제 점 ············ 299
2. 판례의 태도 ············ 299
3. 사안의 적용 ············ 299
Ⅳ. 설문의 해결 ············ 300

**31. 단체교섭의 거부와 직장폐쇄의 정당성** ······ 304

[문제 01]의 해결 — A회사의 단체교섭 거부의 정당성

Ⅰ. 설문의 쟁점 ······ 306

Ⅱ. A회사의 계속된 교섭 연기가 부당노동행위에 해당하는지 여부 ······ 306

1. 문 제 점 ······ 306
2. 판례의 태도 ······ 307

Ⅲ. 설문의 해결 ······ 307

[문제 02]의 해결 — A회사의 직장폐쇄의 정당성

Ⅰ. 설문의 쟁점 ······ 308

Ⅱ. 직장폐쇄의 정당성 ······ 308

1. 대항행위로서의 직장폐쇄 ······ 308
2. 직장폐쇄의 정당성 판단기준 ······ 308

Ⅲ. 설문의 해결 ······ 309

**32. 단체교섭의 거부와 지배 · 개입** ······ 313

Ⅰ. 설문의 쟁점 ······ 315

Ⅱ. Y사의 부당교섭거부 인정 여부 ······ 315

1. 교섭거부와 부당노동행위 ······ 315
2. X노조의 요구사항이 단체교섭사항에 해당하는지 여부 ······ 316
3. Y회사의 노동조합 및 노동관계조정법상 사용자성 인정 여부 ······ 316

Ⅲ. Y사의 X노동조합에 대한 지배 · 개입 인정 여부 ······ 318

1. 노동조합 탈퇴 종용과 부당노동행위 ······ 318
2. 판례의 태도 ······ 318
3. 사안의 경우 ······ 319

Ⅳ. X노조가 취할 수 있는 법적 구제수단 ······ 319

1. 행정적 구제 ······ 319
2. 민사상 구제 ······ 320
3. 형사적 제재 ······ 320

Ⅴ. 설문의 해결 ······ 320

**33. 단체교섭의 당사자와 단체교섭의 대상** ······ 324

Ⅰ. 설문의 쟁점 ······ 325

Ⅱ. 甲 지회의 독자적 단체교섭권 인정 여부
— 단체교섭 당사자 지위 인정 여부 — ······ 325

1. 단위노동조합 산하의 지부 · 분회의 단체교섭권 ······ 325
2. 판례의 태도 ······ 326

3. 사안의 적용 ··· 327
Ⅲ. A회사의 반도체 사업부 매각 결정이 단체교섭의 대상이 될 수 있는지 ··· 327
1. 경영권사항과 단체교섭의 대상 ··· 327
2. 판례의 태도 ··· 328
3. 사안의 적용 ··· 329
Ⅳ. 설문의 해결 ··· 329

**34. 단체교섭의 대상과 쟁의행위** ··· 333

[문제 01]의 해결 — 쟁의행위의 목적의 정당성

Ⅰ. 설문의 쟁점 ··· 335
Ⅱ. 쟁의행위의 목적의 정당성과 단체교섭의 대상과의 관계 ··· 336
Ⅲ. 단체교섭의 대상 — 경영권과 단체교섭 대상과의 관계 ··· 337
1. 단체교섭의 대상 ··· 337
2. Y회사의 정리해고계획의 성질 — '경영권' ··· 337
3. 경영권과 단체교섭의 대상과의 관계 ··· 338
Ⅳ. 경영상 조치에 반대하는 쟁의행위 ··· 338
Ⅴ. 설문의 해결 ··· 339

[문제 02]의 해결 — 노조법상 찬반투표를 거치지 않은 쟁의행위의 정당성

Ⅰ. 설문의 쟁점 ··· 340
Ⅱ. 판례의 태도 ··· 340
Ⅲ. 설문의 해결 ··· 341

[문제 03]의 해결 — 직장점거의 정당성

Ⅰ. 설문의 쟁점 ··· 341
Ⅱ. 직장점거의 정당성에 관한 판례의 태도 ··· 341
Ⅲ. 설문의 해결 ··· 342

**35. 유니언 숍** ··· 345

[문제 01]의 해결 — X1~X10 및 X11~X13의 청구

1. X1~X10의 Y사에 대한 청구 ··· 348
2. X11~X13의 Y사에 대한 청구 ··· 348

[문제 02]의 해결 — 각 청구의 인용가능성

Ⅰ. X1~X10의 청구에 관하여 ··· 349
1. 예상되는 Y사의 반론 ··· 349
2. Y사의 반론에 대한 검토 ··· 349

3. 사안의 경우 ···· 350
Ⅱ. X11~X13의 청구에 관하여 ···· 351
1. 예상되는 Y사의 반론 ···· 351
2. Y사의 반론에 대한 검토 ···· 351
3. 사안의 경우 ···· 351

**36. 근로조건의 명시와 단체협약상의 해고합의조항** ···· 354
[문제 01]의 해결 — 근로조건의 명시
Ⅰ. 설문의 쟁점 ···· 357
Ⅱ. A가 B사와 체결한 근로계약의 내용 및 효력 ···· 357
1. 문 제 점 ···· 357
2. 근로기준법 제17조의 규정취지와 의미 ···· 358
3. 사안의 적용 ···· 358
Ⅲ. A가 2013.9.2. 행사하겠다고 말한 '근로기준법상의 권리' ···· 359
1. 월 임금 약정에 근거한 권리행사 ···· 359
2. 주당 근로시간 약정에 근거한 권리행사 ···· 359
3. 기타 행사 가능한 근로기준법상의 권리 ···· 359
Ⅳ. 설문의 해결 ···· 360

[문제 02]의 해결 — 해고합의 조항의 효력
Ⅰ. 설문의 쟁점 ···· 360
Ⅱ. 해고협의 조항에 관한 판례의 태도 ···· 361
Ⅲ. 설문의 해결 ···· 362

**37. 부당노동행위와 단체교섭 거부** ···· 366
Ⅰ. 설문의 쟁점 ···· 367
Ⅱ. A회사의 단체교섭 응낙의무 ···· 368
1. 甲노동조합과의 단체교섭 의무 ···· 368
2. 乙노동조합과의 단체교섭의무 ···· 369
3. 사안의 적용 ···· 369
Ⅲ. A회사의 단체교섭 거부가 부당노동행위가 되는지 여부 ···· 369
1. 부당노동행위로서의 단체교섭 거부의 의의 ···· 369
2. 판례의 태도 ···· 370
3. 사안의 적용 ···· 370
Ⅳ. A회사의 부당노동행위에 대한 법적 책임 ···· 370
1. 구제명령의 이행 ···· 370

2. 형사상 벌칙적용 ······ 371
3. A회사의 민사상 책임 ······ 371
Ⅴ. 설문의 해결 ······ 371

**38. 단체협약의 성립요건과 여후효** ······ 375
[문제 01]의 해결 — 단체협약의 성립요건
Ⅰ. 설문의 쟁점 ······ 377
Ⅱ. 이 사건 단체협약의 성립 여부 및 효력 ······ 377
1. 단체협약의 성립 여부 ······ 377
2. 단체협약 중 미지급 상여금 포기약정의 유효성 ······ 378
Ⅲ. 설문의 해결 ······ 378
[문제 02]의 해결 — 단체협약의 여후효
Ⅰ. 설문의 쟁점 ······ 379
Ⅱ. 기존 단체협약의 기간 만료와 채무불이행 여부 ······ 379
1. 단체협약의 기간 만료와 자동연장 규정의 적용 범위 ······ 379
2. 조합비 일괄공제조항의 성격 및 규범적 효력 인정 여부 ······ 379
Ⅲ. 설문의 해결 ······ 380

**39. 단체협약의 불이익변경** ······ 383
[문제 01]의 해결 — 단체협약의 불이익변경의 효력 및 범위
Ⅰ. 설문의 쟁점 ······ 385
Ⅱ. '2010년도 특별노사합의'의 효력 및 그 범위 ······ 385
1. '2010년도 특별노사합의'의 효력 ······ 385
2. '2010년도 특별노사합의'의 효력범위 ······ 386
3. 사안의 적용 ······ 386
Ⅲ. 설문의 해결 ······ 387
[문제02]의 해결 — 단체협약의 불이익변경
Ⅰ. 설문의 쟁점 ······ 387
Ⅱ. '2010년도 특별노사합의' 제2조가 합리성을 결여하였는지 여부 ······ 388
1. 단체협약 불이익변경의 합리성 판단기준 ······ 388
2. 사안의 적용 ······ 388
Ⅲ. 설문의 해결 ······ 388

**40. 단체협약의 불이익변경과 노조대표자의 단체협약체결권** ······ 390
[문제01]의 해결 — 단체협약의 불이익변경
Ⅰ. 설문의 쟁점 ······ 392

Ⅱ. 단체협약의 불이익변경의 효력 ······ 392
1. 판례의 태도 ······ 392
2. 사안의 적용 ······ 393
Ⅲ. 설문의 해결 ······ 393
[문제 02]의 해결 — 조합규약 위반과 단체협약의 효력
Ⅰ. 설문의 쟁점 ······ 394
Ⅱ. 노동조합대표자의 단체협약체결권과 제한가능성 ······ 394
1. 문 제 점 ······ 394
2. 판례의 태도 ······ 394
Ⅲ. 설문의 해결 ······ 395

**41. 쟁의행위의 정당성** ······ 398
[문제 01]의 해결 — 쟁의행위의 주체 및 절차의 정당성
Ⅰ. 설문의 쟁점 ······ 400
Ⅱ. A지부의 쟁의행위 주체의 정당성 인정 여부 ······ 400
1. 지부·분회의 쟁의행위 주체의 정당성 인정기준 ······ 400
2. 사안의 적용 ······ 401
Ⅲ. 조합원 찬반투표의 범위 ······ 401
1. 문 제 점 ······ 401
2. 판례의 태도 ······ 401
3. 사안의 적용 ······ 401
Ⅳ. 설문의 해결 ······ 402
[문제 02]의 해결 — 쟁의행위의 목적의 정당성
Ⅰ. 설문의 쟁점 ······ 402
Ⅱ. A지부 쟁의행위의 목적의 정당성 인정 여부 ······ 402
1. 공장이전계획 백지화 주장에 관한 판단 ······ 402
2. 임금 삭감 철회 주장에 관한 판단 ······ 403
3. 쟁의행위를 통하여 복수의 목적을 관철하려는 경우 ······ 403
Ⅲ. 설문의 해결 ······ 404

**42. 쟁의행위의 정당성과 업무방해죄** ······ 407
[문제 01]의 해결 — 찬반투표와 쟁의행위의 정당성
Ⅰ. 설문의 쟁점 ······ 409
Ⅱ. 쟁의행위 찬반투표와 쟁의행위의 절차적 정당성 ······ 410
1. 쟁의행위 찬반투표의 의의 ······ 410
2. 쟁의행위 찬반투표에 대한 판례의 태도 ······ 410

3. 사안의 적용 ······ 411
Ⅲ. 설문의 해결 ······ 412
[문제 02]의 해결 — 쟁의행위와 업무방해죄
Ⅰ. 설문의 쟁점 ······ 412
Ⅱ. 쟁의행위와 위력에 의한 업무방해죄 성립 여부 ······ 413
1. 업무방해죄의 구성요건(형법 제314조) ······ 413
2. 쟁의행위의 업무저해성 ······ 413
3. 쟁의행위의 위력성 ······ 413
Ⅲ. 변호사로서 주장할 수 있는 내용 ······ 414
1. 근로제공 거부행위는 업무방해죄를 구성하지 않는다는 주장 ······ 414
2. 위력에 해당하지 않는다는 주장 ······ 414
3. 사안의 적용 ······ 415
Ⅳ. 설문의 해결 ······ 415

**43. 부당노동행위의 주체로서의 사용자와 지배·개입** ······ 420
[문제 01]의 해결
Ⅰ. 설문의 쟁점 ······ 422
Ⅱ. 부당노동행위제도의 제도적 의의 ······ 423
Ⅲ. H사의 사내하청노동조합에 대한 부당노동행위 주체성 인정 여부 ······ 424
1. 문제의 소재 ······ 424
2. 부당노동행위의 주체인 '사용자' 개념에 대한 판례의 태도 ······ 424
3. 사안의 적용 ······ 424
Ⅳ. 설문의 해결 ······ 425
[문제 02]의 해결
Ⅰ. 설문의 쟁점 ······ 425
Ⅱ. 문제되는 부당노동행위의 유형 ······ 425
1. 부당노동행위의 유형 ······ 425
2. 사안의 경우 ······ 426
Ⅲ. 부당노동행위 구제의 내용과 절차 ······ 426
1. 부당노동행위 구제절차의 의의와 내용 ······ 426
2. 부당노동행위 구제의 절차 ······ 427
3. 구제명령의 내용과 효력 및 성질 ······ 427
Ⅳ. 설문의 해결 ······ 427

**44. 준법투쟁 및 쟁의행위와 유급휴일 동안의 임금** ········ 430
[문제 01]의 해결 — 준법투쟁의 쟁의행위 인정 여부
Ⅰ. 설문의 쟁점 ········ 432
Ⅱ. B노동조합의 준법투쟁이 쟁의행위인지 여부 ········ 433
1. 문 제 점 ········ 433
2. 판례의 태도 ········ 433
3. 사안의 적용 ········ 433
Ⅲ. B노동조합의 준법투쟁의 정당성 인정 여부 ········ 434
Ⅳ. 설문의 해결 ········ 434
[문제 02]의 해결 — 파업기간 중의 근로관계
Ⅰ. 설문의 쟁점 ········ 434
Ⅱ. 판례의 태도 ········ 435
Ⅲ. 설문의 해결 ········ 435

**45. 대체근로의 금지 및 직장점거와 피케팅의 정당성** ········ 438
[문제 01]의 해결 — 대체근로금지 규정 위반 여부
Ⅰ. 설문의 쟁점 ········ 440
Ⅱ. 관련규정 및 판례 ········ 440
1. 관련규정 ········ 440
2. 판례의 태도 ········ 440
3. 사안에의 적용 ········ 441
Ⅲ. 결 론 ········ 442
[문제 02]의 해결 — 직장점거 및 피케팅(Picketing)의 정당성
Ⅰ. 설문의 쟁점 ········ 442
Ⅱ. 직장점거의 정당성 판단 ········ 443
1. 관련규정 ········ 443
2. 직장점거의 정당성 판단 ········ 443
3. 사안에의 적용 ········ 443
Ⅲ. 피케팅(Picketing)의 정당성 판단 ········ 444
1. 관련규정 ········ 444
2. 피케팅(Picketing)의 정당성 판단 ········ 444
3. 사안에의 적용 ········ 445
Ⅳ. 결 론 ········ 445

**46. 단체교섭의 대상과 조정전치** ······ 449

[문제 01]의 해결 — 단체교섭의 대상

Ⅰ. 설문의 쟁점 ······ 451

Ⅱ. 단체교섭사항에 해당하는지 여부 ······ 451

1. 단체교섭의 대상 ······ 451
2. 경영상 해고가 단체교섭의 대상인지 여부 ······ 452

Ⅲ. 설문의 해결 ······ 453

[문제 02]의 해결 — 조정전치주의

Ⅰ. 설문의 쟁점 ······ 453

Ⅱ. 조정전치절차 위반 여부 ······ 454

1. 조정전치주의의 내용 ······ 454
2. 조정결정을 요하는지 여부 ······ 454
3. 사안의 경우 ······ 455

Ⅲ. 설문의 해결 ······ 455

**47. 노동조합의 소극적 요건과 부당노동행위** ······ 458

[문제 01]의 해결 — 노동조합의 소극적 요건

Ⅰ. 설문의 쟁점 ······ 460

Ⅱ. 'C그룹'이 '항상 사용자의 이익을 대표하여 행동하는 자'인지 여부 ······ 461

1. 문제의 소재 ······ 461
2. '항상 사용자의 이익을 대표하여 행동하는 자'의 판단기준 ······ 461
3. 사안의 적용 ······ 462

Ⅲ. 'D'가 '근로자 아닌 자'에 해당하는지 여부 ······ 462

1. 문제의 소재 ······ 462
2. 노조법 제2조 제4호 라목 단서의 해석 ······ 463
3. 사안의 적용 ······ 463

Ⅳ. 설문의 해결 ······ 464

[문제 02]의 해결 — 부당노동행위 인정 여부

Ⅰ. 설문의 쟁점 ······ 464

Ⅱ. A회사의 단체교섭 거부가 부당노동행위에 해당하는지 여부 ······ 465

1. 문제의 소재 ······ 465
2. 판례의 태도 ······ 465
3. 사안의 적용 ······ 465

Ⅲ. A회사의 'C그룹'에 대한 탈퇴 요청이 부당노동행위에 해당하는지 여부 ······ 466

1. 문제의 소재 ······ 466
2. 판례의 태도 ······ 466

3. 사안의 적용 ..... 467
Ⅳ. 설문의 해결 ..... 467

**48. 부당노동행위와 손해배상** ..... 470
[문제 01]의 해결 — A 회사의 B 노동조합에 대한 부당노동행위 인정 여부
Ⅰ. 설문의 쟁점 ..... 472
Ⅱ. A회사의 B노동조합에 대한 부당노동행위의 주체로서의 '사용자'성 인정 여부 ..... 473
1. 문 제 점 ..... 473
2. 판례의 태도 ..... 473
3. 사안의 적용 ..... 474
Ⅲ. A회사의 폐업 유도 등의 행위가 지배·개입의 부당노동행위에 해당하는지 여부 ..... 474
1. 문 제 점 ..... 474
2. 판례의 태도 ..... 474
Ⅳ. 사안의 해결 ..... 475
Ⅴ. 설문의 해결 ..... 475
[문제 02]의 해결 — 위장폐업과 손해배상책임 인정 여부
Ⅰ. 설문의 쟁점 ..... 476
Ⅱ. 위장폐업에 따른 부당해고와 불법행위책임 ..... 476
1. 위장폐업에 따른 해고의 불법행위 해당 여부 ..... 476
2. 불법행위에 해당하는 부당해고와 근로자의 손해배상 및 위자료 청구권 ..... 477
Ⅲ. 설문의 해결 ..... 477

**49. 사용자의 언론활동 및 노무지휘권과 부당노동행위** ..... 480
[문제 01]의 해결 — C의 직원설명회가 부당노동행위에 해당하는지 여부
Ⅰ. 설문의 쟁점 ..... 483
Ⅱ. 사용자의 언론활동과 부당노동행위 성립 여부 ..... 483
1. 문 제 점 ..... 483
2. 판례의 태도 ..... 483
3. 사안의 적용 ..... 484
Ⅲ. 설문의 해결 ..... 484
[문제 02]의 해결 — 甲의 연장근로 신청 거부와 부당노동행위 성립 여부
Ⅰ. 설문의 쟁점 ..... 485
Ⅱ. A주식회사의 甲에 대한 부당노동행위 성립 여부 ..... 485

1. 문 제 점 ………… 485
2. 판례의 태도 ………… 485
3. 사안의 적용 ………… 486
Ⅲ. 설문의 해결 ………… 486

**50. 위장폐업과 부당노동행위** ………… 489
[문제 01]의 해결 — 위장폐업과 불법행위에 의한 손해배상책임
Ⅰ. 설문의 쟁점 ………… 492
Ⅱ. 甲 등의 청구의 타당성 ………… 492
1. 문 제 점 ………… 492
2. 판례의 태도 ………… 493
3. 사안의 적용 ………… 493
Ⅲ. 乙의 항변과 타당성 ………… 493
1. 乙의 항변 ………… 493
2. 乙의 항변에 대한 타당성 여부 ………… 494
Ⅳ. 설문의 해결 ………… 494
[문제 02]의 해결 — A지부에 대한 지배·개입의 부당노동행위 성립 여부
Ⅰ. 설문의 쟁점 ………… 495
Ⅱ. 판례의 태도 ………… 495
Ⅲ. 설문의 해결 ………… 495

**51. 조합활동 및 징계해고의 정당성과 퇴직금** ………… 498
[문제 01]의 해결 — Y사의 X에 대한 징계해고의 정당성
Ⅰ. 설문의 쟁점 ………… 500
Ⅱ. X의 조합활동의 정당성 인정 여부 ………… 500
1. 조합활동의 정당성 ………… 500
2. 조합활동의 정당성에 관한 판례의 태도 ………… 501
3. 사안의 적용 ………… 501
Ⅲ. Y사의 징계처분의 유효성 ………… 502
1. 문제의 소재 ………… 502
2. 판례의 태도 ………… 502
3. 사안의 적용 ………… 502
Ⅳ. 설문의 해결 ………… 502
[문제 02]의 해결 — Y사의 퇴직금지급 의무
Ⅰ. 설문의 쟁점 ………… 503
Ⅱ. 퇴직금의 법적 성격과 제한가능성 ………… 503

Ⅲ. 설문의 해결 ············ 504

**52. 연차유급휴가와 쟁의행위기간 중 대체근로** ············ 507

[문제 01]의 해결 — 연차휴가 미실시의 근로기준법 위반 여부

Ⅰ. 설문의 쟁점 ············ 509

Ⅱ. 연차유급휴가의 취득절차인 근로자의 시기지정권 ············ 510

1. 연차유급휴가 시기지정권의 법적 의의 ············ 510
2. 연차유급휴가 시기지정권의 행사요건 ············ 510
3. 사안의 적용 ············ 511

Ⅲ. 사용자가 근로자의 연차휴가를 방해한 경우의 형사책임 ············ 512

Ⅳ. 설문의 해결 ············ 512

[문제 02]의 해결 — 쟁의행위기간 중 대체근로의 제한

Ⅰ. 설문의 쟁점 ············ 513

Ⅱ. 노동조합 및 노동관계조정법 제43조 제1항의 해석 ············ 513

1. 쟁의행위기간 중 대체근로 제한규정의 입법취지 ············ 513
2. 쟁의행위기간 중 신규채용의 제한의 해석 ············ 514

Ⅲ. 대체근로 제한규정의 적용범위 ············ 515

Ⅳ. 설문의 해결 ············ 516

**53. 쟁의행위의 주체 및 목적의 정당성** ············ 519

[문제 01]의 해결 — 정의행위의 주체의 정당성

Ⅰ. 설문의 쟁점 ············ 521

Ⅱ. A지부의 쟁의행위의 주체의 정당성 ············ 521

1. 문 제 점 ············ 521
2. 판례의 태도 ············ 522
3. 사안의 적용 ············ 522

Ⅲ. 설문의 해결 ············ 522

[문제02]의 해결 — A지부의 쟁의행위의 목적의 정당성

Ⅰ. 설문의 쟁점 ············ 523

Ⅱ. 경영에 관한 사항과 쟁의행위 목적의 정당성 ············ 523

1. 경영에 관한 사항의 의의 ············ 523
2. 판례의 태도 ············ 524
3. 사안의 적용 ············ 525

Ⅲ. 설문의 해결 ············ 525

**54. 단체협약의 일반적 구속력과 해고근로자의 조합원 자격** ······ 528
[문제 01]의 해결 — 단체협약의 일반적 구속력
Ⅰ. 설문의 쟁점 ······ 530
Ⅱ. 甲에게 단체협약이 적용되는 것인지 여부 ······ 531
1. 문 제 점 ······ 531
2. 판례의 태도 ······ 531
3. 사안의 적용 ······ 531
Ⅲ. 설문의 해결 ······ 532
[문제 02]의 해결 — 노동조합의 소극적 요건(해고근로자의 조합원 자격)
Ⅰ. 설문의 쟁점 ······ 532
Ⅱ. '해고근로자'에게 노동조합 조합원 자격 인정 여부 ······ 533
1. 문 제 점 ······ 533
2. 판례의 태도 ······ 533
3. 사안의 해결 ······ 534
Ⅲ. 설문의 해결 ······ 534

**55. 골프장 캐디의 근로자 여부와 부당노동행위** ······ 537
[문제 01]의 해결 — 근로기준법상 근로자성
Ⅰ. 설문의 쟁점 ······ 539
Ⅱ. B의 甲에 대한 근로기준법상 근로자성 인정 여부 ······ 540
1. 문제의 소재 ······ 540
2. '사용종속관계'의 판단기준에 관한 판례의 태도 ······ 540
3. 사안의 적용 ······ 541
Ⅲ. 설문의 해결 ······ 542
[문제 02]의 해결 — 부당노동행위의 주체성
Ⅰ. 설문의 쟁점 ······ 542
Ⅱ. 경기보조원 B~H가 노동조합 및 노동관계조정법상 근로자에 해당하는지 여부 · 543
1. 문제의 소재 ······ 543
2. 판례의 태도 ······ 543
3. 사안에의 적용 ······ 544
Ⅲ. 甲의 노동조합 및 노동관계조정법상 사용자성 인정 여부 ······ 544
1. 문제의 소재 ······ 544
2. 판례의 태도 ······ 544
3. 사안의 적용 ······ 545
Ⅳ. 제명처분 및 출장유보처분이 부당노동행위에 해당하는지 여부 ······ 545
1. 문제의 소재 ······ 545

2. 판례의 태도 ········ 545
3. 사안의 적용 ········ 546
Ⅳ. 설문의 해결 ········ 546

**판례색인** ········ 551
**사항색인** ········ 557

# 주요 참고문헌 및 인용약어

## 1. 참고문헌

김형배, 「노동법」, 박영사, 2013 … 김형배
김희성, 「집단적 노사관계법 - 이론과 판례 -」, 지인북스, 2011 …김희성(1)
김희성, 「개별적 근로관계법 - 이론과 판례 -」, 신조사, 2013 … 김희성(2)
이철수 외, 「로스쿨 노동법」, 도서출판 오래, 2013 … 이철수 외
임종률, 「노동법」, 박영사, 2013 … 임종률
김유성, 「노동법 Ⅰ」, 법문사, 1999
김유성, 「노동법 Ⅱ」, 법문사, 1999
노동법실무연구회, 「근로기준법 주해 Ⅰ · Ⅱ · Ⅲ」, 박영사, 2010
유성재, 「판례노동법」, 법문사, 2008
이병태, 「최신 노동법」, (주)중앙경제, 2008
사법연수원 교재, 「노동조합 및 노동관계조정법」, 2008
사법연수원 교재, 「해고와 임금」, 2008
하경효, 「노동법사례연습」, 2008
김치선, 「노동법강의」, 박영사, 1994
박상필, 「한국노동법」, 대왕사, 1993
하갑래, 「근로기준법」, ㈜ 중앙경제, 2013
하갑래, 「집단적 노동관계법」, (주)중앙경제, 2013

## 2. 잡지 및 학술지, 판례평석집

한국노동법학회 편, 「노동법학」, 관악사
한국비교노동법학회 편, 「노동법논총」, 관악사
서울대학교 노동법연구회 편, 「노동법연구」, 관악사
한국노동법학회 편, 「노동판례리뷰」, (주)중앙경제, 2010
법원 노동법연구회 편저, 「노동법실무연구」(재판자료 제118집), 법원도서관, 2009
대법원 법원행정처 편, 「대법원 판례해설」, 한양당
민주사회를 위한 변화모임 노동위원회 편저, 「노동판례비평」, 민주사회를 위한 변화모임
「노동법률」, (주)중앙경제
대법원 종합법률정보 사이트 http://glaw.scourt.go.kr/jbsonw/jbson.do

# 제 1 부

# 사례해결방법론

# 사례해결방법론

노동법 사례문제를 보다 적절하게 해결하기 위해 요구되는 것은 크게 세 가지로 요약된다. 첫 번째, 법학적 사고를 바탕으로 하는 문제풀이의 일반적인 원칙을 알아야 한다. 두 번째, 이론 및 판례를 통해 형성된 노동법의 특징적인 법리구조를 익혀야 한다. 세 번째, 많은 사례문제를 직접 풀어보면서 적절한 분량과 시간 안배를 연습해야 한다. 아래에서는 위 세 가지 과제에 대한 간략한 설명을 제시한다.

## Ⅰ. 일반원칙

변호사시험이나 공인노무사시험에서 사례 중심의 법률학 문제를 해결하기 위한 일반원칙은 어느 법률분야에서도 기본적으로 변함이 없다. 우선 사실관계를 서술한 문제를 법적 스토리로 재구성하고 제시되어 있는 구체적인 질문을 법적 문제로 설정한다. 예를 들면, 「근로자 甲은 乙 회사와 1년 간의 기간을 정한 근로계약을 체결해 을 회사의 점포에서 판매사원으로 근무하고 있다. 그런데 을 회사는 갑과의 근로계약체결 후 6개월이 지난 시점에서 급격한 매출감소로 인해 점포 폐쇄를 할 수밖에 없다는 이유로 갑을 해고하였다」는 사례가 문제로 제시되고, 질문으로서 「甲은 이 해고에 대하여 어떤 법적 청구를 할 수 있는가? 가능한 청구를 제시하고 그 타당성을 설명하시오」라고 질문이 기재되어 있다. 위 사실관계의 법적 의미는 甲과 乙과의 사이에 기간을 정한 근로계약이 체결되어 그것이 기간 만료 전에 을의 의사표시로 해지되었다는 것이고, 문제는 갑이 해고라는 '계약의 해지'를 다투는 경우 어떠한 법적 청구를 상정할 수 있는가, 그리고 상정할 수 있는 각각의 청구는 어떠한 법적 이유에 의해 인정되거나 인정되지 않는가라는 것에 있다.

이 문제를 해결하기 위해서는 기간을 정한 근로계약의 사용자 측으로부터의 해지에 대해 어떠한 법규범이 적용되는 것인가를 고려해 어느 법조문이 그것에 해당하는가를 확인한다. 그리고 이 규범을 본 사건의 법적 스토리에 맞추는 경우에 어떠한 논리적 귀결에 이르는가를 제시한다. 그리고 해고가 무효라면 해고무효의 확인과 해고기간 중의 임금 청구가 가능하다는 것을 명확히 하고, 경우에 따라서는 부당해고의 위법성을 전제로 한 손해배상청구의 가능성에 대해서도 해결해야 할 것이다.

위와 같은 해답 작성 프로세스는 어느 법률학에 관해서도 마찬가지라고 할 것인데, 쉽게 풀이하자면 「사실관계의 법적 재구성→ 필요한 규범의 명시 → 규범의 사실관계에 대한 적용 → 적용결과의 해답으로서의 정의」라는 순서대로 서술해야 한다는 것이다.

## Ⅱ. 노동법의 특징

그러면 노동법 분야에 대해 일반기준에 덧붙여 어떤 고유의 사정을 넣어서 해답작성에 이를 것인가?

그것은 아래의 3가지의 점에 집약되어 있다.

첫째, 노동법에서 판례법리의 중요성이다. 근로계약관계를 둘러싼 분쟁은 계약의 해석과 민법의 일반조항(신의칙, 권리남용 등의 여러 규정)의 구체화에 의해 해결되는 경우가 많고, 개별적 근로관계에 관한 판례의 대부분은 이러한 바탕위에 서있다. 또한 집단적 노사관계법 분야에서도 판례법리가 주된 규범으로 작용한다. 요컨대 노동법문제를 해결하는 데 있어서는 다른 법 분야에 비해 판례법리 이해가 큰 비중을 차지하고 있다.

둘째, 노동법문제를 해결하기 위해서는 사회적 시야를 넓게 할 필요가 있다. 왜냐하면 노동법 문제의 다수는 직장 현실을 반영하고 있기 때문에 취업 경험이 거의 없는 학생들에게 있어서는 구체적 상상력의 발휘가 매우 필요하다. 특히 임금제도는 극도로 복잡하며, 인사사정의 공정성을 결여한 인사이동의 위법성을 다투는 사례에 대해서는 이해가 곤란하다. 경험의 일천함을 메우기 위해서는 항상 기업사회의 움직임을 눈여겨 볼 필요가 있으므로 이를 위해 일정한 안배를 해야 될 필요성이 있다.

셋째, 노동법의 독특한 발상이 필요한 영역과 민사법의 응용이 요구되는 영역이 있다는 것을 염두에 두어야 한다. 예를 들어, 근로계약을 둘러싼 분쟁의 대부분은 민법 실력이 갖추어져야 상당한 정도 대응 가능하다. 산업재해인정에 관한 소송은 행정법의 소양에 덧붙여 산업재해보상보험법의 규정에 관한 체계적인 이해가 필요하다. 부당노동행위에 관한 분쟁에서는 제도 자체가 상당히 특수화하고 분쟁의 태양이 복잡하므로 일정한 종합적 이해를 할 수 있는 학습이 요구된다. 따라서 한편으로는 민법을 중심으로 한 주된 분야(기본법분야)에 관한 이해가 선행된 후에 다른 한편으로 노동법의 특유한 사고체계를 의식하여 학습하는 것이 필수적이다.

## Ⅲ. 문제의 해답예시와 해설예시

아래에서는 하나의 가상문제를 가지고 학생이 쓴 가상의 해답예를 제시한 후, 그에 관한 교수의 해설례를 제시한다. 이는 사례를 해결하는데 있어 어떻게 논점을 정리하고 답안을 작성해야 하는지를 해결하는 길잡이가 될 것이다.

### [문 제]

[설 문]

아래에서 언급하는 사실관계에 대해서 법률상 어떠한 문제점이 있는지를 검토하시오.

[사 례]

甲은 Y사에 근무하는 종업원으로 甲은 근무시간 외에 Y사 사택에서 「Y사는 최저임금법을 위반하고 근로기준법 위반 상태를 방치하고 있습니다. 또한 A사장은 개인의 사리사욕을 채우기 위해서 비자금을 형성하는 등 방만한 경영을 하고 있습니다. A사장의 방만한 경영의 실체를 반드시 밝혀내 A사장을 엄벌에 처해야 할 것입니다」라는 허위 사실이 적시된 내용의 전단지를 배포했다.

甲이 전단지를 배포하고 있는 광경을 당해 사택에 거주하는 관리직원이 목격하였고, 다음 날 甲은 상사로부터 당해 전단지 배포에 관해서 질책을 받았다. 이 과정에서 甲은 상사에게 회사직원으로써 당연한 일을 한 것이고 또한 근무시간 외에 한 것이기 때문에 회사로부터 이러쿵 저러쿵 얘기를 들을 이유는 없다고 대답했다. 1주일이 지나고 Y사는 甲이 자신의 블로그에 전단지와 같은 내용을 게재한 것을 알게 되었다. 甲의 이러한 행위로 인해 Y사는 고용노동부와 경찰로부터 조사를 받게 되었고, 이로 인해 대외 신용도가 하락하게 되어 경영상 어려움을 겪게 되었다. 이에 Y사는 甲의 이러한 행위들에 대하여 취업규칙의 징계사유 중 「업무 이외의 목적으로 회사 시설을 이용하여 집회 · 연설 · 선전 · 문서 배포 · 게시, 이 외에 이것들과 유사한 행위를 한 경우」, 「회사의 명예 · 신용을 매우 실추시키는 행위를 한 경우」에 해당된다고 보았고, 또한 甲은 6개월 전에 업무명령 위반으로 정직처분을 두 번 받았기 때문에 이는 징계사유 중 「거듭 견책, 감봉, 정직의 징계처분을 받았음에도 불구하고 개전의 정이 명확하지 않은 경우」에 해당된다고 보아 甲을 징계해고하였다. 또한 Y사의 취업규칙에는 「근로자가 징계해고된 경우 퇴직금을 50% 감액하여 지급한다」고 규정하고 있고, Y사는 이를 근거로 甲에 대해 퇴직금의 50%만 지급하였다.
(취업규칙상 징계절차에 대하여는 모두 준수하였고, Y회사의 퇴직금 제도는 근속연수에 따라 그 지급율이 증가하는 누진제를 채택하고 있다)

## 설문의 쟁점

### 1. 사실관계의 정리

① 甲은 허위사실이 적시된 전단지 배포 및 동일한 내용의 개인 블로그 활동 → Y사는 고용노동부와 경찰 조사를 받는 등 업무상 지장을 받게 되고, 대외 신뢰도가 하락하여 영업에 지장 → 허위사실을 유포한 甲에 대하여 취업규칙상 징계사유 중 「업무 이외의 목적으로 회사 시설을 이용하여 집회 · 연설 · 선전 · 문서 배포 · 게시, 이 외에 이것들과 유사한 행위를 한 경우」, 「회사의 명예 · 신용을 매우 실추시키는 행위를 한 경우」를 이유로 하여 징계해고

② Y사는 甲을 해고하면서 취업규칙 중 「근로자가 징계 해고된 경우 퇴직금을 50% 감액하여 지급한다」는 규정에 따라 甲에게 퇴직금의 50%만 지급

### 2. 사실관계로부터 쟁점 도출

(1) 징계해고의 정당성

① 정당성과 관련하여 징계규정의 정당성

② 정당성과 관련하여 조합활동의 정당성

(2) 퇴직금 감액규정의 유효성

① 유효성과 관련하여 퇴직금의 법적 성격

② 퇴직금 감액규정의 효력

## ■ 해답예시(학생의 경우)

### 1. 문제의 소재

甲은 사택에 Y회사 및 A사장을 비판하는 내용의 전단지를 배포하고, 상사로부터 질책을 받은 1주일 후에 블로그에 동일한 내용을 기재하여 Y회사로부터 징계해고 되었고, Y회사의 취업규칙 규정에 의해 퇴직금을 미지급 받은 사안으로 ① 甲의 행위가 정당한 징계 사유에 해당되는지, ② 징계해고가 적절하였는지 ③ 취업규칙상 퇴직금 미지급 규정이 적법한지를 각각 검토하겠다.

### 2. 징계의 정당성 여부

(1) 징계권의 근거와 정당한 이유

사용자는 기업질서유지 및 원활한 운영을 위하여 근로계약위반 · 직장질서위반행위에 대한 제재로 징계권을 갖는다. 판례는 징계권을 기업운영 또는 근로계약의 본질상 당연히 사용자에게 인정되는 권한으로 보고 있으며, 기업질서유지에 필요하고 합리적인 범위 내에서 근로기준법 등 관련법령에 반하지 않는 한 취업규칙으로 정할 수 있다고 본다.

일반적으로 징계에 대한 구체적 사유에 관하여는 단체협약이나 취업규칙에서 이를 규정하지만, 단체협약이나 취업규칙에 징계사유가 정하여져 있는 경우에도 이러한 사유가 반드시 정당하다고 할 수 없으며, 근로기준법 제23조 제1항에 따른 정당한 이유가 있을 것을 요구한다. 정당한 이유의 판단은 사회통념에 비추어 구체적으로 판단되어져야 한다.

(2) 상당성의 원칙

징계수단은 징계사유에 해당하는 행위의 종류, 정도, 반복성, 직장질서에의 영향 등에 비추어 상당한 것이어야 하고 과잉징계가 아니어야 한다. 징계처분은 징계권자의 재량에 맡겨진 것이지만 징계권자가 행한 징계처분이 사회통념상 현저하게 타당성을 잃었다면 이는 징계권을 남용한 것으로 그 처분은 위법하다고 할 것이다.

(3) 사안의 적용

사안에서 甲은 업무 이외의 목적으로 회사 시설을 이용하여 Y회사와 A사장의 명예를 실추시키는 문서를 배포하고, 불특정 다수가 이용할 수 있는 블로그에 동일한 내용을 게시한 행위를 비록 근무시간 이외에 하였지만, 이와 같은 甲의 행위는 Y회사의 시설관리권을 침해하고 직장질서를 문란케 하였으며, Y회사와 A사장의 명예와 신용을 실추시키는 구체적인 위험성이 있다고 보여지므로 정당한 징계사유에 해당된다고 할 것이다.

또한 甲은 6개월 전에도 이미 2차례에 거쳐 업무명령위반 등의 행위로 정직처분을 받았음에도 불구하고 다시 징계사유에 해당되는 행위를 하여 징계해고 한 것은 과잉징계라고 볼 수 없다.

따라서 Y사의 甲에 대한 징계해고는 정당하다.

## 3. 징계해고와 퇴직금

(1) 퇴직금의 법적 성질

퇴직금이란 계속근로관계의 종료를 사유로 하여 사용자가 퇴직자에 대하여 지급하는 금원으로 사용자는 퇴직하는 근로자에게 계속근로연수 1년에 대하여 30일분 이상의 평균임금을 퇴직금으로 지급하여야 한다.

이러한 퇴직금의 법적 성격에 대하여 계속근로기간 동안에 대한 대가로서의 성격을 가지고 있다는 임금후불설이 통설의 입장이고 판례의 원칙적인 입장이다.

다만 판례는 누진제 퇴직금의 법적 성질을 임금후불적인 성격 이외에도 사회보장적 급여로서의 성격과 공로보상으로서의 성격을 아울러 가지고 있다고 보고 있다.

(2) 취업규칙상 퇴직금 감액 규정의 효력

사용자가 취업규칙으로 "근로자가 징계해고된 경우 퇴직금을 감액하여 지급하지 않는다"는 규정을 제정한 경우 이러한 규정의 효력이 문제된다.

이에 대하여 판례는 퇴직금은 후불임금의 성격 이외에도 사회보장적 급여로서의 성격과 공로보상으로서의 성격을 아울러 가지고 있는 것인 점에 비추어 퇴직금 감액규정이 퇴직금의 본질에 어긋나는 것이라고 볼 수 없다고 보면서 퇴직금 감액 규정에 대하여 그 효력을 인정하고 있다.

(3) 사안의 적용

Y회사의 퇴직금은 누진제로 임금의 후불적 성격뿐만 아니라 사회보장적, 공로보상적 성격을 가지고 있으므로 징계해고 된 경우 퇴직금의 일부를 지급하지 않는다는 Y사의 취업규칙 규정을 반드시 무효라고 할 수는 없다.

사안에서 甲의 경우 Y회사와 A사장의 명예와 신용을 훼손하는 허위사실을 적시한 내용의 전단지를 배포하고 이를 블로그에 올리는 행위를 하여 Y회사의 대외 신용도를 저하시키고 경영상 어려움을 입혔다고 할 수 있기 때문에 공로보상적 성격을 가지고 있는 퇴직금의 성질상 이를 감액하여 지급한다고 하여 무효라고 할 수 없다.

### 4. 사안의 해결

甲에 대한 징계해고는 유효하며, Y회사 취업규칙의 퇴직금 감액 규정은 유효하다.

## ■ 해설례(교수의 경우)

### 1. 징계권의 근거와 한계

본건 설문에서는 사택 부근에서 회사를 비판하는 전단지를 배포한 행위와 함께 자신의 개인 블로그에서 회사에 대한 비판을 한 행위에 대한 징계해고가 정당한 것인지 문제된다. 징계가 정당하기 위하여는 ① 징계사유가 정당하여야 하고, ② 징계절차가 정당하여야 하며, ③ 징계수단이 정당하여야 한다.

우선 징계사유의 정당성을 살펴보아야 하는 바, 사용자가 대등한 근로계약의 당사자인 근로자에게 징계를 할 수 있는 법적 근거가 무엇인지 살펴보아야 한다. 사용자가 가지는 징계권의 법적 근거에 대하여 고유권설, 취업규칙설 등 학설이 대립하나, 판례(대법원 1994.9.30. 선고 94다21337 판결; 대법원 1994.6.14. 선고 93다26151 판결)는 징계권은 사용자가 기업운영 또는 근로계약의 본질상 당연히 인정되는 권한이라고 보면서 기업질서의 유지에 필요하고 합리적인 범위 내에서 근로기준법 등 관련법령에 위반하지 않는 한 취업규칙으로 이를 정할 수 있다고 보고 있다. 사용자가 이러한 징계권을 행사하는 경우 근로자에게는 불이익이 우려되므로 이에 대한 제한이 필요하고, 우리 근로기준법 제23조는 "사용자는 근로자에게 정당한 이유 없이 해고, 휴직, 정직, 전직, 감봉, 그 밖의 징벌을 하지 못한다."고 규정함으로써 사용자의 징계권을 제한하고 있다. 근로기준법 제23조가 규정한 정당한 이유에 대하여 판례는 사회적 통념에 따라 구체적으로 판단을 하여야 한다고 보면서 취업규칙이나 단체협약으로 정한 징계사유가 반드시 정당한 것은 아니라고 보고 있다.

두 번째 징계수단이 정당해야 한다. 판례는 징계처분시 어떠한 처분을 할 것인지 징계권자의 재량에 맡겨져 있지만 징계권자가 행한 징계처분이 사회통념상 현저하게 타당성을 잃었다면 이는 징계권 남용으로 그 처분은 위법한 것이라고 보고 있다. 징계사유의 내용과 성질, 피징계자의 평소의 소행, 징계 전력 등을 참고하여 적정한 처분을 내려야 정당한 징계처분이 된다고 할 것이다.

해답례에서는 징계권의 근거와 한계에 대하여 서술하고 있는데, 징계해고의 정당한 이유에 대하여 사회통념상 고용관계를 계속할 수 없을 정도로 근로자에게 책임 있는 사유가 있는 경우에 행하여져야 정당성이 인정된다는 판례의 입장을 구체적으로 서술하는 편이 좋을 것이다. 또한 설문의 甲의 행위에 대한 징계해고라는 처분이 징계권 남용에 해당하는지에 대하여 판례의 판단기준을 명확히 명시하고 사안을 해결하는 것이 보다 좋은 구성이 될 것으로 보인다.

### 2. 징계해고와 퇴직금

본건 설문에서 또 한 가지 큰 문제점으로 본 건 징계해고처분과 퇴직금 감액규정에 대해서 검토할 것이 요구된다. 퇴직금의 법적 성질에 대하여 공로보상설, 생활보장설 등으로 보는 견해도 있으나 판례와 통설은 퇴직금은

재직기간 동안의 근로의 대가로 퇴직 시 지급되는 임금으로 보는 임금후불설을 취하고 있다. 다만 우리 판례는 누진제 퇴직금제도에 대하여 임금후불적인 성격 이외에도 공로보상의 성격과 사회보장적 급여로서의 성격을 가진다고 보고 있다. 따라서 징계해고 시 법정퇴직금을 상회하는 부분에 대하여는 감액할 수 있다고 보고 있다.

이러한 퇴직금 감액규정이 유효하기 위하여는 그 퇴직금 감액규정이 재직 중 성실하고 청렴하게 근무하도록 유인하기 위한 것으로서 정당한 목적을 가지고 있어야 하고, 제한의 사유가 한정적이어야 하며, 제한의 범위도 관련 법령에 위배되지 않음으로써 수단의 상당성과 법익의 균형성을 갖추어야 한다고 보는 것이 판례의 입장이다.

해답예는 퇴직금의 법적 성질에 대하여 임금후불설을 취하는 판례의 입장과 누진제 퇴직금이 가지는 성격에 대하여 구체적으로 잘 서술하였다고 보이지만, Y회사의 퇴직금 감액규정의 유효성에 대하여 판례의 판단기준을 적시하지 않은 점, 감액의 범위에 대하여 논하지 않은 점에 대한 검토가 미흡하다고 보여진다.

# 제 2 부

# 노동법 사례연구

# 01. 근로기준법상 근로자와 퇴직금지급

## 【사실관계】

甲 등 5명은 1990년부터 2000년 2월까지 A학원의 종합반 강사로서 수강생을 대상으로 강의해 왔고 또한 학급 담임을 맡아 왔다. 甲 등은 매년 2월 중순부터 대입 수학능력시험일이 있는 11월까지 아침 9시부터 저녁 7시까지 이어지는 10교시의 강의시간 중 하루에 4~5교시, 1개월에 100시간~110시간의 강의를 하고 시간당 28,000원 내지 30,000원으로 계산된 월 300만 원 정도의 강사료를 받았고, 수학능력시험이 끝난 후 다음해 2월의 개강 전까지는 강의를 하지 않고 강사료도 받지 않았다. 위 학원의 일과는 대략 08:30에 열리는 교직원 조례부터 시작되는데, 학급 담임을 맡은 강사인 이들은 08:00까지 학원에 나와 수강생들의 아침 자습과 방송 수업을 감독하다 08:30 교직원 조례에 참석하고 순번을 정하여 한 달에 몇 차례 수강생들의 저녁 자습을 감독한 후 퇴근하였다. 강사들은 강의가 없는 자유시간에는 대부분 다음 강의에 대비한 휴식이나 교재 연구 등에 시간을 쓰게 되므로 학원을 떠나 다른 곳에 강의를 나간다는 것은 사실상 불가능하였고, 다만 특정 요일 오전이나 오후에 강의가 없도록 조정하는 것은 가능하였다. A학원에서 강의할 교재는, 강사들이 복수의 교재를 학원 측에 추천하면 학원 측이 그 중 하나를 선택하여 사용하도록 하였다. 이들은 자신들이 맡은 강의 외에 아침 교직원 조례 등에서 전달받은 단순사무와 행정적인 일로서 아침 자습과 방송 수업 감독, 저녁 자습 감독, 수강생 조례 주재, 전달 사항 통보, 등록금 통지서 · 모의고사 성적표 배부, 수강생들의 외출증 · 조퇴증의 작성 · 발급, 결석 · 지각 · 조퇴 · 외출 학생 학부모 통보, 개별 상담, 모의고사 시험 감독, 수능시험 후 대학 지원 상황 파악 · 보고, 합격자 현황 파악 · 보고 등 그때 그때 학원 측에서 필요하다고 인정하여 담임 강사들에게 맡긴 업무를 처리하였고, 이와 같은 담임 업무수행에 대한 대가로 월 30만 원의 담임 수당을 지급받았다. A학원은 매년 강사들과 「강의용역제공계약」이라는 이름의 계약서를 작성하였고, 강사들로 하여금 부가가치세법상 사업자등록

을 하게 하고 직장의료보험 대신 지역의료보험에 가입하게 하였으며, 강사들의 보수에 대하여 근로소득세 대신 사업소득세를 원천징수하였다.

그리고 1990년부터 매년 2월 중순경 계약기간을 그 때부터 그 해 11월경까지로 정한 근로계약을 맺고 그 기간이 끝난 후 다음해 2월에 다시 계약을 갱신하고 반복・체결하여 오기는 하였으나, 계약기간이 아닌 기간에도 갑 등은 수능시험 문제 풀이, 난이도 파악, 논술 강의, 수능 점수 파악・보고, 대학 지원자 파악・보고, 대학 합격자 파악・보고 등의 업무를 수행하였다. 그런데 A학원은 2000년 2월에 반복 체결하여 왔던 甲 등과의 계약의 갱신을 아무런 이유도 제시하지 않은 채 거절하였다.

[문제 01] 甲 등 3명은 A학원의 계약갱신거절은 실질적으로 해고와 다름없다고 주장하면서 관할 노동위원회에 부당해고에 대한 구제를 신청하였다. 이 신청은 인용될 수 있는가?

[문제 02] 乙 등 2명은 나이도 60세인 고령이라 더 이상 강사로서 근무하기가 어렵다는 생각에 A학원에 대해 퇴직금지급을 청구하였다. 이 청구는 인용될 수 있는가?

## 《관련조문》

근로기준법

제2조(정의) ① 이 법에서 사용하는 용어의 뜻은 다음과 같다.

1. "근로자"란 직업의 종류와 관계없이 임금을 목적으로 사업이나 사업장에 근로를 제공하는 자를 말한다.

근로자퇴직급여 보장법

제4조(퇴직급여제도의 설정) ① 사용자는 퇴직하는 근로자에게 급여를 지급하기 위하여 퇴직급여제도 중 하나 이상의 제도를 설정하여야 한다. 다만, 계속근로기간이 1년 미만인 근로자, 4주간을 평균하여 1주간의 소정근로시간이 15시간 미만인 근로자에 대하여는 그러하지 아니하다.

제8조(퇴직금제도의 설정 등) ① 퇴직금제도는 설정하려는 사용자는 계속근로기간 1년에 대하여 30일분 이상의 평균임금을 퇴직금으로 퇴직근

로자에게 지급할 수 있는 제도를 설정하여야 한다.

**【사실관계】의 논점정리**

이 사례에서 A학원이 강의용역제공계약의 갱신을 거절한 것에 대해 갑 등은 부당해고라고 주장하고, 을 등은 퇴직금의 지급을 청구하고 있다.

[문제 01]에서는 노동법의 관점에서 이 계약갱신거절의 적법 여부(해고제한의 보호를 받을 수 있는가)가 문제된다. 그리고 그 판단의 전제로 갑 등이 노동법상의 보호를 받는 「근로자」에 해당하는지가 문제되는데(구체적으로는 근로기준법상의 근로자의 해당 여부), 이것이 사례의 주요 쟁점이다. 특히 근로기준법상의 근로자 문제와 관련해서는 종전 판례(대법원 1994.12.9. 선고 94다22859 판결)와 최근 판례(대법원 2006.12.7. 선고 2004다29736 판결)의 태도가 어떠한 점에서 차이가 있는지를 구별하는 것이 중요할 것이다.

[문제 02]는 퇴직금의 지급을 청구하는 사례인데, 이 경우 을 등이 근로자라고 하더라도 퇴직금의 지급요건으로서 '계속근로연수 1년 이상'이 요구된다. 그러므로 이 사례에서는 '근로관계의 계속성'이 인정되는지 여부가 주요 쟁점이다.

## 논점의 해설

### [문제 01]의 해결 — 부당해고구제신청의 인용 여부

Ⅰ. 설문의 쟁점
Ⅱ. 근로기준법상 「근로자」 에 해당하는지 여부
　1. 근로자개념의 정의 / 2. 사례의 검토
Ⅲ. 계약갱신거절의 정당성
　1. 계약갱신거절에 대한 법적 평가 / 2. 사례의 검토
Ⅳ. 설문의 해결

# Ⅰ. 설문의 쟁점

사안에서 갑 등의 부당해고구제신청이 인용될 수 있는가를 확인하기 위해서는 첫 번째로 갑 등이 근로기준법상의 근로자에 해당하는지, 두 번째로 A학원의 계약갱신거절이 위법한 해고인지가 쟁점이 된다.

# Ⅱ. 근로기준법상 「근로자」에 해당하는지 여부

## 1. 근로자개념의 정의

사례에서는 강의용역제공계약이라는 명칭이 사용되어 근로계약과는 다른 계약 형태로 볼 수 있다. 그러나 해고 법리가 적용되는 근로자에 해당하는가를 판단할 때는 계약의 명칭·형식에 얽매이지 않고 그 본질에 맞게 판단해야 한다. 판례(대법원 1992.6.26. 선고 92도674 판결 등) 또한 근로자냐 아니냐 하는 문제는 외형적 계약형식이나 명칭에만 의존할 것이 아니라 근로의 실질에 있어서 근로자가 종속적인 관계에서 사용자에게 근로를 제공하는 것이라면 근로기준법 제2조 제1항 제1호 소정의 근로자에 해당한다고 판단한다. 이는 당사자가 계약형식을 변경하여 강행규정인 근로계약법리의 적용의 회피를 방지하기 위함이다.

근로기준법 제2조 제1항 제1호는 「'근로자'란 직업의 종류와 관계없이 임금을 목적으로 사업이나 사업장에 근로를 제공하는 자를 말한다」고 규정하고 있다. 따라서 근로기준법상의 근로자란 임금을 목적으로 타인의 지휘 명령하에서 노무를 제공하는 자, 다시 말하면 사용자의 지휘 명령을 받으면서 사용종속관계에서 노무를 제공하는 자를 말한다. 여기에서 특히 「사용종속관계」의 판단기준이 문제된다.

이에 관하여 판례(대법원 2006.12.7. 선고 2004다29736 판결)는 "근로기준법상의 근로자에 해당하는지 여부는 계약의 형식이 고용계약인지 도급계약인지보다 그 실질에 있어 근로자가 사업 또는 사업장에 임금을 목적으로 종속적인 관계에서 사용자에게 근로를 제공하였는지 여부에 따라 판단하여야 하고, 여기에서 종속적인 관계가 있는지 여부는 업무 내용을 사용자가 정하고 취업규칙 또는 복무(인사)규정 등의 적용을 받으며 업무수행 과정에서 사용자가 상당한 지휘 · 감독을 하는지, 사용자가 근무시간과 근무장소를 지정하고 근로자가 이에 구속을 받는지, 노무제공자가 스스로 비품 · 원자재나 작업도구 등을 소유하거나 제3자를 고용하여 업무를 대행케 하는 등 독립하여 자신의 계산으로 사업을 영위할 수 있는지, 노무제공을 통한 이윤의 창출과 손실의 초래 등 위험을 스스로 안고 있는지, 보수의 성격이 근로 자체의 대상적 성격인지, 기본급이나 고정급이 정하여졌는지 및 근로소득세의 원천징수 여부 등 보수에 관한 사항, 근로제공 관계의 계속성과 사용자에 대한 전속성의 유무와 그 정도, 사회보장제도에 관한 법령에서 근로자로서 지위를 인정받는지 등의 경제적 · 사회적 여러 조건을 종합하여 판단하여야 한다고 하면서 다만, 기본급이나 고정급이 정하여졌는지, 근로소득세를 원천징수하였는지, 사회보장제도에 관하여 근로자로 인정받는지 등의 사정은 사용자가 경제적으로 우월한 지위를 이용하여 임의로 정할 여지가 크기 때문에, 그러한 점들이 인정되지 않는다는 것만으로 근로자성을 쉽게 부정하여서는 안 된다"고 판시하였다.

## 2. 사례의 검토

이 사례를 검토해 보면 출근시간과 강의시간 및 강의장소의 지정, 사실상 다른 사업장에 대한 노무제공 가능성의 제한, 강의 외 부수업무 수행 등의 사정에다가, 시간당 일정액에 정해진 강의시간수를 곱한 금액을 보수로 지급받았을 뿐 수강생수와 이에 따른 학원의 수입 증감이 보수에 영향을 미치지 아니한 사정 등을 종합하여 보면, 갑 등은 임금을 목적으로 종속적인 관계에서 피고에게 근로를 제공한 근로자에 해당한다고 봄이 상당하다. 그리고 보수에 고정급이 없으며, 부가가치세법상 사업자등록을 하고 근로소득세가 아닌 사업소득세를 원천징수당하였으며 직장의료보험이 아닌 지역의료보험에 가입한 사정이 있다 하더라도, 이러한 사정들은 사용자인 A학원이 경제적으로 우월한 지위에서 사실상 임의로 정할 수 있는 사정에 불과하므로 갑 등의 근로자성은 인정된다고 할 것이다.

# Ⅲ. 계약갱신거절의 정당성

## 1. 계약갱신거절에 대한 법적 평가

甲 등이 근로기준법상의 근로자에 해당한다면, A학원에 의한 계약갱신거절에 대해서는 근로기준법상의 해고제한규정이 적용될 수 있다. 즉 근로계약기간을 정한 경우 근로계약 당사자 사이의 근로관계는 특별한 사정이 없는 한 그 기간이 만료함에 따라 사용자의 해고 등 별도의 조처를 기다릴 것 없이 당연히 종료되나, 단기의 근로계약이 장기간에 걸쳐서 반복하여 갱신됨으로써 그 정한 기간이 단지 형식에 불과하게 된 경우에는 계약상 기간을 정하여 채용된 근로자일지라도 사실상 기간의 정함이 없는 근로자와 다를 바가 없게 되어, 사용자가 근로계약의 갱신을 거절하는 것은 해고가 된다(대법원 1994.1.11. 선고 93다17843 판결 등 참조). 그러므로 단기근로계약이 장기간에 걸쳐 반복갱신된 경우 사실상 기간의 정함이 없는 근로자와 다를 바 없게 되어 정당한 사유 없이 갱신계약의 체결을 거절하는 것은 해고와 마찬가지로 무효이다(대법원 1998.1.23. 선고 97다42489 판결).

## 2. 사례의 검토

사례의 경우 甲 등은 10년 동안 계속하여 강사로 근무하여 왔고, 계약의 외양이 '용역계약서'라는 제목의 계약형식이지만 실제 매년 2월에 계약을 갱신하여 왔는데 그와 같이 반복 체결된 계약이 9회에 이르고, 아무런 이유를 제시하지 않고 계약갱신을 거절한 것으로 보이므로 달리 근무성적이나 업무성과 등 근로계약의 갱신에서 고려될 다른 사정 때문에 갱신거절을 당한 것이 아니다. 이러한 사정을 종합하여 보면, 비록 甲 등이 매년 근로계약을 체결하는 형식을 취하였다 하더라도 이는 형식에 불과하여 실질적으로 기간의 정함이 없는 근로자의 지위에 있었던 것으로 보이므로, A학원이 甲 등에게 한 근로계약갱신거절은 실질적으로 해고이며, 아무런 이유를 제시하지 않고 갱신거절은 정당한 이유가 없는 해고로서 위법 · 무효이다(근기법 제23조 제1항 참조).

## Ⅳ. 설문의 해결

甲 등은 A학원과의 관계에서 사용종속관계에 있음이 인정되므로 근로기준법상의 근로자에 해당하며, 매년 근로계약의 갱신을 통해 사실상 기간의 정함이 형식에 불과한 경우에 해당된다. 따라서 A학원이 甲 등에 대하여 이유 없이 갱신거절을 한 것은 정당한 이유가 없는 해고에 해당되므로 甲 등의 부당해고 구제신청은 인용될 것이다.

# [문제 02]의 해결 — 퇴직금지급청구 인용 여부

Ⅰ. 설문의 쟁점
Ⅱ. 실질적인 근로관계의 존재 여부
  1. 근로관계 존부에 관한 판단기준 / 2. 사례의 검토
Ⅲ. 계속근로 여부
  1. 계속근로에 관한 판단기준 / 2. 사례의 검토
Ⅳ. 설문의 해결

## Ⅰ. 설문의 쟁점

乙 등 2명의 퇴직금지급청구가 인정되기 위해서는 첫째, 실질적인 근로관계가 존재하여야 하고, 둘째, 근로연수가 계속해서 1년 이상이어야 한다(근로자퇴직급여 보장법 제4조 제1항).

## Ⅱ. 실질적인 근로관계의 존재 여부

### 1. 근로관계 존부에 관한 판단기준

우선 실질적인 근로관계의 존재와 관련해서 살펴보면, 근로자와 사용자 사이에 고용형식의 여하에 관계없이 실질적인 근로관계가 존재하면 퇴직금을 청구할 수 있다. 예컨대 일용직근로자 또는 임시직근로자(대법원 1995.7.11. 선고 93다26168 전원합의체 판결 등), 성과급·능률급과 같이 임금산정방법이 불규칙한

도급근로자 또는 수련의 등과 같은 전문직업인 등도 퇴직금제도의 적용을 받는다.

### 2. 사례의 검토

사례의 경우, [문제 01]에서 본 바와 같이 계약형식에 관계없이 乙 등은 근로기준법상 근로자에 해당하므로 실질적인 근로관계가 존재한다.

## Ⅲ. 계속근로 여부

### 1. 계속근로에 관한 판단기준

퇴직금지급청구가 인정되기 위해서는 계속근로연수가 1년 이상이어야 한다. 사례에서는 근로자들의 계속근로를 인정할 수 있는지 문제되는바, 이에 대해 판례는 근로계약기간이 만료되면서 다시 근로계약을 맺어 그 근로계약기간을 갱신하거나 동일한 조건의 근로계약을 반복하여 체결한 경우에는 갱신 또는 반복된 계약기간을 합산하여 계속근로 여부와 계속근로연수를 판단하여야 한다고 보고 있고(대법원 1995.7.11. 선고 93다26168 전원합의체 판결 등 참조), 나아가 갱신되거나 반복 체결된 근로계약 사이에 일부 공백 기간이 있다 하더라도 그 기간이 전체 근로계약기간에 비하여 길지 아니하고, 계절적 요인이나 방학기간 등 당해 업무의 성격에 기인하거나 대기기간·재충전을 위한 휴식기간 등의 사정이 있어 그 기간 중 근로를 제공하지 않거나 임금을 지급하지 않을 상당한 이유가 있다고 인정되는 경우에는, 근로관계의 계속성은 그 기간 중에도 유지된다고 보고 있다(대법원 2011.4.14. 선고 2009다35040 판결).

### 2. 사례의 검토

사례의 경우 1990년부터 매년 2월 계약기간을 그 때부터 그 해 11월경까지로 정한 근로계약을 맺고 그 기간이 끝난 후 다음해 2월에 다시 계약을 갱신하고 반복·체결하여 오기는 하였으나, 계약기간이 아닌 기간에도 원고들은 수능시험 문제 풀이, 난이도 파악, 논술 강의, 수능 점수 파악·보고, 대학 지원자 파악·보고, 대학 합격자 파악·보고 등의 업무를 수행하였음을 알 수 있는바, 이러한 사정에 비추어 보면 11월 대학수학능력시험일 이후 다음해 2월 중순까지의 기간은 강의 외 부수업무 수행과 다음 연도 강의를 위한 재충전과 강의 능력 제고를 위한 연구를 위한 기간으로서 그 기간 중에도 A학원과 乙 등의 사이에 근로관계는 계속되었다고 보기에 충분하다.

## Ⅳ. 설문의 해결

이 사례의 경우 A학원과 乙 등 사이에 실질적인 근로관계가 존재하고 갱신된 근로계약들 사이의 공백 기간에도 근로관계의 계속성이 인정되므로, 乙 등의 계속근로연수가 10년이 된다. 따라서 乙 등의 퇴직금 청구는 인용되어야 한다.

【관련쟁점】

1. 근로기준법상 근로자와 노동조합 및 노동관계조정법상 근로자는 어떻게 다른가? 이에 관한 판례의 태도는?
2. 이른바 특수한 고용형태에 종사하는 자에 대해 판례와 학설은 어떠한 태도를 취하고 있는가? 태도가 다르다면 그 차이는?

【참고문헌】

김형배, 343~348면, 736~752면; 김희성(1), 11-29면; 임종률, 28~35면, 545~551면; 이철수 외 4인, 31~35면, 108~111면 .

**【관련판례】**

○ 근로기준법상 근로자인지 여부의 판단기준

대법원 2006.12.7. 선고 2004다29736 판결

[1] 근로기준법상의 근로자에 해당하는지 여부는 계약의 형식이 고용계약인지 도급계약인지보다 그 실질에 있어 근로자가 사업 또는 사업장에 임금을 목적으로 종속적인 관계에서 사용자에게 근로를 제공하였는지 여부에 따라 판단하여야 하고, 여기에서 종속적인 관계가 있는지 여부는 업무내용을 사용자가 정하고 취업규칙 또는 복무(인사)규정 등의 적용을 받으며 업무수행 과정에서 사용자가 상당한 지휘·감독을 하는지, 사용자가 근무시간과 근무장소를 지정하고 근로자가 이에 구속을 받는지, 노무제공자가 스스로 비품·원자재나 작업도구 등을 소유하거나 제3자를 고용하여 업무를 대행케 하는 등 독립하여 자신의 계산으로 사업을 영위할 수

있는지, 노무제공을 통한 이윤의 창출과 손실의 초래 등 위험을 스스로 안고 있는지, 보수의 성격이 근로 자체의 대상적 성격인지, 기본급이나 고정급이 정하여졌는지 및 근로소득세의 원천징수 여부 등 보수에 관한 사항, 근로제공 관계의 계속성과 사용자에 대한 전속성의 유무와 그 정도, 사회보장제도에 관한 법령에서 근로자로서 지위를 인정받는지 등의 경제적 · 사회적 여러 조건을 종합하여 판단하여야 한다.[1] 다만, 기본급이나 고정급이 정하여졌는지, 근로소득세를 원천징수하였는지, 사회보장제도에 관하여 근로자로 인정받는지 등의 사정은 사용자가 경제적으로 우월한 지위를 이용하여 임의로 정할 여지가 크기 때문에, 그러한 점들이 인정되지 않는다는 것만으로 근로자성을 쉽게 부정하여서는 안 된다.

[2] 대학입시학원 종합반 강사들의 출근시간과 강의시간 및 강의장소의 지정, 사실상 다른 사업장에 대한 노무제공 가능성의 제한, 강의 외 부수업무 수행 등에 관한 사정과 그들이 시간당 일정액에 정해진 강의시간수를 곱한 금액을 보수로 지급받았을 뿐 수강생수와 이에 따른 학원의 수입 증감이 보수에 영향을 미치지 아니하였다는 사정 등에 비추어 볼 때 위 강사들이 근로기준법상의 근로자에 해당한다고 하면서, 비록 그들이 학원 측과 매년 '강의용역제공계약'이라는 이름의 계약서를 작성하였고 일반 직원들에게 적용되는 취업규칙 등의 적용을 받지 않았으며 보수에 고정급이 없고 부가가치세법상 사업자등록을 하고 근로소득세가 아닌 사업소득세를 원천징수당하였으며 지역의료보험에 가입하였다고 하더라도 위 강사들의 근로자성을 부정할 수 없다고 한 사례.

---

1) 여기까지 판시내용은 오랫동안 판례가 취해 온 전통적 방식을 그대로 따르는 것이다. 기존 판결에 대해서는 학계의 비판이 잇달았는데, 그 주요 비판은 대체로 근로자의 결정에서 중요하게 고려해야 할 사실적 징표(실질적 징표)와 부수적인 징표(형식적 징표)를 구별하지 않고, 여러 사실적 징표를 병렬적으로 나열하고 있다는 점에 집중되어 있다. 구체적 판단 사례에서 부차적으로 고려하여야 할 형식적 징표들이 실질적 징표와 동등한 수준에서 검토되고 있다는 점이 문제된다. 부수적 · 형식적 징표인 ① 취업규칙 · 복무규정 · 인사규정 등 적용을 받는가, ② 기본급이나 고정급이 정하여져 있는가, ③ 세법(근로소득세 공제 여부)이나 사회보장제도에 관한 법령 등 다른 법령에 의하여 근로자로서 지위를 인정받는지 여부 등은 주로 사용자가 경제적 · 사회적 지위의 우월성을 이용하여 일방적으로 결정할 수 있는 사항들로서 이를 지나치게 중시하고 있다고 한다. 다시 말하면 계약당사자의 주관적 의사에 좌우될 수 있는 요소 등을 이차적 내지 부차적으로 고려하는 해석이 필요하다는 것이다.

이러한 상황 속에서 대법원 2006.12.7. 선고 2004다29736 판결이 판시되었는데, 이 판결은 기존 판결에 비해 다음과 같은 점에서 차이가 있다고 할 수 있다. 즉 2006년의 판결은 종전의 판례와 마찬가지로 사용종속관계의 판단기준을 설시한 후에 「다만, 기본급이나 고정급이 정하여졌는지, 근로소득세를 원천징수하였는지, 사회보장제도에 관하여 근로자로 인정받는지 등의 사정은 사용자가 경제적으로 우월한 지위를 이용하여 임의로 정할 여지가 크기 때문에, 그러한 점들이 인정되지 않는다는 것만으로 근로자성을 쉽게 부정하여서는 안 된다」는 것을 추가하여 판시하였다. 즉 '기본급이나 고정급이 정하여졌는지, 근로소득세를 원천 징수하였는지, 사회보장제도에 관

○ 계속근로 여부에 관한 판단기준

대법원 1995.7.11. 선고 93다26168 전원합의체 판결

형식상으로는 비록 일용직근로자로 되어 있다 하더라도 일용관계가 중단되지 않고 계속되어 온 경우에는 상용근로자로 보아야 할 것이고, 근로계약이 만료됨과 동시에 근로계약기간을 갱신하거나 동일한 조건의 근로계약을 반복하여 체결한 경우에는 갱신 또는 반복한 계약기간을 모두 합산하여 계속근로연수를 계산하여야 할 것이며(대법원 1975.6.24. 선고 74다1625, 1626 판결; 1979.4.10.선고 78다1753 판결 등 참조), 임시고용원으로 채용되어 근무하다가 중간에 정규사원으로 채용되어 공백기간 없이 계속근무한 경우처럼 근속기간 중에 근로제공형태(직종 또는 직류)의 변경이 있는 경우에도 임시고용원으로서의 근무기간과 정규사원으로서의 근무기간을 통산한 기간을 퇴직금 산정의 기초가 되는 계속근로연수로 보아야 할 것이다.

하여 근로자로 인정받는지'에 대해서는 '사용자가 경제적으로 우월한 지위를 이용하여 임의로 정할 여지가 크다는 점'을 고려하여 다른 요소에 비하여 근로자성 판단에서 부차적인 것임을 밝히고 있다. 2006년 판결은 그 동안 학계에서 제기된 비판, 곧 "근로자성의 결정에서 중요하게 고려하여야 할 사실적 징표(실질적 징표)와 사용자가 경제적 · 사회적 지위의 우월성을 이용하여 일방적으로 결정할 수 있는 부수적 징표(형식적 징표)를 구별하지 않은 채 동등한 수준에서 검토하고 있다"는 비판을 일부 수용한 것이다. 또한 사용자의 지휘 · 감독의 정도와 관련하여 종전 판례에서는 '구체적 · 개별적 지휘 · 감독'을 요하고 있던 것을 '상당한 지휘 · 감독'으로 완화하고 있고, 근로자와 구별하기 위해 사업자성에 관한 징표를 제시하고 있다. 종전에는 '근로자 스스로가 제3자를 고용하여 업무를 대행케 하는 등 업무의 대체성 유무, 비품 · 원자재나 작업도구 등의 소유관계'라고만 설시하던 것을 이 판결에서는 '독립하여 자신의 계산으로 사업을 영위할 수 있는지, 노무제공을 통한 이윤의 창출과 손실의 초래 등 위험을 스스로 안고 있는지'를 기준으로 제시하고 있다.

# 02. 근로기준법상 사용자

## 【사실관계】

Y사는 해외로부터 원유를 수입하여 국내 정유시설에서 석유류제품으로 정제한 다음, 이를 전국에 산재한 직영주유소 및 대리점을 통하여 판매하는 회사다. 그런데 이러한 석유류제품의 운송·저장은 Y사의 전국 13개 물류센터에서 담당하고 있으며, 물류센터에서의 석유류제품 수·출하업무 등 사무지원업무 중 상당부분은 1992.9.경 이래 업무도급계약을 체결하고 소위 외주(外注) 처리하여 왔는데, 외주업체는 자회사인 A사(그 주식 100%를 Y사가 소유)였다. 그리고 A사의 대표이사를 포함한 회사 간부의 대부분은 Y사의 전임임원이나 간부였던 자로서 A사는 Y사의 의향을 받아들이며 경영방침을 정하였다.

2002년 4월 1일에 A사에 고용된 甲은 채용면접과정에서부터 Y사의 물류센터 소장과 관리과장 등이 A사의 이사와 함께 참석한 가운데 실시된 면접을 통해 채용되었으며, Y사의 정식직원과 구별하지 않고 업무지시, 직무교육실시, 표창, 휴가사용 승인 등 제반 인사관리를 Y사가 직접 시행하고, 조직도나 안전환경점검팀 구성표 등의 편성과 경조회의 운영에 있어서 아무런 차이를 두지 아니하였으며, 甲 등의 근로자들의 업무수행능력을 Y사가 직접 평가하고 임금인상 수준도 Y사의 정식직원들에 대한 임금인상과 연동하여 결정하였다.

같은 해 9월 1일 어느 신문 보도에 의해 A사는 「위장도급」의 혐의가 있다는 것이 기사화되었고 그로 인해 노동부의 특별감독을 받았다. 그 후 Y사는 A사를 해산하기로 결정하고 A사는 9월 10일에 종업원인 甲 등 100명에 대해 10월 10일자로 해고한다는 내용의 해고예고를 했다.

甲은 이러한 취급에 불만을 가지고 같은 해 9월 15일 그 지역에 조직되어 있는 Z노동조합에 가입했다(A사 및 Y사에는 노동조합이 없다). Z노동조합은 9월 20일부터 갑 등 해고를 둘러싼 문제에 대해서 Y사에게 단체교섭을 수차례 요구했으나 Y사는 이에 응하지 않았다. A사는 10월 10일 해고예고대로

甲 등 100명을 해고했다.

[문제 01] 근로자 甲 등은 형식상으로는 A사와 근로계약을 체결하고 있지만 실질적으로는 Y사가 근로계약상의 사용자이므로 Y사에 의한 부당해고라고 주장하면서 관할노동위원회에 부당해고구제신청을 하였다. 이 신청은 인용될 수 있는가?

[문제 02] Y사가 해고를 둘러싼 문제에 대하여 단체교섭을 거부하고 있다. 이에 대해 Z노조는 정당한 이유없는 단체교섭의 거부를 이유로 부당노동행위구제신청을 하였다. 이 청구는 인용될 수 있는가?(회사의 해산에 관련한 해고가 단체교섭의 대상이 되는지는 논외로 함)

## 《관련조문》

근로기준법

제2조(정의) ① 이 법에서 사용하는 용어의 뜻은 다음과 같다.

1. "근로자"란 직업의 종류와 관계없이 임금을 목적으로 사업이나 사업장에 근로를 제공하는 자를 말한다.
2. "사용자"란 사업주 또는 사업 경영담당자, 그 밖에 근로자에 관한 사항에 대하여 사업주를 위하여 행위하는 자를 말한다.
3. "근로"란 정신노동과 육체노동을 말한다.
4. "근로계약"이란 근로자가 사용자에게 근로를 제공하고 사용자는 이에 대하여 임금을 지급하는 것을 목적으로 체결된 계약을 말한다.

노동조합 및 노동관계조정법

제2조(정의) 이 법에서 사용하는 용어의 정의는 다음과 같다.

1. "근로자"라 함은 직업의 종류를 불문하고 임금·급료 기타 이에 준하는 수입에 의하여 생활하는 자를 말한다.
2. "사용자"라 함은 사업주, 사업의 경영담당자 또는 그 사업의 근로자에 관한 사항에 대하여 사업주를 위하여 행동하는 자를 말한다.

**【사실관계】의 논점정리**

이 사례에서는 A사와 형식적으로 근로계약을 체결한 갑과 갑이 가입한 Z노동조합이 A사에게 영향력을 미칠 수 있는 입장에 있었던 Y사를 상대로 관할노동위원회에 법적인 청구를 하는 것이 가능한가가 문제가 되고 있다. 구체적으로 관할노동위원회에 원직복직과 임금지급을 내용으로 하는 부당해고구제신청권과 단체교섭을 요구하는 노동법상의 권리를 행사할 수 있는지가 문제가 된다.

[문제 01]에서는 근로계약상의 「사용자」 개념이 그 쟁점이다. 회사와 근로자 간에 직접적인 근로계약이 체결되어 있지 않는 경우에 근로계약상의 「사용자」성을 인정하는 법리로는 「법인격부인의 법리」와 「묵시적 근로계약성립의 법리」가 있다. 판례로는 2003년의 에스케이 인사이트코리아 판결(대법원 2003.9.23. 선고 2003두3420 판결: 자회사의 근로자와 모회사 사이에 근로관계의 성립을 인정)이 있다. 이 판결에서는 근기법상의 「사용자」성에 대해서 묵시적 근로계약법리를 제시하고 있고, 이 법리를 이 사례에 잘 적용할 수 있는지가 주요 쟁점이 된다.

[문제 02]는 Z노동조합이 Y사에 대해 단체교섭을 요구하는 경우 단체교섭 거부를 정당한 이유없는 단체교섭의 거부로 보아 부당노동행위구제신청을 하는 경우, Y사가 근로자 갑과의 관계에서 노조법상의 「사용자」에 해당하는가가 쟁점이 된다.

## 논점의 해설

### [문제 01]의 해결 — 부당해고구제신청의 인용 여부

Ⅰ. 설문의 쟁점
Ⅱ. 묵시적 근로계약관계의 인정 여부
  1. 묵시적 근로계약관계의 인정요건 / 2. 사안의 적용
Ⅲ. 법인격부인의 법리의 적용 여부
  1. 법인격부인의 법리의 적용요건 / 2. 사례의 적용
Ⅳ. 설문의 해결

# Ⅰ. 설문의 쟁점

甲은 관할 노동위원회에 실질적으로는 Y사가 근로계약상의 사용자이므로 Y사에 대하여 부당해고[1]를 주장하고 있는바, 이 같은 주장이 받아들여지기 위해서는 甲과 Y사 사이에 근로계약관계가 인정되어야 한다. 그러나 甲은 Y사와 직접 근로계약을 체결한 바 없으므로, (a) 묵시적 근로계약성립의 법리 내지 (b) 법인격부인의 법리를 통해 Y사가 甲과의 관계에서 근로계약상 「사용자」에 해당되는지가 쟁점이라고 하겠다.

# Ⅱ. 묵시적 근로계약관계의 인정 여부

## 1. 묵시적 근로계약관계의 인정요건

근로계약관계는 명시적인 근로계약의 체결을 통해 성립되는 것이 원칙적 모습이나, 이를 고수하게 되면 간접고용을 통한 기업의 탈법행위를 방치할 수밖에 없으므로 이를 방지하기 위해 고안된 이론이 묵시적 근로계약성립의 법리라 할 수 있다.

판례는 형식적으로는 자회사가 독립된 법인으로서 근로자들과 근로계약을 체결하고 있다 하더라도 모회사가 자회사에 대하여 실질적으로는 경영에 관한 결정권을 행사하면서 근로자의 모집 · 채용에 직접 관여할 뿐만 아니라 업무지시, 직무교육실시, 표창, 휴가사용 승인 등 제반 인사관리를 시행하고, 근로자들의 업무수행능력을 직접 평가하여 임금인상 수준도 결정하고 있다면, 모회사와 자회사의 도급관계는 '위장도급'이 되며 이때 원고용주인 자회사(수급인)에게 사업주로서의 실체(독립성)가 없고, 모회사(도급인)와 자회사 근로자 사이에 종속적인 관계가 있으면 실질적으로는 모회사와 자회사의 근로자들 사이에는 근로계약관계가 존재한다고 판시하고 있다(대법원 2003.9.23. 선고 2003두3420 판결). 다시 말하면 모회사는 해당 근로자를 직접 채용한 것과 마찬가지로 사용자의 지위에 있게 된다. 자회사와 모회사 사이의 도급계약관계는 위장된 것으로 실질적으로 아무 효력이 없다. 자회사는 해당 근로

---

1) 甲이 Y사에게 민사소송을 통해 근로자지위확인 및 임금지불이라는 근로계약상의 권리를 주장하는 경우도 이와 다를 바 없다.

자들의 노무수행에 대하여 직접 지시감독권을 행사하고 있지 않기 때문이다.

### 2. 사안의 적용

사례의 경우 갑은 A사와 근로계약을 체결하였지만, Y사는 실질적으로 A회사의 경영에 관한 결정권을 행사하면서 근로자의 모집·채용에 직접 관여하였으며, 각종 인사관리와 임금에 관한 결정도 하여 왔다는 점을 알 수 있다.

따라서 A사와 Y사의 도급관계는 '위장도급'이라 할 것이고, 갑은 사업주로서의 실체가 없는 A사가 아닌 Y사와 사이에 실질적인 근로계약관계가 인정된다고 볼 것이다.

그러므로 근로자 甲 등이 Y사의 해고가 부당해고임을 이유로 한 해당 노동위원회의 부당해고구제신청은 인용된다.

## Ⅲ. 법인격부인의 법리의 적용 여부

### 1. 법인격부인의 법리의 적용요건

법인격부인론은 어느 기업을 지배함으로써 실질적인 책임을 부담해야 하는 자(개인 및 회사)가 별개의 법인격을 가진 주체라는 형식적 이유를 들어 책임을 회피하려는 경우 당해 사안에서 법인격을 부인한다는 이론이다. 즉, 종속관계에 있는 기업의 법인격을 특정한 법률관계에 있어서 부인하고 지배기업 내지 개인을 해당 법률관계의 주체로 인정함으로써 문제의 올바른 해결을 꾀할 수 있다.[2)]

이 이론이 적용되기 위해서는 ⅰ) 법인격의(법인=종속기업) 배후에 개인 또는 다른 법인에 의한 현실적 지배(자본관계, 임원관계, 일상적 업무나 노무에 대한 현실적 지배, 재정경리관계 등)가 있어야 하며(지배요건), ⅱ) 개인 또는 지배기업이 피지배기업의 법인격을 위법 또는 부당한 목적으로 이용하여야 한다. 즉, 법인격의 남용을 목적으로 법인이 설립되었거나, 설립된 법인이 남용목적으로 해산되어야 한다(목적요건).

---

2) 어떤 기업(지배기업)이 주식소유·임원파견 또는 전속적(專屬的) 하도급관계의 유지 등을 통하여 타기업(종속기업)을 지배하는 실태는 드물지 않게 존재한다. 특히 노동법과 관련해서 종속기업이 해산되거나 근로자가 해고된 경우에 종속기업의 근로자를 보호하기 위하여 지배기업의 책임을 추급하는 이론으로 활용되는 것이 법인격부인의 원리이다.

### 2. 사례의 적용

우선 지배요건(ⓐ)과 관련하여, A사의 대표이사를 포함한 회사간부의 대부분이 Y사의 전임임원이나 간부였던 점, Y사가 A사의 주식을 100% 소유한 점, A사의 경영방침은 Y사의 의향을 받아들여 상정되었다는 점 등을 볼 때, Y사가 A사를 일정 정도 지배하였다는 것으로 볼 수 있다. 따라서 지배요건을 충족하고 있다. 그러나 목적요건(ⓑ)과 관련하여, Y사가 어떠한 목적으로 A사를 이용했는지는 명확하지 않다. Y사로서는, A사의 이용에 대해서 위법·부당한 목적은 없었다고 반론해 올 것이라고 생각되지만, 이에 대해서는 Y사가 근로자파견법 등의 법규제를 잠탈(潛脫)할 목적 또는 A사의 법인격을 이용하여 근로계약상의 책임을 회피하려는 목적으로 A사의 법인격을 이용했다는 사실(ⓑ)을 밝히는 것이 필요하다.

위의 사실(ⓐ와 ⓑ)을 밝힐 수 있다면, A사의 법인격을 부인하고 Y사를 A사의 근로자의 근로계약상의 「사용자」로서 인정하는 것이 가능하다. 판례 또한 에스케이 인사이트코리아 사건(대법원 2003.9.23. 선고 2003두3420 판결)에서 「주식회사 에스케이는 위장도급의 형식으로 근로자를 사용하기 위하여 인사이트코리아라는 법인격을 이용한 것에 불과하고, 실질적으로는 참가인이 원고들을 비롯한 근로자들을 직접 채용한 것과 마찬가지로서 참가인과 원고들 사이에 근로계약관계가 존재한다고 보아야 할 것이다」라고 판시함으로써 결과에 있어서 법인격부인론을 인정하는 것과 유사하다고 할 수 있다.

## Ⅳ. 설문의 해결

甲의 Y사를 상대로 한 부당해고구제신청은 Y사에게 사용자 지위가 인정되어야 하는데, 甲은 A사와 Y사의 관계가 위장도급임을 들어 Y사와의 묵시적 근로계약을 주장하거나, 법인격부인의 법리를 주장한다면 Y사의 사용자성이 인정될 수 있으므로, 甲의 신청은 인용될 것이다.

# [문제 02]의 해결 — Z노동조합의 청구에 대해서

Ⅰ. 설문의 쟁점
Ⅱ. Y사의 노동조합 및 노동관계조정법상 사용자성 인정 여부
1. 문 제 점 / 2. 판례의 태도
Ⅲ. 설문의 해결

## Ⅰ. 설문의 쟁점

Z노동조합의 Y사에 대한 단체교섭 요구에 대하여 Y사가 이를 거부한 경우 이를 정당한 이유없는 단체교섭의 거부로 보아 부당노동행위구제신청을 제기하였을 때, Y사가 근로자 甲과의 관계에서 노동조합 및 노동관계조정법(이하 '노조법'이라 함)상의 「사용자」에 해당하는가가 논점이 된다. Y사는 甲의 사용자가 아니므로[1] 노조법상 「사용자」에게 부과되고 있는 단체교섭에 응해야만 하는 의무(노조법 제81조 제3호)를 지지 않는다는 반론을 제기할 가능성이 있기 때문이다.

## Ⅱ. Y사의 노동조합 및 노동관계조정법상 사용자성 인정 여부

### 1. 문 제 점

Y사가 甲 등의 사용자라면 당연히 甲 등이 가입한 Z노동조합에 대하여 교섭의무를 지는 사용자에 해당한다. 그러나 근로계약상 사용자성이 인정되지 않는다고 하더라도 실제에 있어서는 이와 유사한 지위에 있는 기업도 부당노동행위의 주체인 사용자에 해당되는지가 문제된다.

---

1) Y사가 [문제 01]에서 언급한 바와 같이 근로계약상의 「사용자」에 해당하는 경우 Y사는 갑의 근로조건 등에 대해서 책임을 갖는 입장에 있으므로 당연히 노조법상의 「사용자」로써 단체교섭에 응해야만 할 의무를 진다. 그 경우 Z노동조합의 단체교섭요구에 대해 Y사가 단체교섭을 거부하는 것은 정당한 이유없는 단체교섭의 거부로서 부당노동행위에 해당하므로(노조법 제81조 제3호) 부당노동행위구제신청이 인용된다.

### 2. 판례의 태도

판례는「원청회사가 사내 하청업체 소속 근로자들의 기본적인 노동조건 등에 관하여 고용사업주인 사내 하청업체의 권한과 책임을 일정 부분 담당하고 있다고 볼 정도로 실질적·구체적으로 지배·결정할 수 있는 지위에 있고 사내 하청업체의 사업폐지를 유도하고 그로 인하여 사내 하청업체 노동조합의 활동을 위축시키거나 침해하는 지배·개입행위를 하였다면, 원청회사는 부당노동행위 구제명령의 대상인 사용자에 해당한다」(대법원 2010.3.25. 선고 2007두8881 판결)고 판단하였다. 즉 판례는 부당노동행위의 주체로서의 사용자에 대해 지배·개입에 대한 사용자성을 인정하고 있다. 다만 단체교섭의 상대방으로서의 사용자성을 인정한 판결은 없다.

## Ⅲ. 설문의 해결

이 사례에서 Y사가 근로계약상「사용자」에 해당하지 않는다 하더라도, Y사가 甲 등의 근로조건 등에 대해서 현실적이면서 구체적으로 지배·결정할 수 있는 입장에 있는 경우에는 그 근로조건 등에 대해서 Y사는 노동조합 및 노동관계조정법상의「사용자」로써 단체교섭에 응해야만 할 의무를 진다고 해석된다(사용자개념의 확장). 이 사례의 사실관계로부터, Y사는 A사 근로자의 채용, 업무지시·직무교육 등의 제반 인사관리 등에 직접적으로 관여를 하고 있는 사정을 확인할 수 있다. Y사는 A사의 해산 및 갑 등의 해고에 대해서 현실적이면서 구체적으로 지배·결정할 수 있는 입장에 있었다는 것으로 인정되기 때문에, 근로자 甲 등의 해고를 둘러싼 문제에 대해서 갑이 가입한 Z노동조합으로부터의 단체교섭요구에 응해야만 할 의무를 진다고 해석된다. 따라서 Z노동조합의 단체교섭요구에 대해 Y사가 단체교섭을 거부하는 것은 정당한 이유없는 단체교섭의 거부로서 부당노동행위에 해당하므로 구제신청이 인용된다.

【관련쟁점】

1. 노동법상「사용자」개념의 유형으로는 어떠한 것이 있고, 그것들은 각각 어떠한 의미를 갖고 있는가? 이러한「사용자」성은 각각 어떠한

법적 근거에 의거하여 어떠한 점을 기준으로 판단되고 있는가?

2. 근로계약상 「사용자」 개념의 확장이 인정된 예로서 어떠한 것이 있는가? 이 경우 누구에 대해서 어떠한 청구가 인정되는가?

3. 근로기준법상의 「사용자」 개념과 근로계약상의 사용자개념은 무엇이 다른가?

【참고문헌】

김형배, 349~350면, 1080~1085면; 김희성(1), 20~46면; 김희성(2), 면; 임종률, 36~40면, 264~266면; 이철수 외 4인, 41~44면, 447~450면.

**【관련판례】**

○ 묵시적 근로계약관계 및 법인격부인

대법원 2003.9.23. 선고 2003두3420 판결

1. 피고보조참가인 회사(이하 '참가인'이라고 한다)는 1997.8.경부터 주식회사 인사이트코리아(이하 '인사이트코리아'라고 한다)와 업무도급계약을 체결한 이래 그 도급계약을 갱신체결하면서, 원고들을 비롯한 140여 명의 인사이트코리아 소속 근로자들을 전국에 소재한 참가인의 11개 물류센터에서 근무하게 하였는데, 위 업무도급계약상 인사이트코리아는 자신이 고용하는 종업원을 관리하고 직접 지휘 · 감독하기 위하여 현장대리인을 선임하여야 하고, 참가인은 계약의 이행에 관한 지시를 현장대리인이 아닌 종업원에게는 직접 행하지 아니하도록 되어 있음에도 불구하고, 참가인은 원고들을 포함한 인사이트코리아 소속 근로자에 대하여 현장대리인을 경유하지 아니하고 업무지시, 직무교육실시, 표창, 휴가사용승인 등 제반 인사관리를 직접 행하여 온 사실, 인사이트코리아는 참가인의 자회사인 주식회사 인플러스가 그 주식의 100%를 소유하고 있는 회사로서, 역대 대표이사는 참가인의 전임 임원이 선임되었고 거의 전적으로 참가인의 업무만을 도급받아 오는 등 형식상으로는 독립 법인으로 운영되어 왔지만 실질적으로는 모자(母子)회사의 관계로서 사실상의 결정권을 참가인이 행사해 온 사실에 비추어 참가인과 인사이트코리아 사이에 체결된 업무도급계약은 진정한 의미의 업무도급이 아닌 '위장도급'에 해당한다.

2. 인사이트코리아는 참가인의 자회사로서 형식상으로는 독립된 법인으로 운영되어 왔으나 실질적으로는 참가인 회사의 한 부서와 같이 사실상 경영에 관한 결정권을 참가인이 행사하여 왔고, 참가인이 물류센터에서 근로할 인원이 필요한 때에는 채용광고 등의 방법으로 대상자를 모집한 뒤 그 면접과정에서부터 참가인의 물류센터 소장과 관리과장 등이 인사이트코리아의 이사와 함께 참석한 가운데 실시하였으며, 원고들을 비롯

한 인사이트코리아가 보낸 근로자들에 대하여 참가인의 정식직원과 구별하지 않고 업무지시, 직무교육실시, 표창, 휴가사용 승인 등 제반 인사관리를 참가인이 직접 시행하고, 조직도나 안전환경점검팀 구성표 등의 편성과 경조회의 운영에 있어서 아무런 차이를 두지 아니하였으며, 그 근로자들의 업무수행능력을 참가인이 직접 평가하고 임금인상 수준도 참가인의 정식 직원들에 대한 임금인상과 연동하여 결정하였음을 알 수 있는바, 이러한 사정을 종합하여 보면 참가인은 '위장도급'의 형식으로 근로자를 사용하기 위하여 인사이트코리아라는 법인격을 이용한 것에 불과하고, 실질적으로는 참가인이 원고들을 비롯한 근로자들을 직접 채용한 것과 마찬가지로서 참가인과 원고들 사이에 근로계약관계가 존재한다고 보아야 할 것이다.

그렇다면 참가인이 2000.11.1. 원고들을 계약직 근로자의 형식으로 신규채용하겠다고 제의한 데 대하여 원고들이 동의하지 아니한다는 이유로 참가인이 원고들의 근로제공을 수령하기를 거부한 것은 부당해고에 해당한다 할 것이다.

○ 부당노동행위의 주체로서의 사용자

대법원 2010.3.25. 선고 2007두8881 판결

노동조합 및 노동관계조정법(이하 '법'이라 한다) 제81조 제4호 소정의 사용자인지에 관하여 법 제1조는 "헌법에 의한 근로자의 단결권·단체교섭권 및 단체행동권을 보장하여 근로조건의 유지·개선과 근로자의 경제적·사회적 지위의 향상을 도모하고, 노동관계를 공정하게 조정하여 노동쟁의를 예방·해결함으로써 산업평화의 유지와 국민경제의 발전에 이바지함을 목적으로 한다"고 규정하고 있다. 그리고 법 제81조는 '사용자는 그 각 호에서 정하는 부당노동행위를 할 수 없다'고 하고, 제82조 제1항은 "사용자의 부당노동행위로 인하여 그 권리를 침해당한 근로자 또는 노동조합은 노동위원회에 그 구제를 신청할 수 있다"고 하며, 제84조 제1항은 "노동위원회는 부당노동행위가 성립한다고 판정한 때에는 사용자에게 구제명령을 발하여야 하며, 부당노동행위가 성립하지 아니한다고 판정한 때에는 그 구제신청을 기각하는 결정을 하여야 한다"고 규정하는 등, 법 제81조 내지 제86조는 헌법이 규정하는 근로3권을 구체적으로 확보하고 집단적 노사관계의 질서를 파괴하는 사용자의 행위를 예방·제거함으로써 근로자의 단결권·단체교섭권 및 단체행동권을 확보하여 노사관계의 질서를 신속하게 정상화하기 위하여 부당노동행위에 대한 구제제도에 관하여 규정하고 있다(대법원 1993.12.21. 선고 93다11463 판결, 대법원 1998.5.8. 선고 97누7448 판결 등 참조). 이에 의하면 부당노동행위의

예방 · 제거는 노동위원회의 구제명령을 통해서 이루어지는 것이므로, 구제명령을 이행할 수 있는 법률적 또는 사실적인 권한이나 능력을 가지는 지위에 있는 한 그 한도 내에서는 부당노동행위의 주체로서 구제명령의 대상자인 사용자에 해당한다고 볼 수 있을 것이다.

나아가 법 제81조 제4호는 '근로자가 노동조합을 조직 또는 운영하는 것을 지배하거나 이에 개입하는 행위' 등을 부당노동행위로 규정하고 있고, 이는 단결권을 침해하는 행위를 부당노동행위로서 배제 · 시정하여 정상적인 노사관계를 회복하는 것을 목적으로 하고 있으므로, 그 지배 · 개입 주체로서의 사용자인지 여부도 당해 구제신청의 내용, 그 사용자가 근로관계에 관여하고 있는 구체적 형태, 근로관계에 미치는 실질적인 영향력 내지 지배력의 유무 및 행사의 정도 등을 종합하여 결정하여야 할 것이다. 따라서 근로자의 기본적인 노동조건 등에 관하여 그 근로자를 고용한 사업주로서의 권한과 책임을 일정 부분 담당하고 있다고 볼 정도로 실질적이고 구체적으로 지배 · 결정할 수 있는 지위에 있는 자가, 노동조합을 조직 또는 운영하는 것을 지배하거나 이에 개입하는 등으로 법 제81조 제4호 소정의 행위를 하였다면, 그 시정을 명하는 구제명령을 이행하여야 할 사용자에 해당한다.

# 03. 근로관계의 성립 — 채용내정 —

## 【사실관계】

A회사는 1997.8월경 甲 등을 포함한 대학졸업자 또는 졸업예정자들 500명으로부터 채용신청서류를 제출 받은 뒤 1997.9.29.경 서류전형 합격통보를, 1997.10.24.경 면접 합격통보를, 1997.11월경 최종 합격통보를 통해 30명을 최종적으로 선발하였다. 1997.11.30. 열린 입사예정자 소집 간담회에서 신입사원 입사교육계획 일정과 늦어도 1998.4.6.까지는 모두 입사일이 지정되어 근무가 시작될 것임이 고지되었으나, 그 후 1997.11월경부터 시작된 IMF 구제금융의 여파로 A회사에 경영상 어려움이 가중되자 A회사는 1997.12월경부터 시작될 예정이었던 입사교육을 연기하고 1998.2월경 당초의 입사일정이 추후 별도로 결정될 것임을 알리는 안내문을 송부하였고, 1998.6.11.과 12일 개최된 신입사원간담회에서 마침내 신규채용의 취소를 통보하였다.

A회사의 취업규칙은, 전형과 신체검사에 합격한 자는 소정의 구비서류를 제출하고 채용발령을 받음으로써 채용이 확정되고(제6조 제1항), 채용된 자가 회사가 지정하는 기일 내에 서류를 제출하지 않는 경우 또는 허위기재사항이 발견될 경우에는 채용발령을 취소할 수 있으며(같은 조 제2항), 신규로 채용한 종업원에 대하여는 원칙적으로 3개월의 수습기간을 두되 그 기간 중 근무성적이 불량한 자에 대하여는 언제든지 채용을 취소할 수 있다고(같은 조 제3항) 규정하고 있다. 그리고 A회사는 1997.11.30. 입사예정자 소집 간담회를 열고 甲 등의 채용내정자들에게 근로계약서, 서약서, 영업비밀보호서약서 등 입사구비서류를 배부하였는데 제출입사서류에 관한 안내문에는 입사서류를 완전히 구비하여 제출하여야만 입사가 된다고 기재되어 있고, 위 근로계약서에는 근로계약의 효력기간이 채용내정자들에 대한 A회사의 정식발령일로부터 퇴사일까지라고 기재되어 있다.

[문제 01] 채용내정자 甲 등은 A회사가 1997.11월경 자신들에게 최종 합

격통보를 해 줌으로써 자신들과 A회사 사이에 근로계약관계가 유효하게 성립되었기 때문에 늦어도 1998.4.6. 이후에는 甲 등이 A회사의 근로자가 되었다고 보아 그 후 A회사가 갑 등에게 한 신규채용의 취소통보는 실질적으로 해고에 해당하고 정당한 이유가 없는 해고이므로 부당해고라고 주장한다. 이 주장은 인용될 수 있는가?

[문제 02] 甲 등은 설령 채용내정 취소가 정당하더라도 채용내정자들에 대하여도 근로기준법 제26조(해고의 예고)가 적용된다고 할 것인데 A회사는 甲 등에 대하여 채용내정 취소를 함에 있어 해고예고를 한 바 없으므로 30일분의 통상임금에 해당하는 해고예고수당을 지급할 의무가 있다고 주장한다. 이 주장은 인용될 수 있는가?

## 《관련조문》

근로기준법

제23조(해고 등의 제한) ① 사용자는 근로자에게 정당한 이유 없이 해고, 휴직, 정직, 전직, 감봉, 그 밖의 징벌(懲罰)(이하 "부당해고등"이라 한다)을 하지 못한다.

② 사용자는 근로자가 업무상 부상 또는 질병의 요양을 위하여 휴업한 기간과 그 후 30일 동안 또는 산전(産前)·산후(産後)의 여성이 이 법에 따라 휴업한 기간과 그 후 30일 동안은 해고하지 못한다. 다만, 사용자가 제84조에 따라 일시보상을 하였을 경우 또는 사업을 계속할 수 없게 된 경우에는 그러하지 아니하다.

제24조(경영상 이유에 의한 해고의 제한) ① 사용자가 경영상 이유에 의하여 근로자를 해고하려면 긴박한 경영상의 필요가 있어야 한다. 이 경우 경영 악화를 방지하기 위한 사업의 양도·인수·합병은 긴박한 경영상의 필요가 있는 것으로 본다.

② 제1항의 경우에 사용자는 해고를 피하기 위한 노력을 다하여야 하며, 합리적이고 공정한 해고의 기준을 정하고 이에 따라 그 대상자를 선정하여야 한다. 이 경우 남녀의 성을 이유로 차별하여서는 아니 된다.

③ 사용자는 제2항에 따른 해고를 피하기 위한 방법과 해고의 기준 등에 관하여 그 사업 또는 사업장에 근로자의 과반수로 조직된 노동조합이 있는 경우에는 그 노동조합(근로자의 과반수로 조직된 노동조합이 없는 경우에는 근로자의 과반수를 대표하는 자를 말한다. 이하 "근로자

대표"라 한다)에 해고를 하려는 날의 50일 전까지 통보하고 성실하게 협의하여야 한다.

第26조(해고의 예고) 사용자는 근로자를 해고(경영상 이유에 의한 해고를 포함한다)하려면 적어도 30일 전에 예고를 하여야 하고, 30일 전에 예고를 하지 아니하였을 때에는 30일분 이상의 통상임금을 지급하여야 한다. 다만, 천재·사변, 그 밖의 부득이한 사유로 사업을 계속하는 것이 불가능한 경우 또는 근로자가 고의로 사업에 막대한 지장을 초래하거나 재산상 손해를 끼친 경우로서 고용노동부령으로 정하는 사유에 해당하는 경우에는 그러하지 아니하다.

**【사실관계】의 논점정리**

이 사례는 A사로부터 채용내정 통지를 받은 채용내정자들이 경제위기가 도래해 경영상의 이유로 내정이 취소된 사례이다. 따라서 내정기간 중의 법률관계 성격을 명확히 함으로써 채용내정 취소의 적법성(정당성)을 판단하는 것이 중요 쟁점이 된다. 이 문제를 판단하기 위해선 우선 채용내정에 의한 근로계약의 성립 여부를 판단해야 하고, 근로계약이 성립했다고 판단되는 경우에, 채용내정의 취소의 적법성을 근로기준법상 해고제한규정의 적용 여부(제23조, 제24조)로 판단해야 한다.

[문제 01]은 채용내정의 법적 성질, 채용내정기간 중의 법률관계, 내정취소의 적법성 특히 경영상 이유에 의한 해고제한규정(제24조)의 적용 여부가 문제된다.

[문제 02]는 위 사례에서 채용내정의 취소가 해고에 해당할 경우 근로기준법상 해고예고규정(제26조)이 적용되어야 하는지의 여부가 쟁점이다.

**논점의 해설**

## [문제 01]의 해결 — 채용내정 취소의 정당성

Ⅰ. 설문의 쟁점
Ⅱ. A사의 채용내정 취소가 甲 등에 대한 해고인지 여부
1. 채용내정의 의의 / 2. 채용내정에 관한 판례의 태도
3. 사안의 적용
Ⅲ. A사의 경영상 이유에 의한 해고의 정당성
1. 채용내정자에 대한 경영상 해고규정 적용의 문제점 / 2. 판례의 태도
3. 사안의 적용
Ⅳ. 설문의 해결

## Ⅰ. 설문의 쟁점

甲 등은 A사의 채용내정 취소가 부당해고에 해당한다고 주장하고 있는바, 이러한 주장이 인정되기 위해서는 우선 채용내정 취소가 해고에 해당하여야 한다. 해고에 해당하기 위해서는 甲 등과 A사 사이에 근로관계가 성립되어 있음이 전제되어야 할 것이므로, A사의 甲 등에 대한 채용내정으로 인하여 근로관계가 성립되었는지가 쟁점이 된다. 나아가 해고라고 한다면, A사는 경영상 이유로 甲 등의 채용내정을 취소하였는바 경영상 이유에 의한 해고의 정당성을 갖추었는지 문제되며, 특히 협의조항의 적용 여부가 쟁점이라 하겠다.

## Ⅱ. A사의 채용내정 취소가 甲 등에 대한 해고인지 여부

### 1. 채용내정의 의의

본채용에 앞서 조건을 단 근로관계를 설정하기 위해 자주 사용되는 것이 채용내정과 시용이다. 그 중 채용내정이라 함은 사용자가 공개시험이나 추천 등을 통하여 채용예정자를 미리 선정, 확정하고 일정한 시점(예: 학교 졸업 시점 등)에 정규사원으로 입사하는 것을 말한다. 채용예정자로 확정된 후 정규

사원으로 입사하여 실제로 취업하기 이전의 자를 채용내정자라고 한다.

채용내정과 관련해서 회사의 모집공고는 청약의 유인, 응모자의 응시는 청약, 그리고 채용내정의 통지를 승낙(합격통지서의 수령 등)으로 해석되어 채용내정의 통지 시에 근로계약이 성립된다(통설).

### 2. 채용내정에 관한 판례의 태도

판례(대법원 2000.11.28. 선고 2000다51476 판결)는 신규채용된 자들의 채용내정 단계부터 정식발령일 사이에는 사용자에게 근로계약의 해약권이 유보되어 있다고 보고 있으며, 해약권의 행사에 의한 채용내정의 취소를 해고로 판단하고 있다. 즉 채용내정이란 채용내정 기간 중에 일정한 사유가 있으면 근로계약을 소멸시킬 수 있는 해약권을 유보한다는 뜻으로 해석하는 것이다. 그러나 채용내정에 의해 근로계약이 성립한다면 계약성립 시부터 근로기준법이 적용되므로 유보된 해약권의 행사에 의한 채용내정의 취소는 근로기준법 제23조 제1항이 적용되어 정당한 이유가 없는 한 적법하다고 볼 수 없다. 다시 말해서 채용내정 통지서나 서약서 등에 기재된 취소사유에 해당한다고 하여 바로 해약권의 행사가 정당화되는 것이 아니라, 해약권의 행사는 해고에 해당하므로 근로기준법 제23조 제1항, 제24조의 적용을 받게 된다. 또한 채용내정자는 사용자가 통보한 본채용 예정일 이후에는 종업원의 지위를 가지고 그 후 당연히 임금청구권도 가지는 것으로 해석된다(대법원 2002.12.10. 선고 2000다25910 판결).

### 3. 사안의 적용

A사는 甲 등에 대하여 1997.11월경 최종 합격통보를 하였는바, 이 때부터 甲 등과 A사 사이에는 근로관계가 성립하였다고 할 것이다. 따라서 A사의 채용내정 취소는 해고에 해당한다.

## Ⅲ. A사의 경영상 이유에 의한 해고의 정당성

### 1. 채용내정자에 대한 경영상 해고규정 적용의 문제점

사용자가 채용내정 후 경영상의 이유에 의하여 채용내정을 취소하는 경우도 있을 수 있다. 이 경우 채용을 내정한 사용자 측은 대체로 그 취소사유로서 채용계획 실시 후에 발생한 현저한 경제사정의 변동에 관하여 예견가능성 및 회피가능성이 없었음을 이유로 내세운다. 근로기준법 제24조 제1항의 경영상의 긴박한 필요에 해당하더라도 사용자는 원칙적으로 해고를 피하기 위한 노력을 다하여야 하며, 합리적이고 공정한 기준에 따라 그 대상자를 선정하여야 하고, 해고를 피하기 위한 방법과 해고의 기준 등을 근로자의 과반수로 조직된 노동조합 또는 근로자대표에게 해고실시일 50일 전까지 통보하고 성실하게 협의하여야 한다. 문제는 경영상의 이유에 의한 채용내정의 취소의 경우에도 이러한 경영상 이유에 의한 해고의 유효요건을 모두 충족해야 하는지이다.

## 2. 판례의 태도

판례(대법원 2000.11.28. 선고 2000다51476 판결)는 '피고회사의 취업규칙에 비추어 신규채용된 자들의 채용내정 시부터 정식발령일까지 사이에는 사용자에게 근로계약의 해약권이 유보되어 있다고 할 것이어서 원고들에 대하여는 근로기준법 제24조 제3항이 적용되지 않는다고 보아야 한다'고 판시하고 있다. 즉 채용내정의 취소를 해고로 보고 있음에도 불구하고 내정자의 지위를 고려하여 해고 이유를 신축적으로 해석하여, 채용내정 후 경영상의 이유로 내정자를 취업시킬 수 없을 때 근로기준법 제24조 제3항(근로자대표와의 사전협의조항)은 적용되지 않는다는 것이다. 채용내정자들은 아직 경영 내의 취업현장에 투입되어 기존의 종업원들과 같이 근로를 제공한 경력을 가진 자들이 아니므로 사용자는 이들에 대하여 그 사업장의 근로자대표와 구체적 사전협의를 할 필요가 없다는 것이다. 다시 말하면 아직 취업상태에 있지 않은 채용내정자의 노동법상의 지위를 기존 근로자의 그것에 비해 근로관계의 밀접도가 떨어진다는 이유로 상대적으로 소극적으로 보호하려는 것이 판례의 태도라고 할 수 있다.[1)]

---

1) 이러한 사고의 배경에는 채용내정을 할 당시에 사용자가 경영상의 긴박한 사유의 도래를 인식 또는 예측할 수 있었더라면 근로자들을 새로이 채용하지는 않았을 것이라는 생각이 자리잡고 있다고 판단된다. 이와 같은 취지로 일부 학설 또한 사용자가 채용내정을 취소하여 내정자를 해고하려면 '정당한 이유'(근기법 제23조 제1항)가 있어야 하지만, 해약권이 사용자에게 유보되어 있다는 점을 고려해서 해약권이 유보되지 않은 일반근로자의 경우보다는 그 판단을 넓게 해석해야 한다는 견해가 있다. 그러나 판례의 태도에 대해서는 다음과 같은 비판적 견해도 있다. 첫째, 채용내정자에 대한 사용자 측 사유에 의한 취소는 엄격한 기준에 따라야 하고, 둘째, 근로기준법 제24

### 3. 사안의 적용

A사의 해고는 IMF 구제금융을 받게 되는 등 경제위기가 도래한 후 이루어진 것으로서 채용계획실시 후에 발생한 현저한 경제사정의 변동은, 사용자측에게 이에 대한 예견가능성 및 회피가능성이 없는 경영상의 긴박한 필요에 해당한다고 판단된다. 따라서 위 해고는 경영상 이유에 의한 해고이므로, A회사의 위 해고는 위의 사실관계에 비추어, ① 긴박한 경영상의 필요에 의하여, ② 해고 회피를 위한 사용자의 노력이 병행되면서, ③ 객관적 · 합리적 기준에 의하여 해고대상자를 선정하여 행하여진 것임은 인정된다. 다만 해고협의를 거치지 않은 점이 문제되나 A회사의 취업규칙에 비추어 신규채용된 자들의 채용내정 시부터 정식발령일까지 사이에는 사용자에게 근로계약의 해약권이 유보되어 있다고 할 것이므로 갑 등에 대하여는 근로기준법 제24조 제3항이 적용되지 않는다고 보아야 한다. 결국 A회사의 갑 등의 채용내정자들에 대한 채용내정의 취소는 정당하다.

## Ⅳ. 설문의 해결

A회사가 1997.11월경 甲 등에게 최종 합격통보를 해 줌으로써 甲 등과 A회사 사이에 근로계약관계가 유효하게 성립되어 늦어도 1998.4.6. 이후에는 甲 등의 채용내정자들이 A회사의 근로자가 되었다고 할 것이므로 그 후 A회사가 갑 등에게 한 신규채용의 취소통보는 실질적으로 해고에 해당한다.

그리고 해고의 정당성과 관련하여 A사는 경영상 해고를 하면서 근로기준법 제24조 제3항의 협의를 거치지 않은 점이 문제되나 채용내정의 성격상 동 조항이 적용되지 않으므로 정당성도 인정된다. 따라서 甲 등의 주장은 인용될 수 없다고 판단된다.

---

조는 4가지 요건 모두를 만족시키도록 하고 있으며 사용자의 협의의무는 그 중 하나의 유효(정당성)요건이라는 것이다.

# [문제 02]의 해결 — 해고예고수당의 지급 여부

Ⅰ. 설문의 쟁점
Ⅱ. 甲 등에 대한 해고예고규정의 적용 여부
Ⅲ. 설문의 해결

## Ⅰ. 설문의 쟁점

근로기준법 제26조는 '사용자는 근로자를 해고(경영상 이유에 의한 해고를 포함한다)하려면 적어도 30일 전에 예고를 하여야 하고, 30일 전에 예고를 하지 아니하였을 때에는 30일분 이상의 통상임금을 지급하여야 한다'고 규정하고 있는바, 사안에서 甲 등과 같은 채용내정자에게도 위 규정이 적용되는지가 쟁점이다.

## Ⅱ. 甲 등에 대한 해고예고규정의 적용 여부

채용내정의 경우도 근로관계가 성립된 것이므로 원칙적으로 일반근로자와 달리 취급할 이유는 없지만, 실제로 취업상태에 있는 근로자와 구별되는 점이 있으므로 근로기준법 적용에 있어 완전히 동일하게 취급하기 어려운 부분이 있다. 해고예고조항의 경우 해고 후 실업상태로 인한 근로자의 생활보호를 위한 규정으로 아직 취업상태에 놓여 있지 않은 채용내정자들에게 적용하기 어색한 부분이 있으며, 수습사용 중의 근로자에 대하여 해고예고조항(근기법 제26조)은 적용하지 않는 점(근기법 제35조)을 고려할 때, 채용내정자에 대하여 해고예고는 필요하지 않다고 보아야 할 것이다.

또한 근로기준법 제35조 제3호 및 제5호는, 월급근로자로서 6개월이 되지 못한 자 및 수습사용 중인 근로자에 대하여 같은 법 제26조의 해고예고에 관한 규정을 배제하고 있는바, 甲 등의 채용내정자들과 A회사 사이에 1998.4.6.부터 근로관계가 성립되었다고 본다 하더라도 A회사가 채용내정을 취소한 1998.6.12.까지 甲 등의 채용내정들은 수습기간 중이라고 보아야 하고 또한 근로관계가 효력을 발생한 날로부터 6개월이 경과한 것도 아니므로 해고예고수당에 관한 규정이 적용될 여지가 없다고 할 것이다.

# Ⅲ. 설문의 해결

따라서 甲 등에게 근로기준법 제26조가 정한 해고예고규정은 성질상 적용될 수 없으며, 적용된다고 하더라도 동법 제35조 제3호가 정한 적용 예외에 해당하기 때문에 역시 적용될 수 없다. 그러므로 갑 등의 해고예고 수당 지급에 관한 주장은 이유없다.

【관련쟁점】

1. 채용내정기간 중에 기업과 내정자 사이에는 어떠한 권리 · 의무가 발생하고, 채용내정을 받은 자가 그만둔 경우 회사 측은 어떠한 법적 청구를 할 수 있는가?
2. 시용기간종료 후에 본채용이 거부된 경우, 근로자는 어떠한 법적 구제를 요구할 수 있는가? 또한 사용자는 어떠한 경우에 본채용을 거부할 수 있는가?

【참고문헌】

김형배, 271~276면; 김희성(1), 83~88면; 임종률, 379~381면.

**【관련판례】**

○ 채용내정의 법적 성질

대법원 2000.11.28. 선고 2000다51476 판결

원심에 의하면 피고의 정리해고는 여러 인정사실에 비추어 ① 긴박한 경영상의 필요에 의하여, ② 해고 회피를 위한 사용자의 노력이 병행되면서, ③ 객관적 · 합리적 기준에 의하여 해고대상자를 선정하여, ④ 근로자 측과의 성실한 협의를 거쳐서 행하여진 것이고, 한편 피고회사의 취업규칙에 비추어 신규채용된 자들의 채용내정 시부터 정식발령일까지 사이에는 사용자에게 근로계약의 해약권이 유보된다고 할 것이어서 원고들에 대하여는 근로기준법 제31조 제3항이 적용되지 않는다고 보아야 한다고 하여, 결국 피고의 원고들에 대한 정리해고가 정당하다고 판단한 것은 모두 정당하고 정리해고의 유효요건에 관한 법리를 오해한 위법이 있다고 할 수 없다.

# 04. 근로계약과 근로관계

## — 취업규칙의 불이익변경과 위약예정의 금지 —

【사실관계】

근로자 甲은 A회사에서 15년간 근무하던 중 회사의 해외위탁교육 프로그램에 따라 2004.7.1.부터 2006.6.30.까지 2년간 외국회사에서 위탁교육을 받고 귀국하였다. 甲은 귀국 후 바로 사직원을 제출하고 퇴직하였다.

그런데 A회사의 취업규칙 중 하나인 기존 해외위탁교육관리규정에는 해외위탁교육에 관하여 "회사는 해외위탁교육기간 중에는 종전 임금에 위탁교육에 드는 비용을 더하여 지급한다(제23조)"라고 규정되어 있었는데, A회사가 2004.5.24. 이를 개정하면서 "회사는 해외위탁교육기간 중에는 종전 임금에 위탁교육에 드는 비용을 더하여 지급한다(제23조 제1항). 해외위탁교육직원은 해외위탁교육 이수 후 국내 귀임 시 회사에 해외위탁교육기간에 해당하는 2년 이상을 근무하여야 하며, 이를 위반한 때에는 임금 및 위탁교육에 소요된 일체의 비용을 반환하여야 한다(제23조 제2항)"라고 규정하고 있다.

A회사는 이러한 개정에 관하여 기존 퇴직규정의 적용을 받던 직원의 과반수로 구성된 노동조합의 동의를 얻었고, 근로자 甲은 그 당시 A회사의 부장으로서 차장(10직급) 이상에 해당하여 위 노동조합에 가입할 자격이 없었으나 기존 해외위탁교육관리규정의 적용대상에 포함되어 있다.

이러한 규정에 따라 A회사는 甲의 사직원을 수리하면서 甲에게 지급하여야 할 퇴직금을 해외위탁교육기간에 지급된 임금과 교육비용 일체와 상계하고 지급하였다.

[문제 01] 근로자 甲은 노동조합 가입대상에서 제외된 근로자들에 관한 별도의 동의절차가 이루어지지 아니한 이상, 위와 같은 노동조합의 동의만으로 2004.5.24.자로 개정된 해외위탁교육관리규정은 효력이 없다

고 주장한다. 그의 주장은 타당한가?

[문제 02] 근로자 甲은 설혹 2004.5.24.자로 개정된 해외위탁교육관리규정이 자신에게 적용된다고 할지라도 해외위탁교육기간에 지급된 임금과 교육비용을 2년 이상 의무재직하지 않으면 반환하라고 하는 것은 위약금예정에 해당하여 무효라고 주장한다. 그의 주장은 타당한가?

[추가문제] 근로자 甲은 개정된 해외위탁교육관리규정이 유효하다고 하더라도 퇴직금채권과 상계하는 것은 임금의 지급원칙에 위반되어 위법하다고 주장한다. 그의 주장은 타당한가?

## 《관련조문》

근로기준법

제94조(규칙의 작성, 변경 절차) ① 사용자는 취업규칙의 작성 또는 변경에 관하여 해당 사업 또는 사업장에 근로자의 과반수로 조직된 노동조합이 있는 경우에는 그 노동조합, 근로자의 과반수로 조직된 노동조합이 없는 경우에는 근로자의 과반수의 의견을 들어야 한다. 다만, 취업규칙을 근로자에게 불리하게 변경하는 경우에는 그 동의를 받아야 한다.

제20조(위약 예정의 금지) 사용자는 근로계약 불이행에 대한 위약금 또는 손해배상액을 예정하는 계약을 체결하지 못한다.

제43조(임금 지급) ① 임금은 통화(通貨)로 직접 근로자에게 그 전액을 지급하여야 한다. 다만, 법령 또는 단체협약에 특별한 규정이 있는 경우에는 임금의 일부를 공제하거나 통화 이외의 것으로 지급할 수 있다.

**【사실관계】의 논점정리**

이 사례의 경우 계속 실무에서 쟁점이 되고 있는 취업규칙의 불이익변경 그리고 위약예정의 금지 및 임금의 지급원칙을 검토할 수 있도록 구성한 것이다.

[문제 01]은 취업규칙의 불이익변경 시 동의의 주체가 되는 근로자집단의 범위를 묻고 있다.

[문제 02]는 해외위탁교육 프로그램에 따라 선발된 근로자 甲이 의무재직기간

을 위반한 경우 해외위탁교육기간에 지급된 임금과 교육비용을 반환하도록 한 규정이 근로기준법 제20조에 규정된 위약예정금지에 해당하는지가 그 쟁점이다.

[추가문제]는 사용자가 근로자에 대하여 가지고 있는 채권을 근로자의 퇴직금 채권과 상계하는 것이 임금의 지급원칙, 특히 전액지급의 원칙에 위배되는 것인지가 그 쟁점이다.

## 논점의 해설

## [문제 01]의 해결 — 취업규칙의 불이익변경 시 동의의 주체가 되는 근로자집단의 범위

Ⅰ. 설문의 쟁점
Ⅱ. 동의의 주체가 되는 근로자집단의 범위
Ⅲ. 설문의 해결

## Ⅰ. 설문의 쟁점

사용자가 취업규칙의 변경을 통해 근로조건을 근로자에게 불이익하게 변경하려면 종전 취업규칙의 적용을 받고 있던 근로자집단의 집단의사결정방식에 의한 동의가 있어야 한다(근기법 제94조 제1항 단서).[1)]

사안에서 A회사는 해외위탁교육관리규정을 불이익하게 개정하면서 소속 근로자 과반수로 구성된 노동조합의 동의를 받았으므로, 일단 유효하다고 할 수 있다. 그런데 문제는 위 노동조합의 동의를 얻어 변경된 취업규칙이 갑과 같이 비조합원에게도 당연히 적용되는 것인지, 달리 말해 비조합원의 개별적 동의가 필요한지 여부라 할 것이다.

---

1) 그 동의방법은 근로자 과반수로 조직된 노동조합이 있는 경우에는 그 노동조합의, 그와 같은 노동조합이 없는 경우에는 근로자들의 회의방식에 의한 과반수의 동의가 있어야 하고, 여기서 말하는 근로자의 과반수라 함은 기존 취업규칙의 적용을 받는 근로자집단의 과반수를 뜻한다.

## Ⅱ. 동의의 주체가 되는 근로자집단의 범위

판례(대법원 2008.2.29. 선고 2007다85997 판결)는 '근로자의 과반수로 구성된 노동조합의 동의를 얻은 경우 위 변경 개정은 적법·유효하므로, 일정 직급 이상으로서 노동조합에 가입할 자격은 없지만 기존 규정의 적용을 받았던 근로자에게도 그의 개별적 동의 여부와 관계없이 당연히 적용된다'고 한다. 즉, 근로자의 과반수로 구성된 노동조합의 동의를 얻어 변경된 취업규칙은 개별적 동의절차를 거치지 않은 비조합원에게도 당연히 적용된다고 판단하는 것이다 이때의 노동조합의 대표성은 조합원에게 한정되는 것이 아니라, 해당 종업원 전체에 미치기 때문이다.

## Ⅲ. 설문의 해결

사례에서 해외위탁교육관리규정의 개정은 근로조건의 저하를 가져오는 전형적인 취업규칙의 불이익변경에 해당하므로 근로자집단의 동의를 요하는데, 근로자 과반수를 대표하는 노조의 동의가 있으므로 당해 규정의 개정은 그 효력에 문제가 없다 할 것이다. 다만, 개별적으로 동의하지 않은 비조합원인 근로자 甲에게도 당해 규정이 적용되는가가 쟁점인데, 판례의 태도에 따르면 당연히 적용된다고 판단된다. 따라서 근로자 甲의 주장은 타당하지 않다.

# [문제 02]의 해결 ― 임금 및 교육비용반환규정의 위약예정금지 해당 여부

Ⅰ. 설문의 쟁점
Ⅱ. 임금 및 교육비용반환과 위약예정금지
　1. 위약예정금지 규정의 의의 및 취지
　2. 임금 및 교육비용반환규정에 관한 판례의 해석
Ⅲ. 설문의 해결

# Ⅰ. 설문의 쟁점

사안에서 A사의 변경된 취업규칙상의 해외위탁교육관리규정(해외위탁교육프로그램에 따라 선발된 근로자 갑이 의무재직기간을 위반한 경우 해외위탁교육기간에 지급된 임금과 교육비용을 반환하도록 한 규정)이 근로기준법 제20조에서 금지하는 위약예정에 해당하는지가 쟁점이다.

# Ⅱ. 임금 및 교육비용반환과 위약예정금지

## 1. 위약예정금지 규정의 의의 및 취지

사용자는 근로자와 근로계약의 불이행에 대한 위약금 또는 손해배상액을 예정하는 계약을 체결하지 못한다(근기법 제20조, 벌칙 제114조). 실제로 이러한 위약금에 관한 약정은 채무이행의 확보를 위하여, 근로계약기간 중 근로자가 중도에 퇴직하는 것을 방지하기 위하여 체결되고 있다. 그러나 근로자와 사용자 사이에 위약금예정을 인정하게 되면 근로자가 직장을 얻기 위하여 어쩔 수 없이 불리한 근로계약을 체결하고서도 위약금 또는 손해배상 등의 부담 때문에 근로자가 계약을 해지할 수 없는 사태를 발생시킬 우려가 있으므로, 근로기준법은 계약체결에 있어서 근로자의 자유로운 직장선택을 보호하기 위하여 이 규정을 두고 있다.

## 2. 임금 및 교육비용반환규정에 관한 판례의 해석

판례는 근로자의 해외교육훈련에 있어서 회사가 교육훈련기간 동안 일정한 임금 및 교육비용을 지급·부담하고, 근로자의 의무재직기간을 설정하여 그 기간 동안 재직하지 않는 경우에는 회사가 지급한 임금이나 해당 교육비용의 전부 또는 일부를 상환하도록 하고 의무재직기간 동안 근무하는 경우에는 이를 면제하기로 약정한 경우(대법원 1996.12.6. 선고 95다24951 판결; 대법원 1996.12.6. 선고 95다13104 판결; 대법원 1996.12.20. 선고 95다52222 판결), 다음과 같은 태도를 취하고 있다.

우선「기업체에서 비용을 부담 지출하여 직원을 해외에 파견하여 위탁교육을 시키고 이를 이수한 직원이 교육 수료일자로부터 일정한 의무재직기간 이상 근무하지 아니할 때에는 기업체가 부담한 해당 교육비용의 전부 또는 일부를 상환하도록 하되 위 의무재직기간 동안 근무하는 경우에는 이를 면제하기로 한 기업체의 교육훈련규정 및 위탁교육관리세칙의 규정은 구 근로기준법 제24조(현행 근로기준법 제20조)에서 금지된 위약금 또는 손해배상예정의 약정은 아니라 할 것이고, 또한 위 의무재직기간은 구 근로기준법 제21조에서 말하는 근로계약기간이 아니라 교육비용반환채무의 면제기간을 정한 것으로 봄이 상당하므로 위 규정 등이 같은 법 제21조, 제24조에 위배된다고 할 수 없다」고 한다. 즉 이때의 의무재직기간은 근로자의 상환의무 면제기간으로 해석하여 교육비용의 전부 또는 일부를 근로자로 하여금 상환하도록 한 것은 현행 근로기준법 제20조에서 금지된 위약금 또는 손해배상액을 예정하는 계약이 아니므로 유효하다는 것이다.

한편 임금반환을 약정한 부분은 회사가 근로자에게 근로의 대상으로 지급한 임금을 채무불이행을 이유로 반환하기로 하는 약정으로서 실질적으로는 위약금 또는 손해배상액을 예정하는 계약이므로 현행 근로기준법 제20조에 위반되어 무효라고 한다.

## Ⅲ. 설문의 해결

사안을 검토해 보면 해외위탁교육기간에 지급된 임금을 반환하도록 한 것은 전형적인 위약금예정에 해당하므로 무효이다. 따라서 회사는 근로자 甲에 대해서 이에 대한 반환을 청구할 수 없다. 그러나 해외위탁교육비용을 반환하도록 한 규정은 금전소비대차계약의 채무면제에 관한 약정으로 볼 수 있으므로 해당 규정은 유효하고, 당연히 회사는 이에 대한 반환을 청구할 수 있다.

## [추가문제]의 해결 — 임금 및 교육비용과 퇴직금채권과의 상계가능성

Ⅰ. 설문의 쟁점
Ⅱ. 퇴직금의 법적 성질
Ⅲ. 임금전액지급원칙 위반 여부
Ⅳ. 설문의 해결

# Ⅰ. 설문의 쟁점

근로자가 해외위탁교육관리규정을 위반하여 임금 및 위탁교육비용을 반환해야 할 경우 사용자가 가지는 반환채권[1]과 퇴직한 근로자가 가지고 있는 퇴직금채권과 상계할 수 있는지가 문제된다. 이와 관련하여 검토하여야 할 쟁점은 퇴직금이 임금의 성격을 갖는지, 위 상계가 임금 전액지급원칙에 반하는지 여부라고 하겠다.

# Ⅱ. 퇴직금의 법적 성질

학설과 판례(대법원 1975.7.22. 선고 74다1840 판결 등)는 퇴직금의 법적 성질에 대하여 임금후불설을 취하고 있다. 헌법재판소 또한 '퇴직금은 본래 전근대적 노사관계에서 근로자의 장기근속에 대한 보상 내지 퇴직 후 생활보장을 위해 지급되는 은혜적 급부에서 발전해 온 관계로, 대법원이 최근 판례에서 "퇴직금은 후불임금의 성격 이외에도 사회보장적 급여로서의 성격과 공로보상으로서의 성격을 아울러 가진다"고 판시한 예가 있어도 기본적으로는 후불임금으로서의 성격을 지닌다는 점에는 변동이 없으며, 따라서 퇴직금은 임금과 동일한 성질을 가지고 있다'(헌재결 1998.6.25, 96헌바27)고 판단한 바 있다.

# Ⅲ. 임금전액지급원칙 위반 여부

위에서 본 바와 같이 퇴직금 또한 후불되는 임금이므로 임금지급의 4대원칙이 적용된다. 특히 근로기준법 제43조 제1항 본문에서 "임금은 통화로 직접 근로자에게 그 전액을 지급하여야 한다."라고 규정하여 이른바 임금전액지급의 원칙을 선언하고 있다. 그 취지는 사용자가 일방적으로 임금을 공제하는 것을 금지하여 근로자에게 임금전액을 확실하게 지급받게 함으로써 근로자의 경제생활을 보호하려는 데 있다. 그러므로 사용자가 근로자에 대하

---

1) Ⅱ.의 문제해결에 따르면 임금반환약정부분은 위약금예정에 해당하여 무효이므로 임금에 관한 반환채권과 퇴직금채권과의 상계문제는 처음부터 논할 필요가 없고 오로지 교육비용과의 상계가능성만을 검토하면 된다.

여 가지는 손해배상 등의 채권을 가지고 일방적으로 근로자의 임금채권을 상계하는 것은 금지된다. 그러나 사용자가 근로자의 동의를 얻어 근로자의 임금채권에 대하여 상계하는 경우에 그 동의가 근로자의 자유로운 의사에 터잡아 이루어진 것이라고 인정할 만한 합리적인 이유가 객관적으로 존재하는 때에는 근로기준법 제43조 제1항 본문에 위반하지 아니한다고 보아야 할 것이고, 다만 임금 전액지급의 원칙의 취지에 비추어 볼 때 그 동의가 근로자의 자유로운 의사에 기한 것이라는 판단은 엄격하고 신중하게 이루어져야 한다(대법원 2001.10.23. 선고 2001다25184 판결). 또한 계산의 착오 등으로 임금이 초과지급되었을 때 그 행사의 시기가 초과지급된 시기와 임금의 정산, 조정의 실질을 잃지 않을 만큼 합리적으로 밀접되어 있고 금액과 방법이 미리 예고되는 등 근로자의 경제생활의 안정을 해할 염려가 없는 경우나, 근로자가 그 재직 중 지급되지 아니한 임금이나 퇴직금을 청구하는 경우에는 초과 지급된 임금의 반환청구권을 자동채권으로 하여 상계하는 것도 무방하다(대법원 1996.10.25. 선고 96다5346 판결 등).

## Ⅳ. 설문의 해결

사안에서 A사는 甲에게 지급하여야 할 퇴직금을 근로자의 동의와 계산 착오 등의 사유 없이 일반적으로 해외위탁교육기간에 지급된 임금과 교육비용 일체와 상계하고 지급하였다. 따라서 이 사례의 경우 사용자가 유일하게 가지는 위탁교육비용반환채권을 자동채권으로 하여 근로자가 가지는 퇴직금 채권을 상계하는 것은 임금전액지급원칙에 위반된다. 甲은 A회사에게 퇴직금 전액지급을 청구할 수 있다.

【관련쟁점】

1. 취업규칙의 불이익변경 시 동의의 방식은?
2. 근로자집단의 동의를 얻지 못한 불이익변경된 취업규칙의 효력은?
3. 근로자집단의 동의없이 불이익변경된 취업규칙과 사회통념상 합리성과의 관계는?

【참고문헌】

김형배, 294~305면, 364~365면; 김희성(1), 95~159면, 177~191면; 임종률, 349~353면, 401~405면; 이철수 외 4인, 63~66면, 100~103면.

**【관련판례】**

○ 취업규칙 불이익변경의 동의의 주체가 되는 근로자집단의 범위

대법원 2008.2.29. 선고 2007다85997 판결(동의의 방식과 효력 범위)

[1] 취업규칙의 작성·변경에 관한 권한은 원칙적으로 사용자에게 있으므로 사용자는 그 의사에 따라서 취업규칙을 작성·변경할 수 있고, 다만 취업규칙의 변경에 의하여 기존 근로조건의 내용을 일방적으로 근로자에게 불이익하게 변경하려면 종전 취업규칙의 적용을 받고 있던 근로자 집단의 집단적 의사결정방법에 의한 동의를 요한다고 할 것인바, 그 동의방법은 근로자 과반수로 조직된 노동조합이 있는 경우에는 그 노동조합의, 그와 같은 노동조합이 없는 경우에는 근로자들의 회의방식에 의한 과반수의 동의가 있어야 하고, 여기서 말하는 근로자의 과반수라 함은 기존 취업규칙의 적용을 받는 근로자집단의 과반수를 뜻한다.

[2] 정년퇴직 연령을 단축하는 내용으로 취업규칙의 기존 퇴직규정을 변경하고 이에 관하여 기존 퇴직규정의 적용을 받던 근로자의 과반수로 구성된 노동조합의 동의를 얻은 경우 위 변경 개정은 적법·유효하므로, 일정 직급 이상으로서 노동조합에 가입할 자격은 없지만 기존 퇴직규정의 적용을 받았던 근로자에게도 그의 개별적 동의 여부와 관계없이 당연히 적용된다고 한 사례.

○ 임금 및 교육비용반환규정에 관한 해석

대법원 2004.4.28. 선고 2001다53875 판결

근로기준법 제27조에서 "사용자는 근로계약 불이행에 대한 위약금 또는 손해배상액을 예정하는 계약을 체결하지 못한다."고 규정하고 있는 취지는, 근로자가 근로계약을 불이행한 경우 반대급부인 임금을 지급받지 못한 것에 더 나아가서 위약금이나 손해배상을 지급하여야 한다면 근로자로서는 비록 불리한 근로계약을 체결하였다 하더라도 그 근로계약의 구속에서 쉽사리 벗어날 수 없을 것이므로 위와 같은 위약금이나 손해배상액 예정의 약정을 금지함으로써 근로자가 퇴직의 자유를 제한받아 부당하게 근로의 계속을 강요당하는 것을 방지하고, 근로계약 체결 시의 근로자의 직장선택의 자유를 보장하며 불리한 근로계약의 해지를 보호하려

는 데 있다 할 것인바, 기업체에서 비용을 부담 지출하여 직원에 대하여 위탁교육훈련을 시키면서 일정 임금을 지급하고 이를 이수한 직원이 교육수료일자부터 일정한 의무재직기간 이상 근무하지 아니할 때에는 기업체가 지급한 임금이나 해당 교육비용의 전부 또는 일부를 상환하도록 하되 의무재직기간 동안 근무하는 경우에는 이를 면제하기로 약정한 경우, 교육비용의 전부 또는 일부를 근로자로 하여금 상환하도록 한 부분은 근로기준법 제27조에서 금지된 위약금 또는 손해배상을 예정하는 계약이 아니므로 유효하지만, 임금반환을 약정한 부분은 기업체가 근로자에게 근로의 대상으로 지급한 임금을 채무불이행을 이유로 반환하기로 하는 약정으로서 실질적으로는 위약금 또는 손해배상을 예정하는 계약이므로 근로기준법 제27조에위반되어 무효이고(대법원 1996.12.6. 선고 95다24944, 24951 판결 참조), 직원의 해외파견근무의 주된 실질이 연수나 교육훈련이 아니라 기업체의 업무상 명령에 따른 근로장소의 변경에 불과한 경우, 이러한 해외근무기간 동안 임금 이외에 지급 또는 지출한 금품은 장기간 해외근무라는 특수한 근로에 대한 대가이거나 또는 업무수행에 있어서의 필요불가결하게 지출할 것이 예정되어 있는 경비에 해당하여 재직기간 의무근무 위반을 이유로 이를 반환하기로 하는 약정 또한 마찬가지로 무효라고 보아야 할 것이다(대법원 2003.10.23. 선고 2003다7388 판결 참조).

대법원 2008.10.23. 선고 2006다37274 판결

다만, 그 약정이 사용자가 근로자의 교육훈련 또는 연수를 위한 비용을 우선 지출하고 근로자는 실제 지출된 비용의 전부 또는 일부를 상환하는 의무를 부담하기로 하되 장차 일정 기간 동안 근무하는 경우에는 그 상환의무를 면제해 주기로 하는 취지인 경우에는, 그러한 약정의 필요성이 인정된다. 이때 주로 사용자의 업무상 필요와 이익을 위하여 원래 사용자가 부담하여야 할 성질의 비용을 지출한 것에 불과한 정도가 아니라 근로자의 자발적 희망과 이익까지 고려하여 근로자가 전적으로 또는 공동으로 부담하여야 할 비용을 사용자가 대신 지출한 것으로 평가되며, 약정 근무기간 및 상환해야 할 비용이 합리적이고 타당한 범위 내에서 정해져 있는 등 위와 같은 약정으로 인하여 근로자의 의사에 반하는 계속 근로를 부당하게 강제하는 것으로 평가되지 않는다면, 그러한 약정까지 구 근로기준법 제27조에 반하는 것은 아니다.

○ 퇴직금의 성격

대법원 2007.3.30. 선고 2004다8333 판결

근로기준법상의 퇴직금제도는, 근로자가 1년 이상의 기간 계속 근로를 제공하고 퇴직할 경우에 사용자가 근로자의 근로제공에 대한 임금 일부를 지급하지 아니하고 축적하였다가 이를 기본적 재원으로 하여 근로자가 퇴직할 때 이를 일시금으로 지급하는 것으로서, 퇴직금은 본질적으로는 후불적 임금의 성질을 지닌 것이다.

대법원 1995.10.12. 선고 94다36186 판결

퇴직금은 후불 임금으로서의 성격 이외에도 사회보장적 급여로서의 성격과 공로보상으로서의 성격을 아울러 가지는 것인 점에 비추어, 한국수자원공사의 퇴직금감액 규정이 퇴직금의 본질에 어긋나는 것이라고 볼 수 없다.

○ 임금전액지급원칙

대법원 2010.5.20. 선고 2007다90760 전원합의체 판결

[다수의견] 구 근로기준법(2005.1.27. 법률 제7379호로 개정되기 전의 것) 제42조 제1항 본문에 의하면 임금은 통화로 직접 근로자에게 그 전액을 지급하여야 하므로 사용자가 근로자에 대하여 가지는 채권으로써 근로자의 임금채권과 상계를 하지 못하는 것이 원칙이고, 이는 경제적·사회적 종속관계에 있는 근로자를 보호하기 위한 것인바, 근로자가 받을 퇴직금도 임금의 성질을 가지므로 역시 마찬가지이다. 다만 계산의 착오 등으로 임금을 초과지급한 경우에, 근로자가 퇴직 후 그 재직 중 받지 못한 임금이나 퇴직금을 청구하거나, 근로자가 비록 재직 중에 임금을 청구하더라도 위 초과지급한 시기와 상계권행사의 시기가 임금의 정산, 조정의 실질을 잃지 않을 만큼 근접하여 있고 나아가 사용자가 상계의 금액과 방법을 미리 예고하는 등으로 근로자의 경제생활의 안정을 해할 염려가 없는 때에는, 사용자는 위 초과지급한 임금의 반환청구권을 자동채권으로 하여 근로자의 임금채권이나 퇴직금채권과 상계할 수 있다. 그리고 이러한 법리는 사용자가 근로자에게 이미 퇴직금 명목의 금원을 지급하였으나 그것이 퇴직금지급으로서의 효력이 없어 사용자가 같은 금원 상당의 부당이득반환채권을 갖게 된 경우에 이를 자동채권으로 하여 근로자의 퇴직금채권과 상계하는 때에도 적용된다. 한편 민사집행법 제246조 제1항 제5호는 근로자인 채무자의 생활보장이라는 공익적, 사회 정책적

이유에서 '퇴직금 그 밖에 이와 비슷한 성질을 가진 급여채권의 2분의 1에 해당하는 금액'을 압류금지채권으로 규정하고 있고, 민법 제497조는 압류금지채권의 채무자는 상계로 채권자에게 대항하지 못한다고 규정하고 있으므로, 사용자가 근로자에게 퇴직금 명목으로 지급한 금원 상당의 부당이득반환채권을 자동채권으로 하여 근로자의 퇴직금채권을 상계하는 것은 퇴직금채권의 2분의 1을 초과하는 부분에 해당하는 금액에 관하여만 허용된다고 봄이 상당하다.

[대법관 양승태, 대법관 이홍훈, 대법관 양창수의 별개 및 반대의견] 임금이 초과지급된 경우의 정산과 관련하여 예외적으로 상계가 허용되고 있는 주된 근거는 계산의 착오 등으로 발생하는 임금의 초과지급인 데다가, 시기상, 절차상 일정한 제한을 가할 수 있어 근로자의 경제생활 안정을 해할 염려가 없다는 것이다. 그런데 퇴직금지급으로서 효력을 인정할 수 없는 퇴직금 명목의 금전을 지급하여 그 금액 상당의 부당이득반환이 문제되는 때에는 계산의 착오 등으로 임금이나 퇴직금을 초과지급한 경우에 해당한다고 볼 수 없을 뿐만 아니라, 그 수액이 정당하게 지급해야 할 퇴직금 수액에 근접할 정도로 다액인 경우가 많아, 근로자의 경제생활 안정이 위협받을 가능성이 많다. 또한 퇴직금 명목의 금전을 부당이득이라고 인정하는 것과 관련하여 당사자 사이에 다툼이 있을 수밖에 없는데, 이러한 경우에도 상계를 허용하여 사용자의 일방적 공제를 인정하게 되면 퇴직금제도를 두고 있는 본래의 취지를 벗어나 근로자에게 부당하게 불리할 뿐만 아니라, 당초 임금의 지급과 관련하여 상계를 금지한 제도적 취지를 지나치게 형해화할 우려가 있다. 그렇다면 사용자가 근로자에게 이미 퇴직금 명목의 금전을 지급하였으나 그것이 퇴직금지급으로서 효력이 없어 사용자가 같은 금액 상당의 부당이득반환채권을 가지게 된 경우에는 이를 자동채권으로 하여 근로자의 퇴직금채권과 상계할 수 없다고 해석함이 여러 면에서 보다 합리적이라고 할 것이다.

# 05. 위약예정금지

【사실관계】

甲은 A회사에서 10년째 근로하던 중 회사의 해외연수 프로그램에 응모, 선정되어 2년간 외국 대학에서 학위를 취득하고 귀국하였다. 유학 중 甲은 A회사로부터 업무상 지휘, 명령은 받지 아니하였으며, 다만 '해외연수직원관리규정'에 따라 6개월에 한 번씩 회사에 연수상황을 보고하였다. 甲은 귀국 후 A회사에 1년 간 근로한 후 사직원을 제출하고 퇴직하였다. A회사의 '해외연수직원관리규정'은 해외연수기간 중 정상급여 및 유학 중 소요되는 학교등록금, 생활비, 자녀교육비, 주택비, 왕복항공료 등의 유학비용은 A회사가 부담하고, 해외연수직원은 해외연수 후 국내 귀임 시 회사 또는 관계회사에 해외연수기간에 해당하는 2년 이상을 근무하여야 하며, 이를 위반할 때에는 정상급여를 제외한 유학비용 일체를 반환해야 한다고 규정하고 있다. 이러한 규정에 따라 A회사는 甲의 사직원을 수리하면서 甲에게 지급해야 할 퇴직금을 유학비용과 상계하고 지급하였다.

(2010년 제19회 공인노무사)

[문 제] 이상의 사례를 읽고 노동법상 쟁점이 되는 문제에 관하여 논하시오.

《관련조문》

근로기준법

제20조(위약 예정의 금지) 사용자는 근로계약 불이행에 대한 위약금 또는 손해배상액을 예정하는 계약을 체결하지 못한다.

제43조(임금 지급) ① 임금은 통화(通貨)로 직접 근로자에게 그 전액을 지급하여야 한다. 다만, 법령 또는 단체협약에 특별한 규정이 있는 경우

에는 임금의 일부를 공제하거나 통화 이외의 것으로 지급할 수 있다.

**【사실관계】의 논점정리**

[문제]에서 쟁점이 되는 부분은 크게 두 가지다. 먼저 A회사가 자신들이 정한 '해외연수직원관리규정'에 의하여 갑에게 유학비용을 반환 청구할 수 있는지 여부가 문제되는데 이는 근로기준법 제20조의 '위약예정금지'의 해석과 관련한 문제이다. 두 번째로는 전자가 인정된다는 전제하에 이를 자동채권으로 하여 갑의 퇴직금채권과 상계할 수 있는지 여부인데 이는 근로기준법 제43조에서 규정한 '임금전액지불원칙'과 관련되어 있다. 따라서 각 쟁점을 판례의 태도에 따라 정리하고 사안에 이를 적용하여 결론을 내리면 된다.

## 논점의 해설

Ⅰ. 설문의 쟁점
Ⅱ. A회사의 유학비용반환청구의 타당성
 1. 문 제 점 / 2. 판례의 태도 / 3. 사안의 적용 및 소결
Ⅲ. 유학비용과 퇴직금 간의 상계가능 여부
 1. 문 제 점 / 2. 판례의 태도 / 3. 사안의 적용 및 소결
Ⅳ. 설문의 해결

# Ⅰ. 설문의 쟁점

사안에서 甲은 A회사의 해외연수프로그램을 통해 2년 동안 외국 대학에서 학위를 취득하였으나, 귀국 후 의무근로연수를 채우지 못하고 퇴사하였고, 이에 A회사는 '해외연수직원관리규정'에 따라 甲에게 지급한 해외연수비용을 甲에게 지급하여야 할 퇴직금에서 상계하였다. 이 경우 의무근로연수를 규정하고 이를 위반 시 해외연수비용의 반환을 규정한 A회사의 해외연수직원 관리규정이 근로기준법에서 금지한 위약예정에 해당하는지가 첫 번째 쟁점이 될 것이다. 만일 위약예정금지가 아니라면, 퇴직금에서 해외연수비용을

상계한 것이 임금전액지급원칙에 비추어 허용될 수 있는 것인지가 두 번째 쟁점이라고 할 것이다.

## Ⅱ. A회사의 유학비용반환청구의 타당성

### 1. 문 제 점

근로기준법 제20조는 "사용자는 근로계약 불이행에 대한 위약금 또는 손해배상액을 예정하는 계약을 체결하지 못한다."라고 규정하고 있다. 그 취지는 근로자가 퇴직의 자유를 제한받아 부당하게 근로의 계속을 강요당하는 것을 방지하고, 근로계약 체결 시의 근로자의 직장선택의 자유를 보장하며 불리한 근로계약의 해지를 보호하기 위함이다(대법원 2004.4.28. 선고 2001다53875 판결). 그러나 이러한 강제근로금지의 취지에도 불구하고 많은 경우 이와 같은 규정을 회사는 두고 있는데 특히 사례와 같이 유학 내지 연수를 마치고 돌아와 일정기간의 의무재직기간을 설정한 경우 그 기간 전 퇴직 또는 이직 시에 회사가 이를 반환 청구할 수 없는 것인지 문제된다.

### 2. 판례의 태도

확립된 판례의 태도를 결론부터 정리하면 '연수기간 중의 임금반환의 약정은 근기법 제20조 위반으로 무효이고 임금 부분이 아닌 교육비용의 전부 또는 일부상환 약정은 근기법 제20조에서 금지한 위약금 또는 손해배상을 예정하는 약정이 아니므로 유효'라는 것이다(대법원 1974.1.29. 선고 72다2565 판결; 대법원 1978.2.28. 선고 77다2479 판결; 대법원 1992.2.25. 선고 91다26232 판결; 대법원 1996.12.6. 선고 95다24944, 24951 판결 등 다수).

이러한 태도는 변함없이 현재까지 지속되어 오고 있으며 다만 주목할 만한 판결(대법원 2004.4.28. 선고 2001다53875 판결)은 "교육비용의 전부 또는 일부를 근로자로 하여금 상환하도록 한 부분은 근로기준법 제27조에서 금지된 위약금 또는 손해배상을 예정하는 계약이 아니므로 유효하지만, 임금반환을 약정한 부분은 기업체가 근로자에게 근로의 대상으로 지급한 임금을 채무불이행을 이유로 반환하기로 하는 약정으로서 실질적으로는 위약금 또는 손해배상을 예정하는 계약이므로 근로기준법 제27조에 위반되어 무효이고(대법원 1996.12.6. 선고 95다24944, 24951 판결 참조), 직원의 해외파견근무의 주된 실질이 연수나 교육훈련이 아니라 기업체의 업무상 명령에 따른 근로 장소의 변경에 불과한 경우, 이러한 해외근무기간 동안 임금 이외에 지급 또는 지출한 금품은 장기간 해외근무라는 특수한 근로에 대한 대가이거나 또는 업무수행에 있어서의 필요불가결하게 지출할 것이 예정되어 있는 경비에 해당하여 재직기간 의무근무 위반을 이유로 이를 반환하기로 하는 약정 또한 마찬가지로 무효라고 보아야 할 것이다"라고 하며 해외교육훈련이나 연수라 할지라도 그 실질이 장소적 연장에 따른 근무라면 교육비용도 회사가 반환청구할 수 없다고 하였다.

### 3. 사안의 적용 및 소결

[문제]에서 회사의 규정은 '정상급여를 제외한 유학비용 일체를 반환해야 한다.'는 것이므로 이는 일응 유효라고 보아야 한다. 그러나 추가적으로 갑의 해외연수가 그 실질은 단지 장소적으로 이전된 근로가 아닌지를 검토하여야 하며 이를 긍정한다면 결론은 바뀔 수 있다. 그런데 [문제]에서 갑은 대학에서 공부하고 학위를 취득하였다는 점, 유학 중 회사로부터 업무상의 지휘나 명령은 받지 않았다는 점, 6개월에 한 번씩만 상황보고를 함에 그쳤다는 점 등을 종합해보면 그 실질 또한 근무가 아니어서 결국 A회사는 갑에게 유학비용부분은 반환청구할 수 있다.

## Ⅲ. 유학비용과 퇴직금 간의 상계가능 여부

### 1. 문 제 점

근로기준법은 제43조 제1항에서 "임금은 통화(通貨)로 직접 근로자에게 그 전액을 지급하여야 한다. 다만, 법령 또는 단체협약에 특별한 규정이 있는 경우에는 임금의 일부를 공제하거나 통화 이외의 것으로 지급할 수 있다."라고 규정하여 전액불, 직접불의 원칙을 선언하고 있다. 그 취지는 사용자가 일방적으로 임금을 공제하는 것을 금지하여 근로자에게 임금전액을 확실하게 지급받게 함으로써 근로자의 경제생활을 위협하는 일이 없도록 그 보호를 도모하려는 데 있다. [문제]에서는 퇴직금이 문제인데 퇴직금의 법적 성격은 통설과 판례에 따르면 후불로서의 임금이므로(대법원 1975.7.22. 선고 74다1840 판결) 결국 사안에서 동 조항의 해석과 관련하여 쟁점은 회사가 근로자에 대하여 갖는 채권(사안에서의 유학경비 반환채권)을 자동채권으로 하여 상계하는 것이 전액지급의 원칙에 불구하고 허용되는지의 여부이다.

## 2. 판례의 태도

임금에 대한 상계계약의 유효성에 대하여 판례(대법원 2001.10.23. 선고 2001다25184 판결)는 "사용자가 근로자에 대하여 가지는 채권을 가지고 일방적으로 근로자의 임금채권을 상계하는 것은 금지된다고 할 것이지만, 사용자가 근로자의 동의를 얻어 근로자의 임금채권에 대하여 상계하는 경우에 그 동의가 근로자의 자유로운 의사에 터잡아 이루어진 것이라고 인정할 만한 합리적인 이유가 객관적으로 존재하는 때에는 근로기준법 제42조 제1항 본문에 위반하지 아니한다고 보아야 할 것이고, 다만 임금전액지급의 원칙의 취지에 비추어 볼 때 그 동의가 근로자의 자유로운 의사에 기한 것이라는 판단은 엄격하고 신중하게 이루어져야 한다."고 판시하고 있다.

또한 최근의 대법원 전원합의체 판결(대법원 2010.5.20. 선고 2007다90760 전원합의체 판결)에 따르면 "임금은 통화로 직접 근로자에게 그 전액을 지급하여야 하므로 사용자가 근로자에 대하여 가지는 채권으로써 근로자의 임금채권과 상계를 하지 못하는 것이 원칙이고, 이는 경제적·사회적 종속관계에 있는 근로자를 보호하기 위한 것인바, 근로자가 받을 퇴직금도 임금의 성질을 가지므로 역시 마찬가지이다. 다만 계산의 착오 등으로 임금을 초과지급한 경우에, 근로자가 퇴직 후 그 재직 중 받지 못한 임금이나 퇴직금을 청구하거나, 근로자가 비록 재직 중에 임금을 청구하더라도 위 초과지급한 시기와 상계권행사의 시기가 임금의 정산, 조정의 실질을 잃지 않을 만큼 근접하여 있고 나아가 사용자가 상계의 금액과 방법을 미리 예고하는 등으로 근로자의 경제생활의 안정을 해할 염려가 없는 때에는, 사용자는 위 초과지급한 임금의 반환청구권을 자동채권으로 하여 근로자의 임금채권이나 퇴직금채권과 상계할 수 있다. 그리고 이러한 법리는 사용자가 근로자에게 이미 퇴직금 명목의 금원을 지급하였으나 그것이 퇴직금지급으로서의 효력이 없어 사용자가 같은 금원 상당의 부당이득반환채권을 갖게 된 경우에 이를 자동채권으로 하여 근로자의 퇴직금채권과 상계하는 때에도 적용된다."고 판시하였다.

판례의 태도는 결국 임금에 대한 상계는 원칙적으로 불허되나 일정한 예외사유에 해당하면 가능할 수도 있다는 것으로 정리할 수 있겠다.

### 3. 사안의 적용 및 소결

사안의 경우 회사의 상계지급에 대해 갑의 자유로운 의사에 기한 동의가 있지도 않았으며 그 회사의 채권발생이 계산착오 등으로 생긴 것도 아니어서 원칙으로 돌아가 결국 회사A는 갑에게 갖는 유학비용과 퇴직금을 상계할 수 없다.

## Ⅳ. 설문의 해결

사안에서 A회사가 甲에게 지급한 유학비용은 장소만 이전된 근로의 대가라고 할 수 없고, 순수한 유학비용을 지급한 것이므로 이를 반환하기로 하는 약정은 근로기준법상 금지되는 위약예정에 해당하지 않는다. 따라서 A회사는 해외연수직원관리규정에 위반하여 귀국 후 1년 만에 퇴직한 甲에 대하여 유학비용에 대한 반환채권을 갖는다. 다만 이를 甲이 보유한 퇴직금채권과 상계하고 나머지만 지급한 것은 임금전액지급원칙에 위반되므로 허용되지 않는다고 할 것이다.

【관련쟁점】

1. 위약금의 지급책임을 부담할 대상자의 범위는?
2. 사용자가 초과지급된 수당 등의 반환청구권을 자동채권으로 하여 근로자의 임금채권과 상계할 수 있는가?

【참고문헌】

김형배, 265~269면, 365~367면; 김희성(1), 1607~191면; 임종률, 376~377면. 401~405면; 이철수 외 4인, 48~51면, 100~103면.

**【관련판례】**

○ 교육비용 반환약정의 유효성

대법원 2004.4.28. 선고 2001다53875 판결

근로기준법 제27조에서 "사용자는 근로계약 불이행에 대한 위약금 또는 손해배상액을 예정하는 계약을 체결하지 못한다."고 규정하고 있는 취지는, 근로자가 근로계약을 불이행한 경우 반대급부인 임금을 지급받지 못한 것에 더 나아가서 위약금이나 손해배상을 지급하여야 한다면 근로자로서는 비록 불리한 근로계약을 체결하였다 하더라도 그 근로계약의 구속에서 쉽사리 벗어날 수 없을 것이므로 위와 같은 위약금이나 손해배상액 예정의 약정을 금지함으로써 근로자가 퇴직의 자유를 제한받아 부당하게 근로의 계속을 강요당하는 것을 방지하고, 근로계약 체결 시의 근로자의 직장선택의 자유를 보장하며 불리한 근로계약의 해지를 보호하려는 데 있다 할 것인바, 기업체에서 비용을 부담 지출하여 직원에 대하여 위탁교육훈련을 시키면서 일정 임금을 지급하고 이를 이수한 직원이 교육수료일자부터 일정한 의무재직기간 이상 근무하지 아니할 때에는 기업체가 지급한 임금이나 해당 교육비용의 전부 또는 일부를 상환하도록 하되 의무재직기간 동안 근무하는 경우에는 이를 면제하기로 약정한 경우, 교육비용의 전부 또는 일부를 근로자로 하여금 상환하도록 한 부분은 근로기준법 제27조에서 금지된 위약금 또는 손해배상을 예정하는 계약이 아니므로 유효하지만, 임금반환을 약정한 부분은 기업체가 근로자에게 근로의 대상으로 지급한 임금을 채무불이행을 이유로 반환하기로 하는 약정으로서 실질적으로는 위약금 또는 손해배상을 예정하는 계약이므로 근로기준법 제27조에 위반되어 무효이고(대법원 1996.12.6. 선고 95다24944, 24951 판결 참조), 직원의 해외파견근무의 주된 실질이 연수나 교육훈련이 아니라 기업체의 업무상 명령에 따른 근로장소의 변경에 불과한 경우, 이러한 해외근무기간 동안 임금 이외에 지급 또는 지출한 금품은 장기간 해외근무라는 특수한 근로에 대한 대가이거나 또는 업무수행에 있어서의 필요불가결하게 지출할 것이 예정되어 있는 경비에 해당하여 재직기간 의무근무 위반을 이유로 이를 반환하기로 하는 약정 또한 마찬가지로 무효라고 보아야 할 것이다(대법원 2003.10.23. 선고 2003다7388 판결 참조).

대법원 2008.10.23. 선고 2006다37274 판결(약정금)

근로자가 일정 기간 동안 근무하기로 하면서 이를 위반할 경우 소정 금원을 사용자에게 지급하기로 약정하는 경우, 그 약정의 취지가 약정한 근무기간 이전에 퇴직하면 그로 인하여 사용자에게 어떤 손해가 어느 정

도 발생하였는지 묻지 않고 바로 소정 금액을 사용자에게 지급하기로 하는 것이라면 이는 명백히 구 근로기준법(2007.4.11. 법률 제8372호로 전문 개정되기 전의 것) 제27조에 반하는 것이어서 효력을 인정할 수 없다. 또, 그 약정이 미리 정한 근무기간 이전에 퇴직하였다는 이유로 마땅히 근로자에게 지급되어야 할 임금을 반환하기로 하는 취지일 때에도, 결과적으로 위 조항의 입법 목적에 반하는 것이어서 역시 그 효력을 인정할 수 없다. 다만, 그 약정이 사용자가 근로자의 교육훈련 또는 연수를 위한 비용을 우선 지출하고 근로자는 실제 지출된 비용의 전부 또는 일부를 상환하는 의무를 부담하기로 하되 장차 일정 기간 동안 근무하는 경우에는 그 상환의무를 면제해 주기로 하는 취지인 경우에는, 그러한 약정의 필요성이 인정된다. 이때 주로 사용자의 업무상 필요와 이익을 위하여 원래 사용자가 부담하여야 할 성질의 비용을 지출한 것에 불과한 정도가 아니라 근로자의 자발적 희망과 이익까지 고려하여 근로자가 전적으로 또는 공동으로 부담하여야 할 비용을 사용자가 대신 지출한 것으로 평가되며, 약정 근무기간 및 상환해야 할 비용이 합리적이고 타당한 범위 내에서 정해져 있는 등 위와 같은 약정으로 인하여 근로자의 의사에 반하는 계속근로를 부당하게 강제하는 것으로 평가되지 않는다면, 그러한 약정까지 구 근로기준법 제27조에 반하는 것은 아니다.

○ 퇴직금 상계의 허용 여부

대법원 2010.5.20. 선고 2007다90760 전원합의체 판결

구 근로기준법(2005.1.27. 법률 제7379호로 개정되기 전의 것) 제42조 제1항 본문에 의하면 임금은 통화로 직접 근로자에게 그 전액을 지급하여야 하므로 사용자가 근로자에 대하여 가지는 채권으로써 근로자의 임금채권과 상계를 하지 못하는 것이 원칙이고, 이는 경제적·사회적 종속관계에 있는 근로자를 보호하기 위한 것인바, 근로자가 받을 퇴직금도 임금의 성질을 가지므로 역시 마찬가지이다. 다만 계산의 착오 등으로 임금을 초과지급한 경우에, 근로자가 퇴직 후 그 재직 중 받지 못한 임금이나 퇴직금을 청구하거나, 근로자가 비록 재직 중에 임금을 청구하더라도 위 초과지급한 시기와 상계권행사의 시기가 임금의 정산, 조정의 실질을 잃지 않을 만큼 근접하여 있고 나아가 사용자가 상계의 금액과 방법을 미리 예고하는 등으로 근로자의 경제생활의 안정을 해할 염려가 없는 때에는, 사용자는 위 초과지급한 임금의 반환청구권을 자동채권으로 하여 근로자의 임금채권이나 퇴직금채권과 상계할 수 있다. 그리고 이러한 법리는 사용자가 근로자에게 이미 퇴직금 명목의 금원을 지급하였으나 그것

이 퇴직금지급으로서의 효력이 없어 사용자가 같은 금원 상당의 부당이득반환채권을 갖게 된 경우에 이를 자동채권으로 하여 근로자의 퇴직금채권과 상계하는 때에도 적용된다. 한편 민사집행법 제246조 제1항 제5호는 근로자인 채무자의 생활보장이라는 공익적, 사회정책적 이유에서 '퇴직금 그 밖에 이와 비슷한 성질을 가진 급여채권의 2분의 1에 해당하는 금액'을 압류금지채권으로 규정하고 있고, 민법 제497조는 압류금지채권의 채무자는 상계로 채권자에게 대항하지 못한다고 규정하고 있으므로, 사용자가 근로자에게 퇴직금 명목으로 지급한 금원 상당의 부당이득반환채권을 자동채권으로 하여 근로자의 퇴직금채권을 상계하는 것은 퇴직금채권의 2분의 1을 초과하는 부분에 해당하는 금액에 관하여만 허용된다고 봄이 상당하다.

# 06. 취업규칙의 불이익변경

## 【사실관계】

A회사는 상시 100명의 직원(근로자)을 사용하여 교육서비스업을 영위하는 주식회사이다. 甲은 1985.1.1.에 5급 사무직 직원으로, 乙은 2008.7.1.에 2급 관리직 직원으로 A회사에 각각 입사하여 근무하고 있었다.

A회사는 직급별로 이원화되어 있던 정년을 일원화하기로 하고 2007.12.1.자로 인사규정 중 정년조항(제10조)을 아래의 표와 같이 개정·시행하여 현재에 이르고 있다.

| 개정 전 | 개정 후 |
|---|---|
| 제10조(정년)<br>① 관리직(1급, 2급) 직원의 정년은 60세로 한다.<br>② 사무직(3급, 4급, 5급) 직원의 정년은 53세로 한다. | 제10조(정년)<br>① 모든 직원(1급부터 5급까지)의 정년은 56세로 한다. 해당 직원의 근로관계는 56세가 되는 해의 12월 31일에 종료한다.<br>② 제1항의 규정에도 불구하고 관리직(1급, 2급) 직원 중 회사에 공헌이 큰 자의 정년은 60세까지 연장할 수 있다. |

A회사는 인사규정 개정에 앞서 2007.11.15.부터 같은 달 26.까지 위의 정년조항 개정 내용을 기재한 문서를 모든 직원에게 회람시킨 후, 이에 동의하는 직원은 회사가 나누어준 '인사규정 개정 동의서'에 서명하여 소속 부서장에게 제출하도록 하였다. 그 결과 관리직 직원(20명)과 사무직 직원(80명) 모두가 동의서를 작성·제출하였다. 인사규정 개정 당시 A회사 직원 중 노동조합에 가입한 자는 없었다.

2011년 4월과 5월에 각각 56세가 된 甲과 乙은 2011.11.1.에 A회사로부터

“귀하와 우리 회사와의 근로관계는 인사규정 제10조 제1항에 따라 2011.12.31. 자로 종료됩니다.”라는 취지의 통지서를 받았다. 2011.11.1. 당시 甲과 乙은 모두 1급 관리직 직원이었다.

(제1회 변호사시험)

---

[문제 01] A회사는 “2007.12.1.자 정년조항의 개정은 ‘취업규칙의 불이익변경’에 해당하지 않는다.”라고 주장한다. 이 주장이 정당한지 논하시오.

[문제 02] 만약 2007.12.1.자 정년조항의 개정이 ‘취업규칙의 불이익변경’에 해당한다면, 甲과 乙이 정년에 도달하는 연령이 언제인지 근거를 들어 논하시오.

## 《관련조문》

근로기준법

제94조(규칙의 작성, 변경 절차) ① 사용자는 취업규칙의 작성 또는 변경에 관하여 해당 사업 또는 사업장에 근로자의 과반수로 조직된 노동조합이 있는 경우에는 그 노동조합, 근로자의 과반수로 조직된 노동조합이 없는 경우에는 근로자의 과반수의 의견을 들어야 한다. 다만, 취업규칙을 근로자에게 불리하게 변경하는 경우에는 그 동의를 받아야 한다.

**【사실관계】의 논점정리**

위 사실관계를 간략하게 정리하면 다음과 같다.

① 甲은 1985.1.1.에 5급 사무직, 乙은 2008.7.1.에 2급 관리직으로 A회사에 각각 입사

② A회사는 2007.12.1.자로 인사규정 중 정년조항(제10조)을 개정 · 시행
- 2007.11.15.~26. 정년조항 개정에 관하여 관리직 직원(20명)과 사무직 직원(80명) 모두가 동의서를 작성 · 제출
- 인사규정 개정 당시 A회사 직원 중 노동조합에 가입한 자는 없음.

③ 2011.4.와 5.에 각각 56세가 된 甲과 乙은 2011.11.1. A회사로부터 2011.12.31.자로 근로관계 종료의 통지서를 받음.

- 2011.11.1. 당시 甲과 乙은 모두 1급 관리직

이 사례는 취업규칙의 불이익변경의 의미와 판단기준, 불이익변경에 대한 근로자 동의의 방법과 범위에 관한 문제이다.

[문제 01]과 관련하여 취업규칙의 불이익변경의 의미와 그 판단 기준이 문제되고, 특히 그 중에서 취업규칙이 적용되는 근로자 중 일부에게 유리하고 일부에게 불리한 경우에 있어 불이익 판단이 쟁점이다.

[문제 02]는 갑과 을이 A사의 변경된 취업규칙의 정년 조항의 적용을 받는지와 관련하여, 근로기준법 제94조 제2항 단서에서 정한 취업규칙의 불이익변경의 동의의 방법과 범위가 어떠한지가 쟁점이다.

## 논점의 해설

### [문제 01]의 해결 — 취업규칙의 불이익변경 여부

Ⅰ. 설문의 쟁점
Ⅱ. 불이익변경의 판단기준
Ⅲ. 설문의 해결

## Ⅰ. 설문의 쟁점

근로기준법 제94조 제1항은 “사용자는 취업규칙의 작성 또는 변경에 관하여 해당 사업 또는 사업장에 근로자의 과반수로 조직된 노동조합이 있는 경우에는 그 노동조합, 근로자의 과반수로 조직된 노동조합이 없는 경우에는 근로자의 과반수의 의견을 들어야 한다. 다만, 취업규칙을 근로자에게 불리하게 변경하는 경우에는 그 동의를 받아야 한다.”라고 규정하고 있는바, 여기서 불이익변경은 무엇을 의미하는지가 문제된다. 특히 사안과 같이 근로자 일부에게는 유리하게, 일부에게는 불리하게 변경된 취업규칙이 근로기준법에서 말하는 불이익변경에 해당하는지가 문제된다.

## Ⅱ. 불이익변경의 판단기준

우리 대법원은 "취업규칙의 일부를 이루는 규정의 변경이 일부의 근로자에게는 유리하고 일부의 근로자에게는 불리한 경우 그러한 변경에 근로자집단의 동의를 요하는지를 판단하는 것은 근로자 전체에 대하여 획일적으로 결정되어야 할 것이고, 또 이러한 경우 취업규칙의 변경이 근로자에게 전체적으로 유리한지 불리한지를 객관적으로 평가하기가 어려우며, 같은 개정에 의하여 근로자 상호간의 이, 불리에 따른 이익이 충돌되는 경우에는 그러한 개정은 근로자에게 불이익한 것으로 취급하여 근로자들 전체의 의사에 따라 결정하게 하는 것이 타당하다(대법원 1993.5.14. 선고 93다1893 판결 등 참조)"고 하여 위 사안과 같은 경우를 불이익변경으로 판단하고 있다.

## Ⅲ. 설문의 해결

그러므로 A회사의 2007.12.1.자 정년조항을 보건대, 정년을 사무직과 관리직 구분 없이 56세로 변경하는 내용은 당해 규정의 적용을 받는 근로자 일부에게 불리한 규정이므로, 그와 같은 개정이 불이익변경에 해당하지 않는다는 주장은 취업규칙의 불이익변경에 관한 판례의 태도에 비추어 정당성을 얻기 힘든 주장이다.

# [문제 02]의 해결 — 변경된 정년조항의 유효성

Ⅰ. 설문의 쟁점
Ⅱ. 불이익변경에 대한 근로자 동의의 방식
Ⅲ. 동의의 주체가 되는 근로자집단의 범위
Ⅳ. 설문의 해결

## Ⅰ. 설문의 쟁점

A회사는 인사규정 개정에 앞서 2007.11.15.부터 같은 달 26.까지 위의

정년조항 개정 내용을 기재한 문서를 모든 직원에게 회람시킨 후, 이에 동의하는 직원은 회사가 나누어준 '인사규정 개정 동의서'에 서명하여 소속 부서장에게 제출하도록 하였다. 따라서 이러한 취업규칙(인사규정)의 불이익변경에 관한 동의의 방식이 근로기준법 제94조 제1항 단서의 동의규정과 부합하는지가 문제된다.

그리고 취업규칙의 불이익변경에 있어 동의의 주체가 되는 근로자는 원칙적으로 기존 취업규칙의 적용을 받는 근로자집단을 의미한다(대법원 2008.2.29. 선고 2007다85997 판결). 그런데 사안과 같이 변경된 취업규칙에 당장 적용을 받지 않더라도, 장래 승급 등의 사유로 적용가능성이 있는 경우 동의를 요하는 근로자에 포함되는지가 문제된다.

## Ⅱ. 불이익변경에 대한 근로자 동의의 방식

근로기준법 제94조 제1항 단서는 근로자 과반수로 구성된 노동조합이 없는 경우, 근로자 과반수의 동의를 받아야 한다고 규정하면서 그 방식에 관하여는 특별한 언급이 없다. 판례는 이에 관하여 "사용자가 취업규칙의 변경에 의하여 기존의 근로조건을 근로자에게 불리하게 변경하려면 종전 근로조건 또는 취업규칙의 적용을 받고 있던 근로자의 집단적 의사결정방법에 의한 동의를 요하고, 이러한 동의를 얻지 못한 취업규칙의 변경은 효력이 없으며, 그 동의의 방법은 노동조합이 없는 경우에는 근로자들의 회의방식에 의한 과반수의 동의를 요하고, 회의방식에 의한 동의라 함은 사업 또는 한 사업장의 기구별 또는 단위 부서별로 사용자 측의 개입이나 간섭이 배제된 상태에서 근로자 간에 의견을 교환하여 찬반을 집약한 후 이를 전체적으로 취합하는 방식도 허용된다(대법원 2004.5.14. 선고 2002다23185 판결)"고 판시하고 있다.

## Ⅲ. 동의의 주체가 되는 근로자집단의 범위

이에 관하여 판례는 "여러 근로자집단이 하나의 근로조건 체계 내에 있어 비록 취업규칙의 불이익변경 시점에는 어느 근로자집단만이 직접적인 불이익을 받더라도 다른 근로자집단에게도 변경된 취업규칙의 적용이 예상되는 경우에는 일부 근로자집단은 물론 장래 변경된 취업규칙 규정의 적용이 예상되는 근로자집단을 포함한 근로자집단이 동의주체가 되고, 그렇지 않고 근로조건이 이원화되어 있어 변경된 취업규칙이 적용되어 직접적으로 불이익을 받게 되는 근로자집단 이외에 변경된 취업규칙의 적용이 예상되는 근로자집단이 없는 경우에는 변경된 취업규칙이 적용되어 불이익을 받는 근로자집단만이 동의주체가 된다(대법원 2009.5.28. 선고 2009두2238 판결)"고 판시하였다.

## Ⅳ. 설문의 해결

사례에서 근로자 과반수를 대표하는 노동조합이 없는 A사는 취업규칙 중 정년조항을 불이익하게 변경함에 있어 사무직과 관리직 직원을 대상으로 동의서를 제출받는 방식으로 근로자 과반수의 동의를 얻은 것으로 인정되고, 그 과정에서 회사의 압력이나 부당한 개입을 인정할 사정은 보이지 않으므로 적법한 동의로 인정할 수 있을 것이다.

또한 乙은 취업규칙의 변경 후에 A사에 입사한 자로 변경된 취업규칙이 당연히 적용된다고 할 것이고, 甲의 경우에도 사안과 같은 취업규칙의 불이익변경의 적용이 장래 예상되는 근로자로 동의를 요하는 근로자에 포함됨은 물론 변경된 취업규칙의 적용을 받는다고 할 것이다.

따라서 甲과 乙 모두 A사의 변경된 정년조항의 적용을 받게 되므로 56세가 되는 해의 12월 31일 정년에 도달하게 된다.

【관련쟁점】

1. 판례는 퇴직금지급규정의 불이익변경을 퇴직금차등제도의 금지규정과 관련하여 어떻게 해석하고 있는가?
2. 불이익하게 변경된 취업규칙 규정(예: 퇴직금지급규정)이 동의를 얻지 못하고 있다가 단체협약의 규정으로 소급 승인된 경우 그 효력을 인정할 것인가?

【참고문헌】

김형배, 294~304면; 김희성(1), 95~159면; 임종률, 349~353면; 이철수 외 4인, 67~82면.

**【관련판례】**

○ 취업규칙 불이익변경의 판단기준

대법원 1993.5.14. 선고 93다1893 판결

취업규칙의 일부를 이루는 급여규정의 변경이 일부의 근로자에게는 유리하고 일부의 근로자에게는 불리한 경우 그러한 변경에 근로자집단의 동의를 요하는지를 판단하는 것은 근로자 전체에 대하여 획일적으로 결정되어야 할 것이고, 또 이러한 경우 취업규칙의 변경이 근로자에게 전체적으로 유리한지 불리한지를 객관적으로 평가하기가 어려우며, 같은 개정에 의하여 근로자 상호간의 이, 불리에 따른 이익이 충돌되는 경우에는 그러한 개정은 근로자에게 불이익한 것으로 취급하여 근로자들 전체의 의사에 따라 결정하게 하는 것이 타당하다 할 것이다. 따라서 이 사건 퇴직금규정의 변경은 근속기간에 따라 이, 불리를 달리하게 된 근로자집단의 규모를 비교할 것 없이 불이익한 변경으로서 근로자집단의 동의를 요한다.

○ 동의의 방식

대법원 1992.2.25. 선고 91다25055 판결

취업규칙에 규정된 근로조건의 내용을 근로자에게 불이익하게 변경하는 경우에 근로자 과반수로 구성된 노동조합이 없는 때에는 근로자들의 회의 방식에 의한 과반수 동의가 필요하다고 하더라도, 그 회의 방식은 반드시 한 사업 또는 사업장의 전 근로자가 일시에 한 자리에 집합하여 회의를 개최하는 방식만이 아니라 한 사업 또는 사업장의 기구별 또는 단위부서별로 사용자 측의 개입이나 간섭이 배제된 상태[1]에서 근로자 상호간에 의견을 교환하여 찬반의견을 집약한 후 이를 전체적으로 취합하는 방식도 허용된다.

1) 이때의 "사용자 측의 개입이나 간섭"이라 함은 사용자 측이 근로자들의 자율적이고 집단적인 의사결정을 저해할 정도로 명시 또는 묵시적인 방법으로 동의를 강요하는 경우를 의미하고 사용자 측이 단지 변경될 취업규칙의 내용을 근로자들에게 설명하고 홍보하는데 그친 경우에는 사용자 측의 부당한 개입이나 간섭이 있었다고 볼 수 없다(대법원 2003.11.14. 선고 2001다18322 판결, 2004.5.14. 선고 2002다23185, 23192 판결, 2005.5.12. 선고 2003다52456 판결). 예를 들어, 회사의 각 부서별로 근무하는 근로자 중 과반수의 근로자들이 각자 자유로운 의사에 따라 스스로 취업규칙의 변경에 동의하며 그에 관한 의견 개진은 노사협의회의 근로자위원들에게 일체 위임한다는 취지의 동의서를 작성하였고 그 위임을 받은 근로자위원들이 자유롭게 협의하여 취업규칙의 변경에 동의하기로 합의하였다면, 회의 방식에 의한 근로자 과반수의 동의가 있는 경우로 볼 수 있다(대법원 1992.2.25. 선고 91다25055 판결).

○ 동의의 주체가 되는 근로자집단의 범위

대법원 2008.2.29. 선고 2007다85997 판결

취업규칙의 작성·변경에 관한 권한은 원칙적으로 사용자에게 있으므로 사용자는 그 의사에 따라서 취업규칙을 작성·변경할 수 있고, 다만 취업규칙의 변경에 의하여 기존 근로조건의 내용을 일방적으로 근로자에게 불이익하게 변경하려면 종전 취업규칙의 적용을 받고 있던 근로자집단의 집단적 의사결정방법에 의한 동의를 요한다고 할 것인바, 그 동의방법은 근로자 과반수로 조직된 노동조합이 있는 경우에는 그 노동조합의, 그와 같은 노동조합이 없는 경우에는 근로자들의 회의 방식에 의한 과반수의 동의가 있어야 하고, 여기서 말하는 근로자의 과반수라 함은 기존 취업규칙의 적용을 받는 근로자집단의 과반수를 뜻한다.

대법원 2009.5.28. 선고 2009두2238 판결

여러 근로자집단이 하나의 근로조건 체계 내에 있어 비록 취업규칙의 불이익변경 시점에는 어느 근로자집단만이 직접적인 불이익을 받더라도 다른 근로자집단에게도 변경된 취업규칙의 적용이 예상되는 경우에는 일부 근로자집단은 물론 장래 변경된 취업규칙 규정의 적용이 예상되는 근로자집단을 포함한 근로자집단이 동의주체가 되고, 그렇지 않고 근로조건이 이원화되어 있어 변경된 취업규칙이 적용되어 직접적으로 불이익을 받게 되는 근로자집단 이외에 변경된 취업규칙의 적용이 예상되는 근로자집단이 없는 경우에는 변경된 취업규칙이 적용되어 불이익을 받는 근로자집단만이 동의주체가 된다.[1)]

1) 사업장 내의 근로자가 여러 집단으로 분류되어 그 근로자집단별로 근로조건을 달리 정하고 있거나 별도의 취업규칙이 작성되어 있는 경우를 생각할 수 있는데, 이때에는 취업규칙 중 변경되는 부분의 적용을 받고 있는 근로자집단만이 동의의 주체로 될 뿐이고 변경되는 취업규칙에 정하고 있는 근로조건의 적용을 받지 않는 근로자를 포함하는 사업장 내의 모든 근로자가 동의의 주체로 되는 것은 아니다. 예를 들어 취업규칙상의 규정이 직종(생산직, 사무직)에 따라 이원화되어 있는 경우, 각각의 집단에서 불이익변경의 동의가 있어야 하므로 생산직을 대표하는 노동조합의 동의는 사무직에 관한 규정 변경의 동의로 인정되지 않는다(대법원 1990.12.7. 선고 90다카19647 판결). 그런데 대상 판결은 직급에 따라 이원화된 취업규칙상의 규정이 문제된 것이다. 상세히 말하면 대상 판결은 동의의 주체를 정함에 있어 불이익을 받게 된 다수 근로자와 그 적용이 없는(그러나 불이익변경된 취업규칙의 적용이 예상되는) 다수 근로자 간의 관계가 하나의 근로자집단에 속한다고 할 것인지, 아니면 별개의 이원화된 근로자집단에 속하는지에 관한 것이 쟁점이라 할 것이다.

# 07. 취업규칙의 불이익변경과 근로자집단의 동의

## 【사실관계】

A사는 상시 근로자 수가 150명인 자동차부품 생산업체로 2008.1.1. 설립되었으며, A사에는 행정직 근로자 100명과 영업직 근로자 50명이 근무하고 있다. A사에는 행정직 근로자들만이 가입할 수 있는 노동조합만이 설립되어 있으며, 그 조합원 수는 70명이다. 그리고 A사의 취업규칙의 모든 규정은 행정직 근로자는 물론 영업직 근로자에게도 적용된다.

A사는 2012.12.1. 취업규칙을 개정하여 기존의 누진제 퇴직금제도를 폐지하고 새로이 단수제 퇴직금제도를 도입하면서, 그 개정된 내용을 2013.1.1.부터 퇴사하는 모든 근로자의 전체 근속기간에 대하여 소급하여 적용하기로 하였다. 이와 함께 A사는 2012.12.1. 취업규칙개정에서 월봉급액을 인상하기로 하였다. 2012.12.1. 취업규칙 변경으로 인하여 장기근속자 또는 장기근속 희망자들에게는 불이익이 발생하였지만, 장기근속을 희망하지 않는 근로자에게는 오히려 유리하게 되었다.

2012.12.1. 취업규칙 변경을 추진하는 과정에서 A사의 노동조합 대표자는 이미 위 취업규칙 변경에 대하여 동의하였던 바가 있었고, 나아가 영업직 근로자들에 대하여는 개별적으로 의견수렴절차를 거쳤으며, 영업직 근로자 전원이 취업규칙의 개정에 동의하였다. 그러나 A사는 위 취업규칙의 개정에 대하여 행정직 근로자들로부터는 별도의 의견수렴절차를 거치지 않았다.

(2014년 제1차 변호사모의시험)

---

[문제 01] A사의 2012.12.1.자 취업규칙 변경의 유효성에 대하여 설명함.

[문제 02] 2013.3.1.자로 A사에 입사한 근로자 갑에게는 누진제 퇴직금제도가 적용되는지 여부에 대하여 설명함.

《관련조문》

근로기준법

제94조 (규칙의 작성, 변경 절차) ① 사용자는 취업규칙의 작성 또는 변경에 관하여 해당 사업 또는 사업장에 근로자의 과반수로 조직된 노동조합이 있는 경우에는 그 노동조합, 근로자의 과반수로 조직된 노동조합이 없는 경우에는 근로자의 과반수의 의견을 들어야 한다. 다만, 취업규칙을 근로자에게 불리하게 변경하는 경우에는 그 동의를 받아야 한다.

② 사용자는 제93조에 따라 취업규칙을 신고할 때에는 제1항의 의견을 적은 서면을 첨부하여야 한다.

**【사실관계】의 논점정리**

이 사안은 사용자가 취업규칙을 근로자에게 불리하게 변경하는 경우에 있어, 그 유효성이 인정되기 위한 요건과 유효성이 인정되지 않는 경우 변경된 취업규칙의 효력은 어떠한지에 관한 쟁점을 다루고 있다.

[문제 01]에서는 근로기준법이 취업규칙 불이익변경의 유효요건으로 규정하고 있는 '근로자 과반수로 조직된 노동조합' 또는 '근로자 과반수'의 동의가 인정될 수 있는지 여부가 문제된다.

[문제 02]에서는 가사 A사의 취업규칙의 불이익변경이 동의를 결여한 것으로 기존 근로자들에게 적용되지 않는다고 하더라도, 변경 후 새롭게 근로관계를 맺은 근로자 갑에게 변경된 취업규칙이 적용되는 것인지 여부가 문제된다.

## 논점의 해설

### [문제 01]의 해결 — 취업규칙의 불이익변경의 유효성

Ⅰ. 설문의 쟁점
Ⅱ. A사의 2012.12.1.자 취업규칙의 불이익변경 여부
  1. 문제의 소재 / 2. 불이익변경의 판단기준 / 3. 사안의 적용
Ⅲ. A사의 2012.12.1.자 취업규칙의 유효성 인정 여부

1. 문제의 소재 / 2. '노동조합'의 동의 여부 / 3. 근로자 과반수의 동의 여부 / 4. 사회통념상 합리성 이론의 적용 여부 / 5. 사안의 적용
Ⅳ. 설문의 해결

# Ⅰ. 설문의 쟁점

근로기준법 제94조 제1항은 사용자가 취업규칙을 근로자에게 불리하게 변경하려는 경우 해당 사업 또는 사업장에 근로자의 과반수로 조직된 노동조합이 있는 경우에는 그 노동조합, 근로자의 과반수로 조직된 노동조합이 없는 경우에는 근로자의 과반수의 동의를 받도록 규정하고 있다.

따라서 A사의 2012.12.1.자 취업규칙의 변경이 유효한지 판단하기 위해서는 위 취업규칙의 변경이 불이익변경에 해당하는지 여부 및 해당한다면 근로기준법이 정한 유효요건을 충족한 것인지에 관한 검토가 필요하다.

# Ⅱ. A사의 2012.12.1.자 취업규칙의 불이익변경 여부

## 1. 문제의 소재

A사의 2012.12.1.자 취업규칙은 기존의 누진제 퇴직금제도를 단수제 퇴직금제도로 변경하는 것을 내용으로 하는바, 장기근속을 희망하지 않는 근로자들에게는 유리한 변경으로 판단되고, 그렇지 않은 근로자들에게는 불리한 것으로 여겨지는바 이 같은 경우 취업규칙의 불이익변경에 해당하는지가 문제된다.

## 2. 불이익변경의 판단기준

취업규칙의 불이익변경에 관한 판단기준에 관하여 대법원은 "취업규칙의 일부를 이루는 급여규정의 변경이 일부의 근로자에게는 유리하고 일부의 근로자에게는 불리한 경우 그러한 변경에 근로자집단의 동의를 요하는지를 판단하는 것은 근로자 전체에 대하여 획일적으로 결정되어야 할 것이고, 또 이

러한 경우 취업규칙의 변경이 근로자에게 전체적으로 유리한지 불리한지를 객관적으로 평가하기가 어려우며, 같은 개정에 의하여 근로자 상호간의 이, 불리에 따른 이익이 충돌되는 경우에는 그러한 개정은 근로자에게 불이익한 것으로 취급하여 근로자들 전체의 의사에 따라 결정하게 하는 것이 타당하다(대법원 1993.5.14. 선고 93다1893 판결)"고 하여 근로자 사이의 이해가 갈리는 경우 원칙적으로 불이익변경에 해당한다고 판시하였다.

### 3. 사안의 적용

따라서 A사의 2012.12.1. 취업규칙의 변경은 일부 근로자에게 유리한 변경에 해당하지만, 다른 근로자들에 대하여 불리한 변경에 해당하는바 취업규칙의 불이익변경에 해당한다고 할 것이다.

## Ⅲ. A사의 2012.12.1.자 취업규칙의 유효성 인정 여부

### 1. 문제의 소재

A사의 2012.12.1.자 취업규칙이 불이익한 변경에 해당되므로, 그 유효성이 인정되기 위해서는 근로기준법 제94조 제1항에 규정된 바와 같이 '해당 사업 또는 사업장에 근로자의 과반수로 조직된 노동조합' 또는 '근로자 과반수'의 '동의'가 필요하다.

따라서 설문에 주어진 내용을 토대로 불이익하게 변경된 A사의 위 취업규칙에 관하여 그와 같은 '동의'가 있었는지 여부에 대한 검토가 필요하며, 만약 동의가 없다면 대법원이 따르고 있는 '사회통념상 합리성' 이론에 의한 유효성 인정이 가능한지 따져보아야 한다.

### 2. '노동조합'의 동의 여부

#### (1) 문제점

설문에 따르면 A사에는 행정직 근로자를 조직대상으로 하는 노동조합이 있고, 행정직 근로자 100명 중 70명이 가입되어 있다. 또한 위 노동조합의 대표자는 A사의 2012.12.1.자 취업규칙 변경에 대하여 동의하였는바, 이를 과반수 노동조합의 동의로 여길 수 있는지 문제된다.

(2) 검 토

대법원은 "근로자 과반수로 조직된 노동조합이 있는 회사에서 취업규칙에 근로자에게 불리한 정년제 규정을 신설하는 경우, 그에 대한 노동조합의 동의는 법령이나, 단체협약 또는 노동조합의 규약 등에 의하여 조합장의 대표권이 제한되었다고 볼만한 특별한 사정이 없는 한 조합장이 노동조합을 대표하여 하면 되는 것(대법원 1997.5.16. 선고 96다2507 판결)"이라고 하여 노동조합 대표자의 동의만으로 불이익변경에 대한 유효성을 긍정하고 있다.

그러나 근로기준법이 "해당 사업 또는 사업장에 근로자의 과반수로 조직된 노동조합이 있는 경우"와 "그러한 노동조합이 없는 경우"를 구분하여, 근로자의 과반수로 조직된 노동조합이 있는 경우에만 "그 노동조합"의 동의를 받도록 한 것은 과반수로 조직된 노동조합이 있는 경우에 그 노동조합에게만 전제 근로자에 대한 대표성을 인정하여 그 노동조합의 의사를 근로자 전체의 의사로 인정하고자 하는 취지로 이해되어야 할 것이므로, 전체 근로자 150명을 기준으로 과반수로 조직되지 않은 A사의 노동조합은 동의의 주체가 될 수 없다고 할 것이다.

## 3. 근로자 과반수의 동의 여부

근로기준법 제9조 1항은 '근로자 과반수'의 동의를 받도록 규정하면서 그 동의의 방식에 관한 구체적인 기준은 두고 있지 않다. 이에 관하여 대법원은 "근로자 과반수로 구성된 노동조합이 없는 때에는 근로자들의 회의 방식에 의한 과반수 동의가 필요하다고 하더라도, 그 회의 방식은 반드시 한 사업 또는 사업장의 전 근로자가 일시에 한자리에 집합하여 회의를 개최하는 방식만이 아니라 한 사업 또는 사업장의 기구별 또는 단위 부서별로 사용자측의 개입이나 간섭이 배제된 상태에서 근로자 상호간에 의견을 교환하여 찬반의 견을 집약한 후 이를 전체적으로 취합하는 방식도 허용된다(대법원 2003.11.14. 선고 2001다18322 판결)"고 판시하였다.

이에 비추어 설문에서 A사는 영업직 근로자 50인에 대하여 개별적 의견수렴을 통하여 동의를 얻었으나, 근로자 상호간에 의견을 교환하는 이른바 '회의 방식'을 통한 동의라고 볼 수 없으며, 행정직 근로자들에 대하여는 아무런 동의를 받지 않았으므로 근로자 과반수의 동의를 받았다고 볼 수 없다.

### 4. 사회통념상 합리성 이론의 적용 여부

대법원은 예전부터 "사용자가 일방적으로 새로운 취업규칙의 작성 · 변경을 통하여 근로자가 가지고 있는 기득의 권리나 이익을 박탈하여 불이익한 근로조건을 부과하는 것은 원칙적으로 허용되지 아니하지만, 당해 취업규칙의 작성 또는 변경이 그 필요성 및 내용의 양면에서 보아 그에 의하여 근로자가 입게 될 불이익의 정도를 고려하더라도 여전히 당해 조항의 법적 규범성을 시인할 수 있을 정도로 사회통념상 합리성이 있다고 인정되는 경우에는 종전 근로조건 또는 취업규칙의 적용을 받고 있던 근로자의 집단적 의사결정 방법에 의한 동의가 없다는 이유만으로 그의 적용을 부정할 수는 없다"고 하여 근로자측의 동의가 없더라도 예외적으로 사회통념상 합리성이 인정되는 경우에는 불이익변경의 유효성을 긍정해왔다.

이러한 판례의 태도는 비록 근로기준법을 사실상 배제하는 것이므로 제한적으로 엄격하게 해석하여야 할 것이나, 사회통념상 합리성 이론에 따르더라도 A사의 2012.12.1자 취업규칙의 변경은 근로자의 전체 근속기간에 소급하여 적용하기로 하는 내용을 포함하고 있는 등 근로자가 입게 될 불이익의 정도가 현저할 뿐만 아니라, A사의 위와 같은 취업규칙이 그 필요성 및 내용의 측면에서 법적 규범성을 인정하여야 할 정도로 사회통념상 합리성을 인정할 수 없으므로 유효성을 인정할 수 없을 것이다.

### 5. 사안의 적용

따라서 A사의 2012.12.1.자 취업규칙의 불이익변경은 근로기준법에 정한 근로자의 집단적 동의를 결하였으므로 그 유효성을 인정할 수 없다고 판단된다.

## Ⅳ. 설문의 해결

A사의 2012.12.1.자 취업규칙상 퇴직금제도의 변경은 장기근속 희망 여부에 따라 근로자에게 유리할 수도, 불리할 수도 있으나, 이 같은 경우 판례에 따라 근로자에게 불이익한 변경으로 보아야 할 것이며, 근로기준법에 정한 근로자의 집단적 의사결정에 의한 동의를 결하였으므로 그 유효성을 인정

할 수 없다.

## [문제 02]의 해결 — 동의를 얻지 못한 취업규칙의 효력

Ⅰ. 설문의 쟁점
Ⅱ. 동의를 얻지 못한 취업규칙의 효력
1. 기존의 논의 / 2. 판례의 태도
Ⅲ. 설문의 해결

## Ⅰ. 설문의 쟁점

갑은 A사가 2012.12.1. 기존의 누진제 퇴직금제도를 단수제로 변경한 이후 입사하였다. 그런데 위 변경된 취업규칙은 A사의 근로자들의 집단적 의사결정에 의한 동의를 받지 못하여 기존 근로자들에게 적용되지 않는다고 할 것인데, 신규입사자인 갑에게도 마찬가지로 누진제 퇴직금제도가 적용되어야 하는 것인지가 문제된다.

이는 취업규칙의 불이익변경과 관련하여 동의를 얻지 못한 취업규칙의 효력이 절대적으로 무효가 되는 것인지의 논의로 귀결된다.

## Ⅱ. 동의를 얻지 못한 취업규칙의 효력

### 1. 기존의 논의

이와 관련하여 절대적 무효설은 취업규칙의 법적 성질을 규범으로 이해하면서 취업규칙의 변경이 무효라면 모든 근로자에 대하여 그 취업규칙 자체가 무효가 되어야 한다고 주장한다. 이와 반대로 상대적 무효설은 취업규칙의 법적 성질을 순수한 계약 내지 사실상 규범 또는 사실관습으로 이해하면서 동의를 얻지 못한 불이익변경은 기득권이 침해되는 기존 근로자들과의 사이에서만 문제되는 것이라고 이해한다.

### 2. 판례의 태도

대법원은 이 문제와 관련하여 기존에는 "사용자인 회사가 누진지급제에 의한 퇴직금을 단수지급제도로 변경하는 근로자에게 불이익한 취업규칙의 변경을 함에 있어서 근로자의 과반수로 조직된 노동조합 등 근로자집단의 의사결정방법에 의한 동의가 없었다면 이와 같은 취업규칙의 변경은 무효이므로, 위 취업규칙 변경 이후에 입사한 근로자에 대하여도 종전의 취업규칙이 적용된다(대법원 1990.4.27. 선고 89다카7754 판결)"고 하여 절대적 무효설의 입장이었으나, 태도를 바꾸어 "사용자가 취업규칙에서 정한 근로조건을 근로자에게 불리하게 변경함에 있어서 근로자의 동의를 얻지 않은 경우에 그 변경으로 기득이익이 침해되는 기존의 근로자에 대한 관계에서는 변경의 효력이 미치지 않게 되어 종전 취업규칙의 효력이 그대로 유지되지만, 변경 후에 변경된 취업규칙에 따른 근로조건을 수용하고 근로관계를 갖게 된 근로자에 대한 관계에서는 당연히 변경된 취업규칙이 적용되어야 하고, 기득이익의 침해라는 효력배제사유가 없는 변경 후의 취업근로자에 대해서까지 변경의 효력을 부인하여 종전 취업규칙이 적용되어야 한다고 볼 근거가 없다(대법원 1992.12.22. 선고 91다45165 전원합의체 판결)"고 판시하였는바 상대적 무효설의 입장을 따르고 있다.

## Ⅲ. 설문의 해결

그렇다면, 변경된 판례의 태도(상대적 무효설)에 비추어 볼 때, 근로자 갑은 A사의 2012.12.1.자 취업규칙에 따른 근로조건을 수용하고 근로관계를 맺게 된 것이라고 할 것이므로 위 취업규칙에 규정된 단수제 퇴직금제도의 적용을 받게 된다고 할 것이다.

【관련쟁점】

1. 취업규칙의 법적 성질에 관한 판례와 학설의 태도는?
2. 판례의 태도에 따르면 사회통념상 합리성 유무의 판단 기준과 시점은?

【참고문헌】

김형배, 294~305면; 김희성(1), 95~159면; 임종률, 349~353면; 이철수

외 4인, 57~82면.

**【관련판례】**

○ 취업규칙 불이익변경의 판단기준

대법원 1993.5.14. 선고 93다1893 판결

취업규칙의 일부를 이루는 급여규정의 변경이 일부의 근로자에게는 유리하고 일부의 근로자에게는 불리한 경우 그러한 변경에 근로자집단의 동의를 요하는지를 판단하는 것은 근로자 전체에 대하여 획일적으로 결정되어야 할 것이고, 또 이러한 경우 취업규칙의 변경이 근로자에게 전체적으로 유리한지 불리한지를 객관적으로 평가하기가 어려우며, 같은 개정에 의하여 근로자 상호간의 이, 불리에 따른 이익이 충돌되는 경우에는 그러한 개정은 근로자에게 불이익한 것으로 취급하여 근로자들 전체의 의사에 따라 결정하게 하는 것이 타당하다.

대법원 1995.3.10. 선고 94다18072 판결

[1] 취업규칙의 일부를 이루고 있는 급여규정 개정의 유, 무효를 판단함에 있어서 우선 퇴직금 지급률이 전반적으로 인하되어 그 자체가 불리한 것이라고 하더라도 그 지급률의 인하와 함께 다른 요소가 유리하게 변경된 경우에는 그 대가관계나 연계성이 있는 제반 상황(유리하게 변경된 부분 포함)을 종합 고려하여 과연 그 퇴직금에 관련한 개정 조항이 유리한 개정인지 불리한 개정인지를 밝혀서 그 유, 불리를 함께 판단하여야 할 것이고, 그 종합 판단의 결과 불리한 개정으로 밝혀진 경우(일부 근로자에게는 유리하고 일부 근로자에게는 불리하여 근로자 상호간에 유, 불리에 따른 이익이 충돌되는 경우도 이와 같다)에는 종전의 급여규정을 적용받고 있던 근로자 집단의 집단적 의사결정에 의한 동의를 받을 것을 요하고 그러한 동의가 없는 경우에는 그 변경은 효력을 가질 수 없다.

[2] 취업규칙 중 퇴직금 관련 조항의 개정이 무효의 변경으로 되는 경우에 그 유, 불리한 각 항목에 따라 각각 그것이 유, 무효로 되는 것이 아니고 그 대가성이나 연계관계에 있는 항목 모두가 무효로 되는 것이라고 할 것이고, 또한 퇴직금의 지급에 관한 취업규칙의 개정이 무효로 된 이상 그 이후 개정된 퇴직금의 지급에 관한 규정은 그 지급률 및 기초임금에 관한 부분 모두 그것이 앞서 무효로 된 퇴직금 규정을 추인한 것이거나 또는 그 규정과는 연계관계 없이 전혀 별도의 차원에서 변경되어 새로운 퇴직금 규정을 제정한 것으로 볼 수 있는 특별한 사정이 있는 경우를 제외하고는 모두 무효로 되는 것이라고 보아야 한다.

### ○ 취업규칙 불이익변경에 대한 동의의 방식

대법원 1997.5.16. 선고 96다2507 판결

근로자 과반수로 조직된 노동조합이 있는 회사에서 취업규칙에 근로자에게 불리한 정년제 규정을 신설하는 경우, 그에 대한 노동조합의 동의를 얻어야 하는데, 이 경우에 있어서도 노동조합의 동의는 법령이나, 단체협약 또는 노동조합의 규약 등에 의하여 조합장의 대표권이 제한되었다고 볼 만한 특별한 사정이 없는 한 조합장이 노동조합을 대표하여 하면 되는 것이지 노동조합 소속 근로자의 과반수의 동의를 얻어서 하여야 하는 것은 아니다(노동조합이 설립된 운수회사가 그 취업규칙에 55세 정년규정을 신설하면서 노사협의회 근로자위원 전원과 노동조합 분회장의 동의를 얻은 경우, 이를 노동조합의 동의를 얻은 것과 동일시할 수 없다고 보아 그 정년규정의 신설을 무효라고 한 원심판결을 파기한 사례).

대법원 2003.11.14. 선고 2001다18322 판결

취업규칙에 규정된 근로조건의 내용을 근로자에게 불이익하게 변경하는 경우에 근로자 과반수로 구성된 노동조합이 없는 때에는 근로자들의 회의 방식에 의한 과반수 동의가 필요하다고 하더라도, 그 회의 방식은 반드시 한 사업 또는 사업장의 전 근로자가 일시에 한자리에 집합하여 회의를 개최하는 방식만이 아니라 한 사업 또는 사업장의 기구별 또는 단위 부서별로 사용자측의 개입이나 간섭이 배제된 상태에서 근로자 상호간에 의견을 교환하여 찬반의견을 집약한 후 이를 전체적으로 취합하는 방식도 허용된다고 할 것인데, 여기서 사용자측의 개입이나 간섭이라 함은 사용자측이 근로자들의 자율적이고 집단적인 의사결정을 저해할 정도로 명시 또는 묵시적인 방법으로 동의를 강요하는 경우를 의미하고 사용자측이 단지 변경될 취업규칙의 내용을 근로자들에게 설명하고 홍보하는 데 그친 경우에는 사용자측의 부당한 개입이나 간섭이 있었다고 볼 수 없다.

### ○ 사회통념상 합리성 이론

대법원 2010.1.28. 선고 2009다32362 판결

사용자가 일방적으로 새로운 취업규칙의 작성·변경을 통하여 근로자가 가지고 있는 기득의 권리나 이익을 박탈하여 불이익한 근로조건을 부과하는 것은 원칙적으로 허용되지 아니하지만, 당해 취업규칙의 작성 또는 변경이 그 필요성 및 내용의 양면에서 보아 그에 의하여 근로자가 입

게 될 불이익의 정도를 고려하더라도 여전히 당해 조항의 법적 규범성을 시인할 수 있을 정도로 사회통념상 합리성이 있다고 인정되는 경우에는 종전 근로조건 또는 취업규칙의 적용을 받고 있던 근로자의 집단적 의사결정방법에 의한 동의가 없다는 이유만으로 그의 적용을 부정할 수는 없다. 한편, 여기에서 말하는 사회통념상 합리성의 유무는 취업규칙의 변경에 의하여 근로자가 입게되는 불이익의 정도, 사용자측의 변경 필요성의 내용과 정도, 변경 후의 취업규칙 내용의 상당성, 대상조치 등을 포함한 다른 근로조건의 개선상황, 노동조합 등과의 교섭경위 및 노동조합이나 다른 근로자의 대응, 동종 사항에 관한 국내의 일반적인 상황 등을 종합적으로 고려하여 판단하여야 한다. 다만, 취업규칙을 근로자에게 불리하게 변경하는 경우에는 그 동의를 받도록 한 근로기준법을 사실상 배제하는 것이므로 제한적으로 엄격하게 해석하여야 한다.

### ○ 동의를 얻지 못한 취업규칙의 효력

대법원 1992.12.22. 선고 91다45165 전원합의체 판결

[1] 취업규칙의 작성 변경에 관한 권한은 원칙적으로 사용자에게 있으므로 사용자는 그 의사에 따라 취업규칙을 작성 변경할 수 있으나, 다만 근로기준법 제95조의 규정에 의하여 노동조합 또는 근로자 과반수의 의견을 들어야 하고 특히 근로자에게 불이익하게 변경하는 경우에는 동의를 얻어야 하는 제약을 받는바, 기존의 근로조건을 근로자에게 불리하게 변경하는 경우에 필요한 근로자의 동의는 근로자의 집단적 의사결정방법에 의한 동의임을 요하고 이러한 동의를 얻지 못한 취업규칙의 변경은 효력이 없다.

[2] 사용자가 취업규칙에서 정한 근로조건을 근로자에게 불리하게 변경함에 있어서 근로자의 동의를 얻지 않은 경우에 그 변경으로 기득이익이 침해되는 기존의 근로자에 대한 관계에서는 변경의 효력이 미치지 않게 되어 종전 취업규칙의 효력이 그대로 유지되지만, 변경 후에 변경된 취업규칙에 따른 근로조건을 수용하고 근로관계를 갖게 된 근로자에 대한 관계에서는 당연히 변경된 취업규칙이 적용되어야 하고, 기득이익의 침해라는 효력배제사유가 없는 변경 후의 취업근로자에 대해서까지 변경의 효력을 부인하여 종전 취업규칙이 적용되어야 한다고 볼 근거가 없다.

[반대의견] 취업규칙의 변경이 근로자에게 불이익한 것이고 이에 관하여 근로자집단의 동의를 받지 못하였다면 취업규칙의 변경은 효력이 없고, 따라서 종전의 취업규칙이 계속 유효하다고 볼 것이지 그 변경으로

기득이익이 침해되는 기존의 근로자들에 대한 관계에서만 종전 취업규칙의 효력이 유지되고 변경 후에 근로관계를 갖게 된 근로자에 대한 관계에서는 당연히 변경된 취업규칙이 적용되어야 한다고 할 수 없다.

# 08. 통상임금

## 【사실관계】

A회사와 A회사의 노동조합(이하 A노동조합이라 함) 간에 체결한 단체협약은 상여금이 근로기준법 소정의 통상임금에 해당하지 않는다는 전제 하에 '통상임금의 기준은 상여금 외에 직책수당, 생산수당, 위해수당, 근속수당, 자격수당 등을 합산한 금액으로 하고, 상여금은 통상임금의 700%를 8회 분할하여 짝수 달에 각 100%(정기상여금), 추석과 설날에 각 50%씩(명절상여금) 지급한다'고 규정하고 있다.

한편, A회사의 취업규칙은 상여금 지급기준에 관한 다음과 같은 규정을 두고 있다.

— 다 음 —

제6조(지급기준)

1. 신규입사자 및 2개월 이상 장기 휴직한 후 복직한 자에 대한 정기 상여적용률은 다음 각 호와 같다.
   가. 지급대상기간 2개월 만근 : 100%
   나. 지급대상기간 중 1개월 이상 근무 : 70%
   다. 지급대상기간 중 1개월 미만 근무 : 30%
2. 휴직자에 대한 정기 상여적용률은 다음 각 호와 같다.
   가. 지급대상기간 중 15일 미만 휴직 : 100%
   나. 지급대상기간 중 1개월 미만 휴직 : 70%
   다. 지급대상기간 중 2개월 미만 휴직 : 30%
   라. 지급대상기간 2개월 이상 휴직 : 지급 제외
3. 퇴사자의 경우 근무한 일수만큼 일할계산 지급한다. 다만, 상여지급일 이후 퇴사자에 대해서는 해당 상여지급 대상기간 내 미근무일수만큼 일할계산하여 퇴직금 지급 시 공제한다.

4. 근태는 상, 하반기 각 6개월 간에 대해 적용하며, 무단결근횟수에 따른 감률 적용은 다음 각 호와 같다. 다만, 유결 2회는 무결 1회로 간주한다.
   가. 무결 8회 - 11회 : 5% 감률
   나. 무결 12회 - 19회 : 10% 감률
   다. 무결 20회 이상 : 15% 감률
5. 설과 추석의 명절상여금에 대해서는 상기 규정들을 적용하지 않으며, 해당 지급일에 재직 중인 자에게만 지급한다.

[문제 01] A회사 소속 조합원인 근로자 甲은 정기상여금 및 명절상여금은 근로기준법상의 통상임금에 해당한다고 주장하면서 미지급 임금을 청구하고 있다. 근로자 甲의 이 같은 청구가 타당한지 여부를 논하시오.

[문제 02] A회사는 이러한 근로자 甲의 청구에 대해 첫 번째로, 위 상여금이 근로기준법상의 통상임금에 해당한다 하더라도 노사가 단체협약으로 이 사건 상여금을 통상임금 산정에서 제외하기로 합의하였으므로 지급의무가 없으며, 두 번째로 위 상여금이 통상임금이라고 하더라도 甲의 청구는 신의칙에 반하는 것이라고 주장하였다. A회사의 이 같은 주장이 인정될 수 있는지 논하시오.

## 《관련조문》

근로기준법 시행령
제6조(통상임금)
① 법과 이 영에서 "통상임금"이란 근로자에게 정기적이고 일률적으로 소정(所定)근로 또는 총 근로에 대하여 지급하기로 정한 시간급 금액, 일급 금액, 주급 금액, 월급 금액 또는 도급 금액을 말한다.
② 제1항에 따른 통상임금을 시간급 금액으로 산정할 경우에는 다음 각 호의 방법에 따라 산정된 금액으로 한다.
1. 시간급 금액으로 정한 임금은 그 금액

2. 일급 금액으로 정한 임금은 그 금액을 1일의 소정근로시간 수로 나눈 금액
3. 주급 금액으로 정한 임금은 그 금액을 주의 통상임금 산정 기준시간 수(법 제2조 제1항 제7호에 따른 주의 소정근로시간과 소정근로시간 외에 유급으로 처리되는 시간을 합산한 시간)로 나눈 금액
4. 월급 금액으로 정한 임금은 그 금액을 월의 통상임금 산정 기준시간 수(주의 통상임금 산정기준시간 수에 1년 동안의 평균 주의 수를 곱한 시간을 12로 나눈 시간)로 나눈 금액
5. 일 · 주 · 월 외의 일정한 기간으로 정한 임금은 제2호부터 제4호까지의 규정에 준하여 산정된 금액
6. 도급 금액으로 정한 임금은 그 임금 산정 기간에서 도급제에 따라 계산된 임금의 총액을 해당 임금 산정 기간(임금 마감일이 있는 경우에는 임금 마감 기간을 말한다)의 총 근로시간 수로 나눈 금액
7. 근로자가 받는 임금이 제1호부터 제6호까지의 규정에서 정한 둘 이상의 임금으로 되어 있는 경우에는 제1호부터 제6호까지의 규정에 따라 각각 산정된 금액을 합산한 금액

③ 제1항에 따른 통상임금을 일급 금액으로 산정할 때에는 제2항에 따른 시간급 금액에 1일의 소정근로시간 수를 곱하여 계산한다.

**【사실관계】의 논점정리**

사례는 통상임금의 범위와 근로기준법과 다른 통상임금에 관한 당사자 사이의 합의가 인정될 수 있는지의 문제를 담고 있다.

[문제 01]에서는 A회사가 지급한 정기상여금 및 명절상여금이 통상임금에 해당하는 것인지가 쟁점인바, 통상임금의 범위에 관한 판례의 태도가 어떠한지를 정확하게 설시한 후에 사안에 적용하는 것으로 충분하다.

[문제 02]는 근로기준법 및 동 시행령에서 정하고 있는 '통상임금'에 관하여 사용자와 근로자가 다른 합의를 하였을 경우 그와 같은 합의가 근로기준법에 반하는 것으로 무효가 되는 것인지가 쟁점이며, 이 경우 사용자가 근로자의 미지급 임금 청구에 대해 신의칙 위반이라는 주장이 가능한지가 두 번째 쟁점이 된다.

## 논점의 해설

### [문제 01]의 해결 — 통상임금 해당 여부

Ⅰ. 설문의 쟁점
Ⅱ. 통상임금의 의의 및 판단기준
1. 문제의 소재 / 2. 통상임금의 판단기준에 관한 판례의 태도
3. 검 토
Ⅲ. 정기상여금 및 명절상여금의 통상임금 해당 여부
1. 정기상여금 / 2. 명절상여금
Ⅳ. 설문의 해결

## Ⅰ. 설문의 쟁점

A회사의 근로자 甲은 정기상여금 및 명절상여금은 근로기준법상의 통상임금에 해당한다고 주장하고 있는바, 근로기준법 시행령에서 정하고 있는 통상임금의 범위를 확정하는 것이 쟁점이라고 할 것이다.

## Ⅱ. 통상임금의 의의 및 판단기준

### 1. 문제의 소재

통상임금은 시간외근로수당 산정 등의 기초가 되는 임금으로서 근로기준법 시행령 제6조는 '통상임금이란 근로자에게 정기적이고 일률적으로 소정(所定)근로 또는 총 근로에 대하여 지급하기로 정한 시간급 금액, 일급 금액, 주급 금액, 월급 금액 또는 도급 금액을 말한다.'라고 정의하고 있다. 그러나 이러한 일반적 규정 외에 그 구체적인 포함 대상 금품을 명시하고 있지 않아 무엇이 통상임금에 포함되는 금품인지에 대한 판단은 해석에 맡겨져 있다.

### 2. 통상임금의 판단기준에 관한 판례의 태도

통상임금의 판단기준에 관하여 대법원은 "통상임금이 근로자가 사용자와

사이에 법정근로시간의 범위에서 정한 근로시간을 초과하는 근로를 제공할 때 가산임금 등을 산정하는 기준임금으로 기능한다는 점을 고려하면, 그것은 당연히 근로자가 소정근로시간에 통상적으로 제공하는 근로의 가치를 금전적으로 평가한 것이어야 하고, 또한 근로자가 실제로 연장근로 등을 제공하기 전에 미리 확정되어 있어야 할 것이다"라고 하면서 구체적으로 "어떠한 임금이 통상임금에 속하는지 여부는 그 임금이 소정근로의 대가로 근로자에게 지급되는 금품으로서 정기적, 일률적, 고정적으로 지급되는 것인지를 기준으로 그 객관적인 성질에 따라 판단해야 하고, 임금의 명칭이나 그 지급주기의 장단 등 형식적 기준에 의하여 정할 것이 아니다(대법원 2013.12.18. 선고 2012다89399 전원합의체 판결)"라고 판시하고 있는바, 해당 금품의 통상임금 포함 여부는 해당 금품이 소정근로의 대가로서 정기적, 일률적, 고정적으로 지급되는가를 기준으로 판단되어야 한다.

여기서 '정기성'이란 미리 정해진 일정한 기간마다 정기적으로 지급되는 임금이어야 한다는 의미로 어떤 임금이 1개월(1임금산정기간)을 초과하는 기간마다 지급되더라도 일정한 기간마다 정기적으로 지급되는 것이면 통상임금에 포함되며,[1] '일률성'이란 '모든 근로자' 또는 '일정한 조건이나 기준에 달한 모든 근로자'에게 일률적으로 지급되어야 한다는 의미로, 여기서 '일정한 조건'이란 고정적이고 평균적인 임금을 산출하려는 통상임금의 개념에 비추어 볼 때 고정적인 조건이어야 한다.[2] 마지막으로 '고정성'이라 함은 '근로자가 제공한 근로에 대하여 그 업적, 성과 기타의 추가적인 조건과 관계없이 당연히 지급될 것이 확정되어 있는 성질'을 말하고, '고정적인 임금'은 '임금의 명칭 여하를 불문하고 임의의 날에 소정근로시간을 근무한 근로자가 그 다음 날 퇴직한다 하더라도 그 하루의 근로에 대한 대가로 당연하고도 확정적으로 지급받게 되는 최소한의 임금'이라고 정의할 수 있다.

### 3. 검 토

이상의 내용을 종합하여 보면, 야간, 휴일, 연장 근무 등 초과근로수당 산정 등의 기준이 되는 통상임금이 되기 위해서는 초과근무를 하는 시점에서 판단해 보았을 때 근로계약에서 정한 근로의 대가로 지급될 어떤 항목의 임

1) 대법원 1985.10.8. 선고 85도1262 판결 등 참조.
2) 대법원 1993.5.27. 선고 92다20316 판결; 대법원 2012.7.26. 선고 2011다6106 판결 등 참조.

금이 일정한 주기에 따라 정기적으로 지급이 되고(정기성), 모든 근로자나 근로와 관련된 일정한 조건 또는 기준에 해당하는 모든 근로자에게 일률적으로 지급이 되며(일률성), 그 지급 여부가 업적이나 성과 기타 추가적인 조건과 관계없이 사전에 이미 확정되어 있는 것(고정성)인 경우 그 명칭과 관계없이 통상임금에 해당한다.

## Ⅲ. 정기상여금 및 명절상여금의 통상임금 해당 여부

### 1. 정기상여금

위 사안에서 A회사의 상여금 지급규정을 살펴보면, 정기상여금은 1임금산정기간인 1개월을 초과한 2개월마다 지급되나 정기적으로 지급되었기 때문에 정기성의 요건을 충족한다. 또한 휴직자 및 무단결근자에 대한 감액요소 등 특별한 취급은 해당 개인의 특수한 사정을 고려한 것에 불과하여 일률성의 요건을 일탈하였다고 볼 수 없고, 근속기간에 따라 달리 지급(2개월 기준)되기는 하나 초과근로를 하는 시점에서 볼 때 해당 근로자가 2개월 간의 근속기간을 채우고 있는지 여부는 이미 확정되어 있고, 중간퇴직자에게도 근무일수에 비례해 상여금을 지급하므로 고정성의 요건도 충족한다. 따라서 동 사안의 정기상여금은 통상임금에 해당한다.

### 2. 명절상여금

그러나 특정 시점에 재직 중인 근로자에게만 지급하기로 한 명절상여금의 경우  근로자가 소정근로를 했는지 여부와는 관계없이 지급일 기타 특정 시점에 재직 중인 근로자에게만 지급하기로 정해져 있어 '소정근로'에 대한 대가의 성질을 가지는 것이라고 보기 어려울 뿐 아니라 근로자가 임의의 날에 근로를 제공하더라도 그 특정 시점이 도래하기 전에 퇴직하면 당해 임금을 전혀 지급받지 못하여 근로자가 임의의 날에 연장·야간·휴일 근로를 제공하는 시점에서 그 지급조건이 성취될지 여부는 불확실하므로, 고정성도 결여한 것으로 보아야 하는바 이는 통상임금에서 제외된다.

## Ⅳ. 설문의 해결

A회사의 취업규칙상의 정기상여금은 소정근로의 대가로서 정기적, 일률적으로 지급되는 고정적 급여로서 법상의 통상임금에 해당하고, 명절상여금은 소정근로의 대가성 및 고정성의 요건을 결여하고 있으므로 통상임금에 해당하지 않는다. 따라서 명절상여금을 제외한 정기상여금이 통상임금에 포함되는 한에서 근로자 甲의 청구는 타당하다.

# [문제 02]의 해결 — 통상임금에 관한 노사합의의 효력

Ⅰ. 설문의 쟁점
Ⅱ. 통상임금에 관한 노사합의의 효력
　1. 문제의 소재 / 2. 판례의 태도 / 3. 사안의 적용
Ⅲ. A회사의 신의칙 위반 주장의 인용가능성
　1. 문제의 소재
　2. 강행법규를 위반한 노사합의 무효 주장이 신의칙 위반에 해당될 수 있는지 여부
　3. 강행법규를 위반한 노사합의 무효 주장이 신의칙 위반에 해당되기 위한 요건
　4. 사안의 적용
Ⅳ. 설문의 해결

## Ⅰ. 설문의 쟁점

설문에서 A회사와 B노동조합은 단체협약을 통해 법률상 통상임금에 해당하는 정기상여금과 명절상여금을 통상임금 산정에서 제외하기로 하였는바, 이 같은 합의가 유효하여 A회사에게 추가적인 임금의 지급의무가 없는 것인지 여부가 쟁점이며, 만약 위 합의가 무효라면 A회사는 근로자에 대하여 어떠한 항변을 할 수 있는 것인지가 추가적인 쟁점이라고 할 것이다.

# Ⅱ. 통상임금에 관한 노사합의의 효력

## 1. 문제의 소재

근로기준법 제15조는 '근로기준법이 정한 기준보다 낮은 임금 등 불리한 근로조건을 정한 근로계약은 무효'라고 규정하고 있는바, 이에 비추어 법률상 통상임금에 해당하는 정기상여금 등의 임금을 통상임금에서 제외하기로 한 노사가 합의가 유효한지가 문제된다.

## 2. 판례의 태도

이에 관하여 대법원은 "성질상 근로기준법 상의 통상임금에 속하는 임금을 통상임금에서 제외하기로 노사 간에 합의하였다 하더라도 그 합의는 효력이 없다. 연장·야간·휴일 근로에 대하여 통상임금의 50% 이상을 가산하여 지급하도록 한 근로기준법의 규정은 각 해당 근로에 대한 임금산정의 최저기준을 정한 것이므로, 통상임금의 성질을 가지는 임금을 일부 제외한 채 연장·야간·휴일 근로에 대한 가산임금을산정하도록 노사 간에 합의한 경우 그 노사합의에 따라 계산한 금액이 근로기준법에서 정한 위 기준에 미달할 때에는 그 미달하는 범위 내에서 노사합의는 무효라 할 것이고(대법원 1990.12.26. 선고 90다카12493 판결; 대법원 1996.2.9. 선고 94다19501 판결 등 참조), 그 무효로 된 부분은 근로기준법이 정하는 기준에 따라야 할 것이다(대법원 2013.12.18. 선고 2012다89399 전원합의체 판결)"라고 판단하여, 근로기준법의 기준에 미달하는 부분에 관하여 합의의 효력을 부인하고 있다.

## 3. 사안의 적용

사안에서 정기상여금이 통상임금에 포함됨은 앞서 살펴본 바와 같고, 따라서 정기상여금은 통상임금을 산정하는데 포함되어야 한다. 다만 판례의 태도에 비추어 통상임금을 제외하더라도 근로기준법상의 기준을 충족하는 경우에는 위 합의의 효력은 인정될 수 있으나, 사안의 경우 그와 같은 사정이 인정되지 않으므로 위 통상임금에 관한 노사합의는 근로기준법에 위반되어 무효라고 할 것이고, 그 미달하는 부분에 관하여 사용자는 임금을 지급할 의무가 있다고 할 것이다.

# Ⅲ. A회사의 신의칙 위반 주장의 인용가능성

## 1. 문제의 소재

A회사는 근로자 甲의 청구가 타당하더라도 노사합의의 무효를 주장하여 추가 법정수당을 청구하는 것이 신의성실의 원칙에 위배된다는 주장을 하고 있는바, 이 같은 주장이 타당한지 여부가 문제된다. 이는 강행법규 위반의 무효주장에 대하여 신의칙 위반 주장을 인정할 것인지 여부와 인정할 경우 그 요건은 무엇인지가 문제된다.

## 2. 강행법규를 위반한 노사합의 무효 주장이 신의칙 위반에 해당될 수 있는지 여부

이에 대하여 대법원은 "단체협약 등 노사합의의 내용이 근로기준법의 강행규정을 위반하여 무효인 경우에, 그 무효를 주장하는 것이 신의칙에 위배되는 권리의 행사라는 이유로 이를 배척한다면 강행규정으로 정한 입법취지를 몰각시키는 결과가 될 것이므로, 그러한 주장이 신의칙에 위배된다고 볼 수 없음이 원칙이다. 그러나 노사합의의 내용이 근로기준법의 강행규정을 위반한다고 하여 그 노사합의의 무효 주장에 대하여 예외 없이 신의칙의 적용이 배제되는 것은 아니다(대법원 2001.5.29. 선고 2001다15422, 15439 판결 참조)"라고 하여 강행법규 위반으로 인한 무효주장이 신의칙 위반이 될 수 있다고 한다.

## 3. 강행법규를 위반한 노사합의 무효 주장이 신의칙 위반에 해당되기 위한 요건

이에 대해 대법원은 "임금협상 과정을 거쳐 이루어진 노사합의에서 정기상여금은 그 자체로 통상임금에 해당하지 아니한다고 오인한 나머지 정기상여금을 통상임금 산정기준에서 제외하기로 합의하고 이를 전제로 임금수준을 정한 경우, 근로자 측이 임금협상의 방법과 경위, 실질적인 목표와 결과 등은 도외시한 채 임금협상 당시 전혀 생각하지 못한 사유를 들어 정기상여금을 통상임금에 가산하고 이를 토대로 추가적인 법정수당의 지급을 구함으로써, 노사가 합의한 임금수준을 훨씬 초과하는 예상 외의 이익을 추구하고 그로 말미암아 사용자에게 예측하지 못한 새로운 재정적 부담을 지워 중대한 경영상의 어려움을 초래하거나 기업의 존립을 위태롭게 한다면, 이는 종국적으로 근로자 측에까지 그 피해가 미치게 되어 노사 어느 쪽에도 도움이 되지 않는 결과를 가져오므로 정의와 형평 관념에 비추어 신의에 현저히 반하고 도저히 용인될 수 없음이 분명하다(대법원 2013.12.18. 선고 2012다89399 전원합의체 판결)"고 하여 일정한 요건 아래 단체협약의 내용이 강행법규 위반으로 위법하게 되어 그에 따라 근로자가 그 동안 미지급된 임금을 추가적으로 청구하는 것이 신의칙 위반에 해당할 수 있다고 보았다.

다만, 이러한 신의칙의 적용은 언제나 정당한 것은 아니며 정기상여금을 통상임금에서 제외한 노사합의가 우리나의 임금협상에 관행에 따른 일반적 모습임을 전제로 한 것으로서 ① 정기상여금의 경우에 ② 정기상여금을 통상임금에서 제외하는 노사합의가 무효임이 대법원의 전원합의체 판결을 통해 명백하게 선언되기 이전에 노사가 정기상여금이 통상임금에 해당하지 않는다고 신뢰한 상태에서 이를 통상임금에서 제외하기로 합의하고 이를 토대로 임금 등을 정했는데, 근로자가 그 합의의 무효를 주장하며 추가임금을 청구할 경우 예측하지 못한 새로운 부담을 떠안게 될 ③ 기업에게 중대한 경영상 어려움을 초래하거나 기업의 존립 자체가 위태롭게 된다는 사정이 인정되는 경우에 한하여 근로자의 추가임금 지급 요구가 신의칙에 의해 부인되는 것으로 이해되어야 한다.

### 4. 사안의 적용

위 사안에서 정기상여금은 통상임금에 해당하고 이를 제외하기로 한 단체협약은 강행법인 근로기준법 위반의 합의로서 무효이므로 이에 근거해 근로자 甲은 추가임금을 청구할 수 있다고 보아야 할 것이다. 그러나 동 사안에서 문제가 된 임금이 ① 정기상여금이고 ② 위 노사합의는 정기상여금의 통상임금 해당성이 법원의 판결로 확실하게 되기 전, 노사가 정기상여금이 통상임금에 해당하지 아니한다고 신뢰하여 이를 통상임금에서 제외하기로 합의한 것임이 인정되고 마지막으로 ③ 후에 근로자가 동 협약의 무효를 주장하여 추가임금을 청구함으로써 기업에게 중대한 경영상 어려움이 초래되거나 존립 자체가 위태롭게 된다는 사정이 인정되므로 근로자 甲의 추가 임금 청구는 신의칙 위반에 해당된다고 판단된다.

# Ⅳ. 설문의 해결

강행규정인 근로기준법 위반의 단체협약은 무효임이 원칙이고, 이에 따라 근로자 甲은 통상임금 재산정에 따른 추가 임금 지급을 요구할 수 있다. 그러나 정기상여금의 경우 판례가 일정한 요건 아래 근로자의 추가 임금 지급을 신의칙으로 제한하고 있는바, 판례가 요구하고 있는 요건이 충족되는 한도 내에서 A회사의 신의칙을 근거로 한 추가지급 거절 주장은 타당하다.

【관련쟁점】

1. 평균임금과 통상임금을 구별하는 실익은?
2. 평균임금을 산정할 수 없는 경우 및 그 때의 조정은?

【참고문헌】

김형배, 379~387면; 김희성(1), 192~227면; 임종률, 388~392면; 이철수 외 4인, 87~95면.

**【관련판례】**

○ 통상임금의 판단기준

대법원 2011.8.25. 선고 2010다63393 판결

소정근로 또는 총 근로의 대상(대상)으로 근로자에게 지급되는 금품으로서 그것이 정기적 · 일률적으로 지급되는 것이면 원칙적으로 모두 통상임금에 속하는 임금이라 할 것이나, 근로기준법의 입법 취지와 통상임금의 기능 및 필요성에 비추어 볼 때 어떤 임금이 통상임금에 해당하려면 그것이 정기적 · 일률적으로 지급되는 고정적인 임금에 속하여야 하므로, 정기적 · 일률적으로 지급되는 것이 아니거나 실제의 근무성적에 따라 지급 여부 및 지급액이 달라지는 것과 같이 고정적인 임금이 아닌 것은 통상임금에 해당하지 아니한다고 할 것인데, 여기서 '일률적'으로 지급되는 것이라 함은 '모든 근로자'에게 지급되는 것뿐만 아니라 '일정한 조건 또는 기준에 달한 모든 근로자'에게 지급되는 것도 포함되고, 여기서 말하는 '일정한 조건'이란 '고정적이고 평균적인 임금'을 산출하려는 통상임금의 개념에 비추어 볼 때 '고정적인 조건'이어야 한다.

○ 상여금을 통상임금에서 제외하는 노사합의의 무효와 신의칙 위반

대법원 2013.12.18. 선고 2012다89399 전원합의체 판결

신의성실의 원칙(이하 '신의칙'이라고 한다)은, 법률관계의 당사자는 상대방의 이익을 배려하여 형평에 어긋나거나 신뢰를 저버리는 내용 또는 방법으로 권리를 행사하거나 의무를 이행하여서는 아니 된다는 추상적 규범을 말하는 것으로서, 신의칙에 위배된다는 이유로 그 권리행사를 부정하기 위해서는 상대방에게 신의를 공여하였거나 객관적으로 보아 상대방이 신의를 가지는 것이 정당한 상태에 이르러야 하고 이와 같은 상대방의 신의에 반하여 권리를 행사하는 것이 정의관념에 비추어 용인될 수 없는정도의 상태에 이르러야 한다(대법원 1990.12.26. 선고 90다카12493 판결; 대법원 1996.2.9. 선고 94다19501 판결 등 참조).

단체협약 등 노사합의의 내용이 근로기준법의 강행규정을 위반하여 무효인 경우에, 그 무효를 주장하는 것이 신의칙에 위배되는 권리의 행사라는 이유로 이를 배척한다면 강행규정으로 정한 입법취지를 몰각시키는 결과가 될 것이므로, 그러한 주장이 신의칙에 위배된다고 볼 수 없음이 원칙이다. 그러나 노사합의의 내용이 근로기준법의 강행규정을 위반한다고 하여 그 노사합의의 무효 주장에 대하여 예외 없이 신의칙의 적용이 배제되는 것은 아니다(대법원 1998.4.24. 선고 97다28421 판결 참조).

위에서 본 신의칙을 적용하기 위한 일반적인 요건을 갖춤은 물론 근로기준법의 강행규정성에도 불구하고 신의칙을 우선하여 적용하는 것을 수긍할만한 특별한 사정이 있는 예외적인 경우에 한하여 그 노사합의의 무효를 주장하는 것은 신의칙에 위배되어 허용될 수 없다.

임금에 관한 노사합의는 기업의 한정된 수익에 기초하여 합의한 임금 총액의 범위 안에서 각 임금 항목에 액수를 할당하고 그 개별적인 지급 시기, 지급형태 및 조건 등을 정하는 실질을 갖고 있다. 따라서 기업의 수익 기초가 동일한 이상 노사 양측이 임금협상 당시 정기상여금이 통상임금에 해당할 수 있다는 점을 인식하였다면, 해당 정기상여금이 통상임금에 산입됨을 전제로 기본급과 수당 등의 인상률을 조정하고 지급형태나 조건 등을 변경하는 등의 조치를 취함으로써 결과적으로 통상임금을 기초로 산정되는 각종 법정수당을 포함하여 근로자에게 지급되는 임금 총액은 정기상여금이 통상임금에 산입되는 경우와 그렇지 않은 경우 사이에 실질적인 차이가 없도록 하는 등 기업의 부담능력 범위 내에서 다른 대안을 마련하여 노사합의를 이루었을 것으로 봄이 타당하다.

그런데도 이러한 사정들은 전혀 고려하지 아니한 채 노사 양측이 합의 당시 상호 공통적으로 이해하고 있었던 것과는 전혀 다른 법리적 사유를 들어 사용자에게 정기상여금이 포함된 통상임금을 토대로 한 추가적인

법정수당 지급의무를 부과한다면, 근로자 측은 한편으로는 임금협상 당시 노사가 서로 양해한 전제나 기초 아래 기업의 한정된수익을 감안하여 결정된 임금을 모두 지급받으면서, 다른 한편으로는 그 전제나 기초가 무효임을 주장하며 기업의 한정된 수익을 넘는 추가적인 법정수당을 지급받게 되고, 반면에 사용자 측은 노사합의를 신뢰하여 이를 기초로 수지 균형을 맞추며 기업을 경영하여 오다가 예측하지 못하였던 재정적 부담을 지게 되고, 그로 인하여 중대한 경영상의 어려움을 겪거나 기업의 존립 자체가 흔들리는 상황에 놓이게 될 수 있다. 이는 상호 신뢰를 기초로 하여 노사합의를 이루어 자율적이고 조화로운 관계를 유지하며 공동의 이익을 추구해 온 노사관계에 있어 예기치 않은 사유로 서로 간의 신뢰기반을 깨뜨리고 노사가 지향해 온 상생관계를 해치는 행위로서 궁극적으로는 근로자의 근로환경이나 근로조건에도 부정적인 영향을 미치고, 기업의 재정적 파탄으로 이어져 일자리의 터전을 상실할 위험도 초래하는 등 노사 양쪽 모두에게 피해가 갈 수 있다.

따라서 앞서 본 바와 같은 방식의 임금협상 과정을 거쳐 이루어진 노사합의에서 정기상여금은 그 자체로 통상임금에 해당하지 아니한다고 오인한 나머지 정기상여금을 통상임금 산정기준에서 제외하기로 합의하고 이를 전제로 임금수준을 정한 경우, 근로자 측이 앞서 본 임금협상의 방법과 경위, 실질적인 목표와 결과 등은 도외시한 채임금협상 당시 전혀 생각하지 못한 사유를 들어 정기상여금을 통상임금에 가산하고 이를 토대로 추가적인 법정수당의 지급을 구함으로써, 노사가 합의한 임금수준을 훨씬초과하는 예상 외의 이익을 추구하고 그로 말미암아 사용자에게 예측하지 못한 새로운재정적 부담을 지워 중대한 경영상의 어려움을 초래하거나 기업의 존립을 위태롭게 한다면, 이는 종국적으로 근로자 측에까지 그 피해가 미치게 되어 노사 어느 쪽에도 도움이 되지 않는 결과를 가져오므로 정의와 형평 관념에 비추어 신의에 현저히 반하고 도저히 용인될 수 없음이 분명하다. 그러므로 이와 같은 경우 근로자 측의 추가 법정수당 청구는 신의칙에 위배되어 받아들일 수 없다.

# 09. 임 금

## — 퇴직금감액의 유효성과 근로자의 손해배상책임 —

**【사실관계】**

근로자 甲은 IT관련기업 Y사에서 프로그래머로서 근무하는 종업원(37세)이다. 입사 10년째, Y사의 주력이었던 甲은 Y사와 같은 IT관련기업인 A사로부터 헤드헌팅 제안을 받았다. 갑은 업계에서 A사가 차지하는 높은 위치나 연수입이 지금보다도 50% 정도 많아지는 좋은 조건에 이끌려, Y사에서 A사로 옮기기로 결심했다. Y사 인사부장은 갑의 프로그램 기술의 유출이 염려되어 1년 간 동종업계의 다른 회사에 취직하길 원하지 않는다고 만류했지만, 甲은 결심을 바꾸지 않았다. 갑은 월말에 퇴직할 뜻의 사직서를 제출했다.

한편 Y사에서는 고객정보가 회사 밖으로 누출되는 것을 엄격하게 금지하고 있는데, 사직서를 낸 갑은 마음이 해이해져 Y사 단골거래처의 고객정보가 들어있는 데이터를 음주를 동반한 회식 후 귀가하는 도중에 가방채로 잃어버렸다. 단골거래처는 Y사의 관리체제가 나쁘다는 이유로 계약을 해지하는 한편 고객에 대한 사죄 등을 위해 드는 비용에 대해서도 Y사가 부담하도록 요구했다. 그 결과 Y사가 입은 손해액은 3억 원에 이르렀다. Y사는 甲에 대해 손해액의 일부를 배상하도록 요구했다.

Y사에는 근속기간 1년 이상의 종업원이 퇴직하는 경우에는 퇴직금을 지급한다는 취업규칙이 있어서 지급대상자, 퇴직금의 계산방법(산정기초임금에 근속연수별의 지급률을 곱하여 산출. 지급률은 근속연수에 따라 점차 증가함) 등이 자세하게 규정되어 있고, 또한「프로그래머에 대해서는 퇴직 후 1년 이내에 동종업계의 다른 회사로 전직한 경우 퇴직금액은 100분의 50을 감액하여 지급한다」는 내용이 규정되어 있다(이것은 종업원들에게 주지되어 있다).

취업규칙상의 계산방법에 의하면 갑의 당초 퇴직금액은 6,000만 원이지만, 甲이 동종업계의 다른 회사로 취직한다는 점을 들어 Y사는 그 절반인 3,000

만 원을 甲의 퇴직금으로 산정하는 한편, 甲이 범한 실수로 인해 부담해야만 하는 손해배상액을 3,000만 원으로 산정하여 그 손해배상채권과 퇴직금채권을 상계한다는 뜻을 甲에게 고지하고 퇴직금을 일체 지급하지 않았다.

[문제 01] 甲은 동종업계의 다른 회사로 전직하는 경우에 퇴직금을 절반으로 감액하는 것(퇴직금감액규정)은 위법하다고 주장한다. 그의 주장은 타당한가?

[문제 02] 甲은 Y사가 자신에게 3,000만 원을 손해배상하라고 하는 것은 자신의 업무내용, 근로조건에 비추어 과중하다고 주장한다. 그의 주장은 타당한가?

[추가문제] 甲은 자신이 가지고 있는 퇴직금채권을 Y사가 그의 손해배상채권과 상계한 것은 위법하여 무효라고 주장한다. 그의 주장은 타당한가?

## 《관련조문》

근로기준법

제43조(임금 지급) ① 임금은 통화(通貨)로 직접 근로자에게 그 전액을 지급하여야 한다. 다만, 법령 또는 단체협약에 특별한 규정이 있는 경우에는 임금의 일부를 공제하거나 통화 이외의 것으로 지급할 수 있다.

**【사실관계】의 논점정리**

이 사례에서는 퇴직금의 법적 성질, 퇴직금감액조항의 유효성 및 임금채권의 보호가 문제된다. 우선 이 사례에서 퇴직금의 법적 성질을 명확히 할 필요가 있다. 왜냐하면 퇴직금이 완전히 사용자의 은혜적 급부라고 하면, 그 지급요건을 어떻게 설정하는가는 사용자의 재량에 맡겨진다고 해석되고, 한편 퇴직금이 갑에게 귀속되어져야 할 임금의 후불이라고 하면, Y사가 일방적으로 이를 감액하는 것은 허락되지 않고 또한 상계없이 그 전액이 지급되어야 하기 때문이다.

[문제 01]은 동종업계의 다른 회사에 전직하는 경우에 퇴직금을 절반으로 감액하는 것(퇴직금감액규정)의 유효성이 문제된다. 퇴직금감액조항의 유효성에 대해서는 부정적인 견해에 섰지만, 이것을 긍정하는 법률구성도 가능하다고 판단된다.

[문제 02]는 근로자의 손해배상의무가 쟁점인데, 특히 Y사가 갑에 대해서 요구할 수 있는 손해배상의 범위가 문제된다.

[추가문제]는 Y사가 갑에 대해서 가지고 있는 손해배상청구권으로 갑이 가지고 있는 퇴직금채권을 상계하는 것이 가능한가의 여부가 문제 된다.

**논점의 해설**

## [문제 01]의 해결 — 퇴직금감액의 적법성

Ⅰ. 설문의 쟁점
Ⅱ. 퇴직금의 법적 성질
1. 퇴직금의 법적 성질에 관한 판례의 태도 / 2. 사안의 적용
Ⅲ. 위약예정금지 위반 여부
Ⅳ. 설문의 해결

## Ⅰ. 설문의 쟁점

甲은 Y회사의 퇴직금감액규정의 위법성을 지적하고 있는바, 그 주장의 타당성을 살펴보기 위해서는 퇴직금의 법적 성격이 무엇인지, 퇴직금감액규정이 근로기준법 제20조에서 금지하고 있는 위약예정에 해당하는지 여부가 쟁점이 된다고 할 것이다.

## Ⅱ. 퇴직금의 법적 성질

### 1. 퇴직금의 법적 성질에 관한 판례의 태도

학설과 판례(대법원 1975.7.22. 선고 74다1840 판결 등)는 임금후불설을 취

하고 있다. 헌법재판소 또한 '퇴직금은 본래 전근대적 노사관계에서 근로자의 장기근속에 대한 보상 내지 퇴직 후 생활보장을 위해 지급되는 은혜적 급부에서 발전해 온 관계로, 대법원이 최근 판례에서 "퇴직금은 후불임금의 성격 이외에도 사회보장적 급여로서의 성격과 공로보상으로서의 성격을 아울러 가진다"고 판시한 예가 있어도 기본적으로는 후불임금으로서의 성격을 지닌다는 점에는 변동이 없으며, 따라서 퇴직금은 임금과 동일한 성질을 가지고 있다'(헌재결 1998.6.25, 96헌바27)고 한다.[1)]

### 2. 사안의 적용

이 사례에서 퇴직금의 계산방법은 산정기초임금에 근속연수별의 지급률을 곱하는 방식으로 산출된다는 점에서 퇴직금은 당연히 임금의 후불적 성격을 갖는다고 할 것이다. 다만, 그 지급률은 근속연수의 길이에 따라서 인상된다는 점에서 장기근속자에 대해 그 근속의 공(功)에 대한 보상으로 해석될 여지가 있다.

## Ⅲ. 위약예정금지 위반 여부

이 사례의 퇴직금감액조항은 「퇴직 후 1년 이내에 동종업계 다른 회사로 전직한 경우」에 본래 받을 수 있는 퇴직금액을 감액하는 것이기 때문에, 이 조항은 갑에 대해 경업금지의무를 부과하는 규정이자 이에 반하는 경우에 퇴직금의 2분의 1을 배상액으로 지급한다는 것을 내용으로 하는 손해배상액(위약금)의 예정으로 해석할 여지도 있다. 위약금예정이라고 하면, 근기법 제20조에 위반되므로 이 조항은 무효가 된다. 그러나 이 사례에서의 감액조항은 근로자에게 퇴직 자체를 금지하는 것이 아니라 퇴직 시 혹은 퇴직 후 1년 이내에 특별한 사정에 해당할 때 퇴직금을 산정하는 방법을 결정한 것에 지나지 않는다. 따라서 손해배상액의 예정으로 파악하는 것은 타당하지 않고, 근

---

1) 그런데 일부 판례(헌재결 1995.7.21, 94헌바 27, 29; 대법원 1995.10.12. 선고 94다36186 판결)는 퇴직금의 후불임금적 성격 외에 공로보상적 성격을 가진다고 한다. 판례에서 문제가 된 사안은 재직 중에 있었던 해당 사유로 형을 선고받거나 징계에 의하여 파면된 직원에 대해서 퇴직금의 100분의 50을 감액할 수 있다는 퇴직금감액규정의 적법성 여부였는데, 공로보상적 성격을 가지고 감액의 정당성을 긍정한 바 있다.

로기준법 제20조에 저촉되지 않는다.

## Ⅳ. 설문의 해결

퇴직금의 성질을 후불되는 임금으로 이해한다면, 징계 등의 사유로 임금을 감액할 수 없으며, 근로자가 업무나 회사의 신용이나 명예와 관련하여 형을 받음으로써 사용자(회사)에 대하여 손해를 입게 한 때에도 퇴직금 전액을 지급하고 이와는 별도로 손해배상청구를 하는 것이 옳을 것이다. 왜냐하면 임금의 성질을 가진 퇴직금에도 근로기준법 제43조 제1항이 적용되어 그 전액을 지급해야 하기 때문이다.

판례가 퇴직금에 대하여 부가적으로 공로보상적 성질을 인정하기도 하지만, 감액사유를 업무와 관련된 범죄행위로 인하여 금고 이상의 형을 선고받은 중대한 사유가 발생한 경우 등으로 한정하고 있음에 비추어 볼 때, 당해 감액규정은 무효로 해석된다.

※ 공로보상설에 따른 해결

Ⅳ. 설문의 해결

판례는 다음과 같은 전제(요건)하에서 퇴직금감액규정의 효력을 인정하고 있다. 첫째, 그 규정이 임직원으로 하여금 재직 중 성실하고 청렴하게 근무하도록 유도하기 위한 정당한 목적을 가지고 있고, 둘째, 제한의 사유를 업무와 관련된 범죄행위로 인하여 금고 이상의 형을 선고받은 중대한 사유가 발생한 경우 등으로 한정하고 있으며, 셋째, 제한의 범위도 근로기준법(현행 근로자퇴직급여 보장법) 소정의 최저퇴직금제도에 위배되지 않아 무효라고 할 수 없고, 넷째, 퇴직금은 후불임금으로서의 성격 이외에도 사회보장적 급여로서의 성격과 공로보상으로서의 성격을 아울러 가지는 점에 비추어 (합리적인) 퇴직금감액규정은 퇴직금의 본질에 어긋나지 않는다고 한다(대법원 2002.9.6. 선고 2002다29442 판결; 대법원 2003.5.16. 선고 2001다54977 판결).

따라서 다음과 같은 고려하에 퇴직금감액조항의 유효의 논지를 펴는 것도 가능하다. 통상 IT관련기업에서는 프로그래머의 개인적인 능력이 중요한 의미를 갖는다. 따라서 Y사에서도 프로그래머가 동종업계의 다른 회사에 전직하는 것은 기업경영상 상당히 큰 타격이 되므로, Y사가 프로그래머라는 직종에 한정해서 1년 간이라는 한정된 기간에 대해서 동종업계의 다른 회사로 전직한 경우에 퇴직금을 2분의 1로 감액하는 것은 불합리하다고 말할 수 없다. 이 사례에서 퇴직금이 공로보상적인 성격을 갖는다는 것에 비추어 보면, 동종업계의 다른 회사로의 전직에 의해 그 프로그래머의 지금까지의 공로에 대한 평가가 반으로 감쇄되는 것은 상당하며, 또한 경업금지의 효과도 특별히 크다고는 해석되지 않는다.

## [문제 02]의 해결 — 근로자의 손해배상책임의 범위

Ⅰ. 설문의 쟁점
Ⅱ. 근로자의 손해배상책임의 범위에 관한 판례의 태도
Ⅲ. 설문의 해결

## Ⅰ. 설문의 쟁점

설문에서 甲은 Y회사가 자신에게 구하고 있는 손해배상이 과중하다는 주장을 하고 있는바, 형평의 원칙에 비추어 이러한 주장이 받아들여질 여지가 있는지가 문제된다.

## Ⅱ. 근로자의 손해배상책임의 범위에 관한 판례의 태도

판례(대법원 1987.9.8. 선고 88다카1045 판결)는 사용자가 피용자의 업무집행으로 행해진 불법행위로 인하여 직접 손해를 입었거나 또는 사용자로서의 손해배상책임을 부담한 결과로 손해를 입게 된 경우에는 사용자는 그 사업의 성격과 규모, 사업시설의 상황, 피용자의 업무내용, 근로조건이나 근무태도, 가해행위의 상황, 가해행위의 예방이나 손실의 분산에 관한 사용자의 배려정도 등의 제반사정에 비추어 손해의 공평한 분담이라는 견지에서 신의칙상 상당하다고 인정되는 한도 내에서만 피용자에 대하여 위와 같은 손해의 배상이나 구상권을 행사할 수 있다고 한다.

즉, 근로자의 행위가 제3자에게 손해를 끼친 경우, 사용자책임(민법 제756조 제1항)을 전제로 사용자의 구상권행사(동조 제3항)가 인정되나 사용자는 구상권행사에 즈음하여 손해의 공평한 분담이라는 견지에서 신의칙상 상당하다고 인정되는 한도에서만 구상 요구를 할 수 있다는 것이다.

## Ⅲ. 설문의 해결

이 사례에서 甲은 Y사의 지시를 지키지 않고 고객정보가 들어있는 데이터를 회사 밖으로 들고 나가서 분실하였으므로 그 책임은 크다고 말할 수밖에 없다(근로자의 유책성, 가해행위의 예방이나 손실의 분산에 관한 사용자의 배려정도). 또한 甲은 입사 10년째로 Y사의 주력 프로그래머였기 때문에 고객정보의 취급에 신중함이 요구된다는 점을 충분히 인식했었을 것이다(피용자의 업무내용, 근무태도 관련). 다만, 손해액 3억 원의 10%에 해당하는 3,000만 원의 구상이 갑의 생활을 위협할 정도라면 구상권이 제한될 수 있다(민법 제756조 제1항 참조). 갑의 급여액에 비추어 보아 3,000만 원이 과중한 부담이 되는 경우에는 그 금액에 의한 구상은 허용되지 않는다.

# [추가문제]의 해결 — 근로자의 퇴직금채권과 사용자의 손해배상채권과의 상계 허용 여부

Ⅰ. 설문의 쟁점
Ⅱ. 임금전액지급의 원칙 위반 여부
1. 임금전액지급원칙 / 2. 판례의 태도
Ⅲ. 설문의 해결

## Ⅰ. 설문의 쟁점

Y사는 근로자 甲에 대하여 가지는 손해배상채권으로 갑의 퇴직금청구권에 대하여 대등액에서 상계하려고 하는바, 甲은 이에 대한 위법성을 지적하

고 있다. 따라서 위 상계가 임금전액지급원칙을 규정하고 있는 근로기준법 제43조 제1항에 위반되는 것은 아닌지가 쟁점이라 하겠다.

## Ⅱ. 임금전액지급의 원칙 위반 여부

### 1. 임금전액지급원칙

위에서 본 바와 같이 퇴직금 또한 후불되는 임금이므로 임금지급의 4대 원칙이 적용된다. 특히 근로기준법 제43조 제1항 본문에서 "임금은 통화로 직접 근로자에게 그 전액을 지급하여야 한다."라고 규정하여 이른바 임금전액지급의 원칙을 선언하고 있다. 그 취지는 사용자가 일방적으로 임금을 공제하는 것을 금지하여 근로자에게 임금전액을 확실하게 지급받게 함으로써 근로자의 경제생활을 위협하는 일이 없도록 그 보호를 도모하려는 데 있다. 그러므로 사용자가 근로자에 대하여 가지는 채권을 가지고 일방적으로 근로자의 임금채권을 상계하는 것은 금지된다.

### 2. 판례의 태도

판례는 근로자의 불법행위로 인한 손해배상채권을 가지고 임금채권에 대하여 상계할 수 없다(대법원 1989.11.24. 선고 88다카25038 판결 등)고 한다. 다만, 이때 사용자와 근로자 사이의 자유로운 의사를 기초로 하는 합의에 의한 상계는 인정된다(대법원 2001.10.23. 선고 2001다25184 판결)는 입장이다.

## Ⅲ. 설문의 해결

이 사건에서 甲이 Y회사가 입은 손해액 3억 원 중 3,000만 원에 대해서 배상할 의무가 있는지의 여부는 Ⅱ.에서 검토하였다. 그런데 3,000만 원을 배상할 의무가 있다 하더라도 그 배상은 甲이 Y와 상계에 관해 합의하지 않았으므로 판례의 태도에 비추어 Y회사의 위 상계주장은 허용되지 않는다고 할 것이다.

【관련쟁점】

1. 임금채권이 양도된 경우 사용자는 양수인에게 양도인의 임금을 지불할 수 있는가?
2. 사용자책임과 근로자의 책임제한과의 관계는?
3. 사용자와 근로자가 퇴직금을 미리 정산하여 매월 지급하는 월급과 함께 일정한 금액을 퇴직금조로 지급하기로 하는 약정(이른바 "퇴직금 분할약정")에 관한 판례의 태도는?

【참고문헌】

김형배, 319~330면, 736~752면; 임종률, 545~551면.

**【관련판례】**

○ 근로자의 퇴직금채권과 손해배상채무의 상계 인정 여부

대법원 1989.11.24. 선고 88다카25038 판결

퇴직금도 임금의 성질을 갖는 것인데 형식상으로는 은행원이 퇴직 후 퇴직금을 전액수령하여 그 은행의 자기 예금구좌에 입금하였다가 은행원의 은행에 대한 변상판정금의 일부로 임의변제하는 형식을 취하였으나 실제로는 은행이 퇴직금지급 전에 미리 그 은행원으로부터 받아 둔 예금청구서를 이용하여 위 금액을 인출한 것이라면 퇴직금 중 위 인출금액에 해당하는 부분은 근로기준법 제36조 제1항에 위배하여 근로자인 은행원에게 직접 지급되지 않았다고 볼 것이다.

○ 근로자의 퇴직금채권과 사용자의 손해배상채권과의 상계 허용 여부

대법원 1989.11.24. 선고 88다카25038 판결

근로기준법 제36조 제1항(현행 제42조 제1항)은 임금은 법령이나 단체협약으로 특별히 공제할 수 있음을 규정하지 않는 한 반드시 그 전액을 근로자에게 직접 지급하여야 한다고 규정하고 있는바, 퇴직금도 임금의 성질을 갖는 것인데 피고가 위에서 본 바와 같이 형식상으로는 원고 퇴직 후 원고가 퇴직금을 전액 수령하여 그 반액을 피고에게 임의 변제하는 형식을 취하였으나 퇴직금지급 전에 미리 원고로부터 예금청구서를 받아둔 점에 비추어 위 퇴직금의 반액이 원고에 직접 지급되었다고 볼 수는 없다고 할 것이다.

대법원 2001.10.23. 선고 2001다25184 판결

근로기준법 제42조 제1항 본문에서 "임금은 통화로 직접 근로자에게 그 전액을 지급하여야 한다."라고 규정하여 이른바 임금전액지급의 원칙을 선언한 취지는 사용자가 일방적으로 임금을 공제하는 것을 금지하여 근로자에게 임금전액을 확실하게 지급받게 함으로써 근로자의 경제생활을 위협하는 일이 없도록 그 보호를 도모하려는 데 있으므로 사용자가 근로자에 대하여 가지는 채권을 가지고 일방적으로 근로자의 임금채권을 상계하는 것은 금지된다고 할 것이지만, 사용자가 근로자의 동의를 얻어 근로자의 임금채권에 대하여 상계하는 경우에 그 동의가 근로자의 자유로운 의사에 터잡아 이루어진 것이라고 인정할 만한 합리적인 이유가 객관적으로 존재하는 때에는 근로기준법 제42조 제1항 본문에 위반하지 아니한다고 보아야 할 것이고, 다만 임금전액지급의 원칙의 취지에 비추어 볼 때 그 동의가 근로자의 자유로운 의사에 기한 것이라는 판단은 엄격하고 신중하게 이루어져야 한다고 할 것이다.

# 10. 연차휴가와 평균임금의 산정방법

**【사실관계】**

근로자 甲은 2004.7.1. A회사에 영업직 사원으로 입사하여 근무하던 중, 2012.7.1.부터 7.15.까지 15일간 불법파업을 주도하였고, 이 사실로 인해 같은 해 9.15.부터 11.14.까지 2개월간 정직 처분을 받았다. 2013년도 연차휴가와 관련하여, A회사는 "8할 이상 출근한 사원에게는 15일의 연차유급휴가를 준다."라는 취업규칙 제20조 제1항 및 "제1항의 출근율 계산에서 결근, 휴직 또는 정직 등 근로자 본인의 귀책사유로 근무하지 못한 날은 결근으로 본다."라는 같은 조 제6항에 따라 정직 기간을 결근으로 처리하였다.

한편, 근로자 甲은 2013.8.15. 간통죄로 구속 수감되자 그 때부터 같은 해 9.14.까지는 무급휴가를 신청하고, 같은 해 9.15.부터는 휴직을 하였다가 2014.1.15. 퇴직하였다. A회사의 취업규칙 제30조 제1항에서는 영업직 사원의 퇴직금에 대하여 "퇴직금은 평균 월급여에 근속연수를 곱한 금액으로 산출하되, 평균 월급여는 퇴직 전 3개월간 지급된 월급여를 3등분한 금액으로 산정한다."라고 규정하고 있다. 또한, 같은 조 제2항에서는 "영업직 사원의 월급여는 정액의 기본급여(150만 원)와 영업실적에 따라 지급되는 능률급여로 구성된다."라고 규정하고 있다. 근로자 甲은 2013.8.15. 이전에는 통상적으로 매월 350~400만 원의 월급여를 지급받았고 그 중 200~250만 원은 능률급여였다. 그러나 근로자 甲은 2013.8.15. 이후에는 영업실적이 없었기 때문에 능률급여를 전혀 받지 못하였다. A회사는 근로자 甲의 퇴직금을 산정함에 있어 평균 월급여를 150만 원으로 계산하였다.

(2014년 제2차 변호사모의시험)

[문제 01] A회사가 2013년도 연차휴가와 관련하여 근로자 甲의 정직기간을 결근으로 처리한 것은 「근로기준법」상 타당한가?

[문제 02] A회사가 근로자 甲의 퇴직금을 산정함에 있어 능률급여를 제외하고 기본급여(150만 원)만으로 계산한 것은 노동법적으로 타당한가?

**【사실관계】의 논점정리**

이 사례에서 첫째로 연차휴가를 산정함에 있어 정직기간을 결근으로 본다는 A회사의 취업규칙이 타당한지가 문제되며, 두 번째로 퇴직금 산정의 기초가 되는 평균임금이 통상의 경우보다 현저하게 적은 경우 평균임금 산정방법이 문제된다.

[문제 01]은 불법파업을 주도하여 정직처분을 받은 근로자 甲에게 연차휴가를 부여함에 있어 정직기간을 연차유급휴가 부여에 필요한 출근일 수에서 제외한 것이 타당한 것인지를 묻고 있고 이에 대한 판례법리에 따라 사안을 해결하면 된다.

[문제 02]는 평균임금을 산정함에 있어 퇴직 전 3개월간 지급된 임금을 기초로 산정한 평균임금이 통상의 경우보다 적은 경우 현행 근로기준법 시행령 제4조상의 '평균임금을 산정할 수 없는 경우'에 해당되는지 여부와, 해당된다면 평균임금을 산정하는 방법이 무엇인지가 쟁점이라 하겠다.

## 논점의 해설

### [문제 01]의 해결 — 연차휴가의 산정방법

Ⅰ. 설문의 쟁점
Ⅱ. 연차휴가 관련 규정과 판례법리
  1. 근로기준법 제60조
  2. 노무를 제공하지 않은 기간에 대한 출근율 처리방법
  3. 정직기간의 소정근로일수 포함 여부에 대한 판례의 태도
  4. 사안에의 적용
Ⅲ. 결 론

# Ⅰ. 설문의 쟁점

연차휴가란 장기간 근로한 근로자가 유급의 휴가를 받는 것을 말하며, 1년에 80퍼센트 이상 출근한 근로자에게 15일의 휴가부여를 기본으로 한다. 이렇게 연차휴가는 소정근로일의 출근율에 의해 부여 여부가 결정되므로 설문의 경우처럼 징계로 인한 정직기간을 출근하지 않는 것으로 보는 A회사의 취업규칙이 연차휴가를 규정한 근로기준법 제60조에 부합하는 것인지 문제된다. 즉 연차휴가 산정시 정직기간을 소정근로일수에 포함시키면서 출근일수에서 제외하는 것이 타당한지가 쟁점이라고 하겠다.

# Ⅱ. 연차휴가 관련 규정 및 판례법리

## 1. 근로기준법 제60조

연차휴가는 근로자에게 일정기간 근로의무를 면제함으로써 정신적 · 육체적 휴양의 기회를 제공하고 문화적 생활의 향상을 기여하는데 의의가 있는 제도로 근로기준법 제60조 제1항에서 '사용자는 1년간 80퍼센트 이상 출근한 자에게 15일의 유급휴가를 주어야 한다'고 규정하고 있다. 이렇게 연차휴가는 노사 당사자가 정한 소정근로일수에서 휴일 등을 제외한 일수의 80퍼센트 이상 출근하여야 부여된다.

## 2. 노무를 제공하지 않은 기간에 대한 출근율 처리방법

연차휴가는 출근율에 따라 그 부여 여부가 결정되므로 원칙적으로 노무를 제공하지 않은 기간은 출근하지 않은 것으로 본다. 다만 소정근로일에 출근하지 않았으나 법령 등에 출근한 것으로 보도록 한 경우에는 소정근로일수에 포함하여 계산하되 출근한 것으로 본다. 예컨대 근로기준법 제60조 제6항에서 정한 업무상 재해로 인한 휴업기간, 산전후휴가 및 유 · 사산휴가 기간, 예비군 훈련기간, 민방위 훈련기간, 공민권 행사를 위한 휴무일 등이 여기에 해당된다고 할 수 있다. 또한 정당한 쟁위행위 기간과 같이 근로제공의 의무가 정지되는 기간, 육아휴직과 같이 현실적으로 근로를 제공하지 않는 경우에는 연차휴가제도의 취지상 소정근로일수에서 해당 기간을 제외하고 출근율을 산정하여야 한다.

### 3. 정직기간의 소정근로일수 포함 여부에 대한 판례의 태도

그렇다면 설문과 같이 근로자의 귀책사유로 인하여 정직처분을 받은 기간은 어떻게 해결하여야 하는지 문제된다. 정직기간을 결근으로 처리하여 출근율에 불이익을 주는 것은 징계로 인한 불이익을 받았음에도 불구하고 휴가에 있어 다시 불이익을 받게 되는 것이므로 정직기간을 소정근로일수에서 제외하는 것이 타당하다는 견해도 있다. 그러나 판례(대법원 2008.10.9. 선고 2008다41666 판결)는 "정직이나 직위해제 등의 징계를 받은 근로자는 징계기간 중 근로자의 신분을 보유하면서도 근로의무가 면제되므로, 사용자는 취업규칙에서 근로자의 정직 또는 직위해제 기간을 소정근로일수에 포함시키되 그 기간 중 근로의무가 면제되었다는 점을 참작하여 연차유급휴가 부여에 필요한 출근일수에는 포함되지 않는 것으로 규정할 수도 있고, 이러한 취업규칙의 규정이 구 근로기준법 제59조에 반하여 근로자에게 불리한 것이라고 보기는 어렵다"고 판시함으로써 정직기간을 소정근로일수에 포함시키면서 출근일수에서 제외하더라도 근로자에게 불리하지 않다는 입장이다.

### 4. 사안에의 적용

A회사는 불법파업을 주도한 근로자 甲에게 정직처분을 하였고, 연차휴가를 산정함에 있어 취업규칙에 따라 정직기간을 결근으로 처리하였다. 정직 등의 징계기간 중 근로자는 근로자의 신분을 보유하면서 근로의무가 면제되므로 연차휴가를 산정함에 있어 이 기간을 소정근로일수에 포함시키되 결근으로 처리한다고 하여 근로자에게 불리하다고 보기 어려우므로 정직기간을 결근으로 처리한 A회사의 조치는 타당하다.

## Ⅲ. 결 론

연차휴가는 1년간 80퍼센트 이상 출근한 자에게 일정한 기간 근로의무를 면제함으로써 정신적 · 육체적 휴양의 기회를 제공하고 근로자의 문화적 생활향상을 기하려는데 그 의의가 있는 제도이고, 정직기간은 근로의무가 면제된다는 점을 고려한다면 정직기간을 결근으로 본다는 A회사의 취업규칙은 근로자에게 불리한 것으로 보기 어렵다. 따라서 A회사가 근로자 甲의 정직기간을 결근으로 보아 연차휴가를 산정한 것은 타당하다.

## [문제 02]의 해결 — '평균임금을 산정할 수 없는 경우' 평균임금 산정방법

Ⅰ. 설문의 쟁점
Ⅱ. 평균임금의 산정원칙과 판례법리
1. 평균임금의 산정원칙
2. '평균임금을 산정할 수 없는 경우' 판례의 태도
3. 사안에의 적용
Ⅲ. 결 론

## Ⅰ. 설문의 쟁점

근로자 甲은 간통죄로 구속 수감되어 1개월의 무급휴가와 3개월의 휴직 후 퇴사를 하였는바, 무급휴가기간과 휴직기간이 근로기준법 시행령 제4조의 '평균임금을 산정할 수 없는 경우'에 해당하는지 문제되며, 이 경우 퇴직금 지급을 위해 평균임금을 산정하는 방법이 무엇인지가 쟁점이다.

## Ⅱ. 평균임금의 산정원칙과 판례법리

### 1. 평균임금의 산정원칙

평균임금은 퇴직금, 휴업수당, 연차유급휴가수당, 재해보상금 등 산정의 기초로 사용된다. 이러한 평균임금에 대하여 근로기준법 제2조 제1항 제6호에서는 '이를 산정하여야 할 사유가 발생한 날 이전 3개월 동안에 그 근로자에게 지급된 임금의 총액을 그 기간의 총일수로 나눈 금액을 말한다.'고 정의하고 있다. 평균임금이 부당하게 낮아지는 것을 막기 위하여 근로기준법 시행령 제2조 1항은 수습기간 등과 같이 정상적인 임금지급이 이루어지지 아니한 특별한 사유가 있는 경우에는 그 기간과 그 기간 중에 지급된 임금을 제외하도록 규정하고 있다. 또한 평균임금을 산정함에 있어 근로기준법과 근로기준법 시행령은 계산의 특례를 규정하고 있는데, 근로기준법 제2조 제2항은 평균임금이 통상임금보다 적은 경우 통상임금액을 평균임금으로 한다고 규정하고 있고, 근로기준법 시행령 제3조는 일용근로자의 평균임금은 고용노동부장관이 사업이나 직업에 따라 정하는 금액으로 한다고 규정하고 있으며, 같은 법 시행령 제4조는 평균임금을 산정할 수 없는 경우 고용노동부장관이 정하는 바에 따른다고 규정하고 있다.

## 2. '평균임금을 산정할 수 없는 경우' 판례의 태도

### (1) '평균임금을 산정할 수 없는 경우'의 의미

판례는 평균임금을 산정할 수 없는 경우에 대하여 "평균임금을 산정할 수 없다는 것에는 문자 그대로 그 산정이 기술상 불가능한 경우에만 한정할 것이 아니라 근로기준법의 관계 규정에 의하여 그 평균임금을 산정하는 것이 현저하게 부적당한 경우까지도 포함하는 것이라고 보아야 한다(대법원 1999.11.12. 선고 98다49357 판결)"고 판시함으로써 평균임금이 지나치게 많거나 적게 산정하는 등 현저하게 불리한 경우도 이에 해당된다고 보고 있다.

### (2) '평균임금을 산정할 수 없는 경우' 평균임금 산정원칙과 방법

판례는 "평균임금은 근로자의 통상의 생활임금을 사실대로 산정하는 것을 기본원리로 한다"는 점을 밝히면서 "평균임금의 계산에 산입되는 그 사유가 발생한 날 이전 3월간에 그 근로자에 대하여 지급된 임금의 총액이 특별한 사유로 인하여 통상의 경우보다 현저하게 적거나 많을 경우에는 이를 그대로 평균임금 산정의 기초로 삼을 수 없다(대법원 1999.11.12. 선고 98다49357 판결)"고 판시하였다.

또한 판례는 평균임금을 산정함에 있어 "일정기간 특수하고 우연한 사정으로 인하여 임금액 변동이 있었고, 그 때문에 산정된 평균임금이 근로자의 전체 근로기간, 임금액이 변동된 일정 기간의 장단, 임금액 변동의 정도 등을 비롯한 제반 사정을 종합적으로 평가해 볼 때 통상의 경우보다 현저하게 적거나 많게 산정된 것으로 인정되는 예외적인 경우라면, 이를 기초로 퇴직금을 산출하는 것은 근로자의 통상적인 생활임금을 기준으로 퇴직금을 산출하고자 하는 근로기준법의 정신에 비추어 허용될 수 없는 것이므로, 근로자의 통상적인 생활임금을 사실대로 반영할 수 있는 합리적이고 타당한 다른 방법으로 그 평균임금을 따로 산정하여야 한다(대법원 2010.4.15. 선고 2009다99396 판결)"고 보면서 "근로자의 평균임금이 통상의 경우보다 현저하게 적거나 많다고 볼 예외적인 정도에까지 이르지 않은 경우에는 근로기준법 등이 정한 원칙에 따라 평균임금을 산정하여야 하고, 다만 그 금액이 통상임금보다 저액일 경우에는 그 통상임금액을 평균임금으로 할 수 있을 뿐이다(대법원 2009.5.28. 선고 2006다17287 판결)"라고 판시한 바 있다.

이러한 산정원칙을 적용하여 판례는 구속되어 3개월 이상 휴직하였다가 퇴직한 근로자의 퇴직금을 산정하는 경우 퇴직 전 3개월간 지급된 임금을 기초로 산정한 평균임금이 통상의 경우보다 현저하게 적다면 휴직 전 3개월간의 임금을 기준으로 평균임금을 산정하여야 한다고 본 바 있다.

## 3. 사안에의 적용

### (1) '평균임금을 산정할 수 없는 경우'에 해당되는지 여부

근로자 甲은 간통죄로 구속 수감되어 1개월의 무급휴가와 3개월의 휴직을 거쳐 퇴사를 하였고, A회사는 근로자 甲의 퇴직금을 산정함에 있어 산정의 기초가 되는 평균임금을 구속 수감되기 전 통상적으로 지급받았던 급여(350~400만 원)보다 현저히 적은 기본급 150만 원을 기준으로 산정한 사실을 알 수 있다. 이렇게 A회사가 산정한 평균임금은 근로자 甲의 개인적인 사정으로 퇴직 전 3개월(2013.9.15.~2014.1.15.)에 걸쳐 휴직하였다는 특수하고도 우연한 사정에 의하여 통상의 경우보다 적은 금액이라고 할 수 있으므로 이는 근로기준법 시행령 제4조의 '평균임금을 산정할 수 없는 경우'에 해당된다고 볼 수 있다.

### (2) 근로자 甲의 평균임금 산정방법

따라서 근로자 甲이 구속 수감된 기간 중 휴직한 기간(2013.9.15.~2014.1.15.)은 '평균임금을 산정할 수 없는 경우'에 해당되므로 근로자 甲의 평균임금은 2013.9.15. 이전 3개월간의 임금을 기준으로 계산되어야 한다. 그러나 근로자 甲이 무급휴가를 신청하고 휴가를 부여받은 사실로 미루어 볼 때 이는 근로기준법 시행령 제2조 제1항 제8호에서 규정한 '그 밖의 사유로 사용자의 승인을 받아 휴업한 기간'에 해당된다고 보이므로 무급휴가기간 및 그 기간 중에 지급된 임금은 제외되어야 한다. 이를 기초로 근로자 甲의 평균임금을 계산하여 보면 무급휴가기간 받은 급여를 제외하고 지급받은 임금총액이 약 700만 원에서 800만 원이 될 것이고 이를 무급휴가기간을 제외한 기간의 총일수 61일로 나눈 금액인 약 114,754원에서 131,147원 사이의 금액이 되는 것을 알 수 있다.

(3) 통상임금과의 비교

근로기준법 제2조 제2항은 평균임금이 통상임금보다 적은 경우 통상임금액을 평균임금으로 한다고 규정하고 있는바, 근로자 甲의 평균임금과 통상임금을 비교할 실익이 있다.

통상임금이란 근로자에게 소정근로의 대가로 지급하기로 약정한 금품으로서 정기적·일률적·고정적으로 지급되는 임금을 의미하는바, A회사의 취업규칙에서 '영업직 사원의 월급여는 기본급 150만 원과 영업실적에 따라 구분되는 능률급여로 구성된다'고 규정하는 사실을 미루어 볼 때 능률급은 '고정성'이 결여되었으므로 통상임금에 해당된다고 보기 어렵다. 이를 기초로 근로자 甲의 통상임금은 7,177원이 되고 이를 일급 통상임금으로 환산하면 57,416원이 된다. 따라서 앞서 계산한 근로자 甲과의 평균임금과 비교하여 본다면 평균임금이 통상임금보다 적지 않으므로 근로기준법 제2조 제2항에 해당되지 않는다.

## Ⅲ. 결 론

근로자 甲은 퇴사 전 1개월의 무급휴가와 3개월의 휴직을 하였는데 ① 3개월의 휴직기간은 평균임금을 산정할 수 없는 경우에 해당하여 휴직 전 3개월 동안의 기간 및 임금총액을 기준으로 평균임금을 산정하여야 하나, ② 1개월 간의 무급휴가기간은 근로기준법 시행령 제2조 제1항 제8호의 '그 밖의 사유로 사용자의 승인을 받아 휴업한 기간'에 포함되어 무급휴가 기간 중의 임금과 그 기간은 평균임금 산정에서 제외되어야 함이 타당하다.

이렇게 계산된 근로자 甲의 평균임금은 통상임금보다 다액이므로 통상임금액을 평균임금액으로 보는 경우에 해당하지 않으므로 근로기준법 제2조 제2항이 적용되지 않는다고 보아야 한다. 그럼에도 불구하고 A회사는 능률급을 제외하고 기본급여 150만 원으로 평균임금을 계산하여 퇴직금을 산정하였는바, 이는 근로자 甲에게 불리하므로 타당하지 않다.

【관련쟁점】

1. 판례는 개인적인 범죄로 구속되어 직위해제되었던 기간의 일수와 그 기간 중에 지급받은 임금액이 평균임금의 산정기초에 포함되는지 여부에 대해 어떠한 태도를 취하고 있는가?
2. 판례의 태도에 따르면 근로자가 퇴직 직전 의도적으로 평균임금을 높이기 위한 행위를 한 경우, 퇴직금의 기초가 되는 평균임금 산정방법은?

【참고문헌】

김형배, 372~378면, 467~470면; 김희성(1), 192~210면, 296~301면; 임종률, 388~392면, 443~445면; 이철수 외 4인, 96~99면.

**【관련판례】**

**○ 구 근로기준법 제59조에 의한 연차유급휴가 부여의 취지 및 근로자의 정직 또는 직위해제 기간을 연차유급휴가 부여에 필요한 출근일수에 포함하지 않는 것으로 정한 취업규칙의 규정이 위 조항에 반하여 근로자에게 불리한 것인지 여부(소극)**

대법원 2008.10.9. 선고 2008다41666 판결

구 근로기준법(2003.9.15. 법률 6974호로 개정되기 전의 것) 제59조는 "사용자는 1년간 개근한 근로자에 대하여는 10일, 9할 이상 출근한 자에 대하여는 8일의 유급휴가를 주어야 한다"고 규정하면서 '개근'이나 '9할 이상 출근한 자'에 관하여 아무런 정의 규정을 두고 있지 않은바, 위 규정에 의한 연차유급휴가는 근로자에게 일정기간 근로의무를 면제함으로써 정신적·육체적 휴양의 기회를 제공하고 문화적 생활의 향상을 기하려는 데 그 의의가 있다. 그런데 정직이나 직위해제 등의 징계를 받은 근로자는 징계기간 중 근로자의 신분을 보유하면서도 근로의무가 면제되므로, 사용자는 취업규칙에서 근로자의 정직 또는 직위해제 기간을 소정 근로일수에 포함시키되 그 기간 중 근로의무가 면제되었다는 점을 참작하여 연차유급휴가 부여에 필요한 출근일수에는 포함하지 않는 것으로 규정할 수 있고, 이러한 취업규칙의 규정이 구 근로기준법 제59조에 반하여 근로자에게 불리한 것이라고 보기는 어렵다.

○ '평균임금을 산정할 수 없는 경우'의 의미 및 평균임금의 산정방법

대법원 1999.11.12. 선고 98다49357 판결

[1] 구 근로기준법시행령(1997.3.27. 대통령령 제15320호로 제정되기 전의 것) 제5조는 근로기준법과 그 시행령의 규정에 의하여 평균임금을 산정할 수 없는 경우에는 노동부장관이 정하는 바에 의한다고 규정하고 있는바, 여기서 평균임금을 산정할 수 없다는 것에는 문자 그대로 그 산정이 기술상 불가능한 경우에만 한정할 것이 아니라 근로기준법의 관계 규정에 의하여 그 평균임금을 산정하는 것이 현저하게 부적당한 경우까지도 포함하는 것이라고 보아야 한다.

[2] 평균임금은 근로자의 통상의 생활임금을 사실대로 산정하는 것을 그 기본원리로 하는 것으로서 평균임금의 계산에 산입되는 '그 사유가 발생한 날 이전 3월간에 그 근로자에 대하여 지급된 임금의 총액'이 특별한 사유로 인하여 통상의 경우보다 현저하게 적거나 많을 경우에는 이를 그대로 평균임금 산정의 기초로 삼을 수 없고, 이러한 평균임금을 그 산정의 기초로 하는 퇴직금 제도는 직급, 호봉 등에 따른 근로자의 통상의 생활을 종전과 같이 보장하려는 데 그 취지가 있다고 할 것이므로, 퇴직급여가 특수하고 우연한 사정에 의하여 통상의 경우보다 현저하게 많거나 적은 금액으로 되는 것은 그 제도의 근본취지에 어긋난다 할 것이고, 따라서 퇴직금 산정의 기초인 평균임금이 특별한 사유로 인하여 통상의 경우보다 현저하게 적거나 많을 경우에는 구 근로기준법 시행령(1997.3.27. 대통령령 제15320호로 제정되기 전의 것) 제5조에 의하여 노동부장관이 정하는 바에 따라 평균임금을 산정하여야 할 것인데, 아직까지 그 기준이나 방법 등을 정한 바가 없으므로, 평균임금의 기본원리와 퇴직금 제도의 취지에 비추어 근로자의 통상의 생활임금을 사실대로 반영하는 방법으로 그 평균임금을 산정하여야 한다.

[3] 근로자가 구속되어 3개월 이상 휴직하였다가 퇴직함으로써 퇴직 전 3개월간 지급된 임금을 기초로 산정한 평균임금이 통상의 경우보다 현저하게 적은 경우, 휴직 전 3개월간의 임금을 기준으로 평균임금을 산정하여야 한다고 한 사례.

○ '평균임금을 산정할 수 없는 경우'의 평균임금의 산정방법

대법원 2010.4.15. 선고 2009다99396 판결

근로기준법 및 근로기준법 시행령 등이 정한 원칙에 따라 평균임금을 산정하였다고 하더라도, 근로자의 퇴직을 즈음한 일정 기간 특수하고 우

연한 사정으로 인하여 임금액 변동이 있었고, 그 때문에 위와 같이 산정된 평균임금이 근로자의 전체 근로기간, 임금액이 변동된 일정 기간의 장단, 임금액 변동의 정도 등을 비롯한 제반 사정을 종합적으로 평가해 볼 때 통상의 경우보다 현저하게 적거나 많게 산정된 것으로 인정되는 예외적인 경우라면, 이를 기초로 퇴직금을 산출하는 것은 근로자의 통상적인 생활임금을 기준으로 퇴직금을 산출하고자 하는 근로기준법의 정신에 비추어 허용될 수 없는 것이므로, 근로자의 통상적인 생활임금을 사실대로 반영할 수 있는 합리적이고 타당한 다른 방법으로 그 평균임금을 따로 산정하여야 한다. 그러나 근로자의 평균임금이 위와 같이 통상의 경우보다 현저하게 적거나 많다고 볼 예외적인 정도까지 이르지 않은 경우에는 근로기준법 등이 정한 원칙에 따라 평균임금을 산정하여야 한다.

대법원 2009.5.28. 선고 2006다17287 판결

근로자의 퇴직을 즈음한 일정 기간 특수하고 우연한 사정으로 인하여 임금액 변동이 있었고, 그 때문에 위와 같이 산정된 평균임금이 근로자의 전체 근로기간, 임금액이 변동된 일정 기간의 장단, 임금액 변동의 정도 등을 비롯한 제반 사정을 종합적으로 평가해 볼 때 통상의 경우보다 현저하게 적거나 많게 산정된 것으로 인정되는 예외적인 경우라면, 이를 기초로 퇴직금을 산출하는 것은 근로자의 통상적인 생활임금을 기준으로 퇴직금을 산출하고자 하는 근로기준법의 정신에 비추어 허용될 수 없는 것이므로, 근로자의 통상적인 생활임금을 사실대로 반영할 수 있는 합리적이고 타당한 다른 방법으로 그 평균임금을 따로 산정하여야 한다. 그러나 근로자의 평균임금이 위와 같이 통상의 경우보다 현저하게 적거나 많다고 볼 예외적인 정도까지 이르지 않은 경우에는 구 근로기준법 제19조 등이 정한 원칙에 따라 평균임금을 산정하여야 하고, 다만 그 금액이 통상임금보다 저액일 경우에는 그 통상임금액을 평균임금으로 할 수 있을 뿐이다.

# 11. 전출과 취업규칙

## 【사실관계】

A와 B는 제조업을 운영하는 C사의 종업원인데 C사는 B를 자회사인 D회사로 전출명령을 하였다. B는 전출명령에 불만이 있었지만 결국 이의를 남겨두지 않고 전출에 응하여 D사에서의 근무를 시작하였다.

C사는 갑작스런 주문폭주로 잔업이 필요하게 되자 수요일과 다음날 목요일 A를 포함한 영업부의 관계종업원에 대해 각각 오후 11시까지의 5시간의 잔업을 명령했다(C회사의 근무시간은 09:00-18:00, 휴게시간 12:00-13:00이다). 그러나 A는 수요일에 대해서는 친구에게 아이를 잠시 맡겨두는 것이 가능하여 오후 10시까지는 잔업을 했지만, 그 후의 잔업은 거부하고 퇴근하였고, 목요일은 그 방법이 불가능하다고 주장하며 일체 잔업을 거부하고 오후 6시에 퇴근하였다.

C사의 취업규칙에는「회사는 업무상의 필요에 따라서 근로자 과반수를 대표하는 노동조합과의 협정으로 근로기준법에 따른 시간외 또는 휴일에 종업원을 근무시키는 것이 가능하다」는 규정이 있고, C사는 근로자의 과반수를 대표하는 노동조합과의 사이에서 이러한 단체협약을 체결하였는데, 단체협약의 규정에는「납기에 대한 대응, 결산사무, 그 외 업무 필요상 어쩔 수 없는 경우」가 시간외・휴일 노동의 사유로, 연장 시간의 한도는 1일에 대해 4시간이라고 기재되어 있었다.

한편 D회사에서는 B의 실수로 인해 상품 수주사무에 대해 중대한 지장이 발생하여, 거래처로부터 불만이 여러 차례 제기되었다. 이러한 B의 실수는 전출 후 일에 열의를 보이지 않고, 상사의 지시를 무시했기 때문에 발생한 것이었다.

D사의 취업규칙에는 회사가 징계처분을 할 수 있다는 내용의 규정 외에 견책・감급・출근정지・유지 퇴직・징계처분의 종류를 정한 규정이 있고, 업무상의 지시・명령 위반 그 외의 징계 사유를 정한 규정도 두어져 있었으나 그러한 취업규칙의 주지가 없는 상태였다. 한편, C사에서도 취업규칙상

에 D사의 위 규정과 같은 규정이 있고, 이러한 내용의 단체협약도 체결되어 있는데, C·D 두 회사 간의 전출 협정에는 징계처분에 대한 규정은 없었다.

[문 제] 위 [사실관계] 하에서 C사와 D사는 A 및 B에 대해 징계처분을 검토하고 있다. 이 상담에 대해 당신이 변호사로서 회답하는 경우에 검토해야 할 법률상의 문제점을 A와 B 각자에 대해서 지적하고, 그것에 대한 당신의 견해를 서술하시오.

## 《관련조문》

근로기준법

제53조(연장 근로의 제한) ① 당사자 간에 합의하면 1주 간에 12시간을 한도로 제50조의 근로시간을 연장할 수 있다.

제14조(법령 요지 등의 게시) ① 사용자는 이 법과 이 법에 따른 대통령령의 요지(要旨)와 취업규칙을 근로자가 자유롭게 열람할 수 있는 장소에 항상 게시하거나 갖추어 두어 근로자에게 널리 알려야 한다.

**【사실관계】의 논점정리**

이 사안은 A의 연장근로의 거부에 대하여 회사의 징계가 가능한지 및 C사에서 D사로 전출된 근로자B의 업무태만에 대하여 제2사용자에 해당하는 D사가 징계를 할 수 있는지를 묻고 있다. 따라서 첫 번째 쟁점은 A의 연장근로 거부행위가 징계의 사유에 해당할 수 있는지 이고, 다음으로 제2사용자가 전출근로자에게 징계권을 행사할 수 있는지, 마지막으로 징계처분에 관한 취업규칙에 대한 주지가 없었는바 이 경우 해당 취업규칙의 효력과 그에 따른 징계처분이 가능한지 여부를 검토하여야 할 것이다.

[쟁점 01]은 사안에서 A의 연장근로 지시에 대한 거부가 징계의 대상이 될 수 있는지와 관련하여 근로기준법 제53조 제1항의 해석론 및 판례의 태도를 살펴볼 필요가 있다.

[쟁점 02]는 제2사용자에 해당하는 D사가 징계권한을 갖는지와 관련한 것으로, 우선 '전출'이 있는 경우에 근로자와 제2사용자와의 사이에 성립하는 근로

관계의 내용에 따라 D사의 징계권한 여부를 판단할 수 있을 것이다.

[쟁점 03] 은 B에 대한 징계와 관련하여, 근로자들에 대한 주지가 이루어지지 않은 취업규칙의 효력 및 그에 따라 징계권의 행사가 가능한지에 관한 검토가 요구된다.

## 논점의 해설

Ⅰ. 설문의 쟁점
Ⅱ. A에 대한 징계가능성 검토
  1. 영업부장의 연장근로 지시의 정당성 / 2. 사안의 경우
Ⅲ. D사의 B에 대한 징계권행사 가능성
  1. '전출'의 의의와 유효성 / 2. 전출에 따른 근로관계의 형성
  3. 사안의 경우
Ⅳ. B에 대한 징계가능성 검토
  1. 취업규칙의 주지와 효력 / 2. 징계규정이 없는 경우 징계권행사의 가능성
  3. 사안의 경우
Ⅴ. 설문의 해결

# Ⅰ. 설문의 쟁점

사안에서 C사와 D사는 근로자 A와 B에 대하여 연장근로 거부 또는 업무태만을 이유로 징계를 검토하고 있다. 이에 A의 연장근로거부가 징계 사유가 될 수 있는지 검토가 필요하고, 제2사용자에 해당하는 D사가 전출근로자인 B에 대하여 징계권을 행사할 수 있는지, 만약 D사의 징계권이 인정된다면 징계처분에 관한 취업규칙의 주지가 없었으므로 이 같은 사정이 징계권 행사에 어떤 지장을 가져올 수 있는지가 쟁점이라 할 것이다.

# Ⅱ. A에 대한 징계가능성 검토

## 1. 영업부장의 연장근로 지시의 정당성

근로기준법 제53조 제1항은 '당사자 간에 합의하면 1주 간에 12시간을

한도로 제50조의 근로시간을 연장할 수 있다'고 하여 '당사자의 합의'를 조건으로 연장근로를 허용하고 있다. 여기서 당사자 사이의 '합의'에 관하여 판례는 '반드시 그때그때 연장근로를 할 때마다 개별적으로 해야 하는 것은 아니고 근로계약 등으로 미리 이를 약정할 수도 있다(대법원 1995.2.10. 선고 94다19228 판결)'고 하였으며, 또한 '개별 근로자의 합의권을 박탈 · 제한하지 않는 범위에서는 단체협약에 따른 합의도 무방(대법원 1993.12.21. 선고 93누5796 판결)'하다는 입장이다.

### 2. 사안의 경우

C사는 취업규칙에서 연장근로에 관한 사항을 정하면서 그 사유로 「납기에 대한 대응, 결산 사무, 그 외 업무 필요상 어쩔 수 없는 경우」를 규정하였는바, 적어도 사안에서 납기에 대한 대응 또는 그 외 업무 필요상 어쩔 수 없는 경우의 사유는 발생하였다고 볼 것이다.

다만, C사는 연장근로시간을 1일 4시간으로 정하였는바, 이를 초과하는 연장근로는 당사자 사이의 '합의'가 있다고 보기 어렵고, 따라서 본사 영업부 부장의 연장근로 지시는 1일 4시간을 초과하는 범위에서 정당성을 결여하였다고 판단된다. 그러므로 A가 수요일 4시간의 연장근로만 하고 퇴근한 행위는 연장근로의 거부라고 평가할 수 없다. 다만, 목요일 연장근로를 전혀 하지 않고 퇴근한 것만 연장근로의 거부(명령 위반)에 해당하여 징계의 대상으로 삼을 수 있다. 하지만 이 경우에도 A로서는 육아의 부담으로 갑작스런 연장근로 명령을 그대로 따르기 어려운 사정이 있었고, 수요일에는 지시대로 연장근로를 제공하였다는 사정에 비추어 고의적인 명령 위반이라고 보기 어려우므로 과도한 징계처분은 정당성을 얻기 힘들 것이다.

## Ⅲ. D사의 B에 대한 징계권행사 가능성

### 1. '전출'의 의의와 유효성

'전출'이란 근로자가 사용자와의 기본적인 근로계약관계를 유지하면서 상당한 기간에 걸쳐 다른 사용자(제2사용자)의 업무에 종사하도록 하는 인사처분을 의미한다. 기본적으로 전출을 민법 제657조 제1항 '사용자는 노무자의 동의 없이 그 권리를 제3자에게 양도하지 못한다'는 규정의 적용을 받게 된다. 사안에서는 근로자B는 전출에 대해 불만을 가지고 있었지만 이의를 남겨두지 않고 전출에 동의하였으므로 유효한 전출이 있었다고 보여 진다.

## 2. 전출에 따른 근로관계의 형성

전출에 있어서는 전출시키는 사용자(원회사)와 전출근로자 간의 기본적 근로계약관계는 존속하지만, 전출근로자의 노무제공이 전출되어 가는 제2사용자의 사업장에서 이루어지므로 원회사인 C기업과의 노무제공관계는 존재하지 않는다. 따라서 원회사인 C기업의 취업규칙 중 노무제공을 전제로 하지 않는 부분은 그대로 적용된다.

한편 전출근로자는 제2사용자(전출회사)에 대하여 그의 지휘·명령 하에 노무제공을 해야 하므로 제2사용자의 근무형태나 복무규율에 따르게 된다. 보통 징계해고와 통상해고의 권한은 원회사가 보유하고 기타의 징계권한은 전출회사인 제2사용자가 갖는 경우가 많으나 이들 권한을 양자가 공유하는 경우도 있다. 결국 사용자와 제2사용자 사이에 체결된 전출계약이 있다면 그에 따르고, 없다면 사용자와 전출근로자 사이의 '전출'에 대한 포괄적 합의의 내용 및 근로기준법 등 노동보호법상의 책임을 누가 지는지에 따라 결정할 수밖에 없을 것이다.

## 3. 사안의 경우

사안에서 사용자인 C사와 제2사용자인 D사 사이의 전출계약에는 징계의 권한에 대한 명확한 규정이 존재하지 않는다. 그런데, B가 실제로 근로를 제공하는 상대방은 D사이며, 근로기준법 등 노동보호법상의 책임을 부담하는 것도 D사라고 할 것이다. 또한 전출사업장의 기업질서의 유지 및 확보라는 필요성도 간과할 수 없음에 비추어 제2사용자인 D사는 전출근로자 B에 대한 징계권을 갖는다고 해석함이 합리적이다. 다만, 제2사용자가 원래 사용자 C와 B 사이의 기본적 근로관계를 청산할 수 있다고 하는 것은 부당하므로 이러한 경우에도 징계해고처분은 취할 수 없다고 해석함이 상당하다.

# Ⅳ. B에 대한 징계가능성 검토

## 1. 취업규칙의 주지와 효력

근로기준법 제14조 제1항은 '사용자는 이 법과 이 법에 따른 대통령령의 요지와 취업규칙을 근로자가 자유롭게 열람할 수 있는 장소에 항상 게시하거나 갖추어 두어 근로자에게 널리 알려야 한다'고 규정하고 있는바, 이른바 '취업규칙의 주지'가 없는 경우 취업규칙의 효력을 인정할 것인지가 문제된다.

이에 관하여 대법원은 '취업규칙은 사용자가 정하는 기업 내의 규범이기 때문에 사용자가 취업규칙을 신설 또는 변경하기 위한 조항을 정하였다고 하여도 그로 인하여 바로 효력이 생기기 위하여는 반드시 근로기준법 제13조 제1항(현행법 제14조 제1항)에서 정한 방법에 의할 필요는 없지만, 적어도 법령의 공포에 준하는 절차로서 그것이 새로운 기업 내 규범인 것을 널리 종업원 일반으로 하여금 알게 하는 절차, 즉 어떠한 방법이든지 적당한 방법에 의한 주지가 필요하다(대법원 2004.2.12. 선고 2001다63599 판결)'고 판시하고 있다.

## 2. 징계규정이 없는 경우 징계권행사의 가능성

그렇다면 취업규칙이 사업장 내 근로자에게 주지되지 않아 효력이 발생하지 않은 경우 사용자는 어떠한 경우에도 징계권을 행사할 수 없는 것인지 문제된다. 이와 관련하여 징계권의 근거를 경영질서의 형성 및 유지를 위한 사용자의 고유한 권한에서 찾는 견해(이른바 '고유권설')와 노사의 합의가 징계권의 근거가 된다는 견해(이른바 '계약설'), 노사관계를 규율하는 일종의 법규범(취업규칙 등)이 징계권의 근거가 된다는 견해(이른바 '법규범설')의 대립이 존재한다.

대법원은 "근로자의 기업질서에 관련된 비위행위에 대하여 이를 취업규칙에서 해고 등의 징계사유로 규정하는 것은 원래 사용자의 권한에 속하는 것(대법원 1999.3.26. 선고 98두4672 판결 등)"이라고 판시하여 기본적으로 고유권설과 유사한 태도를 취하고 있는 것으로 판단된다.

이와 같은 판례의 태도에 따른다면, 회사는 징계규정이 없는 경우에도 경영질서의 형성 및 유지를 위하여 징계권을 행사할 수 있으나 이러한 경우에도 근로기준법 제23조(해고 등의 제한) 규정에 따라 사용자는 정당한 이유가 있는 경우에 한하여 해고 등 그 밖의 징벌권을 행사할 수 있다고 보아야 할 것이다.

### 3. 사안의 경우

A의 연장근로 거부와 관련하여, 수요일 4시간의 연장근로만 하고 퇴근한 행위는 연장근로의 거부라고 평가할 수 없으나, 목요일 연장근로를 전혀 하지 않고 퇴근한 것만 연장근로의 거부(명령 위반)에 해당하여 징계의 대상이 된다.

제2사용자인 D사가 B에게 징계권을 행사할 수 있는지 문제되나, 실제로 B가 근로를 제공하는 상대방은 D사이며, 근로기준법 등 노동보호법상의 책임을 부담하는 것도 D사라고 할 것이므로 D사는 전출근로자 B에 대한 징계권을 갖는다고 해석함이 타당하다. 다만 이 경우에도 제2사용자가 원래 사용자 C와 B 사이의 기본적 근로관계를 청산할 수 있다고 하는 것은 부당하므로 이러한 경우에도 징계해고처분은 취할 수 없다고 해석함이 타당하다.

한편 B에 대한 징계권행사와 관련하여 비록 D사의 취업규칙이 존재하지만, 그 취업규칙의 주지가 이루어지지 않아 효력이 없으므로 취업규칙이 없는 것과 동일한 상태라고 할 것이고, 이 경우 D사는 사용자의 경영권의 일환으로서 징계권을 행사할 수는 있으나 근로기준법 제23조의 해고 등의 제한의 규정을 받으므로 이 경우에도 사용자는 징계권남용의 법리에 따른 제한을 받는다고 보아야 할 것이다.

## Ⅴ. 설문의 해결

제2사용자인 D사가 A와 B에게 징계권을 행사할 수 있는지 문제되나. 실제로 A와 B가 근로를 제공하는 상대방은 D사이며, 근로기준법 등 노동보호법상의 책임을 부담하는 것도 D사라고 할 것이므로 D사는 전출근로자 A와 B에 대한 징계권을 갖는다고 해석함이 타당하다.

A의 연장근로 거부와 관련하여, 수요일 4시간의 연장근로만 하고 퇴근한 행위는 연장근로의 거부라고 평가할 수 없으나, 목요일 연장근로를 전혀 하지 않고 퇴근한 것만 연장근로의 거부(명령 위반)에 해당하여 징계의 대상이 된다.

한편 B에 대한 징계권행사와 관련하여 비록 D사의 취업규칙이 존재하지만, 그 취업규칙의 주지가 이루어지지 않아 효력이 없으므로 취업규칙이 없는 것과 동일한 상태라고 할 것이고, 따라서 B에 대하여 징계권을 행사할 수 없다고 보아야 한다.

【관련쟁점】

1. 전출과 전적(이적)의 차이점은 무엇인가?
2. 판례는 전적명령의 유효요건에 대해 어떠한 태도를 취하고 있는가?
3. 취업규칙에 관한 사용자의 주지의무 위반의 효력은?

【참고문헌】

김형배, 441~452면, 559~563면; 김희성(1), 270~276면, 344~354면; 임종률, 420~425면, 485~486면; 이철수 외 4인, 143~149면.

**【관련판례】**

○ 연장근로에 관한 동의의 방식

대법원 1995.2.10. 선고 94다19228 판결

근로기준법 제42조 제1항의 규정은 8시간 근로제에 따른 기준근로시간을 정하면서 아울러 그 예외의 하나로 당사자 간의 합의에 의한 연장근로(시간외근로)를 허용하고 있는바, 여기서 당사자 간의 합의라 함은 원칙적으로 사용자와 근로자와의 개별적 합의를 의미한다 할 것이고, 이와 같은 개별 근로자와의 연장근로에 관한 합의는 연장근로를 할 때마다 그 때그때 할 필요는 없고 근로계약 등으로 미리 이를 약정하는 것도 가능하다.

대법원 1993.12.21. 선고 93누5796 판결

근로기준법 제42조 제1항은 "근로시간은 휴게시간을 제하고 1일에 8시간, 1주일에 44시간을 초과할 수 없다. 다만, 당사자 간의 합의에 의하여 1주일에 12시간 한도로 연장 근로할 수 있다"고 규정하여 이른바 8시간 근로제에 따른 기준근로시간을 규정하면서 아울러 8시간근로제에 대한 예외의 하나로 당사자의 합의에 의한 연장근로를 허용하고 있는바, 여기서 당사자 간의 합의라 함은 원칙적으로 사용자와 근로자와의 개별적 합의를 의미하는 것으로 풀이되고, 개별 근로자의 연장근로에 관한 합의권을 박탈하거나 제한하지 아니하는 범위에서는 단체협약에 의한 합의도 가능하다.

○ 취업규칙의 주지

대법원 1999.3.26. 선고 98두4672 판결

기업 질서는 기업의 존립과 사업의 원활한 운영을 위하여 필요불가결한 것이고, 따라서 사용자는 이러한 기업질서를 확립하고 유지하는 데 필요하고도 합리적인 것으로 인정되는 한 근로자의 기업질서 위반행위에 대하여 근로기준법 등의 관련 법령에 반하지 않는 범위 내에서 이를 규율하는 취업규칙을 제정할 수 있고, 단체협약에서 규율하고 있는 기업질서위반행위 외의 근로자의 기업질서에 관련된 비위행위에 대하여 이를 취업규칙에서 해고 등의 징계사유로 규정하는 것은 원래 사용자의 권한에 속하는 것이므로, 단체협약에서 "해고에 관하여는 단체협약에 의하여야 하고 취업규칙에 의하여 해고할 수 없다"는 취지로 규정하거나 "단체협약에 정한 사유 외의 사유로는 근로자를 해고할 수 없다"고 규정하는 등 근로자를 해고함에 있어서 해고사유 및 해고절차를 단체협약에 의하도록 명시적으로 규정하고 있거나 동일한 징계사유나 징계절차에 관하여 단체협약상의 규정과 취업규칙 등의 규정이 상호 저촉되는 경우가 아닌 한 사용자는 취업규칙에서 단체협약 소정의 해고사유와는 관련이 없는 새로운 해고사유를 정할 수 있고, 그 해고사유에 터잡아 근로자를 해고할 수 있으며, 비록 단체협약에서 해고사유와 해고 이외의 징계사유를 나누어 구체적으로 열거하고 있다 하더라도 취업규칙에서 이와 다른 사유를 해고사유로 규정하는 것이 단체협약에 반하는 것이라고 할 수 없다.

○ 징계절차규정이 없는 경우 징계권행사

대법원 2000.6.23. 선고 98다54960 판결

취업규칙이나 인사관리규정에 대기발령이 징계처분의 하나로 규정되어 있지 아니한 이상 위 처분을 함에 있어서 해당자에게 변명의 기회를 부여하는 등의 징계절차를 거칠 필요는 없다.

# 12. 해고의 정당성과 부당해고 구제신청의 구제이익

## 【사실관계】

근로자 甲은 상시근로자 10인이 근무하는 A회사와 2010년 8월 1일부터 2011년 7월 31일까지를 계약기간으로 하는 근로계약을 체결하고 근무해 왔다. 2011년 6월 30일 甲은 대표이사로부터 "직장질서 문란으로 오늘자로 해고한다."라는 전화를 받았다.

甲은 2011년 7월 20일 관할 지방노동위원회에 (i) 2011년 6월 30일자 해고가 부당함을 인정할 것, (ii) 원직복직 및 해고기간 동안의 임금상당액을 지급할 것을 내용으로 하는 부당해고 구제신청을 제기하였고, 이에 대해 관할 지방노동위원회는 2011년 8월 30일 심판회의를 개최할 예정이다.

(2011년 공인노무사시험 변형)

[문　제] 이 사례에서 甲과 A회사가 주장 할 수 있는 노동법상 모든 쟁점들을 적시하고 간략하게 설명하시오(직장질서 문란으로 인한 해고의 정당한 이유는 인정되고, 근로계약 갱신에 대한 기대가능성은 없는 것으로 전제한다. 금전보상을 고려하지 않는다).

## 《관련조문》

근로기준법

제26조(해고의 예고) 사용자는 근로자를 해고(경영상 이유에 의한 해고를 포함한다)하려면 적어도 30일 전에 예고를 하여야 하고, 30일 전에 예고를 하지 아니하였을 때에는 30일분 이상의 통상임금을 지급하여야 한다. 다만, 천재 · 사변, 그 밖의 부득이한 사유로 사업을 계속하는 것이 불가능한 경우 또는 근로자가 고의로 사업에 막대한 지장을 초래하거나 재산상 손해를 끼친 경우로서 고용노동부령으로 정하는 사유에

해당하는 경우에는 그러하지 아니하다.

제27조(해고사유 등의 서면통지) ① 사용자는 근로자를 해고하려면 해고사유와 해고시기를 서면으로 통지하여야 한다.

② 근로자에 대한 해고는 제1항에 따라 서면으로 통지하여야 효력이 있다.

**【사실관계】의 논점정리**

위 사안에서 A회사의 대표이사가 전화로 해고를 통보한 것에 대해 근로자 갑은 부당해고라고 주장하면서 원직복직 및 해고기간 동안의 임금상당액의 지급을 구하는 부당해고 구제신청을 제기하였다.

[甲이 주장할 수 있는 쟁점]에서는 이 사건 해고(통지)의 정당성이 문제되는데, 정당성을 의심할 수 있는 사유는 해고예고와 해고서면통지 위반의 점, 취업규칙상 징계권의 근거의 유무, 해고절차의 위반의 점 등이 있다.

[A회사가 주장할 수 있는 쟁점]에서는 반대로 위 쟁점에 대한 해고의 정당성을 입증하는 취지에서 그대로 적용된다고 할 것이고, 다만 추가적으로 甲의 주장이 이유 있다고 판단되는 경우라고 하여도 위 구제신청의 이익이 존재하는지가 문제된다.

## 논점의 해설

Ⅰ. 설문의 쟁점
Ⅱ. 甲이 주장할 수 있는 쟁점
 1. 취업규칙상 징계권의 근거와 해고절차
 2. 근로기준법 제27조 제2항 해고의 서면통지의무 위반
 3. 해고예고(근로기준법 제26조) 불이행의 법적 효과
 4. 사안의 적용
Ⅲ. A회사가 주장할 수 있는 쟁점
 1. 문제의 소재
 2. 부당해고 구제신청의 구제이익에 관한 판례의 태도
 3. 사안의 적용
Ⅳ. 설문의 해결

# Ⅰ. 설문의 쟁점

사안에서 근로자 甲은 A사의 해고의 위법성을 주장하고 있는바, 이와 관련하여 해고예고와 해고서면통지 위반의 점, 취업규칙상 징계권의 근거의 유무, 해고절차의 위반의 점 등이 쟁점이 된다. 한편 해고의 적법성을 주장하는 A사의 입장에서 위 쟁점에 대한 다툼 외에 부당해고구제신청의 구제이익의 흠결을 주장할 수 있는지가 추가적인 쟁점이 된다고 하겠다.

# Ⅱ. 甲이 주장할 수 있는 쟁점

## 1. 취업규칙상 징계권의 근거와 해고절차

A사는 甲을 "직장질서 문란"을 이유로 해고하였으므로, 이러한 해고는 강학상 징계해고에 해당한다. 그런데, 사안에서 A사에 취업규칙이 있다는 사정은 보이지 않는다. 그러므로 甲은 '취업규칙(상의 징계권)의 부재'와 '징계해고절차를 거치지 않았다'는 이유로 부당해고임을 주장할 수 있는지가 문제된다.

이에 관하여 판례는 취업규칙 등의 근거규정이 없이도 징계가 가능하며, 징계해고절차 규정이 없는 경우에는 소명의 기회 부여 등의 절차를 거치지 않더라도 해고는 유효하다(대법원 2000.6.23. 선고 98다54960 판결 참조)는 입장이다.

그러므로 직장질서 문란으로 인한 해고의 정당성이 인정되는 이 번 사안에 있어서 근로자 甲이 취업규칙상의 징계규정 부재 또는 징계해고절차 위반을 이유로 부당해고임을 주장할 여지는 없다고 판단된다.

## 2. 근로기준법 제27조 제2항 해고의 서면통지의무 위반

甲에 대한 A회사의 "…… 오늘자로 해고한다"라는 내용의 전화 통보는 '구두에 의한 즉시해고'라고 할 수 있다. 그러므로 甲은 근로기준법 제27조(해고사유 등의 서면통지) 위반을 주장할 수 있다. 이와 관련하여 판례는 "근로기준법 제27조는 사용자가 근로자를 해고하려면 해고사유와 해고시기를 서면으로 통지하여야 그 효력이 있다고 규정하고 있는데, 이는 해고사유 등의 서면통지를 통해 사용자로 하여금 근로자를 해고하는 데 신중을 기하게 함과 아울러, 해고의 존부 및 시기와 그 사유를 명확하게 하여 사후에 이를 둘러싼 분쟁이 적정하고 용이하게 해결될 수 있도록 하고, 근로자에게도 해고에 적절히 대응할 수 있게 하기 위한 취지라고 할 것이다. 따라서 사용자가 해고사유 등을 서면으로 통지할 때는 근로자의 처지에서 해고의 사유가 무엇인지를 구체적으로 알 수 있어야 하고, 특히 징계해고의 경우에는 해고의 실질적 사유가 되는 구체적 사실 또는 비위내용을 기재하여야 하며 징계대상자가 위반한 단체협약이나 취업규칙의 조문만 나열하는 것으로는 충분하다고 볼 수 없다(대법원 2011.10.27. 선고 2011다42324 판결 참조)"라고 판시하고 있다.

그러므로 사안과 같은 징계해고에 있어 단순히 "직장질서 문란"이라는 모호하고 추상적인 사유를 서면에 의하지 않고 단지 구두로 통지한 경우에는 위 근로기준법 제27조 제2항이 정한 해고의 서면통지의무를 위반한 것에 해당하고, 따라서 위 해고는 부적법한 해고임을 면할 수 없다고 판단할 것이다.

## 3. 해고예고(근로기준법 제26조) 불이행의 법적 효과

근로기준법 제26조는 "사용자는 근로자를 해고(경영상 이유에 의한 해고를 포함한다)하려면 적어도 30일 전에 예고를 하여야 하고, 30일 전에 예고를 하지 아니하였을 때에는 30일분 이상의 통상임금을 지급하여야 한다"고 규정하고 있다.

그렇다면 해고예고를 하지 아니한 것을 이유로 해고의 무효를 주장할 수 있는지에 관하여 대립이 있으나, 판례는 "근로기준법 제27조의2(현행 제26조) 소정의 해고예고의무를 위반한 해고라 하더라도 해고의 정당한 이유를 갖추고 있는 한 해고의 사법상의 효력에는 영향이 없다(대법원 2001.4.24. 선고 2000두7988 판결)"고 하여 해고예고의무의 위반을 독자적인 해고무효사유로 보지 않는다.

따라서 근로자 甲은 A회사의 해고예고의무 위반을 원인으로 부당해고 구제신청을 할 수는 없다고 할 것이다.

## 4. 사안의 적용

결국 A사의 근로자 甲에 대한 징계해고는 근로기준법 제27조에 따른 해고의 서면통지의무를 위반하였는바, 이를 강행규정으로 새기는 판례에 따라 무효임을 면치 못할 것이다. 따라서 甲의 입장에서 이를 이유로 부당해고의 구제를 신청할 충분한 사유가 될 것이고, 별도로 해고가 무효라는 전제에서 해고예고 불이행에 따른 해고예고 수당의 지급청구는 불필요한 것으로 판단된다.

# Ⅲ. A회사가 주장할 수 있는 쟁점

## 1. 문제의 소재

사안에서 甲은 2010년 8월 1일부터 2011년 7월 31일까지를 계약기간으로 하는 근로계약을 체결한 자로 심판 당일인 2011년 8월 30일 현재 근로계약기간 만료로 근로관계는 자동종료되었고, 근로계약 갱신의 기대가능성은 없다. 이러한 경우 노동위원회의 부당해고 구제신청의 구제이익을 인정할 수 있는지가 문제된다.

## 2. 부당해고 구제신청의 구제이익에 관한 판례의 태도

이 같은 경우 판례는 "근로계약기간을 정한 경우에 있어서 근로계약 당사자 사이의 근로관계는 특별한 사정이 없는 한 그 기간이 만료함에 따라 사용자의 해고 등 별도의 조치를 기다릴 것 없이 당연히 종료되고(대법원 1996.8.29. 선고 95다5783 전원합의체 판결; 대법원 1998.1.23. 선고 97다42489 판결 참조), 근로자가 부당해고구제신청을 하여 해고의 효력을 다투던 중 근로계약기간의 만료로 근로관계가 종료되었다면 근로자로서는 비록 이미 지급받은 해고기간 중의 임금을 부당이득으로 반환하여야 하는 의무를 면하기 위한 필요가 있거나 퇴직금 산정시 재직기간에 해고기간을 합산할 실익이 있다고 하여도, 그러한 이익은 민사소송절차를 통하여 해결될 수 있어 더 이상 구제절차를 유지할 필요가 없게 되었으므로 구제이익은 소멸한다고 보아야 할 것이다(대법원 1995.12.5. 선고 95누12347 판결; 대법원 1997.7.8. 선고 96누5087 판결 참조)"라고 판시하고 있다.

이 같은 판례의 태도는 부당해고 구제신청의 구제이익은 노동위원회의 심판 시를 기준으로 판단하여야 하며, 실질적으로 해고의 효력을 다투지 아니하고 해고기간 중의 임금을 구하기 위한 것이라면 민사소송절차를 통하여 해결해야 한다는 취지로 해석된다.

### 3. 사안의 적용

따라서 A회사의 甲에 대한 2011.6.30.자 해고가 무효라고 하더라도 2011.8.30.이 노동위원회 심판일인 이 사건에 있어 그보다 빠른 2011.7.31. 근로계약기간의 만료로 근로관계가 종료될 것이고, 갱신에 대한 기대가능성도 없으므로 甲이 제기한 부당해고 구제신청은 구제이익이 없다고 할 것이다. 결국 갑의 부당해고 구제신청은 각하될 처지에 있다.

## Ⅳ. 설문의 해결

甲에 대한 A사의 징계해고는 근로기준법 제27조(해고사유 등의 서면통지)를 위반한 것으로 부당해고에 해당하나, 심판회의일 현재 甲의 근로관계는 근로계약기간의 만료로 종료되어 구제의 이익이 없다고 할 것이고, 따라서 노동위원회는 각하결정을 하여야 한다.

그러나 위 노동위원회의 각하결정은 구제이익의 결여로 인한 것일뿐, A사의 해고 자체가 정당하다는 것은 아니므로, 갑은 민사소송절차에 따라 징계해고일 이후부터 근로계약기간의 만료시까지의 임금을 청구할 수는 있을 것이다.

【관련쟁점】

1. 정당성이 결여된 해고의 효과는?
2. 우리 노동법상 변경해고는 가능한가?

【참고문헌】

김형배, 657~661면, 712~725면; 김희성(1), 470~496면 임종률, 527~532면; 이철수 외 4인, 195~203면.

**【관련판례】**

○ 서면통지의무의 내용

대법원 2011.10.27. 선고 2011다42324 판결

근로기준법 제27조는 사용자가 근로자를 해고하려면 해고사유와 해고

시기를 서면으로 통지하여야 그 효력이 있다고 규정하고 있는데, 이는 해고사유 등의 서면통지를 통해 사용자로 하여금 근로자를 해고하는 데 신중을 기하게 함과 아울러, 해고의 존부 및 시기와 그 사유를 명확하게 하여 사후에 이를 둘러싼 분쟁이 적정하고 용이하게 해결될 수 있도록 하고, 근로자에게도 해고에 적절히 대응할 수 있게 하기 위한 취지라고 할 것이다. 따라서 사용자가 해고사유 등을 서면으로 통지할 때는 근로자의 처지에서 해고의 사유가 무엇인지를 구체적으로 알 수 있어야 하고, 특히 징계해고의 경우에는 해고의 실질적 사유가 되는 구체적 사실 또는 비위 내용을 기재하여야 하며 징계대상자가 위반한 단체협약이나 취업규칙의 조문만 나열하는 것으로는 충분하다고 볼 수 없다.

○ 근로계약기간 만료와 근로관계

대법원 1996.8.29. 선고 95다5783 전원합의체 판결

근로계약기간은 단지 근로계약의 존속기간에 불과할 뿐 "근로관계에 있어서 임금·근로시간·후생·해고 등 근로자의 대우에 관하여 정한 조건"을 의미하는 근로기준법 제20조 소정의 근로조건에 해당하지 아니하므로 근로계약당사자는 원칙적으로 이를 임의로 정할 수 있다 할 것이며, 따라서 1년을 초과하는 근로계약기간을 정하여 근로계약을 체결하였다 하더라도 그 계약기간의 정함 자체는 유효하므로 약정기간 범위 내에서는 사용자는 근로기준법 제21조를 근거로 단순히 근로자에게 1년의 기간이 경과하였음을 이유로 근로관계의 종료를 주장할 수 없고, 다만 근로자로서는 1년이 경과한 후에는 언제든지 당해 근로계약을 해지할 수 있다 할 것이며, 한편 근로계약기간을 정한 경우에 있어서 근로계약당사자 사이의 근로관계는 특별한 사정이 없는 한 그 기간이 만료함에 따라 사용자의 해고 등 별도의 조처를 기다릴 것 없이 당연히 종료된다고 할 것이다.

○ 부당해고 구제신청과 구제이익

대법원 1995.12.5. 선고 95누12347 판결

부당해고 구제신청에 따른 구제명령을 얻는다고 하더라도 객관적으로 보아 그 실현이 불가능한 경우에는 법령 등에서 재취업의 기회를 제한하는 규정을 두고 있는 등의 특별한 사정이 없는 한 중앙노동위원회 판정의 취소를 구할 소의 이익은 없다고 할 것이다.

# 13. 취업규칙의 불이익변경과 퇴직통보

## 【사실관계】

상시 근로자 5,000명을 사용하는 A회사에 근무하는 직원들의 직급 체계는 사원, 대리, 과장, 차장, 부장이다. 그런데 과장 또는 차장으로 근무하는 직원들의 인사적체가 심화되자 그 해결책으로, A회사는 2010.1.31. 노사협의회의 의결을 거쳐 인사규정의 일부를 다음과 같이 변경하였다.

> (종전 인사규정)
> 제5조(정년) 회사에 근무하는 모든 직원은 만 60세가 만료되는 날짜에 퇴직한다.
> (변경된 인사규정)
> 제5조 제1항(정년) 회사에 근무하는 모든 직원은 만 60세가 만료되는 날짜에 퇴직한다.
> 제2항(직급정년) 제1항에도 불구하고 2012.1.1.부터 과장에서 부장까지 직급정년을 시행한다. 과장에서 차장 또는 차장에서 부장으로 7년 간 승진하지 못한 직원은 그 기간이 만료되는 시점에 퇴직한다.

근로자 甲은 2006.1.1.부터 차장으로 근무하여 왔는데 A회사가 2012년 12월 발표한 부장승진 인사에서 탈락하였다. 그 후 A회사는 인사규정 제5조 제2항에 의해 근로자 甲에게 직급정년의 도달(2012.12.31.)로 퇴직을 서면으로 통보하고 퇴직에 따른 금품 청산을 완료하였다. 다음 물음에 답하시오.

(2013년 공인노무사시험)

[문제 01] A회사가 변경한 인사규정의 법적 효력을 논하시오.

[문제 02] A회사가 근로자 甲에게 통보한 퇴직의 효력을 논하시오.

## 《관련조문》

근로기준법
제27조(해고사유 등의 서면통지) ① 사용자는 근로자를 해고하려면 해고사유와 해고시기를 서면으로 통지하여야 한다.
② 근로자에 대한 해고는 제1항에 따라 서면으로 통지하여야 효력이 있다.
제94조(규칙의 작성, 변경 절차) ① 사용자는 취업규칙의 작성 또는 변경에 관하여 해당 사업 또는 사업장에 근로자의 과반수로 조직된 노동조합이 있는 경우에는 그 노동조합, 근로자의 과반수로 조직된 노동조합이 없는 경우에는 근로자의 과반수의 의견을 들어야 한다. 다만, 취업규칙을 근로자에게 불리하게 변경하는 경우에는 그 동의를 받아야 한다.

**【사실관계】의 논점정리**

사안은 사용자가 인사규정(취업규칙)을 근로자에게 불이익하게 변경하면서 노사협의회의 의결만 받고, 그 인사규정에 따라 근로자에게 퇴직통보를 하고 있다.

[문제 01]은 기존에 없던 직급정년제도를 인사규정에 도입한 것이 취업규칙의 불이익변경에 해당하는지 여부와, 해당된다면 과반수로 조직된 노동조합 또는 근로자 과반수의 동의가 없이 변경된 위 인사규정이 효력을 인정할 수 있는지가 쟁점이다.

[문제 02]는 변경된 인사규정에 따라 갑에게 한 퇴직통보의 의미는 무엇이며, 해고에 해당한다면 무효인 인사규정에 의한 해고가 정당성을 가질 수 있는지가 쟁점이라 하겠다.

## 논점의 해설

## [문제 01]의 해결 ― 취업규칙의 불이익변경과 그 효력

Ⅰ. 쟁점의 정리
Ⅱ. 변경된 인사규정이 취업규칙의 불이익변경인지 여부
  1. 취업규칙의 의의 및 불이익변경
  2. 취업규칙의 불이익변경에 해당하는지 여부
Ⅲ. 변경된 인사규정의 효력 여부
  1. 문 제 점
  2. 취업규칙 불이익변경의 요건에 관한 판례의 태도
  3. 사회통념상 합리성이 인정되는지 여부
  4. 사안의 적용
Ⅳ. 설문의 해결

## Ⅰ. 쟁점의 정리

A회사는 인사적체 문제를 해결하기 위해 종전의 인사규정을 변경하여 이른바 직급정년제를 도입하였는데, 인사규정의 법적 성질은 취업규칙에 해당하므로 취업규칙의 변경에 해당한다. 따라서 A회사의 위 인사규정 변경이 취업규칙의 불이익 변경에 해당하는지 여부가 우선 문제되며, 사안에서 노사협의회의 의결만을 거쳐 변경된 인사규정이 유효한 것인지가 쟁점이 된다.

## Ⅱ. 변경된 인사규정이 취업규칙의 불이익변경인지 여부

### 1. 취업규칙의 의의 및 불이익변경

취업규칙이란 사용자가 다수의 개별적 근로관계를 규율하기 위하여 근로계약의 내용이 되는 사항과 복무규정 및 직장질서 등에 관한 사항을 일방적으로 정해 놓은 일종의 직장내 규범이다. 따라서 인사규정은 취업규칙에 해당하고 이것은 사용자가 일방적으로 정하기 때문에 일방적으로 이의 적용을 받는 근로자는 불이익을 받을 수 있으므로, 근로기준법은 제93조 이하에서 취업규칙의 작성과 변경 등에 관하여 일정한 요건을 제시함으로써 근로자를 보호하고 있다.

## 2. 취업규칙의 불이익변경에 해당하는지 여부

### (1) 불이익변경의 의미

취업규칙의 변경에 있어서 어떠한 변경이 불이익한 것인지에 대해 근로기준법은 기준을 제시하지 않고 있다. 그러나 취업규칙이 근로관계의 내용이 되는 근로조건을 정하는 것이라는 점을 고려할 때, 근로조건의 개선이나 향상을 내용으로 하는 것이면 유리한 변경으로 볼 수 있을 것이고 근로조건을 저하하는 것은 불이익한 변경이라고 볼 수 있다.

### (2) 인사규정을 '신설'하는 경우도 불이익 변경에 해당하는지 여부

취업규칙을 불이익하게 변경한다는 것은 기존의 내용을 근로자에게 불리하게 수정하는 것만을 의미하는 것은 아니고 근로자에게 불리한 새로운 조항을 신설하는 경우도 포함한다고 할 것이다. 판례에 따르면 "취업규칙에 정년규정이 없던 사업장에서 55세 정년규정을 신설한 경우, 그 사업장의 근로자들은 정년제 규정이 신설되기 이전에는 만 55세를 넘더라도 아무런 제한 없이 계속 근무할 수 있었으나, 그 정년규정의 신설로 인하여 만 55세로 정년에 이르게 되므로 이와 같은 정년제 규정의 신설은 근로자가 가지고 있는 기득의 권리나 이익을 박탈하는 불이익한 근로조건을 부과하는 것에 해당한다(대법원 1994.6.24. 선고 92다28556 판결)"고 판시하였는바, 근로자에게 불리한 조항을 신설하는 것도 취업규칙의 불이익 변경에 해당한다고 할 것이다.

### (3) 사안의 적용

사안의 경우 종전의 인사규정은 모든 직원에 대해 만 60세 정년 조항만을 규정하고 있었으나 변경된 인사규정은 직급정년의 내용을 신설하였다. 이에 따라 과장에서 차장 또는 차장에서 부장으로 7년 간 승진하지 못한 경우에 퇴직하게 되므로 이는 근로조건을 불이익하게 변경한 경우에 해당한다고 할 것이다.

# Ⅲ. 변경된 인사규정의 효력 여부

## 1. 문 제 점

근로기준법은 '사용자가 취업규칙을 작성 또는 변경하는 경우에 해당 사업 또는 사업장에 근로자의 과반수로 조직된 노동조합이 있는 경우에는 그 노동조합, 근로자의 과반수로 조직된 노동조합이 없는 경우에는 근로자의 과반수의 의견을 들어야 하고, 특히 취업규칙을 근로자에게 불이익하게 변경하는 경우에는 그 동의를 얻어야 한다(근로기준법 제94조)'고 규정하고 있는바, 사안과 같이 노사협의회의 의결이 과반수 노동조합 또는 근로자 과반수의 동의와 마찬가지로 볼 수 있는지가 문제된다. 또한 동의가 없는 경우 위 인사규정의 효력이 인정될 수 있는지도 검토가 필요하다.

## 2. 취업규칙 불이익변경의 요건에 관한 판례의 태도

### (1) 동의의 주체와 관련하여

대법원은 "취업규칙을 근로자에게 불이익하게 변경하는 경우 동의의 주체가 되는 '근로자의 과반수'는 기존의 근로조건 또는 취업규칙의 적용을 받는 근로자집단의 과반수를 뜻한다(대법원 2005.11.10. 선고 2005다21494 판결)"고 하였으며, "취업규칙의 불이익 변경 시점에는 일부 노동자집단만 직접적인 불이익을 받더라도 그 나머지 다른 노동자집단도 장차 승급 등으로 변경된 취업규칙의 적용이 예상되는 경우 일부 노동자집단은 물론 장래 변경된 취업규칙 규정의 적용이 예상되는 노동자집단을 포함한 전체 노동자집단이 동의주체가 되는 것(대법원 2009.5.28. 선고 2009두2238 판결)"이라고 판시하였다.

### (2) 동의의 방법과 관련하여

노사협의회가 취업규칙의 불이익변경에 관한 동의를 할 수 있는지와 관련하여 대법원은 "노사협의회는 근로자와 사용자 쌍방이 이해와 협조를 통하여 노사 공동의 이익을 증진함으로써 산업평화를 도모할 것을 목적으로 하는 제도로서 노동조합과 그 제도의 취지가 다르므로 비록 회사가 근로조건에 관한 사항을 그 협의사항으로 규정하고 있다 하더라도 근로자들이 노사협의회를 구성하는 근로자위원들을 선출함에 있어 그들에게 근로조건을 불이익하게 변경함에 있어서 근로자들을 대신하여 동의를 할 권한까지 포괄적으로 위임한 것이라고 볼 수 없으며, 그 근로자위원들이 퇴직금규정의 개정에 동의를 함에 있어서 사전에 그들이 대표하는 각 부서별로 근로자들의 의견을 집약 및 취합하여 그들의 의사표시를 대리하여 동의권을 행사하였다고 볼 만한 자료도 없다면, 근로자위원들의 동의를 얻은 것을 근로자들 과반수의 동의를 얻은 것과 동일시할 수 없다(대법원 1994.6.24. 선고 92다28556 판결)"고 판시하였다.

### 3. 사회통념상 합리성이 인정되는지 여부

결국 A회사가 직급정년제를 도입한 것은 취업규칙의 불이익변경에 해당함에도 불구하고 근로자집단의 동의를 받지 않았으므로 변경된 인사규정은 원칙적으로 효력이 없다. 다만 판례의 경우 근로조건의 변경이 사회통념상 합리성이 인정되는 경우에는 근로자집단의 동의를 얻지 않아도 유효하다고 보고 있는데(대법원 2005.11.10. 선고 2005다21494 판결), 이 같은 판례의 태도는 근로기준법 제94조 명문의 규정과 배치되는 것이라는 비판이 제기되고 있을 뿐만 아니라, 설사 판례의 태도를 지지한다고 하더라도 사안의 경우 인사적체 심화를 해소하기 위한 목적만으로 사회통념상 합리성이 있다고 보기는 어려울 것이다.

### 4. 사안의 적용

A회사의 신설된 직급정년제 조항이 과장 및 차장만을 직접적인 적용대상으로 하고 있으나, 사원과 대리의 경우에도 장래 승진을 통하여 위 규정의 적용을 받게 될 것임이 예상되는바 결국 A회사 소속 근로자 전원이 동의의 주체가 된다고 할 것이고, 노사협의회가 이 같은 동의의 권한을 갖는다고 할 수 없으므로 사안의 노사협의회의 의결은 인사규정의 변경에 관한 유효한 동의라고 할 수 없다. 뿐만 아니라 변경된 인사규정 자체가 사회통념상 합리성을 갖는다고 볼 수도 없다.

## Ⅳ. 설문의 해결

A회사가 직급정년제를 도입한 것은 취업규칙의 불이익변경에 해당하므

로 근로자집단 과반수의 동의를 얻어야 함에도 불구하고 노사협의회의 의결만을 거쳤으므로 변경된 인사규정은 효력이 없다.

## [문제 02]의 해결 — 해고의 정당성

Ⅰ. 쟁점의 정리
Ⅱ. 퇴직통보가 해고에 해당하는지 여부
1. 해고의 의의 / 2. 사안의 퇴직통보가 해고에 해당하는지 여부
Ⅲ. 해고의 정당성을 갖추고 있는지 여부
Ⅳ. 설문의 해결

## Ⅰ. 쟁점의 정리

A회사는 변경된 인사조항 제5조 제2항에 근거하여 근로자 甲에게 퇴직을 통보하였다. 하지만 설문 (1)에서 살펴본 바와 같이 위 인사조항은 무효에 해당하는바, 무효인 인사조항에 근거하여 퇴직을 통보한 것이 해고에 해당하는지 여부와 만약 해고에 해당한다면 근로기준법 제23조에서 요구하는 정당한 이유가 구비되었는지 여부가 문제가 된다.

## Ⅱ. 퇴직통보가 해고에 해당하는지 여부

### 1. 해고의 의의

해고란 사용자가 근로자에 대하여 근로계약관계를 종료시키겠다는 뜻을 일방적으로 통지하는 것을 의미하는바, 형식적으로 해고라는 표현을 사용한 의사표시만을 해고로 볼 것이 아니라 그 실질이 사용자의 일방적인 의사표시에 의한 근로관계의 종료에 해당하는 모든 경우를 해고라고 볼 수 있을 것이다. 즉 회사가 어떠한 사유의 발생을 당연퇴직사유로 규정하고 그 절차를 통상의 해고나 징계해고와는 달리 하였더라도 근로자의 의사와 관계없이 사용자 측에서 일방적으로 근로관계를 종료시키는 것이면 성질상 이는 해고로서

근로기준법에 의한 제한을 받는다고 보아야 할 것이다(대법원 1993.10.26. 선고 92다54210 판결).

### 2. 사안의 퇴직통보가 해고에 해당하는지 여부

직급정년제를 규정한 A회사 인사규정 제5조 제2항은 당연퇴직규정에 해당한다고 할 것인바, 위 규정에 해당하는 사유가 발생하는 경우 근로자의 근로관계는 자동적으로 소멸하는가?

당연퇴직은 해고의 의사표시나 해고절차(근기법 제26조 이하 참고)를 요하지 않고 근로관계가 소멸하는 것을 뜻하며 사용자는 이에 대하여 통고(관념의 통지)를 하면 족한 것으로 풀이될 수 있다. 그러나 단체협약이나 취업규칙에 어떤 사유의 발생을 당연퇴직사유로 규정하고 그 절차를 통상의 해고나 징계해고와 달리 한 경우에 그 당연퇴직사유가 근로자의 사망이나 정년, 근로계약기간의 만료 등 근로관계의 자동소멸사유로 보여지는 경우를 제외하고는 이에 따른 당연퇴직처분은 근로기준법 제23조 소정의 제한을 받는 해고라고 할 것이다. 따라서 당연퇴직처분이 유효하려면 근로기준법 제23조 제1항 소정의 정당한 이유가 있어야 한다는 것이 판례의 일관된 태도이다(대법원 1995.3.24. 선고 94다42082 판결; 대법원 1993.7.13. 선고 93다3721 판결; 대법원 1993.10.26. 선고 92다54210 판결).

그런데, [문제 01]에서 본 바와 같이 위 인사규정은 무효라고 볼 것이므로, 비록 甲에게 인사규정에서 규정하고 있는 사유가 발생하였다고 하더라도 근로관계가 당연히 종료하는 것은 아니다. 결국 A회사와 甲의 근로관계는 A회사의 퇴직통보에 의해 비로소 소멸하게 되는 것이므로 A회사의 퇴직통보는 근로자의 의사에 관계없이 사용자 측에서 일방적으로 근로관계를 소멸시키는 해고에 해당한다고 볼 수 있다(대법원 1993.10.26. 선고 92다54210 판결 참고).

## Ⅲ. 해고의 정당성을 갖추고 있는지 여부

근로기준법 제23조는 “사용자는 근로자에게 정당한 이유 없이 해고 (중략) 등을 하지 못한다”고 규정하고 있는바, 근로자를 해고함에 있어서 정당한 이유를 요구하고 있다.

사안의 경우 무효인 인사조항에 근거하여 퇴직을 통보한 것은 해고에 해당하므로 근로기준법 제23조에서 요구하는 정당한 이유가 구비되어야 유효하다. 그런데 무효인 인사규정에 근거하여 해고를 하고 있으므로 근로기준법 제23조에서 요구하는 해고의 정당한 이유를 갖추지 못하고 있는 부당해고에 해당한다.

## Ⅳ. 설문의 해결

A회사의 甲에 대한 퇴직통보는 무효인 인사규정에 근거하여 이루어진 것으로서 해고에 해당하는 것이며, 내용상 정당성을 구비하지 못하였으므로 무효이다.

【관련쟁점】

1. 판례는 단체협약이나 취업규칙에 규정된 당연퇴직제도가 어느 경우에 해고에 해당하고 어떠한 법적 규제를 받는가? 그리고 당해 처분을 어떻게 판단하고 있는가?
2. 판례에 따르면 사생활 비위에서 비롯된 형사처벌이 당연면직사유에 해당하는가?(사적 영역에서의 비행 및 형사처벌을 당연면직처분의 사유로 삼을 수 있는가?)

【참고문헌】

김형배, 294-305면, 645-646면; 김희성(1), 95-159면, 393-404면; 임종률, 349-353면; 이철수 외 4인, 57-82면.

**【관련판례】**

**○ 취업규칙 불이익변경에 대한 노사협의회 동의의 효력**

대법원 1994.6.24. 선고 92다28556 판결

노사협의회는 근로자와 사용자 쌍방이 이해와 협조를 통하여 노사공동의 이익을 증진함으로써 산업평화를 도모할 것을 목적으로 하는 제도로서 노동조합과 그 제도의 취지가 다르므로 비록 회사가 근로조건에 관한 사항을 그 협의사항으로 규정하고 있다 하더라도 근로자들이 노사협의회를 구성하는 근로자위원들을 선출함에 있어 그들에게 근로조건을 불이익하게 변경함에 있어서 근로자들을 대신하여 동의를 할 권한까지 포괄적으로 위임한 것이라고 볼 수 없으며, 그 근로자위원들이 퇴직금 규정의 개정에 동의를 함에 있어서 사전에 그들이 대표하는 각 부서별로 근로자들의 의견을 집약 및 취합하여 그들의 의사표시를 대리하여 동의권을 행사하였다고 볼 만한 자료도 없다면, 근로자위원들의 동의를 얻은 것을 근로자들 과반수의 동의를 얻은 것과 동일시할 수 없다.

○ 취업규칙 불이익변경에 있어 동의의 주체인 근로자의 의미

대법원 2008.2.29. 선고 2007다85997 판결

[1] 취업규칙의 작성 · 변경에 관한 권한은 원칙적으로 사용자에게 있으므로 사용자는 그 의사에 따라서 취업규칙을 작성 · 변경할 수 있고, 다만 취업규칙의 변경에 의하여 기존 근로조건의 내용을 일방적으로 근로자에게 불이익하게 변경하려면 종전 취업규칙의 적용을 받고 있던 근로자집단의 집단적 의사결정방법에 의한 동의를 요한다고 할 것인바, 그 동의방법은 근로자 과반수로 조직된 노동조합이 있는 경우에는 그 노동조합의, 그와 같은 노동조합이 없는 경우에는 근로자들의 회의방식에 의한 과반수의 동의가 있어야 하고, 여기서 말하는 근로자의 과반수라 함은 기존 취업규칙의 적용을 받는 근로자집단의 과반수를 뜻한다.

[2] 정년퇴직 연령을 단축하는 내용으로 취업규칙의 기존 퇴직규정을 변경하고 이에 관하여 기존 퇴직규정의 적용을 받던 근로자의 과반수로 구성된 노동조합의 동의를 얻은 경우 위 변경 개정은 적법 · 유효하므로, 일정 직급 이상으로서 노동조합에 가입할 자격은 없지만 기존 퇴직규정의 적용을 받았던 근로자에게도 그의 개별적 동의 여부와 관계없이 당연히 적용된다고 한 사례.

[3] 사용자가 취업규칙 등에 어떤 사유의 발생을 당연퇴직 또는 면직사유로 규정하고 그 절차를 통상의 해고나 징계해고와 달리하였는데 그 당연퇴직사유가 근로자의 사망이나 정년, 근로계약기간의 만료 등 근로관계의 자동소멸사유로 보이는 경우, 위와 같은 당연퇴직사유를 규정한 취업규칙이 유효한 이상 그러한 사유의 발생만으로 그 사유발생일 또는 소정의 일자에 당연히 근로관계가 종료하고, 정년 등과 같은 근로관계의 자동소멸사유로 인한 퇴직처리는 법률상 당연히 발생한 퇴직의 사유 및 시기를 공적으로 확인하여 알려주는 '관념의 통지'에 불과할 뿐 근로자의 신분을 상실시키는 '해고처분'과 같은 새로운 형성적 행위가 아니다.

[4] 취업규칙 등에 명시된 정년에 도달하여 당연퇴직하게 된 근로자에 대하여 사용자가 그 정년을 연장하는 등의 방법으로 근로관계를 계속 유

지할 것인지 여부는 특별한 사정이 없는 한 사용자의 권한에 속하는 것으로서, 해당 근로자에게 정년연장을 요구할 수 있는 권리가 있다고 할 수 없고, 사용자가 해당 근로자에게 정년연장을 허용하지 아니한 조치의 정당성은 사용자의 행위가 법률과 취업규칙 등의 규정 내용이나 규정 취지에 위배되는지 여부에 의하여 판단해야 하며, 단지 정년연장을 허용하지 아니하는 것이 해당 근로자에게 가혹하다든가 혹은 다른 근로자의 경우에 비추어 형평에 어긋난다는 사정만으로 그 정당성이 없는 것으로 단정할 수는 없다.

○ 취업규칙 불이익변경의 동의 주체인 근로자의 확장

대법원 2009.5.28. 선고 2009두2238 판결

[1] 여러 근로자집단이 하나의 근로조건 체계 내에 있어 비록 취업규칙의 불이익변경 시점에는 어느 근로자집단만이 직접적인 불이익을 받더라도 다른 근로자집단에게도 변경된 취업규칙의 적용이 예상되는 경우에는 일부 근로자집단은 물론 장래 변경된 취업규칙 규정의 적용이 예상되는 근로자집단을 포함한 근로자집단이 동의주체가 되고, 그렇지 않고 근로조건이 이원화되어 있어 변경된 취업규칙이 적용되어 직접적으로 불이익을 받게 되는 근로자집단 이외에 변경된 취업규칙의 적용이 예상되는 근로자집단이 없는 경우에는 변경된 취업규칙이 적용되어 불이익을 받는 근로자집단만이 동의 주체가 된다.

[2] 일반직 직원(4급 이하)의 정년을 55세에서 58세로, 관리직 직원(3급 이상)의 정년을 60세에서 58세로 변경하는 내용으로 취업규칙의 정년규정을 개정하고 노동조합의 동의를 얻은 사안에서, 정년규정의 개정은 관리직 직원뿐만 아니라 일반직 직원들을 포함한 전체 직원에게 불이익하여 전체 직원들이 동의의 주체이므로, 근로자의 집단적 의사결정방법에 의한 동의가 있다고 인정한 사례.

○ 당연퇴직의 법률적 성격

대법원 1993.10.26. 선고 92다54210 판결

가. 근로계약의 종료사유는 근로자의 의사나 동의에 의하여 이루어지는 퇴직, 근로자의 의사에 반하여 사용자의 일방적 의사에 의하여 이루어지는 해고, 근로자나 사용자의 의사와는 관계없이 이루어지는 자동소멸 등으로 나눌 수 있으며 근로기준법 제27조에서 말하는 해고란 실제 사업

장에서 불리는 명칭이나 그 절차에 관계없이 위의 두 번째에 해당하는 모든 근로계약관계의 종료를 의미한다.

나. 회사가 어떠한 사유의 발생을 당연퇴직사유로 규정하고 그 절차를 통상의 해고나 징계해고와는 달리 하였더라도 근로자의 의사와 관계없이 사용자 측에서 일방적으로 근로관계를 종료시키는 것이면 성질상 이는 해고로서 근로기준법에 의한 제한을 받는다고 보아야 할 것이므로 근로자에 대한 퇴직조처가 단체협약이나 취업규칙에서 당연퇴직으로 규정되었다 하더라도 위 퇴직조처가 유효하기 위하여는 근로기준법 제27조 제1항이 규정하는 바의 정당한 이유가 있어야 하고, 이와 같은 정당한 이유가 없는 경우에는 퇴직처분무효확인의 소를 제기할 수 있다.

# 14. 경영상 이유에 의한 해고와 재고용의무

## 【사실관계】

2012년 7월 A사는 누적적자로 인한 경영의 악화로 회사의 생존이 어렵게 되자 자산매각조치와 명예퇴직자 모집 등 충분한 자구노력을 하였다. 이러한 자구노력에도 불구하고 경영 악화가 지속되어 A사는 어쩔 수 없이 A사 노동조합과 9회에 걸쳐 정리해고에 관한 구체적 협의를 진행하였다. 이러한 협의를 통해 도출된 합의에 따라 합리적 기준에 의거 근로자 30명을 2012년 8월 30일자로 정리해고하기로 하였고 이에 대해 별다른 의견대립이 없었다. 그 결과 2006월 3월 20일자에 입사하여 그 동안 노무관리를 담당하여 오던 행정직 근로자 甲과 乙도 2012년 8월 30일자로 정리해고되었다.

A사 노동조합의 조합원 수는 근로자 과반수에 미치지 아니하였으나, 1987년 A사 노동조합 설립 이후 회사와 노동조합 사이에 체결된 단체협약의 내용은 노동조합에 가입하지 아니한 A사의 다른 모든 근로자들에게도 적용되었으며, 그 단체협약 제26조에는 회사 경영상 종업원의 감원이 불가피할 시 노동조합과 협의하여 인원을 정리한다고 규정되어 있었다. 또한 A사가 정리해고를 위하여 A사 노동조합과 9회에 걸쳐 협의하는 동안 A사 노동조합은 조합원인 근로자뿐만 아니라 비조합원인 근로자의 의견까지도 수렴하고 정리해고 대상자 수를 당초 50명에서 30명으로 줄이는 등 실질적으로 근로자 전체를 위한 협상을 수행하였던 바가 있었다. 그 과정에서 노동조합에 가입하지 아니한 근로자들이 노동조합의 대표성을 문제 삼은 흔적은 전혀 보이지 아니하고, 정리해고 대상자로 선정된 근로자들이 모두 노사협의 결과를 수용하여 희망퇴직에 응하였던 바가 있었다.

이후 2013년 6월 A사는 경기가 좋아져 경영이 정상화되면서, 영업직 근로자 10명을 신규채용하게 되었는데, 이때 甲과 乙은 A사에 다시 취업하고자 하였으나 재고용되지 아니하였다.

(2013년 제3회 변호사모의시험 1문)

[문제 01] A사의 2012년 8월 30일자 정리해고의 정당성에 대하여 판단함.

[문제 02] A사가 甲과 乙을 재고용하여야 할 의무가 있는지에 대하여 설명함.

## 《관련조문》

제24조(경영상 이유에 의한 해고의 제한)
① 사용자가 경영상 이유에 의하여 근로자를 해고하려면 긴박한 경영상의 필요가 있어야 한다. 이 경우 경영 악화를 방지하기 위한 사업의 양도·인수·합병은 긴박한 경영상의 필요가 있는 것으로 본다.
② 제1항의 경우에 사용자는 해고를 피하기 위한 노력을 다하여야 하며, 합리적이고 공정한 해고의 기준을 정하고 이에 따라 그 대상자를 선정하여야 한다. 이 경우 남녀의 성을 이유로 차별하여서는 아니 된다.
③ 사용자는 제2항에 따른 해고를 피하기 위한 방법과 해고의 기준 등에 관하여 그 사업 또는 사업장에 근로자의 과반수로 조직된 노동조합이 있는 경우에는 그 노동조합(근로자의 과반수로 조직된 노동조합이 없는 경우에는 근로자의 과반수를 대표하는 자를 말한다. 이하 "근로자대표"라 한다)에 해고를 하려는 날의 50일 전까지 통보하고 성실하게 협의하여야 한다(시행일 2007.7.1).
④ 사용자는 제1항에 따라 대통령령으로 정하는 일정한 규모 이상의 인원을 해고하려면 대통령령으로 정하는 바에 따라 고용노동부장관에게 신고하여야 한다[개정 2010.6.4. 제10339호(정부조직법)] (시행일 2010.7.5).
⑤ 사용자가 제1항부터 제3항까지의 규정에 따른 요건을 갖추어 근로자를 해고한 경우에는 제23조제1항에 따른 정당한 이유가 있는 해고를 한 것으로 본다.

**【사실관계】의 논점정리**

사례는 기업의 경영상 이유에 의한 해고, 이른바 '정리해고'를 시행함에 있어 근로기준법 제24조가 규정하고 있는 요건과 그 충족 여부에 관한 판단기준은 무엇인지와 관련된 것이며, 아울러 제25조에서 규정하고 있는 정리해고 근로자에 대한 우선 재고용의무의 규범력에 관한 판단을 요구하고 있다.

[문제 01]은 '정리해고의 정당성'이라는 비교적 넓은 범위의 질문을 하고 있으

므로, 사례를 읽으면서 찾은 구체적인 쟁점만 가지고 판단하는 것보다 정리해고의 요건(정당성 판단기준)을 모두 서술하고, 구체적으로 문제되는 부분(사전협의절차의 이행 여부)을 별개의 목차로 서술할 필요가 있다.

[문제 02]는 근로기준법 제25조가 정하고 있는 재고용의무의 규범력에 관한 질문이므로, 위 규정이 갖는 제도적 의의 및 재고용의무를 인정하기 위한 요건과 범위를 서술한 뒤 판단을 내리면 된다.

## 논점의 해설

### [문제 01]의 해결 — 정리해고의 정당성

Ⅰ. 설문의 쟁점
Ⅱ. 정리해고의 요건 및 판단기준
1. 정리해고의 요건 / 2. 정리해고의 정당성 판단기준
Ⅲ. 사전협의절차의무의 이행 여부
1. 문 제 점 / 2. 협의상대방에 관한 판례의 태도
3. 사안의 적용
Ⅳ. 설문의 해결

## Ⅰ. 설문의 쟁점

사안에서 A사는 경영상황이 악화되자 정리해고를 실시하기로 결정하고, A사의 노동조합과 협의하여 2013.8.10. 甲과 乙을 포함한 30명을 해고하였다. 따라서 위 해고가 정당성을 갖추었는지가 문제되는바, 근로기준법에서 정하고 있는 정리해고의 요건은 무엇이며 그에 관한 판단기준은 어떠한지 살펴보고, 특히 A사의 근로자 과반수가 가입되어 있지 않은 노동조합과의 합의가 정리해고의 요건 중 사전협의절차의무를 이행한 것으로 판단될 수 있는 것인지 여부가 설문의 쟁점이라 할 것이다.

# Ⅱ. 정리해고의 요건 및 판단기준

## 1. 정리해고의 요건

‘정리해고’란 사용자의 경영조직상의 수단으로서 근로자 측의 해고원인이나 귀책사유 없이 행해진다는 특징 때문에 사용자의 경영조직상의 결정이 자의적이어서는 안 되므로, 근로기준법은 제24조에서 그 정당성 요건을 엄격하게 규정하고 있다.[1)]

근로기준법 제24조 각 항에서 규정하고 있는 정리해고의 정당성 요건은 4가지로 요약되는데, ① 긴박한 경영상의 필요성, ② 해고회피노력, ③ 공정한 선발기준, ④ 근로자 대표와의 사전협의가 그것이다.

## 2. 정리해고의 정당성 판단기준

그렇다면 근로기준법 제24조의 각항에 정한 정리해고의 정당성 요건들 사이의 상호관계는 어떠한지가 문제되는데, 판례는 “사용자가 경영상의 이유에 의하여 근로자를 해고하고자 하는 경우에는 긴박한 경영상의 필요가 있어야 하고, 해고를 피하기 위한 노력을 다하여야 하며, 합리적이고 공정한 기준에 따라 그 대상자를 선정하여야 하고, 해고를 피하기 위한 방법과 해고의 기준 등을 근로자의 과반수로 조직된 노동조합 또는 근로자대표에게 해고실시일 60일 전까지 통보하고 성실하게 협의하여야 하는데, 위 각 요건의 구체적 내용은 확정적 · 고정적인 것이 아니라 구체적 사건에서 다른 요건의 충족 정도와 관련하여 유동적으로 정해지는 것이므로, 구체적 사건에서 경영상 이유에 의한 당해 해고가 위 각 요건을 모두 갖추어 정당한지 여부는 위 각 요건을 구성하는 개별사정들을 종합적으로 고려하여 판단하여야 한다(대법원 2003.11.13. 선고 2003두4119 판결)”고 판시하여 종합적 고찰을 정당성 판단의 기준으로 삼고 있다.

---

1) 김형배, 노동법강의 제2판, 2013, 신조사, 307면.

## Ⅲ. 사전협의절차의무의 이행 여부

### 1. 문 제 점

사안에서 A사는 긴박한 경영상의 필요성이 있어 정리해고를 결정하였고, A사의 노동조합과 9차례 협의를 통해 해고 대상자들을 선정하였으며, 그 결과 해고 인원을 줄이는 등 해고회피 노력을 하였다는 점이 인정된다. 그러나 A사의 노동조합은 근로자 과반수로 조직된 노동조합이 아니므로, 근로기준법 제24조 제3항이 규정하고 있는 사전협의절차의 상대방이 될 수 있는지가 문제된다.

### 2. 협의상대방에 관한 판례의 태도

이와 관련하여 판례는 "정리해고의 절차적 요건을 규정한 것은 같은 조 제1, 2항이 규정하고 있는 정리해고의 실질적 요건의 충족을 담보함과 아울러 비록 불가피한 정리해고라 하더라도 협의과정을 통한 쌍방의 이해 속에서 실시되는 것이 바람직하다는 이유에서라고 할 것이므로, 근로자의 과반수로 조직된 노동조합이 없는 경우에 그 협의의 상대방이 형식적으로는 근로자 과반수의 대표로서의 자격을 명확히 갖추지 못하였더라도 실질적으로 근로자의 의사를 반영할 수 있는 대표자라고 볼 수 있는 사정이 있다면 위 절차적 요건도 충족하였다고 보아야 할 것이다(대법원 2006.1.26. 선고 2003다69393 판결)"라고 판단하여, 노동조합 또는 근로자대표의 의미를 실질적으로 판단하고 있다.

### 3. 사안의 적용

사안에서 A사의 노동조합은 근로자 과반수로 조직된 노동조합이 아니므로 근로기준법 제24조 제3항에서 말하는 '노동조합'에 해당하지 않는다. 그러나 A사 노동조합과 체결한 단체협약이 A사의 비조합원인 다른 근로자들에게도 적용되어 왔다는 점, 실제 정리해고 대상자 선정을 위한 협의 과정에서 A 노동조합은 비조합원들의 의견까지 수렴하였고, 그 결과 정리해고 규모를 상당 수 줄이게 되었다는 점, 그 과정에서 비조합원들이 노동조합의 대표성을 문제 삼은 적이 없고, 대상자로 선정된 근로자들 모두 협의 결과에 따라 희망퇴직하였다는 점 등의 사정에 비추어 보면, A사 노동조합은 실질적으로 근로자의 의사를 반영할 수 있는 대표자의 지위가 인정된다고 판단된다.

## Ⅳ. 설문의 해결

따라서 A사의 2012.8.30. 근로자 30명에 대한 정리해고는 긴박한 경영상의 필요성이 인정되고, 노동조합과 9차례의 협상을 통하여 정리해고 규모를 축소하는 등 해고회피의 노력도 인정된다. 다만, 협의의 상대방인 A사 노동조합이 근로자 과반수에 미치지 못하는 문제가 있으나, A사의 노동관행 및 정리해고 과정에서 나타난 제반 사정에 비추어 볼 때 위 노동조합은 실질적으로 근로자를 대표하였다고 볼 수 있으므로 위 2012.8.30.자 정리해고는 근로기준법이 정한 요건을 충족하여 정당한 것으로 평가된다.

# [문제 02]의 해결 — 재고용의무

Ⅰ. 설문의 쟁점
Ⅱ. 재고용의무의 위반 여부
1. 재고용의무의 제도적 취지 / 2.재고용의무가 법률상 의무인지 여부
3. 재고용의무의 인정요건 / 4.사안의 적용
Ⅲ. 설문의 해결

## Ⅰ. 설문의 쟁점

사안에서 2012.8.30. 정리해고를 통해 30명의 고용인원을 감축한 A사는 경영상황이 좋아지자 2013.6.경 영업직 근로자 10명을 신규채용하기로 하였다. 그에 따라 앞서 정리해고를 당한 근로자 甲과 乙은 A사에의 취업을 희망하였으나 A사는 이들을 고용하지 않았는바, 근로기준법 제25조의 규정이 사용자에 대하여 법률상 재고용의무를 발생시키는 것인지 아니면 단순히 훈시규정에 불과한 것인지가 설문의 쟁점이라 할 것이다. 따라서 근로기준법이 정한 재고용의무의 제도적 취지와 해당 규정의 연혁, 재고용 의무가 인정되기 위한 요건 등에 관한 검토가 필요하다.

# Ⅱ. 재고용의무의 위반 여부

## 1. 재고용의무의 제도적 취지

근로기준법 제25조 제1항은 "제24조에 따라 근로자를 해고한 사용자는 근로자를 해고한 날부터 3년 이내에 해고된 근로자가 해고 당시 담당하였던 업무와 같은 업무를 할 근로자를 채용하려고 할 경우 제24조에 따라 해고된 근로자가 원하면 그 근로자를 우선적으로 고용하여야 한다"라고 하여 사용자에게 정리해고 된 근로자에 대한 재고용의무를 지우고 있다. 이 같은 재고용의무제도는 정리해고가 근로자 측이 아닌 사용자 측의 사정, 즉 경영상 필요에 따른 것이기 때문에 그와 같은 사정이 제거된다면 해고된 근로자를 다시 고용하도록 함으로써 근로자의 권익을 보호하고, 사용자의 정리해고 남용을 방지하기 위한 것으로 이해된다.

## 2. 재고용의무가 법률상 의무인지 여부

구 근로기준법(법률 제8293호, 2007.1.26., 일부개정되기 전의 법률) 제31조의2 제1항은 "제31조의 규정에 의하여 근로자를 해고한 사용자는 근로자를 해고한 날부터 2년 이내에 근로자를 채용하고자 할 때에는 제31조의 규정에 의하여 해고된 근로자가 원하는 경우 해고 전의 직책 등을 감안하여 그 근로자를 우선적으로 고용하도록 노력하여야 한다"고 규정함으로써, 사용자에게 정리해고 된 근로자를 재고용할 법률상 의무를 부여하지 않고 단순히 노력의무만을 부여하였다. 구 근로기준법 제31조의2 제1항과 관련하여 판례도 "정리해고를 한 사용자는 정리해고일로부터 2년 이내에 근로자를 채용하고자 할 때에는 정리해고된 근로자가 원하는 경우 해고 전의 직책 등을 감안하여 그 근로자를 우선적으로 고용하도록 노력하여야 한다고 규정하고 있는바, 이는 사용자가 신규채용의 기회가 생기기만 하면 반드시 정리해고자를 우선 재고용하여야 한다는 법적인 의무를 부과한 것이 아니라, 사용자가 신규채용하고자 하는 직책에 맞는 정리해고자가 있으면 그를 우선적으로 고용하도록 노력하라는 취지에 불과하다 할 것이므로, 정리해고자가 사용자가 신규채용하려는 직책에 맞는 사람이라고 볼 만한 사정이 인정되지 아니한다면 사용자가 그의 합리적인 경영판단에 의하여 다른 근로자를 채용하였다고 하더라도 근로기준법이 정한 위 우선재고용 노력의무를 위반하였다고 평가할 수는 없다

(대법원 2006.1.26. 선고 2003다69393 판결)"고 판시함으로써 단순한 훈시규정으로 이해하고 있다.

그러나 현행 근로기준법 제25조 제1항은 "제24조에 따라 근로자를 해고한 사용자는 근로자를 해고한 날부터 3년 이내에 해고된 근로자가 해고 당시 담당하였던 업무와 같은 업무를 할 근로자를 채용하려고 할 경우 제24조에 따라 해고된 근로자가 원하면 그 근로자를 우선적으로 고용하여야 한다"고 규정함으로써 명문상 사용자에게 재고용의무를 부여하고 있는바, 판례 태도가 명시적으로 변동된 바는 없으나 구법의 조항을 바탕으로 한 위 판례의 태도는 인정되기 어려울 것이다. 즉 사용자에게는 정리해고된 근로자를 재고용할 법률상 의무가 인정되며, 따라서 근로자는 사용자에 대하여 사법상의 재고용청구권을 갖게 된다고 할 것이다.

### 3. 재고용의무의 인정요건

사용자의 재고용의무가 인정되기 위해서는 ① 해당 근로자가 근로기준법 제24조에 따라 정리해고된 근로자일 것, ② 해고일로부터 3년 이내일 것, ③ 사용자가 해고근로자가 해고 당시 근로자가 담당하였던 업무와 같은 업무를 담당할 근로자를 채용할 필요가 있을 것의 요건을 충족하여야 한다.

### 4. 사안의 적용

사안에서 甲과 乙은 2012.8.30. 정리해고 당하였으므로, 2013.6.경을 기준으로 재고용의무의 대상성이 인정될 수 있다. 다만, 이들은 해고 당시 행정직 직원이었음에 반하여 A사가 신규채용을 하려는 부분은 영업직 근로자인바, 서로 담당업무가 다르므로 재고용의무가 인정되기 위한 요건을 충족하지 못하였다. 따라서 비록 위 규정이 사용자에게 법률상 재고용의무를 발생시킨다고 이해하더라도 재고용의무 발생요건을 충족하지 못하여 사용자에게 재고용의무는 인정되지 않는다.

## Ⅲ. 설문의 해결

따라서 A사는 영업직 근로자를 신규채용함에 있어 정리해고 당시 행정

업무를 담당하였던 甲과 乙을 재고용하여야 할 의무는 없다고 할 것이다.

【관련쟁점】

1. 판례는 해고대상자를 선정함에 있어 우선적으로 무엇을 고려하여야 한다고 하는가?
2. 판례에 따르면 파산관재인이 파산선고로 인하여 회사가 해산한 후에 사업의 폐지를 위하여 하는 해고의 성질은 무엇이라고 하는가?

【참고문헌】

김형배, 675~701면; 김희성(1), 425~469면; 임종률, 516~524면; 이철수 외 4인, 185~194면.

**【관련판례】**

○ 근로기준법 제24조 제3항의 의미

대법원 2006.1.26. 선고 2003다69393 판결

근로기준법 제31조 제3항(현행 제24조 제3항) 이 사용자는 해고를 피하기 위한 방법 및 해고의 기준 등에 관하여 당해 사업 또는 사업장에 근로자의 과반수로 조직된 노동조합이 있는 경우에는 그 노동조합, 근로자의 과반수로 조직된 노동조합이 없는 경우에는 근로자의 과반수를 대표하는 자(근로자대표)에 대하여 미리 통보하고 성실하게 협의하여야 한다고 하여 정리해고의 절차적 요건을 규정한 것은 같은 조 제1, 2항이 규정하고 있는 정리해고의 실질적 요건의 충족을 담보함과 아울러 비록 불가피한 정리해고라 하더라도 협의과정을 통한 쌍방의 이해 속에서 실시되는 것이 바람직하다는 이유에서라고 할 것이므로, 근로자의 과반수로 조직된 노동조합이 없는 경우에 그 협의의 상대방이 형식적으로는 근로자 과반수의 대표로서의 자격을 명확히 갖추지 못하였더라도 실질적으로 근로자의 의사를 반영할 수 있는 대표자라고 볼 수 있는 사정이 있다면 위 절차적 요건도 충족하였다고 보아야 할 것이다.

○ 우선 재고용의무의 취지

대법원 2006.1.26. 선고 2003다69393 판결(개정 전 조문에 대한 판례의 태도임)

[3] 근로기준법 제31조의2(현행 제25조 제1항)는 정리해고를 한 사용자

는 정리해고일로부터 2년 이내에 근로자를 채용하고자 할 때에는 정리해고된 근로자가 원하는 경우 해고 전의 직책 등을 감안하여 그 근로자를 우선적으로 고용하도록 노력하여야 한다고 규정하고 있는바, 이는 사용자가 신규채용의 기회가 생기기만 하면 반드시 정리해고자를 우선 재고용하여야 한다는 법적인 의무를 부과한 것이 아니라, 사용자가 신규채용하고자 하는 직책에 맞는 정리해고자가 있으면 그를 우선적으로 고용하도록 노력하라는 취지에 불과하다 할 것이므로, 정리해고자가 사용자가 신규채용하려는 직책에 맞는 사람이라고 볼 만한 사정이 인정되지 아니한다면 사용자가 그의 합리적인 경영판단에 의하여 다른 근로자를 채용하였다고 하더라도 근로기준법이 정한 위 우선재고용 노력의무를 위반하였다고 평가할 수는 없다.

# 15. 전적명령과 배치전환

## 【사실관계】

A그룹은 그 산하에 A전자, A백화점 등의 계열회사를 두고 있다. A그룹은 대졸관리직 사원을 그룹 차원에서 일괄채용한 후에 각 계열회사에 배정하며, 계열회사 간 인사이동을 실시하여 왔다. A그룹의 각 계열회사의 취업규칙에서는 "회사는 근로자를 계열회사 간 인사이동을 시킬 수 있다"는 규정을 두고 있고, A그룹은 근로자가 입사할 때 "전근, 출장 기타 귀사의 명령에 대해서는 불평 없이 절대 복종하겠습니다"라는 서약서를 받아 왔다. 甲은 2002.3.2.에 A전자에 위의 서약서를 제출하고 대졸 관리직 사원으로 입사하여 근무하고 있다.

한편, A그룹의 각 계열회사들은 대졸 관리직 이외의 근로자들에 대해서는 개별적으로 채용하고 있다. 상시 1,000명의 근로자를 고용하고 있는 A전자는 구미시, 광주시, 수원시에 공장을 두고 있는데, 구미시 공장에서는 공장 설립 이후 구내식당 조리원을 모두 구미시에 거주하는 40대의 기혼여성으로 채용하여 왔다. 43세 기혼여성인 乙은 2011.3.2. A전자 구미시 공장의 구내식당 조리원으로 채용되어 근무하고 있다.

A전자는 2012.3.1.자 인사에서 甲을 A백화점에서 종전과 같은 직급으로 근무하도록 발령하였고, 乙에 대해서는 광주시 공장의 구내식당 조리원으로 발령하였다.

(2012년 제3회 변호사시험 모의시험)

[문제 01] 甲은 2012.3.1.자 인사발령이 계열회사 간 전적의 요건을 갖추지 않은 것으로 부당하다고 주장한다. 이 주장은 타당한가.

[문제 02] 乙은 2012.3.1.자 인사발령이 부당하다고 주장한다. 이 주장은 타당한가.

《관련조문》

근로기준법
제23조(해고 등의 제한) ① 사용자는 근로자에게 정당한 이유 없이 해고, 휴직, 정직, 전직, 감봉, 그 밖의 징벌(懲罰)(이하 "부당해고등"이라 한다)을 하지 못한다.

**【사실관계】의 논점정리**

이 사례는 사용자의 업무상 명령에 해당하는 전출·전적·전보 명령의 정당성 판단기준을 묻고 있다. 외형상 전전과 전보 명령은 명확히 구별되는 것은 아니지만, 법적으로 양자는 근로관계의 존속여부 등에서 큰 차이를 갖기 때문에 그 정당성을 판단하는 기준도 서로 다르다는 점에 유의하여야 한다.

## 논점의 해설

### [문제 01]의 해결 — 전적명령의 정당성

Ⅰ. 설문의 쟁점
Ⅱ. 전적의 의의 및 정당성 요건
1. 전적의 의의 / 2. 전적의 정당성 요건
Ⅲ. 설문의 해결

## Ⅰ. 설문의 쟁점

사례에서 甲에 대한 2012.3.1.자 인사발령의 유효성이 문제되는바, A전자의 甲에 대한 인사명령은 기업 간 인사이동인 '전적'에 해당하므로 전적의 법적 성질에 대하여 검토해야 하며, 나아가 전적명령의 정당성과 관련하여 근로자의 구체적·개별적 동의 없이 전적이 가능한지가 문제된다.

# Ⅱ. 전적의 의의 및 정당성 요건

## 1. 전적의 의의

전적이란 근로자를 종래에 종사하던 기업으로부터 다른 기업으로 적을 옮겨 다른 기업의 업무에 종사하게 하는 것으로서, 기업 간의 인사이동이라는 점에서 전출과 유사하나 근로계약의 주체가 변경되는 점에서 전출과는 구별된다.

## 2. 전적의 정당성 요건

### (1) 원 칙

#### 1) 근로계약관계의 전속성 및 근로기준법

전적은 기존 사용자와의 근로계약관계를 종료시키고 다른 사용자와의 근로계약관계를 성립시키므로 사용자들 간에 근로계약관계가 전체로서 이전·인수되는 결과가 된다. 이는 동일 기업 내의 인사이동과는 달리 근로계약의 주체인 사용자가 변경되는 것이므로 근로계약관계의 전속적 성질에 비추어 사용자가 일방적으로 전적명령을 내릴 수 없다. 또한 근로계약을 근로자의 의사와 상관없이 성립·종료·변경시키는 것은 근로계약체결의 자유 및 근로기준법 제4조와 제23조 등의 취지에 비추어 허용될 수 없으므로 사용자가 일방적으로 내리는 전적명령은 효력이 인정될 수 없다고 보아야 한다. 원래의 기업과의 근로계약관계를 합의해지하고 다른 기업과 근로계약을 체결하는 것이거나, 근로계약상의 사용자의 지위를 양도·승계하는 것을 말한다.

#### 2) 근로자의 구체적·개별적 동의

근로계약은 그 권리·의무의 전속성으로 인하여 상대방의 동의 없이 권리나 의무를 양도할 수 없으므로(민법 제657조 제1항), 권리·의무의 전속성을 규정한 취지와 계약인수의 법리에 비추어 전적의 경우와 같이 근로계약상 지위를 양도·승계하는 경우에도 상대방인 근로자의 동의가 필요하다고 해석하여야 한다. 판례는 전적은 기존의 근로계약관계를 합의해지 하거나, 새로운 사용자가 승계하는 것이기 때문에 동일기업 내의 인사이동인 전근이나 전보와 달리 업무지휘권의 주체가 변경됨으로 인하여 근로자가 불이익을 받을 수 있으므로 원칙적으로 근로자의 동의를 얻어야 그 효력이 생긴다(대법원 1993.1. 26. 선고 92다11695 판결)고 판시하여, 원칙적으로 근로자의 구체적·개별적인 동의가 있어야 전적의 유효성을 인정한다.

(2) 예 외

1) 규범적 사실로 승인된 관행의 존재

판례는 근로자의 구체적·개별적인 동의가 없는 경우라 하더라도, 기업그룹 등과 같이 어느 정도 밀접한 관계의 기업 사이에 사용자가 근로자의 동의를 얻지 아니하고 다른 회사로 전적시키는 관행이 있고 그 관행이 근로계약의 내용을 이루고 있다는 등의 특별한 사정이 있다면 이에 의하여 전적이 이루어질 수도 있다(대법원 1996.4.26. 선고 95누1972 판결)고 한다. 그러나 이 경우 그러한 관행은 계약의 내용이 되었다고 인정될 수 있을 정도로 규범적 사실로서 승인되어 있거나 사실상의 제도로 확정되어 있어야 한다.

판례는 기업그룹 등과 같이 그 구성이나 활동 등에 있어서 어느 정도 밀접한 관련성을 갖고 사회적 또는 경제적 활동을 하는 일단의 법인체 사이의 전적에 있어서 그 법인체들 내에서 근로자의 동의를 얻지 아니하고 다른 법인체로 근로자를 전적시키는 관행이 있어서 그 관행이 근로계약의 내용을 이루고 있다고 인정하기 위하여는, 그와 같은 관행이 그 법인체들 내에서 일반적으로 근로관계를 규율하는 규범적인 사실로서 명확히 승인되거나, 그 구성원이 일반적으로 아무런 이의도 제기하지 아니한 채 당연한 것으로 받아들여 기업 내에서 사실상의 제도로서 확립되어 있지 않으면 아니 된다(대법원 2006.1.12. 선고 2005두9873 판결)고 판시하여 관행에 의한 전적을 엄격하게 해석하고 있다.

2) 포괄적 사전동의의 존재

① 포괄적 사전동의의 인정 근거

근로자의 동의를 전적의 요건으로 하는 이유는 근로관계에 있어서 업무지휘권의 주체가 변경됨으로 인하여 근로자가 받을 불이익을 방지하려는 데에 있다고 할 것인바, 그룹 내의 기업에 고용된 근로자를 다른 계열기업으로 전적시키는 것은 형식적으로는 사용자의 법인격이 달라지게 된다 하더라도 실질적으로 업무지휘권의 주체가 변동된 것으로 보기 어려운 면이 있으므로, 사용자가 기업그룹 내부의 전적에 관하여 미리 근로자의 포괄적인 동의를 얻어 두면 그때마다 근로자의 동의를 얻지 아니하더라도 근로자를 다른 계열기업으로 유효하게 전적시킬 수 있다(대법원 1993.1.26. 선고 92다11695 판결; 대법원 1993.1.26. 선고 92누8200 판결 등).

② 포괄적 사전동의의 요건

포괄적 동의에 의한 전적은 기업그룹 내의 원활한 인사시스템을 위하여 필요한 수단일 수 있으나 근로자의 실질적 동의권 또는 근로계약의 자유를 침해할 소지가 있으므로 이를 엄격하게 해석할 필요가 있다[이에 대해 판례는 사용자가 기업그룹 내의 전적에 관하여 근로자의 포괄적인 사전동의를 받는 경우에는 근로기준법 제17조 및 동법 시행령 제8조의 취지상 전적할 기업을 특정하고 그 기업에서 종사하여야 할 업무에 관한 사항 등의 기본적인 근로조건을 명시하여 근로자의 동의를 얻어야 한다고 한다(대법원 1993.1.26. 선고 92다11695 판결; 대법원 1993.1.26. 선고 92누8200 판결 등).

## Ⅲ. 설문의 해결

사례에서 甲에 대한 2012.3.1.자 인사발령은 같은 기업그룹 내부에서의 전적에 해당하나 甲의 구체적인 동의가 없이 이루어진 것이므로 예외적 유효성이 인정되는 경우에 해당하는지 검토해야 하는바, ① A그룹 계열회사 간에 근로자의 전출입이 상당히 이루어져 왔다고 하더라도 그것만으로 원고회사 소속 근로자들 대부분으로부터 규범적 사실로 승인된 관행으로 확립되어 근로계약의 내용이 되었다고 인정하기에 부족하고, ② 甲이 입사할 당시 취업규칙에서 계열회사 간 인사이동의 가능성을 명시하였고, 전근 등에 대한 서약서를 제출받았다고는 하지만 근로기준법 제4조, 제17조 및 동법 시행령 제8조 등의 취지상 충분한 정보의 제공 없이 단순한 서약서를 제출한 것만으로는 전적에 대하여 포괄적인 사전동의를 받았다고 보기에 부족하다. 따라서 甲에 대한 2012.3.1.자 인사발령은 효력이 없다고 보는 것이 타당하다.

## [문제 02]의 해결 — 전근명령의 정당성

Ⅰ. 설문의 쟁점
Ⅱ. 전근명령의 정당성 요건
  1. 근로자와의 협의가 필요한지 여부
  2. 사용자의 인사권과 근로기준법
Ⅲ. 설문의 해결

# Ⅰ. 설문의 쟁점

근로자의 근무장소가 같은 기업 내에서 상당히 장기간에 걸쳐 변경되는 것을 전근 또는 전보라고 하며, 근무장소의 변경은 근로자에게 불이익한 처분이 될 수 있으므로 일정한 요건에 의하여 제한을 받는다. 사례에서 乙에 대한 전근명령이 정당한 인사권의 행사에 해당하는지와 관련하여 사용자의 인사권의 범위와 전근명령의 정당성 요건에 관하여 검토해야 한다.

# Ⅱ. 전근명령의 정당성 요건

## 1. 근로자와의 협의가 필요한지 여부

### (1) 원 칙

사용자의 근로장소에 대한 지시권의 근거와 범위에 대하여 포괄적 합의에 의한 인사권의 행사라는 견해, 근로계약에 근거한 것이라는 견해 등이 주장되나, 어떤 견해에 의하더라도 원칙적으로 사용자의 일방적 지시에 의하여 전근명령이 가능하다고 한다.

판례는 전보처분 등을 함에 있어서 근로자 본인과 성실한 협의절차를 거쳤는지의 여부는 정당한 인사권의 행사인지의 여부를 판단하는 하나의 요소라고는 할 수 있으나, 그러한 절차를 거치지 아니하였다는 사정만으로 전보처분 등이 권리남용에 해당하여 당연히 무효가 된다고는 볼 수 없다고 판시하여(대법원 1997.7.22. 선고 97다18165, 18172 판결), 사용자의 전근명령이 근로자와의 협의절차 없이 행한 일방적인 처분이라는 사정만으로 전근명령이 무효가 되지는 않는다고 한다.

### (2) 예 외

근로계약상 근로의 장소가 특정되어 있는 것으로 해석되는 경우에는 사용자의 인사권이 근로계약의 내용을 변경하는 경우에까지 미칠 수 없는 것이므로 근로자와의 협의를 거쳐 동의를 얻어야 유효하다고 하여야 한다. 판례는 근로장소가 특정된 경우 사용자의 일방적인 전보나 전직명령은 중대한 근로조건의 변경으로서 근로자의 사전동의가 없는 한 무효라고 보고 있으며, 근로장소에 대한 명시적인 특정뿐만 아니라 묵시적인 특정도 인정하고 있다

(대법원 1994.2.8. 선고 92다893 판결).

### 2. 사용자의 인사권과 근로기준법

근로장소가 특정되지 않은 경우라 하더라도 사용자의 전근명령이 권리남용에 해당하는 경우에는 인사권의 재량범위를 벗어난 것으로서 그 효력이 부정된다. 전근명령이 권리남용이 되는가는 당해 전근명령의 업무상의 객관적 필요성과 그 명령이 가져오는 근로자의 생활상의 불이익과의 비교형량에 의해서 판단한다.

판례는 근로자에 대한 전보나 전직은 원칙적으로 인사권자인 사용자의 권한에 속하므로 업무상 필요한 범위 내에서는 사용자는 상당한 재량을 가지며, 그것이 근로기준법 제23조 제1항에 위반하거나 권리남용에 해당되는 등의 특별한 사정이 없는 한 유효하고, 전보처분 등이 권리남용에 해당하는지 여부는 전보처분 등의 업무상의 필요성과 전보 등에 따른 근로자의 생활상의 불이익을 비교ㆍ교량하여 결정되어야 한다고 본다(대법원 1995.10.13. 선고 94다52928 판결; 대법원 1997.7.22. 선고 97다18165, 18172 판결 등).

## Ⅲ. 설문의 해결

사례에서 乙에 대한 2012.3.1.자 인사발령은 ① 공장 설립 이후 구미시에 거주하는 근로자만 해당 지역 조리원으로 채용한 점 등에 비추어 볼 때 묵시적으로 근로의 장소가 특정된 것으로 보이므로 乙의 동의 없이 일방적으로 전근명령을 내릴 수 없다고 보아야 할 것이다. 또한 ② 근로장소가 특정된 것으로 볼 수 없다고 하더라도, 구내식당 조리업무의 객관적인 성격에 비추어 볼 때 乙의 생활상 불이익에도 불구하고 구미시 공장에서 광주시 공장으로 전근명령을 내려야 할 업무상의 필요성이 인정되기는 어려워 보이므로 사안의 전근명령은 인사권의 남용에 해당한다고 보아야 할 것이다. 따라서 이를 지적하는 乙의 주장은 타당하다.

【관련쟁점】

1. 근로계약의 해석에 의한 배치전환명령의 정당성 판단에 관한 판례의 태도는?

2. 전출명령의 유효요건은?

【참고문헌】

김형배, 551~566면; 김희성(1), 333~354면; 임종률, 481~488면; 이철수 외 4인, 136~149면.

**【관련판례】**

○ 전출 및 전적명령의 정당성 판단기준

대법원 1993.1.26. 선고 92다11695 판결

가. 근로자를 그가 고용된 기업으로부터 다른 기업으로 적을 옮겨 다른 기업의 업무에 종사하게 하는 이른바 전적은 종래에 종사하던 기업과 사이의 근로계약을 합의해지하고 이적하게 될 기업과 사이에 새로운 근로계약을 체결하는 것이거나 근로계약상의 사용자의 지위를 양도하는 것이므로, 동일기업 내의 인사이동인 전근이나 전보와 달라 특별한 사정이 없는 한 근로자의 동의를 얻어야 효력이 생기는 것인바, 사용자가 근로자의 동의를 얻지 아니하고 기업그룹 내의 다른 계열회사로 근로자를 전적시키는 관행이 있어서 그 관행이 근로계약의 내용을 이루고 있다고 인정하기 위하여는 그와 같은 관행이 기업사회에서 일반적으로 근로관계를 규율하는 규범적인 사실로서 명확히 승인되거나, 기업의 구성원이 일반적으로 아무런 이의도 제기하지 아니한 채 당연한 것으로 받아들여 기업 내에서 사실상의 제도로서 확립되어 있지 않으면 안 된다.

나. 근로자의 동의를 전적의 요건으로 하는 이유는 근로관계에 있어서 업무지휘권의 주체가 변경됨으로 인하여 근로자가 받을 불이익을 방지하려는 데에 있다고 할 것인바, 그룹 내의 기업에 고용된 근로자를 다른 계열기업으로 전적시키는 것은 형식적으로는 사용자의 법인격이 달라지게 된다 하더라도 실질적으로 업무지휘권의 주체가 변동된 것으로 보기 어려운 면이 있으므로, 사용자가 기업그룹 내부의 전적에 관하여 미리(근로자가 입사할 때 또는 근무하는 동안에) 근로자의 포괄적인 동의를 얻어 두면 그때마다 근로자의 동의를 얻지 아니하더라도 근로자를 다른 계열기업으로 유효하게 전적시킬 수 있다.

다. 근로기준법 제22조와 같은법 시행령 제7조 제1호의 규정 취지에 비추어볼 때, 사용자가 기업그룹 내의 전적에 관하여 근로자의 포괄적인 사전동의를 받는 경우에는 전적할 기업을 특정하고(복수기업이라도 좋다) 그 기업에서 종사하여야 할 업무에 관한 사항 등의 기본적인 근로조건을 명시하여 근로자의 동의를 얻어야 된다.

### ○ 전직 및 전보명령의 정당성 판단기준

대법원 2000.4.11. 선고 99두2963 판결(전직명령의 정당성 판단기준)

근로자에 대한 전보나 전직은 원칙적으로 인사권자인 사용자의 권한에 속하므로 업무상 필요한 범위 내에서 사용자는 상당한 재량을 가지며 그것이 근로기준법 등에 위반되거나 권리남용에 해당되는 등의 특별한 사정이 없는 한 무효라고 할 수 없고, 전보처분 등이 권리남용에 해당하는지의 여부는 전보처분 등의 업무상의 필요성과 전보 등에 따른 근로자의 생활상의 불이익을 비교, 교량하고 근로자 측과의 협의 등 그 전보처분 등의 과정에서 신의칙상 요구되는 절차를 거쳤는지 여부를 종합적으로 고려하여 결정하여야 한다.

대법원 1992.1.21. 선고 91누5204 판결(근무지의 한정이 있는 경우)

근로계약상 근로의 장소가 국회현장으로 되어 있는 미화원인 근로자를 다른 곳으로 전직명령한 것은 비록 승진이기는 하나 근로자의 의사에 반하여 이루어진 것으로서 인사권의 남용에 해당하는 점, 전직명령이 이루어진 시기와 그 경과 등에 비추어 그 전직명령은 정당한 인사권의 행사라기보다는 근로자의 노동조합 활동을 이유로 그에 대하여 한 불이익처분으로서 부당노동행위에 해당한다고 보아야 하며 따라서 이를 거부한 것을 이유로 한 해고도 정당성을 갖지 못한다고 한 사례.

# 16. 직위해제 및 대기발령 그리고 당연퇴직의 정당성

【사실관계】

A회사(보험업)의 인사규정은 “근무성적이 불량한 직원에 대해 인사위원회의 의결을 거쳐 직위해제 및 대기발령을 할 수 있고, 대기발령 기간에는 기본급을 지급하되 대기발령 후 3개월이 경과해도 재발령을 받지 못하였을 때에는 당연퇴직된 것으로 간주한다”고 규정하고 있다. A회사는 영업팀장(과장급) 및 영업사원에 대해 기본급의 15배에 해당하는 월 거수목표액(보험계약의 체결에 따른 보험료 입금액)을 부여하고 있다. 10년 전에 입사해 서울 남부지점 영업1팀장으로 근무하고 있는 근로자 甲의 최근 3년 간 월 평균 거수실적은 거수목표액 대비 22%였다. 이러한 거수실적은 같은 기간 甲보다 직급이 낮은 A회사 전체 영업사원 평균 실적의 10%에 불과했고, 이를 이유로 甲은 경고 및 견책 각 2회, 감봉 1회의 처분을 받은 바 있다. 한편, 위 기간 동안 甲의 월 평균 급여액은 약 500만원이었다(기본급의 비중은 약 70%). A회사는 인사위원회(甲은 인사위원회에 출석해 의견을 진술함)의 의결을 거쳐 2014년 1월 10일부로 甲에 대해 직위해제 및 대기발령, 직무능력향상교육의 이수를 명했다. 그 후 2014년 4월 10에 개최된 이사위원회는 甲의 거수실적이 장기간 현저히 불량할 뿐만 아니라 직무능력향상교육의 결과도 하위등급이어서 향후 개선의 여지가 없기 때문에 甲에 대해 재발령을 하지 않기로 의결했다. 같은 날 A회사는 2014년 4월 11일부로 당연퇴직 처리됨을 甲에게 통지했다. 다음 물음에 답하시오.

(2014년 공인노무사시험)

[문제 01] 甲에 대한 A회사의 직위해제 · 대기발령 처분이 정당한지 논하시오.

[문제 02] 甲에 대한 A회사의 당연퇴직 처분이 정당한지 논하시오.

**【사실관계】의 논점정리**

이 사례는 회사가 근무성적이 저조한 근로자에게 직위해제·대기발령을 명하고 그 후 취업규칙상의 당연퇴직조항을 적용하여 근로관계를 종료하는 최근 인사경향을 사례문제로 구성한 것이다. 제1문은 직위해제·대기발령이 징벌적 제재로서의 징계와 다르다는 판례의 태도를 정리하고, 제2문은 대기발령 이후의 당연퇴직 처분이 근로관계의 자동종료사유가 아닌 실질상 해고에 해당되어 근로기준법상의 정당한 이유가 필요하다는 판례의 태도를 정리하고 사안에 이를 적용하여 결론을 내리면 된다.

[문제 01]은 직위해제 및 대기발령의 법적 성질 및 해당 처분이 유효하기 위한 정당성 판단기준에 대한 법리를 묻고 있다.

[문제 02]는 대기발령을 받은 근로자가 개선의 여지가 없어 취업규칙에 따라 당연퇴직 처리된 경우 당연퇴직처분의 법적 성질 및 정당성 판단기준에 대한 법리를 묻고 있다.

## 논점의 해설

# [문제 01]의 해결 — 직위해제·대기발령의 법적 성질 및 정당성 판단기준

Ⅰ. 설문의 쟁점
Ⅱ. 직위해제·대기발령 처분의 정당성
  1. 직위해제의 의의 및 법적 성질
  2. 직위해제·대기발령의 정당성 판단기준
Ⅲ. 설문의 해결

# Ⅰ. 설문의 쟁점

A회사는 근로자 甲의 거수실적이 3년 평균 목표액의 22%이고 같은 기간 하위직급의 영업사원 평균실적의 10%에 불과하자 근로자 甲에게 직위해제 및 대기발령, 직무능력향상교육의 이수를 명하였는바 이와 같은 직위해제 및 대기발령의 정당성이 문제된다.

# Ⅱ. A회사의 직위해제·대기발령 처분의 정당성

## 1. 직위해제의 의의 및 법적 성질

근로자에 대한 직위해제에 대하여 판례는 "일반적으로 근로자가 직무수행능력이 부족하거나 근무성적 또는 근무태도 등이 불량한 경우, 근로자에 대한 징계절차가 진행 중인 경우, 근로자가 형사사건으로 기소된 경우 등에 있어서 당해 근로자가 장래에 계속 직무를 담당하게 될 경우 예상되는 업무상의 장애 등을 예방하기 위하여 일시적으로 당해 근로자에게 직위를 부여하지 아니함으로써 직무에 종사하지 못하도록 하는 잠정적 조치로서의 보직의 해제를 의미"한다고 판시하고 있다(대법원 2006.8.25. 선고 2006두5151 판결). 또한 판례는 "직위해제는 잠정적 조치로서 과거 근로자의 비위행위에 대하여 기업질서 유지를 목적으로 행하여지는 징벌적 제재인 징계와는 그 법적 성질이 다르다"고 보면서 대기발령을 포함한 인사명령은 인사권자인 사용자의 고유권한에 속하는 것으로 보고 사용자에게 상당한 재량을 인정하고 있다.

## 2. 직위해제·대기발령의 정당성 판단기준

직위해제 및 대기발령이 징벌적 성격의 징계와는 다른 성격을 가지고 있고 사용자의 고유권한에 속한다고 하더라도 정당한 처분이 되기 위하여는 근로기준법령에 위반되거나 권리남용에 해당하는 등의 특별한 사정이 없어야 한다(대법원 2007.5.31. 선고 2007두1460 판결). 이에 대하여 판례는 구체적 기준을 제시하고 있는 바, 대기발령이 정당한 인사권의 범위 내에 속하는지 여부는 ① 대기발령의 업무상의 필요성과 그에 따른 근로자의 생활상의 불이익과의 비교교량, ② 근로자와의 협의 등 대기발령을 하는 과정에서 신의칙상 요구되는 절차를 거쳤는지 여부(대법원 2005.2.18. 선고 2003다63029 판결), ③ 대기발령의 기간이 합리적인 범위 내에서 이루어졌는지 여부에 의하여 결정되어야 한다고 본다(대법원 2007.2.23. 선고 2005다3991 판결).

다만 판례는 근로자와의 성실한 협의절차를 거쳤는지 여부는 정당한 인사권의 행사인지의 여부를 판단하는 하나의 요소에 불과하다고 보아 그 절차를 거치지 아니한 사정만으로 대기발령이 권리남용에 해당되어 당연 무효가 된다고 볼 수 없다는 입장이다.

## Ⅲ 설문의 해결

① 근로자 甲은 최근 3년간 거수실적이 전체 영업사원 평균 실적의 10%에 불과하여 A회사로부터 경고, 견책, 감봉 등의 처분을 받은 사실이 있는 점을 미루어 볼 때 대기발령의 업무상 필요성이 인정되고 ② A회사의 인사규정에 따라 근로자 甲은 대기발령 기간 중 월 평균급여액의 70%를 지급받았으므로 대기발령으로 인한 생활상의 불이익이 대기발령의 업무상 필요성보다 크다고 보기 어려우며 ③ 근로자 甲은 대기명령 처분을 받기 전 인사위원회에 출석하여 의견을 진술하였기 때문에 대기발령을 하는 과정에서 신의칙상 요구되는 절차를 거쳤다고 보여지고 ④ 근로자 甲의 재직기간(10년), 직급(과장), 직위(영업팀장) 등을 고려하였을 때 3개월의 대기발령 기간이 사회통념상 합리적인 범위를 벗어났다고 보기 어렵다. 따라서 근로자 甲에 대한 A회사의 직위해제 및 대기발령 처분은 정당하다.

# [문제 02]의 해결 — 당연퇴직 처분의 법적 성질 및 정당성 판단기준

Ⅰ. 설문의 쟁점
Ⅱ. 대기발령에 이은 당연퇴직 처분의 법적 성질
Ⅲ. 대기발령에 이은 당연퇴직 처분의 정당성
1. 당연퇴직 처분이 정당한 것으로 인정되기 위한 요건
2. 해고의 정당성 판단기준
Ⅳ. 설문의 해결

# Ⅰ. 설문의 쟁점

A회사는 “대기발령 후 3개월이 경과해도 재발령을 받지 못하였을 때에는 당연퇴직된 것으로 간주한다”는 인사규정을 근거로 근로자 甲에게 당연퇴직 처리됨을 통보하였는바, 이와 같은 당연퇴직 처분이 정당한지 검토하기 위하여는 대기발령에 이은 당연퇴직 처분의 법적 성격, 당연퇴직 처분이 해고의 성격을 가지는 경우 그 정당성의 판단기준 대하여 살펴보아야 할 것이다.

# Ⅱ. 대기발령에 이은 당연퇴직 처분의 법적 성질

A회사 인사규정에 따른 대기발령에 이은 당연퇴직 처분이 계약기간 만료, 근로자의 사망, 정년의 도달과 같은 근로관계의 자동소멸사유에 해당하는지, 근로자의 의사에 반한 해고에 해당하는지 문제된다. 이에 대해 판례는 “인사규정 등에 대기발령 후 일정기간이 경과하도록 복직명령을 받지 못하거나 직위를 부여받지 못하는 경우에는 당연퇴직된다는 규정을 두는 경우 대기발령에 이은 당연퇴직 처리를 일체로 관찰하면 이는 근로자의 의사에 반하여 사용자의 일방적 의사에 따라 근로계약 관계를 종료시키는 것으로서 실질상 해고에 해당하므로, 사용자가 그 처분을 함에 있어서는 근로기준법 소정의 정당한 이유가 필요하다”(대법원 2007.5.31. 선고 2007두1460 판결)고 판시함으로써 대기발령에 이은 당연퇴직 처분을 실질상 해고에 해당한다고 본다.

# Ⅲ. 대기발령에 이은 당연퇴직 처분의 정당성

## 1. 당연퇴직 처분이 정당한 것으로 인정되기 위한 요건

대기발령에 이은 당연퇴직 처분을 해고로 본다면 근로기준법 제23조 제1항에 따른 정당한 이유가 존재하여야 한다. 즉 사회통념상 당해 근로자와의 고용관계를 계속 유지할 수 없을 정도의 사유가 존재하여야 하는데 이러한 사유의 존재시기에 대하여 판례는 “대기발령이 인사규정 등에 의하여 정당하게 내려진 경우라도 일정한 기간이 경과한 후의 당연퇴직처리 그 자체가 인사권 내지 징계권 남용에 해당하지 아니하는 정당한 처분이 되기 위해서는 대기발령 당시에 이미 사회통념상 근로자와의 고용관계를 계속할 수 없을 정도의 사유가 존재하였거나 대기발령 기간 중 그와 같은 해고사유가 확정되어야 한다"(대법원 2007.5.31. 선고 2007두1460 판결)고 판시하였다.

### 2. 해고의 정당성 판단기준

대기발령 당시 또는 대기발령 기간 중에 해고사유가 존재한다면 그 사유가 사회통념상 고용계약을 계속시킬 수 없을 정도로 근로자에게 책임이 있는 사유를 판단하여야 한다. 이에 대하여 판례는 "사회통념상 당해 근로자와의 고용관계를 계속할 수 없을 정도인지의 여부는 당해 사용자의 사업의 목적과 성격, 사업장의 여건, 당해 근로자의 지위 및 담당직무의 내용, 비위행위의 동기와 경위, 이로 인하여 기업의 위계질서가 문란하게 될 위험성 등 기업질서에 미칠 영향, 과거의 근무태도 등 여러 가지 사정을 종합적으로 검토하여야 한다"(대법원 2006.11.23. 선고 2006다48069 판결)고 판시하였다. 또한 판례는 보험회사가 거수실적이 불량한 근로자를 해고한 사안에서 "거수실적 불량의 정도가 추상적, 자의적인 기준에 의한 것이 아니라 근로자의 직위, 보수, 근무경력, 다른 근로자의 전반적인 근로성적, 회사의 경영실태 등 제반 사정을 참작하여 근로자로서 최소한도의 직무수행능력이 결여되었다고 인정되는 경우라면 해고한 데에 정당한 이유가 있다"(대법원 1991.3.27. 선고 90다카25420 판결)고 본 바 있다.

## Ⅳ. 설문의 해결

A회사의 당연퇴직 처분은 대기발령 후 3개월이 경과하여도 재발령을 받지 못하였을 때에는 당연퇴직된 것으로 간주하는 인사규정에 근거한 것으로 이는 실질상 해고에 해당한다. 따라서 대기발령 당시에 이미 사회통념상 근로자와의 고용관계를 계속할 수 없을 정도의 사유가 존재하였거나 대기발령 기간 중 그와 같은 해고사유가 확정되어야 한다.

사안에서 ① A회사는 영리를 추구하는 보험회사로 업무상, 성격상 거수실적의 많고 적음에 따라 회사운영의 성패가 좌우된다고 볼 수 있는데 대기발령 당시 근로자 甲의 최근 3년간 월 평균 거수실적이 목표액 대비 22%에 불과하고 이는 같은 기간 하위직급 사원들의 평균 실적 10%에도 미치지 못한 점, ② A회사가 甲에게 부여한 거수목표액은 영업팀장(과장급) 및 영업사원에게 공통적으로 적용되는 기준으로 그것이 甲에게만 특별히 부당하거나 과중한 것으로 보이지 않아 거수실적 불량이 추상적, 자의적인 기준이 적용된 결과라고 볼 수 없는 점, ③ A회사는 대기발령 처분 이전에 근로자 甲의 거수실적 불량에 대해 경고 및 견책 각 2회, 감봉 1회의 조치를 취했고, 당연퇴직 처분에 앞서 직무능력향상교육을 이수하도록 하여 개선의 기회를 주었으나 직무향상교육의 결과 또한 하위 등급이었던 점을 종합적으로 고려하여 보면 근로자 甲에 대한 A회사의 대기발령 당시에 이미 사회통념상 고용관계를 계속할 수 없을정도의 사유가 존재하였거나 대기발령 기간 중에 그러한 사유가 확정된 것으로 볼 수 있기 때문에 A회사의 근로자 甲에 대한 당연퇴직 처분은 정당하다. 또한 절차적 측면에 있어서도 갑이 인사위원회에 출석하여 의견을 진술하는 등 최소한의 소명기회가 부여되었으므로 절차적 정당성의 요건 또한 갖추었다.

【관련쟁점】

1. 판례에 따르면 사생활 비위에서 비롯된 형사처벌이 당연퇴직사유에 해당하는가?
2. 판례에 따르면 단체협약 등에서 당연퇴직사유에 대하여 다른 징계해고에 관한 절차 등을 거치도록 규정하고 있지 않은 경우 이에 관한 효력은?

【참고문헌】

김형배, 645~646면; 김희성(1), 393~404면; 임종률, 492~493면.

**【관련판례】**

○ 직위해제의 법적 성질

대법원 2006.8.25. 선고 2006두5151 판결

근로자에 대한 직위해제는 일반적으로 근로자가 직무수행능력이 부족하거나 근무성적 또는 근무태도 등이 불량한 경우, 근로자에 대한 징계절차가 진행 중인 경우, 근로자가 형사사건으로 기소된 경우 등에 있어서 당해 근로자가 장래에 있어서 계속 직무를 담당하게 될 경우 예상되는 업무상의 장애 등을 예방하기 위하여 일시적으로 당해 근로자에게 직위

를 부여하지 아니함으로써 직무에 종사하지 못하도록 하는 잠정적인 조치로서의 보직의 해제를 의미하므로 과거의 근로자의 비위행위에 대하여 기업질서 유지를 목적으로 행하여지는 징벌적 제재로서의 징계와는 그 성질이 다르다.

○ 대기발령을 포함한 인사명령에 관하여 인사권자인 사용자가 가지는 재량의 범위

대법원 2007.5.31. 선고 2007두1460 판결

기업이 그 활동을 계속적으로 유지하기 위해서는 노동력을 재배치하거나 그 수급을 조절하는 것이 필요 불가결하므로, 대기발령을 포함한 인사명령은 원칙적으로 인사권자인 사용자의 고유권한에 속한다 할 것이고, 따라서 이러한 인사명령에 대하여는 업무상 필요한 범위 안에서 사용자에게 상당한 재량을 인정하여야 하며, 이것이 근로기준법 등에 위반되거나 권리남용에 해당하는 등의 특별한 사정이 없는 한 위법하다고 할 수 없다.

○ 대기발령에 대하여 근로자와 협의절차를 거치지 않은 경우

대법원 2005.2.18. 선고 2003다63029 판결

대기발령이 정당한 인사권의 범위 내에 속하는지 여부는 대기발령의 업무상의 필요성과 그에 따른 근로자의 생활상의 불이익과의 비교교량, 근로자와의 협의 등 대기발령을 하는 과정에서 신의칙상 요구되는 절차를 거쳤는지의 여부 등에 의하여 결정되어야 하며, 근로자 본인과 성실한 협의절차를 거쳤는지의 여부는 정당한 인사권의 행사인지의 여부를 판단하는 하나의 요소라고는 할 수 있으나 그러한 절차를 거치지 아니하였다는 사정만으로 대기발령이 권리남용에 해당되어 당연히 무효가 된다고는 볼 수 없다.

○ 부당하게 장기간 유지되는 대기발령 조치의 효력

대법원 2007.2.23. 선고 2005다3991 판결

사용자가 대기발령 근거규정에 의하여 일정한 대기발령 사유의 발생에 따라 근로자에게 대기발령을 한 것이 정당한 경우라고 하더라도 당해 대

기발령 규정의 설정 목적과 그 실제 기능, 대기발령 유지의 합리성 여부 및 그로 인하여 근로자가 받게 될 신분상·경제상의 불이익 등 구체적인 사정을 모두 참작하여 그 기간은 합리적인 범위 내에서 이루어져야 하는 것이고, 만일 대기발령을 받은 근로자가 상당한 기간에 걸쳐 근로의 제공을 할 수 없다거나, 근로제공을 함이 매우 부적당한 경우가 아닌데도 사회통념상 합리성이 없을 정도로 부당하게 장기간 동안 대기발령 조치를 유지하는 것은 특별한 사정이 없는 한 정당한 이유가 있다고 보기 어려우므로 그와 같은 조치는 무효라고 보아야 할 것이다.

○ 대기발령에 이은 당연퇴직 처분의 법적 성질 및 당연퇴직 처리가 정당한 것으로 인정되기 위한 요건과 판단기준

대법원 2007.5.31. 선고 2007두1460 판결

인사규정 등에 대기발령 후 일정 기간이 경과하도록 복직발령을 받지 못하거나 직위를 부여받지 못하는 경우에는 당연퇴직된다는 규정을 두는 경우, 대기발령에 이은 당연퇴직 처리를 일체로서 관찰하면 이는 근로자의 의사에 반하여 사용자의 일방적 의사에 따라 근로계약 관계를 종료시키는 것으로서 실질상 해고에 해당하므로, 사용자가 그 처분을 함에 있어서는 구 근로기준법 제30조 제1항 소정의 정당한 이유가 필요하다고 할 것이다. 따라서 일단 대기발령이 인사규정 등에 의하여 정당하게 내려진 경우라도 일정한 기간이 경과한 후의 당연퇴직 처리 그 자체가 인사권 내지 징계권의 남용에 해당하지 아니하는 정당한 처분이 되기 위해서는 대기발령 당시에 이미 사회통념상 당해 근로자와의 고용관계를 계속할 수 없을 정도의 사유가 존재하였거나 대기발령 기간 중 그와 같은 해고사유가 확정되어야 할 것이며, 사회통념상 당해 근로자와의 고용관계를 계속할 수 없을 정도인지의 여부는 당해 사용자의 사업의 목적과 성격, 사업장의 여건, 당해 근로자의 지위 및 담당직무의 내용, 비위행위의 동기와 경위, 이로 인하여 기업의 위계질서가 문란하게 될 위험성 등 기업질서에 미칠 영향, 과거의 근무태도 등 여러 가지 사정을 종합적으로 검토하여 판단하여야 한다.

○ 해고의 정당성

대법원 2006.11.23. 선고 2006다48069 판결

해고는 사회통념상 고용관계를 계속할 수 없을 정도로 근로자에게 책

임 있는 사유가 있는 경우에 행하여져야 그 정당성이 인정되는 것이고, 사회통념상 당해 근로자와의 고용관계를 계속할 수 없을 정도인지의 여부는 당해 사용자의 사업의 목적과 성격, 사업장의 여건, 당해 근로자의 지위 및 담당직무의 내용, 비위행위의 동기와 경위, 이로 인하여 기업의 위계질서가 문란하게 될 위험성 등 기업질서에 미칠 영향, 과거의 근무태도 등 여러 가지 사정을 종합적으로 검토하여 판단하여야 한다.

○ 근무성적 불량

대법원 1991.3.27. 선고 90다카25420 판결

거수실적불량의 정도가 추상적 자의적인 기준에 의한 것이 아니라 근로자의 직위, 보수, 근무경력, 다른 근로자의 전반적인 근로성적, 회사의 경영실태 등 제반사정을 참작하여 근로자로서 최소한도의 직무수행능력이 결여되었다고 인정되는 경우라면 위 징계규정에 따라 해고한 데에 정당한 이유가 있다고 할 것.

# 17. 징계양정과 징계해고

## 【사실관계】

X회사는 상시 근로자 약 500명을 사용하여 제조업을 영위하고 있다. A는 X회사에 1990년 2월 1일에 입사하여 근무하던 중 2011년 6월 2일에 해고되었다. X회사가 A에게 교부한 해고통지문에는 "취업규칙 제73조의 징계사유인 회사에 대한 손해발생(제5호) 및 직장질서의 문란(제7호)에 따른 징계해고"라고 기재되어 있다.

A는 2011년 4월 12일 작업 도중 자신의 실수로 기계를 고장 내고 원자재를 훼손하여 X회사에 300만 원 상당의 손해를 입혔다. 이에 대하여 총부부장 B는 같은 달 13일 A에게 사고발생의 경위서를 작성하여 같은 달 15일까지 제출하도록 지시하였다. A가 경위서를 제출하지 않자 같은 달 16일 오후 3시경 B는 작업을 하고 있던 A를 직접 찾아가 "야! ××야! 왜 경위서를 내지 않는 거야?"라고 추궁하였다. A는 자기보다 어린 B가 갑자기 나타나 욕설과 반말로 추궁하자 울컥한 마음에 B를 가볍게 밀치며 마찬가지로 욕설을 하였고(당시 A는 46세, B는 40세), 이 때문에 5분 정도 서로 간에 고성이 오가는 다툼이 있었다. A는 당일 자신의 작업을 마치고 오후 7시경에 총무부에 4월 12일의 사고발생에 관한 경위서를 제출하였다.

X회사는 A의 4월 12일의 사고발생 및 4월 16일의 총무부장 B와의 다툼과 관련하여 A를 징계하기로 하고 징계위원회에 회부하였다. X회사의 취업규칙 제75조에는 "① 징계위원회는 징계대상자에게 징계위원회 개최 7일 전에 징계사유 및 징계위원회의 출석을 통지한다. ② 징계위원회는 징계를 의결하기 전에 징계대상자에게 소명할 기회를 부여한다."고 규정되어 있다.

X회사의 징계위원회는 4월 29일 A를 해고하기로 의결하였다. 이 과정에서 징계위원회는, ⅰ) A가 4월 12일의 사고에 대한 경위서를 4월 16일에 총무부에 제출하였고, ⅱ) 4월 16일의 A와 B의 다툼에 대해 징계위원회에서 직접 B로부터 사정을 청취하였으므로, 별도로 A를 징계위원회에 출석시켜 소명을 들을 필요가 없다고 판단하여 A에게 징계위원회의 출석통지를 하지 않

았다.

(2011년 변호사시험 모의시험)

[문제 01] "제 실수로 회사에 손해를 끼쳤고 총무부장에 대하여 언성을 높인 잘못은 있지만 제가 해고될 정도의 잘못은 아니라고 생각합니다"라는 A의 주장에 대한 법적 의견은?

[문제 02] "징계위원회에 출석하여 사건의 경위를 제대로 설명하고 싶었으나 그럴 기회가 없었으므로 해고는 무효라고 생각합니다"라는 A의 주장에 대한 법적 의견은?

## 《관련조문》

근로기준법
제23조(해고 등의 제한) ① 사용자는 근로자에게 정당한 이유 없이 해고, 휴직, 정직, 전직, 감봉, 그 밖의 징벌(懲罰)(이하 "부당해고등"이라 한다)을 하지 못한다.

**【사실관계】의 논점정리**

사례는 징계해고와 관련하여 징계양정의 타당성과 징계절차상의 하자를 묻고 있다.

[문제 01]과 관련하여 근로자 A는 i) 작업 중 실수로 기계를 고장 내고 원자재를 훼손하는 등 X회사에게 입힌 손해와, ii) 총무부장과의 다툼 등 직장질서 문란행위를 이유로 징계해고 되었다. 그러나 근로자 A는 징계의 양정이 과도하다고 주장하고 있는바, 이하에서는 ① 근로기준법상의 해고제한 법리와 ② 징계해고에 대한 판례의 기준과 ③ A에 대한 해고가 타당한지 검토가 필요하다.

[문제 02]와 관련하여 X회사는 취업규칙에 정한 절차 중 징계대상자의 소명기회 부여를 지키지 아니하였는바, 이 같은 절차상 하자가 해고의 효력과 관련하여 어떠한 의미를 지니는지 판례의 태도를 검토하여야 한다.

## 논점의 해설

### [문제 01]의 해결 — 해고의 정당성(징계양정)

Ⅰ. 설문의 쟁점
Ⅱ. 근로자 A에 대한 해고의 정당성
1. 해고제한의 법리 / 2. 정당한 이유에 관한 판례의 태도
3. 사안의 적용
Ⅲ. 설문의 해결

## Ⅰ. 설문의 쟁점

근로자 A는 X회사로부터 '과실로 손해를 야기하였다는 점' 및 '직장질서를 문란케 하였다는 점'의 사유로 징계해고[1] 처분을 받았다. 근로자 A는 위 해고가 자신의 징계사유에 비해 과도하다는 주장을 하고 있으므로, 해고의 정당성이 문제되며, 특히 징계사유와 절차사이의 균형을 갖추고 있는지 여부가 쟁점이 된다고 할 것이다.

## Ⅱ. 근로자 A에 대한 해고의 정당성

### 1. 해고제한의 법리

근로기준법(이하 "근기법"이라 한다) 제23조 1항은 "사용자는 근로자에게 정당한 이유 없이 해고, 휴직, 정직, 전직, 감봉, 그 밖의 징벌을 하지 못한다"고 규정하여, 해고를 제한하고 있다.

근로기준법 제23조 제1항에서 규정한 "정당한 이유"라 함은 사회통념상 고용계약을 계속시킬 수 없을 정도로 근로자에게 책임있는 사유가 있다든가

1) 해고란 사용자가 일방적으로 장래에 대하여 근로관계를 소멸시키는 법률행위를 말한다. 해고에는 그 목적에 따라 사업장에서 ① 기업질서를 문란케 한 근로자를 징계하기 위한 징계해고와 ② 긴급한 경영상의 필요에서 인원을 정리하기 위한 정리해고, 그리고 ③ 그 밖의 근로계약을 존속시킬 수 없는 사유에서 행하여지는 통상해고가 있는데, 본 사안의 해고는 징계해고에 해당한다.

부득이한 경영상의 필요가 있는 경우를 말하는 것이다(대법원 1990.11.23. 선고 90다카21589 판결 등). 그러므로 "취업규칙에서 정한 징계해고사유가 있다는 점만으로 당연히 그 징계해고처분이 정당한 이유가 있다고 볼 수는 있다고 볼 수는 없고 구체적인 사정을 참작하여 … 정당한 이유가 있다고 인정되는 경우에만 비로소 그 징계해고 처분에 정당한 이유가 있다"고 인정된다(대법원 1992.5.12. 선고 91다27518 판결).

## 2. 정당한 이유에 관한 판례의 태도

징계권은 기업의 질서를 유지하기 위한 필요불가결의 수단이지만 근로자의 생존권을 침해하지 않는 범위에서 사용자에게 인정된 권리이다. 따라서 기업질서 유지에 필요한 합리적인 범위를 벗어날 수 없다.

판례도 원칙적으로 "해고처분은 사회통념상 고용관계를 계속할 수 없을 정도로 근로자에게 책임 있는 사유가 있는 경우에 행하여져야 그 정당성이 인정되는 것이고, 사회통념상 당해 근로자와의 고용관계를 계속할 수 없을 정도인지의 여부는 당해 사용자의 사업의 목적과 성격, 사업장의 여건, 당해 근로자의 지위 및 담당직무의 내용, 비위행위의 동기와 경위, 이로 인하여 기업의 위계질서가 문란하게 될 위험성 등 기업질서에 미칠 영향, 과거의 근무태도 등 여러 가지 사정을 종합적으로 검토하여 판단하여야 한다"고 한다(대법원 2002.5.28. 선고 2001두10455 판결).

또한, 판례는 "피징계자에게 징계사유가 있어서 징계처분을 하는 경우, 어떠한 처분을 할 것인가 하는 것은 징계권자의 재량에 맡겨진 것이고, 다만 징계권자가 재량권의 행사로서 한 징계처분이 사회통념상 현저하게 타당성을 잃어 징계권자에게 맡겨진 재량권을 남용한 것이라고 인정되는 경우에 한하여 그 처분을 위법하다고 할 수 있고, 그 징계처분이 사회통념상 현저하게 타당성을 잃어 재량권의 범위를 벗어난 위법한 처분이라고 할 수 있으려면 구체적인 사례에 따라 징계의 원인이 된 비위사실의 내용과 성질, 징계에 의하여 달성하려고 하는 목적, 징계양정의 기준 등 여러 요소를 종합하여 판단할 때에 그 징계 내용이 객관적으로 명백히 부당하다고 인정할 수 있는 경우라야 한다"고 본다. 판례는 회사 내에서 상사에 대한 폭언행위의 성질, 내용, 지속된 시간 등을 참작하여 회사가 피징계인과의 근로계약관계를 도저히 지속할 수 없는 사정에 이르렀다면 정당한 징계해고사유로 본 바 있다(서울고등법원 1995.1.19. 선고 94구6378 판결).

### 3. 사안의 적용

(1) 기업에 손해를 끼친 부분에 대한 판단

근로자 A는 작업 중 실수로 기계를 고장 내고 원자재를 훼손하는 등 X 회사에게 입힌 손해를 입혔는바, 이는 징계사유에 해당한다.

그러나 ① X회사는 상시 근로자 500명을 사용하는 대기업인 점인데 비하여 ② 손해의 규모는 300만 원 정도로 비교적 크지 않은 점, ③ 고의가 아니라 과실에 의하여 결과가 발생한 점 등을 참작하면 해고처분은 상당성을 잃은 것으로 부당하다.

(2) 직장질서 문란 부분에 대한 판단

근로자 A는 사고발생의 경위서를 지체하여 제출하였을 뿐만 아니라, 총무부장 B를 가볍게 밀치고, 고성을 내어 욕설을 하였는바, 이는 당연히 징계사유에 해당한다.

그러나 ① A보다 어린 B가 먼저 욕설과 반말로 추궁한 점, ② 근로자 A가 20년 이상 장기간 근무한 근로자인 점, ③ 늦게나마 경위서를 제출한 점, ④ 징계해고 외의 방법으로도 기업질서문란을 바로 잡을 수 있는데 비하여, ⑤ A의 불이익이 막중한 점 등을 고려하면, 판례가 설시하는 "사회통념상 고용관계를 계속할 수 없을 정도"에는 이르지 못한 것으로 보여, 해고처분은 상당성을 잃은 것으로 부당하다.

## Ⅲ. 설문의 해결

사안에서 X의 징계해고처분은 근로자 A의 징계사유에 비추어 사회통념상 현저하게 타당성을 잃어 징계권자에게 맡겨진 재량권을 남용한 것이라고 인정할 수 있으므로, 정당성 없는 해고여서 무효라고 하겠다.

# [문제 02]의 해결 — 징계절차상의 하자

Ⅰ. 설문의 쟁점
Ⅱ. 징계절차 위반에 관한 판례 법리
Ⅲ. 설문의 해결

## Ⅰ. 설문의 쟁점

X기업은 근로자 A를 해고하면서 취업규칙에서 징계대상자에게 소명의 기회를 부여하도록 한 점을 지키지 않았다. 이에 A는 위 해고가 정당한 절차에 의하지 않은 것으로 무효라고 주장하고 있는바, 징계절차를 위반한 해고의 사법상 효력은 어떠한지가 쟁점이라고 할 것이다.

## Ⅱ. 징계절차 위반에 관한 판례 법리

판례는 "단체협약이나 취업규칙 또는 이에 근거를 둔 징계규정에서 징계위원회의 구성에 노동조합의 대표자를 참여시키도록 되어 있고 또 징계대상자에게 징계위원회에 출석하여 변명과 소명자료를 제출할 기회를 부여하도록 되어 있음에도 불구하고 이러한 징계절차를 위배하여 징계해고를 하였다면 이러한 징계권의 행사는 징계사유가 인정되는 여부에 관계없이 절차에 있어서의 정의에 반하는 처사로서 무효"(대법원 1991.7.9. 선고 90다8077 판결)라고 판시하고 있다. 또한 판례는 "단체협약이나 취업규칙 등에서 징계대상자에게 징계사항을 통보하고 경위서를 징구하도록 규정한 경우 그 취지는 징계대상자로 하여금 징계혐의사실에 대한 변명을 위하여 자신에게 이익되는 소명자료를 준비 제출할 수 있는 기회를 보장하는 한편, 징계권자로 하여금 비위사실을 정확하게 파악하고 사건을 공정하게 처리하게 하려는 데 있으므로 위와 같은 절차에 위반한 처분은 원칙적으로 무효"라고 보고 있다(대법원 1992.9.22. 선고 91다36123 판결).

다만 판례는 징계해고 절차규정이 없는 경우에는 소명의 기회부여 등의 절차를 거치지 않았다고 하더라도 해고는 유효하다고 보고 있다(대법원 2000.6.23.

선고 98다54960 판결).

## Ⅲ. 설문의 해결

사안에서 X회사의 취업규칙에는 해고절차가 규정되어 있으나, 근로자 A는 징계위원회 개최를 통지받지 못하였으며, 소명기회도 부여받지 못했다. 경위서를 제출한 것으로 징계위원회에 참석하는 것을 대체할 수 없으며, 오히려 다툼의 상대방인 B가 징계위원회에 참석하여 사건을 설명하였으므로 징계절차 위반이 중대하다고 할 것이다.

그러므로 X회사의 A에 대한 징계해고는 절차상 중대한 하자가 있어 정당성이 부정된다. 징계해고가 무효라는 A의 주장은 타당하다.

【관련쟁점】

1. 사용자 스스로 징계처분을 취소하고 새로이 징계처분을 할 수 있는가?
2. 징계해고처분을 취소한 후 새로이 징계처분을 하는 것이 일사부재리의 원칙이나 신의칙에 위배되는가?
3. 판례는 징계절차 위반을 이유로 해고무효판결이 확정된 경우 동일한 사유를 들어 징계해고할 수 있는지의 여부에 대해 어떠한 판단을 하고 있는가?

【참고문헌】

김형배, 578~584면; 김희성(1), 505~514면; 임종률, 494~502면; 이철수 외 4인, 150~154면.

**【관련판례】**

○ 해고의 정당성 판단기준

대법원 2009.5.28. 선고 2007두979 판결

해고처분은 사회통념상 고용관계를 계속할 수 없을 정도로 근로자에게 책임 있는 사유가 있는 경우에 행하여져야 그 정당성이 인정되는 것이고, 사회통념상 당해 근로자와의 고용관계를 계속할 수 없을 정도인지의 여부는 당해 사용자의 사업의 목적과 성격, 사업장의 여건, 당해 근로자의 지위 및 담당직무의 내용, 비위행위의 동기와 경위, 이로 인하여 기업의 위계질서가 문란하게 될 위험성 등 기업질서에 미칠 영향, 과거의 근무태도 등 여러 가지 사정을 종합적으로 검토하여 판단하여야 한다.

대법원 1992.5.12. 선고 91다27518 판결

근로기준법 제27조(현행 제23조) 소정의 정당한 이유란 징계해고의 경우에는 사회통념상 근로계약을 계속시킬 수 없을 정도로 근로자에게 책임 있는 사유가 있는 것을 말하므로 징계해고규정 해당 사유가 있다는 점만으로 당연히 그 징계해고처분이 정당한 이유가 있다고는 볼 수 없고 구체적인 사정을 참작하여 위와 같은 의미의 정당한 이유가 있다고 인정되는 경우에야 비로소 그 징계해고처분에 정당한 이유가 있다고 할 수 있다.

○ 징계양정에 관한 판례

대법원 1991.12.24. 선고 90다12991 판결

가. 취업규칙 등에 징계처분을 당한 근로자는 시말서를 제출하도록 규정되어 있는 경우 징계처분에 따른 시말서의 불제출은 그 자체가 사용자의 업무상 정당한 명령을 거부한 것으로서 징계사유가 될 수 있으므로 시말서 제출을 통보받은 근로자들이 기한 내에 시말서를 제출하지 아니한 것은 징계사유가 된다.

나. 징계사유가 종전 징계처분에 뒤따르는 시말서 불제출이라는 가벼운 비위인 데다가 징계대상 근로자들이 기한 후에라도 시말서를 제출하려 하였던 점이나 그 제출하기까지의 경위 등에 비추어 위 징계사유에 대하여 징계종류 중 가장 무거운 파면처분을 선택한 것은 그 징계권의 범위를 일탈한 것이라고 본 원심의 판단을 정당한 것으로 수긍한 사례.

○ 징계절차상 하자의 효과

대법원 1991.7.9. 선고 90다8077 판결

가. 단체협약이나 취업규칙 또는 이에 근거를 둔 징계규정에서 징계위원회의 구성에 노동조합의 대표자를 참여시키도록 되어 있고 또 징계대상자에게 징계위원회에 출석하여 변명과 소명자료를 제출할 기회를 부여하도록 되어 있음에도 불구하고 이러한 징계절차를 위배하여 징계해고를 하였다면 이러한 징계권의 행사는 징계사유가 인정되는 여부에 관계없이

절차에 있어서의 정의에 반하는 처사로서 무효라고 보아야 한다.

나. 징계규정에 징계대상자에게 징계위원회에 출석하여 변명과 소명자료를 제출할 기회를 부여하도록 되어 있다면 그 통보의 시기와 방법에 관하여 특별히 규정한 바가 없다고 하여도 변명과 소명자료를 준비할 만한 상당한 기간을 두고 개최일시와 장소를 통보하여야 하며, 이러한 시간적 여유를 주지 않고 촉박하게 이루어진 통보는 징계규정이 규정한 사전통보의 취지를 몰각한 것으로서 부적법하다고 보아야 할 것인바, 징계위원회의 개최일시 및 장소를 징계위원회가 개최되기 불과 30분 전에 통보하였다면 이러한 촉박한 통보는 징계대상자로 하여금 사실상 변명과 소명자료를 준비할 수 없게 만드는 것이어서 적법한 통보라고 볼 수 없다.

대법원 1995.12.5. 선고 95다36138 판결(절차 보완 후 징계)

징계해고에 관한 절차 위반을 이유로 해고무효 판결이 확정된 경우 소급하여 해고되지 아니한 것으로 보게 될 것이지만, 그 후 같은 징계사유를 들어 새로이 필요한 제반 징계절차를 밟아 다시 징계처분을 한다고 하여 일사부재리의 원칙이나 신의칙에 위배된다고 볼 수는 없을 뿐더러, 법원의 판결을 잠탈하는 것이라고 할 수도 없다.

# 18. 전근과 징계

## 【사실관계】

A회사는 상시 근로자 300명을 고용하여 사무용품의 판매업을 영위하는 회사로서, 서울에 본점이 있고 대전 · 부산 · 제주에 지점을 두고 있다. 甲은 A회사의 서울본점에서 영업부 과장으로 근무하고 있었다.

甲의 근로계약서에는 근무장소가 기재되어 있지 않으며, A회사의 취업규칙에는 회사는 업무상 필요한 경우 직원을 본사 및 지점에 근무할 것을 명할 수 있다고 규정되어 있다. 또한 위 취업규칙에는 과장이 차장으로 승진하기 위한 요건으로 서울 이외의 지점에서 1년 이상 근무할 것이 규정되어 있다. A회사는 대전지점의 영업부 과장 乙이 사직을 하자 차장 승진이 유력한 甲이 가장 적합하다고 판단하여 甲의 의사는 묻지 않고 甲을 대전지점의 영업부 과장으로 전근을 명령하였다. 위 취업규칙에는 연고가 없는 지역에 근무하는 직원에 대해서는 회사의 비용으로 사택을 제공하고 매월 기본급의 100%에 해당하는 지역근무수당을 추가하여 지급한다고 규정되어 있다. 그러나 甲은 자신은 서울에서만 살았고 대전에는 연고가 전혀 없으며 사진 동호회의 정기 모임이 매월 첫째주 일요일에 서울에서 열리는데 자신이 동호회의 회장이라는 이유로 대전에서 근무할 수 없다고 하소연하면서 대전지점에 부임하지 않고 1개월 간 출근을 거부하였다.

A회사는 甲이 계속 출근을 거부하자 위 취업규칙상 10일 이상 무단결근을 하는 때 또는 정당한 업무명령을 거부하는 때에는 징계를 할 수 있다는 규정에 근거하여 甲을 적법하게 구성된 징계위원회에 회부하였다. 한편, 위 취업규칙에는 징계위원회 개최일 5일 전까지 징계대상자에게 징계사유와 징계위원회 개최일시를 통보하고 소명의 기회를 주어야 한다고 규정되어 있다. 그러나 A회사는 甲의 징계사유가 명백하다고 판단하여 甲에게 징계위원회 개최 사실을 알리지 아니하였고, 소명의 기회도 부여하지 아니하였다. 징계위원회는 甲의 전근명령 거부 및 무단결근을 사유로 하여 징계해고처분을 결정하였다.

이에 A회사의 대표이사는 2012년 11월 4일 甲을 직접 불러 전근명령 거부 및 무단결근을 이유로 2012년 12월 5일자로 징계해고될 것임을 구두로 통보하였고, 이에 따라 甲은 2012년 12월 5일에 해고되었다.

(제2회 변호사시험)

[문제 01] A회사의 甲에 대한 전근명령은 정당한가? (40점)

[문제 02] 甲은 자신에 대한 징계해고사유가 인정되더라도 (1) 징계절차에 하자가 있어 해고가 무효이고, (2) 해고통지가 위법하여 해고가 무효라고 주장하고 있다. 이러한 甲의 (1)과 (2)의 각 주장은 타당한가? (40점)

## 《관련조문》

근로기준법

제23조(해고 등의 제한) ① 사용자는 근로자에게 정당한 이유 없이 해고, 휴직, 정직, 전직, 감봉, 그 밖의 징벌(懲罰)(이하 "부당해고등"이라 한다)을 하지 못한다.

27조(해고사유 등의 서면통지) ① 사용자는 근로자를 해고하려면 해고사유와 해고시기를 서면으로 통지하여야 한다.

② 근로자에 대한 해고는 제1항에 따라 서면으로 통지하여야 효력이 있다.

**【사실관계】의 논점정리**

이 사례는 사용자가 전직명령에 불응한 근로자에게 이를 이유로 징계해고한 경우로 사용자의 전직명령의 정당성 판단과 징계절차상 하자 및 해고통지의무 위반으로 인한 해고의 효력을 판단하는 것을 요구하고 있다.

[문제 01]은 전직명령의 정당성을 묻고 있으므로 근로기준법 제23조 제1항의 적용이 문제되는데, 특히 전직에 관한 정당성 판단과 관련된 판례의 법리를 검토하여야 한다.

[문제 02]는 취업규칙상 징계대상근로자에게 소명기회 부여를 규정하고 있는 경우, 이를 거치지 않은 징계처분의 효력에 대한 판례의 태도와 해고의 서면 통지의무를 규정한 근로기준법 제27조의 효력에 관한 검토가 요구된다.

## 논점의 해설

### [문제 01]의 해결 — 전직명령의 정당성

Ⅰ. 문제의 소재
Ⅱ. 이 사건 전직명령의 정당성 여부
1. 근로기준법 제23조 제1항
2. 전직명령의 정당성 판단기준
Ⅲ. 설문의 해결

## Ⅰ. 문제의 소재

설문에 의하면 A회사는 본점에서 근로하는 갑에 대하여 대전 지점으로 전직 명령을 하였는바, 이와 같이 일방적으로 내려진 전직명령의 정당성이 인정될 수 있는지가 쟁점이다.

## Ⅱ. 이 사건 전직명령의 정당성 여부

### 1. 근로기준법 제23조 제1항

설문의 전보명령은 개념상 '전직'에 해당하므로 근로기준법 제23조 제1항에 따라 사용자는 정당한 이유가 있어야 한다. 하지만 동법은 그 정당한 이유의 판단기준에 관하여 명시적 규정을 두지 아니하였는바, 해석의 여지를 두고 있다.

### 2. 전직명령의 정당성 판단기준

이에 관하여 학설과 판례는 근로계약 체결시 직무내용 · 근무지의 한정이 있는 경우와 없는 경우로 나누어 판단하고 있다. 전자의 경우에는 근로자의 명시적인 동의가 있어야 정당성이 인정되며(대법원 1992.1.21. 선고 91누5204 판결), 후자의 경우에는 전직명령을 통한 사용자의 업무상 필요성과 근로자의 생활상 불이익을 비교형량 및 근로자와의 협의 등 신의칙상 배려의무를 이행하였는지 등을 기준으로 정당성을 판단하여야 한다는 것이다(대법원 2000.4. 11. 선고 99두2963 판결).

## Ⅲ. 설문의 해결

사안의 경우 A회사와 甲 사이의 근로계약에 직무내용 · 근무지의 한정이 있다고 보기 어려우므로, 甲의 동의 여부를 기준으로 정당성을 판단할 것은 아니고, 업무상 필요성과 근로자의 생활상 불이익의 비교 등을 통해 정당성을 판단하여야 할 것이다.

설문에서 A회사는 취업규칙에 전직의 가능성을 규정하였고, 甲에 대한 전보명령이 징계의 수단으로 악용되지도 않았다는 점, A회사는 차장 승진에 있어 지방근무를 조건으로 하고 있으므로 승진을 염두에 두고 있는 甲에게 전직명령을 내릴 업무상 필요성이 갑의 동호회 참석의 불편이라는 생활상 불이익에 비해 결코 작다고 할 수 없다는 점 등에 비추어 볼 때 A회사의 이 사건 전보명령(전직처분)은 정당한 인사권의 행사라고 할 것이다.

## [문제 02]의 해결 — 징계절차의 하자와 그 효력

Ⅰ. 문제의 소재
Ⅱ. 징계절차의 하자와 효력
1. 취업규칙상 징계절차규정 위반과 해고의 효력
2. 서면통지의무 위반과 해고의 효력
3. 사안의 검토
Ⅲ. 설문의 해결

# Ⅰ. 문제의 소재

A회사는 갑을 징계해고하면서 취업규칙상 거치도록 규정한 근로자의 징계위원회에 대한 소명기회 제공을 거치지 아니하였고, 근로기준법 제27조 제1항에 따른 서면통지 없이 구두로 하였는바, 각 징계절차상의 하자로 인하여 해고가 무효가 되는 것인지가 문제된다.

# Ⅱ. 징계절차의 하자와 효력

## 1. 취업규칙상 징계절차규정 위반과 해고의 효력

사용자의 근로자에 대한 징계의 절차에 관하여 근로기준법상 명문의 규정이 없지만, 판례는 취업규칙에 징계절차에 관한 규정이 있고, 특히 그 것이 소명기회 부여인 경우에는 그에 위반하여 소명기회를 부여하지 않고 내린 징계는 그 효력이 없다고 판시(대법원 1991.7.9. 선고 90다8077 판결)하였다.

## 2. 서면통지의무 위반과 해고의 효력

근로기준법 제27조 제1항은 "사용자는 근로자를 해고하려면 해고사유와 해고시기를 서면으로 통지하여야 한다"고 규정하는 동시에 제2항에서 "근로자에 대한 해고는 제1항에 따라 서면으로 통지하여야 효력이 있다"고 하여 해고의 서면통지를 해고의 효력요건으로 규정하였으며, 판례도 서면에 의한 해고통지를 해고의 효력요건으로 보고 있다(대법원 2011.10.27. 선고 2007나72327 판결).

## 3. 사안의 검토

사안에서 A회사는 취업규칙에 징계대상자에 대한 소명의 기회를 주도록 한 규정을 무시하고 甲에 대한 징계해고를 하였는바, 재차 적법한 징계처분을 할 수 있음과 별개로 징계절차의 위반으로 무효인 해고라고 할 것이다. 또한 해고 서면통지의무에 위반하여 구두로 해고를 통지하였는바, 근로기준법 제27조 제2항 및 제1항에 따라 이 사건 해고는 효력이 없다.

## Ⅲ. 설문의 해결

1. A회사의 甲에 대한 전보명령은 사업상 필요에 의한 것으로 갑에게 심대한 생활상 불이익을 준다고 볼 수 없으므로 동의 여부와 무관하게 정당성이 인정된다.

2. A회사의 甲에 대한 징계해고는 취업규칙에 마련된 소명기회 제공절차의 흠결 및 근로기준법상 해고 서면통지의무 위반의 절차상 하자로 인하여 효력이 없다.

【관련쟁점】

1. 근로자 본인과 협의절차를 거치지 아니한 전보처분이 그 점만으로 당연히 권리남용에 해당하는가?
2. 판례는 전직·전보권의 유효요건과 관련하여 '업무상 필요한 범위 내'를 들고 있는데, 여기서 '업무상 필요한 범위 내'의 의미는?

【참고문헌】

김형배, 551~558면; 김희성(1), 333~343면; 임종률, 481~484면; 이철수 외 4인, 136~142면.

**【관련판례】**

○ 전직명령

대법원 2000.4.11. 선고 99두2963 판결(전직명령의 정당성 판단기준)

근로자에 대한 전보나 전직은 원칙적으로 인사권자인 사용자의 권한에 속하므로 업무상 필요한 범위 내에서 사용자는 상당한 재량을 가지며 그것이 근로기준법 등에 위반되거나 권리남용에 해당되는 등의 특별한 사정이 없는 한 무효라고 할 수 없고, 전보처분 등이 권리남용에 해당하는지의 여부는 전보처분 등의 업무상의 필요성과 전보 등에 따른 근로자의 생활상의 불이익을 비교, 교량하고 근로자 측과의 협의 등 그 전보처분 등의 과정에서 신의칙상 요구되는 절차를 거쳤는지 여부를 종합적으로 고려하여 결정하여야 한다.

대법원 1992.1.21. 선고 91누5204 판결(근무지의 한정이 있는 경우)

근로계약상 근로의 장소가 국회현장으로 되어 있는 미화원인 근로자를 다른 곳으로 전직명령한 것은 비록 승진이기는 하나 근로자의 의사에 반하여 이루어진 것으로서 인사권의 남용에 해당하는 점, 전직명령이 이루어진 시기와 그 경과 등에 비추어 그 전직명령은 정당한 인사권의 행사라기보다는 근로자의 노동조합 활동을 이유로 그에 대하여 한 불이익처분으로서 부당노동행위에 해당한다고 보아야 하며 따라서 이를 거부한 것을 이유로 한 해고도 정당성을 갖지 못한다고 한 사례.

○ 서면통지의무 위반의 효과

대법원 2011.10.27. 선고 2011다42324 판결

[1] 근로기준법 제27조는 사용자가 근로자를 해고하려면 해고사유와 해고시기를 서면으로 통지하여야 효력이 있다고 규정하고 있는데, 이는 해고사유 등의 서면통지를 통해 사용자로 하여금 근로자를 해고하는 데 신중을 기하게 함과 아울러, 해고의 존부 및 시기와 그 사유를 명확하게 하여 사후에 이를 둘러싼 분쟁이 적정하고 용이하게 해결될 수 있도록 하고, 근로자에게도 해고에 적절히 대응할 수 있게 하기 위한 취지이다. 따라서 사용자가 해고사유 등을 서면으로 통지할 때는 근로자의 처지에서 해고사유가 무엇인지를 구체적으로 알 수 있어야 하고, 특히 징계해고의 경우에는 해고의 실질적 사유가 되는 구체적 사실 또는 비위내용을 기재하여야 하며 징계대상자가 위반한 단체협약이나 취업규칙의 조문만 나열하는 것으로는 충분하다고 볼 수 없다.

[2] 사용자가 근로자를 징계해고하면서 인사위원회 출석요구 통보서와 인사위원회 심의결과 통보서, 해고 통보서에 근로자의 어떠한 행위가 사규 위반에 해당하여 징계사유와 해고사유가 되는지를 전혀 기재하지 않은 사안에서, 위 해고에는 절차상 근로기준법 제27조를 위반한 위법이 있다고 본 원심판단을 정당하다고 한 사례.

# 19. 시말서 제출명령의 정당성과 징계절차상 하자

## 【사실관계】

근로자 甲은 2006.8.7. A복지관과 아래와 같은 내용의 근로계약을 체결하였다.

> (가) 직급 및 직위 : 4급 1호(사회복지사)
> (나) 근로계약기간 : 2006.8.7.부터 2007.8.6.까지
> (다) 근무장소 : A 복지관, 다만, A 복지관은 운영상 필요에 따라 원고의 직종이나 근무장소를 변경할 수 있으며, 원고는 위 업무명령 지시에 따라야 한다.

A복지관은 2007.2.27. 경기도로부터 '직업재활사업 분야에서 정신지체장애인 및 발달장애인들의 여가선용 및 직업재활을 위한 영농학습장 운영 프로그램'(이하 '경기도 재활프로그램'이라 한다) 대상자에 선정되었는데, 당시 직업재활팀 인원은 2명에 불과하였다.

A복지관의 사무국장은 위 경기도 재활프로그램 운영에 필요한 인원을 충원하기 위하여 보호작업장팀장 등과 협의를 하였으나 원활히 추진되지 못하자, A복지관은 2007.3.16. 직업재활팀과 담당업무가 유사한 보호작업장 소속 근로자로서 상대적으로 업무량이 가장 적은 甲에 대하여 위 재활프로그램 종료 시까지 주 2회 8시간씩 직업재활팀에서 파견근무를 실시할 것을 명하였다. 재활프로그램 현장은 A 복지관에서 4~5㎞ 정도 떨어진 곳에 있었고, 甲은 복지관으로 출근하였다가 복지관 차량으로 현장까지 이동하도록 하였으며, 그 외에 출・퇴근시간, 급여 및 근무시간 등 다른 근로조건은 기존과 동일했다.

그러나 甲은 위 파견근무명령에 불응하였고, 이에 A복지관은 2007.3.30. 원고 대신 보호작업장 소속 근로자인 乙을 직업재활팀에 파견하는 내용으로 업무조정을 하는 한편, 같은 해 4.3. 甲에게 정당한 사유 없이 파견근무명령을 이행하지 않았다는 이유로 2007.4.5.까지 시말서를 제출하도록 명령하였다(A복지관의 인사규정에는 "직원이 행한 행위가 징계사유에 미치지 아니하

고 조직의 질서유지에 위배될 수 있는 경미한 행위를 한 경우 부서장은 해당 직원에게 지적사항을 시정하고 반성의 계기가 되도록 시말서와 함께 주의를 줄 수 있다"고 규정하고 있다).

그러나 원고는 위 시말서 제출명령에 또다시 불응하였고, 이에 A복지관은 2007.4.20. 인사위원회를 개최하여 원고가 파견근무에 관한 업무지시를 불이행하고 그에 따른 시말서 제출명령도 불이행하였음을 징계사유로 하여 원고에 대한 견책처분을 의결하고, 이를 2007.4.23. 원고에게 통보하였다. 당시 인사위원회에는 A복지관의 관장으로서 인사위원회위원장인 B를 포함하여 4명의 인사위원회위원이 참석하여 전원의 찬성으로 이 사건 징계를 의결하였다.

---

[문제 01] 甲은 자신에 대한 징계가 근로자에게 소명기회를 주도록 규정한 인사규정을 위반한 것임과 동시에 시말서 제출명령에 불응한 행위는 징계사유가 될 수 없으므로 부당한 징계라고 주장하며 관할노동위원회에 구제신청을 하려고 한다. 甲의 구제신청은 인용될 수 있는가?

[문제 02] 관할노동위원회가 A복지관의 甲에 대한 징계가 절차를 위반한 징계로 위법한 것이라고 판단하였다면, A복지관은 甲의 파견근무명령 불응에 대해 어떤 조치가 가능한가?(판정에 대한 불복은 제외하며, 갑의 파견근무명령 불응행위는 정당한 징계사유로 인정함을 전제로 한다)

## 《관련조문》

근로기준법

제23조(해고 등의 제한) ① 사용자는 근로자에게 정당한 이유 없이 해고, 휴직, 정직, 전직, 감봉, 그 밖의 징벌(懲罰)(이하 "부당해고등"이라 한다)을 하지 못한다.

제96조(단체협약의 준수) ① 취업규칙은 법령이나 해당 사업 또는 사업장에 대하여 적용되는 단체협약과 어긋나서는 아니 된다.

**【사실관계】의 논점정리**

이 사례는 사용자의 근로자에 대한 징계처분의 정당성과 관련된 쟁점을 다루고 있다.

[문제 01]에서는 징계처분에 있어 징계절차상 하자로 인한 징계의 효력과 시말서 제출명령의 불이행을 징계사유로 삼은 경우 시말서 제출명령이 정당한 직무상 명령에 해당하는지 여부를 판단하여야 한다.

[문제 02]는 징계처분이 절차상 하자로 무효가 된 경우 해당 징계사유에 관한 징계를 할 수 있는지에 관한 문제로, 절차보완 후 재징계의 적법성을 묻고 있다.

## 논점의 해설

### [문제 01]의 해결 ― 위법한 직무상 명령 위반과 징계절차상 하자

Ⅰ. 설문의 쟁점
Ⅱ. 시말서 제출명령의 직무상 정당성 인정 여부
　1. 문 제 점 / 2. 판례의 태도 / 3. 사안의 적용
Ⅲ. 징계절차상 하자와 징계의 효력
　1. 문 제 점 / 2. 판례의 태도 / 3. 사안의 적용
Ⅳ. 설문의 해결

## Ⅰ. 설문의 쟁점

사안에서 A복지관은 甲의 파견근로 거부에 대하여 시말서 제출을 명하였고, 이에 불응하자 파견근로 거부와 더불어 시말서 제출거부를 사유로 견책 처분하였다. 甲과의 근로계약 내용상 근무장소의 변경이 가능하다고 규정되어 있는 점, 파견근로횟수가 주 4회에 불과한 점, 파견장소로의 이동수단도 확보되어 있으며 원래 근무장소에서 4~5km 정도 떨어진 것에 불과하므로 파견근로명령은 정당하며 이를 거부한 것은 징계사유에 해당하지만, 시말서 제출거부가 정당한 징계사유가 되기 위해서는 시말서 제출명령이 정당한 직무상 명령이어야 하며, 징계의 절차상 중대한 하자가 없어야 하는바 이에

대한 검토가 요구된다.

## Ⅱ. 시말서 제출명령의 직무상 정당성 인정 여부

### 1. 문 제 점

시말서란 사용자가 사고나 비위행위 등을 저지른 근로자에 대하여 그 경위 등을 보고하도록 하는 의미로 쓰이는 한편, 발생한 사고 등에 관한 반성문과 사죄문의 의미를 포함하기도 한다. 따라서 시말서 제출명령이 반성문 내지 사죄문의 제출명령의 의미를 갖는 경우 헌법상 보장된 근로자의 양심의 자유를 침해함으로써 부당한 직무상 명령에 해당되는지가 문제된다.

### 2. 판례의 태도

대법원은 "취업규칙에서 사용자가 사고나 비위행위 등을 저지른 근로자에게 시말서를 제출하도록 명령할 수 있다고 규정하는 경우, 그 시말서가 단순히 사건의 경위를 보고하는데 그치지 않고 더 나아가 근로관계에서 발생한 사고 등에 관하여 '자신의 잘못을 반성하고 사죄한다는 내용'이 포함된 사죄문 또는 반성문을 의미하는 것이라면, 이는 헌법이 보장하는 내심의 윤리적 판단에 대한 강제로서 양심의 자유를 침해하는 것이므로, 그러한 취업규칙 규정은 헌법에 위배되어 근로기준법 제96조 제1항에 따라 효력이 없고, 그에 근거한 사용자의 시말서 제출명령은 업무상 정당한 명령으로 볼 수 없다(대법원 2010.1.14. 선고 2009두6605 판결 참조)고 판시하고 있다.

### 3. 사안의 적용

사안에서 파견근로명령은 정당한 업무명령에 해당하므로 이를 거부한 것은 징계사유가 되기에 충분하다. 한편 A복지관은 甲의 파견근무 거부라는 직무상 명령 불이행에 대한 소상한 경위를 보고받을 중대한 사정은 없어 보인다. 또한 인사규정 중 "지적사항을 시정하고 반성의 계기가 되도록 시말서와 함께 주의를 줄 수 있다"는 규정에 비추어 보면 위 시말서 제출명령은 사죄문 또는 반성문의 의미를 가지고 있다고 판단된다. 따라서 A복지관의 시말서 제출명령은 부당한 직무상 명령이므로 이에 대한 불이행을 甲의 징계사유로 삼을 수 없다.

## Ⅲ. 징계절차상 하자와 징계의 효력

### 1. 문 제 점

사안에서 A복지관은 인사위원회 규정에 징계대상자에게 소명의 기회를 부여하도록 한 규정을 위반하였다. 이와 같이 절차를 위반한 징계의 사법상 효력을 인정할 수 있는지 문제된다.

### 2. 판례의 태도

판례는 "단체협약이나 취업규칙 등에서 징계대상자에게 징계사항을 통보하고 경위서를 징구하도록 규정한 경우 그 취지는 징계대상자로 하여금 징계혐의사실에 대한 변명을 위하여 자신에게 이익되는 소명자료를 준비 제출할 수 있는 기회를 보장하는 한편, 징계권자로 하여금 비위사실을 정확하게 파악하고 사건을 공정하게 처리하게 하려는 데 있으므로 위와 같은 절차에 위반한 처분은 원칙적으로 무효"라고 보고 있다(대법원 1992.9.22. 선고 91다36123 판결).

### 3. 사안의 적용

A복지관은 징계대상자에게 소명의 기회를 부여하도록 한 인사규정을 위반하여 근로자 甲에게 견책 처분을 하였는바, 중대한 절차상 하자가 있으므로 해당 징계처분은 무효이다.

## Ⅳ. 설문의 해결

A복지관의 甲에 대한 견책 처분은 반성문 내지 사죄문의 성격의 시말서 제출이라는 부당한 직무상 명령을 위반했다는 점을 사유로 삼고 있으므로, 이를 이유로 하는 한도에서 정당하지 않다. 한편 파견근로 거부에 관한 징계는 그 사유는 정당하나 징계대상자에게 소명의 기회를 주도록 한 인사규정을

위반하였는바, 절차상 하자로 인해 사법상 효력이 없다. 따라서 이를 지적하는 甲의 구제신청은 타당하므로 인용될 것이다.

## [문제 02]의 해결 — 절차 보완 후 재징계의 적법성

Ⅰ. 설문의 쟁점
Ⅱ. 절차 보완 후 재징계에 대한 판례의 태도
Ⅲ. 설문의 해결

## Ⅰ. 설문의 쟁점

A복지관의 甲에 대한 징계가 절차상 하자를 이유로 관할노동위원회에서 부당한 것으로 판단되었지만, 甲의 파견근무 거부라는 직무상 명령 위반행위는 정당한 징계사유에 해당된다. 이 경우 甲의 징계사유에 대해 A는 불복하는 외에 절차를 보완하여 다시 동일한 사유에 대한 징계를 할 수 있는지가 쟁점이 된다.

## Ⅱ. 절차 보완 후 재징계에 대한 판례의 태도

대법원은 "징계해고에 관한 절차 위반을 이유로 해고무효 판결이 확정된 경우 소급하여 해고되지 아니한 것으로 보게 될 것이지만, 그 후 같은 징계사유를 들어 새로이 필요한 제반 징계절차를 밟아 다시 징계처분을 한다고 하여 일사부재리의 원칙이나 신의칙에 위배된다고 볼 수는 없을 뿐더러, 법원의 판결을 잠탈하는 것이라고 할 수도 없다(대법원 1995.12.5. 선고 95다36138 판결)"고 판시하여 징계사유가 정당하지만 절차 위반 때문에 징계가 무효로 된 것이라면, 절차 보완 후 재차 징계가 허용된다는 입장이다.

# Ⅲ. 설문의 해결

그러므로, A복지관은 관할노동위원회가 지적한 절차상 하자를 보완하면, 甲의 파견근로 거부에 대하여 직무상 명령 위반을 징계사유로 삼아 다시 징계할 수 있다.

【관련쟁점】

1. 판례는 근로자가 근로계약체결 시 이력서에 그 경력을 은폐하거나 사칭한 것이 징계해고사유가 되는지 여부의 판단근거를 무엇이라고 보고 있는가?
2. 사용자 스스로 징계처분을 취소하고 새로이 징계처분을 할 수 있는가?

【참고문헌】

김형배, 582~583면; 김희성(1), 505~514면; 임종률, 493~502면; 이철수 외 4인, 150~154면.

**【관련판례】**

○ 시말서의 제출명령이 업무상 정당한 명령으로 볼 수 없는 경우

대법원 2010.1.14, 선고, 2009두6605 판결

취업규칙에서 사용자가 사고나 비위행위 등을 저지른 근로자에게 시말서를 제출하도록 명령할 수 있다고 규정하는 경우, 그 시말서가 단순히 사건의 경위를 보고하는데 그치지 않고 더 나아가 근로관계에서 발생한 사고 등에 관하여 '자신의 잘못을 반성하고 사죄한다는 내용'이 포함된 사죄문 또는 반성문을 의미하는 것이라면, 이는 헌법이 보장하는 내심의 윤리적 판단에 대한 강제로서 양심의 자유를 침해하는 것이므로, 그러한 취업규칙 규정은 헌법에 위배되어 근로기준법 제96조 제1항에 따라 효력이 없고, 그에 근거한 사용자의 시말서 제출명령은 업무상 정당한 명령으로 볼 수 없다.

○ 절차 보완 후 재징계의 허용 여부

대법원 1995.12.5. 선고 95다36138 판결

징계해고에 관한 절차 위반을 이유로 해고무효판결이 확정된 경우 소

급하여 해고되지 아니한 것으로 보게 될 것이지만, 그 후 같은 징계사유를 들어 새로이 필요한 제반 징계절차를 밟아 다시 징계처분을 한다고 하여 일사부재리의 원칙이나 신의칙에 위배된다고 볼 수는 없을 뿐더러, 법원의 판결을 잠탈하는 것이라고 할 수도 없다.

# 20. 영업양도와 근로관계

【사실관계】

A회사는 상시 1,000명의 근로자를 사용하여 자동차부품을 생산·판매하는 업체이다. A회사는 판매부진으로 경영상황이 악화되자, B회사와 영업양도계약을 체결하였다. 위 계약에서 "B회사는 A회사 근로자의 고용을 승계한다. 단, B회사는 A회사 근로자들 중 인사고과가 최하위집단에 속하는 자의 고용을 승계하지 않는다"는 특약을 두었다. 위 영업양도계획에 따라 A회사를 양수한 B회사는 甲등 10명의 고용을 승계하지 않았다.

한편, A회사의 취업규칙상 직원의 월 기본급은 150만 원이었고, B회사의 취업규칙에서는 직원의 월 기본급을 100만 원으로 규정하고 있다. B회사는 A회사와의 영업양도계약에 따라 고용을 승계한 乙 등 종전 A회사 소속 근로자들에게 B회사의 취업규칙을 적용하여 월 기본급 100만 원을 지급하였다.

(2012년 제2회 변호사시험 모의시험)

[문제 01] B회사로의 고용승계가 배제된 甲 등 10명은 B회사에 대해 고용승계를 주장한다. 이 주장은 타당한가.

[문제 02] 乙 등 종전 A회사 소속 근로자들은 B회사의 취업규칙에 따른 기본급을 적용하는 것은 부당하다고 하며, A회사 취업규칙의 기본급 규정을 적용해야 한다고 주장한다. 이 주장은 타당한가.

**【사실관계】의 논점정리**

이 사례는 영업양도에 따른 근로관계와 근로계약의 내용이 어떻게 변하는지에 관한 문제를 다루고 있다.

[문제 01]에서는 영업양도를 하면서 양도인과 양수인 간 특약으로 고용승계배

제특약을 한 경우 이 같은 특약에 따라 고용승계의 효력이 인정될 수 있는지가 쟁점이라고 하겠다.

[문제 02]는 영업양도를 통해 고용승계가 된 경우 양도기업의 근로자들의 근로조건을 어떻게 보호할 것인지와 관련하여 양도기업과 양수기업의 단체협약 및 취업규칙 중 어떤 것이 적용되어야 하는 것인지가 쟁점이라고 하겠다.

## 논점의 해설

### [문제 01]의 해결 — 고용승계배제특약의 유효성


Ⅰ. 설문의 쟁점
Ⅱ. 영업양도와 근로관계의 승계
Ⅲ. 고용승계배제특약의 효력 인정 여부
1. 판례의 태도 / 2. 사안의 적용
Ⅳ. 설문의 해결


## Ⅰ. 설문의 쟁점

甲 등 근로자는 양수기업인 B사에 대하여 고용승계를 주장하고 있으나, B사는 양도기업인 A사와 맺은 고용승계배제특약을 이유로 이를 거부하고 있다. 따라서 영업양도에 있어 그 효과로 고용승계가 당연히 인정되는 것인지, 아니면 양도기업과 양수기업 사이의 특약으로 고용승계의 효과를 차단하는 것이 가능한지가 설문의 쟁점이라고 할 것이다.

## Ⅱ. 영업양도와 근로관계의 승계

영업의 양도라 함은 일정한 영업목적에 의하여 조직화된 업체, 즉 인적·물적 조직을 그 동일성은 유지하면서 일체로서 이전하는 것을 말한다.[1)]

1) 판례는 이에 대해 "영업의 일부만의 양도도 가능하고, 여기서 영업의 동일성 여부는 일반 사회관

영업양도의 효과로 근로관계의 승계가 이루어지는가에 관하여 자동승계설과 특약필요설 등의 대립이 있으나, 판례는 "영업이 양도되면 반대의 특약이 없는 한 양도인과 근로자 사이의 근로관계는 원칙적으로 양수인에게 포괄적으로 승계된다"[2]고 하여 원칙승계설의 입장을 취하고 있다.

## Ⅲ. 고용승계배제특약의 효력 인정 여부

### 1. 판례의 태도

원칙승계설의 입장에서 판례는 고용승계배제특약의 효력 유무에 대해 "영업양도 당사자 사이에 근로관계의 일부를 승계의 대상에서 제외하기로 하는 특약이 있는 경우에는 그에 따라 근로관계의 승계가 이루어지지 않을 수 있으나, 그러한 특약은 실질적으로 해고나 다름이 없으므로 근로기준법 제23조 제1항 소정의 정당한 이유가 있어야 유효하며, 영업양도 그 자체만을 사유로 삼아 근로자를 해고한 것은 정당한 이유가 있는 경우에 해당한다고 볼 수 없다(대법원 1994.6.28. 선고 93다33173 판결)"고 본다.

따라서 고용승계배제특약이 유효하기 위해서는 해고의 정당성을 구비하여야 한다.

### 2. 사안의 적용

사례에 비추어 보면 영업양도 당사자인 A회사와 B회사 사이의 근로관계의 일부를 승계의 대상에서 제외하기로 하는 특약은 실질적으로 해고이므로, 근로기준법상 제24조 제1항 제2문에 규정한 긴박한 경영상의 이유에 의한 해고의 요건 내지 근로기준법 제23조 제1항의 정당한 해고 사유에 해당되어야 유효하다고 할 것이다.

---

념에 의하여 결정되어져야 할 사실인정의 문제이기는 하지만, 문제의 행위(양도계약관계)가 영업의 양도로 인정되느냐 안 되느냐는 단지 어떠한 영업재산이 어느 정도로 이전되어 있는가에 의하여 결정되어져야 하는 것이 아니고 거기에 종래의 영업조직이 유지되어 그 조직이 전부 또는 중요한 일부로서 기능할 수 있는가에 의하여 결정되어져야 하는 것이므로, 예컨대 영업재산의 전부를 양도했어도 그 조직을 해체하여 양도했다면 영업의 양도는 되지 않는 반면에 그 일부를 유보한 채 영업시설을 양도했어도 그 양도한 부분만으로도 종래의 조직이 유지되어 있다고 사회관념상 인정되면 그것을 영업의 양도라 볼 것이다"라고 판시하고 있다(대법원 2001.7.27. 선고 99두2680 판결).

2) 대법원 1994.6.28. 선고 93다33173 판결.

따라서 B사가 甲 등 인사고과 최하위 근로자 10명에 대해 고용승계를 배제한 것이 근로기준법상 해고의 정당한 사유에 해당함을 입증하지 못하는 한 위 고용승계배제는 정당한 사유가 없는 것으로서 무효이고, 甲 등 10명에 대한 고용을 승계해야 할 의무가 있다.

## Ⅳ. 설문의 해결

영업양도 과정에서 근로관계승계배제특약은 실질적으로 해고에 해당하므로 이에 따른 갑 등 10명에 대한 승계배제는 해고의 정당성을 갖추는 경우에 한하여 유효하다고 할 것이다. 그러나 B사가 위 해고의 정당성을 갖추었다는 사정은 찾기 어려우므로 고용이 승계되어야 한다는 甲 등 근로자의 주장은 타당하다.

# [문제 02]의 해결 — 영업양도와 근로조건

Ⅰ. 설문의 쟁점
Ⅱ. 영업양도 시 근로조건 결정
1. 영업양도에 있어 근로조건 보호의 필요성
2. 영업양도 시 근로조건 결정에 관한 판례의 태도
3. 사안의 적용
Ⅲ. 설문의 해결

## Ⅰ. 설문의 쟁점

사안에서와 같이 영업양도에 따라 A회사의 근로자들이 B회사로 고용이 승계된 경우, 취업규칙의 차이에 따른 근로조건의 차이가 존재할 수 있는바, 이 경우 고용승계된 양도회사의 근로자들의 근로조건은 어느 회사를 기준으로 하여야 하는지가 설문의 쟁점이다.

# Ⅱ. 영업양도 시 근로조건 결정

## 1. 영업양도에 있어 근로조건 보호의 필요성

영업양도에 따라 영업양수인은 영업양도인이 종래 근로자에 대하여 갖고 있던 사업주로서의 지위를 그대로 인수하게 되는 것이므로, 영업양수인은 영업양도인과 근로자 사이에 형성된 종전의 근로관계는 영업양수인에게 그대로 승계되어야 한다. 만일 사업주의 교체를 이유로 보다 불이익한 취업규칙 등의 적용을 인정한다면, 영업양도가 취업규칙을 불이익하게 변경하는데 요구되는 절차를 회피하기 위한 수단으로 이용될 수 있기 때문이다.

## 2. 영업양도 시 근로조건 결정에 관한 판례의 태도

판례는 "영업양도나 기업합병 등에 의하여 근로계약 관계가 포괄적으로 승계된 경우에 근로자의 종전 근로계약상의 지위도 그대로 승계되는 것이므로, 승계 후의 퇴직금규정이 승계 전의 퇴직금규정보다 근로자에게 불리하다면 근로기준법 제95조 제1항 소정의 당해 근로자집단의 집단적인 의사결정 방법에 의한 동의 없이는 승계 후의 퇴직금 규정을 적용할 수 없다"고(대법원 1995.12.26. 선고 95다41659 판결)하여 영업양도 시 종전 양도회사의 취업규칙이 양수회사에게 승계된다고 한다.

나아가 판례는 "근로관계가 포괄적으로 승계된 후의 새로운 퇴직금제도가 기존 근로자의 기득이익을 침해하는 것이어서 그들에게는 그 효력이 미치지 않고 부득이 종전의 퇴직금규정을 적용하지 않을 수 없어서 결과적으로 하나의 사업 내의 별개의 퇴직금제도를 운용하는 것으로 되었다고 하더라도, 이러한 경우까지 근로기준법 제28조 제2항, 부칙 제2항이 금하는 차등 있는 퇴직금제도를 설정한 경우에 해당한다고 볼 수 없다"고 하여 영업양도의 경우 영업양수인에 대하여 근로기준법상의 근로자에 대한 균등대우의 원칙(제6조), 퇴직금 차등설정금지의 원칙(근로자퇴직급여 보장법 제4조 제2항) 등은 적용되지 않는다고 보고 있다(대법원 1995.12.26. 선고 95다41659 판결).

## 3. 사안의 적용

사안에서 乙 등 종전 A회사 소속 근로자들은 영업양도에 따라 근로관계가 포괄승계되었으므로, 이들은 A회사 취업규칙의 기본급규정을 적용받아야 한다. 양도회사 소속 근로자에게 양수회사 취업규칙을 적용하기 위해서는 근로기준법 제94조 제1항에 따라 승계되는 양도회사 소속 근로자 집단의 동의가 필요하며, 예외적으로 사회통념상 합리성이 인정되는 경우에는 근로자집단의 동의 없이도 취업규칙을 불이익하게 변경할 수 있다.

사회통념상 합리성은 취업규칙의 변경에 의하여 근로자가 입게 되는 불이익의 정도, 사용자 측의 변경 필요성의 내용과 정도, 변경 후 취업규칙 내용의 상당성, 대상조치 등을 포함한 다른 근로조건의 개선상황, 노동조합 등과의 교섭경위 및 노동조합이나 다른 근로자의 대응, 동종 사항에 관한 국내의 일반적인 상황 등을 종합적으로 고려하여 판단하여야 하나(대법원 2001.1.5. 선고 99다70846 판결), 사안에서 A회사와 B회사 간 기본급 차이가 커서 B회사의 취업규칙을 적용할 경우 불이익이 상당한 반면, 다른 특별한 대상조치도 없는 상황이므로 사회통념상 합리성을 인정할 수 없다.

## Ⅲ. 설문의 해결

A회사와 B회사 간의 영업양도 계약에 따라 근로관계가 포괄승계되었으므로 을 등 A회사 소속 근로자들에게 B회사 취업규칙에 따른 기본급을 적용하려면 취업규칙의 불이익 변경에 따른 A회사 소속 근로자집단의 동의를 받아야 하고, 그 동의를 받지 않아도 될 사회통념상 합리성도 인정되지 않으므로, A회사 취업규칙의 기본급 적용을 주장하는 乙 등의 주장은 타당하다고 하겠다.

【관련쟁점】

1. 판례는 노동법상 영업양도가 문제된 경우와 상법상 영업양도가 문제된 경우를 어떻게 달리 보고 있는가?
2. 근로자가 영업양수기업에로의 승계취업이 확정되기 전에 양수기업에 대한 취업희망 의사표시를 철회할 수 있는가?
3. 판례는 합병의 결과로서 단체협약의 효력이 어떻게 된다고 하는가?

【참고문헌】

김형배, 590~637면; 김희성(1), 355~392면; 임종률, 503~509면; 이철

수 외 4인, 216~229면.

**【관련판례】**

○ 영업양도와 고용승계

대법원 2001.7.27. 선고 99두2680 판결

[1] 영업의 양도라 함은 일정한 영업목적에 의하여 조직화된 업체, 즉 인적·물적 조직을 그 동일성은 유지하면서 일체로서 이전하는 것으로서 영업의 일부만의 양도도 가능하고, 이러한 영업양도가 이루어진 경우에는 원칙적으로 해당 근로자들의 근로관계가 양수하는 기업에 포괄적으로 승계되는바, 여기서 영업의 동일성 여부는 일반 사회관념에 의하여 결정되어져야 할 사실인정의 문제이기는 하지만, 문제의 행위(양도계약관계)가 영업의 양도로 인정되느냐 안 되느냐는 단지 어떠한 영업재산이 어느 정도로 이전되어 있는가에 의하여 결정되어져야 하는 것이 아니고 거기에 종래의 영업조직이 유지되어 그 조직이 전부 또는 중요한 일부로서 기능할 수 있는가에 의하여 결정되어져야 하는 것이므로, 예컨대 영업재산의 전부를 양도했어도 그 조직을 해체하여 양도했다면 영업의 양도는 되지 않는 반면에 그 일부를 유보한 채 영업시설을 양도했어도 그 양도한 부분만으로도 종래의 조직이 유지되어 있다고 사회관념상 인정되면 그것을 영업의 양도라 볼 것이다.

[2] 포항종합제철의 자회사가 삼미종합특수강으로부터 봉강 및 강관 사업부문을 매수하였으나 실질적으로 그 사업부문의 영업상 인적·물적 조직을 그 동일성을 유지하면서 일체로서 포괄적으로 이전 받음으로써 영업을 양도받은 것으로 보기에는 부족하다고 한 사례.

대법원 2012.5.10. 선고 2011다45217 판결

영업의 양도란 일정한 영업목적에 의하여 조직화된 업체, 즉 인적·물적 조직을 동일성은 유지하면서 일체로서 이전하는 것이어서 영업 일부만의 양도도 가능하고, 이러한 영업양도가 이루어진 경우에는 원칙적으로 해당 근로자들의 근로관계가 양수하는 기업에 포괄적으로 승계되지만 근로자가 반대 의사를 표시함으로써 양수기업에 승계되는 대신 양도기업에 잔류하거나 양도기업과 양수기업 모두에서 퇴직할 수도 있다. 또한 이와 같은 경우 근로자가 자의에 의하여 계속근로관계를 단절할 의사로 양도기업에서 퇴직하고 양수기업에 새로이 입사할 수도 있다. 이때 근로관계 승계에 반대하는 의사는 근로자가 영업양도가 이루어진 사실을 안 날부터 상당한 기간 내에 양도기업 또는 양수기업에 표시하여야 하고, 상당한 기간 내에 표시하였는지는 양도기업 또는 양수기업이 근로자에게 영업양

도 사실, 양도 이유, 양도가 근로자에게 미치는 법적·경제적·사회적 영향, 근로자와 관련하여 예상되는 조치 등을 고지하였는지 여부, 그와 같은 고지가 없었다면 근로자가 그러한 정보를 알았거나 알 수 있었던 시점, 통상적인 근로자라면 그와 같은 정보를 바탕으로 근로관계 승계에 대한 자신의 의사를 결정하는 데 필요한 시간 등 제반사정을 고려하여 판단하여야 한다.

○ 고용승계배제특약의 효력

대법원 1994.6.28. 선고 93다33173 판결

영업양도 당사자 사이에 근로관계의 일부를 승계의 대상에서 제외하기로 하는 특약이 있는 경우에는 그에 따라 근로관계의 승계가 이루어지지 않을 수 있으나, 그러한 특약은 실질적으로 해고나 다름이 없으므로, 근로기준법 제27조 제1항 소정의 정당한 이유가 있어야 유효하며, 영업양도 그 자체만을 사유로 삼아 근로자를 해고하는 것은 정당한 이유가 있는 경우에 해당한다고 볼 수 없다.

○ 고용승계와 근로조건

대법원 2010.1.28. 선고 2009다32362 판결(취업규칙)

근로관계가 포괄적으로 승계되는 경우에는 근로자는 승계한 법인에서도 종전의 근로관계와 동일한 근로관계를 유지하게 되고, 사용자가 일방적으로 취업규칙을 변경하거나 종전의 근로관계보다 불이익한 승계한 법인의 취업규칙을 적용하기 위해서는 종전의 근로계약상 지위를 유지하던 근로자집단의 집단적 의사결정방법에 의한 동의 등의 사정이 있어야 하며, 이러한 동의 등이 없는 한 사용자가 일방적으로 종전의 근로조건을 근로자에게 불리하게 변경하거나 종전의 근로조건보다 불이익한 승계한 법인의 취업규칙을 적용할 수 없다. 이 경우 종전의 근로조건을 그대로 유지한 채 승계한 법인에서 근무하게 되는 근로자에 대하여는 종전의 취업규칙이 그대로 적용된다.

대법원 2004.5.14. 선고 2002다23185, 23192 판결(단체협약)

복수의 회사가 합병되더라도 피합병회사와 그 근로자 사이의 집단적인 근로관계나 근로조건 등은 합병회사와 합병 후 전체 근로자들을 대표하는 노동조합과 사이에 단체협약의 체결 등을 통하여 합병 후 근로자들의 근로관계 내용을 단일화하기로 변경·조정하는 새로운 합의가 있을 때까지는 피합병회사의 근로자들과 합병회사 사이에 그대로 승계되는 것이고, 합병회사의 노동조합이 유니언 숍의 조직형태를 취하고 있었다고 하더라도 위에서 본 바와 같은 피합병회사의 근로자들까지 아우른 노동조합과 합병회사 사이의 새로운 합의나 단체협약이 있을 때까지는 피합병회사의 근로자들이 자동적으로 합병회사의 노동조합의 조합원으로 되는 것은 아니라 할 것이다.

# 21. 부당해고와 평균임금의 산정

**【사실관계】**

A회사는 상시 300명의 근로자를 사용하여 자동차를 판매하는 주식회사이다. A회사는 자동차를 판매하는 영업사원들에게 기본급 외에 매월 자동차 판매 실적에 따른 특별인센티브(판매차량 1대당 10만 원)를 지급하는 급여제도를 취업규칙(보수규정)에서 규정하여 운영하여 오고 있다.

2010년 3월 1일 A회사에 입사한 영업사원 甲은, 영업사원들이 A회사의 영업방침에 따라 2012년 10월 1일부터 법정근로시간을 초과하여 연장근로를 주 2회 하여 오고 있음에도 불구하고, A회사가 영업사원들에게 연장근로수당을 지급하지 않고 있는 것을 2013년 2월 중순경에 관할 고용노동관서에 신고하였다. 이로 인해 A회사는 관할 고용노동관서의 조사를 받았고, 그 후 관할 법원으로부터 근로기준법 위반을 이유로 벌금형을 선고받았으며, 이러한 사실은 언론에 보도되기도 하였다.

A회사의 취업규칙(인사규정)에는 근로자가 회사의 명예나 신용을 실추시킨 경우를 징계사유로 규정하고 있다. A회사는 위와 같은 신고를 한 甲이 회사의 명예와 신용을 실추시켰다는 이유로 甲을 징계위원회에 회부하여 해고하였다.

한편, A회사는 위 특별인센티브는 실적에 따라 그 지급 여부 및 지급액이 달라지는 금품으로서 임금에 해당하지 않는다고 보아서, 甲이 해고 직전 3개월 동안 수령한 특별인센티브 금액 300만 원을 평균임금 계산의 기초인 임금총액에서 제외하고 甲의 퇴직금을 계산·지급하려고 한다.

(2013년 제2회 변호사시험 모의시험)

[문제 01] 甲은 위 징계해고가 위법하게 자신에게 정신적 고통을 가하는 것이어서 위자료가 지급되어야 하는 불법행위를 구성한다고 주장한다. 이러한 甲의 주장은 타당한가?

[문제 02] A회사가 甲에게 지급한 위 특별인센티브 금액 300만 원을 평균임금 계산의 기초인 임금총액에서 제외하는 것이 타당한가?

## 《관련조문》

근로기준법

제2조(정의) ① 이 법에서 사용하는 용어의 뜻은 다음과 같다.

6. "평균임금"이란 이를 산정하여야 할 사유가 발생한 날 이전 3개월 동안에 그 근로자에게 지급된 임금의 총액을 그 기간의 총일수로 나눈 금액을 말한다. 근로자가 취업한 후 3개월 미만인 경우도 이에 준한다.

제23조(해고 등의 제한) ① 사용자는 근로자에게 정당한 이유 없이 해고, 휴직, 정직, 전직, 감봉, 그 밖의 징벌(懲罰)(이하 "부당해고등"이라 한다)을 하지 못한다.

**【사실관계】의 논점정리**

이 사례는 해고의 정당성과 평균임금의 범위에 관한 판례를 살펴볼 수 있도록 출제되었다.

[문제 01]에서는 근로자가 사용자의 법 위반행위를 고용노동관서에 신고한 것을 이유로 징계해고 한 경우에 불법행위를 구성하는지를 묻고 있는데, 불법행위가 성립하기 위해서는 위 징계해고가 부당해고라는 점이 전제되어야 하므로 해고의 정당성도 쟁점으로 삼아야 한다.

[문제 02]는 특별인센트브가 퇴직금 산정시 기준이 되는 평균임금에 포함되는 것인지가 쟁점인데, 평균임금이란 임금을 전제로 하는 것이므로 임금의 판단기준에 관한 판례를 서술하고, 이에 부합하는지 검토하는 식으로 풀어가야 한다.

## 논점의 해설

### [문제 01]의 해결 — 부당해고와 불법행위

Ⅰ. 설문의 쟁점
Ⅱ. 甲에 대한 징계해고가 부당해고인지 여부
1. 문 제 점 / 2. 판례의 태도 / 3. 사안의 적용
Ⅲ. 甲에 대한 징계해고가 불법행위를 구성하는지 여부
1. 문 제 점 / 2. 판례의 태도 / 3. 사안의 적용
Ⅳ. 설문의 해결

## Ⅰ. 설문의 쟁점

A 회사의 직원인 甲은 A 회사가 영업사원들에게 연장근로수당을 지급하지 않고 있는 것을 관할 고용노동관서에 신고하였고, 이에 A 회사는 취업규칙에 따라 회사의 명예와 신용을 실추시켰다는 사유로 甲을 징계해고하였다. 甲은 위 징계해고가 불법행위를 구성한다고 주장하므로, 위 징계해고가 부당해고에 해당하는지 여부와 부당해고가 불법행위를 구성하는지 여부가 쟁점이라고 할 수 있다.

## Ⅱ. 甲에 대한 징계해고가 부당해고인지 여부

### 1. 문 제 점

근로기준법 제23조 제1항은 "사용자는 근로자에게 정당한 이유 없이 해고, 휴직, 정직, 전직, 감봉, 그 밖의 징벌(이하 "부당해고등"이라 한다)을 하지 못한다."라고 규정하고 있다. 따라서 A회사가 甲을 징계해고하기 위해서는 정당한 이유가 있어야 하는바, 甲이 A회사의 근로기준법 위반행위를 고용노동관서에 신고한 행위가 정당한 징계사유가 될 수 있는지 문제된다.

### 2. 판례의 태도

근로기준법 제23조 제1항에서 규정한 “정당한 이유”라 함은 사회통념상 고용계약을 계속시킬 수 없을 정도로 근로자에게 책임 있는 사유가 있다든가 부득이한 경영상의 필요가 있는 경우를 말하는 것이다(대법원 1990.11.23. 선고 90다카21589 판결 등). 그러므로 “취업규칙에서 정한 징계해고사유가 있다는 점만으로 당연히 그 징계해고처분이 정당한 이유가 있다고 볼 수는 있다고 볼 수는 없고 구체적인 사정을 참작하여 … 정당한 이유가 있다고 인정되는 경우에만 비로소 그 징계해고 처분에 정당한 이유가 있다”고 인정된다(대법원 1992.5.12. 선고 91다27518 판결).

### 3. 사안의 적용

근로기준법 제104조 제1항은 “사업 또는 사업장에서 이 법 또는 이 법에 따른 대통령령을 위반한 사실이 있으면 근로자는 그 사실을 고용노동부장관이나 근로감독관에게 통보할 수 있다.”고, 제2항은 “사용자는 제1항의 통보를 이유로 근로자에게 해고나 그 밖에 불리한 처우를 하지 못한다.”라고 규정하고 있다. 따라서 甲의 신고가 A회사의 명예와 신용을 실추시켰다고 하더라도 이를 이유로 징계해고를 한다면 근로기준법 제104조 제2항에 위반되며, 동법 제23조 제1항의 정당한 이유가 있다고 할 수 없다. 따라서 A회사의 甲에 대한 징계해고는 부당해고에 해당한다.

## Ⅲ. 甲에 대한 징계해고가 불법행위를 구성하는지 여부

### 1. 문 제 점

부당해고가 일어난 경우 그것이 불법행위를 구성하는지에 대하여 견해 대립이 있지만, 부당해고가 성립한다고 해서 모든 경우에 불법행위가 성립하지는 않는다고 보는 것이 우리 대법원의 견해이다. 그렇다면 어떤 경우에 부당해고가 정신적 고통을 가하는 불법행위가 되는지 사안과 관련하여 판례를 검토해야 할 것이다.

### 2. 판례의 태도

이와 관련하여 대법원은 "사용자가 근로자를 징계해고할 만한 사유가 전혀 없는데도 오로지 근로자를 사업장에서 몰아내려는 의도하에 고의로 어떤 명목상의 해고사유를 만들거나 내세워 징계라는 수단을 동원하여 해고한 경우나, 해고의 이유로 된 어느 사실이 소정의 해고사유에 해당되지 아니하거나 해고사유로 삼을 수 없는 것임이 객관적으로 명백하고, 또 조금만 주의를 기울이면 이와 같은 사정을 쉽게 알아볼 수 있는데도 그것을 이유로 징계해고에 나아간 경우 등 징계권의 남용이 우리의 건전한 사회통념이나 사회상규상 용인될 수 없음이 분명한 경우에 있어서는 그 해고가 근로기준법 제27조 제1항에서 말하는 정당성을 갖지 못하여 효력이 부정되는 데 그치는 것이 아니라, 위법하게 상대방에게 정신적 고통을 가하는 것이 되어 근로자에 대한 관계에서 불법행위를 구성할 수 있을 것이다"(대법원 1993.10.12. 선고 92다43586 판결)라고 판시하고 있다.

### 3. 사안의 적용

甲의 법규에 따른 정당한 행위를 이유로 한 징계해고는, 甲에게 징계해고할 만한 사유가 없었는데도 오로지 甲을 몰아내려는 의도를 보이면서 이와 관련 없는 취업규칙을 적용하여 해고한 징계권 남용으로써, 건전한 사회통념이나 사회상규상 분명히 용인될 수 없는 것이다. 그러므로 위 징계해고는 甲에게 정신적 고통을 가하는 것이어서 불법행위에 해당한다.

## Ⅳ. 설문의 해결

甲은 법률 규정에 따른 행위를 하였을 뿐이므로 A회사 취업규칙의 '회사의 명예나 신용을 실추시킨 경우'라고 할 수 없다. 이를 징계해고사유로 삼은 A회사의 甲에 대한 징계해고는 정당한 이유를 결여한 부당해고에 해당한다. 또 위 징계해고는 징계해고할 만한 사유가 없었는데도 오로지 甲을 몰아내려는 의도하에 명목상의 해고사유를 내세워 징계권을 남용한 것으로써 건전한 사회통념이나 사회상규상 분명히 용인될 수 없는 것이므로 불법행위를 구성한다. 따라서 이를 지적하는 甲의 주장은 타당하다.

# [문제 02]의 해결 — 평균임금 산정에 포함되는 임금

Ⅰ. 설문의 쟁점
Ⅱ. 평균임금 산정에 포함되는 임금의 개념과 범위
1. 관련 법 규정 및 문제점 / 2. 판례의 태도 / 3. 검 토
Ⅲ. 설문의 해결

## Ⅰ. 설문의 쟁점

A 회사는 취업규칙에 매월 자동차 판매 실적에 따른 특별인센티브를 지급하는 급여제도를 규정하여 운영하여 오고 있는데, 평균임금 계산의 기초인 임금 총액에서 위 특별인센티브를 제외하고 甲의 퇴직금을 지급하려 한다. 위 특별인센티브는 실적에 따라 그 지급 여부 및 지급액이 달라지긴 하나 취업규칙에 매월 지급하도록 규정되어 있는데, 이것이 평균임금 산정에 포함되는 '임금'에 해당하는지 여부가 쟁점이다.

## Ⅱ. 평균임금 산정에 포함되는 임금의 개념과 범위

### 1. 관련 법규정 및 문제점

근로기준법 제2조 제1항 제5호는 "'임금'이란 사용자가 근로의 대가로 근로자에게 임금, 봉급, 그 밖에 어떠한 명칭으로든지 지급하는 일체의 금품을 말한다.", 같은 항 제6호는 "'평균임금'이란 이를 산정하여야 할 사유가 발생한 날 이전 3개월 동안에 그 근로자에게 지급된 임금의 총액을 그 기간의 총일수로 나눈 금액을 말한다. 근로자가 취업한 후 3개월 미만인 경우도 이에 준한다."라고 규정하고 있다.

위 특별인센티브가 퇴직금을 계산할 때 평균임금 산정의 기초가 되는 임금 총액에 포함되는지 알기 위해서는, 그것이 근로기준법상 임금의 요건을 충족하는지를 살펴보아야 할 것이다.

## 2. 판례의 태도

이와 관련하여 대법원은 "평균임금 산정의 기초가 되는 임금총액에는 사용자가 근로의 대상으로 근로자에게 지급하는 일체의 금품으로서, 근로자에게 계속적·정기적으로 지급되고 그에 관하여 단체협약, 취업규칙 등에 의하여 사용자에게 지급의무가 지워져 있으면 명칭 여하를 불문하고 모두 포함된다. 한편 어떤 금품이 근로의 대상으로 지급된 것인지를 판단할 때에는 금품지급의무의 발생이 근로제공과 직접적으로 관련되거나 그것과 밀접하게 관련된 것으로 볼 수 있어야 하고, 이러한 관련 없이 지급의무의 발생이 개별 근로자의 특수하고 우연한 사정에 의하여 좌우되는 경우에는 금품의 지급이 단체협약·취업규칙·근로계약 등이나 사용자의 방침 등에 의하여 이루어진 것이라 하더라도 그러한 금품은 근로의 대상으로 지급된 것으로 볼 수 없다."라고 하면서, "甲자동차 판매회사가 영업사원들에게 매월 자동차 판매수량에 따른 일정 비율의 인센티브(성과급)를 지급한 것이 퇴직금 산정의 기초가 되는 평균임금에 포함되는지가 문제된 사안에서, 인센티브 지급규정이나 영업 프로모션 등으로 정한 지급기준과 지급시기에 따라 인센티브를 지급하여 왔고, 영업사원들이 차량판매를 위하여 하는 영업활동은 甲회사에 대하여 제공하는 근로의 일부라 볼 수 있어 인센티브는 근로의 대가로 지급되는 것이며, 인센티브의 지급이 매월 정기적·계속적으로 이루어지고, 지급기준 등 요건에 맞는 실적을 달성하였다면 甲회사로서는 그 실적에 따른 인센티브의 지급을 거절할 수 없을 것이며, 인센티브를 일률적으로 임금으로 보지 않을 경우 인센티브만으로 급여를 지급받기로 한 근로자는 근로를 제공하되 근로의 대상으로서의 임금은 없는 것이 되고 퇴직금도 전혀 받을 수 없게 되는 불합리한 결과가 초래될 것인 점 등에 비추어 위 인센티브는 퇴직금 산정의 기초가 되는 평균임금에 해당한다."(대법원 2011.7.14. 선고 2011다23149 판결)라고 판시하였다.

## 3. 검 토

근로기준법과 판례의 태도로 볼 때, 임금은 근로의 대상으로서 근로제공과 직접적으로 또는 밀접하게 관련된 것이어야 하고, 일률적·계속적·정기적으로 지급되며, 단체협약·취업규칙 등에 따라 사용자에게 지급의무가 지워져 있어야 하는 것이다. 이러한 법리를 좇아 판단하면, 매월 영업실적에 따라 일정 비율로 지급하는 인센티브도 지급규정에 근거하여 근로의 대가로 일률적 · 계속적 · 정기적으로 지급되어 온 것이라면 평균임금 산정에 포함되는 임금이라고 해야 한다.

## Ⅲ. 설문의 해결

A회사의 영업사원인 甲이 받아온 특별인센티브는 자동차 판매 영업활동이라는 근로제공과 직접적으로 또는 밀접하게 관련된 근로의 대가로서, 자동차 판매라는 조건을 달성하기만 하면 매월 일률적 · 계속적 · 정기적으로 지급되도록 A회사의 취업규칙에 규정된 것이다. 그렇다면 이는 임금에 해당하고 평균임금 산정시 임금 총액에 포함되어야 한다.

따라서 A회사가 실적에 따라 그 지급 여부 및 지급액이 달라진다고 하여 평균임금 계산의 기초인 임금 총액에서 위 특별인센티브를 제외하는 것은 타당하지 않다.

【관련쟁점】

1. 개인적인 범죄로 구속기소되어 직위해제되었던 기간의 일수와 그 기간 중에 지급받은 임금액이 평균임금의 산정기초에 포함되는가?
2. 근로자가 퇴직 직전 의도적으로 평균임금을 높이기 위한 행위를 한 경우, 퇴직금의 기초가 되는 평균임금을 산정하는 방법은?
3. 위장폐업에 의한 부당해고는 불법행위를 구성하는가?

【참고문헌】

김형배, 372-378면, 719-720면; 김희성(1), 192-237면, 481-496면; 이철수 외 4인, 96-99면, 199-203면; 임종률, 388-392면,

**【관련판례】**

○ 부당해고가 불법행위를 구성하는 경우

대법원 1993.10.12. 선고 92다43586 판결

사용자가 근로자를 징계해고 할 만한 사유가 전혀 없는데도 오로지 근

로자를 사업장에서 몰아내려는 의도하에 고의로 어떤 명목상의 해고사유를 만들거나 내세워 징계라는 수단을 동원하여 해고한 경우나, 해고의 이유로 된 어느 사실이 소정의 해고사유에 해당되지 아니하거나 해고사유로 삼을 수 없는 것임이 객관적으로 명백하고, 또 조금만 주의를 기울이면 이와 같은 사정을 쉽게 알아볼 수 있는데도 그것을 이유로 징계해고에 나아간 경우 등 징계권의 남용이 우리의 건전한 사회통념이나 사회상규상 용인될 수 없음이 분명한 경우에 있어서는 그 해고가 근로기준법 제27조 제1항에서 말하는 정당성을 갖지 못하여 효력이 부정되는 데 그치는 것이 아니라, 위법하게 상대방에게 정신적 고통을 가하는 것이 되어 근로자에 대한 관계에서 불법행위를 구성할 수 있을 것이다.

○ 평균임금 산정의 기초가 되는 임금의 범위

대법원 2011.7.14. 선고 2011다23149 판결

[2] 평균임금 산정의 기초가 되는 임금총액에는 사용자가 근로의 대상으로 근로자에게 지급하는 일체의 금품으로서, 근로자에게 계속적·정기적으로 지급되고 그에 관하여 단체협약, 취업규칙 등에 의하여 사용자에게 지급의무가 지워져 있으면 명칭 여하를 불문하고 모두 포함된다. 한편 어떤 금품이 근로의 대상으로 지급된 것인지를 판단할 때에는 금품지급의무의 발생이 근로제공과 직접적으로 관련되거나 그것과 밀접하게 관련된 것으로 볼 수 있어야 하고, 이러한 관련 없이 지급의무의 발생이 개별 근로자의 특수하고 우연한 사정에 의하여 좌우되는 경우에는 금품의 지급이 단체협약·취업규칙·근로계약 등이나 사용자의 방침 등에 의하여 이루어진 것이라 하더라도 그러한 금품은 근로의 대상으로 지급된 것으로 볼 수 없다.

[3] 甲자동차 판매회사가 영업사원들에게 매월 자동차 판매수량에 따른 일정 비율의 인센티브(성과급)를 지급한 것이 퇴직금 산정의 기초가 되는 평균임금에 포함되는지가 문제된 사안에서, 인센티브 지급규정이나 영업프로모션 등으로 정한 지급기준과 지급시기에 따라 인센티브를 지급하여 왔고, 영업사원들이 차량판매를 위하여 하는 영업활동은 甲회사에 대하여 제공하는 근로의 일부라 볼 수 있어 인센티브는 근로의 대가로 지급되는 것이며, 인센티브의 지급이 매월 정기적·계속적으로 이루어지고, 지급기준 등 요건에 맞는 실적을 달성하였다면 甲회사로서는 그 실적에 따른 인센티브의 지급을 거절할 수 없을 것이며, 인센티브를 일률적으로 임금으로 보지 않을 경우 인센티브만으로 급여를 지급받기로 한 근로자는 근로를 제공하되 근로의 대상으로서의 임금은 없는 것이 되고 퇴직금도 전

혀 받을 수 없게 되는 불합리한 결과가 초래될 것인 점 등에 비추어 위 인센티브는 퇴직금 산정의 기초가 되는 평균임금에 해당한다고 본 원심 판단을 수긍한 사례.

# 22. 근로계약기간 만료와 갱신기대권

## 【사실관계】

A회사는 주차관리 및 경비요원을 필요한 곳에 파견하는 것을 주요 사업으로 하는 시설관리업체로서, 서울 강남구 서초동에 위치한 파워팰리스 빌딩의 건물주 B와 시설관리계약을 체결하였다.

A회사는 파워팰리스 빌딩의 시설관리에 필요한 인원을 충원하기 위해 2011.2.1. 甲을 파견직 주차관리요원으로 채용하였다. A회사가 甲과 체결한 근로계약에는 '계약기간은 1년으로 하되, 근로자가 근무하는 시설의 건물주(B)와 A회사 사이의 관리용역계약이 해지될 때 이 근로계약도 해지된 것으로 본다'는 조항이 포함되어 있다.

그러던 중 파워팰리스 빌딩 주변의 뉴타운 계획이 취소되면서 입주 기업들이 하나 둘 떠나자 운영에 어려움을 느낀 B는 A회사와 시설관리계약을 해지한다는 통보를 하였다.

A회사는 소속 근로자들과 매년 각 근로계약을 갱신하여 왔으며, 특별한 사정이 없는 한 갱신거절을 한 사례가 없고, 이와 같은 방법으로 甲도 계속하여 A회사 소속으로 근로하여 왔다.

[문제 01] 위 상황에서 A회사가 甲이 근무하는 건물의 건물주와 시설관리계약이 2012.12.31. 해지되었음을 이유로 甲에게 근로계약이 해지되었음을 통보하였다. A회사의 이 같은 통보는 타당한가?

[문제 02] 한편, 甲이 A회사에 대하여 위 근로계약 해지통보는 부당하다고 항변하자, A회사는 甲에게 甲과의 근로계약은 2013.1.31. 기간이 만료되어 종료되었고, 더 이상의 갱신을 거절한다는 취지의 통보를 하였다. 이에 대하여 甲은 어떤 주장이 가능한가?

《관련조문》

근로기준법
제23조(해고 등의 제한) ① 사용자는 근로자에게 정당한 이유 없이 해고, 휴직, 정직, 전직, 감봉, 그 밖의 징벌(懲罰)(이하 "부당해고등"이라 한다)을 하지 못한다.

**【사실관계】의 논점정리**

이 사례에서 A회사는 그 소속 근로자 甲에 대하여 'B와의 관리용역계약의 해지'와 '근로계약 기간만료'라는 사유를 들어 각 근로계약이 해소되었다는 취지의 통보를 하고 있다.

[문제 01]과 관련하여, 사용자가 제3자와의 관계인 '근무지 시설관리용역 계약해지'를 근로자와의 근로계약의 자동소멸사유로 삼는 것을 인정할 수 있는지가 쟁점이며,

[문제 02]와 관련하여, 사용자의 '근로계약 기간만료'를 원인으로 한 근로계약 해지통보에 대하여 형식에 불과한 기간약정 또는 갱신기대권의 법리를 주장할 수 있는지가 문제된다.

## 논점의 해설

## [문제 01]의 해결 — 근로관계 자동소멸사유의 요건과 효과

Ⅰ. 설문의 쟁점
Ⅱ. 근로관계의 자동소멸사유에 관한 판례의 태도
Ⅲ. 설문의 해결

## Ⅰ. 설문의 쟁점

사안에서 A회사는 甲과 근로계약을 체결하면서 특약으로 '근로자가 근무

하는 시설의 건물주(B)와 A회사 사이의 관리용역계약의 해지'를 근로관계의 자동소멸사유로 정하였다. 따라서 이와 같이 특정한 사유의 발생을 근로관계의 자동소멸사유로 삼는 것이 인정될 수 있는지가 설문의 쟁점이라 하겠다.

## Ⅱ. 근로관계의 자동소멸사유에 관한 판례의 태도

판례는 이와 관련하여 "사용자가 어떤 사유의 발생을 당연퇴직 또는 면직사유로 규정하고 그 절차를 통상의 해고나 징계해고와 달리한 경우에 그 당연퇴직사유가 근로자의 사망이나 정년, 근로계약기간의 만료 등 근로관계의 자동소멸사유로 보이는 경우를 제외하고는 이에 따른 당연퇴직처분은 구 근로기준법 제23조 소정의 제한을 받는 해고라고 할 것인데(대법원 1999.9.3. 선고 98두18848 판결; 대법원 2007.10.25. 선고 2007두2067 판결 참조), 사용자가 주차관리 및 경비요원을 필요한 곳에 파견하는 것을 주요 사업으로 하는 회사로서 그 근로자와 사이에, 근로자가 근무하는 건물주 등과 사용자 간의 관리용역계약이 해지될 때에 그 근로자와 사용자 사이의 근로계약도 해지된 것으로 본다고 약정하였다고 하여 그와 같은 해지사유를 근로관계의 자동소멸사유라고 할 수 없다(대법원 2009.2.12. 선고 2007다62840 판결)"고 판시하였다.

나아가 "근로계약의 종료사유는 근로자의 의사나 동의에 의하여 이루어지는 퇴직, 근로자의 의사에 반하여 사용자의 일방적 의사에 의하여 이루어지는 해고, 근로자나 사용자의 의사와는 관계없이 이루어지는 자동소멸 등으로 나눌 수 있으며 근로기준법 제23조에서 말하는 해고란 실제 사업장에서 불리우는 명칭이나 그 절차에 관계없이 위의 두 번째에 해당하는 모든 근로계약관계의 종료를 의미하는데, 회사가 어떠한 사유의 발생을 당연퇴직사유로 규정하고 그 절차를 통상의 해고나 징계해고와는 달리 하였더라도 근로자의 의사와 관계없이 사용자 측에서 일방적으로 근로관계를 종료시키는 것이면 성질상 이는 해고로서 근로기준법에 의한 제한을 받는다고 보아야 할 것이므로 근로자에 대한 퇴직조처가 단체협약이나 취업규칙에서 당연퇴직으로 규정되었다 하더라도 위 퇴직조처가 유효하기 위하여는 근로기준법 제23조 제1항이 규정하는 바의 정당한 이유가 있어야 하고, 이와 같은 정당한 이유가 없는 경우에는 퇴직처분무효확인의 소를 제기할 수 있다(대법원 1993.10.26. 선고 92다54210 판결)"고 하였다.

## Ⅲ. 설문의 해결

따라서 A와 甲이 근로계약에서 건물주와 A 사이의 관리용역계약의 해지를 근로관계의 당연소멸사유로 삼은 것이라 하더라도 이는 성질상 당연종료사유에 해당한다고 할 수 없으며, 오히려 A의 일방적 의사에 이루어지는 것이므로 해고에 해당한다. 따라서 근로기준법 제23조 제1항의 정당한 이유를 갖추지 않는 이상 甲에 대한 통보는 타당하지 못하다.

# [문제 02]의 해결 — 형식에 불과한 기간약정 또는 갱신기대권 주장의 타당성

Ⅰ. 설문의 쟁점
Ⅱ. 사실상 기간의 정함이 없는 근로계약의 해당 여부
  1. 판례의 태도 / 2. 사안의 적용
Ⅲ. 갱신기대권의 인정 여부
  1. 판례의 태도 / 2. 사안의 적용
Ⅳ. 설문의 해결

## Ⅰ. 설문의 쟁점

A회사는 甲에게 근로계약기간의 만료를 이유로 근로관계의 소멸을 통보하였는바, 甲이 이에 대하여 주장할 수 있는 것은 근로계약상 기간약정이 형식에 불과한 기간약정이라는 점 또는 갱신기대권의 법리라고 할 수 있다. 따라서 甲의 근로계약이 사실상 기간의 정함이 없는 근로계약에 해당하는지 여부 및 그렇지 않더라도 갱신기대권을 주장할 수 있는지가 설문의 쟁점이라 하겠다.

## Ⅱ. 사실상 기간의 정함이 없는 근로계약의 해당 여부

### 1. 판례의 태도

판례는 근로계약을 체결하면서 정한 기간약정의 해석에 관하여 "근로계약기간을 정한 근로계약서를 작성한 경우 처분문서인 근로계약서의 문언에 따라 특별한 사정이 없는 한 근로자와 사용자 사이에는 기간의 정함이 있는 근로계약을 맺었다고 보아야 하고, 이 경우 근로계약기간이 끝나면 그 근로관계는 사용자의 해고 등 별도의 조처를 기다릴 것 없이 당연히 종료함이 원칙이고, 다만 기간을 정한 근로계약서를 작성한 경우에도 예컨대 단기의 근로계약이 장기간에 걸쳐서 반복하여 갱신됨으로써 그 정한 기간이 단지 형식에 불과하게 된 경우 등 계약서의 내용과 근로계약이 이루어지게 된 동기 및 경위, 기간을 정한 목적과 채용 당시 계속근로의사 등 당사자의 진정한 의사, 근무기간의 장단 및 갱신횟수, 동종의 근로계약 체결방식에 관한 관행 그리고 근로자보호법규 등을 종합적으로 고려하여 그 기간의 정함이 단지 형식에 불과하다는 사정이 인정되는 경우에는 계약서의 문언에도 불구하고 사실상 기간의 정함이 없는 근로계약을 맺었다고 볼 것이며, 이 경우 사용자가 정당한 사유 없이 갱신계약체결을 거절하는 것은 해고와 마찬가지로 무효이다(대법원 2007.9.7. 선고 2005두16901 판결)"라고 판시하고 있다.

### 2. 사안의 적용

사안에서 A회사는 2011.2.1. 1년의 기간을 정하여 甲을 고용하였지만 한 차례 갱신하였고, 소속 근로자들 또한 매년 같은 방식으로 고용계약을 갱신하였다는 사정이 인정된다. 또한 갱신에 있어서도 특별한 사정이 없는 한 갱신을 거절한 사례가 없다는 사정을 감안할 때 위 기간의 정함은 단지 형식에 불과한 것으로서 그 실질은 사실상 기간의 정함이 없는 근로계약이라고 볼 여지가 크다.

## Ⅲ. 갱신기대권의 인정 여부

### 1. 판례의 태도

판례는 일정한 경우 기간의 정함이 있는 근로계약이라고 하더라도 갱신기대권을 인정하고 있다. 판례가 "기간을 정하여 근로계약을 체결한 근로자의 경우 기간이 만료되면 근로자로서 신분관계는 당연히 종료되고 근로계약을 갱신하지 못하면 갱신거절의 의사표시가 없어도 당연퇴직되는 것이 원칙이다. 그러나 근로계약, 취업규칙, 단체협약 등에서 기간이 만료되더라도 일정한 요건이 충족되면 근로계약이 갱신된다는 취지의 규정을 두고 있거나, 그러한 규정이 없더라도 근로계약 내용과 근로계약이 이루어지게 된 동기 및 경위, 계약 갱신 기준 등 갱신에 관한 요건이나 절차의 설정 여부 및 그 실태, 근로자가 수행하는 업무내용 등 근로관계를 둘러싼 여러 사정을 종합하여 볼 때 근로계약당사자 사이에 일정한 요건이 충족되면 근로계약이 갱신된다는 신뢰관계가 형성되어 있어서 근로자에게 근로계약이 갱신될 수 있으리라는 정당한 기대권이 인정되는 경우에는, 사용자가 이를 위반하여 부당하게 근로계약 갱신을 거절하는 것은 부당해고와 마찬가지로 아무런 효력이 없고, 이 경우 기간만료 후 근로관계는 종전 근로계약이 갱신된 것과 동일하다(대법원 2011.7.28. 선고 2009두2665 판결)"고 판시한 것이 그것이다.

### 2. 사안의 적용

A와 甲 사이의 근로관계를 보면 근로계약, 취업규칙, 단체협약 등에서 기간만료 시 일정한 요건이 충족되면 근로계약이 갱신된다는 규정이 존재한다는 사정을 찾아볼 수 없다. 그러나 특별한 사정이 없는 한 갱신을 거절한 적이 없을 정도로 계약갱신이 용이하다는 점, 건물시설관리용역 계약이 지속되는 이상 계속해서 근로관계를 유지하려고 하였다는 양 당사자의 의사를 추정할 수 있다는 점, 이미 甲과 사이에 근로계약이 한 차례 갱신되는 등 계약갱신에 대한 신뢰가 어느 정도 형성되어 있었다는 점 등에 비추어 甲에게 정당한 갱신기대권이 인정된다고 할 수 있다.

## Ⅳ. 설문의 해결

따라서 A회사와 甲 사이에 체결된 근로계약은 사실상 기간의 정함이 없는 근로계약으로 볼 수 있고, 그렇지 않더라도 甲에게 최소한 갱신기대권은 인정할 수 있을 것으로 판단된다. 그러므로 A의 근로계약 해지통보는 정당한 이유 없는 해고에 해당하고, 甲은 위 두 가지 사유를 들어 대항할 수 있다.

【관련쟁점】

1. 기대권이 인정되는 경우, 기대권에 반하는 사용자의 부당한 근로계약 갱신 거절의 효력은?
2. 최근 판례는 갱신기대권 인정기준에 관해 어떠한 판단을 하고 있는가?
3. 박사학위 소지자 등 기간제한 예외에 해당하는 경우에는 갱신기대권이 인정될 수 있는가?

【참고문헌】

김형배, 1211~1216면; 임종률, 587~595면; 이철수 외 4인, 233~249면.

**【관련판례】**

○ 기간만료 의제조항

대법원 2009.2.12. 선고 2007다62840 판결

사용자가 어떤 사유의 발생을 당연퇴직 또는 면직사유로 규정하고 그 절차를 통상의 해고나 징계해고와 달리한 경우에 그 당연퇴직사유가 근로자의 사망이나 정년, 근로계약기간의 만료 등 근로관계의 자동소멸사유로 보이는 경우를 제외하고는 이에 따른 당연퇴직처분은 구 근로기준법(2007.4.11. 법률 제8372호로 전문 개정되기 전의 것) 제30조 소정의 제한을 받는 해고라고 할 것인데(대법원 1999.9.3. 선고 98두18848 판결, 대법원 2007.10.25. 선고 2007두2067 판결 참조), 사용자가 주차관리 및 경비요원을 필요한 곳에 파견하는 것을 주요 사업으로 하는 회사로서 그 근로자와 사이에, 근로자가 근무하는 건물주 등과 사용자 간의 관리용역계약이 해지될 때에 그 근로자와 사용자 사이의 근로계약도 해지된 것으로 본다고 약정하였다고 하여 그와 같은 해지사유를 근로관계의 자동소멸사유라고 할 수 없다.

대법원 1993.10.26. 선고 92다54210 판결

가. 근로계약의 종료사유는 근로자의 의사나 동의에 의하여 이루어지는 퇴직, 근로자의 의사에 반하여 사용자의 일방적 의사에 의하여 이루어지는 해고, 근로자나 사용자의 의사와는 관계없이 이루어지는 자동소멸 등으로 나눌 수 있으며 근로기준법 제27조에서 말하는 해고란 실제 사업장에서 불리우는 명칭이나 그 절차에 관계없이 위의 두 번째에 해당하는 모든 근로계약관계의 종료를 의미한다.

나. 회사가 어떠한 사유의 발생을 당연퇴직사유로 규정하고 그 절차를 

통상의 해고나 징계해고와는 달리 하였더라도 근로자의 의사와 관계없이 사용자 측에서 일방적으로 근로관계를 종료시키는 것이면 성질상 이는 해고로서 근로기준법에 의한 제한을 받는다고 보아야 할 것이므로 근로자에 대한 퇴직조처가 단체협약이나 취업규칙에서 당연퇴직으로 규정되었다 하더라도 위 퇴직조처가 유효하기 위하여는 근로기준법 제27조 제1항이 규정하는 바의 정당한 이유가 있어야 하고, 이와 같은 정당한 이유가 없는 경우에는 퇴직처분무효확인의 소를 제기할 수 있다.

○ 사실상 기간의 정함이 없는 근로계약과 갱신기대

대법원 2007.9.7. 선고 2005두16901 판결

[1] 근로계약기간을 정한 근로계약서를 작성한 경우 처분문서인 근로계약서의 문언에 따라 특별한 사정이 없는 한 근로자와 사용자 사이에는 기간의 정함이 있는 근로계약을 맺었다고 보아야 하고, 이 경우 근로계약기간이 끝나면 그 근로관계는 사용자의 해고 등 별도의 조처를 기다릴 것 없이 당연히 종료함이 원칙이고, 다만 기간을 정한 근로계약서를 작성한 경우에도 예컨대 단기의 근로계약이 장기간에 걸쳐서 반복하여 갱신됨으로써 그 정한 기간이 단지 형식에 불과하게 된 경우 등 계약서의 내용과 근로계약이 이루어지게 된 동기 및 경위, 기간을 정한 목적과 채용 당시 계속근로의사 등 당사자의 진정한 의사, 근무기간의 장단 및 갱신 횟수, 동종의 근로계약 체결방식에 관한 관행 그리고 근로자보호법규 등을 종합적으로 고려하여 그 기간의 정함이 단지 형식에 불과하다는 사정이 인정되는 경우에는 계약서의 문언에도 불구하고 사실상 기간의 정함이 없는 근로계약을 맺었다고 볼 것이며, 이 경우 사용자가 정당한 사유 없이 갱신계약체결을 거절하는 것은 해고와 마찬가지로 무효이다.

[2] 3회에 걸쳐 기간을 정하여 근로계약을 갱신하면서 근무하여 온 교열직 직원에게 교열부를 폐지하기로 하는 신문사의 아웃소싱 방침에 따라 기간 만료를 통지한 사안에서, 그간의 경위에 비추어 보면 근로계약에서 정한 기간은 형식에 불과하므로 위 통지는 기간의 정함이 없는 근로자에 대한 해고에 해당하고, 그 해고에 정당한 사유가 없다고 본 사례.

대법원 2011.7.28. 선고 2009두2665 판결

기간을 정하여 근로계약을 체결한 근로자의 경우 기간이 만료되면 근로자로서 신분관계는 당연히 종료되고 근로계약을 갱신하지 못하면 갱신 거절의 의사표시가 없어도 당연퇴직되는 것이 원칙이다. 그러나 근로계약, 취업규칙, 단체협약 등에서 기간이 만료되더라도 일정한 요건이 충족

되면 근로계약이 갱신된다는 취지의 규정을 두고 있거나, 그러한 규정이 없더라도 근로계약 내용과 근로계약이 이루어지게 된 동기 및 경위, 계약 갱신 기준 등 갱신에 관한 요건이나 절차의 설정 여부 및 그 실태, 근로자가 수행하는 업무내용 등 근로관계를 둘러싼 여러 사정을 종합하여 볼 때 근로계약당사자 사이에 일정한 요건이 충족되면 근로계약이 갱신된다는 신뢰관계가 형성되어 있어서 근로자에게 근로계약이 갱신될 수 있으리라는 정당한 기대권이 인정되는 경우에는, 사용자가 이를 위반하여 부당하게 근로계약 갱신을 거절하는 것은 부당해고와 마찬가지로 아무런 효력이 없고, 이 경우 기간만료 후 근로관계는 종전 근로계약이 갱신된 것과 동일하다.

# 23. 포괄임금제와 기간제 근로계약

## 【사실관계】

A주식회사는 중국에 공장을 두고 의류제조·수출업을 해왔는데, 최근 중국 근로자들의 가파른 임금인상과 공공요금 인상 등의 이유로 중국 공장을 다시 한국으로 이전하게 되었다. 한국에 새로운 공장을 마련한 A주식회사는 국내배송업무를 위해 甲 등 3명의 근로자를 고용하여 배송업무에 종사하도록 하였다.

A주식회사와 甲 등 근로자들이 체결한 근로계약에는 다음과 같은 내용이 포함되어 있다.

- ○ "계약기간은 2010.10.1.부터 2011.9.30.까지 1년, 임금은 월 1,000,000원으로 하며, 근로계약이 만료되어 기간을 연장할 필요가 있을 경우 재계약 여부 및 계약 기간은 당사자 간에 합의하여 결정한다."
- ○ "본인의 귀책사유로 인해 해고 시에는 1개월 전에 해고예고를 하며 본인이 퇴직하고자 할 시에도 1개월 전에 의사표시를 해야 한다."
- ○ "배송업무를 담당하는 근로자들에게 실제 근로한 연장근로시간을 산정함이 없이 매년 취업규칙상 급여지침에 따라 결정된 등급을 기준으로 정액의 '시간외근무수당'을 지급하기로 한다."

甲 등은 위 근로계약에 따라 매월 기본급 1,000,000원과 급여지침에 따른 200,000원의 정액의 시간외수당을 지급받고 근무하였고, 근로계약은 같은 내용으로 1차례 갱신되었다. 그러던 중 甲 등은 공장 확장에 따른 인력의 추가 고용과 물가상승에 따른 임금인상을 요구하였다. 그러자 A주식회사는 2012. 9.경 甲 등 근로자들과 근로계약 갱신을 거부하였다.

A주식회사의 취업규칙에는 "근로자의 근로계약은 기간의 명시가 있는 것을 제외하고는 1년으로 한다"는 규정과, "근로자가 근로계약이 만료되어 계약갱신이 되지 않았을 때 퇴직조치한다"는 규정이 포함되어 있다.

[문제 01] 甲 등 근로자들은 A주식회사에 대하여 '시간외근무수당'이라

는 명목으로 지급한 금원이 원고들이 실제로 연장근로한 시간을 기준으로 할 때 근로기준법 제56조에 기하여 계산한 금원에 미치지 못하므로, A 주식회사는 원고들에게 그 차액에 상당하는 금원을 지급할 의무가 있다고 주장한다. 이 같은 주장은 타당한가? (근로기준법 제56조에 따라 계산한 금원에 미치지 못한다는 점은 인정된다.)

[문제 02] 甲 등 근로자들은 A주식회사의 갱신거절이 '사실상 기간의 정함이 없는 근로계약'에 대한 것으로 사실상 해고에 해당하거나 자신들의 갱신기대권을 침해하는 것이라고 주장한다. 이 같은 주장은 받아들여질 수 있는가?

## 《관련조문》

근로기준법

제17조(근로조건의 명시) ① 사용자는 근로계약을 체결할 때에 근로자에게 다음 각 호의 사항을 명시하여야 한다. 근로계약 체결 후 다음 각 호의 사항을 변경하는 경우에도 또한 같다. 〈개정 2010.5.25〉

1. 임금
2. 소정근로시간
3. 제55조에 따른 휴일
4. 제60조에 따른 연차 유급휴가
5. 그 밖에 대통령령으로 정하는 근로조건

제56조(연장·야간 및 휴일 근로) 사용자는 연장근로(제53조·제59조 및 제69조 단서에 따라 연장된 시간의 근로)와 야간근로(오후 10시부터 오전 6시까지 사이의 근로) 또는 휴일근로에 대하여는 통상임금의 100분의 50 이상을 가산하여 지급하여야 한다.

제15조(이 법을 위반한 근로계약) ① 이 법에서 정하는 기준에 미치지 못하는 근로조건을 정한 근로계약은 그 부분에 한하여 무효로 한다.
②제1항에 따라 무효로 된 부분은 이 법에서 정한 기준에 따른다.

**【사실관계】의 논점정리**

이 사례는 포괄임금제의 허용 여부와 사실상 기간의 제한이 없는 근로계약 및 갱신기대권의 인정 요건에 관한 쟁점을 담고 있다.

[문제 01]에서는 특히 포괄임금제와 관련하여, 근로시간의 산정이 어려운 경우가 아닌 경우 포괄임금 약정이 허용되는지 여부와 나아가 포괄임금 약정에 따라 산정한 임금이 근로기준법에 미달하는 경우 그 미달하는 임금의 지급의무가 쟁점이 된다.

[문제 02]는 기간을 정한 근로계약이 반복 · 갱신된 경우라고 하더라도 구체적인 사안에 비추어 사실상 기간의 정함이 없는 근로계약 내지 갱신기대권이 인정되지 않는 사정이 어떤 것인지가 문제된다.

## 논점의 해설

### [문제 01]의 해결 — 포괄임금제의 허용 여부 및 효과

Ⅰ. 설문의 쟁점
Ⅱ. A주식회사의 甲 등 근로자에 대한 차액상당 임금 지급 의무
1. 문 제 점 / 2. 판례의 태도 / 3. 사안의 적용
Ⅲ. 사안의 해결

## Ⅰ. 설문의 쟁점

A주식회사는 甲 등과 실제 근로한 연장근로시간을 산정함이 없이 매년 취업규칙상 급여지침에 따라 결정된 등급을 기준으로 정액의 '시간외근무수당'을 지급하기로 하는 포괄임금 약정을 체결하였는바, 이 같은 약정이 근로기준법상 허용되는 것인지와 그에 따라 A주식회사가 甲 등에게 근로기준법상 기준에 따른 차액을 지급할 의무가 있는 것인지가 쟁점이라고 하겠다.

## Ⅱ. A주식회사의 甲 등 근로자에 대한 차액상당 임금 지급 의무

### 1. 문 제 점

A주식회사가 甲 등 근로자에게 실제로 지급한 임금은 근로계약상 포괄

임금 약정에 따라 지급한 것이므로, 이 같은 약정의 효력이 인정된다면 근로기준법에 따른 법정수당과의 차액 상당 임금을 지급할 필요가 없다. 이와 관련하여 포괄임금제가 근로기준법상 근로시간 규정을 위반하는 것인지 여부 및 그렇다면 동법 제15조에 따라 근로기준법에 의하여 계산된 임금에 부족한 차액을 지급할 의무가 있는지가 문제된다.

## 2. 판례의 태도

판례는 “감시 · 단속적 근로 등과 같이 근로시간의 산정이 어려운 경우가 아니라면 달리 근로기준법상의 근로시간에 관한 규정을 그대로 적용할 수 없다고 볼 만한 특별한 사정이 없는 한 근로기준법상의 근로시간에 따른 임금지급의 원칙이 적용되어야 할 것이므로, 이러한 경우에도 근로시간수에 상관없이 일정액을 법정수당으로 지급하는 내용의 포괄임금제 방식의 임금 지급계약을 체결하는 것은 그것이 근로기준법이 정한 근로시간에 관한 규제를 위반하는 이상 허용될 수 없다”고 하여 원칙적으로 포괄임금제의 효력을 부정하고 있다.

또한 이 경우 “구 근로기준법(2007.4.11. 법률 제8372호로 전부 개정되기 전의 것) 제22조(현행 법 제15조)에서는 근로기준법에 정한 기준에 미치지 못하는 근로조건을 정한 근로계약은 그 부분에 한하여 무효로 하면서(근로기준법의 강행성) 그 무효로 된 부분은 근로기준법이 정한 기준에 의하도록 정하고 있으므로(근로기준법의 보충성), 근로시간의 산정이 어려운 등의 사정이 없음에도 포괄임금제 방식으로 약정된 경우 그 포괄임금에 포함된 정액의 법정수당이 근로기준법이 정한 기준에 따라 산정된 법정수당에 미달하는 때에는 그에 해당하는 포괄임금제에 의한 임금지급계약 부분은 근로자에게 불이익하여 무효라 할 것이고, 사용자는 근로기준법의 강행성과 보충성 원칙에 의해 근로자에게 그 미달되는 법정수당을 지급할 의무가 있다(대법원 2010.5.13. 선고 2008다6052 판결)”고 하여 차액 상당의 임금지급의무를 인정한다.

## 3. 사안의 적용

따라서 A주식회사가 甲 등 근로자와 맺은 근로계약 중 시간외근무수당에 관한 포괄임금 산정이 실제 지급받아야 할 시간외근무수당이 근로기준법이 정한 기준에 따라 산정한 시간외근무수당보다 미달되었다면 포괄임금제에 의한 계약부분을 甲 등에게 불이익하여 무효라고 할 것이고 이 경우 A주식회사는 미달되는 법정수당을 지급할 의무가 있다. 실제 지급받은 시간외근무수당이 근로기준법의 기준보다 미달되므로 그 미달되는 차액 상당의 법정수당을 지급할 의무가 있다.

## Ⅲ. 사안의 해결

사안에서 A주식회사와 甲 등 근로자가 맺은 포괄임금 약정은 근로기준법상 근로시간에 관한 규정에 반하므로 그 효력이 없다. 그러므로 A주식회사에 대하여 甲 등이 실제 근무한 시간에 따른 근로기준법상 시간외수당이 포함된 금원에서 실제 지급한 금원을 공제한 나머지 차액을 지급하라는 주장은 타당하다.

# [문제 02]의 해결 — 사실상 기간의 정함이 없는 근로계약 내지 갱신기대권의 인정 여부

Ⅰ. 설문의 쟁점
Ⅱ. 甲 등이 사실상 기간의 정함이 없는 근로계약을 맺거나 갱신기대권의 인정 여부에 관한 판례의 태도
Ⅲ. 설문의 해결

## Ⅰ. 설문의 쟁점

甲 등 근로자는 A주식회사의 계약갱신거절에 대하여 자신들은 사실상 기간의 정함이 없는 근로계약을 체결하였거나 갱신기대권이 있다고 주장하고 있는바, 甲 등과 A주식회사가 맺은 근로계약의 내용에 비추어 이 같은 주장이 타당한지 여부가 쟁점이라고 할 것이다.

## Ⅱ. 甲 등이 사실상 기간의 정함이 없는 근로계약을 맺거나 갱신기대권의 인정 여부에 관한 판례의 태도

판례는 "근로계약기간을 정한 경우에 있어서 근로계약 당사자 사이의 근로관계는 특별한 사정이 없는 한 그 기간이 만료함에 따라 사용자의 해고 등 별도의 조처를 기다릴 것 없이 당연히 종료된다. 다만 그 기간의 정함이 단지 형식에 불과하다는 사정이 인정되는 경우에는 계약서의 문언에도 불구하고 사실상 기간의 정함이 없는 근로계약을 맺었다고 볼 수 있다(대법원 2006.2.24. 선고 2005두5673 판결 등 참조). 근로계약기간의 정함이 형식에 불과한 것으로 볼 수 없는 경우라도, 근로계약, 취업규칙, 단체협약 등에서 계약갱신의 의무 내지 계약갱신 절차 및 요건 등에 관한 규정을 두고 있거나 계약당사자의 의사, 설정한 기간의 성격, 업무의 내용, 계약갱신의 기준 설정 여부 및 그 실태 등 당해 근로관계를 둘러싼 여러 사정을 종합할 때 근로계약기간이 만료된 근로자에게 소정의 절차에 따라 근로계약이 갱신될 수 있으리라는 정당한 기대권이 인정되는 경우에는 사용자가 이에 위반하여 부당하게 계약갱신을 거절하는 것은 실질적으로 부당해고에 해당한다(대법원 2005.7.8. 선고 2002두8640 판결 등 참조)"고 판시하였다.

그러나 다른 사안에서 "원고는 참가인을 포함한 모든 직원들과 기간을 정한 근로계약을 체결하여 왔고, 취업규칙에도 "근로자의 근로계약은 기간의 명시가 있는 것을 제외하고는 1년으로 한다(제11조 제4항)", "관리소는 근로자가 근로계약이 만료되어 계약갱신이 되지 않았을 때 퇴직조치한다(제57조 제4호)"고 규정함으로써 근로계약기간이 만료하면 근로자는 당연히 퇴직하는 것을 원칙으로 하고 있는 사실, 원고는 2006.12.9. 참가인과 계약기간을 1년으로 정하여 참가인을 원고 관리사무소장으로 근무하도록 하는 내용의 근로계약을 체결하였다가 그 계약기간이 만료되자 2007.12.9. 다시 근로계약을 체결하였는데, 그 계약내용에 의하면 참가인은 계약직근로자로서 계약기간이 2008.12.8.까지 1년이고, 재계약 여부와 본 계약에 정한 내용 이외의 근로조건에 관한 사항은 관계법령 및 취업규칙에 정하는 바에 의하도록 함으로써 근로계약기간 등을 구체적으로 명시한 사실, 참가인은 원고가 구성한 자치관리기구의 대표자로서 원고 구성원의 과반수의 찬성으로 선임되어 자치관리기구의 업무를 총괄하고 입주자대표회의가 의결하여 통보한 사항을 집행하는 등의 업무를 담당하는 지위에 있는데(원고 관리규약 제37조), 원고는 참가인과의 근로계약 만료일 무렵인 2008.10.10. 개최된 원고의 입주자대표회의에서 입주민들 과반수가 참가인과의 재계약에 반대하는 결의를 하자 그 결의에 따라 위 계약기간 만료 후 원고와 다시 재계약을 체결하지 않게 된 사실 등을 알 수 있다. 위와 같은 사정을 앞서 본 법리에 비추어 살펴보면, 원고와 참가인 사이에 체결된 근로계약에서 정한 계약기간이 단지 형식에 불과하다거나 참가인에게 근로계약서에 명시된 계약기간이 지나더라도 당연히 근로계약이 갱신될 수 있으리라는 정당한 기대권이 인정되는 경우에 해당한다고 볼 수 없다. 따라서 원고와 참가인 사이의 근로계약관계는 특별한 사정이 없는 한 그 계약기간이 만료됨으로써 당연히 종료되었다고 봄이 상당하다"고 판시(대법원 2011.10.27. 선고 2010두17205 판결 참조)한 바 있다.

## Ⅲ. 설문의 해결

사안에서 甲 등 근로자는 A주식회사와의 근로계약에 "계약기간은 2008.10.1.부터 2009.9.30.까지 1년, 임금은 월 1,000,000원으로 하며, 근로계약이 만료되어 기간을 연장할 필요가 있을 경우 재계약 여부 및 계약 기간은 당사자 간에 합의하여 결정한다"라는 규정을 두고 있다는 점, A주식회사의 취업규칙에는 "근로자의 근로계약은 기간의 명시가 있는 것을 제외하고는 1년으로 한다"는 규정과, "근로자가 근로계약이 만료되어 계약갱신이 되지 않았을 때 퇴직조치한다"는 규정이 있다는 점 등을 고려할 때 근로계약 기간이 단지 형식적인 것이라고 보기 어려우며, 갱신과 관련하여도 단지 사용자와의 협의만 규정하고 있을 뿐이므로 갱신기대권을 인정하기 어렵다고 판단된다. 따라서 A주식회사의 갱신거절이 사실상 해고라는 甲 등의 주장은 타당하지 않다고 할 것이다.

【관련쟁점】

1. 판례는 이른바 포괄임금제에 의한 임금지급계약의 요건에 대해 어떻게 판단하고 있는가?
2. 판례는 포괄임금으로 지급한 제 수당이 근로기준법에 의하여 산정한 금액에 미달한 경우 어떠한 태도를 취하고 있는가?

【참고문헌】

김형배, 450~451면, 1211~1216면; 김희성(1), 277~286면; 임종률, 437~440면, 587~595면; 이철수 외 4인, 233~249면.

**【관련판례】**

○ 포괄임금제의 허용 여부 및 범위

대법원 2010.5.13. 선고 2008다6052 판결

[1] 감시 · 단속적 근로 등과 같이 근로시간의 산정이 어려운 경우가 아니라면 달리 근로기준법상의 근로시간에 관한 규정을 그대로 적용할 수 없다고 볼 만한 특별한 사정이 없는 한 근로기준법상의 근로시간에 따른 임금지급의 원칙이 적용되어야 할 것이므로, 이러한 경우에도 근로시간 수에 상관없이 일정액을 법정수당으로 지급하는 내용의 포괄임금제 방식의 임금지급계약을 체결하는 것은 그것이 근로기준법이 정한 근로시간에 관한 규제를 위반하는 이상 허용될 수 없다.

[2] 구 근로기준법(2007.4.11. 법률 제8372호로 전부 개정되기 전의 것) 제22조(현행 법 제15조)에서는 근로기준법에 정한 기준에 미치지 못하는 근로조건을 정한 근로계약은 그 부분에 한하여 무효로 하면서(근로기준법의 강행성) 그 무효로 된 부분은 근로기준법이 정한 기준에 의하도록 정하고 있으므로(근로기준법의 보충성), 근로시간의 산정이 어려운 등의 사정이 없음에도 포괄임금제 방식으로 약정된 경우 그 포괄임금에 포함된 정액의 법정수당이 근로기준법이 정한 기준에 따라 산정된 법정수당에 미달하는 때에는 그에 해당하는 포괄임금제에 의한 임금지급계약 부분은 근로자에게 불이익하여 무효라 할 것이고, 사용자는 근로기준법의 강행성과 보충성 원칙에 의해 근로자에게 그 미달되는 법정수당을 지급할 의무가 있다.

○ 갱신기대권이 인정되지 않는 경우

대법원 2011.10.27. 선고 2010두17205 판결

원고는 참가인을 포함한 모든 직원들과 기간을 정한 근로계약을 체결하여 왔고, 취업규칙에도 "근로자의 근로계약은 기간의 명시가 있는 것을 제외하고는 1년으로 한다(제11조 제4항)", "관리소는 근로자가 근로계약이 만료되어 계약갱신이 되지 않았을 때 퇴직조치한다(제57조 제4호)"고 규정함으로써 근로계약기간이 만료하면 근로자는 당연히 퇴직하는 것을 원칙으로 하고 있는 사실, 원고는 2006.12.9. 참가인과 계약기간을 1년

으로 정하여 참가인을 원고 관리사무소장으로 근무하도록 하는 내용의 근로계약을 체결하였다가 그 계약기간이 만료되자 2007.12.9. 다시 근로계약을 체결하였는데, 그 계약 내용에 의하면 참가인은 계약직근로자로서 계약기간이 2008.12.8.까지 1년이고, 재계약 여부와 본 계약에 정한 내용 이외의 근로조건에 관한 사항은 관계법령 및 취업규칙에 정하는 바에 의하도록 함으로써 근로계약기간 등을 구체적으로 명시한 사실, 참가인은 원고가 구성한 자치관리기구의 대표자로서 원고 구성원의 과반수의 찬성으로 선임되어 자치관리기구의 업무를 총괄하고 입주자대표회의가 의결하여 통보한 사항을 집행하는 등의 업무를 담당하는 지위에 있는데(원고 관리규약 제37조),원고는 참가인과의 근로계약 만료일 무렵인 2008.10.10. 개최된 원고의 입주자대표회의에서 입주민들 과반수가 참가인과의 재계약에 반대하는 결의를 하자 그 결의에 따라 위 계약기간 만료 후 원고와 다시 재계약을 체결하지 않게 된 사실 등을 알 수 있다.

위와 같은 사정을 앞서 본 법리에 비추어 살펴보면, 원고와 참가인 사이에 체결된 근로계약에서 정한 계약기간이 단지 형식에 불과하다거나 참가인에게 근로계약서에 명시된 계약기간이 지나더라도 당연히 근로계약이 갱신될 수 있으리라는 정당한 기대권이 인정되는 경우에 해당한다고 볼 수 없다. 따라서 원고와 참가인 사이의 근로계약관계는 특별한 사정이 없는 한 그 계약기간이 만료됨으로써 당연히 종료되었다고 봄이 상당하다.

# 24. 기간제근로와 차별시정

【사실관계】

甲은 20년 동안 초등학교 교사로 근무하다 퇴직한 후 2010.3.1.부터 乙초등학교에서 학기 단위로 계약체결을 하고 기간제 교원(학급 담임교사)으로 근무하였다. 甲은 2010.3.1.경부터 2011.2.28.까지는 방학기간이 계약기간에 포함된 계약을 체결했으나, 2011년 2월경 체결된 2011학년도 1학기 계약에서는 같은 해 3.1.과 여름방학 기간(2011.7.20.~2011.8.28.)이 계약기간에서 제외되었다.

乙초등학교의 2011학년도 업무분장표상 甲은 3학년 3반 담임으로 '청소구역배정, 분실물, 화단·화분 관리, 실외청소' 등의 업무를 담당하게 되어 있었다. 또한 乙초등학교의 2011학년도 여름방학 기간은 2011.7.20.부터 같은 해 8.28.까지인데, 여름방학 실시 전날에 乙초등학교 3학년 3반 학생들에게 배부된 '방학 중 학생지도' 관련문서에는 비상연락망 중 선생님의 연락처로 甲의 휴대전화번호가 기재되어 있다.

甲은 2011학년도 여름방학기간 중에 '乙초등학교' 홈페이지의 3학년 3반 학급 게시판에 방학 중의 생활 및 학습 등에 관한 당부의 글을 작성·게시한 바 있고, 학부모들로부터 방학 과제물과 개학 준비 등에 관한 문의 전화를 받고 답변한 적도 있다.

그 후 甲과 乙초등학교는 2011.8.26. 2학기 계약을 체결하였는데 그 계약기간(2011.8.29.~2011.12.20.)에서도 겨울방학기간이 제외되어 있었고, 그 이후로도 계속 방학기간은 계약기간에 포함된 적이 없다. 한편 甲은 2012.12.23.을 끝으로 더 이상 乙초등학교에 근무하지 않는다.

[문제 01] 甲은 '乙초등학교'의 교장이 자신을 2011년도 1학기 담임교사로 임용하면서 정규직 담임교사와 달리 방학기간을 계약기간에서 제외하고 방학기간 중 급여를 지급하지 않은 것이 차별적 처우에 해당한다

고 주장하고 있다. 이 같은 주장은 타당한가?

[문제 02] 甲은 위 차별적 처우에 대하여 2013.5.3. 관할지방노동위원회에 구제신청을 제기하였다. 그러자 '乙초등학교'는 2012학년도 2학기 계약을 제외하고 그 이전의 계약은 차별적 처우의 종료일로부터 6월이 지났으므로 각하되어야 한다고 주장한다. 이에 대하여 甲이 주장가능한 항변은 무엇인가?

## 《관련조문》

기간제 및 단시간근로자 보호 등에 관한 법률

제2조(정의) 이 법에서 사용하는 용어의 정의는 다음과 같다.

3. "차별적 처우"라 함은 다음 각 목의 사항에 있어서 합리적인 이유 없이 불리하게 처우하는 것을 말한다.

가. 「근로기준법」 제2조 제1항 제5호에 따른 임금

나. 정기상여금, 명절상여금 등 정기적으로 지급되는 상여금

다. 경영성과에 따른 성과금

라. 그 밖에 근로조건 및 복리후생 등에 관한 사항

제8조(차별적 처우의 금지) ① 사용자는 기간제근로자임을 이유로 당해 사업 또는 사업장에서 동종 또는 유사한 업무에 종사하는 기간의 정함이 없는 근로계약을 체결한 근로자에 비하여 차별적 처우를 하여서는 아니 된다.

② 사용자는 단시간근로자임을 이유로 당해 사업 또는 사업장의 동종 또는 유사한 업무에 종사하는 통상근로자에 비하여 차별적 처우를 하여서는 아니 된다.

제9조(차별적 처우의 시정신청) ① 기간제근로자 또는 단시간근로자는 차별적 처우를 받은 경우 「노동위원회법」 제1조의 규정에 따른 노동위원회(이하 "노동위원회"라 한다)에 그 시정을 신청할 수 있다. 다만, 차별적 처우가 있은 날(계속되는 차별적 처우는 그 종료일)부터 6개월이 경과한 때에는 그러하지 아니하다.

**【사실관계】의 논점정리**

이 사례는 기간제근로자에 대한 차별과 그 시정에 관한 쟁점을 가지고 구성되었다.

[문제 01]에서는 기간제교사의 계약기간에 방학을 포함하지 않은 것이 정규직 교사에 비하여 차별대우에 해당하는지가 쟁점인데, 정규직 교사가 비교대상 근로자에 해당하는지 여부, 차별적 취급에 정당한 사유가 존재하는지가 문제된다.

[문제 02]는 차별취급으로 인한 노동위원회 구제신청의 제척기간 적용과 관련된 쟁점으로, 계속된 차별취급이 존재하는 경우 그 제척기간의 기산점을 어떻게 해석하여야 하는지가 문제된다.

## 논점의 해설

## [문제 01]의 해결 — 甲에 대한 차별적 처우의 인정 여부

Ⅰ. 설문의 쟁점
Ⅱ. '乙초등학교' 교장의 甲에 대한 차별적 취급 인정 여부
1. 문 제 점 / 2. 甲의 비교대상 근로자의 확정
3. 차별적 처우의 '합리적 이유' 인정 여부 / 4. 사안의 적용
Ⅲ. 설문의 해결

## Ⅰ. 설문의 쟁점

사안에서 '乙초등학교'의 교장이 甲을 기간제교사로 임용하면서 계약기간에 방학을 포함하지 않은 것이 정규직 교사에 비하여 차별대우에 해당하는지가 쟁점인데, 이와 관련하여 정규직 교사가 甲의 비교대상 근로자에 해당하는지 여부, 차별적 취급에 정당한 사유가 존재하는지가 문제된다.

## Ⅱ. '乙초등학교' 교장의 甲에 대한 차별적 취급 인정 여부

### 1. 문 제 점

기간제 및 단시간근로자 보호 등에 관한 법률 제8조 제1항은 '사용자는 기간제근로자임을 이유로 당해 사업 또는 사업장에서 동종 또는 유사한 업무

에 종사하는 기간의 정함이 없는 근로계약을 체결한 근로자에 비하여 차별적 처우를 하여서는 아니 된다.'고 규정하고 있다. 따라서 甲이 기간제근로자임을 이유로 하는 차별적 처우는 금지되지만, 이는 비교대상 근로자의 존재를 전제로 하는 것인바, 비교대상 근로자의 기준이 문제된다. 또한 '차별적 처우'란 합리적 이유 없는 차별취급을 의미하는바(동법 제2조 제3호), 甲에 대한 차별취급에 정당한 이유가 없는지도 검토가 요구된다.

## 2. 甲의 비교대상 근로자의 확정

판례는 기간제 및 단시간근로자의 차별적 처우와 관련하여 비교대상 근로자의 확정기준에 대해 "'당해 사업 또는 사업장에서 동종 또는 유사한 업무에 종사하는 기간의 정함이 없는 근로계약을 체결한 근로자'(이하 '비교대상 근로자'라고 한다)의 업무가 기간제근로자의 업무와 동종 또는 유사한 업무에 해당하는지 여부는 취업규칙이나 근로계약 등에서 정한 업무내용이 아니라 근로자가 실제 수행하여 온 업무를 기준으로 판단하되, 이들이 수행하는 업무가 서로 완전히 일치하지 않고 업무의 범위나 책임과 권한 등에서 다소 차이가 있더라도 주된 업무의 내용에 본질적인 차이가 없다면, 특별한 사정이 없는 한 이들은 동종 또는 유사한 업무에 종사한다고 보아야 한다"고 판시(대법원 2012.3.29. 선고 2011두2132 판결)하고 있다.

## 3. 차별적 처우의 '합리적 이유' 인정 여부

판례는 차별적 처우의 '합리적 이유' 인정기준과 관련하여 "기간제근로자 보호법 제2조 제3호는 '차별적 처우'를 '임금 그 밖의 근로조건 등에서 합리적인 이유 없이 불리하게 처우하는 것'으로 정의하고 있다. 여기에서 불리한 처우란 사용자가 임금 그 밖의 근로조건 등에서 기간제근로자와 비교대상 근로자를 다르게 처우함으로써 기간제근로자에게 발생하는 불이익 전반을 의미하고, 합리적인 이유가 없는 경우란 기간제근로자를 다르게 처우할 필요성이 인정되지 않거나 다르게 처우할 필요성이 인정되는 경우에도 그 방법·정도 등이 적정하지 않은 경우를 의미한다. 그리고 합리적인 이유가 있는지 여부는 개별 사안에서 문제된 불리한 처우의 내용과 사용자가 불리한 처우의 사유로 삼은 사정을 기준으로 기간제근로자의 고용형태, 업무의 내용과 범위, 권한과 책임, 임금 그 밖의 근로조건 등의 결정 요소 등을 종합적으로 고려하여 판단하여야 한다"고 판시(대법원 2012.3.29. 선고 2011두2132 판결)하고 있다.

### 4. 사안의 적용

甲은 다른 정규직 교사와 마찬가지로 학급 담임으로서 근무하였으며, '청소구역 배정, 분실물, 화단 · 화분 관리, 실외청소' 등의 업무를 담당하였다는 점을 알 수 있다. 따라서 甲이 실제 수행해왔던 업무는 정규직 교사와 본질적인 차이가 없다고 인정되므로 甲의 비교대상 근로자는 '乙초등학교'의 정규직 교사라고 할 것이다.

또한 甲은 '乙초등학교'의 '방학 중 학생지도' 관련문서에는 비상연락망 중 선생님의 연락처로 원고의 휴대전화번호가 기재되었고, 2011학년도 여름 방학기간 중에 '乙초등학교' 홈페이지의 3학년 3반 학급 게시판에 방학 중의 생활 및 학습 등에 관한 당부의 글을 작성 · 게시한 바 있고, 학부모들로부터 방학 과제물과 개학 준비 등에 관한 문의 전화를 받고 답변한 적도 있다는 점 등을 보면 실질적으로 방학기간 중에는 담임교사로서 방학지도 활동을 수행한 것으로 볼 수 있는바, 방학 중 근로관계는 중단되어야 할 만한 합리적 이유 없이 달리 기간제 교원이라는 이유만으로 불이익한 처우를 받았다고 할 것이다.

## Ⅲ. 설문의 해결

따라서 甲은 '乙초등학교'의 담임을 맡고 있는 다른 정규직 교사들에 비하여 방학기간 중 근로관계가 단절되는 차별적 처우를 받았다고 할 것이고, 이 같은 차별적 처우에 甲의 업무의 내용과 범위, 권한과 책임, 임금 그 밖의 근로조건 등의 결정 요소 등을 종합적으로 고려하여 볼 때 합리적 이유도 인정되지 않는다. 따라서 이를 지적하는 甲의 주장은 이유 있다.

# [문제 02]의 해결 — 계속된 차별적 처우와 제척기간

Ⅰ. 설문의 쟁점
Ⅱ. 계속된 차별적 처우와 제척기간의 기산점
1. 문 제 점 / 2. 계속된 차별적 처우에 관한 판례 / 3. 사안의 적용
Ⅲ. 설문의 해결

# Ⅰ. 설문의 쟁점

甲의 2013.5.3. 구제신청에 대하여 '乙초등학교'는 2012학년도 2학기 계약을 제외하고 그 이전의 계약은 차별적 처우의 종료일로부터 6월이 지났으므로 각하되어야 한다고 주장하는바, 그에 대하여 甲이 계속된 차별적 처우에 해당한다는 항변이 가능한지가 쟁점이라고 하겠다.

# Ⅱ. 계속된 차별적 처우와 제척기간의 기산점

## 1. 문 제 점

기간제 및 단시간근로자 보호 등에 관한 법률 제9조는 노동위원회의 차별시정 신청기간을 '차별적 처우가 있은 날(계속되는 차별적 처우는 그 종료일)부터 6개월'로 규정하고 있으며, 그 성격은 제척기간이다. 甲의 근로계약은 학기마다 체결되었으므로 사안에서 차별적 처우가 처음 시작된 2011학년도 1학기 계약부터 2012학년도 1학기 계약까지는 이미 제척기간을 도과한 것으로 볼 수 있지만, 甲에 대한 위 차별적 처우가 '계속되는 차별적 처우'에 해당한다면 모두 시정대상에 포함될 수 있다.

## 2. 계속된 차별적 처우에 관한 판례

대법원은 "기간제 및 단시간근로자 보호 등에 관한 법률(이하 '기간제법'이라고 한다) 제9조 제1항에서 정한 차별적 처우의 시정신청기간은 제척기간이므로 그 기간이 경과하면 그로써 기간제법에 따른 시정을 신청할 권리는 소멸하나, 계속되는 차별적 처우의 경우 종료일부터 3월 이내에 시정을 신청하였다면 계속되는 차별적 처우 전체에 대하여 제척기간을 준수한 것이 된다. 한편 사용자가 계속되는 근로제공에 대하여 기간제근로자 또는 단시간근로자에게 차별적인 규정 등을 적용하여 차별적으로 임금을 지급하여 왔다면 특별한 사정이 없는 이상 그와 같은 임금의 차별적 지급은 기간제법 제9조 제1항 단서에서 정한 '계속되는 차별적 처우'에 해당한다고 보는 것이 타당하다(대법원 2011.12.22. 선고 2010두3237 판결 참조)"라고 판시하고 있다.

### 3. 사안의 적용

'乙초등학교' 교장은 甲에 대하여 근로계약기간에서 방학기간 제외라는 근로기간상의 차별적 처우를 2011학년도 1학기부터 2012학년도 2학기 계약까지 계속하여 왔다는 점을 인정할 수 있고, 사실상 반복 갱신되는 계약의 근로자에게 매 계약마다 차별시정 신청을 기대하기는 불가능할 것이므로, 계속되는 차별적 처우에 해당한다고 보아야 한다.

## Ⅲ. 설문의 해결

따라서 甲은 '乙초등학교'의 차별시정 신청기간 도과 항변에 대하여 '계속되는 차별적 처우'에 해당하므로 최종 근로계약이 종료된 2012.12.20.로부터 6개월이 도과하지 않았다는 점을 들어 재항변할 수 있다.

【관련쟁점】

1. 기간제근로자에 대한 차별적 청우의 시정절차는?
2. 기간제근로자자의 사용제한 위반의 효과는?

【참고문헌】

김형배, 1216~1225면; 임종률, 590~593면; 이철수 외 4인, 246~251면.

**【관련판례】**

○ 기간제근로자보호법상 차별취급 판단기준

대법원 2012.3.29. 선고 2011두2132 판결

(1) 기간제근로자보호법 제8조 제1항은 "사용자는 기간제근로자임을 이유로 당해 사업 또는 사업장에서 동종 또는 유사한 업무에 종사하는 기간의 정함이 없는 근로계약을 체결한 근로자에 비하여 차별적 처우를 하여서는 아니 된다"고 규정하고 있다. 여기에서 '당해 사업 또는 사업장에서 동종 또는 유사한 업무에 종사하는 기간의 정함이 없는 근로계약을 체결한 근로자'(이하 '비교대상 근로자'라고 한다)의 업무가 기간제근로자의 업무와 동종 또는 유사한 업무에 해당하는지 여부는 취업규칙이나 근로계약 등에서 정한 업무내용이 아니라 근로자가 실제 수행하여 온 업무

를 기준으로 판단하되, 이들이 수행하는 업무가 서로 완전히 일치하지 않고 업무의 범위나 책임과 권한 등에서 다소 차이가 있더라도 주된 업무의 내용에 본질적인 차이가 없다면, 특별한 사정이 없는 한 이들은 동종 또는 유사한 업무에 종사한다고 보아야 한다.

(2) 기간제근로자보호법 제2조 제3호는 '차별적 처우'를 '임금 그 밖의 근로조건 등에서 합리적인 이유 없이 불리하게 처우하는 것'으로 정의하고 있다. 여기에서 불리한 처우란 사용자가 임금 그 밖의 근로조건 등에서 기간제근로자와 비교대상 근로자를 다르게 처우함으로써 기간제근로자에게 발생하는 불이익 전반을 의미하고, 합리적인 이유가 없는 경우란 기간제근로자를 다르게 처우할 필요성이 인정되지 않거나 다르게 처우할 필요성이 인정되는 경우에도 그 방법 · 정도 등이 적정하지 않은 경우를 의미한다.

그리고 합리적인 이유가 있는지 여부는 개별 사안에서 문제된 불리한 처우의 내용과 사용자가 불리한 처우의 사유로 삼은 사정을 기준으로 기간제근로자의 고용형태, 업무의 내용과 범위, 권한과 책임, 임금 그 밖의 근로조건 등의 결정 요소 등을 종합적으로 고려하여 판단하여야 한다.

○ 계속된 차별대우와 제척기간

대법원 2011.12.22. 선고 2010두3237 판결

[1] 기간제 및 단시간근로자 보호 등에 관한 법률(이하 '기간제법'이라고 한다) 제9조 제1항에서 정한 차별적 처우의 시정신청기간은 제척기간이므로 그 기간이 경과하면 그로써 기간제법에 따른 시정을 신청할 권리는 소멸하나, 계속되는 차별적 처우의 경우 종료일부터 3월 이내에 시정을 신청하였다면 계속되는 차별적 처우 전체에 대하여 제척기간을 준수한 것이 된다. 한편 사용자가 계속되는 근로제공에 대하여 기간제근로자 또는 단시간근로자에게 차별적인 규정 등을 적용하여 차별적으로 임금을 지급하여 왔다면 특별한 사정이 없는 이상 그와 같은 임금의 차별적 지급은 기간제법 제9조 제1항 단서에서 정한 '계속되는 차별적 처우'에 해당한다고 보는 것이 타당하다.

[2] 한국철도공사에서 기간제 영양사로 근무하던 甲 등이 정규직 영양사에 비하여 임금지급에서 차별적 처우를 받았다며 차별시정신청을 하였는데, 중앙노동위원회가 차별적인 처우를 인정하면서 시정신청일로부터 3개월 전인 날부터 차별적 처우 종료일인 정규직 영양사가 존재한 날까지 적게 지급한 금액을 지급하라는 시정명령을 하는 한편, 그 이전에 해

당하는 부분은 기각한 사안에서, 甲 등이 입사 후부터 임금지급에서 한국철도공사로부터 받아 온 일련의 차별적 처우는 기간제 및 단시간근로자 보호 등에 관한 법률(이하 '기간제법'이라고 한다) 제9조 제1항 단서에서 정한 '계속되는 차별적 처우'에 해당한다는 이유로 기간제법 시행일부터 차별적 처우 종료일까지 임금지급과 관련된 차별적 처우 전체에 대하여 시정을 구할 수 있다고 본 원심판단을 정당하다고 한 사례.

# 25. 노동조합의 소극적 요건

## 【사실관계】

B노동조합은 2010.1.10. '전라남도 지역 제조업 노동자들의 지위 향상'을 주된 목적으로 하여 설립된 비법인사단인데, 설립 당시 구성원에는 취업자 22명 이외에 미취업자 3명이 포함되어 있었다.

B노동조합은 규약 제2조(목적) 제1항의 규정을 통해 "노조는 규약 전문의 정신을 이어받아 노동자가 자주적이고 민주적으로 단결하여 인간으로서의 존엄과 사회·경제·문화·정치적 지위 향상을 목적으로 한다"라고 규정함으로써, 그 설립취지와 근본적인 목적을 밝히는 한편, 규약 제6조(구성)의 규정을 통해 "노조는 전라남도 지역의 제조업에 종사하는 미조직 노동자, 임시직, 계약직, 파견, 시간제 등 비정규직 노동자, 구직 중인 노동자로서 본 노조규약에 찬동하는 사람으로 구성한다"라고 규정함으로써, 그 조합원의 범위에 "구직 중인 노동자"를 포함시키고 있었다.

B노동조합은 2010.8.21. 위와 같은 규약을 첨부하여 전라남도 도지사에게 노동조합 설립신고를 하였다. 이에 전라남도 도지사는 2010.8.23. '원고의 규약 제6조는 "구직 중인 노동자"의 가입을 허용하고 있는데, 이는 근로자가 아닌 자의 노동조합 가입을 허용하는 것이다'라는 이유로, 노동조합및노동관계조정법(이하 '노조법'이라 한다) 제2조 제4호 라목, 같은 법 제12조 제3항의 규정을 각 적용하여, 위 설립신고를 반려하는 처분을 하였다.

한편, A회사는 전라남도에서 상시 근로자 100명을 고용하고 있는 농업용 비닐을 제작·판매하는 회사이다. A회사의 근로자 중 80명은 2011.4.25. B노동조합에 가입하였으며, 가입한 근로자 중에는 A회사의 사장비서인 甲과 인사과장인 乙, 인사과 직원인 丙, 丁이 포함되어 있었다.

甲은 A회사 사장의 일정 조정, 전화 연결 등의 업무만을 수행하고 있으며, 회사의 주요 서류들은 전자결제로 이루어져서 결제권이 없는 甲은 그 서류의 내용을 일절 볼 수 없다. 丙은 직원들의 호봉과 수당을 계산하여 그 금액을 산출하는 업무를 하고 있다. 호봉과 수당의 계산은 철저히 규정이 되어 있어, 丙의 재량의 여지는 전혀 없고, 단순반복 업무만 수행하고 있다. 丁은 노무관리를 담당하며, 인사과장인 乙이 사장에게 보고하는 「2012단체교섭전략」의 작성을 맡았다. 「2012단체교섭전략」은 내년에 있을 단체교섭에서 임금을 동결할 수 있는 방법에 대한 기밀이 담겨 있다.

[문제 01] B노동조합의 설립신고에 대한 전라남도 도지사의 설립신고 반려처분은 타당한 것인가?

[문제 02] A회사는 B노동조합에 소속되어 있는 甲, 乙, 丙, 丁이 '사용자 또는 항상 그의 이익을 대표하여 행동하는 자'에 해당하므로 노동조합에서 제명시킬 것을 요구하였다. 이 같은 주장은 타당한가?

## 《관련조문》

노동조합 및 노동관계조정법

제2조(정의) 이 법에서 사용하는 용어의 정의는 다음과 같다.

1. "근로자"라 함은 직업의 종류를 불문하고 임금·급료 기타 이에 준하는 수입에 의하여 생활하는 자를 말한다.

4. "노동조합"이라 함은 근로자가 주체가 되어 자주적으로 단결하여 근로조건의 유지·개선 기타 근로자의 경제적·사회적 지위의 향상을 도모함을 목적으로 조직하는 단체 또는 그 연합단체를 말한다. 다만, 다음 각 목의 1에 해당하는 경우에는 노동조합으로 보지 아니한다.

가. 사용자 또는 항상 그의 이익을 대표하여 행동하는 자의 참가를 허용하는 경우

나. 경비의 주된 부분을 사용자로부터 원조받는 경우

다. 공제·수양 기타 복리사업만을 목적으로 하는 경우

라. 근로자가 아닌 자의 가입을 허용하는 경우. 다만, 해고된 자가 노동위원회에 부당노동행위의 구제신청을 한 경우에는 중앙노동위원회의 재심판정이 있을 때까지는 근로자가 아닌 자로 해석하여서는 아니 된다.

마. 주로 정치운동을 목적으로 하는 경우

제81조(부당노동행위) 사용자는 다음 각 호의 어느 하나에 해당하는 행위(이하 "부당노동행위"라 한다)를 할 수 없다.

4. 근로자가 노동조합을 조직 또는 운영하는 것을 지배하거나 이에 개입하는 행위와 노동조합의 전임자에게 급여를 지원하거나 노동조합의 운영비를 원조하는 행위. 다만, 근로자가 근로시간 중에 제24조 제4항에 따른 활동을 하는 것을 사용자가 허용함은 무방하며, 또한 근로자의 후생자금 또는 경제상의 불행 기타 재액의 방지와 구제 등을 위한 기금의 기부와 최소한의 규모의 노동조합사무소의 제공은 예외로 한다.

**【사실관계】의 논점정리**

이 사례는 노동조합의 구성원이 될 근로자의 조합원 자격에 관한 쟁점을 바탕으로 구성되었다.

[문제 01]에서는 관할관청이 노동조합의 설립신고에 대하여 조합원 중 구직자가 포함되어 있음을 이유로 반려처분을 한 경우 이 같은 반려처분이 정당한지를 묻고 있으므로, '구직자'가 노조법 제2호 제4호 라목에서 규정하고 있는 '근로자 아닌 자'에 해당할 것인지 아니면 노조법상 '근로자'에 해당하는지가 문제된다.

[문제 02]에서는 A회사가 B노동조합에 대하여 자신의 소속 근로자인 甲, 乙, 丙, 丁이 노조법 제2조 제4호 가목에서 규정한 '사용자 또는 항상 그의 이익을 대표하여 행동하는 자'에 해당하므로 해당 근로자들의 제명을 요구하였는바, 위 규정에 대한 해석이 쟁점이다.

## 논점의 해설

### [문제 01]의 해설 — '노동조합 및 노동관계조정법'상 근로자의 의미

Ⅰ. 설문의 쟁점
Ⅱ. '노동조합 및 노동관계조정법'상 근로자의 의미
1. 문 제 점 / 2. 판례의 태도
Ⅲ. 설문의 해결

## Ⅰ. 설문의 쟁점

B노동조합의 관할관청인 전라남도 도지사는 B노동조합의 설립신고에 대하여 B노동조합이 '구직자'를 포함하고 있다는 이유로 반려처분을 하였다. 따라서 반려처분의 이유로 들고 있는 노조법 제2조 제4호 라목의 '근로자가 아닌 자'의 해석상 '구직자'가 이에 포함되는 것인지 여부가 위 반려처분의 정당성을 판단하는 쟁점이라 할 것이며, 이와 관련하여 노조법상 '근로자'의 개념을 어떻게 이해할 것인지가 문제된다.

## Ⅱ. '노동조합 및 노동관계조정법'상 근로자의 의미

### 1. 문 제 점

노동조합 및 노동관계조정법 제2조 제2호는 '근로자'에 관하여 "직업의 종류를 불문하고 임금·급료 기타 이에 준하는 수입에 의하여 생활하는 자를 말한다"고 규정하고 있으며, 동조 제4호 라목 단서에서는 "해고된 자가 노동위원회에 부당노동행위 구제신청을 한 경우"를 제외하고는 '근로자가 아닌 자'에 해당한다는 반대해석이 가능한 규정을 두고 있어 현재 근로관계를 맺고 있지 않은 자를 제외하는 듯한 규율을 하고 있다. 그러나 이에 관하여 기업별 노동조합이 아닌 일반 노동조합에도 위와 같은 해석이 그대로 유효한 것인지가 문제된다.

### 2. 판례의 태도

판례는 "근로기준법은 '현실적으로 근로를 제공하는 자에 대하여 국가의 관리 · 감독에 의한 직접적인 보호의 필요성이 있는가'라는 관점에서 개별적 노사관계를 규율할 목적으로 제정된 것인 반면에, 노동조합및노동관계조정법(이하 '노조법'이라 한다)은 '노무공급자들 사이의 단결권 등을 보장해 줄 필요성이 있는가'라는 관점에서 집단적 노사관계를 규율할 목적으로 제정된 것으로 그 입법목적에 따라 근로자의 개념을 상이하게 정의하고 있는 점, 일정한 사용자에의 종속관계를 조합원의 자격요건으로 하는 기업별 노동조합의 경우와는 달리 산업별 · 직종별 · 지역별 노동조합 등의 경우에는 원래부터 일정한 사용자에의 종속관계를 조합원의 자격요건으로 하는 것이 아닌 점에 비추어, 노조법 제2조 제4호 (라)목 단서는 '기업별 노동조합'의 조합원이 사용자로부터 해고됨으로써 근로자성이 부인될 경우에 대비하여 마련된 규정으로서, 이와 같은 경우에만 한정적으로 적용되고, 원래부터 일정한 사용자에의 종속관계를 필요로 하지 않는 산업별 · 직종별 · 지역별 노동조합 등의 경우에까지 적용되는 것은 아닌 점 등을 근거로, 노조법 제2조 제1호 및 제4호 (라)목 본문에서 말하는 '근로자'에는 특정한 사용자에게 고용되어 현실적으로 취업하고 있는 자뿐만 아니라, 일시적으로 실업 상태에 있는 자나 구직 중인 자도 노동3권을 보장할 필요성이 있는 한 그 범위에 포함"된다고 판시(대법원 2004.2.27. 선고 2001두8568 판결)하여, 초기업별노동조합의 경우 해고자 및 실업자도 얼마든지 조합원의 자격이 있는 근로자에 포함될 수 있다고 해석하고 있다.

## Ⅲ. 설문의 해결

따라서 사안에서 지역별 노동조합에 해당하는 B노동조합이 구직 중인 노동자를 조합원으로 포함하고 있는 것은 노동조합 및 노동관계조정법이 규정한 '근로자 아닌 자의 가입을 허용'하는 것이 아니라고 할 것이다. 그러므로 B노동조합에 대한 전라남도 도지사의 설립신고 반려처분은 위법한 처분에 해당한다.

# [문제 02]의 해설 — '사용자 또는 항상 그의 이익을 대표하여 행동하는 자'의 의미

Ⅰ. 설문의 쟁점
Ⅱ. 甲 등 근로자의 조합원자격 인정 여부
 1. 노동조합 및 노동관계조정법 제2조 제4호 가목의 취지
 2. '사용자 또는 항상 그의 이익을 대표하여 행동하는 자'의 판단기준
 3. 사안의 적용
Ⅲ. 설문의 해결

## Ⅰ. 설문의 쟁점

A회사는 B노동조합에 대하여 자신의 소속 근로자인 甲, 乙, 丙, 丁이 노동조합 및 노동관계조정법 제2조 제4호 가목에서 규정한 '사용자 또는 항상 그의 이익을 대표하여 행동하는 자'에 해당하므로 제명할 것을 요구하고 있다. 이에 대하여 B노동조합은 지배·개입에 해당한다고 주장하는바, 위 규정이 갖는 취지와 구체적인 사실관계에 비추어 甲 등의 근로자가 조합원 자격이 있는지가 쟁점이라고 할 것이다.

## Ⅱ. 甲 등 근로자의 조합원자격 인정 여부

### 1. 노동조합 및 노동관계조정법 제2조 제4호 가목의 취지

노동조합 및 노동관계조정법 제2조 제4호는 가목 '사용자 또는 항상 그의 이익을 대표하여 행동하는 자의 참가를 허용하는 경우'를 노동조합의 소극적 요건으로 규정하고 있다. 이는 노동조합을 사용자의 영향력을 차단하고, 자주적 운영을 보장하기 위한 것으로 해석된다. 문제는 '사용자 또는 항상 그의 이익을 대표하여 행동하는 자'가 누구인가라는 판단기준인데, 직급이나 직무에 따라 일률적으로 결정될 사항은 아니므로 그 기준을 어떻게 설정할 것인지가 중요하다.

## 2. '사용자 또는 항상 그의 이익을 대표하여 행동하는 자'의 판단기준

판례는 "'그 사업의 근로자에 관한 사항에 대하여 사업주를 위하여 행동하는 자'란 근로자의 인사, 급여, 후생, 노무관리 등 근로조건 결정 또는 업무상 명령이나 지휘·감독을 하는 등의 사항에 대하여 사업주로부터 일정한 권한과 책임을 부여받은 자를 말하고, '항상 사용자의 이익을 대표하여 행동하는 자'란 근로자에 대한 인사, 급여, 징계, 감사, 노무관리 등 근로관계 결정에 직접 참여하거나 사용자의 근로관계에 대한 계획과 방침에 관한 기밀사항 업무를 취급할 권한이 있는 등과 같이 직무상 의무와 책임이 조합원으로서 의무와 책임에 직접적으로 저촉되는 위치에 있는 자를 의미한다. 따라서 이러한 자에 해당하는지는 일정한 직급이나 직책 등에 의하여 일률적으로 결정되어서는 안 되고, 업무내용이 단순히 보조적·조언적인 것에 불과하여 업무 수행과 조합원 활동 사이에 실질적인 충돌이 발생할 여지가 없는 자도 여기에 해당하지 않는다"고 판시(대법원 2011.9.8. 선고 2008두13873 판결)하고 있다.

따라서 판례에 따르면 실제 업무내용에 따라 업무수행과 조합활동 사이의 충돌이 발생할 여지를 기준으로 판단해야만 하며, 이 같은 해석이 노동조합 및 노동관계조정법 규정의 취지에도 부합한다고 할 것이다.

## 3. 사안의 적용

甲은 A회사 사장의 비서로 근무하고 있으나, 그 업무가 일정 조정, 전화연결 등 지극히 보조적이며, 丙 또한 직원들의 호봉과 수당을 계산하여 그 금액을 산출하는 업무를 하고 있으나 재량의 여지는 전혀 없는 보조적 업무에 불과하다고 할 것이므로 조합원자격이 인정된다.

다만, 인사과장인 乙과 인사과 직원 丁은 사용자의 주요 업무 중 하나인 노무관리 업무를 담당하고, 노동조합과 충돌이 불가피한 단체교섭 전략 보고서를 작성하는 업무를 하고 있으므로, '사용자 또는 항상 그의 이익을 대표하여 행동하는 자'에 해당하여 조합원 자격이 없다고 할 것이다.

# Ⅲ. 설문의 해결

그러므로 A회사의 B노동조합에 관한 제명요구 중 乙 및 丁에 대한 요구는 타당하다고 할 것이나, 단순히 보조적 · 조언적 업무를 담당하고 있는 甲 및 丙은 조합원 자격을 부정하여야 할 이유가 없으므로 이에 관한 주장은 타당성이 없다고 하겠다.

【관련쟁점】

1. 근로기준법과 노조법의 규율목적은 무엇인가?
2. 노조법 제2조 4호 라목 단서의 근로자와 제2조 1호 및 4호 라목 본문의 근로자개념은 일치하는가?
3. 노동조합 참가가 금지되는 '그 사업의 근로자에 관한 사항에 대하여 사업주를 위하여 행동하는 자' 및 '항상 사용자의 이익을 대표하여 행동하는 자'의 의미와 근로자가 여기에 해당하는지 판단하는 방법은?

【참고문헌】

김형배, 774~781면; 김희성(2), 60~69면; 임종률, 48~51면; 이철수 외 4인, 284~285면.

**【관련판례】**

○ 노조법상 근로자의 범위에 구직자가 포함되는지 여부

대법원 2004.2.27. 선고 2001두8568 판결

근로기준법은 '현실적으로 근로를 제공하는 자에 대하여 국가의 관리·감독에 의한 직접적인 보호의 필요성이 있는가'라는 관점에서 개별적 노사관계를 규율할 목적으로 제정된 것인 반면에, 노동조합및 노동관계조정법(이하 '노조법'이라 한다)은 '노무공급자들 사이의 단결권 등을 보장해 줄 필요성이 있는가'라는 관점에서 집단적 노사관계를 규율할 목적으로 제정된 것으로 그 입법목적에 따라 근로자의 개념을 상이하게 정의하고 있는 점, 일정한 사용자에의 종속관계를 조합원의 자격요건으로 하는 기업별 노동조합의 경우와는 달리 산업별·직종별·지역별 노동조합 등의 경우에는 원래부터 일정한 사용자에의 종속관계를 조합원의 자격요건으로 하는 것이 아닌 점에 비추어, 노조법 제2조 제4호 (라)목 단서는 기업

별 노동조합'의 조합원이 사용자로부터 해고됨으로써 근로자성이 부인될 경우에 대비하여 마련된 규정으로서, 이와 같은 경우에만 한정적으로 적용되고, 원래부터 일정한 사용자에의 종속관계를 필요로 하지 않는 산업별·직종별·지역별 노동조합 등의 경우에까지 적용되는 것은 아닌 점 등을 근거로, 노조법 제2조 제1호 및 제4호 (라)목 본문에서 말하는 '근로자'에는 특정한 사용자에게 고용되어 현실적으로 취업하고 있는 자뿐만 아니라, 일시적으로 실업 상태에 있는 자나 구직 중인 자도 노동3권을 보장할 필요성이 있는 한 그 범위에 포함되고, 따라서 지역별 노동조합의 성격을 가진 원고가 그 구성원으로 '구직 중인 여성노동자'를 포함시키고 있다 하더라도, '구직 중인 여성노동자' 역시 노조법상의 근로자에 해당하므로, 구직 중인 여성노동자는 근로자가 아니라는 이유로 원고의 이 사건 노동조합설립신고를 반려한 이 사건 처분을 위법하다고 판단하였는바, 이러한 원심의 판단은 정당하고, 거기에 노조법에 정한 근로자의 개념에 관한 법리를 오해한 위법이 있다고 할 수 없다.

○ 노동조합 참가가 금지되는 근로자의 의미

대법원 2011.9.8. 선고 2008두13873 판결

[1] 노동조합 및 노동관계조정법(이하 '노동조합법'이라 한다) 제2조 제2호, 제4호 단서 (가)목에 의하면, 노동조합법상 사용자에 해당하는 사업주, 사업의 경영담당자 또는 그 사업의 근로자에 관한 사항에 대하여 사업주를 위하여 행동하는 자와 항상 사용자의 이익을 대표하여 행동하는 자는 노동조합 참가가 금지되는데, 그 취지는 노동조합의 자주성을 확보하려는 데 있다. 여기서 '그 사업의 근로자에 관한 사항에 대하여 사업주를 위하여 행동하는 자'란 근로자의 인사, 급여, 후생, 노무관리 등 근로조건 결정 또는 업무상 명령이나 지휘·감독을 하는 등의 사항에 대하여 사업주로부터 일정한 권한과 책임을 부여받은 자를 말하고, '항상 사용자의 이익을 대표하여 행동하는 자'란 근로자에 대한 인사, 급여, 징계, 감사, 노무관리 등 근로관계 결정에 직접 참여하거나 사용자의 근로관계에 대한 계획과 방침에 관한 기밀사항 업무를 취급할 권한이 있는 등과 같이 직무상 의무와 책임이 조합원으로서 의무와 책임에 직접적으로 저촉되는 위치에 있는 자를 의미한다. 따라서 이러한 자에 해당하는지는 일정한 직급이나 직책 등에 의하여 일률적으로 결정되어서는 안 되고, 업무내용이 단순히 보조적·조언적인 것에 불과하여 업무수행과 조합원 활동 사이에 실질적인 충돌이 발생할 여지가 없는 자도 여기에 해당하지 않

는다.

[2] 사립대학교를 설치·운영하는 甲학교법인이 직책상 노동조합에 참가할 수 없는 자라고 판단한 소속 직원 48명에게 전국대학노동조합 지부탈퇴를 요구한 행위에 대하여, 전국대학노동조합이 이는 '노동조합의 조직·운영에 대한 지배·개입'에 해당하는 행위라며 부당노동행위 구제신청을 하였으나 중앙노동위원회가 이를 기각하는 재심판정을 한 사안에서, 탈퇴를 요구한 과장급 이상의 직원들은 소속 직원의 업무분장·근태관리 등에 관하여 전결권을 부여받은 자들로서 '근로자에 관한 사항에 대하여 사업주를 위하여 행동하는 자'에 해당하지만, 주임급 이하의 직원들은 인사, 노무, 예산, 경리 등 업무를 담당한다거나 총장 비서 또는 전속 운전기사, 수위 등으로 근무한다고 하여 곧바로 '항상 사용자의 이익을 대표하여 행동하는 자'에 해당한다고 할 수 없으므로, 이들이 실제 담당하는 업무내용 및 직무권한 등을 확인하여 '항상 사용자의 이익을 대표하여 행동하는 자'에 해당하는지를 심리해야 하고, 또한 조합원 가입자격 유무에 따라 부당노동행위의사가 있었는지를 판단할 것이 아니라 그 밖에 이를 추정할 수 있는 사정이 있는지 더 심리한 후 부당노동행위 해당 여부를 판단했어야 한다는 이유로, 주임급 이하 직원 전부 또는 대부분이 조합원 자격이 없는 '항상 사용자의 이익을 대표하여 행동하는 자'에 해당한다며 이들에게 노동조합 탈퇴를 요구한 행위가 부당노동행위에 해당하지 않는다고 본 원심판결에 법리오해 등 위법이 있다고 한 사례.

# 26. 법외노조의 법적 지위

## 【사실관계】

B사는 상시 근로자 100명이 근무하고 있는 운수업체이다. B사에 소속된 근로자 30명은 근로조건의 유지·개선을 통한 근로자의 경제적·사회적 지위의 향상을 목적으로 'B근로자연대'라는 단체를 결성하였고, 이들은 2013.4.1. 행정관청에 노동조합 설립신고를 하였다. 2013.4.10. 행정관청은 노동조합의 실질적 요건은 갖추었으나, 노동조합규약에 조합비 기타 회계에 관한 사항의 기재가 누락되었음을 이유로 2013.4.29.까지 이에 대한 보완을 요구하였다. 그러나 위 단체는 보완명령을 전혀 이행하지 않았다. 한편 B사의 사용자 甲은 노동조합의 결성이 회사의 운영을 저해할 것으로 우려하여, 2013.4.30. 위 단체의 결성을 주도하고, 위 단체의 대표자로 선출된 근로자 乙을 해고하였다.

이후 B근로자연대는 2013.5.1. 사용자를 상대로 임금협상을 위한 단체교섭을 요구하였으나, 사용자 갑은 행정관청으로부터 설립신고증을 교부받지 못하였다는 것을 이유로 교섭에 응하지 않았다. 이에 B근로자연대는 조합원 찬반투표와 사적조정을 거쳐 2013.6.1. 파업에 돌입하였다.

(2014년 제1차 변호사모의시험)

[문제 01] B근로자연대는 B사의 2013.5.1.자 乙에 대한 해고가 부당노동행위임을 이유로 부당노동행위 구제신청을 하고자 한다. 이 경우 부당노동행위구제신청의 정당성에 관하여 설명함.

[문제 02] 2013.6.1.에 개시된 B근로자연대의 파업이 정당한지 여부에 대하여 쟁의행위 주체의 정당성을 중심으로 설명함.

## 《관련조문》

노동조합 및 노동관계조정법
제7조 (노동조합의 보호요건)
① 이 법에 의하여 설립된 노동조합이 아니면 노동위원회에 노동쟁의의 조정 및 부당노동행위의 구제를 신청할 수 없다.
② 제1항의 규정은 제81조 제1호 · 제2호 및 제5호의 규정에 의한 근로자의 보호를 부인하는 취지로 해석되어서는 아니 된다.
③ 이 법에 의하여 설립된 노동조합이 아니면 노동조합이라는 명칭을 사용할 수 없다.
제81조 (부당노동행위)
사용자는 다음 각 호의 어느 하나에 해당하는 행위(이하 "부당노동행위"라 한다)를 할 수 없다. [개정 2006.12.30, 2010.1.1] [시행일 2010.7.1]
1. 근로자가 노동조합에 가입 또는 가입하려고 하였거나 노동조합을 조직하려고 하였거나 기타 노동조합의 업무를 위한 정당한 행위를 한 것을 이유로 그 근로자를 해고하거나 그 근로자에게 불이익을 주는 행위
제82조 (구제신청)
① 사용자의 부당노동행위로 인하여 그 권리를 침해당한 근로자 또는 노동조합은 노동위원회에 그 구제를 신청할 수 있다.
② 제1항의 규정에 의한 구제의 신청은 부당노동행위가 있은 날(계속하는 행위는 그 종료일)부터 3월 이내에 이를 행하여야 한다.

**【사실관계】의 논점정리**

이 사례는 노동조합의 보호와 관련하여 노동조합 및 노동관계조정법에 따라 설립된 노동조합이 아닌 이른바 법외노조가 노동위원회에 사용자의 부당노동행위에 대한 구제신청을 하거나, 사용자를 상대로 쟁의행위를 하는 것이 허용되는지 여부를 묻고 있다.

[문제 01]과 관련하여, 노동조합 설립준비를 이유로 해고당한 근로자 乙을 대신하여 'B근로자연대'가 직접 부당노동행위 구제신청을 할 수 있는 것인지가 문제되며, 이와 관련하여 'B근로자연대'가 법상 노동조합으로 인정될 수 있는 것인지 여부가 먼저 검토되어야 한다.

[문제 02]는 'B근로자연대'가 법상 노동조합인지 여부에 대한 위 논의와 관련하여 B사를 상대로 하는 쟁의행위의 주체적 정당성을 인정받을 수 있는지 여부를 검토하여야 한다.

## 논점의 해설

## [문제 01]의 해결 — 법외노조와 부당노동행위 구제신청

Ⅰ. 설문의 쟁점
Ⅱ. B근로자연대의 노동조합 성립 여부
1. 문제의 소재 / 2. 판례의 태도 / 3. 사안의 적용
Ⅲ. 법외노조의 부당노동행위 구제신청 가능 여부
1. 문제의 소재 / 2. 판례의 태도 / 3. 사안의 적용
Ⅳ. 설문의 해결

### Ⅰ. 설문의 쟁점

사안에서 B근로자연대는 노동조합을 조직하려고 하였다는 이유로 해고당한 조합원 乙을 대신하여 노동위원회에 부당노동행위 구제신청을 준비하고 있다. 그런데, 노동조합 및 노동관계조정법 제7조 제1항은 "이 법에 의하여 설립된 노동조합이 아니면 노동위원회에 노동쟁의의 조정 및 부당노동행위의 구제를 신청할 수 없다"고 규정하고 있는바, 우선 B근로자연대가 위 법에 따라 설립된 노동조합에 해당하는지 여부가 문제된다.

또한 만약 B근로자연대가 법외노조라고 한다면, 노동조합 및 노동관계조정법 제7조 제2항의 취지에 따라 부당노동행위 구제신청의 권한을 갖는 것인지에 관한 검토가 추가적으로 필요하다.

# Ⅱ. B근로자연대의 노동조합 성립 여부

## 1. 문제의 소재

설문에서 B사의 근로자 30명은 근로조건의 유지 · 개선을 통한 근로자의 경제적 · 사회적 지위의 향상을 목적으로 'B근로자연대'를 결성하였고, 2013. 4.1. 행정관청에 설립신고를 하였으나, 신고증은 교부받지 못하였고 2013.4. 10. 행정관청은 노동조합규약의 보완을 요구하였다.

한편, 노동조합 및 노동관계조정법 제12조 제1항은 노동조합의 설립신고서를 접수한 때에는 3일 이내에 신고증을 교부하도록 하고, 동조 제5항은 노동조합이 신고증을 교부받은 경우에는 설립신고서가 접수된 때에 설립된 것으로 본다고 규정하고 있으므로, 이 규정에 비추어 B근로자연대가 적법한 노동조합으로 성립되었는지 여부가 문제된다.

## 2. 판례의 태도

대법원은 위 규정과 관련하여 "행정관청이 노동조합의 설립신고서를 접수한 때에는 3일 이내에 설립신고증을 교부하도록 되어 있다 하여 그 기간 내에 설립신고서의 반려 또는 보완지시가 없는 경우에는 설립신고증의 교부가 없어도 노동조합이 성립된 것으로 본다는 취지는 아니므로 행정관청은 그 기간 경과 후에도 설립신고서에 대하여 보완지시 또는 반려처분을 할 수 있다 할 것이고, 또한 노동조합설립신고서의 보완을 요구하거나 그 신고서를 반려하는 경우에는 노동위원회의 의결이 필요 없는 것이므로 노동부장관인 피고가 이 사건 노동조합설립신고서에 대하여 노동위원회의 의결 없이 보완요구를 하고 반려처분하였다 하여 이를 위법하다고 할 수는 없다(대법원 1990.10.23. 선고 89누3243 판결)고 판시하였다."[1]

## 3. 사안의 적용

노동조합 및 노동관계조정법 상의 규정 및 판례의 태도에 따를 때 행정

1) 다만 이에 관하여 행정관청은 3일 이내에 신고증을 교부하여야 할 의무가 있으므로, 반려 또는 보완의 의사표시 없이 신고증을 교부하지 않은 경우에는 헌법 제33조 제1항에 근거하여 유효한 수리가 있는 것으로 보아야 한다는 반대의견이 있다.

관청이 설립신고를 반려 또는 보완지시를 한 경우, 후에 법원의 판결 등을 통하여 설립신고 반려 또는 보완지시가 적합하지 않음을 밝혀진 경우 또는 후에 노동조합이 설립신고 상의 하자를 보완한 경우에 한하여 최초 설립신고서가 접수된 때에 노동조합이 성립된다고 해석함이 타당하므로, 현재의 상태에서 B근로자연대는 노동조합 및 노동관계조정법 상의 법내 노동조합으로서의 지위를 가지고 있다고 보기 어렵다.

## Ⅲ. 법외노조의 부당노동행위 구제신청 가능 여부

### 1. 문제의 소재

사안의 B근로자연대와 같은 법외노조는 노동조합 및 노동관계조정법 제7조 제1항에 따라 원칙적으로 노동위원회에 부당노동행위 구제를 신청할 수 없다. 그러나 동조 제2항은 "제1항의 규정은 제81조 제1호 · 제2호 및 제5호의 규정에 의한 근로자의 보호를 부인하는 취지로 해석되어서는 아니된다"고 규정하고 있는바, 사안의 경우 B근로자연대의 부당노동행위 구제신청을 인정하는 취지로 해석될 수 있는 것인지가 문제된다.

### 2. 판례의 태도

이와 관련된 직접적인 판례는 없지만, 대법원은 "노동조합을 조직하려고 하였다는 이유로 근로자에 대하여 한 부당노동 행위에 대하여는 후에 설립된 노동조합도 노동조합법 제40조 제1항(현 노동조합 및 노동관계조정법 제82조 제1항)에 의하여 독자적인 구제신청권을 가지고 있다고 보아야 한다(대법원 1991. 1.25. 선고 90누4952 판결)"고 판시하여, 노동조합의 설립을 조건으로 구제신청을 허용하고 있다.

다만, 이 같은 해석론은 노동조합 및 노동관계조정법 제7조 제1항에 대한 해석이라고 보아야 하며, 동조 제2항의 취지는 법외노조에게 예외적으로 법상노조와 같은 권한을 인정하는 취지가 아니라 근로자 개인으로 하여금 사용자의 법외노조에 대한 부당노동행위에 대해 다툴 수 있다는 점을 확인하는 것으로 새겨야 할 것이다.

### 3. 사안의 적용

따라서 법외노조인 B근로자연대는 乙에 대한 해고에 대하여 B사를 상대로 노동위원회에 부당노동행위 구제신청을 할 수 있는 자격이 없다.

## Ⅳ. 설문의 해결

B사의 근로자들로 조직된 B근로자연대는 행정관청에 노동조합 설립신고를 하였으나, 행정관청으로부터 설립신고증을 교부받지 못하였고 보완요구에 응하지 아니하였는바 적법한 노동조합으로 성립하지 못하였다. 따라서 근로자 乙이 개인적으로 구제신청을 하거나 B근로자연대가 노동조합으로 성립한 이후 구제신청을 함은 별론으로, B근로자연대는 노동조합 및 노동관계조정법 제7조 제1항에 따라 乙의 부당해고에 대하여 노동위원회에 부당노동행위 구제를 신청할 수 있는 자격이 없다고 할 것이다.

# [문제 02]의 해결 — 법외노조와 쟁의행위의 주체적 정당성

Ⅰ. 설문의 쟁점
Ⅱ. 판례의 태도
Ⅲ. 설문의 해결

## Ⅰ. 설문의 쟁점

사안에서 법외노조인 B근로자연대는 사용자의 단체교섭 불응을 이유로 조합원 찬반투표와 사적조정을 거쳐 파업에 돌입하였다. 쟁의행위의 정당성과 관련하여 위 B근로자연대의 단체교섭 요구는 임금협상이라는 근로조건을 위한 것이었고, 조합원 찬반투표 등 기타 쟁의행위의 절차적 요건도 준수하였다고 할 수 있다. 다만, 노동조합 및 노동관계조정법 제37조 제2항은 '조합원은 노동조합에 의하여 주도되지 아니한 쟁의행위를 하여서는 아니된다'고 규정하고 있는바, 여기서 말하는 '노동조합'에 법외노조가 포함될 수 있는지에 대한 검토가 필요하다.

## Ⅱ. 판례의 태도

노동조합의 실질적 요건은 갖추었으나 형식적 요건만 결여된 법외노조의 지위에 대해 이 역시 헌법상 노동조합으로서 단체교섭 및 단체협약을 체결할 수 있는 근로자단체에 해당하므로 쟁의행위의 정당한 주체로 인정될 수 있다는 것이 학계의 통설적 태도이며, 판례(대법원 1997.2.11. 선고 96누2125 판결) 역시 "여러 가지 점에서 노동조합으로서의 실질적 요건을 갖추지 못하였으므로 단체교섭권이나 쟁의행위의 정당한 주체로 될 수 있는 노동조합이라고 볼 수 없다는 것이지, 노동조합 및 노동관계조합법상 노동조합이 아닌 근로자의 단결체는 무조건 단체교섭권 등이 없다는 것이 아니므로"라고 판시하여 이를 간접적으로 긍정하고 있다.

헌법재판소(헌재결 2008.7.31. 2004헌바9) 또한 "위와 같은 단결체의 지위를 '법외의 노동조합'으로 보는 한 그 단결체가 전혀 아무런 활동을 할 수 없는 것은 아니고 어느 정도의 단체교섭이나 협약체결 능력을 보유한다 할 것이므로,"라고 하여 역시 쟁의행위의 주체로서의 지위를 간접적으로 인정하고 있다.

따라서 노조법 제2조 4호 상의 노동조합으로서의 적극적, 소극적 요건에 해당하는 실질적 요건을 모두 갖춘 법외 노조의 경우라면 근로자단체로서의 주체성, 자주성이 흠결되었다고 볼 수 없을 것이므로 단체교섭 및 쟁의행위의 주체가 될 수 있다고 보아야 할 것이다.

## Ⅲ. 설문의 해결

사안에서 B근로자연대는 조합비 기타 회계에 관한 사항의 기재가 누락되었다는 이유로 설립신고 보완명령을 받은 것으로 노조법 제2조 4호 상의 노동조합으로서의 적극적, 소극적 요건에 해당하는 실질적 요건을 모두 갖추어 근로자단체로서의 주체성, 자주성의 요건을 모두 갖추었다고 볼 것이므로 B사와 단체교섭이나 단체협약을 체결할 능력이 있다고 할 것이다. 그렇다면

B근로자연대에 의하여 주도된 조합원인 근로자들의 2013.6.1.자 파업은 노동조합에 의하여 주도된 파업이라고 볼 수 있으므로 쟁의행위의 주체적 정당성이 인정된다.

【관련쟁점】

1. 판례에 따르면 쟁의행위의 주체로서의 노동조합의 요건은 ?
2. 노동조합의 설립시기는?

【참고문헌】

김형배, 801~804면; 김희성(2), 70~80면; 임종률, 58~61면; 이철수 외 4인, 298~300면.

**【관련판례】**

○ 노동조합 설립신고증 교부기간의 경과

대법원 1990.10.23. 선고 89누3243 판결

행정관청이 노동조합의 설립신고서를 접수한 때에는 3일 이내에 설립신고증을 교부하도록 되어 있다 하여 그 기간 내에 설립신고서의 반려 또는 보완지시가 없는 경우에는 설립신고증의 교부가 없어도 노동조합이 성립된 것으로 본다는 취지는 아니므로 행정관청은 그 기간 경과 후에도 설립신고서에 대하여 보완지시 또는 반려처분을 할 수 있다 할 것이고, 또한 노동조합설립신고서의 보완을 요구하거나 그 신고서를 반려하는 경우에는 노동위원회의 의결이 필요 없는 것이므로 노동부장관인 피고가 이 사건 노동조합설립신고서에 대하여 노동위원회의 의결 없이 보완요구를 하고 반려 처분하였다 하여 이를 위법하다고 할 수는 없다.

○ 법외노조의 부당노동행위 구제신청 가능 여부

대법원 1991.1.25. 선고 90누4952 판결

노동조합을 조직하려고 하였다는 이유로 근로자에 대하여 한 부당노동행위에 대하여는 후에 설립된 노동조합도 노동조합법 제40조 제1항 에의하여 독자적인 구제신청권을 가지고 있다고 보아야 한다.

○ 쟁의행위의 주체적 정당성

대법원 1992.7.14. 선고 91다43800 판결

근로자의 쟁의행위가 정당성을 갖추기 위하여는, 그 주체가 단체교섭이나 단체협약 체결능력이 있는 자, 즉 노동조합이어야 하고, 그 목적이 근로조건의 향상을 위한 노사 간의 자치적 교섭을 조성하기 위한 것이어야 하며, 그 시기는 사용자가 근로자의 근로조건 개선에 관한 구체적인 요구에 대하여 단체교섭을 거부하거나 단체교섭의 자리에서 그러한 요구를 거부하는 회답을 했을 때 개시하되, 특별한 사정이 없는 한 법령이 정하는 바에 따라 조합원의 찬성결정 및 노동쟁의 발생신고를 거쳐야 하고, 그 방법은 소극적으로 노무의 제공을 전면적 또는 부분적으로 정지하여 사용자에게 타격을 주는 것이어야 하며, 노사관계의 신의성실의 원칙에 비추어 공정성의 원칙에 따라야 하고, 사용자의 기업시설에 대한 소유권 기타의 재산권과 조화를 이루어야 함은 물론 폭력이나 파괴행위를 수반하여서는 아니 되는 것이다.

# 27. 노조전임자의 지위와 조합운영의 민주성

【사실관계】

A주식회사는 IT전문업체로서 경기도 분당에 사업장이 있으며 200명의 근로자를 고용하고 있다. IT업계의 호황으로 회사가 점점 성장하는 도중인 2012년 1월 2일 사내 유일의 노동조합인 B가 결성되었고 적법절차에 의해 甲이 노동조합대표자로 적법하게 선출되었다. 이후 그는 노조사무실에 출근해 노조관련 사무만을 처리해왔고 A주식회사 역시 이를 인정하였다. 그러나 甲은 2012년 7월 3일부터 IT업계 근로자처우 개선을 위한 1인시위를 국회 앞에서 시작하여 노조사무실에도 출석하지 않았다. 이에 A주식회사는 취업규칙 제23조 4호 소정의 해고사유인 "월 7일 이상 무단결근하였을 때"에 해당한다는 이유로 2012년 10월 2일해고 통지를 甲에게 하였다.

한편, A주식회사가 IT업계 호황으로 점점 사업을 확장하여 대전과 부산에 각각 지점을 개설하였다. 2013년 2월 7일 B노동조합 역시 A주식회사의 지점 개설에 대응하여 대전·부산 그리고 분당에 노동조합 지부를 구성하였고, 노동조합 대표자인 중앙대의원 선출방식에 대하여 각 지부에서 지부대의원을 선출하고 그 지부대의원이 전국대의원회를 구성하여 그 전국대의원회에서 노동조합의 대표자와 중앙대의원을 선출하는 방식으로 규약을 변경하였다. 이에 따라 2013년 4월 6일에 분당 본사 대강당에서 전국대의원회가 열렸고 여기서 乙이 노동조합 중앙대의원으로 선출되었다.

[문제 01] 甲은 2012년 4월 2일의 해고통지에 대하여 이러한 해고는 무효라고 주장한다. 甲의 주장은 타당한가?

[문제 02] 대학에서 헌법을 전공한 대전지부의 근로자 丙은 중앙대의원과 대표를 선출하는 방법에 문제가 있으므로 중앙대의원 자격에 관하여 B노동조합에 이의를 제기했다. 이러한 丙의 주장은 타당한가?

## 《관련조문》

노동조합 및 노동관계조정법
제24조(노동조합의 전임자) ① 근로자는 단체협약으로 정하거나 사용자의 동의가 있는 경우에는 근로계약 소정의 근로를 제공하지 아니하고 노동조합의 업무에만 종사할 수 있다.
제17조(대의원회) ① 노동조합은 규약으로 총회에 갈음할 대의원회를 둘 수 있다.
② 대의원은 조합원의 직접·비밀·무기명투표에 의하여 선출되어야 한다.
③ 대의원의 임기는 규약으로 정하되 3년을 초과할 수 없다.
④ 대의원회를 둔 때에는 총회에 관한 규정은 대의원회에 이를 준용한다.

**【사실관계】의 논점정리**

이 사례는 노동조합의 운영과 관련한 쟁점들 중 노조전임자의 지위 및 노동조합 대의원 선출과 관련한 조합운영의 민주화에 관한 질문을 던지고 있다.

[문제 01]은 특히 노조전임자의 지위가 무엇에 근거하는지, 즉 노동조합의 단결권에서 기인하느냐 아니면 사용자와의 협정에서 기인하는 것인지가 문제된다. 또한 노조전임자가 그 제도적 취지에 비추어 사용자와의 관계에서 기본적 근로관계가 단절되는 것인지가 사안을 해결하는 중요한 열쇠로 작용하고 있다.

[문제 02]는 크게 조합운영의 민주화 요청이라는 전제하에서 대의원 선출의 직접선출 원칙을 규정한 노조법 제17조 제2항에 강행적 성격을 부여할 수 있는지가 사례해결의 중심에 놓인 쟁점이라고 하겠다.

## 논점의 해설

### [문제 01]의 해결 — 노조전임자와 근로관계

Ⅰ. 설문의 쟁점
Ⅱ. 甲이 B노동조합의 노조전임자인지 여부
1. 노조전임자의 의의 / 2. 사안의 경우

Ⅲ. 甲과 A회사 사이의 기본적 근로관계의 단절 여부
1. 문 제 점 / 2. 판례의 태도 / 3. 사안의 적용
Ⅳ. 설문의 해결

## Ⅰ. 설문의 쟁점

사안에서 甲은 A회사가 무단결근을 이유로 한 자신에 대한 해고처분이 무효라고 주장하고 있는바, 이 같은 주장은 자신이 노조전임자이며 따라서 사용자의 노무지휘를 받지 않는 지위에 있다는 전제가 있음을 짐작할 수 있다. 따라서 甲은 B노동조합의 노조전임자의 지위를 취득하였는지가 우선 문제되며, 노조전임자라고 한다면 사용자의 일반적인 노무지휘의 대상에서 제외되는 것인지 여부가 설문의 쟁점이라고 하겠다.

## Ⅱ. 甲이 B노동조합의 노조전임자인지 여부

### 1. 노조전임자의 의의

노조전임자라 함은 종업원으로서의 지위를 그대로 유지하면서 근로계약상의 근로를 제공하지 않고 노동조합의 업무만을 전담하는 자를 의미한다. 노동조합전임자제도의 인정근거와 관련하여 단결권설과 협정설 등 견해의 대립이 존재하였다. 그러나 현행 노동조합 및 노동관계조정법(이하 '노조법'이라 한다) 제24조 제1항에서 '근로자는 단체협약으로 정하거나 사용자의 동의가 있는 경우에는 근로계약 소정의 근로를 제공하지 아니하고 노동조합의 업무에만 종사할 수 있다'고 명문화하여 협정설의 입장을 분명히 하였다.

### 2. 사안의 경우

사안의 경우 甲은 B노동조합의 대표자로 적법하게 선출되어 오로지 조합의 업무만을 수행하여왔고, 이에 대하여 A회사는 적어도 묵시적인 동의 내지 합의가 있었다고 보인다. 따라서 갑은 B노동조합의 노조전임자의 지위를 취득하였다고 할 것이다.

## Ⅲ. 甲과 A회사 사이의 기본적 근로관계의 단절 여부

### 1. 문 제 점

노조전임자의 경우 사용자와의 관계에서 기본적인 노무제공의무가 면제된다는 점에서 기본적 근로관계가 단절되는 것인지에 관한 의문이 발생한다. 기본적 근로관계가 단절된다면 원칙적으로 취업규칙이나 사규 등의 적용을 받지 않으므로, 무단결근의 문제가 발생하지 않을 것이다.

### 2. 판례의 태도

판례는 이 문제와 관련하여 "노조전임자라 할지라도 사용자와의 사이에 기본적 근로관계는 유지되는 것으로서 취업규칙이나 사규의 적용이 전면적으로 배제되는 것이 아니므로 단체협약에 조합전임자에 관하여 특별한 규정을 두거나 특별한 관행이 존재하지 아니하는 한 출·퇴근에 대한 사규의 적용을 받게 되고, 일반적으로 근로자의 출근이 사용자가 지정한 근로장소에서 근로계약 소정의 근로를 제공하는 것을 전제로 하는 것이기는 하나, 노동조합의 업무가 사용자의 노무관리업무와 전혀 무관한 것이 아니고 안정된 노사관계의 형성이라는 면에서 볼 때는 오히려 밀접하게 관련되어 있으므로, 근로계약 소정의 본래 업무를 면하고 노동조합의 업무를 전임하는 노조전임자의 경우에 있어서 출근은 통상적인 조합업무가 수행되는 노조사무실에서 조합업무에 착수할 수 있는 상태에 임하는 것이라 할 것이다. 그러므로 만약 노조전임자가 사용자에 대하여 취업규칙 등 소정의 절차를 취하지 아니한 채 위와 같은 상태에 임하지 아니하는 것은 무단결근에 해당한다 할 것이다(대법원 1995.4.11. 선고 94다58087 판결)"라고 판시함으로써 기본적 근로관계의 단절을 부정하는 입장이다.[1)]

---

1) 그러나 이러한 판례의 태도에 대해서는 많은 비판이 존재한다. 출·퇴근의무의 문제는 전임자의 휴직상태와 유사한 지위와 관련되므로 판례의 해석은 부당하다고 주장하는 것이 통설의 태도이다. 노조전임자를 설정하는 노동조합과 사용자 간의 합의는 근로제공의무를 면제하려는 것이 본질이며 그 합의 속에는 출·퇴근에 관한 취업규칙이 적용되지 않는다는 것이 노사당사자의 당연한 의사로서로 추정되어야 한다. 그리고 노조전임자는 기업 내 근로자의 신분을 그대로 유지하지만 근로계약상의 근로를 제공하지 않고 노조활동에만 전념하는 자이므로 휴직상태에 있는 근로자로 보는 것이 타당하다. 그러나 판례가 노조의 업무를 근로계약상의 본래의 업무수행으로 보면서 사규에 의하여 전임자의 출퇴근을 규제하는 것은 정당하다고 볼 수 없다. 왜냐하면 노조에 의하여 선임된 임원이 노조업무를 게을리하는 경우에는 근로자들의 자주적인 단결체인 노동조합 자체

### 3. 사안의 적용

따라서 甲은 노조전임자에 해당한다고 할지라도 A와의 관계에서 여전히 근로자의 지위에 있고 출·퇴근의무가 인정된다고 할 것이다. 그러므로 IT업계 근로자 처우개선을 위한 1인시위에 참가하기 위해 취업규칙에 위반하면서 회사에 출근하지 않은 행위는 무단결근에 해당한다고 할 것이다.

## Ⅳ. 설문의 해결

甲은 노조전임자에 해당하지만 사용자인 A회사와 사이에 기본적 근로관계는 유지되는 것이므로, 취업규칙 및 사규에 따른 출근의무가 있다. 그럼에도 불구하고 1인시위를 이유로 회사에 출근하지 않은 행위는 무단결근에 해당하고, 결국 취업규칙 제23조 제4호의 해고사유에 해당한다고 할 것이다. 그러므로 해고가 무효라는 甲의 주장은 이유 없다.

# [문제 02]의 해결 — 조합운영의 민주성

Ⅰ. 설문의 쟁점
Ⅱ. 노동조합 및 노동관계조정법 제17조 제1항의 강행규정성 인정 여부
1. 판례의 태도 / 2. 판례의 태도에 대한 검토
Ⅲ. B노동조합의 선거관련 규약의 효력 유무
Ⅳ. 설문의 해결

## Ⅰ. 설문의 쟁점

사안에서 丙은 노동조합의 중앙대의원선출 방식에 대한 이의를 제기하고

---

의 규약에 의하여 규율되는 것이 마땅하기 때문이다. 노조 조합원에 대한 업무가 그 사업체의 근로자들의 일반근로와 유기적 관련이 있을 수 있으나, 조합전임간부의 복무를 사용자가 작성한 취업규칙에 종속시키는 것은 타당하지 않다. 노조전임자를 노조업무에 충실하게 하도록 하는 것은 노동조합 자체의 규제사항이지 사용자가 통제·감독할 대상은 아니다(같은 취지: 하경효, 364면; 김홍영, '노조전임자에게 출·퇴근에 관한 취업규칙이 적용되는지 여부', 「노동법률」, 2005.12.).

있는바 이는 결국 조합 내부의 민주적 운영에 관한 이의제기라고 판단된다. 즉, B노동조합의 대의원과 대표선출에 관한 규약이 노조법 제17조 제2항에 위배되어 무효인지가 문제되는데, 이와 관련하여 동 조항의 강행적 성격 인정 여부가 쟁점이 된다.

## Ⅱ. 노동조합 및 노동관계조정법 제17조 제1항의 강행규정성 인정 여부

### 1. 판례의 태도

노동조합 및 노동관계조정법 제17조 제1항은 '대의원은 조합원의 직접·비밀·무기명투표에 의하여 선출되어야 한다'고 규정하고 하고 있다. 위 규정의 성격에 대하여 판례는 "구 노동조합법(1996.12.31. 법률 제5244호 노동조합및노동관계조정법 부칙 제3조로 폐지) 제20조 제2항이 노동조합의 최고의결기관인 총회에 갈음할 대의원회의 대의원을 조합원의 직접·비밀·무기명투표에 의하여 선출하도록 규정하고 있는 취지는, 노동조합의 구성원인 조합원이 그 조합의 조직과 운영에 관한 의사결정에 관여할 수 있도록 함으로써 조합 내 민주주의, 즉 조합의 민주성을 실현하기 위함에 있고 이는 강행규정이라고 할 것이므로, 다른 특별한 사정이 없는 한 위 법 조항에 위반하여 조합원이 대의원의 선출에 직접 관여하지 못하도록 간접적인 선출방법을 정한 규약이나 선거관리규정 등은 무효이다(대법원 2000.1.14. 선고 97다41349 판결)"라고 판시하고 있다.

### 2. 판례의 태도에 대한 검토

생각건대 총회와 동일한 권한을 갖는 대의원회가 조합민주주의에 반하여 잘못 운영되지 않게끔 하고 총회 못지않게 조합원의 의사를 제대로 반영할 수 있도록 하기 위하여 마련된 최소한의 불가결한 제어장치라고 보는 것이 타당한 점에 비추어 볼 때 위 판결의 태도는 타당하다고 보여진다.

## Ⅲ. B노동조합의 선거관련 규약의 효력 유무

B노동조합의 선거관련 규약은 각 지부의 조합원이 지부 대의원을 선출하고 그 지부 대의원들이 다시 전국 대의원회에서 중앙대의원을 선출하는 방식인바, 이 같은 간접적인 선출방식은 노조법 제17조 제2항의 취지와 정면으로 반대되는 것이라고 할 것이므로 이 부분 B조합의 규약은 효력이 없다.

## Ⅳ. 설문의 해결

결국 B노동조합의 선거관련 규약은 무효에 해당하고 이러한 규약에 기초한 乙의 중앙대의원 선출 역시 무효에 해당한다고 할 것이다. 그러므로 丙의 B노동조합에 대한 이의제기는 이유 있으며 B노동조합은 위 규약을 중앙대의원을 직접 선출하는 방식으로 개정하고 중앙대의원을 직접선거에 의해 다시 선출해야 할 것이다.

【관련쟁점】

1. 노조전임자의 업무상재해 판단기준은?
2. 판례는 노조전임자의 지위(취득시기, 상실시기)와 관련해서 어떻게 판단하고 있는가?

【참고문헌】

김형배, 332~336면, 842~844면; 김희성(2), 81~98면; 임종률, 79~80면; 이철수 외 4인, 315~321면.

**【관련판례】**

○ 노조전임자와 사용자 사이의 근로관계

대법원 1995.4.11. 선고 94다58087 판결

노조전임자라 할지라도 사용자와의 사이에 기본적 근로관계는 유지되는 것으로서 취업규칙이나 사규의 적용이 전면적으로 배제되는 것이 아니므로 단체협약에 조합전임자에 관하여 특별한 규정을 두거나 특별한 관행이 존재하지 아니하는 한 출·퇴근에 대한 사규의 적용을 받게 되고,

일반적으로 근로자의 출근이 사용자가 지정한 근로장소에서 근로계약 소정의 근로를 제공하는 것을 전제로 하는 것이기는 하나, 노동조합의 업무가 사용자의 노무관리업무와 전혀 무관한 것이 아니고 안정된 노사관계의 형성이라는 면에서 볼 때는 오히려 밀접하게 관련되어 있으므로, 근로계약 소정의 본래 업무를 면하고 노동조합의 업무를 전임하는 노조전임자의 경우에 있어서 출근은 통상적인 조합업무가 수행되는 노조사무실에서 조합업무에 착수할 수 있는 상태에 임하는 것이라 할 것이다. 그러므로 만약 노조전임자가 사용자에 대하여 취업규칙 등 소정의 절차를 취하지 아니한 채 위와 같은 상태에 임하지 아니하는 것은 무단결근에 해당한다 할 것이다.

○ 노조전임자의 업무상재해 판단기준

대법원 1994.2.22. 선고 92누14502 판결

노동조합업무 전임자가 근로계약상 본래 담당할 업무를 면하고, 노동조합의 업무를 전임하게 된 것이 사용자인 회사의 승낙에 의한 것이며, 재해발생 당시 근로자의 지위를 보유하고 있었고, 그 질병이 노동조합업무 수행 중 육체적 · 정신적 과로로 인하여 발병된 것이라면, 특별한 사정이 없는 한, 이는 산업재해보상보험법 제3조 제1항 소정의 업무상 질병으로 보아야 한다(다만, 그 업무의 성질상, 사용자의 사업과는 무관한 상부 또는 연합관계에 있는 노동단체와 관련된 활동이나, 불법적인 노동조합활동 또는 사용자와 대립관계로 되는 쟁의 단계에 들어간 이후의 노동조합활동 중에 생긴 재해 등은 이를 업무상 재해로 볼 수 없다).

○ 조합운영의 민주성(노조법 제17조 제2항의 성격)

대법원 2000.1.14. 선고 97다41349 판결

구 노동조합법(1996.12.31. 법률 제5244호 노동조합및노동관계조정법 부칙 제3조로 폐지) 제20조 제2항이 노동조합의 최고의결기관인 총회에 갈음할 대의원회의 대의원을 조합원의 직접 · 비밀 · 무기명투표에 의하여 선출하도록 규정하고 있는 취지는, 노동조합의 구성원인 조합원이 그 조합의 조직과 운영에 관한 의사결정에 관여할 수 있도록 함으로써 조합 내 민주주의, 즉 조합의 민주성을 실현하기 위함에 있고 이는 강행규정이라고 할 것이므로, 다른 특별한 사정이 없는 한 위 법 조항에 위반하여 조합원이 대의원의 선출에 직접 관여하지 못하도록 간접적인 선출방법을 정한 규약이나 선거관리규정 등은 무효이다.

# 28. 노동조합활동과 노무지휘권 · 시설관리권의 충돌

## 【사실관계】

변호사인 당신은, X로부터 다음과 같은 상담을 받았다.

『저(X)는 식품 메이커인 Y사에서 일하고 있습니다. 지금 회사에서 평범하게 근무하면서 Y사의 종업원으로 조직된 A노동조합의 간부로서의 활동도 하고 있습니다. 저는 일전에 회사의 인사로부터 호출을 받아, 견책처분이라는 징계처분을 받았습니다. 인사과장의 얘기로는, 제가 근무시간 중에 회사 내의 컴퓨터로 「A노조통신」을 종업원들에게 메일로 송신한 행위가, 취업규칙의 "허가 없이 직무 이외의 목적으로 회사의 설비, 기계, 기구 그 외의 물품을 사용하지 않을 것"이라는 규정에 위반한다는 것입니다.

그렇다 하더라도, 「A노조통신」 자체는 근무시간 외에 자택의 컴퓨터로 만든 것으로 회사의 컴퓨터는 그것을 송신하기 위해서 사용한 것 뿐이고(종업원의 메일 주소는 개인정보보호법 관계로 회사의 컴퓨터에만 들어 있습니다.) 전 달까지는 이것과 같은 일을 해도 아무런 문책도 없었습니다. 덧붙여서 이 통신을 송신하는 것에 드는 시간은 한 달에 2분 정도로, 이것으로 저의 일에 지장을 초래한다는 것은 도저히 생각할 수가 없습니다.

그러고 보니, 최근 회사 컴퓨터로 개인적인 메일을 하고 있는 사람이 증가하고 있어, 업무에 지장을 주기 때문에, 이번 달 초에 "회사 내 컴퓨터로 개인적인 메일을 송수신하는 것을 금지한다"는 사내통지가 나와서, 인사과장도 개인적인 메일의 사용에 눈에 불을 켜고 있다고 합니다. 그래도 그것으로 「A노조통신」을 송신할 수 없게 되었다고 하면, 큰 일입니다. 집에서는 사내 조합용의 게시판도 놓여져 있지 않기 때문에, 이대로라면 조합활동은 정말 하기 힘들어지게 됩니다. 어떻게 할 방법이 없을까요?』

[문 제] 변호사인 당신이 X의 대리인으로써 Y사를 상대로 법적 구제를

요구하는 경우, 생각할 수 있는 법적 문제와 법적 구제방법을 들어 각각에 대해서 논의하라.

## 《관련조문》

노도조합 및 노동관계조정법

제81조(부당노동행위) 사용자는 다음 각 호의 어느 하나에 해당하는 행위(이하 "부당노동행위"라 한다)를 할 수 없다.

1. 근로자가 노동조합에 가입 또는 가입하려고 하였거나 노동조합을 조직하려고 하였거나 기타 노동조합의 업무를 위한 정당한 행위를 한 것을 이유로 그 근로자를 해고하거나 그 근로자에게 불이익을 주는 행위

제82조(구제신청) ① 사용자의 부당노동행위로 인하여 그 권리를 침해당한 근로자 또는 노동조합은 노동위원회에 그 구제를 신청할 수 있다.

② 제1항의 규정에 의한 구제의 신청은 부당노동행위가 있은 날(계속하는 행위는 그 종료일)부터 3월 이내에 이를 행하여야 한다.

**【사실관계】의 논점정리**

[문제]에서 X는 근무시간 중 「A노조통신」을 송신하였다는 이유로 Y사로부터 견책처분이라는 징계를 받은 것과 관련 법적구제수단 및 이와 관련된 법적 쟁점을 묻고 있다.

따라서 Y사의 위 징계가 정당한지 우선적으로 검토해야 할 것이데, X의 조합활동이 정당한 것이라면 이를 원인으로 한 Y의 징계처분은 정당성을 상실할 것이기 때문이다. 둘째로 Y의 징계처분이 정당성이 없다면 위 징계가 X의 조합활동에 대한 불이익처분 내지 지배·개입으로서 부당노동행위에 해당하는지 여부인데, 특히 징계의 정당성은 검토가 되었으므로 이 부분은 주로 부당노동행위의 주관적 요건 충족 여부가 쟁점이 된다. 마지막으로 부당노동행위에 해당할 경우 X가 취할 수 있는 구제수단을 검토하면 된다.

## 논점의 해설

Ⅰ. 설문의 쟁점
Ⅱ. X의 조합활동의 정당성 인정 여부
1. 문 제 점 / 2. 판례의 태도 / 3. 사안의 적용
Ⅲ. Y사의 X에 대한 징계처분이 부당노동행위에 해당하는지 여부
1. 문 제 점 / 2. 부당노동행위의사의 요부에 관한 판례의 태도
3. 사안의 검토
Ⅳ. Y사의 기업시설의 사용금지가 지배 · 개입에 해당하는지 여부
1. 지배 · 개입의 부당노동행위 / 2. 지배 · 개입의사의 필요 여부
3. 결과발생 여부 / 4. 사안의 검토
Ⅴ. X의 구제방안
1. 노동위원회 구제신청 / 2. 형사제재 / 3. 민사상 구제
Ⅵ. 설문의 해결

# Ⅰ. 설문의 쟁점

사안에서 X는 근무시간 중 「A노조통신」을 송신하였다는 이유로 Y사로부터 견책처분이라는 징계를 받았는바, 우선 위 징계의 정당성이 문제된다. 이와 관련하여 X의 조합활동이 정당한 것이라면, 이를 원인으로 한 Y의 징계처분은 정당성을 상실할 것이다. 나아가 정당성이 없는 징계가 X의 조합활동에 대한 불이익처분 내지 지배 · 개입으로서 부당노동행위에 해당하는지도 추가적인 쟁점이라 할 수 있다. 마지막으로 부당노동행위에 해당한다고 한다면, 그 경우 X가 취할 수 있는 구제수단은 무엇이 있는지도 쟁점이라 하겠다.

# Ⅱ. X의 조합활동의 정당성 인정 여부

### 1. 문 제 점

사안에서 X의 조합활동의 정당성을 인정하는 것과 관련하여 특히 문제되는 점은, 「A노조통신」 송신이 근무시간 중 이루어졌다는 점과 기업의 시설을 사용하였다는 점이다. 따라서 이 같이 조합활동과 사용자의 노무지휘권 ·

시설관리권[1)]이 충돌하는 경우 조합활동의 정당성을 어디까지 인정할 수 있는지가 문제된다.

## 2. 판례의 태도

판례는 근무시간 중 조합활동과 관련하여, 노동조합의 활동이 정당하다고 인정하기 위해서는 취업규칙이나 단체협약에 별도의 허용규정이 있거나 관행 또는 사용자의 승낙이 있는 경우 외에는 취업시간 외에 행하여져야 한다(대법원 1992.4.10. 선고 91도3044 판결 참조)고 하면서도, 노동조합의 정상적 운영을 위한 불가피한 활동(임원선출, 노동조합의 합병, 조직형태 변경, 쟁의행위의 결의 등) 등 사례에 있어 근무시간 중 조합활동을 곧바로 부정한 것이 아니라 근무시간 중에 활동을 하게 된 필요성·긴급성·사용자에 대한 사전 통보 등 배려 정도, 사용된 시간의 정도, 업무형태 등에 비춰 불가피한 선택이었는지 여부, 업무에 미친 영향 등 여러 사정을 고려해 그 정당성을 판단하고 있다(대법원 1994.9.30. 선고 94다4042 판결 참조).

또한 시설관리권과 관련하여, 사업장 내의 조합활동에 있어서는 사용자의 시설관리권에 바탕을 둔 합리적인 규율이나 제약에 따라야 하며, 시설관리권이 노동조합의 활동과 저촉, 충돌되는 경우에는 정당한 노동조합의 활동을 보장한다는 의미에서 사용자의 재산권의 본질적 의미를 해치지 아니하는 범위 내에서 합리적으로 제한되어 행사될 수밖에 없다"고 하여(대법원 1994. 2.22. 선고 93도613 판결) 합리적인 범위 내의 이용은 인정된다고 판시하고 있다.

## 3. 사안의 적용

사안의 경우 노조통신의 송신에 드는 시간은 한 달에 2분 정도로 실질적으로 업무의 수행이나 기업질서의 유지에 특별한 지장을 초래하지 않으며, 사용자의 이에 대한 묵시적 승낙이 있다고 볼 수 있거나, 이러한 승낙을 하지 않는 것은 사용자의 권리남용에 해당한다고 볼 여지가 충분하다.

또한 사내 통신망사용을 위해서는 회사 내 컴퓨터를 이용할 수밖에 없는 상황이므로 이는 사용자가 시설사용 허락을 하지 않는 것은 권리남용에 해당

---

1) 기업은 생산과 판매 등 존재 목적에 필요한 여러 가지 물적 시설을 갖추고 있고 이에 대해 소유권 내지는 점유권을 가진 사용자는 그 물권적 지배권능에 따라 기업시설을 사업수행을 위하여 사용, 유지, 보존, 관리하게 되는데 이를 시설권이라 하고 있다(대법원 1997.9.12. 선고 97누7165 판결).

하는 특별한 사정이 인정되는 경우라고 보아야 할 것으로 X가 사전 허락 없이 회사의 컴퓨터를 사용하였다 하더라도 정당한 노동조합 활동에 해당한다 할 것이다. 따라서 X에 대한 징계처분은 정당성을 상실한 것이다.

## Ⅲ. Y사의 X에 대한 징계처분이 부당노동행위에 해당하는지 여부

### 1. 문 제 점

앞서 살펴본 바와 같이 X의 「A노조통신」 송신행위가 정당한 조합활동에 해당한다면, Y의 이 사건 징계처분은 조합활동을 이유로 한 불이익취급에 해당하므로 부당노동행위를 구성할 가능성이 높다. 이와 관련하여 불이익취급의 부당노동행위에 주관적 요건(부당노동행위 의사)가 요구되는지가 문제된다.

### 2. 부당노동행위의사의 요부에 관한 판례의 태도

판례는 부당노동행위의사가 필요하다고 하면서, 다만 사용자의 내심의 의사의 존재는 사용자가 내세우는 불이익처분의 사유와 근로자가 한 노조활동의 내용, 징계해고의 시기, 사용자와 노동조합의 관계, 동종의 사례에서의 노조원과 비노조원의 차별 여부, 종래의 관행, 사용자의 노동조합에 대한 언동이나 태도 등 기타 부당노동행위의사의 존재를 추정할 수 있는 제반사정 등을 전체적으로 심리・검토하여 종합적으로 판단해야 한다고 판시하고 있다(대법원 1991.4.23. 선고 90누7658 판결 등).

### 3. 사안의 검토

Y사의 X에 대한 징계는 표면적으로 취업규칙 위반을 이유로 하고 있지만, 판례의 입장에 따라 부동노동행위의사의 존재를 징계처분의 사유와 노조활동의 내용, 시기 등으로부터 추단할 수 있으므로 실질적으로 X의 정당한 노조활동에 대한 징계라 볼 수 있어 Y사의 징계처분은 부당노동행위로 보아야 할 것이다.

# Ⅳ. Y사의 기업시설의 사용금지가 지배 · 개입에 해당하는지 여부

## 1. 지배 · 개입의 부당노동행위

지배 · 개입의 부당노동행위는 사용자가 근로자가 노동조합을 조직하거나 운영하는 것을 지배하거나 이에 개입하는 행위를 함으로써 성립한다(노조법 제81조 제4호).

## 2. 지배 · 개입의사의 필요 여부

### (1) 학 설

지배 · 개입에 의한 부당노동행위 성립에 있어 사용자의 지배 · 개입의사를 요하는가에 대하여 1) 사용자의 주관적 부당노동행위 의사를 요한다는 "의사필요설"과 2) 객관적 지배 · 개입사실이 있는 것으로 족하고 사용자의 지배 · 개입의사는 요하지 않는다는 "의사불필요설"의 견해 대립이 있다.

### (2) 검 토

의사필요설에 의할 경우, 사용자의 법률착오 시 부당노동행위 의사를 인정하기 어렵고 입증책임이 근로자에게 있으므로 입증의 어려움이 발생할 수 있다. 이런 점에서 의사불요설이 근로3권보장 취지와 근로자보호 면에서 이점이 있다. 그렇지만, 의사필요설의 경우에도 사용자의 지배 · 개입의사는 행위로부터 추정되는 의사로 충분하다고 보면 입증의 어려움은 완화될 수 있으므로 의사필요설에 따르는 것이 타당하다.

## 3. 결과발생 여부

사용자의 지배 · 개입행위 결과로 노동조합의 조직 실패, 해산, 약화라는 구체적이고 현실적인 손해발생이 있어야 하는가의 문제로 제81조 제4호의 입법취지가 사용자의 지배 · 개입행위를 인정하는 것이고, 부당노동행위제도가 민사법에 있어서와 같이 손해배상이 그 목적이 아니므로 결과발생은 요하지 않는다(대법원 2013.1.10. 선고 2011도15497 판결).

### 4. 사안의 검토

Y사가 개인적인 메일 사용을 금지한 것이 전적으로 부당노동행위의사에 의한 것이라 볼 수는 없을 것이지만, X의 징계 과정에서 그러한 부당노동행위의사가 추정될 수 있는 부분이 있다. 따라서 Y사가 A노동조합과 합의 형성의 자세를 가졌는가를 우선 검토하여야 하며, Y사가 기업운영상 특별한 지장이 없는 시설이용을 거부하는 것은 X 및 A 노동조합의 정당한 조합활동에 대한 방해행위로서 지배·개입이 된다고 보아야 할 것이다.

## V. X의 구제방안

### 1. 노동위원회 구제신청

부당노동행위로 권리를 침해당한 근로자나 노동조합은 노동위원회에 구제를 신청할 수 있다(노조법 제82조 제1항). 불이익취급의 경우에는 해당 근로자가 구제신청을 할 수 있다고 보아야 하기 때문에 X는 A노동조합이 아닌 개인 근로자 신분으로 구제신청을 하여야 한다. 다만, 지배·개입 사건의 경우에는 해당 노동조합이 구제신청을 할 수 있다.

사안의 경우는 불이익취급과 지배·개입이 경합되고 있는 건이기 때문에 X는 A노동조합의 이름으로도, 개인의 이름으로도 구제를 신청할 수 있다고 할 것이다.

구제신청이 이루어지면 노동위원회는 필요한 조사와 심문(제83조 제1항)을 거쳐 판정을 내리게 되고 구제명령이 내려지면 행정처분의 일종으로 집행력, 공정력을 가지게 된다. 사법상의 효력을 바로 가지는 것은 아니지만, 부당노동행위 금지의 강행법규에 위반하는 행위가 되어 무효가 된다고 할 것이다.

지방노동위원회에서 구제신청이 각하 또는 기각되는 경우 중앙노동위원회에 재심을 신청할 수 있고, 재심에서도 원하는 결과가 나오지 않으면 행정소송으로써 다툴 수 있다.

### 2. 형사제재

노조법상 부당노동행위 금지규정에 위반하면 벌칙에 따라 처벌된다. 사용자가 부당노동행위를 하더라도 구제명령에 사후에 따르기만 하게 하고 아무런 제재를 받지 않게 될 경우 발생할 수 있는 부당노동행위의 반복을 막기 위한 규정이다.

### 3. 민사상 구제

부당노동행위금지규정은 사법상 권리.의무를 발생시키는 규범은 아니다. 그렇지만 노조법상의 부당노동행위 금지 규정에 위반하는 행위에 대하여 해당 근로자나 노동조합은 민사소송을 제기하여 그 무효 확인, 손해배상 또는 작위. 부작위명령 등을 청구할 수 있을 것이다.

## Ⅵ. 설문의 해결

X의 대리인으로써 먼저 Y사에 X에 대한 징계처분이 부당노동행위에 해당하여 처벌받을 수 있는 사항임을 지적하고, 징계처분의 취소와 정당한 노조활동을 위한 기업시설사용권의 보장을 요구할 수 있다. Y사가 요구를 받아들이지 않는다면 노동위원회 구제신청 및 행정소송, 민사소송 등을 통해 구제받을 수 있을 것이다.

【관련쟁점】

1. 정당한 조합활동의 유형은?
2. 정당사유와 부당노동행위의사가 경합되는 경우 학설과 판례의 태도는?

【참고문헌】

김형배, 817~825면, 1088~1121면; 김희성(2), 329~342면; 임종률, 99~105면, 269~2865면; 이철수 외 4인, 461~468면.

**【관련판례】**

○ 조합활동의 정당성

> 대법원 1991.11.12. 선고 91누4164 판결
> 가. 노동조합법 제39조 제1호 소정의 "노동조합의 업무를 위한 정당한 행위"란 일반적으로는 정당한 노동조합의 활동을 가리킨다고 할 것이나,

조합원이 조합의 결의나 조합의 구체적인 지시에 따라서 한 노동조합의 조직적인 활동 그 자체가 아닐지라도 그 행위의 성질상 노동조합의 활동으로 볼 수 있거나, 노동조합의 묵시적인 수권 혹은 승인을 받았다고 볼 수 있을 때에는 노동조합의 업무를 위한 행위로 보아야 할 것이다.

나. 근로자가 노동조합의 위원장으로 출마한 행위는 노동조합의 업무를 위한 정당한 행위에 해당함이 분명하고, 다수의 노동조합위원장 입후보자 중 일부만 사퇴하고 복수 이상의 후보자가 남았는데 그 중 한 사람이 사퇴자의 사퇴이유를 왜곡하여 그의 선거운동에 이용하는 경우, 당해 사퇴자가 그의 사퇴이유를 유인물 배포로 조합원에게 알리는 행위를 하는 것도 조합의 업무를 위한 행위에 포함되는 것으로 해석하는 것이 상당하고, 후보자가 한 사람만 남아 가, 부의 투표를 하게되는 경우라고 하여 달리 볼 것은 아니다.

다. 단체협약에 유인물의 배포에 허가제를 채택하고 있다고 할지라도 노동조합의 업무를 위한 정당한 행위까지 금지시킬 수는 없는 것이므로 위 "나"항의 유인물 배포행위가 정당한가 아닌가는 허가가 있었는지 여부만 가지고 판단할 것은 아니고, 그 유인물의 내용이나 배포방법 등 제반 사정을 고려하여 판단되어져야 할 것이고, 취업시간 아닌 주간의 휴게시간 중의 배포는 다른 근로자의 취업에 나쁜 영향을 미치거나 휴게시간의 자유로운 이용을 방해하거나 구체적으로 직장질서를 문란하게 하는 것이 아닌 한 허가를 얻지 아니하였다는 이유만으로 정당성을 잃는다고 할 수 없다.

## ○ 조합활동과 노무지휘권의 충돌

대법원 1994.9.30. 선고 94다4042 판결

단체협약에서 "전임이 아닌 조합원의 조합활동은 취업시간 외에 행함을 원칙으로 하나 부득이한 사유발생으로 취업시간 중에 조합활동을 하고자 할 경우에는 사전에 회사에 통보하여야 하며 특별한 사유가 없는 한 허용하여야 한다"고 규정하고 있는 경우, 전임이 아닌 조합원의 취업시간 중의 조합활동은 그것이 정당한 조합활동을 목적으로 행하여질 경우로 제한하는 것이 그 규정을 둔 취지에 부합하고, 또한 이는 단체협약 규정 자체에 의하여 예외적으로 허용되는 것일 뿐 아니라 더욱이 회사는 노동조합 측에서 전임이 아닌 조합원의 취업시간 중의 조합활동을 통보한 경우 특별한 사유가 없는 한 허용하도록 규정되어 있는 점 등에 비추어 위 규정 소정의 "부득이한 사유"는 매우 제한적으로 해석하여야 하며, 따라서 전임이 아닌 조합원의 취업시간 중의 조합활동으로서 임시총회를 개최하기 위하여는 예컨대 노조임원의 대부분이 궐석되어 노조의 정상적인 활동을 수행하기 어려운 급박한 사정이 있어 임시총회를 개최하여 궐석임원을 선출할 필요가 있다든가 노조의 합병 등 노조의 존속 여부 및 조직변경에 관한 중대한 결정을 할 필요가 있는 경우, 또는 정당한 쟁의행위를 결행할 것인가를 의결하기 위하여 임시총회를 개최할 필요가 있는 경우 등으로 국한시켜야 할 것이므로, 정당하지 아니한 쟁의행위를 결행할 것인가 여부를 결정하기 위하여 취업시간 중에 임시총회를 개최하는 것은 단체협약에서 전임이 아닌 조합원의 취업시간 중의 조합활동을 허용하도록 규정한 취지에 어긋날 뿐 아니라 단체협약 소정의 "부득이한 사유"에도 해당하지 않는다.

○ 조합활동과 시설관리권의 충돌

대법원 1994.2.22. 선고 93도613 판결

노동조합의 활동이 정당하다고 하기 위하여는 행위의 성질상 노동조합의 활동으로 볼 수 있거나 노동조합의 묵시적인 수권 또는 승인을 받았다고 볼 수 있는 것으로서 근로조건의 유지 개선과 근로자의 경제적 지위의 향상을 도모하기 위하여 필요하고 근로자들의 단결강화에 도움이 되는 행위이어야 하며, 취업규칙이나 단체협약에 별도의 허용규정이 있거나 관행 또는 사용자의 승낙이 있는 경우 외에는 취업시간 외에 행하여져야 하고, 사업장 내의 조합활동에 있어서는 사용자의 시설관리권에 바탕을 둔 합리적인 규율이나 제약에 따라야 하며, 폭력과 파괴행위 등의 방법에 의하지 않는 것이어야 할 것이다

○ 부당노동행위 의사의 판단방법

대법원 2013.1.10. 선고 2011도15497 판결

사용자가 연설, 사내방송, 게시문, 서한 등을 통하여 의견을 표명하는 경우 표명된 의견의 내용과 함께 그것이 행하여진 상황, 시점, 장소, 방법 및 그것이 노동조합의 운영이나 활동에 미치거나 미칠 수 있는 영향 등을 종합하여 노동조합의 조직이나 운영 및 활동을 지배하거나 이에 개입하는 의사가 인정된다면 노동조합 및 노동관계조정법 제81조 제4호에 규정된 '근로자가 노동조합을 조직 또는 운영하는 것을 지배하거나 이에 개입하는 행위'로서 부당노동행위가 성립하고, 또 그 지배 · 개입으로서 부당노동행위의 성립에 반드시 근로자의 단결권 침해라는 결과 발생까지 요하는 것은 아니다. 그러나 사용자 또한 자신의 의견을 표명할 수 있는 자유를 가지고 있으므로, 사용자가 노동조합의 활동에 대하여 단순히 비

판적 견해를 표명하거나 근로자를 상대로 집단적인 설명회 등을 개최하여 회사의 경영상황 및 정책방향 등 입장을 설명하고 이해를 구하는 행위 또는 비록 파업이 예정된 상황이라 하더라도 파업의 정당성과 적법성 여부 및 파업이 회사나 근로자에 미치는 영향 등을 설명하는 행위는 거기에 징계 등 불이익의 위협 또는 이익제공의 약속 등이 포함되어 있거나 다른 지배 · 개입의 정황 등 노동조합의 자주성을 해칠 수 있는 요소가 연관되어 있지 않는 한, 사용자에게 노동조합의 조직이나 운영 및 활동을 지배하거나 이에 개입하는 의사가 있다고 가볍게 단정할 것은 아니다.

# 29. 단체협약의 효력과 해고합의(동의)조항

## 【사실관계】

A회사의 단체협약에는 "회사는 조합원에 대한 해고에 대하여는 노동조합과 사전에 합의하여야 한다"는 규정이 있으며, 이 단체협약의 유효기간은 2010년 6월 30일까지이다. A회사는 조합원 甲의 행위가 해고사유에 해당된다고 인정하여 노동조합과의 사전합의 없이 2010년 7월 1일 조합원 甲을 해고하였다. A회사와 노동조합은 새로운 단체협약을 체결하고자 단체교섭을 계속하였음에도 불구하고 2010년 7월 1일 현재 새로운 단체협약이 체결되지 아니하였고, 새로운 단체협약이 체결될 때까지 종전 단체협약의 효력을 존속시킨다는 취지의 별도의 약정이나 자동갱신조항도 존재하지 아니한다.

(2010년 공인노무사시험)

[문 제] 이 사안에서 조합원 甲에 대한 A회사의 해고의 효력을 논하시오(단, 부당노동행위에 관하여는 논하지 아니함).

## 《관련조문》

노동조합 및 노동관계조정법

제32조(단체협약의 유효기간) ① 단체협약에는 2년을 초과하는 유효기간을 정할 수 없다.

② 단체협약에 그 유효기간을 정하지 아니한 경우 또는 제1항의 기간을 초과하는 유효기간을 정한 경우에 그 유효기간은 2년으로 한다.

③ 단체협약의 유효기간이 만료되는 때를 전후하여 당사자 쌍방이 새로운 단체협약을 체결하고자 단체교섭을 계속하였음에도 불구하고 새로운 단체협약이 체결되지 아니한 경우에는 별도의 약정이 있는 경우를 제외하고는 종전의 단체협약은 그 효력만료일부터 3월까지 계속 효력을 갖는다. 다만, 단체협약에 그 유효기간이 경과한 후에도 새로운

단체협약이 체결되지 아니한 때에는 새로운 단체협약이 체결될 때까지 종전 단체협약의 효력을 존속시킨다는 취지의 별도의 약정이 있는 경우에는 그에 따르되, 당사자 일방은 해지하고자 하는 날의 6월 전까지 상대방에게 통고함으로써 종전의 단체협약을 해지할 수 있다.

**【사실관계】의 논점정리**

[문제]의 물음은 A회사가 조합원 甲을 해고할 수 있는지 여부이다. 그런데 그 해고는 단체협약의 사전합의조항을 정면으로 위반하는 것이었다. 한편 해고 시기는 단체협약의 유효기간이 만료한 다음 날에 이루어졌으므로 먼저 해고가 행하여진 2010년 7월 1일에 그 단체협약은 효력을 상실하였는지가 첫 번째 쟁점이 된다. 다음으로 만일 단체협약의 효력이 존속하고 있다면 그 협약의 내용에 위반하여 이루어진 해고의 효력은 어떻게 되는지 단체협약의 구속력 특히 해고동의조항의 성격이 쟁점이 된다.

## 논점의 해설


Ⅰ. 설문의 쟁점
Ⅱ. 단체협약의 효력의 존부
1. 문 제 점 / 2. 자동연장조항의 성격 / 3. 사안의 적용
Ⅲ. 단체협약상의 해고합의(동의)조항에 위반한 해고의 효력
1. 문 제 점 / 2. 판례의 태도 / 3. 사안의 적용
Ⅳ. 설문의 해결


# Ⅰ. 설문의 쟁점

A회사는 단체협약의 사전합의조항을 따르지 않고 조합원 甲을 해고하였다. 그런데, 해고 시기가 단체협약의 유효기간이 만료한 다음 날이므로, 먼저 해고가 행하여진 2010년 7월 1일에 그 단체 협약은 효력을 상실하였는지가 첫 번째 쟁점이 된다. 다음으로 만일 단체협약의 효력이 존속하고 있다면 그 협약의 내용에 위반하여 이루어진 해고의 효력은 어떻게 되는지 단체협약

의 구속력 특히 해고동의조항의 성격이 쟁점이 된다.

## Ⅱ. 단체협약의 효력의 존부

### 1. 문 제 점

단체협약이란 노동조합과 사용자 간의 근로조건 기타 근로자의 지위 등에 관하여 합의된 문서로서 그 법적 성질에 관하여는 크게 법규범설과 계약설의 대립이 있다. 그러나 어떤 입장이든지 그 강행적 규범성을 인정하고 있는데 사안의 경우 유효기간이 2010년 6월 30일까지이므로 다음 날부터 효력을 잃는 것은 아닌지 문제가 된다.

### 2. 자동연장조항의 성격

노조법 제32조 제3항은 "단체협약의 유효기간이 만료되는 때를 전후하여 당사자 쌍방이 새로운 단체협약을 체결하고자 단체교섭을 계속하였음에도 불구하고 새로운 단체협약이 체결되지 아니한 경우에는 별도의 약정이 있는 경우를 제외하고는 종전의 단체협약은 그 효력만료일부터 3월까지 계속 효력을 갖는다. 다만, 단체협약에 그 유효기간이 경과한 후에도 새로운 단체협약이 체결되지 아니한 때에는 새로운 단체협약이 체결될 때까지 종전 단체협약의 효력을 존속시킨다는 취지의 별도의 약정이 있는 경우에는 그에 따르되, 당사자 일방은 해지하고자 하는 날의 6월 전까지 상대방에게 통고함으로써 종전의 단체협약을 해지할 수 있다"라고 자동연장 규정을 두고 있는바, 그 취지는 상황변동에 따른 부작용을 막기 위해 신협약의 체결로 그 규율의 구체적 타당성을 당사자들이 도모하도록 하는 동시에 협약의 공백을 막아 당사자의 불안정한 지위를 해소케 하려는 데 있는 것으로 보인다.

### 3. 사안의 적용

제32조 제3항 본문의 3개월 자동연장이 적용되기 위하여는 단체협약의 유효기간이 만료되었을 것, 당사자 쌍방이 새로운 단체협약을 체결하고자 노력하여 교섭을 계속하였으나 그 신협약이 체결되지 않았을 것, 이와 관련한 다른 약정 내지 자동연장조항이 없을 것을 그 요건으로 하는바 사안의 경우

이 요건을 모두 충족한다. 결국 위 단체협약은 2010년 7월 1일부터 9월 30일까지 효력이 존속하는 것이고 그 기간 내인 2010년 7월 1일에 해고가 이루어진바, 위 해고가 단체협약상 절차조항을 위반하여 무효인지 여부가 문제된다.

## Ⅲ. 단체협약상 해고합의(동의)조항에 위반한 해고의 효력

### 1. 문 제 점

사용자가 행하는 해고는 정당한 이유가 있어야 하는데 단체협약이 정한 해고절차에 관한 규정 또한 그 정당성 판단의 기준이 된다. 이는 헌법상 적법절차의 원칙이 사회법의 영역에도 투영되어야 함을 의미하며 근로기준법 제27조(해고사유 등의 서면통지)는 그 실정법상의 하나의 예시규정이 될 것이다. 사안의 사전합의조항 역시 해고절차의 제한으로서 이에 위반한 해고에 대한 판례의 태도를 살펴보기로 한다.

### 2. 판례의 태도

판례는 기본적으로 "단체협약 등에 규정된 인사협의나 합의조항의 구체적 내용이 사용자가 인사를 함에 있어서 신중을 기할 수 있도록 노동조합이 의견을 제시할 수 있는 기회를 주어야 하도록 규정된 경우에는 그 절차를 거치지 아니하였다고 하더라도 그 인사의 효력에는 영향이 없다고 보아야 할 것이지만, 사용자가 인사를 함에 있어 노동조합의 사전 동의나 승낙을 얻어야 한다거나 노동조합과 인사에 관한 논의를 하여 의견의 합치를 보아 인사를 하도록 규정된 경우에는 그 절차를 거치지 아니한 인사는 원칙적으로 무효라고 보아야 한다(대법원 1993.8.24. 선고 92다34926 판결 등 다수)"라고 하고 있다.

한편 판례는 사전합의권의 포기 남용에 관한 법리를 전개하며 "노사 간의 협상을 통해 사용자가 그 해고 권한을 제한하기로 합의하고 노동조합이 동의할 경우에 한하여 해고권을 행사하겠다는 의미로 해고의 사전합의조항을 단체협약에 두었다면, 그러한 절차를 거치지 아니한 해고처분은 원칙적으로 무효라고 본다. 다만 단체협약에 해고의 사전합의조항을 두고 있다고 하더라도 사용자의 해고 권한이 어떠한 경우를 불문하고 노동조합의 동의가 있어야만 행사할 수 있다는 것은 아니고, 노동조합이 사전동의권을 남용하거나 스스로 사전동의권을 포기한 것으로 인정되는 경우에는 노동조합의 동의가 없더라도 사용자의 해고권행사가 가능하나, 여기서 노동조합이 사전동의권을 남용한 경우라 함은 노동조합 측에 중대한 배신행위가 있고 그로 인하여 사용자 측의 절차의 흠결이 초래되었다거나, 피징계자가 사용자인 회사에 대하여 중대한 위법행위를 하여 직접적으로 막대한 손해를 입히고 비위사실이 징계사유에 해당함이 객관적으로 명백하며 회사가 노동조합 측과 사전합의를 위하여 성실하고 진지한 노력을 다하였음에도 불구하고 노동조합 측이 합리적 근거나 이유 제시도 없이 무작정 반대함으로써 사전합의에 이르지 못하였다는 등의 사정이 있는 경우에 인정되므로, 이러한 경우에 이르지 아니하고 단순히 해고사유에 해당한다거나 실체적으로 정당성 있는 해고로 보인다는 이유만으로는 노동조합이 사전동의권을 남용하여 해고를 반대하고 있다고 단정하여서는 아니 된다(대법원 2007.9.6. 선고 2005두8788 판결)"라고 판시하여 예외적으로 사전합의조항에도 불구하고 해고가 유효할 수 있다는 점을 밝히고 있다.

### 3. 사안의 적용

사안의 단체협약에서 정한 사전합의조항은 그 취지를 단순히 징계 전의 협의 절차를 통한 의견 개진의 기회부여라고 볼 수는 없으며, 근로자를 해고함에 있어 노동조합의 사전동의를 얻도록 하는 절차적 규정이라고 볼 수 있다. 따라서 노동조합의 동의를 얻지 못한 상태에서 甲을 해고한 것은 절차위반의 위법한 해고라고 할 것이며, 또한 노동자 측의 사전동의권의 포기나 남용에 해당하는 내용도 보이지 않으므로 결국 A회사의 갑에 대한 해고는 그 정당한 이유가 인정되지 않아 무효이다.

## Ⅳ. 설문의 해결

회사A의 조합원 甲에 대한 해고는 부당해고로서 무효이다. 왜냐하면 사안의 단체협약은 그 유효기간의 경과에도 불구하고 노조법 제32조 제3항에 의하여 해고시점에도 규범력을 갖으며 이에 반한 해고는 사전합의권의 남용이나 포기의 사정이 전혀 엿보이지 아니하는 상황하에서 이루어진 것이므로 이는 해고 절차를 위반한 정당성 없는 해고이기 때문이다.

【관련쟁점】

1. 해고협의조항에 위반한 해고의 효력을 어떻게 판단할 것인가?
2. 고용안정협약의 효력은?

【참고문헌】

김형배, 917~919면; 임종률, 156~158면.

**【관련판례】**

○ 해고합의조항의 효력

대법원 2007.9.6. 선고 2005두8788 판결

[1] 구 근로기준법(2007.4.11. 법률 제8372호로 전문 개정되기 전의 것) 제30조 제1항은 "사용자는 근로자에 대하여 정당한 이유 없이 해고를 하지 못한다"고 규정하여 원칙적으로 해고를 금지하면서, 다만 예외적으로 정당한 이유가 있는 경우에 한하여 해고를 허용하여 제한된 범위 안에서만 사용자의 해고권한을 인정하고 있는데, 노사 간의 협상을 통해 사용자가 그 해고권한을 제한하기로 합의하고 노동조합이 동의할 경우에 한하여 해고권을 행사하겠다는 의미로 해고의 사전합의조항을 단체협약에 두었다면, 그러한 절차를 거치지 아니한 해고처분은 원칙적으로 무효이다.

[2] 단체협약에 해고의 사전합의조항을 두고 있다고 하더라도 사용자의 해고권한이 어떠한 경우를 불문하고 노동조합의 동의가 있어야만 행사할 수 있다는 것은 아니고, 노동조합이 사전동의권을 남용하거나 스스로 사전동의권을 포기한 것으로 인정되는 경우에는 노동조합의 동의가 없더라도 사용자의 해고권 행사가 가능하나, 여기서 노동조합이 사전동의권을 남용한 경우라 함은 노동조합 측에 중대한 배신행위가 있고 그로 인하여 사용자 측의 절차의 흠결이 초래되었다거나, 피징계자가 사용자인 회사에 대하여 중대한 위법행위를 하여 직접적으로 막대한 손해를 입히고 비위사실이 징계사유에 해당함이 객관적으로 명백하며 회사가 노동조합측과 사전합의를 위하여 성실하고 진지한 노력을 다하였음에도 불구하고 노동조합 측이 합리적 근거나 이유 제시도 없이 무작정 반대함으로써 사전합의에 이르지 못하였다는 등의 사정이 있는 경우에 인정되므로, 이러한

경우에 이르지 아니하고 단순히 해고사유에 해당한다거나 실체적으로 정당성 있는 해고로 보인다는 이유만으로는 노동조합이 사전동의권을 남용하여 해고를 반대하고 있다고 단정하여서는 아니 된다.

# 30. 단체협약의 해석과 고용안정협약

## 【사실관계】

자동차부품을 제조 및 판매하는 A회사는 B공단에 위치하고 있다. A회사는 경영상의 어려움에 미리 대처하기 위해 최적의 입지조건을 갖춘 곳으로 사업장을 이전하는 계획을 세웠다. 이에 따라 A회사는 사업장을 B공단에서 약 30km 떨어진 C공단으로 이전하기로 결정하였고, 이러한 내용을 A회사의 노동조합과 근로자들에게 공지하였다.

위와 같은 사업장 이전 결정을 계기로 A회사의 근로자들 사이에 고용에 대한 불안감이 확산되었고, 이에 노동조합은 A회사에게 고용보장에 관한 특별교섭을 요구하였다. 특별교섭을 수락한 A회사는 노동조합과 수차례에 걸쳐 교섭한 결과 "회사는 본 협약의 유효기간(2013.1.1~2014.12.31) 중 근로자의 고용을 보장하기 위해 정리해고 등 구조조정을 실시하지 않으며, 만일 실시하는 경우에 노동조합과 합의한다"는 내용의 특별단체협약을 체결하였다. 그러나 2014년 1월 불황으로 인해 A회사는 인원감축이 필요하다고 판단하여 정리해고를 실시하기로 결정하였다. A회사는 정리해고의 실시 여부는 단체교섭의 대상이 아니라는 점을 들어 노동조합과의 합의 없이 2014년 6월 정리해고를 실시하였다. 다음 물음에 답하시오.

(2014년 공인노무사시험)

[문제 01] 처분문서인 단체협약의 해석 원칙에 비추어 위 단체협약상의 '합의'의 의미를 '협의'로 해석할 수 있는지 논하시오.

[문제 02] 위 단체협약상의 '합의' 없이 실시한 정리해고는 유효한지 논하시오.

## 《관련조문》

근로기준법
제24조 (경영상 이유에 의한 해고의 제한)
① 사용자가 경영상 이유에 의하여 근로자를 해고하려면 긴박한 경영상의 필요가 있어야 한다. 이 경우 경영 악화를 방지하기 위한 사업의 양도 · 인수 · 합병은 긴박한 경영상의 필요가 있는 것으로 본다.
② 제1항의 경우에 사용자는 해고를 피하기 위한 노력을 다하여야 하며, 합리적이고 공정한 해고의 기준을 정하고 이에 따라 그 대상자를 선정하여야 한다. 이 경우 남녀의 성을 이유로 차별하여서는 아니 된다.
③ 사용자는 제2항에 따른 해고를 피하기 위한 방법과 해고의 기준 등에 관하여 그 사업 또는 사업장에 근로자의 과반수로 조직된 노동조합이 있는 경우에는 그 노동조합(근로자의 과반수로 조직된 노동조합이 없는 경우에는 근로자의 과반수를 대표하는 자를 말한다. 이하 "근로자대표"라 한다)에 해고를 하려는 날의 50일 전까지 통보하고 성실하게 협의하여야 한다.
④ 사용자는 제1항에 따라 대통령령으로 정하는 일정한 규모 이상의 인원을 해고하려면 대통령령으로 정하는 바에 따라 고용노동부장관에게 신고하여야 한다.
⑤ 사용자가 제1항부터 제3항까지의 규정에 따른 요건을 갖추어 근로자를 해고한 경우에는 제23조 제1항에 따른 정당한 이유가 있는 해고를 한 것으로 본다.

**【사실관계】의 논점정리**

A회사는 노동조합 사이에 정리해고를 시행할 경우 노동조합과 합의하기로 하는 이른바 '고용안정협약'을 체결하였다. 이 같은 고용안정협약의 경우 사용자의 인사권에 관한 근본적인 제약을 의미하는바, 그 효력을 문언 그대로 인정해야 할 것인지가 문제된다. 특히 이 같은 문제는 단체협약 해석의 문제이기도 하지만, 근본적으로 사용자의 경영권과 단체협약의 한계 사이의 균형을 어떻게 유지할 것인가의 문제로 귀결된다.

## 논점의 해설

### [문제 01]의 해결 — 고용안정협약의 해석

Ⅰ. 설문의 쟁점
Ⅱ. 고용안정협약의 해석에 관한 기준
Ⅲ. 설문의 해결

## Ⅰ. 설문의 쟁점

사안에서 A회사는 A회사의 노동조합과 '구조조정을 실시하는 경우 노동조합과 합의한다'는 내용의 단체협약을 체결하였는바, 이러한 경영상 해고에 대한 합의 조항을 문언대로 해석하는 경우 사용자의 인사권에 대한 중대한 제약을 초래할 수 있다. 특히 경영상황의 악화 등 중대한 사정변경의 경우 사용자에게 협약에의 구속을 요구하는 것이 불합리할 수도 있다. 반대로 협약의 내용을 사용자의 관점에서 수정해석하는 것을 폭넓게 해석한다면, 헌법상 근로자의 단결권은 물론 노사자치의 원칙을 크게 훼손하는 결과를 초래할 수 있다. 이 같은 전제에서 위 단체협약의 내용 중 구조조정에 대한 '합의'를 '협의'로 해석하는 것이 가능한지에 관한 논의를 검토할 필요가 있다.

## Ⅱ. 고용안정협약의 해석에 관한 기준

대법원은 일찍부터 단체협약의 해석기준과 관련하여 '단체협약서와 같은 처분문서는 특별한 사정이 없는 한 그 기재 내용에 의하여 그 문서에 표시된 의사표시의 존재 및 내용을 인정하여야 하고, 한편 단체협약은 근로자의 근로조건을 유지 개선하고 복지를 증진하여 근로자의 경제적, 사회적 지위의 향상이라는 목적으로 근로자의 자주적 단체인 노동조합이 사용자와 사이에 근로조건에 관하여 단체교섭을 통하여 체결하는 것이므로 그 명문의 규정을 근로자에게 불리하게 해석할 수 없다(대법원 2014.2.13. 선고 2011다86287 판결 등)'고 판시하였다.

그러나 고용안정협약과 같이 사용자의 중대한 경영권의 본질을 이루는 인사권에 대한 단체협약의 해석과 관련하여 대법원은 “단체협약상 ‘합의’의 의미를 ‘협의’로 해석할 수 있는지와 관련하여 ‘사용자가 경영권의 본질에 속하여 단체교섭의 대상이 될 수 없는 사항에 관하여 노동조합과 ‘합의’하여 결정 혹은 시행하기로 하는 단체협약의 일부 조항이 있는 경우, 그 조항 하나만을 주목하여 쉽게 사용자의 경영권의 일부포기나 중대한 제한을 인정하여서는 아니되고, 그와 같은 단체협약을 체결하게 된 경위와 당시의 상황, 단체협약의 다른 조항과의 관계, 권한에는 책임이 따른다는 원칙에 입각하여 노동조합이 경영에 대한 책임까지도 분담하고 있는지 여부 등을 종합적으로 검토하여 그 조항에 기재된 ‘합의’의 의미를 해석하여야 한다(대법원 2002.2.26. 선고 99도5380 판결)”고 판시함으로써, 사용자의 경영권에 대한 포기 또는 중대한 제한을 내용으로 하는 단체협약의 경우에는 제반사정을 고려하여 문언과 달리 해석할 수 있다는 입장을 분명히 하였다.

그런데 최근 판례는 또 한편으로는 단체협약의 인사협의(합의)조항에 노동조합간부 인사에 대하여는 사전 ‘합의’를, 조합원 인사에 대하여는 사전 ‘협의’를 하도록 용어를 구분하여 사용하고 있는 경우에 ‘교섭 당시 사용자의 인사권에 관하여 노동조합간부와 조합원을 구분하여 제한 정도를 달리 정한 것으로 보아야 하고, 그 정도는 노동조합간부에 대하여는 조합원에 대한 사전협의보다 더 신중하게 노동조합 측 의견을 참작하여야 한다는 정도의 차이만 있는 것으로 볼 수는 없으므로, 조합원에 대한 인사권의 신중한 행사를 위하여 단순히 의견수렴절차를 거치라는 뜻의 사전 ‘협의’와는 달리, 노동조합간부 인사에 대하여는 노동조합과 의견을 성실하게 교환하여 노사 간에 ‘의견의 합치’를 보아 인사권을 행사하여야 한다는 뜻에서 사전 ‘합의’를 하도록 규정한 것이라고 해석하는 것이 타당하다(대법원 2012.6.28. 선고 2010다38007 판결)’고 판시하였다.

## Ⅲ. 설문의 해결

이러한 판례의 태도는 노동조합과 회사가 자유로운 교섭을 통해 노동관계법상의 근로조건의 상회하는 근로조건을 결정하는 것이 가능하다 할지라도 그 내용이 회사의 해고권이라는 경영권의 본질을 부정하는 정도에 이르는 것인 경우에는 그 문언 그대로 이를 인정할 수 없고 회사가 스스로의 경영권을 포기했다고 볼 수 있을 만큼의 제반 상황이 있었는지를 살펴 제한적으로 그 의미를 해석해야 한다는 취지로 이해된다.

A회사가 소속 노동조합과 위와 같은 협약을 체결하게 된 경위를 살펴보면 공장이 전에 따른 근로자들의 고용불안을 해소시켜주기 위한 조치라는 점, 그 유효기간이 2년으로 비교적 단기이고, 통상의 해고가 아닌 정리해고만을 제한하는 것으로서 경영권의 본질적 포기라고 보기는 어려운 점, 정리해고만을 제한해고 시 이미 노동조합과 협의토록 되어 있는 근로기준법상의 규정에도 불구하고 이를 다시 단체협약으로 '협약'토록 재확인하기 위해 동 단체협약을 체결하였다고 보기는 어려운 점에 비추어 볼 때 위 단체협약 조항의 '합의'로 해석함이 타당하다고 할 것이다.

## [문제 02]의 해결 —고용안정협약에 위반한 해고의 효력

Ⅰ. 설문의 쟁점
Ⅱ. 고용보장협약의 단체교섭 대상성 인정 여부
 1. 문 제 점 / 2. 판례의 태도 / 3. 사안의 적용
Ⅲ. 단체협약에 위반하여 실시된 정리해고의 효력
 1. 문 제 점 / 2. 판례의 태도 / 3. 사안의 적용
Ⅳ. 설문의 해결

## Ⅰ. 설문의 쟁점

A회사는 구조조정을 실시할 경우 노동조합과 합의한다고 단체협약을 체결하고서, 그와 같은 합의는 사용자의 경영권에 관한 사항이므로 단체교섭의 대상이 될 수 없는 사항에 관한 협약이라는 이유로 아무런 '합의' 없이 정리해고를 실시하였다. 따라서 위 정리해고의 효력을 판단하기 위해서는 이 사건 협약이 단체교섭사항에 포함되는 것인지 여부와 포함된다면 위 협약에 위반한 정리해고가 정당화될 수 있는 다른 사정이 있는지 여부가 문제된다.

## Ⅱ. 고용보장협약의 단체협약으로서의 유효성 인정 여부

### 1. 문 제 점

단체교섭의 대상은 노동조합과 사용자가 교섭의 대상으로 삼을 수 있는 사항을 의미한다. 특히 근로조건 등 근로자의 사회적 경제적 지위 유지 및 향상과 관련된 것들은 단체교섭의 대상성이 인정된다고 할 것이나, 일정기간 해고를 제한하는 내용의 단체협약의 체결이 가능한지는 문제된다.

### 2. 판례의 태도

이와 관련하여 대법원은 "정리해고나 사업조직의 통폐합 등 기업의 구조조정의 실시 여부는 경영주체에 의한 고도의 경영상 결단에 속하는 사항으로서 원칙적으로 단체교섭의 대상이 될 수 없으나, 사용자의 경영권에 속하는 사항이라 하더라도 노사는 임의로 단체교섭을 진행하여 단체협약을 체결할 수 있고, 그 내용이 강행법규나 사회질서에 위배되지 않는 이상 단체협약으로서의 효력이 인정된다(대법원 2014.3.27. 선고 2011두20406 판결)"고 판시하여 노동조합과 사용자가 임의로 단체협약을 체결한 경우에는 원칙적으로 효력이 인정되는 것으로 보고 있다.

### 3. 사안의 적용

위 대법원의 견해에 비추어 볼 때, A회사와 노동조합 사이에 체결된 이 사건 협약은 구조조정을 실시하지 않고, 만약 구조정정을 실시할 경우 노동조합과 합의를 요구하는 등 사용자의 중대한 경영권에 대한 포기 내지 제약을 그 내용으로 하는바, 강행법규나 사회질서에 반할 우려가 있다.

그러나 위 협약은 구속력이 2년이라는 한시적인 기간 동안을 예정하고 있고, 기업이전이라는 특수한 환경에서 근로자들의 고용불안을 잠재우기 위한 기업의 전략적 판단에 기인한 것이라는 등의 사정을 고려하면 그 효력을 인정하여야 할 것이다.

## Ⅲ. 단체협약에 위반하여 실시된 정리해고의 효력

### 1. 문 제 점

원칙적으로 2014.6.경 A회사의 정리해고는 단체협약에 위반하여 이루어진 것으로 정당한 해고라고 볼 수는 없다. 그러나 2014.1.경부터 발생한 경기불황이라는 사정변경이 A회사의 위 정리해고를 정당화할 수 있는 사정이 될 수 있는지에 관한 검토가 필요하다.

### 2. 판례의 태도

대법원은 "사용자가 노동조합과의 협상에 따라 정리해고를 제한하기로 하는 내용의 단체협약을 체결하였다면 특별한 사정이 없는 한 단체협약이 강행법규나 사회질서에 위배된다고 볼 수 없고, 나아가 이는 근로조건 기타 근로자에 대한 대우에 관하여 정한 것으로서 그에 반하여 이루어지는 정리해고는 원칙적으로 정당한 해고라고 볼 수 없다. 다만 정리해고의 실시를 제한하는 단체협약을 두고 있더라도, 단체협약을 체결할 당시의 사정이 현저하게 변경되어 사용자에게 단체협약의 이행을 강요한다면 객관적으로 명백하게 부당한 결과에 이르는 경우에는 사용자가 단체협약에 의한 제한에서 벗어나 정리해고를 할 수 있다(대법원 2014.3.27. 선고 2011두20406 판결)"고 판시하여 단체협약을 이행할 수 없는 중대한 사정변경이 인정되는 경우에는 단체협약의 구속력에서 벗어날 수 있는 길을 열어주고 있다.

다시 말하면 회사 측에 현저한 사정변경이 있는 경우에는 단체협약의 유효성에도 불구하고 정리해고가 가능하다고 한다.

### 3. 사안의 적용

사안에서 A회사는 일찍부터 경기불황에 대비하여 사업장을 이전하는 등의 대비를 하였고, 이에 고용불안을 느낀 근로자들에게 2년 동안의 한시적 고용안정협약을 체결하기도 한 것이라는 점에 비추어 볼 때, 이 사건 단체협약을 체결한 시점과 사용자의 구조조정 시점 사이에 현저한 사정변경이 인정되기는 어렵다고 보인다. 따라서 A회사에 이 사건 단체협약의 이행을 강요하는 것이 객관적으로 명백하게 부당한 결과에 이르게 된다는 사정 또한 인정하기 어렵다.

# Ⅳ. 설문의 해결

A회사의 주장과 달리 구조조정의 조건으로 노동조합과 합의를 규정한 이 사건 단체협약은 유효하다고 인정되고, 나아가 A회사에게 위 단체협약의 이행을 강요하는 것이 객관적으로 명백히 부당하다는 사정도 인정되지 않으므로 이를 위반하여 노동조합과 아무런 '합의' 없이 진행된 A회사의 정리해고는 효력이 없다고 판단된다.

【관련쟁점】

1. 단체협약의 해석과 해석 · 이행방법에 관한 분쟁처리절차는?
2. 판례에 따르면 단체협약의 해석에서 고려해야 할 것은?

【참고문헌】

김형배, 675~683면, 911면; 김희성(2), 136~142면; 임종률, 516~523면 이철수 외 4인, 367~371면.

**【관련판례】**

○ 단체협약의 해석기준

대법원 2014.2.13. 선고 2011다86287 판결

[1] 단체협약서와 같은 처분문서는 특별한 사정이 없는 한 기재 내용에 의하여 문서에 표시된 의사표시의 존재 및 내용을 인정하여야 하고, 한편 단체협약은 근로자의 근로조건을 유지 개선하고 복지를 증진하여 근로자의 경제적, 사회적 지위를 향상할 목적으로 근로자의 자주적 단체인 노동조합이 사용자와 사이에 근로조건에 관하여 단체교섭을 통하여 체결하는 것이므로 명문의 규정을 근로자에게 불리하게 해석할 수는 없다.

[2] 甲주식회사가 노동조합과 체결한 단체협약에서 '지급기준일 현재 재직 중인 근로자에 한하여 하기휴가비를 지급하되, 지급기준일 현재 휴직 중인 근로자에게는 하기휴가비를 지급하지 않는다'라고 정하고 있는데, 근로자 乙이 하기휴가비 지급기준일에 파업에 참가한 사안에서, 乙은 파업으로 말미암아 甲회사와 근로관계가 일시 정지되었을 뿐 근로관계

자체가 종료되었다고 할 수는 없으므로 단체협약에서 하기휴가비의 지급 대상으로 정한 '지급기준일 현재 재직 중인 근로자'에 해당하고, 乙이 하기휴가비의 지급기준일에 파업에 참가하였다고 하여 단체협약상 하기휴가비의 지급 대상에서 제외되는 '지급기준일 현재 휴직 중인 근로자'에 해당한다고 볼 수 없다고 한 사례.

[3] 甲주식회사가 노동조합과 체결한 단체협약에서 지급기준일 현재 재직 중인 근로자에게만 하기휴가비 및 설·추석상여금을 지급하도록 규정하고 있는 사안에서, 甲회사가 지급기준일 전에 퇴사한 근로자에 대하여는 지급기준일 전에 근로를 제공하였다고 하더라도 하기휴가비 등을 전혀 지급하지 않은 점 등에 비추어 위 하기휴가비등은 단체협약에 의하여 근로자가 소정근로를 했는지와 관계없이 지급기준일에 재직 중인 근로자에게만 지급하기로 정해져 있는 임금으로서, 위와 같은 불확실한 조건이 지급의 자격요건이 되는 것이므로 통상임금의 징표로서 고정성이 결여되었다고 한 사례.

○ 경영사항과 단체협약

대법원 2002.2.26. 선고 99도5380 판결

[1] 정리해고나 사업조직의 통폐합 등 기업의 구조조정의 실시 여부는 경영주체에 의한 고도의 경영상 결단에 속하는 사항으로서 이는 원칙적으로 단체교섭의 대상이 될 수 없고, 그것이 긴박한 경영상의 필요나 합리적인 이유 없이 불순한 의도로 추진되는 등의 특별한 사정이 없는 한, 노동조합이 실질적으로 그 실시 자체를 반대하기 위하여 쟁의행위에 나아간다면, 비록 그 실시로 인하여 근로자들의 지위나 근로조건의 변경이 필연적으로 수반된다 하더라도 그 쟁의행위는 목적의 정당성을 인정할 수 없다.

[2] 쟁의행위에서 추구되는 목적이 여러 가지이고 그 중 일부가 정당하지 못한 경우에는 주된 목적 내지 진정한 목적의 당부에 의하여 그 쟁의목적의 당부를 판단하여야 할 것이고, 부당한 요구사항을 뺐더라면 쟁의행위를 하지 않았을 것이라고 인정되는 경우에는 그 쟁의행위 전체가 정당성을 갖지 못한다고 보아야 한다.

[3] 한국조△공사 노동조합이 임금 등 근로조건 개선을 내세워 쟁의행위에 돌입하였으나 그 주된 목적은 정부의 공기업 구조조정 및 그 일환으로 추진되는 조△창 통폐합을 반대하기 위한 대정부 투쟁에 있다고 보아 쟁의행위의 정당성을 인정할 수 없다고 한 사례.

[4] 사용자가 경영권의 본질에 속하여 단체교섭의 대상이 될 수 없는

사항에 관하여 노동조합과 '합의'하여 결정 혹은 시행하기로 하는 단체협약의 일부 조항이 있는 경우, 그 조항 하나만을 주목하여 쉽게 사용자의 경영권의 일부포기나 중대한 제한을 인정하여서는 아니 되고, 그와 같은 단체협약을 체결하게 된 경위와 당시의 상황, 단체협약의 다른 조항과의 관계, 권한에는 책임이 따른다는 원칙에 입각하여 노동조합이 경영에 대한 책임까지도 분담하고 있는지 여부 등을 종합적으로 검토하여 그 조항에 기재된 '합의'의 의미를 해석하여야 한다.

대법원 2012.6.28. 선고 2010다38007 판결

[1] 단체협약의 인사협의(합의)조항에 노동조합간부 인사에 대하여는 사전'합의'를, 조합원 인사에 대하여는 사전'협의'를 하도록 용어를 구분하여 사용하고 있다면, 교섭 당시 사용자의 인사권에 관하여 노동조합간부와 조합원을 구분하여 제한 정도를 달리 정한 것으로 보아야 하고, 그 정도는 노동조합간부에 대하여는 조합원에 대한 사전협의보다 더 신중하게 노동조합 측 의견을 참작하여야 한다는 정도의 차이만 있는 것으로 볼 수는 없으므로, 조합원에 대한 인사권의 신중한 행사를 위하여 단순히 의견수렴절차를 거치라는 뜻의 사전'협의'와는 달리, 노동조합간부 인사에 대하여는 노동조합과 의견을 성실하게 교환하여 노사 간에 '의견의 합치'를 보아 인사권을 행사하여야 한다는 뜻에서 사전'합의'를 하도록 규정한 것이라고 해석하는 것이 타당하다. 그리고 정리해고는 근로자에게 귀책사유가 없는데도 사용자의 경영상 필요에 의하여 단행되는 것으로서, 정리해고 대상과 범위, 해고 회피 방안 등에 관하여 노동조합의 합리적인 의사를 적절히 반영할 필요가 있고, 노사 쌍방 간 협상에 의한 최종 합의 결과 단체협약에 정리해고에 관하여 사전'협의'와 의도적으로 구분되는 용어를 사용하여 노사 간 사전'합의'를 요하도록 규정하였다면, 이는 노사 간에 사전'합의'를 하도록 규정한 것이라고 해석하여야 하고, 다른 특별한 사정없이 단지 정리해고 실시 여부가 경영주체에 의한 고도의 경영상 결단에 속하는 사항이라는 사정을 들어 이를 사전'협의'를 하도록 규정한 것이라고 해석할 수는 없다.

[2] 사용자가 인사처분을 할 때 노동조합의 사전 동의나 승낙을 얻어야 한다거나 노동조합과 인사처분에 관한 논의를 하여 의견 합치를 보아 인사처분을 하도록 단체협약 등에 규정된 경우 그 절차를 거치지 아니한 인사처분은 원칙적으로 무효로 보아야 하지만, 이처럼 사전합의조항을 두고 있다고 하더라도 사용자의 인사권이 어떠한 경우라도 노동조합의 동의나 합의가 있어야만 행사할 수 있는 것은 아니고, 노동조합이 사전합의권을 남용하거나 스스로 사전합의권 행사를 포기하였다고 인정되는 경우

에는 사용자가 이러한 합의 없이 한 인사처분도 유효하다고 보아야 한다. 여기서 노동조합이 사전합의권을 남용한 경우란 노동조합 측에 중대한 배신행위가 있고 이로 인하여 사용자 측의 절차 흠결이 초래되었다거나, 인사처분의 필요성과 합리성이 객관적으로 명백하며 사용자가 노동조합 측과 사전합의를 위하여 성실하고 진지한 노력을 다하였음에도 노동조합 측이 합리적 근거나 이유제시도 없이 무작정 인사처분에 반대함으로써 사전합의에 이르지 못하였다는 등 사정이 있는 경우를 의미한다.

○ 고용안정협약의 효력

대법원 2014.3.27. 선고 2011두20406 판결

정리해고나 사업조직의 통폐합 등 기업의 구조조정의 실시 여부는 경영주체에 의한 고도의 경영상 결단에 속하는 사항으로서 원칙적으로 단체교섭의 대상이 될 수 없으나, 사용자의 경영권에 속하는 사항이라 하더라도 노사는 임의로 단체교섭을 진행하여 단체협약을 체결할 수 있고, 그 내용이 강행법규나 사회질서에 위배되지 않는 이상 단체협약으로서의 효력이 인정된다.

따라서 사용자가 노동조합과의 협상에 따라 정리해고를 제한하기로 하는 내용의 단체협약을 체결하였다면 특별한 사정이 없는 한 단체협약이 강행법규나 사회질서에 위배된다고 볼 수 없고, 나아가 이는 근로조건 기타 근로자에 대한 대우에 관하여 정한 것으로서 그에 반하여 이루어지는 정리해고는 원칙적으로 정당한 해고라고 볼 수 없다. 다만 정리해고의 실시를 제한하는 단체협약을 두고 있더라도, 단체협약을 체결할 당시의 사정이 현저하게 변경되어 사용자에게 단체협약의 이행을 강요한다면 객관적으로 명백하게 부당한 결과에 이르는 경우에는 사용자가 단체협약에 의한 제한에서 벗어나 정리해고를 할 수 있다.

# 31. 단체교섭의 거부와 직장폐쇄의 정당성

## 【사실관계】

A회사는 상시 100명의 근로자를 사용하여 아동용 도서를 제작・판매하는 주식회사이다. B노동조합은 A회사 근로자들로 조직된 기업별 노동조합이다.

B노동조합은 2009.3.1. A회사에 대하여 새로운 임금협약 체결을 위한 단체교섭을 요구하였는데, 교섭요구 사항은 '기본급 10% 인상, 직무수당 신설'이었다.

A회사는 B노동조합의 1차 교섭요구(2009.3.1.)에 대하여 "기본급 10% 인상 요구는 회사 상황을 도외시한 것으로 도저히 받아들일 수 없는 과도한 요구이다"라는 이유로 단체교섭에 응하지 않았다. 임금교섭의 조속한 타결을 원하였던 B노동조합은 2차 교섭요구 시부터는 기본급 인상율을 7%로 낮추기로 하였다. 그러나 A회사는 2차 교섭요구(2009.3.30.)와 3차 교섭요구(2009.4.15.)에 아무런 답변을 하지 않다가, 4차 교섭요구(2009.5.1.)에 대해서는 "기본급 7% 인상 요구안에 대하여 내부적으로 검토할 시간이 필요하다"라는 이유를 들어 교섭 연기를 요청하면서 B노동조합이 애초 정한 일시와 장소에서의 단체교섭을 거부하였다.

B노동조합은 A회사의 교섭 거부가 부당하고 교섭 연기 요청도 진정성이 없다고 판단하여 쟁의행위 찬반투표 등 법정절차를 모두 거친 후 2009.6.1. 파업에 돌입하였다. B노동조합이 파업에 돌입한 지 3시간 만에 A회사는 직장폐쇄를 결정하고 이를 공고하였다. B노동조합은 조합원 다수의 요청에 따라 2009.6.5. 파업을 종료하면서 A회사에 대하여 성실한 교섭을 촉구하였다. A회사는 2009.6.9. 직장폐쇄를 철회하였다.

(제1회 변호사시험)

[문제 01] A회사의 단체교섭 거부가 「노동조합 및 노동관계조정법」상 정당한지 논하시오.

[문제 02] 만약 B노동조합의 파업이 정당하다면, A회사의 직장폐쇄가 정

당한지 논하시오.

## 《관련조문》

노동조합 및 노동관계조정법

제2조(정의) 이 법에서 사용하는 용어의 정의는 다음과 같다.

6. "쟁의행위"라 함은 파업·태업·직장폐쇄 기타 노동관계 당사자가 그 주장을 관철할 목적으로 행하는 행위와 이에 대항하는 행위로서 업무의 정상적인 운영을 저해하는 행위를 말한다.

제81조(부당노동행위) 사용자는 다음 각 호의 어느 하나에 해당하는 행위(이하 "부당노동행위"라 한다)를 할 수 없다.

3. 노동조합의 대표자 또는 노동조합으로부터 위임을 받은 자와의 단체협약체결 기타의 단체교섭을 정당한 이유없이 거부하거나 해태하는 행위

제46조(직장폐쇄의 요건) ① 사용자는 노동조합이 쟁의행위를 개시한 이후에만 직장폐쇄를 할 수 있다.

② 사용자는 제1항의 규정에 의한 직장폐쇄를 할 경우에는 미리 행정관청 및 노동위원회에 각각 신고하여야 한다.

**【사실관계】의 논점정리**

문제에서는 A회사와 B노조의 임금단체교섭이 결렬되었고, B노조의 쟁의행위에 대하여 A회사가 직장폐쇄로 대항하였으므로, ① A회사의 단체교섭 거부가 노동조합 및 노동관계 조정법(이하 "노조법"이라 한다)상 정단한지와 ② A회사의 직장폐쇄가 정당한지 여부가 쟁점이된다.

[문제 01]과 관련하여 A회사의 계속된 단체교섭 연기 요청이 단체교섭의 거부에 해당하는지가 주된 쟁점이며,

[문제 02]는 B 노동조합의 정당한 쟁의행위에 대한 대응행위로서 직장폐쇄가 대응적·방어적 성격을 견지하고 있는지, 즉 정당성을 갖추고 있는지가 쟁점이라고 하겠다. 이와 관련하여 파업에 돌입한 지 3시간 만에 직장폐쇄를 한 경우 그 정당성에 관한 판단을 담고 있는 판례의 언급이 필요하다.

## 논점의 해설

### [문제 01]의 해결 — A회사의 단체교섭 거부의 정당성

Ⅰ. 설문의 쟁점
Ⅱ. A회사의 계속된 교섭 연기가 부당노동행위에 해당하는지 여부
1. 문 제 점 / 2. 판례의 태도
Ⅲ. 설문의 해결

## Ⅰ. 설문의 쟁점

사안에서 B노동조합은 새로운 임금협정을 체결하기 위한 목적으로 A회사에 대하여 단체교섭을 요구하였는데, A회사는 회사 사정 및 검토할 시간이 필요하다는 이유로 계속해서 단체교섭의 연기를 요청하고 있다. 따라서 단체교섭의 명시적인 거부가 없더라도 이 같은 계속적인 연기 요청이 노동조합 및 노사관계조정법 제81조 제3호에서 금지하는 단체교섭 거부 및 해태에 해당하는 것인지가 설문의 쟁점이라 하겠다.

## Ⅱ. A회사의 계속된 교섭 연기가 부당노동행위에 해당하는지 여부

### 1. 문 제 점

B노동조합이 단체교섭을 요구하는 목적은 새로운 임금협정의 체결이므로 정당한 단체교섭 사항에 해당하고, 달리 정당한 단체교섭의 요구의 정당성을 의심할 만한 사유는 찾기 어렵다. 문제는 A회사의 교섭 연기(단체교섭 거부)에 정당한 이유가 있는가 하는 점인데, 특히 회사의 경영상황이나 단체교섭의 준비를 이유로 하는 경우 제반사정을 종합하여 '사회통념상 사용자에게 단체교섭의무의 이행을 기대하는 것이 어렵다고 인정되는지 여부에 따라 판단'하는 판례에 비추어 그 정당성을 인정할 수 있는지가 문제된다.[1)]

1) 교섭 거부가 정당하지 않은 구체적인 예로는 ① 처음부터 교섭을 하지 않으려 하는 경우, ② 사

## 2. 판례의 태도

이와 관련하여 판례는 "노동조합이 회사로서는 수용할 수 없는 요구를 하고 있었다고 하더라도 이는 단체교섭의 단계에서 조정할 문제이지 노동조합 측으로부터 과다한 요구가 있었다고 하여 막바로 그 쟁의행위의 목적이 부당한 것이라고 해석할 수는 없다"고 판단한 바 있다(대법원 1992.1.21. 선고 91누5204 판결).

또한, "사용자가 교섭사항 등의 검토와 준비를 위하여 필요하다는 등 합리적 이유가 있는 때에는 노동조합 측에 교섭일시의 변경을 구할 수 있고, 이와 같은 경우에는 노동조합 측이 사용자의 교섭일시 변경 요구를 수용하였는지 여부에 관계없이 사용자가 노조제안 일시에 단체교섭에 응하지 아니하였다 하더라도 사용자의 단체교섭 거부에 정당한 이유가 있다"고 하면서도, 구체적인 사안에서 "연맹이 협회에 2004.3.12.부터 2004.6.14.까지 3회에 걸쳐 단체교섭을 요구한 데 대하여 협회의 대표자인 피고인이 계속하여 단체교섭을 거부하여 왔던 사실에 비추어 보면, 연맹이 다시 2004.6.19.에 같은 달 24.을 교섭일시로 정하여 단체교섭을 요구한 시점에서는 피고인으로서는 이미 교섭사항 등의 검토와 준비를 위한 충분한 시간을 가지고 있었다고 할 것이므로, 피고인이 연맹에 위 교섭일시의 변경을 구할 만한 합리적 이유가 있었다고 보이지" 않는다고 판시하였다(대법원 2006.2.24. 선고 2005도8606 판결).

# Ⅲ. 설문의 해결

따라서 A회사는 B노동조합의 요구가 회사의 상황에 비추어 과도하다고 하더라도 이를 교섭을 통해 해결하여야 할 것이지 이를 이유로 단체교섭 자체를 거부 내지 해태할 수 없다고 할 것이며, 그 후로도 이미 교섭사항에 대하여 검토할 충분한 시간을 가졌음에도 거듭하여 교섭일시의 연기를 요청하고 B노동조합의 동의 없이 교섭에 응하지 않은 것은 노조법 第83조 제3항 위반의 부당노동행위에 해당한다. 따라서 A회사의 단체교섭거부행위는 정당하지 않다.

---

용자가 일방적으로 근로조건을 정하거나 변경하는 경우, ③ 노동조합을 배제하고 직접 종업원과 교섭하는 경우, ④ 정당한 이유 없이 교섭을 중단하는 경우, ⑤ 위법·부당한 조건을 거는 경우, ⑥ 경영상태 등 사용자의 사유만을 이유로 거부하는 경우, ⑦ 교섭에 응했으나 협정서에 서명하지 않은 경우 등을 들 수 있다.

## [문제 02]의 해결 — A회사의 직장폐쇄의 정당성

Ⅰ. 설문의 쟁점
Ⅱ. 직장폐쇄의 정당성
1. 대항행위로서의 직장폐쇄 / 2. 직장폐쇄의 정당성 판단기준
Ⅲ. 설문의 해결

### Ⅰ. 설문의 쟁점

A회사는 B노동조합의 정당한 파업에 대하여 파업 돌입 3시간 만에 직장폐쇄를 하였는바, 이 같은 직장폐쇄가 쟁의행위에 대한 대응행위로서의 성격에 부합하는 정당한 직장폐쇄로 판단할 수 있는지가 쟁점이라 할 것이다.

### Ⅱ. 직장폐쇄의 정당성

#### 1. 대항행위로서의 직장폐쇄

직장폐쇄라 함은 사용자가 노동조합의 쟁의행위에 대항하기 위한 수단으로서, 우리 노조법은 제2조에서 직장폐쇄를 쟁의행위의 한 유형으로 예시하고 있다. 한편 노조법 제46조 제1항은 “사용자는 노동조합이 쟁의행위를 개시한 이후에만 직장폐쇄를 할 수 있다”고 규정하여 대항적, 방어적 직장폐쇄만이 허용됨을 명시하고 있다.

우리 판례도 “개개의 구체적인 노동쟁의의 장에서 근로자 측의 쟁의행위로 노사 간에 힘의 균형이 깨지고 오히려 사용자 측이 현저히 불리한 압력을 받는 경우에는 사용자 측에게 그 압력을 저지하고 힘의 균형을 회복하기 위한 대항·방위 수단으로 쟁의권을 인정하는 것이 형평의 원칙에 맞다”고 한다(대법원 2000.5.26. 선고 98다34331 판결).

#### 2. 직장폐쇄의 정당성 판단기준

한편 판례는 단순히 대항적, 방어적이기만 하면 항상 정당한 직장폐쇄를

인정하는 것이 아니라 “노사 간의 교섭태도, 경과, 근로자 측 쟁의행위의 태양, 그로 인하여 사용자 측이 받는 타격의 정도 등에 관한 구체적 사정에 비추어 형평의 견지에서 근로자 측의 쟁의행위에 대한 대항·방위 수단으로서 상당성이 인정되는 경우에 한하여 정당한 쟁의행위로 평가받을 수 있다”고 본다.

구체적으로는 “노동조합지부가 파업에 돌입한 지 불과 4시간 만에 협회가 바로 직장폐쇄 조치를 취한 것은 근로자 측의 쟁의행위에 대한 대항·방위 수단으로서의 상당성이 인정될 수 없어 위 직장폐쇄는 정당한 쟁의행위로 인정되지” 않는다고 판단하였다(대법원 2007.12.28. 선고 2007도5204 판결).

## Ⅲ. 설문의 해결

직장폐쇄는 근로자 측의 쟁의행위에 대한 대항·방위 수단으로서 이루어져야 함에도 A회사는 B노동조합이 파업에 돌입한 지 3시간 만에 직장폐쇄를 단행하였는바, 정당성을 인정할 수 없다.

【관련쟁점】

1. 성실교섭의무와 단체교섭응낙의무란?
2. 정당한 직장폐쇄의 효과는?
3. 위법한 파업에 대한 지장폐쇄는 가능한가?

【참고문헌】

김형배, 1017~1030면, 1109~1112면; 김희성(2), 297~311면; 임종률, 253~260면, 278~279면; 이철수 외 4인, 435~439면.

**【관련판례】**

**○ 과도한 요구와 단체교섭의 목적의 정당성**

대법원 1992.1.21. 선고 91누5204 판결

노동조합이 회사에 대하여 임금인상 등 근로조건의 개선을 위한 요구를 계속하였고, 또 그에 관하여 노사 간에 진지한 교섭을 장기간에 걸쳐 벌여 온 점에 비추어 보면, 노동조합이 다른 한편으로 조합원인 미화원들의 신분을 고용직 공무원으로 환원되도록 하여 달라고 외부기관에 진정하고 조합원들이 쟁의기간 중 같은 내용이 적힌 리본을 착용한 바 있어도 이는 대외적 활동이거나 쟁의행위의 부차적 목적에 지나지 아니하고 쟁의행위의 직접적이고 주된 목적은 아니라고 보아야 할 것이므로 이 때문에 쟁의행위가 부당한 것으로 된다고 할 수 없고, 또 노동조합이 회사로서는 수용할 수 없는 요구를 하고 있었다고 하더라도 이는 단체교섭의 단계에서 조정할 문제이지 노동조합 측으로부터 과다한 요구가 있었다고 하여 막바로 그 쟁의행위의 목적이 부당한 것이라고 해석할 수는 없다고 한 사례.

○ 단체교섭 거부의 정당성 판단기준

대법원 2006.2.24. 선고 2005도8606 판결

[1] '노동조합 및 노동관계조정법' 제81조 제3호는 사용자가 노동조합의 대표자 또는 노동조합으로부터 위임을 받은 자와의 단체협약 체결 기타의 단체교섭을 정당한 이유 없이 거부하거나 해태할 수 없다고 규정하고 있는바, 단체교섭에 대한 사용자의 거부나 해태에 정당한 이유가 있는지 여부는 노동조합 측의 교섭권자, 노동조합 측이 요구하는 교섭시간, 교섭장소, 교섭사항 및 그의 교섭태도 등을 종합하여 사회통념상 사용자에게 단체교섭의무의 이행을 기대하는 것이 어렵다고 인정되는지 여부에 따라 판단하여야 한다.

[2] 쟁의행위는 단체교섭을 촉진하기 위한 수단으로서의 성질을 가지므로 쟁의기간 중이라는 사정이 사용자가 단체교섭을 거부할 만한 정당한 이유가 될 수 없고, 한편 당사자가 성의 있는 교섭을 계속하였음에도 단체교섭이 교착상태에 빠져 교섭의 진전이 더 이상 기대될 수 없는 상황이라면 사용자가 단체교섭을 거부하더라도 그 거부에 정당한 이유가 있다고 할 것이지만, 위와 같은 경우에도 노동조합 측으로부터 새로운 타협안이 제시되는 등 교섭 재개가 의미 있을 것으로 기대할 만한 사정변경이 생긴 경우에는 사용자로서는 다시 단체교섭에 응하여야 하므로, 위와 같은 사정변경에도 불구하고 사용자가 단체교섭을 거부하는 경우에는 그 거부에 정당한 이유가 있다고 할 수 없다.

[3] 사용자인 피고인이 노동조합 측이 정한 단체교섭 일시의 변경을 구할 만한 합리적 이유가 있었다고 보이지 아니하고, 위 교섭일시 전에 노동조합 측에 교섭일시의 변경을 구하는 등 교섭일시에 관한 어떠한 의사도 표명한 적이 없었던 경우, 피고인이 노동조합 측이 정한 일시에 단체교섭에 응하지 아니한 것에 정당한 이유가 없다고 본 사례.

○ 사용자의 직장폐쇄가 정당한 쟁의행위로 평가받기 위한 요건 및 그 효과

대법원 2000.5.26. 선고 98다34331 판결

우리 헌법과 노동관계법은 근로자의 쟁의권에 관하여는 이를 적극적으로 보장하는 명문의 규정을 두고 있는 반면 사용자의 쟁의권에 관하여는 이에 관한 명문의 규정을 두고 있지 않은바, 이것은 일반 시민법에 의하여 압력행사 수단을 크게 제약받고 있어 사용자에 대한 관계에서 현저히 불리할 수밖에 없는 입장에 있는 근로자를 그러한 제약으로부터 해방시켜 노사대등을 촉진하고 확보하기 위함이므로, 일반적으로는 힘에서 우위에 있는 사용자에게 쟁의권을 인정할 필요는 없다 할 것이나, 개개의 구체적인 노동쟁의의 장에서 근로자 측의 쟁의행위로 노사 간에 힘의 균형이 깨지고 오히려 사용자 측이 현저히 불리한 압력을 받는 경우에는 사용자 측에게 그 압력을 저지하고 힘의 균형을 회복하기 위한 대항·방위 수단으로 쟁의권을 인정하는 것이 형평의 원칙에 맞는다 할 것이고, 우리 법도 바로 이 같은 경우를 상정하여 구 노동쟁의조정법(1996.12.31. 법률 제5244호 노동조합 및 노동관계조정법 부칙 제3조로 폐지) 제3조에서 사용자의 직장폐쇄를 노동조합의 동맹파업이나 태업 등과 나란히 쟁의행위의 한 유형으로서 규정하고 있는 것으로 보이는바, 다만 구체적인 노동쟁의의 장에서 단행된 사용자의 직장폐쇄가 정당한 쟁의행위로 평가받기 위하여는 노사 간의 교섭태도, 경과, 근로자 측 쟁의행위의 태양, 그로 인하여 사용자 측이 받는 타격의 정도 등에 관한 구체적 사정에 비추어 형평의 견지에서 근로자 측의 쟁의행위에 대한 대항·방위 수단으로서 상당성이 인정되는 경우에 한한다 할 것이고, 그 직장폐쇄가 정당한 쟁의행위로 평가받을 때 비로소 사용자는 직장폐쇄 기간 동안의 대상 근로자에 대한 임금지불의무를 면한다.

대법원 2007.12.28. 선고 2007도5204 판결

협회 측은 노사 간 교섭에 있어서 소극적이었던 점, 협회 직원들인 노동조합 조합원들이 파업을 하더라도 즉각적으로 노사 간 교섭력의 균형이 깨진다거나 협회의 업무수행에 현저한 지장을 초래하거나 회복할 수 없는 손해가 발생할 염려가 있다는 등의 사정을 찾아볼 수 없는 점 및 기타 제반사정에 비추어 볼 때, 이 사건 노동조합지부가 파업에 돌입한 지 불과 4시간 만에 협회가 바로 직장폐쇄 조치를 취한 것은 근로자 측의 쟁의행위에 대한 대항·방위 수단으로서의 상당성이 인정될 수 없어 위 직장폐쇄는 정당한 쟁의행위로 인정되지 아니하고, 따라서 협회가 위와 같은 직장폐쇄를 이유로 근로자들인 피고인들에게 퇴거요구를 한 것

이라면, 피고인들이 협회로부터 그와 같은 퇴거요구를 받고 이에 불응하였다고 하더라도 퇴거불응죄가 성립하지 아니한다.

# 32. 단체교섭의 거부와 지배·개입

【사실관계】

Z사는 Y사가 제조하는 제품을 포장하는 업무를 하청을 받아, Z사의 사원 20명을 Y사의 공장에서 근로하도록 하였다. Y사의 공장은 노후화가 심각한 상태이고, 특히 포장작업을 하는 작업장은 환기가 되지 않으며, 또한 임금도 Y사의 정규사원과 비교하면 월등히 낮았기 때문에, Y사의 공장에서 일하는 Z사의 사원들은 예전부터 불만을 가지고 있었다.

그 때문에 Y사에서 일하는 Z사의 사원인 A는 X노동조합(이하 "X노조"라고 한다) 간부 B에게 상담하였는데, X노조에 가입하면 X노조로써 개선에 대처하는 것이 가능하다는 답변을 얻고, A는 X노조에 가입함과 동시에 다른 사원에게도 가입을 권유하였다. 이 결과, Y사의 공장에서 일하는 Z사의 사원 중 팀장을 제외한 19명이 X노조에 가입하게 되었다. 또한 X노조는 근처의 많은 기업에서 일하는 근로자에 의해 조직된 노동조합이다.

X노조는 Z사에 대해 Y사 공장의 환기개선과 임금인상을 요구하며 단체교섭을 요구하였고, Z사는 이것에 응하여 환기개선을 Y사에 요청할 것을 약속했다. 또한 임금인상에 대해서도 Y사로부터의 도급대금이 증액되지 않으면 실현이 어렵기 때문에 Y사에 대해 환기시설 개선과 도급대금 인상을 요구했지만, Y사는 승낙하지 않고, 오히려 이 이상 불만을 이야기한다면 Z사와의 도급계약 해지를 고려하겠다고 하였다. Z사는 Y사로부터 융자를 받고 있기도 하여, 이것 이상으로 요구하는 것은 무리라고 판단하여 X노조에게 그 사정을 설명했다.

X노조는 Z사와 교섭해도 성과를 얻을 수 없다고 판단하여, 이번에는 Y사에 대해 환기시설 개선과 도급대금 증액을 요구하며 단체교섭을 요구하였다. 이에 Y사는 X노조와 교섭할 의무는 없다며 단체교섭을 거부했지만, Y사의 총무과장 C는 문제가 커지지는 않을까 걱정했다. 그래서 C는 A에게 Z사 사원이 X노조를 탈퇴하지 않으면, Z사와의 도급계약은 해지될 것이라고 언급했다(X노조는 노동조합 및 노동관계조정법 제2조의 요건을 갖춘 노동조합이다).

[문 제] 위 상황에서 X노조가 Y사에 대하여 취할 수 있는 법적 수단에 대하여 논하시오.

### 《관련조문》

노동조합 및 노동관계조정법

제81조(부당노동행위) 사용자는 다음 각 호의 어느 하나에 해당하는 행위(이하 "부당노동행위"라 한다)를 할 수 없다.

3. 노동조합의 대표자 또는 노동조합으로부터 위임을 받은 자와의 단체협약체결 기타의 단체교섭을 정당한 이유없이 거부하거나 해태하는 행위.
4. 근로자가 노동조합을 조직 또는 운영하는 것을 지배하거나 이에 개입하는 행위와 노동조합의 전임자에게 급여를 지원하거나 노동조합의 운영비를 원조하는 행위.

제82조(구제신청) ① 사용자의 부당노동행위로 인하여 그 권리를 침해당한 근로자 또는 노동조합은 노동위원회에 그 구제를 신청할 수 있다.

② 제1항의 규정에 의한 구제의 신청은 부당노동행위가 있은 날(계속하는 행위는 그 종료일)부터 3월 이내에 이를 행하여야 한다.

**【사실관계】의 논점정리**

[문제]에서 하청업체인 Z사의 근로자들이 가입한 X노동조합이 원청회사인 Y사에 대하여 환기시설 개선과 임금인상에 관하여 단체교섭을 요구하였다가 거부당하였고, Y사의 총무과장 C로부터 노동조합 탈퇴를 종용받았다.

따라서, Y사의 단체교섭거부가 노동조합 및 노동관계조정법(이하 "노조법"이라 한다) 제81조 제3호의 부당노동행위에 해당하는지가 쟁점인데, 이와 관련하여 X노조의 요구사항 단체교섭사항인지 그리고 Y사가 부당노동행위의 주체로서의 사용자에 해당하는지가 문제되고, Y사의 총무과장인 C가 X노조 탈퇴를 종용한 행위가 노조법 제81조 제4호의 부당노동행위 성립 여부가 쟁점이라고 할 것이다.

또한, 부당노동행위가 성립한다면 X노동조합은 어떤 구제수단을 취할 수 있는지 검토해야 한다.

## 논점의 해설

Ⅰ. 설문의 쟁점
Ⅱ. Y사의 부당교섭거부 인정 여부
1. 교섭거부와 부당노동행위
2. X노조의 요구사항이 단체교섭사항에 해당하는지 여부
3. Y회사의 노동조합 및 노동관계조정법상 사용자성 인정 여부
Ⅲ. Y사의 X노동조합에 대한 지배・개입 인정 여부
1. 노동조합 탈퇴 종용과 부당노동행위 / 2. 판례의 태도
3. 사안의 경우
Ⅳ. X노조가 취할 수 있는 법적 구제수단
1. 행정적 구제 / 2. 민사상 구제 / 3. 형사적 제재
Ⅴ. 설문의 해결

# Ⅰ. 설문의 쟁점

X노동조합은 Y사의 하청업체 근로자들을 대표하여 Y사에 대해 환기시설 개선과 임금인상에 관하여 단체교섭을 요구하였다. 그런데 Y사는 이를 거부하였고, 오히려 총무과장 C로부터 노동조합 탈퇴를 종용받았다.

따라서, 이 경우 Y사의 행위가 부당교섭거부와 지배개입에 해당하는지 여부가 쟁점이 될 것이다. 또한 부당노동행위가 성립한다면 X노동조합이 취할 수 있는 구제수단에는 어떠한 것들이 있는지 검토가 요구된다.

# Ⅱ. Y사의 부당교섭거부 인정 여부

## 1. 교섭거부와 부당노동행위

노조법 제81조 제3호는 “노동조합의 대표자 또는 노동조합으로부터 위임을 받은 자와의 단체협약체결 기타의 단체교섭을 정당한 이유없이 거부하거나 해태하는 행위”를 부당노동행위로 규정하고 있다. 노조법 제81조 제3호 위반에는 단순히 단체교섭을 거부 또는 해태하는 경우뿐만 아니라 성실교섭의무(노조법 제30조 제1항)를 위반하는 경우를 포함한다.

판례는 정당한 이유의 판단기준에 대해서 "단체교섭에 대한 사용자의 거부나 해태에 정당한 이유가 있는지 여부는 노동조합 측의 교섭권자, 노동조합측이 요구하는 교섭시간, 교섭장소, 교섭사항 및 그의 교섭태도 등을 종합하여 사회통념상 사용자에게 단체교섭의무의 이행을 기대하는 것이 어렵다고 인정되는지 여부에 따라 판단하여야 한다"고 설명한다(대법원 2006.2.24. 선고 2005도8606 판결).

## 2. X노조의 요구사항이 단체교섭사항에 해당하는지 여부

사용자의 단체교섭거부가 부당노동행위가 되기 위해서는 먼저 노동조합의 요구사항이 단체교섭사항이어야 한다. 헌법 제33조 제1항에서 근로3권을 "근로조건의 향상을 위하여" 보장하고 있고, 노조법도 노동조합의 개념을 "근로조건의 유지·개선과 근로자의 경제적·사회적 지위향상"을 목적으로 한다고 명시하고 있다. 따라서 임금·근로시간·휴일휴가·안전보건·복리후생 등의 개별적 근로관계에 관한 사항은 단체교섭사항이 된다.

사안의 경우, ① 환기시설 개선과 ② 임금인상을 요구하였는데, 이는 모두 근로조건에 관한 사항으로서 단체교섭사항에 해당한다.

다만, Y사는 X노조와 교섭할 의무가 없다며 단체교섭을 거부하였는데, 사안에서 명확하지는 않으나, 이는 Y사가 X노조와의 관계에서 사용자가 아니라고 판단한 것으로 보인다. 따라서, X노조의 노조원들은 Z사와 근로계약을 맺고 있는바, 원청회사인 Y사의 사용자성이 문제된다.

## 3. Y회사의 노동조합 및 노동관계조정법상 사용자성 인정 여부

### (1) 노동조합 및 노동관계조정법상 사용자

노조법상 사용자는 "사업주, 사업의 경영담당자 또는 그 사업의 근로자에 관한 사항에 대하여 사업주를 위하여 행동하는 자"(노조법 제2조 제2호)로서, 단체교섭의 주체가 되는 사용자는 근로계약 당사자인 사업주를 말한다.

근로계약에 의하여 근로자들을 채용한 계약상의 당사자는 당연히 단체교섭의 주체가 될 것이나, 근로계약의 당사자가 아니면서도 실질적으로 근로조건 결정에 영향을 미치는 경우에 대해서도 단체교섭상의 당사자로 인정할 것인가에 대하여 '사용자개념의 확장'이라는 차원에서 논의되고 있다.

(2) 사용자개념의 확장에 관한 판례의 태도

판례는 이른바 현대중공업 사건에서 "근로자의 기본적인 노동조건 등에 관하여 그 근로자를 고용한 사업주로서의 권한과 책임을 일정 부분 담당하고 있다고 볼 정도로 실질적이고 구체적으로 지배·결정할 수 있는 지위에 있는 자가, 노동조합을 조직 또는 운영하는 것을 지배하거나 이에 개입하는 등으로 법 제81조 제4호 소정의 행위를 하였다면, 그 시정을 명하는 구제명령을 이행하여야 할 사용자에 해당한다(대법원 2010.3.25. 선고 2007두8881 판결)"고 판시하여, 지배·개입의 부당노동행위의 경우 사용자성 인정기준을 설시하고 있다.

(3) 사안의 적용

사안의 경우, X노조의 근로자들은 Z사에 고용되어 있지만, Y사의 공장에 출근하여 제품포장업무를 하고 있다. 이 경우 X노조의 요구사항인 ① 작업환경 개선에 관하여는 하청기업인 Z사가 아니라 원청기업인 Y사가 "실질적이고 구체적으로 지배·결정할 수 있는 지위"에 있다고 볼 수 있다.

다만, ② 임금인상 요구에 관하여는 Z사와 Y사 중 누가 임금수준을 결정할 수 있는 지위에 있는지 명확하지 않다. Z사와 Y사 간의 하청계약에는 일반적으로 Z사의 근로자에 대한 임금명목이 아니라, 업무도급 또는 위임계약의 대가로서 하청대금이 지급이 규정되어 있을 것이다. 따라서, 원칙적으로 원청회사인 Y사는 Z사에 대하여 계약상의 금전을 지급하면 되는 것이지, Z사의 근로자들에게 임금을 지급할 의무를 부담하는 것은 아니다.

그러나, 사안의 경우 Z사는 임금인상에 관하여 Y사의 도급대금 증액 없이는 임금인상을 할 수 없다는 사정에 비추어 볼 때 Y사가 X노조의 근로자들의 임금수준을 "실질적이고 구체적으로 지배·결정할 수 있는 지위"에 있다고 볼 수 있다.

따라서, Y사는 ① 환기시설 개선과 ② 임금인상에 관하여 사용자로서 단체교섭에 응할 의무를 진다. 그런데 정당한 이유없이 단체교섭에 응하지 않았으므로 노조법 제81조 제3호의 부당노동행위에 해당한다.

# Ⅲ. Y사의 X노동조합에 대한 지배·개입 인정 여부

## 1. 노동조합 탈퇴 종용과 부당노동행위

노조법 제81조 제4호는 "근로자가 노동조합을 조직 또는 운영하는 것을 지배하거나 이에 개입하는 행위와 노동조합의 전임자에게 급여를 지원하거나 노동조합의 운영비를 원조하는 행위"를 부당노동행위로 규정하고 있다.

이때의 부당노동행위의 주체로서의 사용자는 앞서 살펴본 바와 같이 "근로조건에 관하여 실질적이고 구체적으로 지배 · 결정할 수 있는 지위에 있는 자"이다. Y사는 이에 해당한다.

다만, 사용자도 국민으로서 헌법 제21조에 의하여 언론의 자유를 가지고 있기 때문에, 이러한 사용자의 언론의 자유 행사가 근로3권과 충돌하는 경우, 예컨대 노동조합 활동에 대하여 비판 또는 의견표명 등의 발언을 하는 것이 지배 · 개입의 부당노동행위가 성립되는지에 관하여 논의가 있다.[1)]

## 2. 판례의 태도

판례는 "사용자가 연설, 사내방송, 게시문, 서한 등을 통하여 의견을 표명할 수 있는 언론의 자유를 가지고 있음은 당연하나, 그것이 행하여진 상

---

1) ① 성립긍정설: 사용자의 반조합적 발언은 일반적이든 구체적인 것이든 간에 조합활동 및 조합원들의 의사결정에 영향을 미치기 때문에 지배 · 개입에 해당된다는 견해이다. 즉 사용자의 반조합적 발언이 시민의 일원으로서 한 것이 아니라 약자인 종업원에 대한 우월한 지위에서 한 위압적 발언이면, 보복이나 폭력의 위협 등이 포함되어 있지 않더라도 지배 · 개입이 성립된다는 견해이다. ② 성립부정설: 사용자 또한 헌법상 언론의 자유가 있으므로 일반적인 노사관계의 방식에 관한 것이든 조합의 구체적인 방침을 비판하는 것이든 원칙적으로 지배 · 개입에 해당되지 않고, 단지 보복이나 폭력의 위협 또는 이익의 제공을 시사하는 경우에만 지배 · 개입에 해당한다는 견해이다. 미국의 Taft-Hartley법이 '보복이나 폭력의 위협 또는 이익의 약속'을 포함하지 않는 이상 부당노동행위를 구성하지 않는다고 하는 것에 기대어, 일반적인 노사관계의 존재방식에 관한 것이든 노동조합의 구체적 방침이나 활동을 비판하는 것이든, 보복이나 폭력의 위협 또는 이익의 제공이 포함되어 있지 않은 이상 지배 · 개입의 부당노동행위가 성립하지 않는다고 보는 견해이다. ③ 절충설: 사용자 또한 언론의 자유를 가지는 것이 원칙이나, 사용자라는 우세한 지위로부터 수반되는 위압적인 언론은 부당노동행위의 규제의 대상이 되는 것이므로 사용자의 발언 또는 의견표시가 사용자라는 우월적 지위를 바탕으로 지배개입의 의도를 가지고 행하여진 경우에 부당노동행위가 인정된다는 견해이다. 지배 · 개입의 성립을 위하여 사용자의 발언에 보복이나 폭력의 위협 등이 포함되어 있을 필요는 없지만, 노동조합의 자주성이나 조직력을 저해할 우려는 있어야 하고, 그러한 우려의 존부는 발언의 내용, 상황, 노동조합에 대한 영향, 추정되는 사용자의 의도 등을 종합하여 개별적으로 판단해야 한다는 견해이다.

황, 장소, 그 내용, 방법, 노동조합의 운영이나 활동에 미친 영향 등을 종합하여 노동조합의 조직이나 운영을 지배하거나 이에 개입하는 의사가 인정되는 경우에는 법 제39조 제4호에 정한 부당노동행위가 성립한다"고 판시한 바 있다(대법원 1998.5.22. 선고 97누8076 판결). 다만 최근의 판례는 「사용자 또한 자신의 의견을 표명할 수 있는 자유를 가지고 있으므로, 사용자가 노동조합의 활동에 대하여 단순히 비판적 견해를 표명하거나 근로자를 상대로 집단적인 설명회 등을 개최하여 회사의 경영상황 및 정책방향 등 입장을 설명하고 이해를 구하는 행위 또는 비록 파업이 예정된 상황이라 하더라도 파업의 정당성과 적법성 여부 및 파업이 회사나 근로자에 미치는 영향 등을 설명하는 행위는 거기에 징계 등 불이익의 위협 또는 이익제공의 약속 등이 포함되어 있거나 다른 지배·개입의 정황 등 노동조합의 자주성을 해칠 수 있는 요소가 연관되어 있지 않는 한, 사용자에게 노동조합의 조직이나 운영 및 활동을 지배하거나 이에 개입하는 의사가 있다고 가볍게 단정할 것은 아니라」고 판시(대법원 2013.1.10. 선고 2011도15497 판결)하고 있다. 다시 말하면 최근의 판례는 '불이익의 위협이나 이익의 약속'을 중요한 판단기준으로 내세우고 있다는 것이다.

### 3. 사안의 경우

사안의 경우 단체교섭요구가 거부당한 상황에서 사용자성이 인정되는 Y사의 총무과장인 C가 X노조 근로자들의 탈퇴를 종용하는 발언을 하고, Z사와의 도급계약을 해지하겠다고 언급한 것은, 결국 Z사와의 도급계약 해지를 통하여 X노조 근로자들에게 해고 등의 불이익을 주겠다는 의미로 해석된다.

따라서, 최근의 판례에 따르더라도 Y사의 지배·개입의사가 인정되며, 노조법 제81조 제4호의 부당노동행위가 성립한다.

## Ⅳ. X노조가 취할 수 있는 법적 구제수단

### 1. 행정적 구제

사용자의 부당노동행위로 인하여 그 권리를 침해당한 근로자 또는 노동조합은 노동위원회에 그 구제를 신청할 수 있다. 이때, 구제의 신청은 부당노동행위가 있은 날부터 3월 이내에 이를 행하여야 한다(노조법 제82조). 또한 중앙노동위원회의 부당노동행위 구제명령 재심판정에 불복하는 경우 행정소송법상의 취소소송을 제기할 수 있고, 재심판정서를 송달받은 날로부터 15일 이내에 제기할 수 있다(노조법 제85조 제2항).

### 2. 민사상 구제

근로자 또는 노동조합은 민사소송에 의해 부당노동행위를 구제받을 수 있다.

민사상의 구제에는 단체교섭응낙청구소송 등의 본소에 의한 구제와 본소가 확정될 때까지의 가처분제도에 의한 구제가 있다. 또 원상회복 이외에 그 행위가 불법행위의 구성요건을 갖추는 경우 사용자에게 정신적 고통에 대한 손해배상도 청구할 수 있다.[2)]

### 3. 형사적 제재

노조법 제89조 제2호에서는 "제85조 제3항의 규정에 의하여 확정되거나 행정소송을 제기하여 확정된 구제명령에 위반한 자"는 3년 이하의 징역 또는 3,000만 원 이하의 벌금에 처한다고 정하고 있다.

## Ⅴ. 설문의 해결

1. Y사는 X노조의 단체교섭요구에 응할 의무가 사용자에 해당하므로 정당한 이유없이 단체교섭을 거부한 행위는 노조법 제81조 제3항의 부당노동행

---

2) "사용자가 노동조합과의 단체교섭을 정당한 이유 없이 거부하였다고 하여 그 단체교섭 거부행위가 바로 위법한 행위로 평가되어 불법행위의 요건을 충족하게 되는 것은 아니지만, 그 단체교섭 거부행위가 그 원인과 목적, 그 과정과 행위태양, 그로 인한 결과 등에 비추어 건전한 사회통념이나 사회상규상 용인될 수 없는 정도에 이른 것으로 인정되는 경우에는 그 단체교섭 거부행위는 부당노동행위로서 단체교섭권을 침해하는 위법한 행위로 평가되어 불법행위의 요건을 충족하게 되는바, 사용자가 노동조합과의 단체교섭을 정당한 이유 없이 거부하다가 법원으로부터 노동조합과의 단체교섭을 거부하여서는 아니 된다는 취지의 집행력 있는 판결이나 가처분결정을 받고서도 이를 위반하여 노동조합과의 단체교섭을 거부하였다면, 그 단체교섭 거부행위는 건전한 사회통념이나 사회상규상 용인될 수 없는 정도에 이른 행위로서 헌법이 보장하고 있는 노동조합의 단체교섭권을 침해하는 위법한 행위라고 할 것이므로, 그 단체교섭 거부행위는 노동조합에 대하여 불법행위를 구성한다(대법원 2006.10.26. 선고 2004다11070 판결)."

위에 해당한다.

2. Y사의 총무과장 C가 X노조 근로자의 노조탈퇴를 종용한 것은 노조법 제81조 제4항의 부당노동행위에 해당한다.

3. X노동조합은 ① 노동위원회에 부당노동행위 구제신청, ② 행정소송의 제기, ③ 민사소송의 제기(본안소송 및 가처분), ④ 형사고소 등의 법적 수단을 취할 수 있다.

【관련쟁점】

1. 사용자의 언론의 자유와 관련하여 대법원 2013.1.10. 선고 2011도15497 판결과 종래의 대법원 판결과의 차이점은 무엇인가?
2. 부당노동행위로서의 지배·개입의 성립요건은?

【참고문헌】

김형배, 1080~1086면, 1109~1120면; 김희성(2), 360~366면; 임종률, 264~266면, 278~286면; 이철수 외 4인, 447~450면, 473~477면.

**【관련판례】**

○ 원청회사의 하청업체 근로자에 대한 사용자성

대법원 2010.3.25. 선고 2007두8881 판결

[1] 근로자의 기본적인 노동조건 등에 관하여 그 근로자를 고용한 사업주로서의 권한과 책임을 일정 부분 담당하고 있다고 볼 정도로 실질적이고 구체적으로 지배·결정할 수 있는 지위에 있는 자가, 노동조합을 조직 또는 운영하는 것을 지배하거나 이에 개입하는 등으로 노동조합 및 노동관계조정법 제81조 제4호에서 정한 행위를 하였다면, 그 시정을 명하는 구제명령을 이행하여야 할 사용자에 해당한다.

[2] 원청회사가 개별도급계약을 통하여 사내 하청업체 근로자들의 기본적인 노동조건 등에 관하여 고용사업주인 사내 하청업체의 권한과 책임을 일정 부분 담당하고 있다고 볼 정도로 실질적이면서 구체적으로 지배·결정할 수 있는 지위에 있고 사내 하청업체의 사업폐지를 유도하는 행위와 그로 인하여 사내 하청업체 노동조합의 활동을 위축시키거나 침해하는 지배·개입 행위를 하였다면, 원청회사는 노동조합 및 노동관계조정법 제81조 제4호에서 정한 부당노동행위의 시정을 명하는 구제명령을 이행할 주체로서의 사용자에 해당한다고 한 사례.

○ 사용자의 의견표명과 지배 · 개입(부당노동행위)

대법원 1998.5.22. 선고 97누8076 판결

[3] 사용자가 연설, 사내방송, 게시문, 서한 등을 통하여 의견을 표명할 수 있는 언론의 자유를 가지고 있음은 당연하나, 그것이 행하여진 상황, 장소, 그 내용, 방법, 노동조합의 운영이나 활동에 미친 영향 등을 종합하여 노동조합의 조직이나 운영을 지배하거나 이에 개입하는 의사가 인정되는 경우에는 구 노동조합법(1996.12.31. 법률 제5244호 부칙 제3조로 폐지되기 전의 것) 제39조 제4호에 정한 부당노동행위가 성립한다.

[4] 당해 전쟁기념사업회 노동조합의 조합원들이 위 사업회의 회장 등을 업무상횡령혐의로 고소함으로써 위 사업회와 당해 조합 간의 갈등이 일어난 상황 속에서, 위 회장이 종무식상에서 전 직원을 상대로 위 사업회 조직의 성질상 태어나지 말아야 할 노동조합이 생겼으며, 자신을 포함한 우리 모두가(감독관청인 국방부에 대하여) 노동자인 것이고, 위 사업회 조직의 성격상 노조활동에는 한계가 있다고 보며, 계속하여 분쟁이 야기되어 전 직원으로부터 사표를 받고 공개채용으로 다시 충원해야 하는 일이 없기 바란다는 취지로 발언한 것이 구 노동조합법(1996.12.31. 법률 제5244호 부칙 제3조로 폐지되기 전의 것) 제39조 제4호 소정의 부당노동행위에 해당한다고 본 사례.

대법원 2006.9.8. 선고 2006도388 판결

사용자가 연설, 사내방송, 게시문, 서한 등을 통하여 의견을 표명할 수 있는 언론의 자유를 가지고 있음은 당연하나, 그 표명된 의견의 내용과 함께 그것이 행하여진 상황, 시점, 장소, 방법 및 그것이 노동조합의 운영이나 활동에 미치거나 미칠 수 있는 영향 등을 종합하여 노동조합의 조직이나 운영 및 활동을 지배하거나 이에 개입하는 의사가 인정되는 경우에는 '근로자가 노동조합을 조직 또는 운영하는 것을 지배하거나 이에 개입하는 행위'로서 부당노동행위가 성립하고, 또 그 지배 · 개입으로서의 부당노동행위의 성립에 반드시 근로자의 단결권의 침해라는 결과의 발생까지 요하는 것은 아니다.

대법원 2013.1.10. 선고 2011도15497 판결

사용자가 연설, 사내방송, 게시문, 서한 등을 통하여 의견을 표명하는 경우 표명된 의견의 내용과 함께 그것이 행하여진 상황, 시점, 장소, 방법 및 그것이 노동조합의 운영이나 활동에 미치거나 미칠 수 있는 영향 등을 종합하여 노동조합의 조직이나 운영 및 활동을 지배하거나 이에 개입하는 의사가 인정된다면 노동조합 및 노동관계조정법 제81조 제4호에

규정된 '근로자가 노동조합을 조직 또는 운영하는 것을 지배하거나 이에 개입하는 행위'로서 부당노동행위가 성립하고, 또 그 지배·개입으로서 부당노동행위의 성립에 반드시 근로자의 단결권 침해라는 결과 발생까지 요하는 것은 아니다. 그러나 사용자 또한 자신의 의견을 표명할 수 있는 자유를 가지고 있으므로, 사용자가 노동조합의 활동에 대하여 단순히 비판적 견해를 표명하거나 근로자를 상대로 집단적인 설명회 등을 개최하여 회사의 경영상황 및 정책방향 등 입장을 설명하고 이해를 구하는 행위 또는 비록 파업이 예정된 상황이라 하더라도 파업의 정당성과 적법성 여부 및 파업이 회사나 근로자에 미치는 영향 등을 설명하는 행위는 거기에 징계 등 불이익의 위협 또는 이익제공의 약속 등이 포함되어 있거나 다른 지배·개입의 정황 등 노동조합의 자주성을 해칠 수 있는 요소가 연관되어 있지 않는 한, 사용자에게 노동조합의 조직이나 운영 및 활동을 지배하거나 이에 개입하는 의사가 있다고 가볍게 단정할 것은 아니다.

○ 사용자의 단체교섭 거부행위가 불법행위를 구성하기 위한 요건

대법원 2006.10.26. 선고 2004다11070 판결

사용자의 단체교섭 거부행위가 원인과 목적, 과정과 행위태양, 그로 인한 결과 등에 비추어 건전한 사회통념이나 사회상규상 용인될 수 없다고 인정되는 경우에는 부당노동행위로서 단체교섭권을 침해하는 위법한 행위로 평가되어 불법행위의 요건을 충족하는바, 사용자가 노동조합과의 단체교섭을 정당한 이유 없이 거부하다가 법원으로부터 노동조합과의 단체교섭을 거부하여서는 아니 된다는 취지의 집행력 있는 판결이나 가처분결정을 받고도 이를 위반하여 노동조합과의 단체교섭을 거부하였다면, 그 단체교섭 거부행위는 건전한 사회통념이나 사회상규상 용인할 수 없는 행위로서 헌법이 보장하고 있는 노동조합의 단체교섭권을 침해하는 위법한 행위이므로 노동조합에 대하여 불법행위가 된다.

# 33. 단체교섭의 당사자와 단체교섭의 대상

## 【사실관계】

A회사는 전자제품의 주요 부품을 생산·판매하는 회사로서 2000년 8월 11일 설립된 이후 현재 반도체와 LCD 사업부문을 운영하고 있다. A회사에는 설립 초기부터 소속근로자들로 구성된 甲 노동조합이 조직되어 있었고, 甲 노동조합은 2010년 7월 1일 산업별 노동조합인 '전국전자산업노동조합'의 지회로 조직변경을 하였다.

한편 2011년 3월 1일 A회사는 적자 누적으로 인해 반도체 사업부를 매각할 것을 결정하였다.

이에 甲 지회는 반도체 사업부의 매각 결정을 철회할 것을 주장하면서 단체교섭을 요구하였으나, A회사는 甲 지회가 독자적인 교섭권이 없다는 점과 매각조치는 회사의 고유한 결정사항이라는 점을 이유로 하여 단체교섭을 거부하였다.

(2011년 공인노무사시험)

[문 제] 이 사례와 관련된 노동법상의 쟁점에 대하여 논하시오.

## 《관련조문》

노동조합 및 노동관계조정법

제29조(교섭 및 체결권한) ① 노동조합의 대표자는 그 노동조합 또는 조합원을 위하여 사용자나 사용자단체와 교섭하고 단체협약을 체결할 권한을 가진다.

**【사실관계】의 논점정리**

'전국전자산업노동조합'의 지회인 A회사의 甲 노동조합이 독자적인 단체교섭권을 가지는지와 만약 가지고 있다면 반도체 사업부의 매각 결정을 철회할 것을 요구한 주장인 단체교섭의 대상이 되는지가 문제가 된다. 즉, 甲 지회가 단체교섭의 당사자인지와 회사의 사업부 매각 결정이 단체교섭의 대상인지 검토해보아야 하겠다.

## 논점의 해설

Ⅰ. 설문의 쟁점
Ⅱ. 甲 지회의 독자적 단체교섭권 인정 여부 — 단체교섭 당사자 지위 인정 여부 —
1. 단위노동조합 산하의 지부 · 분회의 단체교섭권 / 2. 판례의 태도
3. 사안의 적용
Ⅲ. A회사의 반도체 사업부 매각 결정이 단체교섭의 대상이 될 수 있는지
1. 경영권사항과 단체교섭의 대상 / 2. 판례의 태도 / 3. 사안의 적용
Ⅳ. 설문의 해결

# Ⅰ. 설문의 쟁점

산업별 노동조합인 '전국전자산업노동조합'의 지회 중 하나인 甲 지회는 A회사에 대하여 반도체 사업부의 매각 결정을 철회할 것을 주장하면서 단체교섭을 요구하고 있다. A회사는 이 같은 요구에 대하여 甲 지회는 단체교섭권이 없다는 점과 반도체 사업부 매각 결정은 단체교섭의 대상이 아니라는 이유로 거부하고 있다. 따라서 갑과 같이 산업별 노동조합의 기업별 소속 근로자로 구성된 지회가 독자적인 단체교섭권을 행사할 수 있는지와 사업부 매각 결정과 같은 경영사항이 단체교섭의 대상이 될 수 있는지가 설문의 쟁점이 된다.

# Ⅱ. 甲 지회의 독자적 단체교섭권 인정 여부 — 단체교섭 당사자 지위 인정 여부 —

## 1. 단위노동조합 산하의 지부 · 분회의 단체교섭권

단체교섭의 당사자가 되기 위해서는 자주성과 민주성을 갖춘 노동조합이

어야 한다. 단위노동조합 산하의 지부·분회의 경우 단위노동조합으로부터 단체교섭권한을 위임받은 경우에는 단체교섭 당사자의 지위를 갖는다는 데에는 이견이 없다.

그러나 사안의 경우처럼 초기업별 노동조합의 위임이 없이 해당 노동조합의 지부·분회가 해당 사업장의 사용자와 단체교섭 및 단체협약을 체결할 권한이 있는지가 문제된다.[1]

## 2. 판례의 태도

판례는 "노동조합의 하부단체인 분회나 지부가 독자적인 규약 및 집행기관을 가지고 독립된 조직체로서 활동을 하는 경우 당해 조직이나 그 조합원에 고유한 사항에 대하여는 독자적으로 단체교섭하고 단체협약을 체결할 수 있고, 이는 분회나 지부가 노동조합 및 노동관계조정법 시행령 제7조[2]의 규정에

1) 이러한 하부조직의 단체교섭당사자 지위와 관련하여 학설은 다음과 같이 나눠진다.
첫째, 단위노조의 지부나 분회가 독자적인 규약 및 집행기관을 가지고 독립된 단체로서 활동을 하는 경우 당해 조직에 특유한 사항에 대하여 단체교섭의 당사자가 될 수 있으며, 다만 이 경우에도 지부나 분회는 상부조직인 노동조합의 통제에 따라야 하므로, 예컨대 단위노조가 임금교섭을 하고 있을 때 지부나 분회가 그것을 하회하는 임금교섭을 요구할 수 없으며, 사용자가 이러한 교섭에 응하면 부당노동행위의 성립을 인정할 수도 있다는 견해가 있다. 이 견해에 따르면 지부·분회의 독자적인 단체성을 인정할 수 없는 경우에는 독립한 교섭당사자의 지위가 인정되지 않으며, 반대의 경우에도 상급조직인 단위노조의 통제범위 내에서만 교섭권한을 행사할 수 있는 것으로 해석한다. 둘째, 지부·분회가 독립적으로 단체교섭당사자의 지위를 가지며 쟁의행위를 할 수 있는지 여부에 관한 판단은 지부·분회가 노동조합의 실질을 갖추었느냐의 여부에 따라 이루어져야 한다는 견해가 있다. 이때 노동조합의 실질은 노조법 제2조 제4호가 규정하고 있는 요건, 즉 근로자가 주체적으로 결성한 자주성을 가진 사법상의 사단의 형태인 단체로써 단체협약체결을 목적으로 하고 있어야 한다. 그리고 사단인 단체이기 위해서는 적어도 지부의 독자적인 이름, 지부의 기관(업무집행기관 및 의사결정기관), 구성원의 변동과 관계없이 계속적으로 독자적인 활동을 하며, 마지막으로 정관(규약)을 구비하고 있어야 한다. 이러한 제반요건을 충족한 지부는 노동조합성이 인정되므로 상급단위노조의 하부조직의 지위를 함께 겸비하고 있다 하더라도 — 엄밀히 말하자면 지부 스스로가 이중적인 지위를 가지는 것이 아니라 지부장이 이중적인 지위를 가지는 것으로 보아야 할 것임 — 지부의 독자적인 단체교섭권한을 상실하지 않는다. 셋째, 단위노조(산업별 또는 기업별)의 지부나 분회가 독립적인 규약 또는 집행기관을 가지고 사실상의 조직활동을 하는 실체성을 가지고 있다고 하여 단체교섭권을 가진 단위노조의 위임이나 조직변경 없이 독립해서 단체교섭권을 행사한다거나 설립신고를 할 수 있다는 것은 조직원리와 대표성원리에 반한다는 견해가 있다. 산하조직인 지부나 분회의 단체교섭권한은 단위노조의 규약에 의한 권한의 부여 또는 개별적 위임에 기초한 때에만 정당하게 행사할 수 있는 것이고, 지부·분회가 단체로서의 사실적 실체성을 갖추었다고 하여 수권이나 위임 없이 고유한 단체교섭권을 가질 수 없다. 이를 인정한다면 상부단체인 단위노조는 와해될 수 있다는 것이다.

2) 노동조합및노동관계조정법 시행령 제7조[산하조직의 신고] 근로조건의 결정권이 있는 독립된 사업 또는 사업장에 조직된 노동단체는 지부·분회 등 명칭 여하에 불구하고 법 제10조 제1항의 규정

그 설립신고를 하였는지 여부에 영향 받지 아니한다”(대법원 2001.2.23. 선고 2000도4299 판결)라고 하여 일정한 조건하에 독자적인 단체교섭권을 인정하고 있다.

### 3. 사안의 적용

사안에서 甲 지회는 조직변경으로 초기업별 노동조합인 ‘전국전자산업노동조합’의 지회가 되었지만, A회사의 설립초기부터 구성된 노동조합이었다는 점을 감안할 때, 특별한 사정이 없는 한 독자적인 규약 및 집행기관을 가지고 독립된 조직체로서 활동하고 있음이 인정된다. 따라서 A회사의 구조조정에 대한 사안에 대해서 독자적으로 단체교섭을 할 당사자로서의 지위를 가지고 있다.

## Ⅲ. A회사의 반도체 사업부 매각 결정이 단체교섭의 대상이 될 수 있는지

### 1. 경영권사항과 단체교섭의 대상

단체교섭의 대상은 노동조합과 사용자가 교섭의 대상으로 삼을 수 있는 사항을 말한다. 이러한 단체교섭의 대상 문제는 노동쟁의 및 쟁의행위의 대상 여부) 부당노동행위로서의 정당한 이유없는 단체교섭의 거부(노조법 제81조 제3호)와 연결되어 있는 매우 중요한 것이다.

헌법 제33조 제1항은 ‘근로조건의 향상’을 위하여 근로자들에게 근로3권을 부여하고 있으며, 노동조합 및 노동관계조정법 제1조 및 제2조 제4호는 ‘근로조건의 유지 · 개선과 기타 근로자의 경제적 · 사회적 지위의 향상’을, 그리고 동법 제2조 제5호는 ‘임금 · 근로시간 · 복지 · 해고 기타 대우 등 근로조건’을, 동법 제29조 제1항은 ‘노동조합 또는 조합원을 위하여’, 동법 제33조 제1항은 ‘근로조건 기타 근로자의 대우’를, 동법 제47조는 ‘근로조건 기타 노동관계에 관한 사항’을 단체교섭의 대상으로 전제하고 있다.

단체교섭의 대상이 되는 단체교섭사항에 해당하는지의 여부는 헌법 제33

---

에 의한 노동조합의 설립신고를 할 수 있다.

조 제1항과 노동조합 및 노동관계조정법 제29조에서 근로자에게 단체교섭권을 보장한 취지에 비추어 판단하여야 한다. 일반적으로 구성원인 근로자의 근로조건 기타 근로자의 대우 또는 당해 단체적 노사관계운영에 관한 사항으로 사용자가 처분할 수 있는 사항은 단체교섭의 대상인 단체교섭사항에 해당한다고 본다. 그런데 사례는 사업부 매각 결정과 같은 경영상 권한에 속하는 사항이 단체교섭의 대상이 될 수 있는지가 주요 쟁점이다. 특히 사업부 매각이나 구조조정과 같은 사항은 근로조건에 관한 사항이지만 동시에 사용자의 경영상의 권한에 속하는 사항의 성격을 갖고 있는 경우에는 그러한 사항은 사용자가 그 사업체의 소유권 내지 영업권에 기하여 일방적으로 결정할 수 있는 사용자의 고유 권한에 해당한다는 이유로 단체교섭의 대상에서 제외될 수 있는지가 주요 쟁점인 것이다.[3)]

## 2. 판례의 태도

판례(대법원 2002.2.26. 선고 99도5380 판결)는 경영권을 헌법상 보장된 권리임을 확인하면서 다음과 같이 판시하고 있다. i) 헌법 제23조 제1항, 제119조 제1항, 제15조 규정들의 취지를 기업활동의 측면에서 보면, 모든 기업은 그가 선택한 사업 또는 영업을 자유롭게 경영하고 이를 위한 의사결정의 자유를 가지며, 사업 또는 영업을 변경(확장 · 축소 · 전환)하거나 처분(폐지 · 양도)할 수 있는 자유를 가지고 있고, 이는 헌법에 의하여 보장되고 있다. ii) 경영권이 근로3권과 서로 충돌하는 경우 이를 조화시키는 한계를 설정함에 있어서는 기업의 경제상의 창의와 투자의욕을 훼손시키지 않고 오히려 이를 증진시키며 기업의 경쟁력을 강화하는 방향에서 해결책을 찾아야 한다. iii) 구조조정이나 합병 등 기업의 경쟁력을 강화하기 위한 경영주체의 경영상 조치는 원칙적으로 노동쟁의의 대상이 될 수 없고, 그것이 긴박한 경영상의 필요나 합리적인 이유 없이 불순한 의도로 추진되는 등의 특별한 사정이 없는 한 노동조합이 그 실시를 반대하기 위하여 벌이는 쟁의행위는 목적의 정당성을 인정받을 수 없다. 그러므로 경영사항의 단체교섭 대상성에 관하여 대법원은 "정리해고나 사업조직의 통폐합, 공기업의 민영화 등 기업의 구조조정

---

3) 이러한 사항 역시 근로조건에 직접적으로 관련되거나 중대한 영향을 미칠 정도로 밀접하게 관련되어 있는 경우에는 사용자의 경영권을 근본적으로 제한하지 않는 범위 안에서는 단체교섭의 대상이 된다고 보는 견해가 다수설이다

의 실시 여부는 경영주체에 의한 고도의 경영상 결단에 속하는 사항으로서 이는 원칙적으로 단체교섭의 대상이 될 수 없고, 그것이 긴박한 경영상의 필요나 합리적인 이유 없이 불순한 의도로 추진되는 등의 특별한 사정이 없는 한, 노동조합이 실질적으로 그 실시 자체를 반대하기 위하여 쟁의행위에 나아간다면, 비록 그 실시로 인하여 근로자들의 지위나 근로조건의 변경이 필연적으로 수반된다 하더라도 그 쟁의행위는 목적의 정당성을 인정할 수 없다(대법원 2002.2.26. 선고 99도5380 판결)"고 판시하였다.[4]

### 3. 사안의 적용

사안에서 A회사의 반도체 사업부 매각 결정은 甲 지회 소속 근로자들의 근로조건과 연관성이 인정되지만, 근본적으로 사용자의 고도의 경영상 판단이 존중되어야 할 영역이므로, 이를 단체교섭의 대상으로 인정할 수는 없다.

## Ⅳ. 설문의 해결

'전국전자산업노동조합'의 지회인 甲 지회는 A회사의 설립초기부터 구성된 노동조합이었으며, 독자적인 규약 및 집행기관을 가지고 독립된 조직체로서 활동하고 있다고 보인다. 따라서 A회사의 구조조정에 대한 사안에 대해서 독자적으로 단체교섭을 할 당사자로서의 지위를 가지고 있다. 그러나 그 단체교섭의 대상이 되는 A회사의 사업부 매각 결정은 고도의 경영상의 조치로서 단체교섭의 대상이 될 수 없다. 따라서 A회사의 단체교섭 거부는 정당하다.

---

4) 대상 판결에 대한 비판으로는 다음과 같은 것이 있다: 생산수단에 대한 소유권으로부터 혹은 기업의 유지 또는 존속의 필요성으로부터 경영권이라는 권리가 막바로 인정되는 것이 아니라 별도의 노동법상 法認될 수 있는 제도나 매개물이 존재하여야 하는바, 이러한 논거가 없는 상태에서 막연히 경영권을 인정할 수는 없다(도재형, '구조조정에 대항하는 쟁의행위의 정당성', 「노동법률」, 2003.9); 경영상의 결정에 관하여 판례와 같이 경영권 보호를 이유로 단체교섭 대상성을 부인하는 것은 어느 모로 보나 그 근거가 불분명한 해석이다. 경영상 판단사항이라 할지라도 헌법상 보장된 근로3권의 기본권으로서의 성질에 비추어 근로조건의 유지·개선 및 근로자의 경제적·사회적 지위의 향상과의 관련성을 검토하여 그것이 근로자의 근로조건과 밀접한 관련이 있는 것이라면 의무적 교섭사항이 된다고 보아야 할 것이다(안태윤, '경영상 조치가 노동쟁의의 대상이 될 수 있는지 여부', 「2003 노동판례비평」, 2004); 정리해고나 공기업의 구조조정과 관련한 위 대법원 판결은 지나치게 사용자의 입장만을 대변한 것이며 우리나라 단체교섭의 실태를 무시한 것이다(정진경, '소위' '경영권'과 '단체교섭대상사항', 「재판실무연구」, 2004).

【관련쟁점】

1. 노동조합의 조직형태가 연합단체인 경우 단체교섭당사자가 될 수 있는가?
2. 판례는 경영권과 근로3권의 관계를 어떻게 판단하고 있는가?

【참고문헌】

김형배, 856~871면, 875~880면; 김희성(2), 110~115면, 136~145면; 임종률, 110~111면, 124~133면; 이철수 외 4인, 331~332면.

**【관련판례】**

○ 지부 · 분회의 단체교섭 당사자 지위

대법원 2001.2.23. 선고 2000도4299 판결

노동조합의 하부단체인 분회나 지부가 독자적인 규약 및 집행기관을 가지고 독립된 조직체로서 활동을 하는 경우 당해 조직이나 그 조합원에 고유한 사항에 대하여는 독자적으로 단체교섭하고 단체협약을 체결할 수 있고, 이는 그 분회나 지부가 노동조합 및 노동관계조정법 시행령 제7조의 규정에 따라 그 설립신고를 하였는지 여부에 영향받지 아니한다.

○ 경영권사항과 단체교섭의 대상

대법원 2002.2.26. 선고 99도5380 판결

헌법 제23조 제1항 전문은 '모든 국민의 재산권은 보장된다'라고 규정하고 있고, 제119조 제1항은 '대한민국의 경제질서는 개인과 기업의 경제상의 자유와 창의를 존중함을 기본으로 한다'라고 규정함으로써, 우리 헌법이 사유재산제도와 경제활동에 관한 사적자치의 원칙을 기초로 하는 자본주의 시장경제질서를 기본으로 하고 있음을 선언하고 있다. 헌법 제23조의 재산권에는 개인의 재산권뿐만 아니라 기업의 재산권도 포함되고, 기업의 재산권의 범위에는 투하된 자본이 화체된 물적 생산시설뿐만 아니라 여기에 인적조직 등이 유기적으로 결합된 종합체로서의 '사업' 내지 '영업'도 포함된다. 그리고 이러한 재산권을 보장하기 위하여는 그 재산의 자유로운 이용 · 수익뿐만 아니라 그 처분 · 상속도 보장되어야 한다. 한편, 헌법 제15조는 '모든 국민은 직업선택의 자유를 가진다'라고 규정하고 있는바, 여기에는 기업의 설립과 경영의 자유를 의미하는 기업의 자유를 포함하고 있다. 이러한 규정들의 취지를 기업활동의 측면에서 보면,

모든 기업은 그가 선택한 사업 또는 영업을 자유롭게 경영하고 이를 위한 의사결정의 자유를 가지며, 사업 또는 영업을 변경(확장 · 축소 · 전환)하거나 처분(폐지 · 양도)할 수 있는 자유를 가지고 있고 이는 헌법에 의하여 보장되고 있는 것이다. 이를 통틀어 경영권이라고 부르기도 한다.

그러나 물론 기업의 이러한 권리도 신성불가침의 절대적 권리일 수는 없다. 모든 자유와 권리에는 그 내재적 한계가 있을 뿐만 아니라, 헌법 제23조 제2항이 '재산권의 행사는 공공복리에 적합하도록 하여야 한다'라고 규정하고 있고, 기업의 이러한 권리의 행사는 경우에 따라 기업에 소속된 근로자의 지위나 근로조건에 영향을 줄 수 있어 근로자의 근로3권과 충돌이 일어날 수 있기 때문이다.

경영권과 근로3권이 서로 충돌하는 경우 이를 조화시키는 한계를 설정함에 있어서는 기업의 경제상의 창의와 투자의욕을 훼손시키지 않고 오히려 이를 증진시키며 기업의 경쟁력을 강화하는 방향으로 해결책을 찾아야 함을 유의하여야 한다. 왜냐하면 기업이 쇠퇴하고 투자가 줄어들면 근로의 기회가 감소되고 실업이 증가하게 되는 반면, 기업이 잘 되고 새로운 투자가 일어나면 근로자의 지위도 향상되고 새로운 고용도 창출되어 결과적으로 기업과 근로자가 다 함께 승자가 될 수 있기 때문이다. 그리고 이러한 문제의 해결을 위해서는 추상적인 이론에만 의존하여서는 아니 되고 시대의 현실을 잘 살펴 그 현실에 적합한 해결책이 모색되어야 한다.

이러한 관점에 서서 오늘의 우리나라가 처하고 있는 경제현실과 오늘의 우리나라 노동쟁의의 현장에서 드러나는 여러 가지 문제점 등을 참작하면, 구조조정이나 합병 등 기업의 경쟁력을 강화하기 위한 경영주체의 경영상 조치에 대하여는 원칙적으로 노동쟁의의 대상이 될 수 없다고 해석하여 기업의 경쟁력 강화를 촉진시키는 것이 옳다. 물론 이렇게 해석할 경우 우선은 그 기업에 소속된 근로자들의 근로3권이 제한되는 것은 사실이나 이는 과도기적인 현상에 불과하고, 기업이 경쟁력을 회복하고 투자가 일어나면 더 많은 고용이 창출되고 근로자의 지위가 향상될 수 있으므로 거시적으로 보면 이러한 해석이 오히려 전체 근로자들에게 이익이 되고 국가경제를 발전시키는 길이 된다. 뿐만 아니라 근로기준법 제31조는 구조조정 등으로 인한 정리해고에 관하여 그 요건을 엄격하게 규정하고 있고, 근로자들과의 사전협의를 필수적인 절차로 규정하고 있으며, 그 효력에 대하여는 사법심사의 길이 열려 있다. 또한, 근로자참여 및 협력증진에 관한 법률은 경영사항을 포함한 광범위한 영역에서 노 · 사가 협의하도록 제도화하고 있다. 이러한 사정을 종합하여 보면 위와 같은 해석이 결코 근로3권의 본질적인 내용을 침해하거나 헌법 및 노동관계법의 체계에 반하는 해석이라 할 수 없다.

대법원은 이미 기업의 구조조정의 실시 여부는 경영주체에 의한 고도의 경영상 결단에 속하는 사항으로서 이는 원칙적으로 단체교섭의 대상이 될 수 없고, 그것이 긴박한 경영상의 필요나 합리적인 이유 없이 불순한 의도로 추진되는 등의 특별한 사정이 없는 한 노동조합이 그 실시를 반대하기 위하여 벌이는 쟁의행위에는 목적의 정당성을 인정할 수 없다는 입장을 누차 밝혀왔고(대법원 2002.2.26. 선고 99도5380 판결; 대법원 2003.2.11. 선고 2000도4169 판결; 대법원 2003.2.28. 선고 2002도5881 판결; 대법원 2003.3.14. 선고 2002도5883 판결; 대법원 2003.3.28. 선고 2002도6060 판결 등), 상고이유는 이러한 대법원의 입장을 변경해 달라는 취지인바, 위에서 본 바와 같은 이유로 오늘의 우리 나라의 현실에서는 위 견해를 변경할 수 없다. 이 부분 상고이유는 받아들이지 아니한다.

# 34. 단체교섭의 대상과 쟁의행위

## 【사실관계】

Y회사는 여행용 가방을 제조하는 회사로서 약 100명의 종업원을 두고 있다. X노동조합은 Y회사의 종업원 중 90명이 가입한 기업별 노동조합이다. Y회사의 종업원 중 다른 노동조합에 가입한 종업원은 없다.

2011년 초부터 지진·해일로 인한 원자력 발전의 위험성이 부각되고 방사능 오염이 우려되었다. 이에 따라 세계적으로 해외여행 경기가 급속히 악화되었으며, Y회사의 여행용 가방의 매출도 급감하였다. 이에 Y회사는 같은 해 4월 초에 '회사경영개선계획'을 수립하고, 그 일환으로 같은 해 6월 1일자로 종업원 100명 가운데 약 30명을 구조조정(해고)하기로 결정하였다.

Y회사는 위 '회사경영개선계획'을 사내 게시판과 인트라넷에 게시하였다. 또 Y회사는 X노동조합에게 같은 해 4월 10일 정리해고를 회피하기 위한 방법과 정리해고의 기준을 통보하고, 같은 달 15일에 해고기준 등에 관하여 노사가 협의할 것을 요청하였다. 반면 X노동조합은 같은 달 16일에 정리해고계획 철회를 주장하며 Y회사에게 이에 대한 단체교섭을 요구하였다. 이에 대하여 Y회사는 같은 달 18일에 X노동조합의 정리해고계획 철회 요구는 교섭사항이 아니라고 주장하면서 교섭에 응할 수 없다고 통지하였다.

한편 Y회사의 구조조정 계획에 대하여 종업원들의 불안감이 증폭되었고, 특히 Y회사의 단체교섭거부에 대하여 조합원들의 불만이 비등하였다. 이에 X노동조합의 집행위원회는 같은 달 20일 조합원들의 찬반투표를 거치지 않고 조합원들에게 다음 날부터 전면파업에 돌입할 것을 지시하였다. 같은 달 21일부터 시작된 파업에는 조합원의 약 90%가 참가하였다. 점거농성기간 중에 회사 간부나 다른 종업원들이 그 공장 건물의 로비를 통해 생산시설에 출입하는 것은 방해받지 않았다.

X노동조합은 같은 달 25일 18시에 파업을 종료하고 점거농성을 풀었다.

(2011년 변호사시험 모의시험)

[문제 01] 정리해고계획 철회를 관철하기 위하여 행한 X노동조합의 위 파업이 정당한가?

[문제 02] X노동조합 집행위원회의 결정만으로 개시한 위 파업은 정당한가?

[문제 03] 공장건물의 로비를 점거한 농성은 정당한가?

## 《관련조문》

노동조합 및 노동관계조정법

제2조(쟁의행위) ⑥ "쟁의행위"라 함은 파업, 태업, 직장폐쇄 기타 노동관계당사자가 그 주장을 관철할 목적으로 행하는 행위와 이에 대항하는 행위로서 업무의 정상적인 운영을 저해하는 행위를 말한다.

제41조(쟁의행위의 제한과 금지) ① 노동조합의 쟁의행위는 그 조합원의 직접·비밀·무기명투표에 의한 조합원 과반수의 찬성으로 결정하지 아니하면 이를 행할 수 없다. 제29조의2에 따라 교섭대표노동조합이 결정된 경우에는 그 절차에 참여한 노동조합의 전체 조합원(해당 사업 또는 사업장 소속 조합원으로 한정한다)의 직접·비밀·무기명투표에 의한 과반수의 찬성으로 결정하지 아니하면 쟁의행위를 할 수 없다.

제42조(폭력행위등의 금지) ① 쟁의행위는 폭력이나 파괴행위 또는 생산 기타 주요 업무에 관련되는 시설과 이에 준하는 시설로서 대통령령이 정하는 시설을 점거하는 형태로 이를 행할 수 없다.

② 사업장의 안전보호시설에 대하여 정상적인 유지·운영을 정지·폐지 또는 방해하는 행위는 쟁의행위로서 이를 행할 수 없다.

**【사실관계】의 논점정리**

[문제 01]의 논점정리: X노동조합이 행한 파업이 정당한 쟁의행위가 되기 위해서는 그 요건 중 하나인 목적의 정당성을 가져야 한다. 그 목적의 정당성을 갖추기 위해 X노동조합이 요구한 정리해고계획 철회가 단체교섭의 대상이 되는지에 따라 그 적법성 여부가 달라질 것이다.

[문제 02]의 논점정리: 노조법상 쟁의행위 찬반투표를 거치지는 않았지만 조합원의 90%가 참여한 X노동조합의 파업이 정당한지 판단하기 위해서는 조합원

의 찬반투표를 거치지 않은 쟁의행위의 정당성을 인정할 것인지 여부와 사안처럼 찬반투표를 거치지는 않았지만 민주성을 확보한 파업의 인정 여부가 문제가 될 것이다.

[문제 03]의 논점정리: X노동조합은 파업과 더불어 그에 수반되는 부수적 쟁의행위로 직장점거를 실시하였다. 공장 내 로비를 점거한 직장점거가 정당한지 판단하기 위해서는 노조법 제42조 제1항에서 규정하고 있는 직장점거가 정당하기 위한 한계를 판단해보아야 하겠다.

## 논점의 해설

### [문제 01]의 해결 — 쟁의행위의 목적의 정당성

Ⅰ. 설문의 쟁점
Ⅱ. 쟁의행위의 목적의 정당성과 단체교섭의 대상과의 관계
Ⅲ. 단체교섭의 대상 — 경영권과 단체교섭 대상과의 관계
1. 단체교섭의 대상 / 2. Y회사의 정리해고계획의 성질 — '경영권'
3. 경영권과 단체교섭의 대상과의 관계
Ⅳ. 경영상 조치에 반대하는 쟁의행위
Ⅴ. 설문의 해결

## Ⅰ. 설문의 쟁점

사안에서 X노동조합은 Y회사의 정리해고계획의 철회를 관철할 목적으로 쟁의행위를 하고 있는바, 이와 같이 경영사항에 관한 주장 관철을 목적으로 하는 쟁의행위가 정당성을 가질 수 있는지가 문제된다. 이는 결국 그 주장이 단체교섭의 대상으로 삼을 수 있는 것인가 하는 문제로 환원된다.

## Ⅱ. 쟁의행위의 목적의 정당성과 단체교섭의 대상과의 관계

노동조합 및 노동관계조정법(이하 '노조법') 제2조 제6호를 보면 쟁의행위의 주체는 노동관계 당사자로, 그 방법(수단)은 업무의 정상적인 운영 저해라고 하고 있으며, 그 주장을 관철할 목적에 대해 판례는 근로조건의 결정에 관한 주장이라고 하고 있다(대법원 1991.1.29. 선고 90도2852 판결). 그 목적을 달성하기 위한 쟁의행위가 정당성을 갖추기 위해서는 집단적 행위인 쟁의행위 자체의 일반적 정당성을 갖출 것은 물론 노조법과 기타의 법규에 의한 일정한 제한규정을 위반해서는 안 된다. 현행 노조법 제37조 제1항에서는 "쟁의행위는 그 목적·방법 및 절차에 있어서 법령 기타 사회질서에 위반되어서는 아니 된다"고 규정하고, 동조 제2항에서는 "조합원은 노동조합에 의하여 주도되지 아니한 쟁의행위를 하여서는 아니 된다"고 규정함으로써 이와 같은 취지로 쟁의행위의 기본원칙을 규정하고 있다.

판례는 쟁의행위의 정당성 기준에 대해 "노동조합의 쟁의행위가 정당하기 위해서는 그 주체가 단체교섭의 주체로 될 수 있는 자이어야 하고, 노동조합과 사용자의 교섭과정에서 노사대등의 입장에서 근로조건의 향상 등 근로자의 경제적 지위를 향상시키려는 목적에서 나온 것이어야 하며, 사용자가 근로자의 근로조건 개선에 관한 구체적인 요구에 대하여 단체교섭을 거부하거나 단체교섭에서 그와 같은 요구에 반대의 의사표시를 하거나 묵살하고 반대하고 있는 것을 분명하게 하고 있을 경우에 개시할 수 있으며 특별한 사정이 없는 한 법령이 규정한 절차를 밟아야 하고, 그 수단과 방법이 사용자의 재산권과 조화를 이루어야 할 뿐 아니라 다른 기본적 인권을 침해하지 아니하는 등 그 밖의 헌법상의 요청과 조화되어야 한다"(대법원 2003.12.26. 선고 2003두8906 판결; 대법원 2003.11.13. 선고 2003도687 판결)라고 하고 있다.

즉, 정당한 쟁의행위가 되기 위해서는 노동조합에 의해, 단체교섭을 관철할 목적으로, 최후의 수단으로서 행해져야만 하는 것이다.

그렇다면 쟁의행위의 목적이 되는 단체교섭의 대상에 대한 논의가 필요할 것이다.

## Ⅲ. 단체교섭의 대상 — 경영권과 단체교섭 대상과의 관계

### 1. 단체교섭의 대상

단체교섭의 대상이 되어야만 정당한 쟁의행위의 목적이 될 수 있을 것이다. 단체교섭의 대상에 대해 판례와 통설은 1) 근로조건에 관한 것으로서 집단적 성질이 있어야 하며, 2) 단체적(집단적) 노사관계에 관한 사항으로, 3) 사용자의 처분가능성이 있어야 한다고 한다.

그렇다면 사안의 경우처럼 X노동조합의 경기악화로 인한 종업원 30명을 정리해고하려는 Y회사의 정리해고계획에 대한 철회 주장이 단체교섭의 대상이 될 수 있는지에 대한 검토가 필요하겠다.

### 2. Y회사의 정리해고계획의 성질 — '경영권'

헌법 제23조 제1항 전문은 국민의 재산권을 기본권으로 보장하고 있으며, 제119조 제1항은 '대한민국의 경제질서는 개인과 기업의 경제상의 자유와 창의를 존중함을 기본으로 한다'라고 규정함으로써, 우리 헌법이 사유재산제도와 경제활동에 관한 사적자치의 원칙을 기초로 하는 자본주의 시장경제질서를 기본으로 하고 있음을 선언하고 있다. 헌법 제23조의 재산권에는 개인의 재산권뿐만 아니라 기업의 재산권도 포함되고, 기업의 재산권의 범위에는 투하된 자본이 화체된 물적 생산시설뿐만 아니라 여기에 인적조직 등이 유기적으로 결합된 종합체로서의 '사업' 내지 '영업'도 포함된다. 그리고 이러한 재산권을 보장하기 위해서는 그 재산의 자유로운 이용 · 수익뿐만 아니라 그 처분 · 상속도 보장되어야 한다. 한편, 헌법 제15조는 '모든 국민은 직업선택의 자유를 가진다'라고 규정되어 있는바, 여기에는 기업의 설립과 경영의 자유를 의미하는 기업의 자유를 포함하고 있다. 이러한 규정들의 취지를 기업활동의 측면에서 보면, 모든 기업은 그가 선택한 사업 또는 영업을 변경(확장 · 축소 · 전환)하거나 처분(폐지 · 양도)할 수 있는 자유를 가지고 있고 이는 헌법에 의하여 보장되고 있는 것이다. 이를 통틀어 '경영권'이라고 부르기도 한다.

사안의 경우 세계적으로 해외여행 경기가 급속히 악화되어, 회사의 여행용 가방의 매출도 급감하였다. 이에 Y회사는 '회사경영개선계획'을 수립하고, 그 일환으로 종업원 100명 가운데 약 30명을 구조조정(해고)하기로 결정하였는데, 이 계획은 고도의 경영상의 조치로 '경영권'의 행사라고 볼 수 있다.

### 3. 경영권과 단체교섭의 대상과의 관계

모든 자유와 권리에는 그 내재적 한계가 있을 뿐만 아니라, 헌법 제23조 제2항이 '재산권의 행사는 공공복리에 적합하도록 하여야 한다'라고 규정하고 있어, 기업의 경영권의 행사는 경우에 따라 기업에 소속된 근로자의 지위나 근로조건에 영향을 줄 수 있어 근로자의 근로3권과 충돌이 일어날 수 있다.

사안의 경우처럼 경영상의 조치에 해당하는 Y회사의 정리해고계획과 이 계획의 철회를 주장하는 근로자들의 단체교섭권이 충돌하는 경우 판례는 "긴박한 경영상의 필요에 의하여 하는 이른바 정리해고의 실시는 사용자의 경영상의 조치라고 할 것이므로, 정리해고에 관한 노동조합의 요구내용이 사용자는 정리해고를 하여서는 아니 된다는 취지라면 이는 사용자의 경영권을 근본적으로 제약하는 것이 되어 원칙적으로 단체교섭의 대상이 될 수 없다"(대법원 2001.4.24 선고 99도4893 판결)라고 하여 긴박한 경영상의 필요에 의한 정리해고는 단체교섭의 대상이 될 수 없다고 하고 있다. 따라서 X노동조합이 Y회사에게 정리해고계획 철회를 주장하는 것은 단체교섭의 대상이 될 수가 없다.[1)]

## Ⅳ. 경영상 조치에 반대하는 쟁의행위

그렇다면 그러한 경영상 조치에 반대하는 쟁의행위는 정당한 쟁의행위인지에 대해 판례는 "기업의 구조조정의 실시 여부는 경영주체에 의한 고도의 경영상 결단에 속하는 사항으로서 이는 원칙적으로 단체교섭의 대상이 될 수 없고, 그것이 긴박한 경영상의 필요나 합리적인 이유 없이 불순한 의도로 추진되는 등의 특별한 사정이 없는 한 노동조합이 그 실시를 반대하기 위하여 벌이는 쟁의행위에는 목적의 정당성을 인정할 수 없다"(대법원 2003.7.22. 선고 2002도7225 판결)라고 하고 있다.

즉, 고도의 경영상의 결단에 속하는 조치는 원칙적으로 단체교섭의 대상

1) 그러나 학계에서는 경영권은 교섭의 대상이 아닌 것에는 동의하고 있으나 경영에 관한 사항이라도 '근로조건과 밀접한 관련이 있는 경우'는 교섭의 대상이라고 하는 견해가 있다. 이러한 견해는 한계확정 해석의 문제로 볼 수 있을 것이다.

이 될 수 없고, 단체교섭의 대상이 될 수 없다면 정당한 쟁의행위의 목적이 될 수 없어 그러한 쟁의행위는 위법하다. 그러나 그러한 구조조정이 불순한 의도로 추진된다면 그에 반대하는 쟁의행위는 목적의 정당성이 인정된다고 판시하고 있다.

Y회사는 경기악화로 매출이 급감해 '회사경영개선 계획'을 세우고 해고하기 2달 전에 그 해고의 기준 및 정리해고를 피하는 방법을 통보하고 노사가 협의할 것을 요청하였다. 이를 감안해 보면 Y회사는 정리해고를 통한 피해를 최소화 하고자 하는 노력이 보이며, 불순한 의도는 전혀 찾아볼 수가 없어, 위 판례에서 요구하는 쟁의행위의 정당성이 인정되는 요건을 충족하지 못하고 있다. 따라서 X노동조합의 파업은 부당하다.

## V. 설문의 해결

X노동조합의 파업이 정당한 쟁의행위가 되기 위해서는 노동조합에 의해, 단체교섭을 관철할 목적으로, 최후의 수단으로서 행해져야만 하는 것이다. 쟁의행위가 정당하기 위해서는 목적이 정당하여야 한다. Y회사의 정리해고 계획은 고도의 경영상의 조치로 단체교섭의 대상이 아니며, 단체교섭의 대상이 아닌 사항을 관철하고자 벌인 쟁의행위는 부당하다.

또한 Y회사는 정리해고에 대한 불순한 의도가 보이지 않아 X노동조합의 파업은 정당한 파업이 될 수 없다.

# [문제 02]의 해결 — 노동조합 및 노동관계조정법상 찬반투표를 거치지 않은 쟁의행위의 정당성

Ⅰ. 설문의 쟁점
Ⅱ. 판례의 태도
Ⅲ. 설문의 해결

# Ⅰ. 설문의 쟁점

노조법 제41조 1항에서는 “노동조합의 쟁의행위는 그 조합원이 직접 · 비밀 · 무기명투표에 의한 과반수의 찬성으로 결정하지 아니하면 이를 행할 수 없다. 제29조의2에 따라 교섭대표노동조합이 결정된 경우에는 그 절차에 참여한 노동조합의 전체조합원(해당 사업 또는 사업장 소속 조합원으로 한정한다)의 직접 · 비밀 · 무기명투표에 의한 과반수의 찬성으로 결정하지 아니하면 쟁의행위를 할 수 없다”고 규정하고 있다. 그런데 X노동조합은 집행위원회의 결정만으로 노조법 제41조 제1항에서 정한 찬반투표 없이 쟁의행위를 하였다. 다만 쟁의행위에는 90%의 조합원이 참여하여 실질적 민주성을 확보한 것으로 보인다. 이 같은 경우 위 노조법 조항에도 불구하고 쟁의행위의 절차적 정당성을 인정할 수 있는지가 문제된다.

# Ⅱ. 판례의 태도

판례는 조합원의 찬반투표 절차를 거치지 아니한 쟁의행위의 정당성 판단에 대해 과거의 견해를 변경하여 “노동조합 및 노동관계조정법 제41조 제1항의 규정은 노동조합의 자주적이고 민주적인 운영을 도모함과 아울러 쟁의행위에 참가한 근로자들이 사후에 그 쟁의행위의 정당성 유무와 관련하여 어떠한 불이익을 당하지 않도록 그 개시에 관한 조합의사의 결정에 보다 신중을 기하지 위하여 마련된 규정이므로 위의 절차를 위반한 쟁의행위는 그 절차를 따를 수 없는 객관적 사정이 인정되지 아니하는 한 정당성이 상실된다. 조합원의 민주적 의사결정이 실질적으로 확보된 때에는 단지 노동조합 내부의 의사형성 과정에 결함이 있는 정도에 불과하다고 하여 쟁의행위의 정당성이 상실되지 않는 것으로 해석한다면 위임에 의한 대리투표, 공개결의나 사후결의, 사실상의 찬성 간주 등의 방법이 용인되는 결과, 그와 같은 견해는 위의 관계 규정과 대법원의 판례취지에 반하는 것이 된다”(대법원 2001.10.25. 선고 99도4837 전원합의체 판결)”고 판시하였다. 이는 과거와 달리 쟁의행위의 절차규정을 강행규정으로 해석하고 있는 것으로 평가된다. 특히 법령의 해석과 절차적 안정성에 중점을 둔 것으로 판단된다.

## Ⅲ. 설문의 해결

X노동조합은 노조법 제41조 제1항에서 요구하는 찬반투표를 거치지 않고 전면파업에 돌입하였는바, 위 규정을 강행규정으로 해석하는 판례에 비추어 절차적 정당성을 인정할 수 없다.

# [문제 03]의 해결 — 직장점거의 정당성

Ⅰ. 설문의 쟁점
Ⅱ. 직장점거의 정당성에 관한 판례의 태도
Ⅲ. 설문의 해결

## Ⅰ. 설문의 쟁점

직장점거란 쟁의행위의 부수적 수단으로 사업장의 전부 또는 일부를 실력으로 점거하는 것을 의미한다. 노조법 제42조 제1항은 "쟁의행위는 폭력이나 파괴행위 또는 생산 기타 주요 업무에 관련되는 시설과 이에 준하는 시설로서 대통령령이 정하는 시설을 점하는 형태로 이를 행할 수 없다"는 규정을 두고 있을 뿐 직장점거 자체를 금지하는 것은 아니므로 사안에서 X노동조합이 로비를 점거한 행위가 정당한 쟁의행위의 보조수단으로 인정될 수 있는지가 설문의 쟁점이라고 할 것이다.

## Ⅱ. 직장점거의 정당성에 관한 판례의 태도

판례는 "직장 또는 사업장시설의 점거는 적극적인 쟁의행위의 한 형태로서 그 점거의 범위가 직장 또는 사업장시설의 일부분이고 사용자 측의 출입이나 관리지배를 배제하지 않는 병존적인 점거에 지나지 않을 때에는 정당한 쟁의행위로 볼 수 있으나, 이와 달리 직장 또는 사업장 시설을 전면적, 배타적으로 점거하여 조합원 이외의 자의 출입을 저지하거나 사용자 측의 관리지배를 배제하여 업무의 중단 또는 혼란을 야기케 하는 것과 같은 행위는 이미 정당성의 한계를 벗어난 것이라고 볼 수밖에 없다(대법원 1991.6.11. 선고 91도383 판결)"라고 하여 정당한 직장점거의 한계를 정해주고 있다. 즉, 부분적·병존적 점거의 경우에는 정당성을 인정할 수 있다는 것으로 해석된다.

## Ⅲ. 설문의 해결

사안의 경우 X노동조합원들은 Y회사 내 공장건물의 로비를 점거하고 농성을 하였고, 점거농성기간 중에 회사 간부나 다른 종업원들이 그 공장건물의 로비를 통해 생산시설에 출입하는 것은 방해받지 않았다. 점거한 장소가 공장의 로비인 점, 사용자 측의 출입이나 관리를 배제하지 않은 점, 다른 종업원들이 생산시설에 출입하는 것을 방해하지 않아 Y회사의 생산에 영향을 주지 않은 점 등을 고려해 볼 때 X노동조합의 직장점거는 정당하다고 판단된다.

【관련쟁점】

1. 직역별·산업별·업종별 노동조합의 한 지부 또는 분회가 쟁의행위를 예정하고 있는 경우 쟁의행위를 위한 찬반투표 실시대상 조합원의 범위는?
2. 피켓팅과 보이콧의 정당성의 한계는?
3. 정치파업과 동정파업의 정당성의 한계는?

【참고문헌】

김형배, 964~993면; 김희성(2), 209~269면; 임종률, 223~231면; 이철수 외 4인, 396~408면.

**【관련판례】**

**○ 경영주체의 경영상 조치가 노동쟁의의 대상이 될 수 있는지 여부**

대법원 2003.7.22. 선고 2002도7225 판결

기업의 구조조정의 실시 여부는 경영주체에 의한 고도의 경영상 결단

에 속하는 사항으로서 이는 원칙적으로 단체교섭의 대상이 될 수 없고, 그것이 긴박한 경영상의 필요나 합리적인 이유 없이 불순한 의도로 추진되는 등의 특별한 사정이 없는 한 노동조합이 그 실시를 반대하기 위하여 벌이는 쟁의행위에는 목적의 정당성을 인정할 수 없다.

○ 찬반투표를 거치지 않은 쟁의행위의 정당성

대법원 2001.10.25. 선고 99도4837 전원합의체 판결

[다수의견] 쟁의행위를 함에 있어 조합원의 직접 · 비밀 · 무기명투표에 의한 찬성결정이라는 절차를 거쳐야 한다는 노동조합및노동관계조정법 제41조 제1항의 규정은 노동조합의 자주적이고 민주적인 운영을 도모함과 아울러 쟁의행위에 참가한 근로자들이 사후에 그 쟁의행위의 정당성 유무와 관련하여 어떠한 불이익을 당하지 않도록 그 개시에 관한 조합의사의 결정에 보다 신중을 기하기 위하여 마련된 규정이므로 위의 절차를 위반한 쟁의행위는 그 절차를 따를 수 없는 객관적인 사정이 인정되지 아니하는 한 정당성이 상실된다. 이와 달리 … (중략) … 쟁의행위의 정당성이 상실되지 않는 것으로 해석한다면 위임에 의한 대리투표, 공개결의나 사후결의, 사실상의 찬성 간주 등의 방법이 용인되는 결과, 그와 같은 견해는 위의 관계 규정과 대법원의 판례취지에 반하는 것이 된다. 따라서 … (중략) … 조합원의 민주적 의사결정이 실질적으로 확보된 경우에는 위와 같은 투표절차를 거치지 아니하였다는 사정만으로 쟁의행위가 정당성을 상실한다고 볼 수 없다는 취지의 대법원 2000.5.26. 선고 99도4836 판결은 이와 어긋나는 부분에 한하여 변경하기로 한다.

[소수의견] 조합원의 찬 · 반투표를 실시하는 주체는 노동조합(본부와 지부가 있는 경우에는 당연히 본부)의 집행부라 할 것이므로, 조합원의 찬 · 반투표 절차 없이 쟁의행위를 개시하였음을 이유로 노동조정법 제91조 제1호에 따라 처벌하는 대상도 그와 같은 찬 · 반투표 없이 쟁의행위를 하기로 하는 결정을 주도하거나 그 결정에 적극 관여한 자에 한정되는 것이고, 그러한 결정을 주도하거나 적극 관여함이 없이 단순히 노동조합 집행부의 지시에 따라 쟁의행위에 가담한 조합원은 그 처벌대상이 되지 않는 것으로 봄이 상당하다.

○ 직장점거의 정당성 판단기준

대법원 1990.10.12. 선고 90도1431 판결

파업은 흔히 노무정지의 효율성을 확보, 강화하기 위하여 피케팅을 동

반하거나 직장에 체류하여 연좌, 농성하는 직장점거를 동반하기도 하는 것으로서, 이경우 보조적 쟁의수단인 파케팅은 파업에 가담하지 않고 조업을 계속하려는 자에 대하여 평화적 설득, 구두와 문서에 의한 언어적 설득의 범위 내에서 정당성이 인정되는 것이고, 폭행, 협박 또는 위력에 위한 실력적 저지나 물리적 강제는 정당화될 수 없는 것이며, 직장점거는 파업 시 사용자에 의한 방해를 막고 변화하는 강세에 기민하게 대처하기 위하여 퇴거하지 않고 사용자의 의사에 반하여 직장에 체류하는 쟁의수단이므로 사용자 측의 점유를 완전히 배제하지 아니하고 그 종업도 방해하지 않는 부분적, 병존적 점거일 경우에 한하여 정당성이 인정되는 것이고, 이를 넘어 사용자의 기업시설을 장기간에 걸쳐 전면적, 배타적으로 점유하는 것은 사용자의 시설관리권능에 대한 침해로서 부당하다고 하여야 할 것이다.

# 35. 유니언 숍

## 【사실관계】

[상담 사례]

2012년 10월 10일, 변호사인 당신은 R노동조합(이하 「R노조」라고 한다)의 위원장인 X1과 P노동조합(이하 「P노조」라고 한다)의 조합원인 X11~X13으로부터 아래에서 언급할 [상담 사례]에 대해서 고용회복이나 본래 받아야 했을 임금을 얻기 위해서 Y사를 상대로 하여 소송을 제기하고자 한다는 상담을 받았습니다.

Y사는 약 100명의 종업원을 고용하는 택시회사이다. X1~X10은 이전에 Y사에 고용되어 택시 운전사로서 일했다. X11~X13은 현재 Y사의 종업원으로, 택시 운전사로서 일하고 있다. Y사에는 2012년 4월 시점에 X1~X13을 포함하는 80명의 운전사로 조직된 P노조가 존재했다. Y사는 많은 액수의 누적 적자를 안고 있어서 같은 해 4월 초순에 종래의 임금협정에 근거하는 연공서열적인 구 임금체계를 대신하여 신 임금체계를 도입하는 등의 내용을 포함하는 회사 재건안을 P노조에 제시했다. 신 임금체계는 고정급의 비율을 낮추는 동시에 정기 승급을 폐지하는 등 운전사에게 있어서 구 임금체계보다도 일반적으로 불이익적인 내용이 될 것이 예상되어, 특히 연령이 높은 X11~X13은 신 임금체계를 내용으로 하는 협정 체결에 강하게 반대했다. 그러나 결국 P노조에서는 다시 6월 20일에 조합대회를 개최하여, 「회사제안을 수락하여 신 임금협정을 체결한다」는 집행부안이 62대 13(반대자는 X1~X13)의 다수로 가결되었다. 다만, P노조의 조합규약(본문 아래 참조)에 규정되어 있는 「운전사 반별 집회」는 개최되지 않았다. 이러한 P노조의 집행부나 다수파의 태도에 불만을 가진 X1~X10은 다음 날 6월 21일에 P노조에 탈퇴서를 제출하고, 당일 10명으로 R노조를 결성함과 동시에 Y사에 결성통지를 하였다.

한편 P노조와 Y사는 여전히 교섭을 거듭한 결과, 7월 10일 양자 간에 회사 재건안에 관한 합의가 성립하여 신 임금협정(이하 「7·10 협정」이라고 한다)이 체결되어 (협정서에는 P노조집행 위원장과 Y사 대표 간부의 기명날인이 있다), 8월 1일부터 발효되었다. 이 결과 7월 말일로 구 임금협정은 효력을 잃게 되었지만, 신 임금체계 이외의 현안 사항이었던 근무시간의 배분방법이나 산재보상의 추가안에 관한 Y사 내부 의사가 통일되지 않아 7·10협정에 대응하는 취업규칙 개정작업은 늦어져 10월 10일 현재 여전히 개정되지 않고, 임금에 관한 취업규칙상의 규정은 구 임금협정과 동일 내용 그대로이다. 또한 X11~X13의 3명은 7·10협정에는 불만을 갖고 있으면서도 P노조에 잔류하기로 했다.

P노조는 7월 12일에 X1~X10을 제명처분하고, P노조와 Y사 간에 체결되어 있는 유니언 숍 협정에 근거하여 Y사에 대해 X1~X10을 해고하도록 요구했다. Y사는 이것을 받아들여 7월 15일에 X1~X10에 대해 예고수당을 지급한 다음 즉시 해고의 의사표시를 했다. 한편 P노조에 잔류한 X11~X13은 수령한 8월분과 9월분의 임금이 종전보다 20% 정도 줄었기 때문에 R노조 위원장 X1에게 불만을 털어 놓았다. 그 결과, 변호사에게 상담해보자고 이야기하게 되었다.

【P노조의 조합규약(관계부분만 발췌)】

「제○○조 단체협약 체결은 운전사 반별 집회에서의 의견을 집약한 다음, 집행위원회가 조합 대회에 제안하여 동 대회에서 조합원의 과반수 찬성을 얻어 집행위원장이 이것을 시행하는 것으로 한다.」

---

[문제 01] 당신이 X1~X13의 대리인으로써 소송을 제기한다고 할 경우, 어떠한 청구를 할 것입니까? X1~X10과 X11~X13으로 나누어 설명하시오.

[문제 02] 각각의 청구에 대해서 예상되는 상대방의 반론도 고려하면서 문제가 되는 구체적 논점을 들은 다음 당신의 견해를 언급하시오.

## 《관련조문》

노동조합 및 노동관계조정법

제81조(부당노동행위) 사용자는 다음 각 호의 어느 하나에 해당하는 행위

(이하 "부당노동행위"라 한다)를 할 수 없다.

2. 근로자가 어느 노동조합에 가입하지 아니할 것 또는 탈퇴할 것을 고용조건으로 하거나 특정한 노동조합의 조합원이 될 것을 고용조건으로 하는 행위. 다만, 노동조합이 당해 사업장에 종사하는 근로자의 3분의 2 이상을 대표하고 있을 때에는 근로자가 그 노동조합의 조합원이 될 것을 고용조건으로 하는 단체협약의 체결은 예외로 하며, 이 경우 사용자는 근로자가 그 노동조합에서 제명된 것 또는 그 노동조합을 탈퇴하여 새로 노동조합을 조직하거나 다른 노동조합에 가입한 것을 이유로 근로자에게 신분상 불이익한 행위를 할 수 없다.

제29조(교섭 및 체결권한) ① 노동조합의 대표자는 그 노동조합 또는 조합원을 위하여 사용자나 사용자단체와 교섭하고 단체협약을 체결할 권한을 가진다.

**【사실관계】의 논점정리**

위 사안에서 Y사의 근로자 X1~X10은 P노조의 탈퇴를 원인으로 Y사로부터 해고처분을 받았는바 이에 대한 구제수단에는 어떤 것들이 있는지가 쟁점이고, X11~X13은 불이익한 임금협정 체결에 반대하였지만 P조합이 신 임금협정을 체결함으로써 기존에 지급받던 임금에 비해 20%를 적게 받았으므로 차액상당의 임금을 청구할 수 있는 방법이 무엇인지가 문제된다.

[문제 01]과 관련하여 X1~X10은 Y사의 해고를 다투는 방법이 무엇인지, 해고가 무효임을 전제로 Y사에 어떠한 청구를 할 수 있는지를 밝혀야 할 것이고, X11~X13의 경우는 감액된 임금 차액상당에 대한 구제수단이 무엇인지 밝히면 된다.

[문제 02]는 우선 [문제 01]의 청구에서 예상되는 Y사의 반론을 찾아야 하는데, X1~X10에 대하여는 해고의 정당성을 주장하기 위해 P노조와 체결한 유니언 숍의 유효를 주장할 것이고, X11~X13의 임금 차액상당의 청구에 대해서는 변경된 단체협약의 유효를 주장할 것으로 예상된다. 따라서 첫째로, 유니언 숍 조항의 유효성과 관련하여 노조법 제81조 제2호 단서와 관련된 해석론 및 판례의 태도를 검토할 필요가 있다. 부가적으로 해고기간 동안의 임금청구에 있어 신임금협정이 적용되는지 여부가 문제되는데, 이와 관련하여 단

체협약의 일반적 구속력 및 그 한계에 대한 검토도 필요하다. 다음으로 P노조 조합원인 X11~X13의 청구가 인정되기 위해서는 선결문제로 7·10협정의 효력이 부인되어야 하는바 사안에서 나타난 P조합의 내부규정(조합규약) 위반이 그 사유가 될 수 있는지 살펴보아야 하겠다.

## 논점의 해설

### [문제 01]의 해결 — X1~X10 및 X11~X13의 청구

1. X1~X10의 Y사에 대한 청구
2. X11~X13의 Y사에 대한 청구

#### 1. X1~X10의 Y사에 대한 청구

X1~X10의 소송대리인으로써 고려할 수 있는 권리구제 수단은 Y사를 상대로 X1~X10에 대한 해고처분의 효력정지가처분 및 본안소송으로 해고무효확인소송을 제기하는 것과 해고기간 중 지급받지 못한 임금 상당액의 청구가 있다.

#### 2. X11~X13의 Y사에 대한 청구

X11~X13에 대해서는 기존 취업규칙에 따라 산정된 임금과 실제 지급받은 임금의 차액(기존 임금의 20%)에 대한 지급 청구를 고려할 수 있을 것이다.

### [문제 02]의 해결 — 각 청구의 인용가능성

Ⅰ. X1~X10의 청구에 관하여
   1. 예상되는 Y사의 반론 / 2. Y사의 반론에 대한 검토
   3. 사안의 경우
Ⅱ. X11~X13의 청구에 관하여
   1. 예상되는 Y사의 반론 / 2. Y사의 반론에 대한 검토
   3. 사안의 경우

# Ⅰ. X1～X10의 청구에 관하여

## 1. 예상되는 Y사의 반론

### (1) 유니언 숍에 따른 해고의무의 이행

Y사는 위 X1~X10에 대한 해고가 P노조와 체결한 유니언 숍 협정에 따른 해고의무의 이행으로 정당한 이유를 갖춘 해고에 해당한다고 주장할 가능성이 높다.

### (2) 단체협약의 일반적 구속력

한편 Y사는 X1~X10의 해고무효확인청구가 인용될 경우 그 기간 중 임금을 지급하여야 하는데, 그 범위와 관련하여 P노조와 맺은 단체협약의 일반적 구속력(제35조)에 근거하여 신 임금협정에 따른 임금을 지급할 의무가 있다고 주장할 가능성이 있다.

## 2. Y사의 반론에 대한 검토

### (1) 유니언 숍과 해고의무

노동조합 및 노동관계조정법(이하 '노조법'이라 한다) 제81조 제2호 단서는 '노동조합이 당해 사업장에 종사하는 근로자의 3분의 2 이상을 대표하고 있을 때에는 근로자가 그 노동조합의 조합원이 될 것을 고용조건으로 하는 단체협약의 체결'을 허용하고 있다. 또한 일반적으로 유니언 숍 조항에 조합을 탈퇴한 자에 대해 사용자로 하여금 해고의무를 두는 것이 관행이며, 판례도 "이른바 유니언 숍(Union Shop) 협정은 노동조합의 단결력을 강화하기 위한 강제의 한 수단으로서 근로자가 대표성을 갖춘 노동조합의 조합원이 될 것을 '고용조건'으로 하고 있는 것이므로 단체협약에 유니언 숍 협정에 따라 근로자는 노동조합의 조합원이어야만 된다는 규정이 있는 경우에는 다른 명문의 규정이 없더라도 사용자는 노동조합에서 탈퇴한 근로자를 해고할 의무가 있다(대법원 1998.3.24. 선고 96누16070 판결)"고 하였다.

그런데 사안에서와 같이 노조를 탈퇴하여 다른 노조를 결성한 경우 유니언 숍 협정이 적용되는지가 문제되었고, 과거 판례는 이를 긍정하는 취지의 판시(대법원 2004.5.14. 선고 2002다23185, 23192 판결)를 하였으나 현행 노조법 제81조 제2호에서 이 경우 '사용자는 근로자가 그 노동조합을 탈퇴하여 새로 노동조합을 조직하거나 다른 노동조합에 가입한 것을 이유로 근로자에게 신분상 불이익한 행위를 할 수 없다'고 규정함으로써 입법적으로 해결하였다.

(2) 단체협약의 일반적 구속력과 소수 노조의 단체교섭권

노조법 제35조는 '하나의 사업 또는 사업장에 상시 사용되는 동종의 근로자 반수 이상이 하나의 단체협약의 적용을 받게 된 때에는 당해 사업 또는 사업장에 사용되는 다른 동종의 근로자에 대하여도 당해 단체협약이 적용된다'고 규정하여 단체협약의 일반적 구속력을 명문화하고 있다.

문제는 하나의 사업 또는 사업장에 근로자 반수 이상을 대표하는 노동조합과 더불어 소수 노조가 존재하는 경우 그 소수 조합의 조합원들에게도 일반적 구속력을 인정한다면 당해 조합의 단체교섭권을 침해하는 결과가 될 수 있다는 점이다. 노조법은 이에 관하여 아무런 규정을 두고 있지 않고, 이제 막 복수노조를 허용한 우리 법제의 상황에서 판례 또한 축적된 바 없으므로 결국 해석론에 따라 해결할 수밖에 없을 것이다.[1)]

## 3. 사안의 경우

따라서 Y사가 X1~X10에 대하여 P노조와의 유니언 숍 협정을 이유로 해고처분한 것은 노조법 제81조 제2호에서 금지하는 불이익한 행위라고 할 것이므로 부당해고에 해당한다고 할 것이다. 따라서 Y사를 상대로 한 해고무효 확인 청구는 받아들여질 가능성이 매우 높다.

한편 해고무효를 원인으로 그 기간 동안의 임금을 청구하는 경우에 그 산정 기준은 취업규칙(구임금협정)에 따라 지급되어야 한다. 왜냐하면, P노조가 체결한 단체협약에 일반적 구속력을 인정한다고 하더라도 이를 R노조의 조합원들에게 인정한다면, R노조의 단체교섭권을 부당하게 제한하는 것이기 때문이다.

1) 노동조합 및 노동관계조정법 제29조의2 제1항은 복수노조를 전면적으로 허용하면서, 복수노조가 설립되어 있는 사업 또는 사업장에 있어서는 당해 병존하는 복수노조에 대하여 교섭창구를 단일화하도록 강제하고 있다. 그러나 위 사례에서 Y사는 창구단일화가 없음에도 P노동조합과 단체협약을 체결하였는바, 동조 제1항 단서에 따라 R노동조합은 창구단일화 의무가 없기 때문에 단체협약의 일반적 구속력이 쟁점이 된다.

# Ⅱ. X11~X13의 청구에 관하여

## 1. 예상되는 Y사의 반론

Y사는 X11~X13의 청구에 대하여 X11~X13은 P조합원이므로 당연히 단체협약(신 임금협정)의 적용을 받는 근로자에 해당하여 구 임금협정의 적용을 전제로 한 차액청구를 받아들일 수 없다고 주장할 것이 예상된다.

## 2. Y사의 반론에 대한 검토

위와 같은 Y사의 주장에 대해 X11~X13의 소송대리인으로써 반박할 수 있는 여지는 위 단체협약이 P조합의 조합규약을 위반하여 체결된 것이므로 효력이 없다는 주장이 가능할 것이다. 즉, P조합의 조합규약에 따르면 단체교섭을 체결하기 위해서는 운전수 반별 집회의 의견수렴 절차를 거치도록 되어 있는데, 이를 거치지 않았다는 것이다.

그러나 현행 노조법 제29조 제1항은 '노동조합의 대표자는 그 노동조합 또는 조합원을 위하여 사용자나 사용자단체와 교섭하고 단체협약을 체결할 권한을 가진다'라고 규정하고 있고, 개정 전 노조법이 규정하고 있는 '교섭할 권한'에 대하여 판례는 '노동조합의 대표자 또는 수임자의 교섭권한에는 당연히 협약체결권도 포함되어 있고 인준투표제는 대표자 등의 협약체결권을 전면적·포괄적으로 제한하는 것이어서 위법하다(대법원 1993.4.27. 선고 91누12257 전원합의체 판결)'고 판시한 바 있음에 비추어 대표자의 교섭체결권에 대한 조합규약 등의 제한을 들어 사용자에게 대항할 수 없다고 할 것이다.

## 3. 사안의 경우

따라서 사안에서 P조합의 대표자가 Y사와 체결한 신 임금협정은 조합규약상 절차의 위반이 있으나, 그와 같은 사정은 단체협약의 효력에 아무런 영향을 미친다고 할 수 없다. 그러므로 P조합의 조합원인 X11~X13은 당연히 위 협정의 적용을 받는다고 할 것이므로 이를 적용받지 않는다는 것을 전제로 한 임금 차액 상당의 청구는 받아들여지지 않을 것이다.[2]

---

2) 사안에서 신임금협정에 따른 취업규칙의 임금 규정이 그대로라는 문구가 있으나, 전체적으로 판단했을 때, 사측이 제시한 회사재건안(불이익변경의 취업규칙)에 대하여 노조를 통한 집단적 동의

【관련쟁점】

1. 판례는 유니언 숍 협정에 따라 노동조합을 탈퇴한 근로자를 해고한 경우, 노조를 상대로 조합원지위 확인을 구하지 않고 막바로 해고무효확인소송을 제기하였다면 소의 이익의 여부에 대해 어떻게 판단하고 있는가?
2. 판례는 노동조합을 탈퇴한 근로자에 대하여 유니언 숍에 기한 해고에 관해 무슨 근거에서 무효라고 보았는가?
3. 판례에 따르면 노조법 제35조의 규정에 따라 단체협약의 적용을 받게 되는 '동종의 근로자'의 의미는?

【참고문헌】

김형배, 921~927면, 1103~1108면; 김희성(2), 157~172면, 350면~359면; 임종률, 161~169면, 277~278면; 이철수 외 4인, 374~377면, 469~472면.

**【관련판례】**

○ 노동조합 대표자의 단체교섭체결권

대법원 1993.4.27. 선고 91누12257 전원합의체 판결

노동조합법 제33조 제1항 본문은 "노동조합의 대표자 또는 노동조합으로부터 위임을 받은 자는 그 노동자 또는 조합원을 위하여 사용자나 사용자단체와 단체협약의 체결 기타의 사항에 관하여 교섭할 권한이 있다"고 규정하고 있는바, "교섭할 권한"이라 함은 사실행위로서의 단체교섭의 권한 외에 교섭한 결과에 따라 단체협약을 체결할 권한을 포함한다.

노동조합의 대표자 또는 수임자가 단체교섭의 결과에 따라 사용자와 단체협약의 내용을 합의한 후 다시 협약안의 가부에 관하여 조합원총회의 의결을 거쳐야만 한다는 것은 대표자 또는 수임자의 단체협약체결권한을 전면적, 포괄적으로 제한함으로써 사실상 단체협약체결권한을 형해화하여 명목에 불과한 것으로 만드는 것이어서 위 법 제33조 제1항의 취지에 위반된다.

---

가 있었다고 할 것이고, 그 내용이 이미 주지되었다고 보이므로 신임금협정에 따른 임금의 산정이 불가능한 것도 아니고 적용 불가능한 것도 아니라고 판단된다.

### ○ 유니언 숍(Union Shop)협정과 사용자의 해고의무

대법원 1998.3.24. 선고 96누16070 판결

[1] 구 노동조합법(1996.12.31. 법률 제5244호로 폐지되기 이전의 것) 제39조 제2호 단서 소정의 조항, 이른바 유니언 숍(Union Shop) 협정은 노동조합의 단결력을 강화하기 위한 강제의 한 수단으로서 근로자가 대표성을 갖춘 노동조합의 조합원이 될 것을 '고용조건'으로 하고 있는 것이므로 단체협약에 유니언 숍 협정에 따라 근로자는 노동조합의 조합원이어야만 된다는 규정이 있는 경우에는 다른 명문의 규정이 없더라도 사용자는 노동조합에서 탈퇴한 근로자를 해고할 의무가 있다.

[2] 단체협약상의 유니언 숍 협정에 의하여 사용자가 노동조합을 탈퇴한 근로자를 해고할 의무는 단체협약상의 채무일 뿐이고, 이러한 채무의 불이행 자체가 바로 구 노동조합법(1996.12.31. 법률 제5244호로 폐지되기 이전의 것) 제39조 제4호 소정 노동조합에 대한 지배·개입의 부당노동행위에 해당한다고 단정할 수 없다.

[3] 부당노동행위가 성립하려면 사용자에게 근로자가 노동조합을 조직 또는 운영하는 것을 지배하거나 개입할 의사가 있어야 하는 것인바, 위 조합을 탈퇴한 4명의 근로자에 대한 해고조치를 취하지 아니한 사용자에게 그러한 의사가 있었던 것으로 볼 수가 없다고 한 사례.

# 36. 근로조건의 명시와 단체협약상 해고합의 조항

## 【사실관계】

근로자 A는 의류판매 회사인 B사(상시근로자 100명)에 2013.7.1.자로 취업하였다. A는 취업하기 전에 B사의 인사부장으로부터 다음의 근로조건에 대하여 설명을 듣고 구두로 근로계약을 하였다.

- 월 임금은 200만 원을 지급함
- 근로시간은 1일 8시간, 1주 40시간으로 함
- 1주에 1일의 주휴일을 부여함

그러나 A가 실제로 약 2개월 간 근무하였던 동안의 근로조건은 다음과 같았다.

- 월 임금은 150만 원을 지급받았음
- 근로시간은 1주 48시간 근무를 하는 것이 일반적임
- 1주에 1일의 주휴일을 부여받았음

A는 2013.9.2. 오전 출근하여 인사과 사무실을 찾아가 “당초 취업을 결정할 때 들었던 근로조건과 실제로 지급된 임금이나 근로시간이 다르다”라는 취지의 말을 하면서 마침 자리에 있던 인사과장에게 “노동조합 및 변호사와 상담하여 근로기준법에 따른 권리를 행사하겠다”라고 하였다. A는 인사과 사무실을 나오면서 “왜 사람을 속이느냐, 이 나쁜 놈들아”라고 큰 소리로 말하면서 인사과장의 책상을 발로 걷어찼고, 이에 대해 인사과장이 A를 째려보자, A는 인사과장의 멱살을 잡고 두 차례 흔들다가 뒤로 밀쳤다. 이로 인해 인사과장은 약 4주간의 치료를 요하는 상해를 입었다. 이를 두고 B사는 A가 상급자에게 폭언과 폭행을 하였다는 등의 이유로 해고를 하기로 방침을 정하였다. B사의 징계규정에는 ‘상급자를 폭행하거나 상급자에게 상해를 가한 경우’를 해고사유로 규정하고 있다.

한편, B사에는 C노동조합(이하 'C노조'라 한다)이 설립되어 있고, C노조가 B사와 체결한 단체협약 제40조에는 "근로자의 해고가 불가피할 때에는 조합과 합의하여 이를 실시한다"라고 규정되어 있다. C노조는 근로자 A에 대한 해고는 정당한 이유가 없다고 주장하면서 B사의 A에 대한 해고에 반대하였으며, B사의 계속적인 대화 요구에 대해서도 일절 응하지 아니하고 대화 자체를 거부하였다. 그러나 B사는 징계위원회의 절차를 거쳐 해고처분을 의결하고, 2013.9.20.에 해고사유와 해고시기가 기재된 내용증명을 A에게 보냈다.

(변호사시험 제3회 1문)

[문제 01] A가 B사와 체결한 근로계약의 내용 및 효력을 근로기준법 제17조의 법문에 따라 판단하고, A가 2013.9.2. 행사하겠다고 말한 '근로기준법상의 권리'에 대하여 설명하시오.

[문제 02] B사가 단체협약 제40조를 위반하여 C노동조합과의 합의 없이 행한 해고는 유효한지에 대하여 설명하시오.

## 《관련조문》

근로기준법

제17조(근로조건의 명시) ① 사용자는 근로계약을 체결할 때에 근로자에게 다음 각 호의 사항을 명시하여야 한다. 근로계약 체결 후 다음 각 호의 사항을 변경하는 경우에도 또한 같다.

1. 임금
2. 소정근로시간
3. 제55조에 따른 휴일
4. 제60조에 따른 연차 유급휴가
5. 그 밖에 대통령령으로 정하는 근로조건

② 사용자는 제1항 제1호와 관련한 임금의 구성항목·계산방법·지급방법 및 제2호부터 제4호까지의 사항이 명시된 서면을 근로자에게 교부하여야 한다. 다만, 본문에 따른 사항이 단체협약 또는 취업규칙의 변경 등 대통령령으로 정하는 사유로 인하여 변경되는 경우에는 근로자의 요구가 있으면 그 근로자에게 교부하여야 한다.

제19조(근로조건의 위반) ① 제17조에 따라 명시된 근로조건이 사실과 다를 경우에 근로자는 근로조건 위반을 이유로 손해의 배상을 청구할 수 있으며 즉시 근로계약을 해제할 수 있다.
② 제1항에 따라 근로자가 손해배상을 청구할 경우에는 노동위원회에 신청할 수 있으며, 근로계약이 해제되었을 경우에는 사용자는 취업을 목적으로 거주를 변경하는 근로자에게 귀향 여비를 지급하여야 한다.

**【사실관계】의 논점정리**

사례는 사용자와 근로자가 구두로 근로계약을 체결하였는데, 실제 근로조건이 근로계약을 체결함에 있어 합의된 내용과 다른 경우 발생하는 문제와 노동조합이 사용자와 단체협약으로 해고협의조항을 정하였는데, 해고협의를 거치지 않은 상태에서 해고가 이루어진 경우 구체적인 사안에 비추어 그와 같은 해고의 정당성을 묻고 있다.

[문제 01]에서는 서면합의 없이 구두로만 체결된 근로계약의 효력을 그대로 인정할 수 있는지가 쟁점이며, 이와 관련하여 근로기준법 제17조의 해석이 문제되며, 두 번째로 위 쟁점의 결과에 따라 근로계약에서 정한 근로조건에 미치지 못하는 대우를 받는 경우 근로자가 사용자에 대하여 어떠한 근로기준법상 권리를 행사할 수 있는지가 쟁점이 된다. 특히 두 번째 쟁점을 해결하는 데 있어서 단순히 근로계약의 이행을 청구한다는 식의 추상적인 답변이 아니라 근로기준법의 어떤 조항을 근거로 어떠한 권리를 행사할 것인지를 구체적으로 나누어 설명할 필요가 있다.

[문제 02]는 단체협약에 해고협의조항을 정한 경우 그와 같은 단체협약의 효력에 관한 일반적인 판례의 태도와 위 협약에 반하여 해고를 하였을 경우에도 정당성이 인정되는 예외적인 경우와 그 요건은 무엇인지를 구분하여 설명하고, 사안에 비추어 결론을 도출해야 한다.

## 논점의 해설

### [문제 01]의 해결 — 근로조건의 명시


Ⅰ. 설문의 쟁점
Ⅱ. A가 B사와 체결한 근로계약의 내용 및 효력
1. 문 제 점 / 2. 근로기준법 제17조의 규정취지와 의미
3. 사안의 적용
Ⅲ. A가 2013.9.2. 행사하겠다고 말한 '근로기준법상의 권리'
1. 월 임금 약정에 근거한 권리행사
2. 주당 근로시간 약정에 근거한 권리행사
3. 기타 행사가능한 근로기준법상의 권리
Ⅳ. 설문의 해결


## Ⅰ. 설문의 쟁점

사안에서 근로자 A는 B회사와 구두로 근로계약을 체결하면서 월 임금, 주당 근로시간, 주 휴일에 관하여 합의를 하였다. 그러나 실제 B회사가 A에게 적용한 근로조건은 위 합의에 못 미치는 것인바, 위와 같이 구두로만 체결된 근로계약이 그대로 유효한 것인지가 문제되며, 만일 유효하다면 근로자 A는 B회사에게 어떠한 근로기준법상의 권리를 행사할 수 있는지가 설문의 쟁점이라고 할 것이다.

## Ⅱ. A가 B사와 체결한 근로계약의 내용 및 효력

### 1. 문 제 점

근로기준법 제17조는 제1항에서 사용자는 근로계약을 체결할 때에 1. 임금, 2. 소정근로시간, 3. 제55조에 따른 휴일, 4. 제60조에 따른 연차 유급휴가, 5. 그 밖에 대통령령으로 정하는 근로조건을 근로자에게 명시하여야 한다고 규정하고 있으며, 제2항에서 제1호 임금의 구성항목 · 계산방법 · 지급방법 및 제2호부터 제4호까지의 사항이 명시된 서면을 근로자에게 교부하여

야 한다고 규정하고 있는바, 위 규정이 근로계약에 있어 서면주의라는 요식성을 강제함으로써 구두에 의한 근로계약 체결을 제한하는 것인지가 문제된다.

## 2. 근로기준법 제17조의 규정취지와 의미

근로기준법 제17조가 일정한 근로조건에 관하여 사용자로 하여금 근로자에게 명시할 것을 의무화하고, 이에 관한 서면 교부를 강제하고 있는 취지는 근로자가 처음부터 근로조건의 내용을 모르고 근로계약을 체결할 경우 계약자유의 원칙에 근본적으로 어긋날 뿐만 아니라, 근로조건의 미확정상태에서 불리한 취업을 강제당할 위험을 안게 되는 등의 부작용을 방지함으로써 근로조건을 보호하기 위한 것으로 풀이된다.[1] 또한 근로자와 사용자 사이에 근로조건을 둘러싼 분쟁이 발생한 경우 보다 간명한 방법으로 근로조건을 확정함으로써 분쟁의 신속한 해결을 꾀하기 위한 취지도 있다.

그러나 근로계약이란 근로기준법 제2조 제1항 제4호에서 정의하는 바와 같이 "근로자가 사용자에게 근로를 제공하고 사용자는 이에 대하여 임금을 지급하는 것을 목적으로 체결된 계약"을 의미한다고 할 것이므로, 반드시 서면이라는 요식성을 필요로 하는 것은 아니며, 근로자는 사용자와 얼마든지 구두로 근로계약을 체결하거나 보다 유리하게 근로조건을 변경할 수 있다고 보아야 한다. 다만, 사용자에게는 앞서 언급한 근로기준법 제17조의 취지에 비추어 서면작성 및 명시·교부의무가 발생하는 것이라고 할 것이다.

## 3. 사안의 적용

따라서 A가 근로계약 체결 시 B사의 인사부장과 합의한 임금, 근로시간, 휴일의 근로조건은 그대로 근로계약의 내용에 포함된다고 할 것이고, B사의 명시 또는 서면 교부가 없었다고 하여 그 합의가 무효인 것은 아니라고 할 것이다.

1) 김형배, 노동법, 254면.

## Ⅲ. A가 2013.9.2. 행사하겠다고 말한 '근로기준법상의 권리'

### 1. 월 임금 약정에 근거한 권리행사

A는 월 임금으로 200만 원을 지급받기로 하였는데, B사는 A에게 월 150만 원의 임금을 지급하였으므로, A는 근로계약의 내용에 따라 미지급된 월 50만 원의 임금에 대하여 지급을 청구할 수 있다.

### 2. 주당 근로시간 약정에 근거한 권리행사

A는 주당 40시간의 근로시간을 정하여 근로계약을 체결하였는데 실제로는 일반적으로 주당 48시간을 근로하였는바, 약정된 근로시간을 초과한 8시간은 연장근로(초과근로)에 해당한다. 따라서 근로기준법 제53조[2]에 따라 A의 동의가 있어야 적법한 연장근로라고 할 것이므로 만약 A가 연장근로에 동의하지 않았다면 주당 40시간을 넘는 나머지 근무에 대하여는 근로제공을 거절할 수 있으며, A가 동의하여 근로하는 경우에는 연장근로에 대한 임금지급을 청구할 수 있다. 물론 이미 제공한 연장근로시간에 대해서는 A의 동의가 있었는지 여부와 관계없이 미지급 임금으로 청구하는 것이 가능하며, 이때 근로기준법 제56조[3]에 따라 통상임금의 1/2를 가산한 임금의 지급을 청구할 수 있다.

### 3. 기타 행사가능한 근로기준법상의 권리

그 밖에 근로기준법 제19조 제1항은 '제17조에 따라 명시된 근로조건이 사실과 다를 경우에 근로자는 근로조건 위반을 이유로 손해의 배상을 청구할 수 있으며 즉시 근로계약을 해제할 수 있다'고 규정하고 있는바, A는 B에게 손해배상을 청구할 수 있으며, 이 경우 손해배상의 원인은 근로계약의 내용을 이행하지 않은 사용자의 채무불이행이라고 할 것이다(한편 A는 위 규정에

---

2) 근로기준법 제53조(연장 근로의 제한) ① 당사자 간에 합의하면 1주 간에 12시간을 한도로 제50조의 근로시간을 연장할 수 있다.

3) 근로기준법 제56조(연장 · 야간 및 휴일 근로) 사용자는 연장근로(제53조 · 제59조 및 제69조 단서에 따라 연장된 시간의 근로)와 야간근로(오후 10시부터 오전 6시까지 사이의 근로) 또는 휴일근로에 대하여는 통상임금의 100분의 50 이상을 가산하여 지급하여야 한다.

따라 근로계약을 해제할 수도 있을 것이나 사안에서 A는 계속근로를 원하고 있는 것으로 보이는바 해제권 행사는 실효성 있는 구제수단이라고 보기는 어렵다). 또한 동조 제2항에 따라 A가 B사에 취업을 목적으로 거주를 변경하였다가 근로계약을 해제한 경우라면 사용자에게 귀향여비를 청구할 수도 있을 것이다.

한편 행정상의 구제수단으로 근로기준법 제104조[4]에 따라 B사의 근로기준법 위반사실을 고용노동부장관이나 근로감독관에게 통보할 수도 있다.

## Ⅳ. 설문의 해결

따라서 A와 B사가 체결한 근로계약은 그 서면교부가 없었다고 하더라도 유효하며, A는 그와 같은 근로계약의 내용을 이행하지 않은 B사에 대하여 근로계약의 내용에 따른 의무의 이행을 구하거나 또는 이와 동시에 불이행을 원인으로 하는 손해배상을 청구할 수 있으며, 일정한 경우 귀향여비도 청구할 수 있다.

# [문제 02]의 해결 — 해고합의 조항의 효력

Ⅰ. 설문의 쟁점
Ⅱ. 해고합의 조항에 관한 판례의 태도
Ⅲ. 설문의 해결

## Ⅰ. 설문의 쟁점

B사는 A에 대하여 '상급자를 폭행하거나 상급자에게 상해를 가한 경우'를 해고사유로 정하고 있는 취업규칙에 따라 해고를 하였다. 문제는 B사와 C노조 사이에 체결한 단체협약에는 "근로자의 해고가 불가피할 때에는 조합

4) 근로기준법 제104조(감독 기관에 대한 신고) ① 사업 또는 사업장에서 이 법 또는 이 법에 따른 대통령령을 위반한 사실이 있으면 근로자는 그 사실을 고용노동부장관이나 근로감독관에게 통보할 수 있다.

과 합의하여 이를 실시한다"라는 내용의 이른바 해고합의 조항이 있는바, 이를 거치지 않은 위 해고가 정당한 해고인지 여부이다.

## Ⅱ. 해고합의 조항에 관한 판례의 태도

사용자와 노동조합이 단체협약으로 규정한 해고합의 조항에 대하여 대법원은 "구 근로기준법(2007.4.11. 법률 제8372호로 전문 개정되기 전의 것) 제30조 제1항은 '사용자는 근로자에 대하여 정당한 이유 없이 해고를 하지 못한다'고 규정하여 원칙적으로 해고를 금지하면서, 다만 예외적으로 정당한 이유가 있는 경우에 한하여 해고를 허용하여 제한된 범위 안에서만 사용자의 해고 권한을 인정하고 있는데, 노사 간의 협상을 통해 사용자가 그 해고 권한을 제한하기로 합의하고 노동조합이 동의할 경우에 한하여 해고권을 행사하겠다는 의미로 해고의 사전합의 조항을 단체협약에 두었다면, 그러한 절차를 거치지 아니한 해고처분은 원칙적으로 무효"라고 판시(대법원 2007.9.6. 선고 2005두8788 판결)함으로써 노동조합의 동의 내지 합의를 얻지 못한 해고는 무효에 해당한다고 보고 있다.

그러나 다른 한편 판례는 "단체협약에 해고의 사전합의 조항을 두고 있다고 하더라도 사용자의 해고 권한이 어떠한 경우를 불문하고 노동조합의 동의가 있어야만 행사할 수 있다는 것은 아니고, 노동조합이 사전동의권을 남용하거나 스스로 사전동의권을 포기한 것으로 인정되는 경우에는 노동조합의 동의가 없더라도 사용자의 해고권 행사가 가능하"다고 하면서, 이때 노동조합이 사전동의권을 남용한 경우라 함은 "노동조합 측에 중대한 배신행위가 있고 그로 인하여 사용자 측의 절차의 흠결이 초래되었다거나, 피징계자가 사용자인 회사에 대하여 중대한 위법행위를 하여 직접적으로 막대한 손해를 입히고 비위사실이 징계사유에 해당함이 객관적으로 명백하며 회사가 노동조합 측과 사전합의를 위하여 성실하고 진지한 노력을 다하였음에도 불구하고 노동조합 측이 합리적 근거나 이유 제시도 없이 무작정 반대함으로써 사전합의에 이르지 못하였다는 등의 사정이 있는 경우"라고 보았다(대법원 2007.9.6. 선고 2005두8788 판결). 즉 판례의 태도에 따르면 노동조합이 사전동의권(내지 합의권)을 남용한 경우에는 사용자가 그와 같은 절차를 거치지 아니하였다고 하여 이미 행사한 징계처분이 무효가 되지 않는다는 것이다.

# Ⅲ. 설문의 해결

사안에서 A는 인사과 사무실을 찾아가 항의하는 과정에서 인사과장의 책상을 발로 걷어찼고, 이에 대해 인사과장이 A를 째려보자 인사과장의 멱살을 잡고 두 차례 흔들다가 뒤로 밀침으로써 약 4주간의 치료를 요하는 상해를 입혔다. A의 이러한 행위는 B사의 징계규정에서 해고사유로 명시하고 있는 "상급자를 폭행하거나 상급자에게 상해를 가한 경우"에 해당하는 것이며, 일반적으로 용인되는 수준의 항의 방법을 현저히 일탈함으로써 직장질서를 문란하게 하였다고 볼 수 있는바 해고사유에 해당함이 객관적으로 명백하다고 할 수 있을 것이다. 그럼에도 불구하고 C노조는 A에 대한 해고가 정당한 이유가 없다고 주장하면서 B사의 A에 대한 해고에 반대하였으며, B사의 계속적인 대화 요구에 대해서도 일절 응하지 아니하고 대화 자체를 거부하였는바 C노동조합의 행위는 해고합의권을 남용한 것으로 평가된다. 반면에 B사는 단체협약상 규정된 해고합의절차를 거치지 못하였지만, 나머지 징계절차를 거쳐 A의 해고처분을 의결하였고, 해고에 대한 서면통지를 하는 등 적법한 해고절차를 거친 것으로 평가되는바 B사의 2013.9.2.자 A에 대한 해고처분은 유효하다고 판단된다.

【관련쟁점】

1. 근로조건의 명시의무 위반의 효과는?
2. 단체협약상의 해고협의조항 그리고 고용안정협약을 위반한 해고의 효력은?

【참고문헌】

김형배, 254~256면, 917~920면; 임종률, 156~158면, 375~376면.

**【관련판례】**

○ 사용자의 근로조건 위반과 손해배상

대법원 1997.10.10. 선고 97누5732 판결

[1] 구 근로기준법(1996.12.31. 법률 제5245호로 개정되기 전의 것) 제23조 제1항 이 규정하는 손해배상청구권은 근로계약상의 채무불이행으로

인한 손해배상청구권을 확인하는 의미를 가지는 것이고 계약상 채무불이행으로 인한 손해배상채권은 원래의 채권과 그 동일성을 유지하면서 그 내용만 변경된 것이다.

[2] 구 근로기준법(1996.12.31. 법률 제5245호로 개정되기 전의 것) 제22조, 제23조 의 규정 취지는 근로계약 체결 시에 사용자가 명시한 근로조건이 근로계약 체결 후에 사실과 다른 것을 알게 되었음에도 근로계약관계의 구속에서 벗어나기 어려운 근로자의 입장을 고려하여 취업 초기에 근로자가 원하지 않는 근로를 강제당하는 폐단을 방지하고 근로자를 신속히 구제하려는 데에 있는 것이라 할 것이므로 같은 법 제23조에 정한 계약의 즉시해제권은 취업 후 상당한 기간이 지나면 행사할 수 없다고 해석되며, 같은 손해배상청구권의 소멸시효 기간은 위와 같은 법 규정의 취지와 규정 내용 등에 비추어 근로조건의 내용 여부를 묻지 않고 같은 법 제41조에 정한 임금채권에 준하여 3년이라고 보아야 한다.

○ 해고합의 및 동의 조항의 성격

대법원 1993.9.28. 선고 91다30620 판결

[1] 회사가 조합원을 징계하고자 함에 있어 그 대상자에게 소명의 기회를 주어야 하고 조합대표를 참석시켜 의견을 개진하게 한다는 단체협약의 취지는 그 대상자에게 소명의 기회를 부여하면 되는 것이고 소명 자체가 반드시 있어야 하는 것은 아니므로 그 기회를 주었는데도 소명하지 아니하거나 소명 자체를 요구하지 아니하는 경우에는 통보만으로써 징계절차는 속행할 수 있는 것이고, 조합대표들을 참석시켜 의견을 개진하게 함으로써 부당한 징계처분을 사전에 예방하고 조합이 회사의 일방적인 인사권 행사를 견제케 하여 조합원의 지위를 보장하자는 것이므로 조합대표에게 참석의 기회를 주었는데도 참석하지 아니하는 경우 그들의 참석과 의견개진 없이 징계위원회를 개최할 수 있다.

[2] 단체협약 등에 규정된 인사조항의 구체적 내용이 사용자가 인사처분을 함에 있어서 신중을 기할 수 있도록 노동조합이 의견을 제시할 수 있는 기회만을 주어야 하도록 규정된 경우에는 그 절차를 거치지 아니하였다고 하더라도 인사처분의 효력에는 영향이 없다고 보아야 하지만, 사용자가 인사처분을 함에 있어 노동조합의 사전동의를 얻어야 한다거나 또는 노동조합의 승낙을 얻거나 노동조합과 인사처분에 관한 논의를 하여 의견의 합치를 보아 인사처분을 하도록 규정된 경우에는 그 절차를 거치지 아니한 인사처분은 원칙적으로 무효라고 보아야 한다.

[3] 노사협상의 산물로서 단체협약에 노동조합 간부에 대한 징계해고를 함에 있어 노동조합의 사전동의를 받도록 정하여져 있다고 하더라도 이는 사용자의 노동조합 간부에 대한 부당한 징계권행사를 제한하자는 것이지 사용자의 본질적 권한에 속하는 피용자에 대한 징계권행사 그 자체를 부정할 수는 없는 것이므로 노동조합의 사전동의권은 어디까지나 신의성실의 원칙에 입각하여 합리적으로 행사되어야 할 것이고, 따라서 피징계자에게 객관적으로 명백한 징계사유가 있고 이에 대한 징계를 함에 있어 사용자가 노동조합 측의 동의를 얻기 위하여 성실하고 진지한 노력을 다하였음에도 불구하고 노동조합 측이 합리적 근거나 이유제시도 없이 무작정 반대함으로써 동의거부권을 남용한 것이라고 인정되거나 노동조합 측이 스스로 이러한 사전동의권의 행사를 포기하였다고 인정된다면 사용자가 노동조합 측의 사전동의를 받지 못하였다고 하여 그 징계처분을 무효로 볼 수는 없다.

대법원 2007.9.6. 선고 2005두8788 판결

[1] 구 근로기준법(2007.4.11. 법률 제8372호로 전문개정되기 전의 것) 제30조 제1항은 "사용자는 근로자에 대하여 정당한 이유 없이 해고를 하지 못한다"고 규정하여 원칙적으로 해고를 금지하면서, 다만 예외적으로 정당한 이유가 있는 경우에 한하여 해고를 허용하여 제한된 범위 안에서만 사용자의 해고 권한을 인정하고 있는데, 노사 간의 협상을 통해 사용자가 그 해고권한을 제한하기로 합의하고 노동조합이 동의할 경우에 한하여 해고권을 행사하겠다는 의미로 해고의 사전합의 조항을 단체협약에 두었다면, 그러한 절차를 거치지 아니한 해고처분은 원칙적으로 무효이다.

[2] 단체협약에 해고의 사전합의 조항을 두고 있다고 하더라도 사용자의 해고권한이 어떠한 경우를 불문하고 노동조합의 동의가 있어야만 행사할 수 있다는 것은 아니고, 노동조합이 사전동의권을 남용하거나 스스로 사전동의권을 포기한 것으로 인정되는 경우에는 노동조합의 동의가 없더라도 사용자의 해고권 행사가 가능하나, 여기서 노동조합이 사전동의권을 남용한 경우라 함은 노동조합 측에 중대한 배신행위가 있고 그로 인하여 사용자 측의 절차의 흠결이 초래되었다거나, 피징계자가 사용자인 회사에 대하여 중대한 위법행위를 하여 직접적으로 막대한 손해를 입히고 비위사실이 징계사유에 해당함이 객관적으로 명백하며 회사가 노동조합측과 사전합의를 위하여 성실하고 진지한 노력을 다하였음에도 불구하고 노동조합 측이 합리적 근거나 이유 제시도 없이 무작정 반대함으로써 사전합의에 이르지 못하였다는 등의 사정이 있는 경우에 인정되므로, 이

러한 경우에 이르지 아니하고 단순히 해고사유에 해당한다거나 실체적으로 정당성 있는 해고로 보인다는 이유만으로는 노동조합이 사전동의권을 남용하여 해고를 반대하고 있다고 단정하여서는 아니 된다.

[3] 파업을 주도한 노동조합 위원장에 대한 해고사유가 해고하여야 함이 명백한 때에 해당한다고 보기 어렵고, 노동조합 또한 사전합의 조항만을 내세워 해고를 무작정 반대하였다고도 볼 수도 없어, 노동조합이 사전동의권을 남용하였다고 단정할 수 없다고 한 사례.

# 37. 부당노동행위와 단체교섭 거부

**【사실관계】**

A회사는 종전까지는 직접 수행하던 업무의 일부를 B회사와는 도급계약을 통해, C회사와는 근로자파견계약을 통해 각각 외주화하였다. B회사 근로자로 조직된 甲노동조합과 C회사 근로자로 조직된 을 노동조합이 각각 A회사를 상대로 단체교섭을 요구하였으나, A회사는 직접근로관계가 없다는 이유로 단체교섭을 거부하였다. 이에 甲, 乙노동조합은 단체교섭 거부를 이유로 한 부당노동행위 구제신청을 하였다.

(2009년 공인노무사시험)

[문 제] A회사의 부당노동행위 책임에 대해서 논하시오.

## 《관련조문》

노동조합 및 노동관계조정법

제2조(정의) 이 법에서 사용하는 용어의 정의는 다음과 같다.

2. "사용자"라 함은 사업주, 사업의 경영담당자 또는 그 사업의 근로자에 관한 사항에 대하여 사업주를 위하여 행동하는 자를 말한다.

제81조(부당노동행위) 사용자는 다음 각 호의 어느 하나에 해당하는 행위(이하 "부당노동행위"라 한다)를 할 수 없다.

3. 노동조합의 대표자 또는 노동조합으로부터 위임을 받은 자와의 단체협약체결 기타의 단체교섭을 정당한 이유 없이 거부하거나 해태하는 행위

파견근로자보호 등에 관한 법률

제34조(근로기준법의 적용에 관한 특례) ① 파견 중인 근로자의 파견근로에 관하여는 파견사업주 및 사용사업주를 「근로기준법」 제2조의 규정에 의한 사용자로 보아 동법을 적용한다. 〈이하 생략〉

**【사실관계】의 논점정리**

사안에서 甲, 乙노동조합 조합원들은 A회사와 직접적인 근로관계를 맺지 않은 근로자들이다. 이 같은 간접고용관계에 있는 근로자들이 A회사와 같은 원청회사를 상대로 단체교섭을 요구하는 것이 가능한지가 첫 번째 쟁점이며, 가능하다면 이에 응하지 않은 것이 부당노동행위를 구성하는지, 부당노동행위가 된다면 A회사는 어떤 책임이 있는지가 남은 쟁점이다.

주의할 점은 A회사가 B회사의 경우는 하청을 통해, C회사의 경우는 근로자파견을 통해 자신의 업무를 외주화한 경우이므로, 각각 적용되는 법리를 구분하여 검토하여야 한다는 것이다.

## 논점의 해설

Ⅰ. 설문의 쟁점
Ⅱ. A회사의 단체교섭 응낙의무
  1. 甲노동조합과의 단체교섭 의무 / 2. 乙노동조합과의 단체교섭의무
  3. 사안의 적용
Ⅲ. A회사의 단체교섭 거부가 부당노동행위가 되는지 여부
  1. 부당노동행위로서의 단체교섭 거부의 의의 / 2. 판례의 태도
  3. 사안의 적용
Ⅳ. A회사의 부당노동행위에 대한 법적 책임
  1. 구제명령의 이행 / 2. 형사상 벌칙적용 / 3. A회사의 민사상 책임
Ⅴ. 설문의 해결

# Ⅰ. 설문의 쟁점

사안에서 A회사와 하청 또는 근로자파견을 통해 간접적 고용관계를 맺고 있는 근로자들로 구성된 갑, 을 노동조합은 A회사가 자신들이 요구한 단체교섭에 응하지 않았다는 이유로 부당노동행위 구제신청을 하였다. 따라서 위 구제신청이 받아들여지기 위해서는 먼저 A회사에게 단체교섭에 응할 의무가 인정되어야 할 것인바, 하청과 근로자파견의 각 경우에 원청 및 사용사업주에게 이 같은 의무가 있는지 판례에 따른 검토가 필요하다.

또한 단체교섭에 응할 의무가 인정된다면, 사례의 단체교섭 거부가 부당

노동행위에 해당하는지 여부 및 그에 따른 법적 책임은 무엇인지가 쟁점이라 하겠다.

## Ⅱ. A회사의 단체교섭 응낙의무

### 1. 甲노동조합과의 단체교섭 의무

#### (1) 문 제 점

단체교섭은 노동조합이 사용자와 임금·근로시간·복지·해고·기타 대우 등 근로조건에 관하여 교섭하는 것을 말하며, 노조법상 사용자는 '사업주', '사업경영담당자'와 '근로자에 관한 사항에 대하여 사업주를 위하여 행동하는 자'라고 정의된다(제2조 제2호). 일반적으로 단체교섭의 당사자는 근로자와 근로계약관계를 맺고 있는 사업주를 의미하기 때문에, 사안과 같이 하청관계에서의 원청과 하청업체 근로자 사이의 관계 등 근로계약상의 사용자가 아니더라도 이와 근접하거나 비슷한 지위에 있는 자는 일정한 범위에서 단체교섭상의 당사자로 볼 수 있는지가 문제된다.

#### (2) 판례의 태도

판례는 다수의 항운노조 사건에서 "사용자라 함은 근로자와의 사이에 사용종속관계가 있는 자, 즉 근로자와의 사이에 그를 지휘·감독하면서 그로부터 근로를 제공받고 그 대가로서 임금을 지급하는 것을 목적으로 하는 명시적이거나 묵시적인 근로계약관계를 맺고 있는 자를 말한다"고 판시하여 원칙적으로 근로계약 관계가 있어야 한다는 점을 밝히고 있다.

다만, 최근 판례는 원청인 현대중공업에 대하여 하청 노조가 제기한 부당노동행위 사건과 관련하여 "근로자의 기본적인 노동조건 등에 관하여 그 근로자를 고용한 사업주로서의 권한과 책임을 일정 부분 담당하고 있다고 볼 정도로 실질적이고 구체적으로 지배·결정할 수 있는 지위에 있는 자가, 노동조합을 조직 또는 운영하는 것을 지배하거나 이에 개입하는 등으로 노동조합 및 노동관계조정법 제81조 제4호에서 정한 행위를 하였다면, 그 시정을 명하는 구제명령을 이행하여야 할 사용자에 해당한다"고 판시한 바 있다(대법원 2010.3.25. 선고 2007두8881 판결).

### 2. 乙노동조합과의 단체교섭의무

파견근로자로 조직된 노조가 사용사업주에게 단체교섭을 요구할 경우 사용사업주의 단체교섭에 응낙의무에 대하여 사용사업주는 파견근로자와 근로계약관계에 있지 않으므로 인정할 수 있는지가 문제된다. 파견법에서는 파견근로자에 대한 근로계약관계가 파견사업주와 사용사업주에 중첩적으로 존재하고 있음을 규정하고 있다(파견근로자 보호 등에 관한 법률 제34조). 이에 따라 사용사업주가 사용자로서 책임을 진다고 규정한 근로기준법상 근로시간, 휴일, 휴가 등의 의무(제49조 내지 제54조, 제56조 내지 제58조, 제60조 내지 제61조, 제67조 내지 제73조, 제75조)와 산업안전보건법상 의무에 대하여는 당연히 교섭의무가 발생한다고 보아야 한다.

### 3. 사안의 적용

가. A회사가 도급계약을 맺고 있는 B회사의 갑 노동조합의 경우, 단체교섭의 대상사항이 되는 근로조건 기타 노동관계상의 제 이익에 대하여 실질적 영향력 내지 지배력을 행사하고 있는 경우에는 널리 단체교섭의 상대방이 된다고 보는 것이 타당할 것이다.

나. A회사가 파견계약을 맺고 있는 C회사의 을 노동조합의 경우 파견법상 사용사업주는 일부 근로조건에 대하여는 근기법 및 산업안전보건법상 사용자로서 단체교섭의 상대방이 된다고 보아야 할 것이다.

## Ⅲ. A회사의 단체교섭 거부가 부당노동행위가 되는지 여부

### 1. 부당노동행위로서의 단체교섭 거부의 의의

노조법은 제81조에서 근로자 또는 노동조합이 근로3권 실현활동에 대한 사용자의 침해 내지 간섭행위인 부당노동행위를 규제하고 있고, 동조 제3호는 사용자가 노동조합의 대표자 또는 노동조합으로부터 위임을 받은 자와의 단체협약체결 기타의 단체교섭을 정당한 이유 없이 거부하거나 이를 해태할 수 없다고 규정하여 단체교섭 거부를 부당노동행위의 한 유형으로 금지하고 있다. 사용자의 단체교섭 거부를 부당노동행위로 금지하는 것은 헌법에 보장된 단체교섭권을 보장하여 근로자와 노동조합의 근로3권을 실현하기 위한 것이다.

### 2. 판례의 태도

판례는 단체교섭에 대한 사용자의 거부나 해태에 정당한 이유가 있는지 여부는 노조 측의 교섭권자, 노조 측이 요구하는 교섭시간, 교섭장소, 교섭사항 및 그의 교섭태도 등을 종합하여 판단하여야 하며, 객관적으로 정당한 이유가 없고 불성실한 단체교섭으로 판정되는 경우에는 부당노동행위가 성립한다고 할 것이라 하고 있다(대법원 2006.2.24. 선고 2005도8606 판결).

### 3. 사안의 적용

본 사안에서 단체교섭이 노·사 간 주장이 대립되는 사항에 관하여 합의를 형성하려는 사실행위라는 점을 감안한다면, A회사는 을 노동조합에 대하여는 사용사업주로서 법령상 책임범위 내에서는 당연히 단체교섭 거부에 대해 부당노동행위에 해당할 것이고, 갑 노동조합에 대해서도 근로조건에 대해 지배력, 영향력을 행사하는 범위에서는 단체교섭을 거부할 수 없기 때문에 부당노동행위가 성립한다고 판단된다.

## Ⅳ. A회사의 부당노동행위에 대한 법적 책임

### 1. 구제명령의 이행

사용자의 부당노동행위로 인하여 그 권리를 침해당한 노동자 또는 노동조합은 노동위원회에 그 구제를 신청할 수 있다(노조법 제82조). 부당노동행위제도는 침해된 근로3권을 구제하기 위한 것이므로 그 구제명령도 근로3권에 대한 사용자의 침해를 배제하고 부당노동행위가 없었던 상태로 회복한다는 원상회복조치가 원칙적인 내용이 된다. 그러나 단체교섭의 거부·해태에 대한 원상회복이 불가능한 경우가 많으므로 노동위원회의 재량권을 인정하고 있다. 노동위원회의 구제명령이 내려지면 사용자는 이에 따라야 하고(노조법 제85조), 확정된 구제명령을 이행하지 않는 경우에는 벌칙이 적용된다(노조법

제89조 제2호).

### 2. 형사상 벌칙적용

사용자가 단체교섭을 정당한 이유 없이 거부하거나 해태하는 행위는 부당노동행위로서 금지된다(노조법 제81조 제3호). 이와 같이 사용자의 단체교섭 거부가 부당노동행위로 이루어진 때에는 사용자에게는 벌칙(노조법 제90조)이 부과된다.

### 3. A회사의 민사상 책임

가처분에 의한 구제와 본안소송에 의한 구제로 나눌 수 있는데, 단체교섭 거부에 대해서 단체교섭응낙가처분에 의한 구제가 가장 신속하고 유효, 적절한 구제수단이 될 수 있을 것이다.

본안소송으로는 단체교섭의무이행소송, 단체교섭을 요구할 지위확인을 구하는 지위확인소송, 단체교섭 거부나 해태로 인한 손해의 배상을 청구하는 손해배상청구소송 등이 가능하다.

사용자가 단체교섭을 정당한 이유 없이 거부하였다고 하여, 바로 불법행위의 요건을 충족하게 되는 것은 아니지만, 거부행위의 원인과 목적, 과정과 행위태양, 그로 인한 결과 등에 비추어 건전한 사회통념이나 사회상규상 용인될 수 없는 정도에 이른 때에는 부당노동행위로서 불법행위가 된다고 보아야 하며, 특히 법원으로부터 단체교섭을 거부하여서는 아니 된다는 취지의 판결 또는 결정을 받고서도 이를 위반하여 계속 단체교섭을 거부하였다면 헌법이 보장하고 있는 노동조합의 단체교섭권을 침해한 위법한 행위로 불법행위를 구성한다고 볼 것이다(대법원 2006.10.26. 선고 2004다11070 판결).

## Ⅴ. 설문의 해결

1. A회사의 단체교섭 응낙의무와 관련하여, 甲노동조합의 경우 A회사가 단체교섭의 대상사항이 되는 근로조건 기타 노동관계상의 제 이익에 대하여 실질적 영향력 내지 지배력을 행사하고 있으므로 단체교섭의 상대방이 된다고 할 것이다. 한편, 乙노동조합의 경우 파견법상 사용사업주인 A회사는 일

부 근로조건에 대하여는 근기법상 사업주로서 단체교섭의 상대방이 된다고 보아야 할 것이다.

2. 노동조합의 교섭요구가 주체, 목적, 방법에 있어서 정당한 것이라면, 이에 대해 사용자는 교섭에 응할 의무를 지게 된다. A회사는 도급계약관계의 갑 노동조합에 대하여 근로조건에 지배력, 영향력을 행사하는 범위에서 교섭의무를 지고, 파견계약관계의 乙노동조합에 대하여 사용사업주로서 근로기준법상 사용자의 책임을 질 수 있기 때문에 A회사의 단체교섭거부는 부당노동행위를 구성한다.

3. 위 부당노동행위 대하여 A회사는 노동위원회의 구제명령에 따라야 할 공법상 이행책임을 지게 된다. 또한 부당노동행위에 대한 벌칙이 적용되어 형사책임 및 A회사의 단체교섭 거부가 불법행위를 구성할 경우 민사상 손해배상책임을 지게 된다.

【관련쟁점】

1. 판례는 사용자의 단체교섭 거부행위가 불법행위를 구성하기 요건을 어떻게 파악하고 있는가?
2. 부당노동행위금지의 수규자로서의 사용자란?

【참고문헌】

김형배, 1080~1085면, 1109~1111면; 김희성(2), 360~368면; 임종률, 264~266면, 278~279면; 이철수 외 4인, 447~450면, 473~473면.

**【관련판례】**

**○ 원청회사의 하청업체 근로자에 대한 사용자성**

대법원 2010.3.25. 선고 2007두8881 판결

[1] 근로자의 기본적인 노동조건 등에 관하여 그 근로자를 고용한 사업주로서의 권한과 책임을 일정 부분 담당하고 있다고 볼 정도로 실질적이고 구체적으로 지배·결정할 수 있는 지위에 있는 자가, 노동조합을 조직 또는 운영하는 것을 지배하거나 이에 개입하는 등으로 노동조합 및 노동관계조정법 제81조 제4호에서 정한 행위를 하였다면, 그 시정을 명하는 구제명령을 이행하여야 할 사용자에 해당한다.

[2] 원청회사가 개별 도급계약을 통하여 사내 하청업체 근로자들의 기

본적인 노동조건 등에 관하여 고용사업주인 사내 하청업체의 권한과 책임을 일정 부분 담당하고 있다고 볼 정도로 실질적이면서 구체적으로 지배·결정할 수 있는 지위에 있고 사내 하청업체의 사업폐지를 유도하는 행위와 그로 인하여 사내 하청업체 노동조합의 활동을 위축시키거나 침해하는 지배·개입 행위를 하였다면, 원청회사는 노동조합 및 노동관계조정법 제81조 제4호에서 정한 부당노동행위의 시정을 명하는 구제명령을 이행할 주체로서의 사용자에 해당한다고 한 사례.

### ○ 단체교섭 거부와 부당노동행위

대법원 2006.2.24. 선고 2005도8606 판결

[1] '노동조합 및 노동관계조정법' 제81조 제3호는 사용자가 노동조합의 대표자 또는 노동조합으로부터 위임을 받은 자와의 단체협약 체결 기타의 단체교섭을 정당한 이유 없이 거부하거나 해태할 수 없다고 규정하고 있는바, 단체교섭에 대한 사용자의 거부나 해태에 정당한 이유가 있는지 여부는 노동조합 측의 교섭권자, 노동조합 측이 요구하는 교섭시간, 교섭장소, 교섭사항 및 그의 교섭태도 등을 종합하여 사회통념상 사용자에게 단체교섭의무의 이행을 기대하는 것이 어렵다고 인정되는지 여부에 따라 판단하여야 한다.

[2] 쟁의행위는 단체교섭을 촉진하기 위한 수단으로서의 성질을 가지므로 쟁의기간 중이라는 사정이 사용자가 단체교섭을 거부할 만한 정당한 이유가 될 수 없고, 한편 당사자가 성의 있는 교섭을 계속하였음에도 단체교섭이 교착상태에 빠져 교섭의 진전이 더 이상 기대될 수 없는 상황이라면 사용자가 단체교섭을 거부하더라도 그 거부에 정당한 이유가 있다고 할 것이지만, 위와 같은 경우에도 노동조합 측으로부터 새로운 타협안이 제시되는 등 교섭재개가 의미 있을 것으로 기대할 만한 사정변경이 생긴 경우에는 사용자로서는 다시 단체교섭에 응하여야 하므로, 위와 같은 사정변경에도 불구하고 사용자가 단체교섭을 거부하는 경우에는 그 거부에 정당한 이유가 있다고 할 수 없다.

[3] 사용자인 피고인이 노동조합 측이 정한 단체교섭 일시의 변경을 구할 만한 합리적 이유가 있었다고 보이지 아니하고, 위 교섭일시 전에 노동조합 측에 교섭일시의 변경을 구하는 등 교섭일시에 관한 어떠한 의사도 표명한 적이 없었던 경우, 피고인이 노동조합 측이 정한 일시에 단체교섭에 응하지 아니한 것에 정당한 이유가 없다고 본 사례.

### ○ 단체교섭 거부와 불법행위책임

대법원 2006.10.26. 선고 2004다11070 판결

[1] 사용자의 단체교섭 거부행위가 원인과 목적, 과정과 행위태양, 그로 인한 결과 등에 비추어 건전한 사회통념이나 사회상규상 용인될 수 없다고 인정되는 경우에는 부당노동행위로서 단체교섭권을 침해하는 위법한 행위로 평가되어 불법행위의 요건을 충족하는바, 사용자가 노동조합과의 단체교섭을 정당한 이유 없이 거부하다가 법원으로부터 노동조합과의 단체교섭을 거부하여서는 아니 된다는 취지의 집행력 있는 판결이나 가처분결정을 받고도 이를 위반하여 노동조합과의 단체교섭을 거부하였다면, 그 단체교섭 거부행위는 건전한 사회통념이나 사회상규상 용인할 수 없는 행위로서 헌법이 보장하고 있는 노동조합의 단체교섭권을 침해하는 위법한 행위이므로 노동조합에 대하여 불법행위가 된다.

[2] 사용자가 '노동조합과의 단체교섭을 거부하여서는 아니 된다'는 취지의 가처분결정을 받기 전에 해당 노동조합과의 단체교섭을 거부한 것은 불법행위가 되지 않으나, 위 가처분결정 후에도 해당 노동조합과의 단체교섭을 거부한 것은 그 노동조합에 대하여 불법행위가 된다고 본 사례.

# 38. 단체협약의 성립요건과 여후효

【사실관계】

A회사는 상시 근로자 200명을 고용하고 있는 운수업체이며, B노동조합은 A회사 근로자들로 조직된 기업별 노동조합이다. A회사가 B노동조합과 체결한 단체협약상 상여금 200%를 그 지급기일이 경과한 후에도 경영사정의 악화로 지급하지 못하고 있던 중, B노동조합은 위 미지급된 상여금 200%를 모두 포기한다는 상여금 포기각서를 A회사에 제출하였다. 위 각서에는 노사쌍방(雙方) 중 B노동조합의 기명 및 날인만 있었을 뿐, A회사 측의 서명이나 날인은 모두 없었다.

한편, 위 단체협약에는 "회사는 매월 조합원에게 지급할 임금 중에서 조합원이 노동조합에 납부해야 하는 조합비를 일괄공제하여 노동조합에 교부한다"는 내용의 조합비 일괄공제조항(check-off 조항)이 규정되어 있었고, B노동조합의 모든 조합원들은 위 조합비 일괄공제에 대하여 동의하였다.

A회사와 B노동조합은 위 단체협약의 유효기간이 만료되는 때를 전후하여 새로운 단체협약을 체결하고자 수차례의 단체교섭을 거쳤으나 임금인상에 관한 이견이 커서 새로운 단체협약을 체결하지 못하고 있다. A회사는 위 단체협약의 유효기간이 만료된 후 현재까지 6개월 간 B노동조합에게 조합비를 일괄공제하여 교부하는 것을 중단하고 있다. 위 단체협약에는 자동연장조항이나 자동갱신조항은 없었다.

(제2회 변호사시험)

[문제 01] B노동조합의 조합원 甲은 (1) B노동조합만이 기명 및 날인되어 있는 상여금 포기각서는 단체협약으로서 유효하게 성립된 것이 아니며, (2) 만약 단체협약이라고 보더라도 미지급된 상여금의 포기는 조합원들로부터 개별적인 동의나 수권을 받지 않았으므로 효력이 없다고 주장한다. 甲의 (1)과 (2)의 각 주장은 타당한가?

[문제 02] B노동조합은 A회사가 단체협약의 유효기간이 만료된 후 현재까지 6개월 간 B노동조합에게 조합비를 일괄공제하여 교부하지 않은 것은 단체협약상 A회사가 B노동조합에 대해 부담하는 채무를 불이행한 것이라고 주장한다. B노동조합의 주장은 타당한가?

## 《관련조문》

노동조합 및 노동관계조정법

제29조(교섭 및 체결권한) ① 노동조합의 대표자는 그 노동조합 또는 조합원을 위하여 사용자나 사용자단체와 교섭하고 단체협약을 체결할 권한을 가진다.

제31조(단체협약의 작성) ① 단체협약은 서면으로 작성하여 당사자 쌍방이 서명 또는 날인하여야 한다.

제32조(단체협약의 유효기간) ③ 단체협약의 유효기간이 만료되는 때를 전후하여 당사자 쌍방이 새로운 단체협약을 체결하고자 단체교섭을 계속하였음에도 불구하고 새로운 단체협약이 체결되지 아니한 경우에는 별도의 약정이 있는 경우를 제외하고는 종전의 단체협약은 그 효력만료일부터 3월까지 계속 효력을 갖는다. 다만, 단체협약에 그 유효기간이 경과한 후에도 새로운 단체협약이 체결되지 아니한 때에는 새로운 단체협약이 체결될 때까지 종전 단체협약의 효력을 존속시킨다는 취지의 별도의 약정이 있는 경우에는 그에 따르되, 당사자 일방은 해지하고자 하는 날의 6월 전까지 상대방에게 통고함으로써 종전의 단체협약을 해지할 수 있다.

**【사실관계】의 논점정리**

이 사례는 단체협약이 체결되는 과정과 소멸되는 과정에서 발생하는 법적 쟁점을 차례로 묻고 있다.

[문제 01]에서는 단체협약의 체결과 관련되는 법적 쟁점 중 협약체결의 형식적 요건을 결하였을 경우의 효과와 성립되었다고 하더라도 내용상 한계는 무엇인지가 문제된다.

[문제 02]는 단체협약이 기간의 만료로 인하여 소멸하는 경우 노조법상 자동연장규정의 적용요건과 자동연장기간의 만료 후 규범적 효력을 갖는 부분은 어

떤 것인지를 검토해야 한다.

## 논점의 해설

### [문제 01]의 해결 — 단체협약의 성립요건

Ⅰ. 설문의 쟁점
Ⅱ. 이 사건 단체협약의 성립 여부 및 효력
1. 단체협약의 성립 여부
2. 단체협약 중 미지급 상여금 포기약정의 유효성
Ⅲ. 설문의 해결

## Ⅰ. 설문의 쟁점

설문에서 A회사와 B노동조합은 미지급된 단체협약상 상여금에 관한 포기약정을 하면서 B노동조합만 기명·날인하였는바, 이런 경우 단체협약의 요식성에 비추어 단체협약이 유효하게 성립된 것인지와 내용상 한계와 관련하여 미지급 임금의 포기약정이 단체협약의 대상이 될 수 있는지가 쟁점이다.

## Ⅱ. 이 사건 단체협약의 성립 여부 및 효력

### 1. 단체협약의 성립 여부

노동조합 및 노동관계조정법(이하 '노조법'이라 합니다) 제31조 제1항에 따르면 단체협약은 서면으로 작성하여 당사자 쌍방이 서명 또는 날인하여야 한다. 이와 같이 단체협약에 엄격한 요식성을 요구하는 이유는 단체협약이 가지는 규범적 효력 등 노사관계의 중대성에 비추어 후일의 분쟁을 방지하고, 최종적 의사를 확인함으로써 진정성을 확인하는 데 있다고 하며, 따라서 서면작성 내지 쌍방 당사자의 서명·날인이 없는 단체협약은 유효하게 성립할 수 없다고 해석된다.

### 2. 단체협약 중 미지급 상여금 포기약정의 유효성

이미 지급기일이 경과한 상여금에 대한 포기약정을 단체협약으로 한 경우 그 효력이 인정될 수 있는지와 관련하여 판례는 부정적인 입장이다. 왜냐하면 상여금은 근로자가 사용자에 대하여 근로의 대가로 지급받는 임금의 일종이며, 이미 발생하여 개별 근로자의 재산권을 이루는 임금지급청구권을 노동조합이 독자적으로 사용자와 단체협약을 통하여 포기하는 것은 권한 없는 처분에 해당하기 때문이라고 한다.

판례도 이미 구체적으로 그 지급청구권이 발생한 임금(상여금 포함)이나 퇴직금은 근로자의 사적 재산영역으로 옮겨져 근로자의 처분에 맡겨진 것이기 때문에 노동조합이 근로자들로부터 개별적인 동의나 수권을 받지 않는 이상, 사용자와 사이의 단체협약만으로 이에 대한 포기나 지급유예와 같은 처분행위를 할 수는 없다(대법원 2000.9.29. 선고 99다67536 판결)고 판시하였다.

## Ⅲ. 설문의 해결

B노동조합이 서명·날인하여 제출한 상여금 포기각서는 A기업의 서명 내지 날인이 없으므로 단체협약의 요식성을 규정한 노조법 제31조 제1항에 따라 유효하게 성립된 단체협약으로 볼 수 없으며, 가사 성립을 인정한다고 하더라도 이미 개별 근로자들에게 성립한 임금청구권을 권한 없이 포기하는 내용으로 그 효력을 인정할 수 없다.

## [문제 02]의 해결 — 단체협약의 여후효

Ⅰ. 설문의 쟁점
Ⅱ. 기존 단체협약의 기간 만료와 채무불이행 여부
  1. 단체협약의 기간 만료와 자동연장 규정의 적용 범위
  2. 조합비 일괄공제조항의 성격 및 규범적 효력 인정 여부
Ⅲ. 설문의 해결

# Ⅰ. 설문의 쟁점

사안에서 A회사는 기존 단체협약이 만료되자 즉시 단체협약의 조합비 일괄공제조항에 따른 의무를 이행하지 않았는바, 이와 관련하여 단체협약의 자동연장 조항의 적용 및 그 범위와 조합비 일괄공제조항의 성격 및 규범적 효력 인정 여부가 문제된다.

# Ⅱ. 기존 단체협약의 기간 만료와 채무불이행 여부

## 1. 단체협약의 기간 만료와 자동연장 규정의 적용 범위

노조법 제32조 제3항에 따르면 당사자 쌍방이 새로운 단체협약을 체결하고자 단체교섭을 계속하였음에도 불구하고 새로운 단체협약이 체결되지 아니한 경우에는 별도의 약정이 있는 경우를 제외하고는 종전의 단체협약은 그 효력만료일부터 3월까지 계속 효력을 갖는다. 따라서 새로운 단체협약 체결을 위한 교섭을 계속한 경우에 기존 단체협약은 위 조항에 따라 기간 만료 후 3개월을 범위로 계속해서 효력을 갖게 된다.

## 2. 조합비 일괄공제조항의 성격 및 규범적 효력 인정 여부

단체협약의 내용은 크게 근로조건 등과 같은 규범적 부분과 집단적 노동관계에 관한 채무적 부분으로 구별되는데, 전자의 경우에는 단체협약이 실효된 이후에도 근로계약으로 화체되어 새로운 단체협약이 체결될 때까지 계속하여 효력을 가질 수 있다는 차이가 있다. 판례도 “단체협약이 실효되었다고 하더라도 임금, 퇴직금이나 노동시간, 그 밖에 개별적인 노동조건에 관한 부분은 그 단체협약의 적용을 받고 있던 근로자의 근로계약의 내용이 되어 그것을 변경하는 새로운 단체협약, 취업규칙이 체결, 작성되거나 또는 개별적인 근로자의 동의를 얻지 아니하는 한 개별적인 근로자의 근로계약의 내용으로서 여전히 남아 있어 사용자와 근로자를 규율한다”(대법원 2000.6.9. 선고 98다13747 판결)는 입장이다.

문제는 조합비 일괄공제조항의 경우 사용자가 조합비를 징수하여 노동조합에 교부한다는 점에서 집단적 노동관계에 관련된 채무적 부분으로 볼 수도 있지만, 임금에서 조합비를 공제한다는 측면에서 근로조건에 관련된 규범적 부분으로 볼 수 있는 여지도 있다는 점이다.

그러나 적어도 사안과 같이 기업과 노동조합의 관계로 인한 분쟁에 있어서는 채무적 부분으로 보아야 할 것이므로 조합비 일괄공제조항에 관하여 규범적 효력을 인정하기는 어려울 것으로 판단된다.

## Ⅲ. 설문의 해결

사안에서 A기업과 B노동조합 사이의 기존 단체협약은 새로운 단체협약 체결을 위한 교섭의 노력이 있었던바 노조법 제32조 제3항이 적용되어 기간 만료일로부터 3개월 동안 유효하고, 따라서 이 기간 중 A기업이 조합비 일괄공제조항에 따른 의무를 이행하지 않은 것은 B노동조합에 대한 채무불이행을 구성한다.

한편 위 만료일로부터 3월이 지난 시점에서 기존 단체협약은 완전히 실효되었으므로 이 때부터 A기업이 조합비 일괄공제조항에 따르지 않은 부분은 채무불이행을 구성한다고 할 수 없다.

【관련쟁점】

1. 판례에 따르면 단체협약의 종료 후에도 그 협약상에 정한 해고사유와 해고기준이 그대로 적용되는가?
2. 당사자 간의 개별적인 합의나 취업규칙의 변경에 의하여 실효된 단체협약의 근로조건을 변경하는 것이 가능한가?

【참고문헌】

김형배, 889~890면, 943~945면; 김희성(2), 173~183면; 임종률, 141~143면, 174~175면; 이철수 외 4인, 364~366면, 381~386면.

**【관련판례】**

○ 단체협약 체결의 요식성에 관한 판례

대법원 2002.8.27. 선고 2001다79457 판결

[1] 구 민사소송법(2002.1.26. 법률 제6626호로 전문 개정되기 전의 것) 제326조 제1항에 의하여 문서는 원본·정본 또는 인증있는 등본을 제출하는 것이 원칙이나, 사본을 원본에 갈음하여 또는 사본 그 자체를 원본으로서 제출할 수도 있다고 할 것인바, 상대방이 원본의 존재나 성립을 인정하고 사본으로써 원본에 갈음하는 것에 대하여 이의가 없는 경우에는 사본을 원본에 갈음하여 제출할 수 있고, 이와 같은 경우에는 그 원본이 제출된 경우와 동일한 효과가 생긴다고 할 것이며, 반면에 사본을 원본으로서 제출하는 경우에는 그 사본이 독립한 서증이 된다고 할 것이나 그 대신 이에 의하여 원본이 제출된 것으로 되지는 아니하고, 이 때에는 증거에 의하여 사본과 같은 원본이 존재하고 또 그 원본이 진정하게 성립하였음이 인정되어야 하는 것이다.

[2] 단체협약을 문서화하고 당사자 쌍방의 서명날인을 하도록 규정한 노동조합 및 노동관계조정법 제31조 제1항의 취지는 단체협약이 규율대상으로 하고 있는 노사관계가 집단적·계속적이라는 점을 고려하여 체결당사자를 명백히 함과 동시에 당사자의 최종적인 의사를 확인함으로써 단체협약의 진정성과 명확성을 담보하려는 데 있다고 할 것이므로 단체협약의 진정성과 명확성이 담보된다면 단체협약의 당사자 쌍방이 서명날인을 하지 아니하고 기명날인을 하였다고 하더라도 그 단체협약이 위 강행법규에 위반하여 무효라고 할 수는 없다.

○ 협약자치의 한계

대법원 2000.9.29. 선고 99다67536 판결(동부고속 사건)

[1] 이미 구체적으로 그 지급청구권이 발생한 임금(상여금 포함)이나 퇴직금은 근로자의 사적 재산영역으로 옮겨져 근로자의 처분에 맡겨진 것이기 때문에 노동조합이 근로자들로부터 개별적인 동의나 수권을 받지 않는 이상, 사용자와 사이의 단체협약만으로 이에 대한 포기나 지급유예와 같은 처분행위를 할 수는 없다.

[2] 협약자치의 원칙상 노동조합은 사용자와 사이에 근로조건을 유리하게 변경하는 내용의 단체협약뿐만 아니라 근로조건을 불리하게 변경하는 내용의 단체협약을 체결할 수 있으므로, 근로조건을 불리하게 변경하는 내용의 단체협약이 현저히 합리성을 결하여 노동조합의 목적을 벗어난

것으로 볼 수 있는 경우와 같은 특별한 사정이 없는 한 그러한 노사 간의 합의를 무효라고 볼 수는 없고, 노동조합으로서는 그러한 합의를 위하여 사전에 근로자들로부터 개별적인 동의나 수권을 받을 필요가 없으며, 단체협약이 현저히 합리성을 결하였는지 여부는 단체협약의 내용과 그 체결경위, 당시 사용자 측의 경영상태 등 여러 사정에 비추어 판단해야 한다.

## ○ 단체협약 실효 후의 효력

대법원 2000.6.9. 선고 98다13747 판결

단체협약이 실효되었다고 하더라도 임금, 퇴직금이나 노동시간, 그 밖에 개별적인 노동조건에 관한 부분은 그 단체협약의 적용을 받고 있던 근로자의 근로계약의 내용이 되어 그것을 변경하는 새로운 단체협약, 취업규칙이 체결, 작성되거나 또는 개별적인 근로자의 동의를 얻지 아니하는 한 개별적인 근로자의 근로계약의 내용으로서 여전히 남아 있어 사용자와 근로자를 규율한다고 할 것이므로, 새로운 단체협약이 늦게 체결됨에 따라 근로자가 기존 단체협약의 임금에 관한 부분을 1년 넘게 적용받는 결과가 된다고 하여 임금에 관한 단체협약의 유효기간을 1년으로 정하고 있는 구 노동조합법 제35조에 위반된 것이라고 할 수 없다.

# 39. 단체협약의 불이익변경

## 【사실관계】

A회사와 A회사의 노동조합(이하 'A노동조합'이라고 한다) 사이에 체결된 '2010년도 단체협약'(만료일: 2011.12.31.)에 따르면, 짝수 월(2월, 4월, 6월, 8월, 10월, 12월)의 25일에 월 기본급의 100%에 해당하는 고정상여금이 근로자에게 지급된다. 세계적인 금융위기 이후에 계속된 경기불황으로 부도의 위기에 처하게 된 A회사는 경영난의 타개와 근로자들의 잦은 결근의 방지를 위하여 A노동조합과 5차례에 걸쳐 특별교섭을 행하였고, 그 결과 2010년 12월 28일에 '2010년도 특별노사합의'가 성립하였다. '2010년도 특별노사합의의 내용은 다음과 같다.

> 제1조: 경영정상화를 위하여 2010년도 12월 고정상여금과 2011년도 2월, 4월 및 6월 고정상여금은 이를 지급하지 않고, 이후 고정상여금의 지급 여부와 그 시기는 회사와 노동조합이 별도로 합의한다.
> 제2조: 상습적인 무단결근의 방지를 위하여 무단결근에 따른 면직기준을 '월 7일 이상'에서 '월 5일 이상'으로 한다.
> 제3조: 이 특별노사합의의 내용과 상충되는 2010년도 단체협약의 부분은 무효로 한다.

이와 관련하여 다음 물음에 답하시오.

(2012년 공인노무사시험)

[문제 01] A노동조합의 조합원인 근로자 甲은 '2010년도 특별노사합의' 제1조는 조합원들로부터 개별적인 동의를 받지 않은 것으로서 무효이므로, A회사는 2010년도 12월 고정상여금과 2011년도 2월, 4월 및 6월 고정상여금을 자신에게 지급하여야 한다고 주장한다. 근로자 甲의 주장이 타당한지 여부를 논하시오.

[문제 02] 2011년 5월에 총 6일을 무단결근한 A노동조합의 조합원인 근로자 乙은 2011년 7월에 개최된 징계위원회에서 '2010년도 특별노사합의' 제2조는 그 내용이 현저히 불리한 것으로서 무효이므로, 자신에게 적용되지 않는다고 주장한다. 근로자 乙의 주장이 타당한지 여부를 논하시오.

## 《관련조문》

노동조합 및 노동관계조정법

제29조(교섭 및 체결권한) ① 노동조합의 대표자는 그 노동조합 또는 조합원을 위하여 사용자나 사용자단체와 교섭하고 단체협약을 체결할 권한을 가진다.

**【사실관계】의 논점정리**

이 사례는 단체협약이 기존의 단체협약보다 불리한 근로조건을 담고 있는 경우 발생할 수 있는 문제들로 구성되어 있는데,

[문제 01]에서는 단체협약의 불이익변경이 근로자들의 개별적 동의를 받아야 하는지와 새롭게 체결된 단체협약이 기존 단체협약의 적용을 받아 형성된 권리관계에 어떠한 영향을 주는지가 쟁점이 된다.

[문제 02]는 단체협약의 불이익변경이 현저히 합리성을 결하여 무효라는 주장이 타당하기 위해서는 어떤 기준에 따라 합리성을 판단할 것인지가 쟁점이 되는바, 이에 관한 판례의 태도를 설시하고 사실관계를 포섭하여 서술하는 것이 중요하다.

## 논점의 해설

# [문제 01]의 해결 — 단체협약의 불이익변경의 효력 및 범위

Ⅰ. 설문의 쟁점
Ⅱ. '2010년도 특별노사합의'의 효력 및 그 범위
1. '2010년도 특별노사합의'의 효력
2. '2010년도 특별노사합의'의 효력범위 / 3. 사안의 적용
Ⅲ. 설문의 해결

## Ⅰ. 설문의 쟁점

사안에서 근로자 甲은 '2010년도 특별노사합의'가 근로자들의 개별적인 동의를 얻지 않았다는 이유로 무효라는 주장을 하고 있다. 이 같은 주장이 제기된 배경은 위 특별노사합의가 기존 단체협약보다 불리한 근로조건을 담고 있기 때문인 것을 짐작할 수 있다. 따라서 이 같은 단체협약의 불이익한 변경에 유효성을 인정할 수 있는지와 인정한다면 어떤 조건에서 어떤 범위까지 인정될 수 있는지가 설문의 쟁점이라고 할 것이다. 특히 사안에서 위 특별노사합의의 성립으로 그 체결 전에 이미 기존 단체협약의 적용을 받아 형성된 권리관계, 구체적으로 임금청구권에 어떤 영향을 줄 수 있는지가 문제된다.

## Ⅱ. '2010년도 특별노사합의'의 효력 및 그 범위

### 1. '2010년도 특별노사합의'의 효력

노동조합의 대표자가 종전 단체협약상의 근로조건을 불리하게 변경하는 내용의 새로운 단체협약을 체결한 경우 이의 유효성 여부가 문제되는바, 판례는 이에 대해 "협약자치의 원칙상 노동조합은 사용자와 사이에 근로조건을 유리하게 변경하는 내용의 단체협약뿐만 아니라 근로조건을 불리하게 변경하

는 내용의 단체협약을 체결할 수 있으므로, 근로조건을 불리하게 변경하는 내용의 단체협약이 현저히 합리성을 결하여 노동조합의 목적을 벗어난 것으로 볼 수 있는 경우와 같은 특별한 사정이 없는 한 그러한 노사 간의 합의를 무효라고 볼 수는 없고, 노동조합으로서는 그러한 합의를 위하여 사전에 근로자들로부터 개별적인 동의나 수권을 받을 필요가 없으며, 단체협약이 현저히 합리성을 결하였는지 여부는 단체협약의 내용과 그 체결경위, 당시 사용자 측의 경영상태 등 여러 사정에 비추어 판단해야 한다(대법원 2000.9.29. 선고 99다67536 판결)"고 하고 있다.

## 2. '2010년도 특별노사합의'의 효력범위

위 특별노사합의가 유효하다면 이미 기존 단체협약의 적용을 받아 지급청구권이 발생한 근로자 개개인의 임금에 대한 포기나 지급유예와 같은 처분행위까지도 유효할 수 있는지가 문제된다. 이에 관하여 판례는 "이미 구체적으로 그 지급청구권이 발생한 임금(상여금 포함)이나 퇴직금은 근로자의 사적 재산영역으로 옮겨져 근로자의 처분에 맡겨진 것이기 때문에 노동조합이 근로자들로부터 개별적인 동의나 수권을 받지 않는 이상, 사용자와 사이의 단체협약만으로 이에 대한 포기나 지급유예와 같은 처분행위를 할 수는 없다(대법원 2002.4.12. 선고 2001다41384 판결)"고 밝히고 있다.

## 3. 사안의 적용

위 사안에서 A회사는 계속된 경기 불황으로 부도위기에 처하는 등 경영상태의 어려움이 있었고, 노사 간 이에 관하여 5차례에 걸쳐 특별교섭을 하는 등 교섭경위에 비추어 볼 때 동 단체협약이 현저히 합리성을 결하여 노동조합의 목적을 벗어난 것으로 판단하기는 어렵다. 또한 협약자치의 원칙상 노동조합은 사용자와 사이에 근로조건을 유리하게 변경하는 내용의 단체협약뿐만 아니라 근로조건을 불리하게 변경하는 내용의 단체협약을 체결할 수 있고, 이를 위해 사전에 조합원들로부터 개별적인 동의나 수권을 받을 필요가 있는 것은 아니므로, '2010년도 특별노사합의' 제1조는 조합원들로부터 개별적인 동의를 받지 않은 것으로서 무효라는 근로자 甲의 주장은 타당하지 않다.

그러나 새로운 단체협약의 체결(2010년 12월 28일) 전, 발생한 2010년도 12월 고정상여금은 이미 구체적으로 개별 근로자에게 지급청구권이 발생해 근로자의 사적 재산영역으로 옮겨져 개별 근로자의 처분에 맡겨진 것으로서 노동조합은 개별 근로자의 동의나 수권을 받지 않은 이상 사용자와 사이의 단체협약만으로 이에 대한 포기와 같은 처분행위는 할 수 없다 할 것이므로 변경된 단체협약에도 불구하고 근로자 甲은 2010년도 12월 고정상여금의 지급을 청구할 수 있다.

## Ⅲ. 설문의 해결

甲의 주장과 달리 '2010년도 특별노사합의'는 근로자들의 개별적 동의가 없더라도 협약자치의 원칙상 유효하게 성립되었다고 할 것이다. 다만, 그렇다고 하더라도 이미 기존 단체협약의 적용을 받아 형성된 권리관계에 영향을 줄 수는 없는 것이므로, 2010년 12월 25일 발생한 고정상여금의 지급청구는 가능하며 그 한도에서 甲의 주장은 타당하다고 할 것이다.

# [문제02]의 해결 — 단체협약의 불이익변경

Ⅰ. 설문의 쟁점
Ⅱ. '2010년도 특별노사합의' 제2조가 합리성을 결여하였는지 여부
  1. 단체협약 불이익변경의 합리성 판단기준 / 2. 사안의 적용
Ⅲ. 설문의 해결

## Ⅰ. 설문의 쟁점

A노동조합의 근로자 乙은 '2010년도 특별노사합의' 제2조가 합리성을 결여한 조항으로 효력이 없다는 주장을 하고 있다. 위 단체협약이 권한 있는 대표자와 사용자 사이에 체결된 것으로서 개별 근로자의 동의가 없어도 그 효력이 인정된다는 점은 앞서 충분히 검토하였고, 남은 문제는 제2조에서 무단결근으로 인한 면직기준의 기준을 '월 7일'에서 '월 5일'로 변경하는 내용이 현저히 합리성을 결하여 노동조합의 목적을 벗어난 것으로 볼 수 있어 무효

인지 여부를 검토하는 것이다.

## Ⅱ. '2010년도 특별노사합의' 제2조가 합리성을 결여하였는지 여부

### 1. 단체협약 불이익변경의 합리성 판단기준

판례에 따르면 협약자치의 원칙상 노동조합은 단체협약상의 근로조건에 관한 내용의 변경이 현저히 합리성을 결하여 노동조합의 목적을 벗어난 것으로 볼 수 있는 경우와 같은 특별한 사정이 없는 한 근로조건의 불리한 변경을 내용으로 하는 단체협약을 체결할 수 있고 단체협약이 현저히 합리성을 결하였는지 여부는 단체협약의 내용과 그 체결경위, 당시 사용자 측의 경영상태 등 여러 사정에 비추어 판단해야 한다고 하였다(대법원 2000.9.29. 선고 99다67536 판결).

### 2. 사안의 적용

사례의 경우 계속된 장기 불황으로 부도위기에 처하는 등 사용자 측의 경영상태의 어려움과 근로자들의 잦은 결근 방지를 위하여 노사 간 이에 대해 5차례에 걸쳐 특별교섭을 하는 등의 교섭을 하였다는 점, 이와 같은 경영상황에서 A회사는 근로자들의 생산성을 제고하기 위해 무단결근을 방지할 필요성이 있다고 할 수 있고, 이를 위해 무단결근으로 인한 면직기준을 '월 7일'에서 '월 5일'로 축소한 것은 근로자에게 중대한 불이익이라고 볼 수 없다는 점 등에 비추어 위 단체협약이 현저히 합리성을 결하여 노동조합의 목적을 벗어난 것으로는 판단하기는 어렵다.

## Ⅲ. 설문의 해결

그렇다면 '2010년 특별노사합의' 제2조는 현저히 합리성을 결하여 노동조합의 목적을 벗어난 것으로 판단하기는 어려우므로, 위 협약이 자신에게 적용되어서는 안 된다는 乙의 주장은 설득력이 없다.

【관련쟁점】

1. 판례는 단체협약이 취업규칙보다 근로자에게 불리하게 체결된 경우, 취업규칙의 적용이 배제되는지 여부에 대해 어떻게 판단하고 있는가?
2. 판례는 유리한 조건 우선의 원칙(단체협약보다 유리한 근로계약의 효력)을 인정하고 있는가?

【참고문헌】

김형배, 930~937면; 김희성(2), 184~196면; 임종률, 147~148면; 이철수 외 4인, 370~373면.

**【관련판례】**

○ 단체협약의 불이익변경과 기존 권리관계

대법원 2000.9.29. 선고 99다67536 판결(동부고속 사건)

[1] 이미 구체적으로 그 지급청구권이 발생한 임금(상여금 포함)이나 퇴직금은 근로자의 사적 재산영역으로 옮겨져 근로자의 처분에 맡겨진 것이기 때문에 노동조합이 근로자들로부터 개별적인 동의나 수권을 받지 않는 이상, 사용자와 사이의 단체협약만으로 이에 대한 포기나 지급유예와 같은 처분행위를 할 수는 없다.

[2] 협약자치의 원칙상 노동조합은 사용자와 사이에 근로조건을 유리하게 변경하는 내용의 단체협약뿐만 아니라 근로조건을 불리하게 변경하는 내용의 단체협약을 체결할 수 있으므로, 근로조건을 불리하게 변경하는 내용의 단체협약이 현저히 합리성을 결하여 노동조합의 목적을 벗어난 것으로 볼 수 있는 경우와 같은 특별한 사정이 없는 한 그러한 노사간의 합의를 무효라고 볼 수는 없고, 노동조합으로서는 그러한 합의를 위하여 사전에 근로자들로부터 개별적인 동의나 수권을 받을 필요가 없으며, 단체협약이 현저히 합리성을 결하였는지 여부는 단체협약의 내용과 그 체결경위, 당시 사용자 측의 경영상태 등 여러 사정에 비추어 판단해야 한다.

# 40. 단체협약의 불이익변경과 노조대표자의 단체협약체결권

【사실관계】

A회사는 근로자 100명을 고용하고 있는 섬유업체이다. B노동조합은 A회사 근로자들로 조직된 기업별 노동조합이다. A회사에는 B노동조합 이외의 다른 노동조합은 존재하지 않으며, B노동조합 이외에 다른 노동조합에 가입한 A회사의 근로자도 존재하지 않는다.

B노동조합은 단체협약의 유효기간이 2009.3.31.자로 만료됨에 따라 같은 해 1.5.에 2009년 단체협약의 체결을 위해서 A회사에 임금인상 등을 내용으로 하는 교섭을 요구하였다. A회사는 B노동조합과의 교섭에서 경영사정이 악화되어 사업통폐합 등의 구조조정을 할 수밖에 없는 상황이기 때문에 B노동조합의 요구를 받아들일 수 없음을 확고히 하였다. 수차례의 교섭을 거친 후에 B노동조합 위원장과 A회사의 대표이사는 2009.3.25.자로 구조조정을 유예하는 대신에 종전 단체협약상 연간 700% 지급하던 상여금을 연간 300%로 지급하는 것을 내용으로 하는 단체협약(유효기간 2009.4.1.~ 2011.3.31.)을 체결하였다.

위 단체협약에 대해 B노동조합의 조합원들은 고용불안이 완전히 해소된 것도 아니면서 상여금만 지나치게 줄어든 것에 반발하여 조합원총회의 개최를 요구하였다. 2009.4.10.에 개최된 임시총회에서 조합원들은 근로조건을 불리하게 변경하는 단체협약을 체결할 경우 위 단체협약이 조합규약 제23조("위원장은 단체협약체결권을 가진다. 다만 위원장이 기존 근로조건을 불리하게 변경하는 단체협약을 체결할 경우에는 사전에 총회의 결의를 거쳐야만 한다")에 위반된다는 이유로 위원장의 해임을 의결하였다.

B노동조합은 새 위원장을 선출한 후, 위 단체협약이 조합규약 제23조에 위반되어 무효라고 주장하면서 A회사에 대해 재교섭을 요구하였으나, A회사는 이미 단체협약이 유효하게 체결되어 시행 중임을 이유로 교섭을 거부하였다.

(제3회 변호사시험 모의시험)

[문제 01] B노동조합은 종전의 근로조건을 불리하게 변경한 2009.3.25. 자 단체협약은 효력이 없다고 주장한다. 이 주장은 타당한가.(30점)

[문제 02] B노동조합은 2009.3.25.자 단체협약은 조합규약 제23조를 위반하여 사전에 총회의 결의를 거치지 않고 위원장이 직권으로 체결하였기 때문에 무효라고 주장한다. 이 주장은 타당한가.(50점)

## 《관련조문》

노동조합 및 노동관계조정법
제29조(교섭 및 체결권한) ① 노동조합의 대표자는 그 노동조합 또는 조합원을 위하여 사용자나 사용자단체와 교섭하고 단체협약을 체결할 권한을 가진다.

**【사실관계】의 논점정리**

이 사례는 단체협약의 한계와 관련된 부분 중 내용상 한계와 절차상 한계에 관한 쟁점을 묻고 있다.

[문제 01]은 일반적으로 근로조건의 향상을 위한 것이라고 여겨지는 단체협약이 근로조건의 불이익한 변경을 내용으로 하는 경우 단체협약의 취지에 반하는 것으로 보아 효력을 부인해야 할 것인지, 아니면 협약자치의 원칙상 유효한 것으로 해석해야 할 것인지에 관한 검토가 필요하며,

[문제 02]는 노동조합대표자에게 협약체결권을 인정하는 해석이 타당한 것인지와 관련하여 구법관계에서 나온 판례의 태도와 개정조항에 대한 올바른 이해를 나타내는 것이 중요하다.

## 논점의 해설

# [문제01]의 해결 — 단체협약의 불이익변경

Ⅰ. 설문의 쟁점
Ⅱ. 단체협약의 불이익변경의 효력
1. 판례의 태도 / 2. 사안의 적용
Ⅲ. 설문의 해결

## Ⅰ. 설문의 쟁점

2009.3.25. A회사의 대표이사와 B노동조합의 위원장은 연간 700% 지급하던 상여금을 연간 300% 지급하는 것을 내용으로 하는 단체협약을 체결하였는바, 이는 종전보다 불리하게 근로조건을 변경한 단체협약에 해당한다. 따라서 근로조건의 향상이 아닌 불리한 변경을 내용으로 하는 단체협약이 그 본질에 비추어 유효성을 가질 수 있는지가 설문의 쟁점이라고 하겠다.

## Ⅱ. 단체협약의 불이익변경의 효력

### 1. 판례의 태도

판례는 근로조건의 불이익한 변경을 담고 있는 단체협약의 효력과 관련하여 "협약자치의 원칙상 노동조합은 사용자와 사이에 근로조건을 유리하게 변경하는 내용의 단체협약뿐만 아니라 근로조건을 불리하게 변경하는 내용의 단체협약을 체결할 수 있으므로, 근로조건을 불리하게 변경하는 내용의 단체협약이 현저히 합리성을 결하여 노동조합의 목적을 벗어난 것으로 볼 수 있는 경우와 같은 특별한 사정이 없는 한 그러한 노사 간의 합의를 무효라고 볼 수는 없고, 노동조합으로서는 그러한 합의를 위하여 사전에 근로자들로부터 개별적인 동의나 수권을 받을 필요가 없으며, 단체협약이 현저히 합리성을 결하였는지 여부는 단체협약의 내용과 그 체결경위, 당시 사용자 측의 경영상태 등 여러 사정에 비추어 판단해야 한다"고 판시(대법원 2000.9.29. 선고 99다67536 판결)하였다.

따라서 단순한 근로조건의 유·불리에 따라 단체협약의 효력이 인정되는 것은 아니고, 다만 그 내용이 현저히 합리성을 결하여 노동조합의 목적을 벗어난 정도에 이르러야 그 효력을 부인할 수 있다는 입장으로 풀이된다.

### 2. 사안의 적용

사안에서 B노동조합 위원장과 A회사 사이에 체결된 단체교섭은 근로조건을 불리하게 변경하는 내용의 단체협약에 해당하지만 ① 단체협약의 내용이 상여금을 전혀 지급하지 않는 것이 아니라 지급률을 낮추는 것에 불과하다는 점, ② 2009.1.5.부터 동년 3.25.까지, 약 3개월 동안 수차례 교섭을 거쳤다는 점, ③ A회사의 경영상태가 악화되어 사업 통폐합 등의 구조조정을 할 수밖에 없는 사정이 있었음에도 불구하고 구조조정을 유예하는 대신에 상여금을 낮추기로 합의한 것이라는 점 등을 기초로 판단하면 2009.3.25.자 단체협약이 현저히 합리성을 결하여 노동조합의 목적을 벗어난 것이라고 보기 어렵다.

## Ⅲ. 설문의 해결

따라서 A회사 대표이사와 B노동조합 위원장이 2009.3.25. 체결한 단체협약은 근로조건을 불리하게 변경하는 내용에도 불구하고 유효하다고 평가되며, 근로자로부터 별도의 동의나 수권이 없었다고 해서 무효라고 볼 수 없다. 그러므로 이를 지적하는 B노동조합의 주장은 타당하지 않다.

## [문제 02]의 해결 — 조합규약 위반과 단체협약의 효력

Ⅰ. 설문의 쟁점
Ⅱ. 노동조합대표자의 단체협약체결권과 제한가능성
  1. 문 제 점 / 2. 판례의 태도
Ⅲ. 설문의 해결

## Ⅰ. 설문의 쟁점

B노동조합 위원장은 조합규약 제23조에도 불구하고 사전에 총회의 결의를 거치지 않고 2009.3.25.자 단체협약을 체결하였는바, 조합규약에서 정한 절차위반이 단체협약의 효력에 영향을 주는지가 문제된다.

## Ⅱ. 노동조합대표자의 단체협약체결권과 제한가능성

### 1. 문 제 점

"구 노조법 제33조 제1항은 노동조합의 대표자 또는 노동조합으로부터 위임을 받은 자는 그 노동자 또는 조합원을 위하여 사용자나 사용자단체와 단체협약의 체결 기타의 사항에 관하여 교섭할 권한이 있다"고 규정하고 있는바, 노동조합의 대표자에게 단체교섭권을 부여하고 있다. 그러나 단체교섭권 외에 단체협약체결권도 당연히 인정되는지 및 인정된다면 조합규약으로 노동조합대표자의 단체협약체결권이 제한되는 것인지가 문제된다.

### 2. 판례의 태도

판례는 근로자대표의 단체교섭권만을 규정한 과거 노조법 제33조 제1항 본문에 대하여 "'노동조합의 대표자 또는 노동조합으로부터 위임을 받은 자는 그 노동자 또는 조합원을 위하여 사용자나 사용자단체와 단체협약의 체결 기타의 사항에 관하여 교섭할 권한이 있다'고 규정하고 있는바, '교섭할 권한'이라 함은 사실행위로서의 단체교섭의 권한 외에 교섭한 결과에 따라 단체협약을 체결할 권한을 포함하며, 동조합의 대표자 또는 수임자가 단체교섭의 결과에 따라 사용자와 단체협약의 내용을 합의한 후 다시 협약안의 가부에 관하여 조합원총회의 의결을 거쳐야만 한다는 것은 대표자 또는 수임자의 단체협약체결권한을 전면적, 포괄적으로 제한함으로써 사실상 단체협약체결권한을 형해화하여 명목에 불과한 것으로 만드는 것이어서 위 법 제33조 제1항의 취지에 위반된다(대법원 1993.4.27. 선고 91누12257 전원합의체 판결)"고 판시한 바 있다.

그 후 노조법은 위 판결의 취지에 따라 현행 제29조 제1항에서는 '노동조합의 대표자는 그 노동조합 또는 조합원을 위하여 사용자나 사용자단체와 교섭하고 단체협약을 체결할 권한을 가진다'고 하여 노동조합대표자에게 단체협약체결권이 있음을 명백히 하여 입법적으로 이러한 문제를 해결하였다.

## Ⅲ. 설문의 해결

노조법 제29조 제1항에서 정하고 있는바와 같이 B노동조합의 위원장에게 단체협약체결권이 존재하므로 2009.3.25.자 단체협약 역시 정당한 권한에 의해 체결된 것으로 유효하다고 볼 것이다. 그리고 B노동조합의 조합규약 제23조는 노조법 제29조 제1항의 취지에 반하는 것으로서 단체협약의 효력에 영향을 주지 않는다고 할 것이다.

【관련쟁점】

1. 노조법 제29조 제1항의 헌법위반 여부에 대해 헌법재판소는 어떻게 판단하고 있는가?
2. 단위노동조합이 상부단체인 연합단체에 단체교섭권한을 위임한 경우, 단위노동조합의 단체교섭권한이 상실되는가?

【참고문헌】

김형배, 856~863면; 김희성(2), 116~130면; 임종률, 110~111면; 이철수 외 4인, 331~332면.

【관련판례】

**○ 단체협약의 불이익변경**

대법원 2000.9.29. 선고 99다67536 판결

협약자치의 원칙상 노동조합은 사용자와 사이에 근로조건을 유리하게 변경하는 내용의 단체협약뿐만 아니라 근로조건을 불리하게 변경하는 내용의 단체협약을 체결할 수 있으므로, 근로조건을 불리하게 변경하는 내용의 단체협약이 현저히 합리성을 결하여 노동조합의 목적을 벗어난 것으로 볼 수 있는 경우와 같은 특별한 사정이 없는 한 그러한 노사 간의 합의를 무효라고 볼 수는 없고, 노동조합으로서는 그러한 합의를 위하여 사전에 근로자들로부터 개별적인 동의나 수권을 받을 필요가 없으며, 단체협약이 현저히 합리성을 결하였는지 여부는 단체협약의 내용과 그 체결경위, 당시 사용자 측의 경영상태 등 여러 사정에 비추어 판단해야 한다.

○ 노동조합대표자의 단체협약체결권

대법원 1993.4.27. 선고 91누12257 전원합의체 판결

가. 노동조합법 제33조 제1항 본문은 "노동조합의 대표자 또는 노동조합으로부터 위임을 받은 자는 그 노동자 또는 조합원을 위하여 사용자나 사용자단체와 단체협약의 체결 기타의 사항에 관하여 교섭할 권한이 있다"고 규정하고 있는바, "교섭할 권한"이라 함은 사실행위로서의 단체교섭의 권한 외에 교섭한 결과에 따라 단체협약을 체결할 권한을 포함한다.

나. 노동조합의 대표자 또는 수임자가 단체교섭의 결과에 따라 사용자와 단체협약의 내용을 합의한 후 다시 협약안의 가부에 관하여 조합원총회의 의결을 거쳐야만 한다는 것은 대표자 또는 수임자의 단체협약체결권한을 전면적, 포괄적으로 제한함으로써 사실상 단체협약체결권한을 형해화하여 명목에 불과한 것으로 만드는 것이어서 위 법 제33조 제1항의 취지에 위반된다.

[반대의견 1] 근로자의 권익을 보장하려는 헌법규정과 노동조합법이 지향하는 노동조합의 자주성, 민주성 및 특수성을 고려하고 노동조합법 제33조 제1항이 대표자 등에게 사실행위로서의 단체교섭권만 주고 있는 점과 같은 법 제19조 제1항 제3호가 총회의 의결사항으로 단체협약에 관한 사항을 두고 있는 점, 같은 법 제22조가 노동조합의 조합원은 균등하게 노동조합의 모든 문제에 참여할 권리와 의무가 있다고 규정하고 있는 점, 그 밖에 노사 간의 원만한 관계 유지를 통한 국민경제의 발전이라는 측면을 함께 보면 노동조합은 총회의 결의로 단체협약을 체결할 권한을 가진 자를 정하고 그들로 하여금 단체협약을 체결하기 전후에 노동조합총회의 결의에 따르도록 하는 것이 옳다.

[반대의견 2] 가. 노동조합법 제33조 제1항이 단체협약의 교섭권한을 규정한 것은 노동조합의 대표자 등에게 일반적 추상적으로 단체협약의 교섭·체결권한이 있음을 규정한 것뿐이고, 어떠한 절차와 방법으로 단체교섭을 하고 단체협약을 체결하며, 노동조합의 규약이나 총회의 결정에 의하여 노동조합 대표자 등의 권한을 제한할 수 있는 것인지, 어느 범위까

지 제한이 가능한지, 이 제한으로써 사용자나 사용자단체에 대항할 수 있는 것인지, 제한에 위반하여 체결된 단체협약의 효력은 어떻게 되는 것인지, 단체협약으로 노동조합의 대표자 등의 권한을 제한하는 협약을 체결할 수 있는 것인지 여부는 별도로 따져 보아야 할 문제이지, 위 규정이 노동조합의 대표자 등에게 어떠한 형태의 단체협약체결권한을 제한하는 것도 금지하는 강행규정이라고 생각하지 아니한다.

나. 노동조합 측이 노동조합의 대표자나 노동조합으로부터 위임을 받은 자의 단체협약 교섭·체결권한을 일방적으로 제한하거나 전면적이고 포괄적으로 제한하는 것은 원칙적으로 허용될 수 없다고 볼 것이나 그렇지 아니한 경우에는 노동조합대표자 등의 단체협약체결 절차나 권한을 위 "가"항의 규정취지에 어긋나지 않는 범위 안에서 제한할 수 있다.

# 41. 쟁의행위의 정당성

## 【사실관계】

A회사에는 B산업별 단위노동조합 산하의 A회사 지부(이하 A지부)가 조직되어 있다. A지부는 노동조합설립신고를 하지 않은 상태이다. A회사에는 A지부 이외에는 노동조합은 존재하지 않으며, A지부 이외의 다른 노동조합에 가입한 A회사 근로자도 존재하지 않는다.

A회사는 2011.5.2. 경영악화를 이유로 공장이전 계획과 함께 임금 5% 삭감을 발표하였다. A지부는 이에 반대하면서 A회사에 교섭을 요구하여 5차례에 걸쳐 교섭을 진행하였으나, 교섭이 결렬되었다. A지부 간부들은 2011.7.20. 조합원총회에서 조합원들에게 공장이전은 회사 사정상 불가피하다고 하여도 임금 삭감은 절대로 수용할 수 없다고 하면서 2011.8.1. 전면파업에 돌입하겠다는 계획을 발표하였다.

A지부는 2011.7.20. 이후에도 3차례에 걸친 A회사와의 교섭과정에서 공장이전과 임금 삭감 계획을 백지화하지 않으면 파업을 할 수밖에 없다는 뜻을 표명하였다. A회사가 계속하여 A지부의 요구를 받아들이지 않자, A지부는 2011.8.1. A지부 조합원만을 대상으로 실시한 파업찬반투표에서 90%의 찬성을 얻어 2011.8.2.부터 공장이전 철회, 임금 삭감 철회를 요구하면서 전면파업에 돌입하였다.

(2012년 제2회 변호사시험 모의시험)

[문제 01] A회사는 ① A지부는 [노동조합 및 노동관계조정법]에 의한 노동조합이 아닌 점, ② 파업찬반투표는 [노동조합 및 노동관계조정법]에 의한 노동조합인 B산업별단위노동조합 전체 조합원을 대상으로 실시하여야 한다는 점을 이유로 A지부의 파업을 정당성이 없는 파업이라고 주장하고 있다. A회사의 주장은 타당한가?

[문제 02] A회사는 설령 A지부가 쟁의행위의 주체가 될 수 있다고 하더

라도 A지부의 파업 목적에는 경영사항을 포함하고 있기 때문에 정당성이 없는 파업이라고 주장하고 있다. A회사의 주장은 타당한가?

## 《관련조문》

노동조합 및 노동관계조정법

제41조(쟁의행위의 제한과 금지) ① 노동조합의 쟁의행위는 그 조합원의 직접·비밀·무기명투표에 의한 조합원 과반수의 찬성으로 결정하지 아니하면 이를 행할 수 없다. 제29조의2에 따라 교섭대표노동조합이 결정된 경우에는 그 절차에 참여한 노동조합의 전체 조합원(해당 사업 또는 사업장 소속 조합원으로 한정한다)의 직접·비밀·무기명투표에 의한 과반수의 찬성으로 결정하지 아니하면 쟁의행위를 할 수 없다.

**【사실관계】의 논점정리**

이 사례는 쟁의행위의 정당성 판단에 관한 쟁점을 묻고 있다.

[문제 01]은 쟁의행위의 정당성 판단기준 중에서 주체의 정당성 및 절차적 정당성이 문제된다. 단위 노동조합의 지부·분회가 독자적인 쟁의행위의 주체가 될 수 있는지가 첫 번째 쟁점이며, 주체가 된다고 하더라도 그 경우 찬반투표의 대상근로자의 범위는 어디까지인지 하는 점이 두 번째 쟁점이다.

[문제 02]는 쟁의행위의 목적의 정당성이 문제되는데, 직접적인 근로조건 또는 이와 관련되는 사항이 아닌 구조조정이나 사업매각 결정 등 경영사항에 관한 주장 관철을 이유로 하는 쟁의행위가 그 목적에 있어 정당성을 가질 수 있는지, 주장된 여러 목적 중 일부가 정당성을 갖지 못하는 경우 전체 쟁의행위의 정당성이 부정되는지가 쟁점이라고 하겠다.

## 논점의 해설

### [문제 01]의 해결 — 쟁의행위의 주체 및 절차의 정당성

Ⅰ. 설문의 쟁점
Ⅱ. A지부의 쟁의행위 주체의 정당성 인정 여부
1. 지부 · 분회의 쟁의행위 주체의 정당성 인정기준 / 2. 사안의 적용
Ⅲ. 조합원 찬반투표의 범위
1. 문 제 점 / 2. 판례의 태도 / 3. 사안의 적용
Ⅳ. 설문의 해결

## Ⅰ. 설문의 쟁점

사안에서 A지부는 B노동조합의 지부에 불과한바, A지부가 독자적으로 A회사에 대하여 쟁의행위를 할 경우 주체성을 인정받을 수 있는 것인지, 인정된다고 하더라도 어떤 기준을 충족하여야 하는 것인지가 문제된다.

또한 노조법 제41조 제1항에서 요구한 찬반투표의 근로자 '과반수 이상'이 B노동조합 전체 조합원을 기준으로 하는 것인지, A지부 조합원만을 기준으로 하는 것인지가 문제된다.

## Ⅱ. A지부의 쟁의행위 주체의 정당성 인정 여부

### 1. 지부 · 분회의 쟁의행위 주체의 정당성 인정기준

판례는 "노동조합의 하부단체인 분회나 지부가 독자적인 규약 및 집행기관을 가지고 독립된 조직체로서 활동을 하는 경우 당해 조직이나 그 조합원에 고유한 사항에 대하여는 독자적으로 단체교섭하고 단체협약을 체결할 수 있고, 이는 그 분회나 지부가 노동조합및노동관계조정법시행령 제7조의 규정에 따라 그 설립신고를 하였는지 여부에 영향받지 아니한다(대법원 2001.2.23. 선고 2000도4299 판결)"고 하여 독자적인 규약 및 집행기관을 가지고 독립된 조직체로서 활동을 조건으로 주체성을 인정하고 있다.

### 2. 사안의 적용

사안의 A지부가 판례에서 요구하고 있는 '독자적인 규약 및 집행기관을 가지고 독립된 조직체로서 활동'하고 있는지에 대해 사안에서 주어진 사실관계만으로는 파악하기 어렵다. 그러나 A지부가 A회사의 유일한 근로자가 단결체로서, A사를 상대로 총 8차례 정도의 단체교섭을 진행하였다는 사정 등을 감안할 때, 집행기관인 A지부 간부들을 중심으로 A회사 근로자들을 위한 독립된 조직체로서 활동을 하는 것으로 보인다. 따라서 A지부는 쟁의행위의 주체와 관련하여 정당성을 갖는 것으로 판단된다.

## Ⅲ. 조합원 찬반투표의 범위

### 1. 문 제 점

노조법 제41조 제1항은 노동조합의 쟁의행위는 그 조합원의 직접·비밀·무기명투표에 의한 조합원 과반수의 찬성으로 결정해야 한다고 밝히고 있다. 이 경우 초기업별 노조(지역별·산업별·업종별)가 당해 지부에 국한하여 파업을 할 경우에도 초기업별 노조 전체 조합원의 찬반투표를 필요로 하는지가 문제된다.

### 2. 판례의 태도

판례는 "지역별·산업별·업종별 노동조합의 경우에는 총파업이 아닌 이상 쟁의행위를 예정하고 있는 당해 지부나 분회소속 조합원의 과반수의 찬성이 있으면 쟁의행위는 절차적으로 적법하다고 보아야 할 것이고, 쟁의행위와 무관한 지부나 분회의 조합원을 포함한 전체 조합원의 과반수 이상의 찬성을 요하는 것은 아니다(대법원 2004.9.24. 선고 2004도4641 판결)"라고 하였다.

### 3. 사안의 적용

A지부는 B산업별 단위노동조합 산하의 A회사 지부로서, A회사를 상대로 당해 사업장의 근로자들의 근로조건에 관하여 A지부에 국한한 쟁의행위를 하기 위한 찬반투표를 하였다. 따라서 A지부 조합원만을 대상으로 한 파업찬반

투표에서 과반수인 90%의 찬성을 얻었다면 이는 적법한 절차에 따른 것이다.

## Ⅳ. 설문의 해결

A지부는 독자적인 지부로서 단체교섭 및 쟁의행위의 당사자가 될 수 있으며, 쟁의행위가 이루어질 당해 A지부 조합원만을 대상으로 한 찬반투표는 적법하므로 이를 지적하는 A회사의 주장은 타당하지 않다.

# [문제 02]의 해결 — 쟁의행위의 목적의 정당성

Ⅰ. 설문의 쟁점
Ⅱ. A지부 쟁의행위의 목적의 정당성 인정 여부
1. 공장이전계획 백지화 주장에 관한 판단
2. 임금 삭감 철회 주장에 관한 판단
3. 쟁의행위를 통하여 복수의 목적을 관철하려는 경우
Ⅲ. 설문의 해결

## Ⅰ. 설문의 쟁점

사안에서 A지부는 직접적인 근로조건 또는 이와 관련되는 사항이라고 할 수 없는 경영사항, 즉 공장이전계획 백지화라는 주장을 관철하기 위해 쟁의행위를 하였는바, 그 목적에 있어 정당성을 가질 수 있는지가 문제된다. 또한 주장된 여러 목적 중 일부가 정당성을 갖지 못하는 경우 전체 쟁의행위의 정당성이 부정되는지가 부수적인 쟁점이라고 하겠다.

## Ⅱ. A지부 쟁의행위의 목적의 정당성 인정 여부

### 1. 공장이전계획 백지화 주장에 관한 판단

판례는 경영사항에 관한 주장 관철을 목적으로 하는 쟁의행위와 관련하여 “정리해고나 사업조직의 통폐합, 공기업의 민영화 등 기업의 구조조정의 실시 여부는 경영주체에 의한 고도의 경영상 결단에 속하는 사항으로서 이는 원칙적으로 단체교섭의 대상이 될 수 없고, 그것이 긴박한 경영상의 필요나 합리적인 이유 없이 불순한 의도로 추진되는 등의 특별한 사정이 없는 한, 노동조합이 실질적으로 그 실시 자체를 반대하기 위하여 쟁의행위에 나아간다면, 비록 그 실시로 인하여 근로자들의 지위나 근로조건의 변경이 필연적으로 수반된다 하더라도 그 쟁의행위는 목적의 정당성을 인정할 수 없다(대법원 2002.2.26. 선고 99도5380 판결)”고 판시하고 있다.

A회사는 경영 악화를 이유로 공장을 이전하기로 결정하였는데, 이는 기업의 경영사항에 해당한다. 따라서 A기업은 사업 또는 영업을 변경하거나 처분할 자유를 갖기 때문에 이를 이유로 한 A지부의 쟁의행위는 그 목적의 정당성을 인정할 수 없다.

## 2. 임금 삭감 철회 주장에 관한 판단

단체교섭사항에는 일반적으로 근로조건 기타 근로자의 대우 또는 당해 단체적 노사관계 운영에 관한 사항이 포함되며, 사용자가 처분할 수 있는 사항이어야 한다.

사안에서 A지부는 근로조건의 핵심에 해당하는 임금 삭감을 반대하고 있으며 이는 사용자의 처분권한에 해당한다. 따라서 A지부의 임금 삭감 반대를 위한 쟁의행위는 당연히 정당성을 갖는다.

## 3. 쟁의행위를 통하여 복수의 목적을 관철하려는 경우

### (1) 판례의 태도

쟁의행위에서 추구하는 목적이 여러 가지이고 그 중 일부가 정당하지 못한 경우에는 주된 목적 내지 진정한 목적의 당부에 의하여 그 쟁의목적의 당부를 판단하여야 한다. 이때 부당한 요구사항을 제외하였다면 쟁의행위를 하지 않았을 것이라고 인정되는 경우에는 그 쟁의행위 전체가 정당성을 갖지 못한다고 보아야 한다(대법원 2009.6.23. 선고 2007두12859 판결).

### (2) 사안의 적용

A지부 간부들이 조합원 총회에서 회사의 공장이전을 사정상 불가피할 수도 있다는 뜻을 밝혀 이것이 쟁의행위의 주된 목적이 아닌 것처럼 보일 수

도 있다. 그러나 결과적으로 A지부의 쟁의행위의 목적은 공장이전 철회와 임금 삭감 철회로서, 이것만으로는 조합원들이 파악하고 있는 목적의 중요성의 순위나 이들 목적 중 일부가 조건부로 철회될 수 있는지의 유무는 파악할 수 없다.

만약 주된 목적이 임금삭감의 백지화라면 경영사항인 공장이전에 대한 A지부의 쟁의목적은 정당하지 못하지만, 이를 제외하였더라도 임금삭감 반대를 관철시키기 위한 쟁의행위를 하였을 것이라면 A지부의 쟁의행위의 정당성을 인정할 수 있을 것이다.

## Ⅲ. 설문의 해결

A지부의 쟁의행위는 공장이전과 임금삭감의 반대라는 두 가지 목적을 갖고 행하여졌다. 공장이전 결정은 A회사의 경영권에 해당하므로 부당한 요구에 해당하지만, 임금삭감 반대는 쟁의행위의 정당한 목적으로 삼을 수 있다. 사안에서 공장이전이 A지부의 쟁의행위의 주된 목적이었다면 A회사의 주장은 타당할 수 있지만, A지부가 임금삭감 반대만으로도 쟁의행위에 돌입한다면 정당한 쟁의행위가 되므로 A회사의 주장은 타당성을 잃게 된다.

【관련쟁점】

1. 사용자의 처분권한에 속하지 않는 사항을 대상으로 한 파업의 정당성은?
2. 초기업별 노동조합의 지부가 파업하는 경우 파반투표 실시의 범위는?

【참고문헌】

김형배, 961~997면; 김희성(2), 209~269면; 임종률, 219~236면; 이철수 외 4인, 396~408면.

**【관련판례】**

○ 지부 · 분회의 단체교섭 당사자 지위

대법원 2001.2.23. 선고 2000도4299 판결

노동조합의 하부단체인 분회나 지부가 독자적인 규약 및 집행기관을 가지고 독립된 조직체로서 활동을 하는 경우 당해 조직이나 그 조합원에

고유한 사항에 대하여는 독자적으로 단체교섭하고 단체협약을 체결할 수 있고, 이는 그 분회나 지부가 노동조합및노동관계조정법 시행령 제7조의 규정에 따라 그 설립신고를 하였는지 여부에 영향받지 아니한다.

○ 지부 · 분회의 쟁의행위 주체성

대법원 2004.9.24. 선고 2004도4641 판결(주체—지부, 분회)

지역별 · 산업별 · 업종별 노동조합의 경우에는 총파업이 아닌 이상 쟁의행위를 예정하고 있는 당해 지부나 분회소속 조합원의 과반수의 찬성이 있으면 쟁의행위는 절차적으로 적법하다고 보아야 할 것이고, 쟁의행위와 무관한 지부나 분회의 조합원을 포함한 전체 조합원의 과반수 이상의 찬성을 요하는 것은 아니다.

○ 경영사항과 쟁의행위의 정당성

대법원 2002.2.26. 선고 99도5380 판결(경영사항에 관한 주장)

정리해고나 사업조직의 통폐합, 공기업의 민영화 등 기업의 구조조정의 실시 여부는 경영주체에 의한 고도의 경영상 결단에 속하는 사항으로서 이는 원칙적으로 단체교섭의 대상이 될 수 없고, 그것이 긴박한 경영상의 필요나 합리적인 이유 없이 불순한 의도로 추진되는 등의 특별한 사정이 없는 한, 노동조합이 실질적으로 그 실시 자체를 반대하기 위하여 쟁의행위에 나아간다면, 비록 그 실시로 인하여 근로자들의 지위나 근로조건의 변경이 필연적으로 수반된다 하더라도 그 쟁의행위는 목적의 정당성을 인정할 수 없다.

대법원 2001.4.24. 선고 99도4893 판결(경영사항에 관한 주장)

긴박한 경영상의 필요에 의하여 하는 이른바 정리해고의 실시는 사용자의 경영상의 조치라고 할 것이므로, 정리해고에 관한 노동조합의 요구내용이 사용자는 정리해고를 하여서는 아니 된다는 취지라면 이는 사용자의 경영권을 근본적으로 제약하는 것이 되어 원칙적으로 단체교섭의 대상이 될 수 없고, 단체교섭사항이 될 수 없는 사항을 달성하려는 쟁의행위는 그 목적의 정당성을 인정할 수 없다.

○ 쟁의목적의 정당성 판단기준

대법원 2009.6.23. 선고 2007두12859 판결

근로자의 쟁의행위가 적법하기 위해서는, 첫째 그 주체가 단체교섭의 주체로 될 수 있는 자이어야 하고, 둘째 그 목적이 근로조건의 향상을 위한 노사간의 자치적 교섭을 조성하는 데 있어야 하며, 셋째 사용자가 근로자의 근로조건 개선에 관한 구체적인 요구에 대하여 단체교섭을 거부하였을 때 개시하되 특별한 사정이 없는 한 조합원의 찬성결정 등 법령이 규정 한 절차를 거쳐야 하고, 넷째 그 수단과 방법이 사용자의 재산권과 조화를 이루어야 함은 물론 폭력의 행사에 해당되지 아니하여야 한다는 여러 조건을 모두 구비하여야 한다. 쟁의행위에서 추구하는 목적이 여러 가지이고 그 중 일부가 정당하지 못한 경우에는 주된 목적 내지 진정한 목적의 당부에 의하여 그 쟁의목적의 당부를 판단하여야 하고, 부당한 요구사항을 제외하였다면 쟁의행위를 하지 않았을 것이라고 인정되는 경우에는 그 쟁의행위 전체가 정당성을 갖지 못한다고 보아야 한다.

# 42. 쟁의행위의 정당성과 업무방해죄

## 【사실관계】

A사(社)는 상시근로자 300명을 고용하여 에어컨 등 냉방기기를 제조하는 회사이고, B노동조합은 A사 소속 근로자 50명으로 구성된 기업별 노동조합이다.

전 세계적인 이상기온 현상으로 인해 여름철의 극심한 무더위가 몇 년간 계속되자 A사의 매출은 2009년 35.3%, 2010년 65.6%, 2011년 70% 정도 증가하였다. 그럼에도 불구하고 A사 소속 근로자의 임금은 매년 1~2% 정도 인상되었을 뿐이어서 근로자들의 불만은 차츰 고조되어 갔다.

임금협약 갱신 시기가 다가오자 B노동조합은 위와 같은 분위기에 힘입어 전년도 대비 12~14% 임금인상을 내용으로 하는 단체교섭안을 회사 측에 제시하였고, A사 내에서는 조합원, 비조합원을 가릴 것 없이 노동조합이 제시한 교섭안을 지지하는 여론이 형성되었다. 회사 측도 임금인상 요구에 대해 어느 정도 수긍하였으나 5%를 초과하는 임금인상은 어렵다는 입장을 표명하였고, 몇 차례 단체교섭이 진행되었으나 양 측의 입장 차이는 끝내 좁혀지지 못하였다.

B노동조합의 위원장 C는 실명으로 운영되는 조합원 인터넷 카페의 게시판에 그 동안의 단체교섭 진행상황을 설명하는 게시물을 올리면서, 단체교섭이 최종적으로 결렬됨에 따라 쟁의행위 실시 여부 및 구체적인 방법 등을 정하기 위해 조합원총회를 개최할 것임을 알렸다. 임금인상에 대한 강한 기대를 가지고 있던 조합원들은 회사 측의 비협조적인 태도로 인해 단체교섭이 결렬된 것에 대해 강한 불만을 가지게 되었고, 상당수의 조합원들이 "매출은 고공행진, 임금은 저공비행", "찬반투표 할 필요 없다, 내일부터 당장 파업이다" 등의 리플이나 게시물을 작성하였다(집계결과 44명의 조합원들이 쟁의행위를 찬성하는 취지의 댓글이나 게시물을 작성함). 위원장 C는 대다수의 조합원들이 댓글 등을 통해 쟁의행위 돌입을 적극 찬성하는 의사를 표현하고, 비조합원들도 노동조합의 움직임을 지지하는 여론을 보이고 있는 점을 고려하여, 조합원들의 의사는 충분히 확인된 것이고 굳이 쟁의행위 찬반투

표를 실시하지 않아도 될 것이라고 판단하였다. 다만 파업으로 인한 조합원들의 임금 손실을 최소화하기 위해 전면 파업 대신에 하루에 10명씩 번갈아 가면서 파업을 하기로 결정하였다. 위원장 C는 일주일 후에 파업에 돌입할 것임을 회사 측에 통보하였고, 모든 조합원들은 위원장 C의 지시에 따라 각자 정해진 날짜에 10명씩 회사에 출근하지 않는 방법으로 부분파업을 진행하였다.

---

[문제 01] A사는 이 쟁의행위가 조합원들의 찬반투표를 거치지 않고 진행되었기 때문에 절차적 정당성을 상실한 쟁의행위라고 주장하면서 파업을 철회할 것을 요구하고 있는 반면, B노동조합은 인터넷 게시물 등을 통해 조합원들의 의견을 수렴하는 절차는 충분히 진행되었고, 실제로 모든 조합원이 노동조합의 지시에 따라 파업에 참여한 것을 이유로 정당한 쟁의행위라고 반박하고 있다. 누구의 주장이 타당한가?

[문제 02] 만약 회사가 노동조합 위원장 C를 위력에 의한 업무방해죄의 공동정범으로 고소하였다면 C의 변호사로서 어떠한 주장을 할 수 있을 있을까?

## 《관련조문》

노동조합 및 노동관계조정법

제37조(쟁의행위의 기본원칙) ① 쟁의행위는 그 목적·방법 및 절차에 있어서 법령 기타 사회질서에 위반되어서는 아니 된다.

② 조합원은 노동조합에 의하여 주도되지 아니한 쟁의행위를 하여서는 아니 된다.

제41조(쟁의행위의 제한과 금지) ① 노동조합의 쟁의행위는 그 조합원의 직접·비밀·무기명투표에 의한 조합원 과반수의 찬성으로 결정하지 아니하면 이를 행할 수 없다. 제29조의2에 따라 교섭대표노동조합이 결정된 경우에는 그 절차에 참여한 노동조합의 전체 조합원(해당 사업 또는 사업장 소속 조합원으로 한정한다)의 직접·비밀·무기명투표에 의한 과반수의 찬성으로 결정하지 아니하면 쟁의행위를 할 수 없다.

**【사실관계】의 논점정리**

이 사례는 조합원들의 찬반투표를 거치지 않은 쟁의행위의 정당성 인정 여부와 정당성을 잃은 쟁의행위가 형사상 위력에 의한 업무방해죄를 구성하는지를 묻고 있다.

[문제 01]과 관련하여 쟁의행위의 의사결정에 실질적 정당성은 확보하였지만, 노조법에서 요구하는 찬반투표를 거치지 않아 절차적 정당성이 문제되는 경우, 쟁의행위의 정당성을 인정할 수 있는지가 쟁점이 된다.

[문제 02]는 쟁의행위가 정당성이 부인되는 경우 그로 인해 피해를 입은 사용자에 대한 관계에서 노동조합 또는 조합원이 위력에 의한 업무방해죄의 죄책을 지는지가 쟁점인데, 이와 관련하여 위력의 의미, 업무저해성의 판단기준 등이 문제된다.

## 논점의 해설

### [문제 01]의 해결 — 찬반투표와 쟁의행위의 정당성

Ⅰ. 설문의 쟁점
Ⅱ. 쟁의행위 찬반투표와 쟁의행위의 절차적 정당성
1. 쟁의행위 찬반투표의 의의
2. 쟁의행위 찬반투표에 대한 판례의 태도 / 3. 사안의 적용
Ⅲ. 설문의 해결

## Ⅰ. 설문의 쟁점

쟁의행위는 목적 · 절차 · 수단의 정당성을 모두 갖춘 경우에 정당한 쟁의행위로 평가될 수 있다. 노동조합 및 노동관계조정법(이하 '노조법'으로 약칭함)도 제37조에서 "쟁의행위는 목적 · 방법 및 절차에 있어서 법령 기타 사회질서에 위반되어서는 아니 된다"고 규정함으로써 정당한 쟁의행위의 구체적인 요건을 밝히고 있다. 이 가운데 쟁의행위의 절차적 정당성과 관련하여 노조법 제41조는 쟁의행위 찬반투표 절차에 관하여 규정하고 있는바, 사안과 같

이 조합원들 대부분이 쟁의행위에 찬성하는 의사를 가지고 있음은 확인되었으나 찬반투표 절차를 거치지 않고 쟁의행위가 개시된 경우에 쟁의행위의 절차적 정당성을 인정할 수 있을 것인지가 문제된다.

## Ⅱ. 쟁의행위 찬반투표와 쟁의행위의 절차적 정당성

### 1. 쟁의행위 찬반투표의 의의

노조법 제41조 제1항은 "노동조합의 쟁의행위는 그 조합원의 직접·비밀·무기명투표에 의한 조합원 과반수의 찬성으로 결정하지 아니하면 이를 행할 수 없다"고 규정함으로써 쟁의행위의 절차적 정당성을 확보하기 위한 요건으로서 조합원들의 직접·비밀·무기명투표를 요구하고 있다. 쟁의행위 찬반투표는 노동조합이 갖추어야 할 민주적 의사결정절차를 근로자들의 집단적 행위에까지 적용시킨 것으로서, 판례 역시 "노동조합의 자주적이고 민주적인 운영을 도모함과 아울러 쟁의행위에 참가한 근로자들이 사후에 그 쟁의행위의 정당성 유무와 관련하여 어떠한 불이익을 당하지 않도록 그 개시에 관한 조합의사의 결정에 보다 신중을 기하기 위하여 마련된 절차"라고 보고 있다(대법원 2001.10.25. 선고 99도4837 전원합의체 판결).

### 2. 쟁의행위 찬반투표에 대한 판례의 태도

종래 판례는 "조합원의 직접·비밀·무기명 투표에 의한 과반수의 찬성 결정을 거치지 아니하고 쟁의행위에 나아간 경우에도 조합원의 민주적 의사결정이 실질적으로 확보된 경우에는 위와 같은 투표절차를 거치지 아니하였다는 사정만으로 쟁의행위가 정당성을 상실한다고 볼 수 없다(대법원 2005.5.26. 선고 99도4836 판결)"고 하여, 조합원들의 의사가 민주적인 의사결정방법을 통해 실질적으로 확인된 경우에는 쟁의행위 찬반투표를 거치지 않은 경우에도 쟁의행위의 절차적 정당성이 상실되는 것은 아니라고 보았다.

그러나 종래 판례의 입장에 따를 경우, 쟁의행위 돌입 여부나 구체적인 방법 등을 결정함에 있어 위임에 의한 대리투표, 공개결의나 사후결의, 사실상의 찬성 간주 등의 방법이 용인될 가능성이 있을 뿐만 아니라, 궁극적으로는 조합의 임원이나 소수 조합원이 전체 조합원들의 의사를 지배하는 등 조합원의 실질적 의사가 왜곡될 우려가 존재한다. 이러한 문제점을 인식하여 판례는 태도를 바꾸어 “노동조합및노동관계조정법 제41조 제1항의 규정은 노동조합의 자주적이고 민주적인 운영을 도모함과 아울러 쟁의행위에 참가한 근로자들이 사후에 그 쟁의행위의 정당성 유무와 관련하여 어떠한 불이익을 당하지 않도록 그 개시에 관한 조합의사의 결정에 보다 신중을 기하기 위하여 마련된 규정이므로 위의 절차를 위반한 쟁의행위는 그 절차를 따를 수 없는 객관적인 사정이 인정되지 아니하는 한 정당성이 상실된다(대법원 2001.10.25. 선고 99도4837 전원합의체 판결)”고 판시하였다.

## 3. 사안의 적용

A사(社)의 매출액은 몇 년 동안 꾸준히 증가하였음에도 불구하고 근로자들의 임금은 거의 인상되지 않았기 때문에 임금인상에 대한 근로자들의 기대가 대단히 높았다는 점, 조합원 · 비조합원을 불문하고 임금인상을 내용으로 하는 단체교섭안에 대한 지지 여론이 형성되어 있었다는 점, 실명제로 운영되는 조합원 인터넷 게시판을 통해 조합원들의 절대다수가 쟁의행위를 찬성하는 의사를 보였으며 실제로도 모든 조합원들이 노동조합의 지시에 따라 쟁의행위에 참가하였다는 점 등을 고려할 때, 쟁의행위 찬반투표라는 형식적인 절차를 거치지는 않았지만 쟁의행위 개시 여부를 결정함에 있어서 조합원들의 의사가 충분히 반영되었으므로 절차적 정당성을 갖춘 쟁의행위라고 볼 여지도 있다.

그러나 변경된 판례의 태도에 따를 경우, 민주적 정당성이 실질적으로 확보되었다고 하더라도 형식적으로 요구되는 쟁의행위 찬반투표 절차를 거치지 않은 경우에는 쟁의행위의 정당성이 상실된다고 보아야 할 것이다. 또한 이 사안의 경우와 같이, A사 내부의 여론이나 인터넷 게시판을 통해 조합원들의 의사가 확인되었다는 사정만으로는 판례가 예외적으로 쟁의행위의 정당성을 인정하는 “그 절차를 따를 수 없는 객관적인 사정”이 있다고 보기 어려운바, 결국 이 사안의 쟁의행위는 절차적 정당성을 상실하였다고 보아야 할 것이다.

## Ⅲ. 설문의 해결

B노동조합의 쟁의행위는 쟁의행위 개시에 있어서 요구되는 조합원들의 직접 · 비밀 · 무기명에 의한 찬반투표 절차를 거치지 않은 상태에서 개시되었으므로 정당성을 상실하였다. 따라서 A사의 주장이 타당하다.

# [문제 02]의 해결 — 쟁의행위와 업무방해죄

Ⅰ. 설문의 쟁점
Ⅱ. 쟁의행위와 위력에 의한 업무방해죄 성립 여부
1. 업무방해죄의 구성요건(형법 제314조)
2. 쟁의행위의 업무저해성 / 3. 쟁의행위의 위력성
Ⅲ. 변호사로서 주장할 수 있는 내용
1. 근로제공 거부행위는 업무방해죄를 구성하지 않는다는 주장
2. 위력에 해당하지 않는다는 주장 / 3. 사안의 적용
Ⅳ. 설문의 해결

## Ⅰ. 설문의 쟁점

헌법 제33조 제1항은 근로자의 단결권, 단체교섭권, 단체행동권(근로3권)을 보장하고 있는바, 노동조합의 쟁의행위는 단체행동권의 정당한 행사이다. 따라서 정당한 쟁의행위에 대해서는 민 · 형사상 책임을 물을 수 없다고 보아야 하고, 노동조합 및 노동관계조정법(이하 '노조법'으로 약칭함) 제3조 및 제4조도 이러한 내용을 확인하고 있다. 사안과 같이 쟁의행위 개시에 요구되는 절차적 요건을 구비하지 못하여 정당성을 상실한 쟁의행위의 경우, 노동조합 및 노동조합 임원에 대해 형사책임을 물을 수 있는지가 문제되는데, 특히 소극적으로 근로를 거부한 것에 불과한 경우에도 위력에 의한 업무방해죄의 책임을 물을 수 있는지 문제된다.

## Ⅱ. 쟁의행위와 위력에 의한 업무방해죄 성립 여부

### 1. 업무방해죄의 구성요건(형법 제314조)

형법 제314조는 허위사실을 유포하거나 위력으로써 사람의 업무를 방해한 경우에 업무방해죄가 성립한다고 규정하고 있는바, 쟁의행위가 위력에 의한 업무방해죄를 구성하는지 여부가 문제된다.

### 2. 쟁의행위의 업무저해성

쟁의행위의 개념에 대해 노동조합 및 노동관계조정 제2조 제6호는 "파업·태업·직장폐쇄 기타 … 업무의 정상적인 운영을 저해하는 행위"라고 규정하고 있다. 쟁의행위의 대표적인 유형인 파업은 근로자들이 계약상 부담하는 노무제공을 집단적으로 거부하는 행위를 의미하는바, 파업을 비롯한 쟁의행위의 구체적인 유형들은 사용자의 업무를 저해하는 것을 본질적인 내용으로 하고 있다. 따라서 쟁의행위는 업무방해죄의 구성요건 중 업무방해성을 충족한다.

### 3. 쟁의행위의 위력성

업무방해죄에 있어서의 위력이란 "폭행이나 협박은 물론 사람의 의사의 자유를 제압, 혼란케 할 세력(대법원 2003.12.26. 선고 2001도1863 판결)"을 의미한다. 종래 판례에 의하면 쟁의행위는 본질적으로 위력을 내포하기 때문에 위력에 의한 업무방해죄의 구성요건을 충족한다고 보았다. 즉 쟁의행위를 한 경우에 이는 곧바로 위력에 의한 업무방해죄를 구성하는 것이고, 다만 쟁의행위가 정당성을 갖춘 경우에는 노조법 제4조에 따라 위법성이 조각된다고 보았다(대법원 2001.10.25. 선고 99도4837 전원합의체 판결; 대법원 1990.4.23. 선고 90도2961 판결 참조).

그러나 최근에 판례는 태도를 변경하여 "근로자는 원칙적으로 헌법상 보장된 기본권으로서 근로조건 향상을 위한 자주적인 단결권·단체교섭권 및 단체행동권을 가지므로, 쟁의행위로서 파업이 언제나 업무방해죄에 해당하는 것으로 볼 것은 아니고, 전후 사정과 경위 등에 비추어 사용자가 예측할 수 없는 시기에 전격적으로 이루어져 사용자의 사업운영에 심대한 혼란 내지 막

대한 손해를 초래하는 등으로 사용자의 사업계속에 관한 자유의사가 제압· 혼란될 수 있다고 평가할 수 있는 경우에 비로소 집단적 노무제공의 거부가 위력에 해당하여 업무방해죄가 성립한다고 보는 것이 타당하다(대법원 2011.3.17. 선고 2007도482 전원합의체 판결 다수의견)"고 하였다. 즉 기존의 판례가 '쟁의행위=위력의 행사'라고 보던 것과는 달리 사용자의 사업운영에 심대한 혼란을 초래한 경우 등의 요건을 갖춘 경우에 비로소 위력에 해당한다고 본 것이다. 따라서 변경된 판례의 태도에 따를 경우, 정당성을 상실한 쟁의행위라고 해서 바로 업무방해죄에 해당하는 것이 아니라, 일정한 요건을 충족한 경우에 비로소 위력에 의한 업무방해죄가 성립하게 되는 것이다.

## Ⅲ. 변호사로서 주장할 수 있는 내용

### 1. 근로제공 거부행위는 업무방해죄를 구성하지 않는다는 주장

변경된 판결의 다수견해는 소극적으로 근로제공을 거부하는 행위가 작위에 해당한다는 것을 전을 전제로, 단순파업도 위력의 행사에 해당하는 요소를 포함하고 있다고 보고 있다. 그러나 "근로자가 근로제공을 하지 않는 것은 근로계약상의 의무를 이행하지 않는 부작위임이 명백하고, 근로자들이 집단적으로 근로제공을 거부하였다고 해서 개별적으로 부작위인 근로제공의 거부가 작위로 전환된다고 할 수는 없고(대법원 2011.3.17. 선고 2007도482 전원합의체 판결 반대의견)", 부작위에 의한 업무방해죄의 성립을 인정하기 위해서는 "부작위에 의하여 위력을 행사한 것과 동일한 결과를 실현할 수 있고 근로자들이 그러한 결과 발생을 방지하여야 할 보증인적 지위에 있어야 할 것(앞의 판결 반대의견)"인데, 근로자 내지 노동조합이 사용자에 대하여 보증인적 지위에 있다고 볼 수는 없다. 따라서 소극적 근로거부행위는 업무방해행위를 구성하지 않는다고 보아야 할 것이다.

### 2. 위력에 해당하지 않는다는 주장

변경된 판례에 따르면 쟁의행위가 발생한 경우라고 하더라도 "전후 사정과 경위 등에 비추어 사용자가 예측할 수 없는 시기에 전격적으로 이루어져 사용자의 사업운영에 심대한 혼란 내지 막대한 손해를 초래하는 등으로 사용자의 사업계속에 관한 자유의사가 제압 · 혼란될 수 있다고 평가할 수 있는 경우에 비로소 집단적 노무제공의 거부가 위력에 해당하여 업무방해죄가 성립한다"고 보고 있는바, 이 사안의 쟁의행위가 판례가 설시하고 있는 요건에 해당하는지 여부가 문제된다.

사안의 경우 A사의 전체 근로자 300명 가운데 조합원의 수는 50명에 불과했다는 점, 전면파업 대신에 하루에 10명씩의 조합원만 근로제공을 거부하는 부분파업의 방식으로 쟁의행위를 하였기 때문에 전체 근로자 300명 가운데 실제로 근로제공을 거부한 근로자는 일부에 불과하다는 점, 수차례 단체교섭을 진행했음에도 불구하고 사용자와 노동조합 간의 의사합치가 이루어지지 않아 최후적인 수단으로 쟁의행위를 개시하였다는 점, 쟁의행위 개시 전에 회사에 대하여 쟁의행위 개시시기를 미리 알렸다는 점 등을 종합적으로 고려할 때, 이 사안의 쟁의행위가 "사용자가 예측할 수 없는 시기에 전격적으로 이루어져 사용자의 사업운영에 심대한 혼란 내지 막대한 손해를 초래하는 등으로 사용자의 사업계속에 관한 자유의사가 제압 · 혼란"된 경우에 해당한다고 보기는 어려울 것이다. 결국 이 사건 쟁의행위가 위력의 행사라고 보기는 어려우므로 업무방해죄를 구성한다고 볼 수 없을 것이다.

### 3. 사안의 적용

소극적으로 근로제공을 거부한 행위는 부작위에 해당한다고 보아야 할 것이고, 근로자가 사용자에 대하여 보증인적 지위를 갖는다고 보기는 어려우므로 부작위에 의한 업무방해죄를 인정할 수 없다. 근로제공 거부행위를 작위로 평가한다고 하더라도 쟁의행위의 규모나 태양, 절차 등을 고려하여 사용자의 사업운영을 방해하였다고 볼 수는 있는 경우 등에만 위력을 행사한 것이라고 볼 수 있는바, 이 사건 쟁의행위는 위력행사에 해당한다고 보기 어려우므로, 결국 업무방해죄를 구성한다고 볼 수 없다.

## Ⅳ. 설문의 해결

이 사건 쟁의행위는 찬반투표를 거치지 않고 개시되었으므로 정당성을 상실하였다고 볼 수 있지만, 위력에 의한 업무방해죄의 구성요건을 충족시키지 못하고 있다. 따라서 B노동조합의 위원장 C에 대해 위력에 의한 업무방해죄의 공모공동정범의 죄책을 물을 수 없다.

【관련쟁점】

1. 최근의 헌법재판소 결정은 쟁의행위와 위력에 의한 업무방해죄와의 관계를 어떻게 보고 있는가?
2. 정당한 쟁의행위 시 형사상의 면책은 어떻게 그 법리가 구성되어야 할 것인가?

【참고문헌】

김형배, 998~1007면; 김희성(2), 198~208면; 임종률, 242~242면; 이철수 외 4인, 417~424면.

**【관련판례】**

**○ 찬반투표와 쟁의행위의 정당성**

대법원 2001.10.25. 선고 99도4837 전원합의체 판결

[다수의견] 쟁의행위를 함에 있어 조합원의 직접·비밀·무기명투표에 의한 찬성결정이라는 절차를 거쳐야 한다는 노동조합및노동관계조정법 제41조 제1항의 규정은 노동조합의 자주적이고 민주적인 운영을 도모함과 아울러 쟁의행위에 참가한 근로자들이 사후에 그 쟁의행위의 정당성 유무와 관련하여 어떠한 불이익을 당하지 않도록 그 개시에 관한 조합의 사의 결정에 보다 신중을 기하기 위하여 마련된 규정이므로 위의 절차를 위반한 쟁의행위는 그 절차를 따를 수 없는 객관적인 사정이 인정되지 아니하는 한 정당성이 상실된다. 이와 달리 … (중략) … 쟁의행위의 정당성이 상실되지 않는 것으로 해석한다면 위임에 의한 대리투표, 공개결의나 사후결의, 사실상의 찬성 간주 등의 방법이 용인되는 결과, 그와 같은 견해는 위의 관계 규정과 대법원의 판례취지에 반하는 것이 된다. 따라서 … (중략) … 조합원의 민주적 의사결정이 실질적으로 확보된 경우에는 위와 같은 투표절차를 거치지 아니하였다는 사정만으로 쟁의행위가 정당성을 상실한다고 볼 수 없다는 취지의 대법원 2000.5.26. 선고 99도4836 판결은 이와 어긋나는 부분에 한하여 변경하기로 한다.

[소수의견] 조합원의 찬·반투표를 실시하는 주체는 노동조합(본부와 지부가 있는 경우에는 당연히 본부)의 집행부라 할 것이므로, 조합원의 찬·반투표 절차 없이 쟁의행위를 개시하였음을 이유로 노동조합 및 노동관계조정법 제91조 제1호에 따라 처벌하는 대상도 그와 같은 찬·반투

표 없이 쟁의행위를 하기로 하는 결정을 주도하거나 그 결정에 적극 관여한 자에 한정되는 것이고, 그러한 결정을 주도하거나 적극 관여함이 없이 단순히 노동조합 집행부의 지시에 따라 쟁의행위에 가담한 조합원은 그 처벌대상이 되지 않는 것으로 봄이 상당하다.

○ 쟁의행위로서 파업이 업무방해죄의 '위력'에 해당하는지 여부

대법원 2011.3.17. 선고 2007도482 전원합의체 판결

[다수의견] (가) 업무방해죄는 위계 또는 위력으로써 사람의 업무를 방해한 경우에 성립하며(형법 제314조 제1항), '위력'이란 사람의 자유의사를 제압·혼란케 할 만한 일체의 세력을 말한다. 쟁의행위로서 파업(노동조합 및 노동관계조정법 제2조 제6호)도, 단순히 근로계약에 따른 노무의 제공을 거부하는 부작위에 그치지 아니하고 이를 넘어서 사용자에게 압력을 가하여 근로자의 주장을 관철하고자 집단적으로 노무제공을 중단하는 실력행사이므로, 업무방해죄에서 말하는 위력에 해당하는 요소를 포함하고 있다.

(나) 근로자는 원칙적으로 헌법상 보장된 기본권으로서 근로조건 향상을 위한 자주적인 단결권·단체교섭권 및 단체행동권을 가지므로(헌법 제33조 제1항), 쟁의행위로서 파업이 언제나 업무방해죄에 해당하는 것으로 볼 것은 아니고, 전후 사정과 경위 등에 비추어 사용자가 예측할 수 없는 시기에 전격적으로 이루어져 사용자의 사업운영에 심대한 혼란 내지 막대한 손해를 초래하는 등으로 사용자의 사업계속에 관한 자유의사가 제압·혼란될 수 있다고 평가할 수 있는 경우에 비로소 집단적 노무제공의 거부가 위력에 해당하여 업무방해죄가 성립한다고 보는 것이 타당하다.

[반대의견] (가) 다수의견은 폭력적인 수단이 동원되지 않은 채 단순히 근로자가 사업장에 출근하지 않음으로써 근로제공을 하지 않는 '소극적인 근로제공 중단', 즉 '단순파업'이라고 하더라도 파업은 그 자체로 부작위가 아니라 작위적 행위라고 보아야 한다는 것이나, 이러한 견해부터 찬성할 수 없다. 근로자가 사업장에 결근하면서 근로제공을 하지 않는 것은 근로계약상의 의무를 이행하지 않는 부작위임이 명백하고, 근로자들이 쟁의행위의 목적에서 집단적으로 근로제공을 거부한 것이라는 사정이 존재하다고 하여 개별적으로 부작위인 근로제공의 거부가 작위로 전환된다고 할 수는 없다.

(나) '단순파업'을 다수의견의 견해와 달리 부작위라고 보더라도, 부작위에 의하여 위력을 행사한 것과 동일한 결과를 실현할 수 있고 근로자

들이 그러한 결과 발생을 방지하여야 할 보증인적 지위에 있다고 볼 수 있다면, 비록 다수의견과 논거를 달리하지만 위력에 의한 업무방해죄의 성립을 인정할 수 있다. 그러나 일반적으로 사용자에게 근로자들의 단순파업으로부터 기업활동의 자유라는 법익을 스스로 보호할 능력이 없다거나, 근로자들이 사용자에 대한 보호자의 지위에서 사태를 지배하고 있다고는 말할 수 없다. 무엇보다 근로자 측에게 위법한 쟁의행위로서 파업을 해서는 안 된다는 작위의무를 인정하는 것은 서로 대립되는 개별적·집단적 법률관계의 당사자 사이에서 상대방 당사자인 사용자 또는 사용자단체에 대하여 당사자 일방인 근로자 측의 채무의 이행을 담보하는 보증인적 지위를 인정하자는 것이어서 받아들일 수 없고, 근로자들의 단순한 근로제공 거부는 그것이 비록 집단적으로 이루어졌다 하더라도 업무방해죄의 실행행위로서 사용자의 업무수행에 대한 적극적인 방해 행위로 인한 법익침해와 동등한 형법가치를 가진다고 할 수도 없다.

(다) 다수의견의 견해와 같이 '단순파업'도 예외적인 상황에서는 작위로서 위력에 해당한다고 보는 입장에 서더라도, 위력의 해당 여부에 관하여 다수의견이 제시하는 판단기준에는 찬성할 수 없다. 단순파업이 쟁의행위로서 정당성의 요건을 갖추지 못하고 있더라도 개별적 근로관계의 측면이나 집단적 근로관계의 측면에서 모두 근본적으로 근로자 측의 채무불이행과 다를 바 없으므로, 이를 위력의 개념에 포함시키는 것은 무엇보다 죄형법정주의의 관점에서 부당하다. 또한 파업 등 쟁의행위가 정당성을 결여한 경우 쟁의행위를 위법하게 하는 각각의 행위에 대하여는 노동조합 및 노동관계조정법에 별도의 처벌규정을 두고 있어 같은 법 위반죄로 처벌할 수 있으므로, 위법한 단순파업이 위력에 의한 업무방해죄를 구성하지 않는다 하더라도 위법의 원인행위 자체에 대한 처벌의 공백이 생기는 것이 아니다. 따라서 근로자들이 단결하여 소극적으로 근로제공을 거부하는 파업 등 쟁의행위를 하였으나 폭행·협박·강요 등의 수단이 수반되지 않는 한, 같은 법의 규정을 위반하여 쟁의행위로서 정당성을 갖추지 못하였다고 하더라도 당해 쟁의행위를 이유로 근로자를 형법상 업무방해죄로 처벌할 수는 없고, 근로자에게 민사상 채무불이행 책임을 부담시킴과 함께 근로자를 노동조합 및 노동관계조정법 위반죄로 처벌할 수 있을 뿐이며, 그것으로 충분하다.

(라) 다수의견이 '단순파업'이 쟁의행위로서 정당성이 없는 경우라 하여 언제나 위력에 해당한다고 볼 수 없다고 보아 위력의 개념을 어느 정도 제한하여 해석한 것은 종래 판례의 태도에 비추어 진일보한 입장이다. 그러나 다수의견이 제시하는 위력의 해당 여부에 관한 판단기준에 의하더라도 과연 어떠한 경우를 전격적으로 이루어졌다고 볼 수 있을 것인지,

어느 범위까지를 심대한 혼란 또는 막대한 손해로 구분할 수 있을 것인지 반드시 명백한 것은 아니다. 따라서 다수의견의 해석론에 따른다 할지라도 형법 제314조 제1항에 규정한 '위력' 개념의 일반조항적 성격이 충분히 해소된 것은 아니고, 위력에 의한 업무방해죄의 성립 여부가 문제되는 구체적 사례에서 자의적인 법적용의 우려가 남을 수밖에 없다.

# 43. 부당노동행위의 주체로서의 사용자와 지배·개입

【사실관계】

선박제조회사인 H사의 사내하청업체들은 대부분 H사의 업무만 수행하여 왔다. H사는 K사 등 사내 하청업체들에 대한 개별도급계약의 체결 여부 및 물량을 그 계획에 따라 주도적으로 조절하였다. 그 외에도 도급계약의 해지, 사내 하청업체 등록해지 권한을 가지고 있는 등 H사는 사내 하청업체에 대하여 우월적 지위에 있었고, 사내하청 근로자의 기본적인 근로조건 등에 관하여 그 근로자를 고용한 사업주로서의 권한과 책임을 일정부분 담당하고 있었다.

그런데 H사 사내하청업체 소속 일부 근로자들은 2003.3.경부터 비밀리에 노동조합준비위원회를 결성하고 비밀조합원제도를 유지하여 오다가 일부 조합원의 신분이 노출되자 같은 해 8.24. H사내하청노동조합창립총회를 거쳐 같은 달 30. 노동조합설립신고증을 교부받게 되었다.

H사는 사내하청노동조합의 결성으로 선박제조가 지체되어 선박인도일정이 늦추어질 것을 우려하던 중, 사내하청업체 K사 소속 근로자이면서 H사내하청노동조합 조합원인 甲이 H사에서 유인물을 배포하는 것을 보고, H사는 "甲이 회사 내에서 유인물을 배포하는 등 회사 운영을 방해하고 있다"면서 K사에 계약해지 등의 경고를 하였다. 그러자 사내하청업체 K사를 비롯하여 몇몇 사내하청업체가 폐업하기로 결정하고 실제로 2003.10.8.에 폐업하였다. 사실상 사내하청업체들의 폐업이유는 H사내하청노동조합의 설립 이외에 다른 이유가 없었다. 이에 따라 H사내하청노동조합은 2003.10.10자로 H사를 상대로 부당노동행위 구제신청을 하였다.

(2013년 제3회 변호사모의시험 2문)

[문제 01] 부당노동행위제도의 제도적 의의와 H사의 부당노동행위 주체

로서의 적격성에 대하여 논함.

[문제 02] (i) 위 사례에서 문제되고 있는 부당노동행위의 유형과 (ii) 부당노동행위구제의 내용 및 절차에 관하여 설명함.

## 《관련조문》

제81조(부당노동행위) 사용자는 다음 각 호의 어느 하나에 해당하는 행위(이하 "부당노동행위"라 한다)를 할 수 없다(개정 2006.12.30, 2010.1.1)(시행일 2010.7.1).

1. 근로자가 노동조합에 가입 또는 가입하려고 하였거나 노동조합을 조직하려고 하였거나 기타 노동조합의 업무를 위한 정당한 행위를 한 것을 이유로 그 근로자를 해고하거나 그 근로자에게 불이익을 주는 행위
2. 근로자가 어느 노동조합에 가입하지 아니할 것 또는 탈퇴할 것을 고용조건으로 하거나 특정한 노동조합의 조합원이 될 것을 고용조건으로 하는 행위. 다만, 노동조합이 당해 사업장에 종사하는 근로자의 3분의 2 이상을 대표하고 있을 때에는 근로자가 그 노동조합의 조합원이 될 것을 고용조건으로 하는 단체협약의 체결은 예외로 하며, 이 경우 사용자는 근로자가 그 노동조합에서 제명된 것 또는 그 노동조합을 탈퇴하여 새로 노동조합을 조직하거나 다른 노동조합에 가입한 것을 이유로 근로자에게 신분상 불이익한 행위를 할 수 없다.
3. 노동조합의 대표자 또는 노동조합으로부터 위임을 받은 자와의 단체협약체결 기타의 단체교섭을 정당한 이유 없이 거부하거나 해태하는 행위
4. 근로자가 노동조합을 조직 또는 운영하는 것을 지배하거나 이에 개입하는 행위와 노동조합의 전임자에게 급여를 지원하거나 노동조합의 운영비를 원조하는 행위. 다만, 근로자가 근로시간 중에 제24조 제4항에 따른 활동을 하는 것을 사용자가 허용함은 무방하며, 또한 근로자의 후생자금 또는 경제상의 불행 기타 재액의 방지와 구제 등을 위한 기금의 기부와 최소한의 규모의 노동조합사무소의 제공은 예외로 한다(시행일 2010.7.1).
5. 근로자가 정당한 단체행위에 참가한 것을 이유로 하거나 또는 노동위원회에 대하여 사용자가 이 조의 규정에 위반한 것을 신고하거나

그에 관한 증언을 하거나 기타 행정관청에 증거를 제출한 것을 이유로 그 근로자를 해고하거나 그 근로자에게 불이익을 주는 행위

제82조(구제신청) ① 사용자의 부당노동행위로 인하여 그 권리를 침해당한 근로자 또는 노동조합은 노동위원회에 그 구제를 신청할 수 있다.
② 제1항의 규정에 의한 구제의 신청은 부당노동행위가 있은 날(계속하는 행위는 그 종료일)부터 3월 이내에 이를 행하여야 한다.

**【사실관계】의 논점정리**

사례는 사내하청업체에 대한 우월적 지위를 가지며, 하청업체와 그 소속 근로자 사이의 근로조건의 결정 등에 관한 사항에 일정한 권한과 책임을 부담한 H사가 하청업체의 근로자들에 대하여 부당노동행위의 주체가 될 수 있는지와 관련된 쟁점을 담고 있다.

[문제 01]은 이와 관련하여 부당노동행위제도의 제도적 의의를 같이 묻고 있으므로 H사의 부동노동행위 주체로서의 적격성을 서술하기에 앞서 이를 반드시 서술하여야 한다.

[문제 02]는 H사가 하청업체 근로자들의 노동조합 설립을 이유로 하청업체의 폐업을 유도한 부분이 여러 유형의 부당노동행위 중 어느 유형에 해당하는지를 묻고 있는바, 각 유형에 대한 간단한 서술이 필요하다. 그리고 부당노동행의에 관한 구제 내용과 절차를 서술하면 된다.

## 논점의 해설

### [문제 01]의 해결

Ⅰ. 설문의 쟁점
Ⅱ. 부당노동행위제도의 제도적 의의
Ⅲ. H사의 사내하청노동조합에 대한 부당노동행위 주체성 인정 여부
  1. 문제의 소재
  2. 부당노동행위의 주체인 '사용자'개념에 대한 판례의 태도
  3. 사안의 적용
Ⅳ. 설문의 해결

# Ⅰ. 설문의 쟁점

사안에서 H사는 하청업체 노동조합의 설립을 이유로 그 근로자들이 속해 있는 하청업체의 폐업을 유도하는 행위를 하였다. 그러나 H사는 K사 등과 도급계약관계를 맺고 있을 뿐 K사 등 하청업체 소속직원들과 직접적인 근로관계를 체결한 바는 없다. 그럼에도 불구하고 H사가 하청업체 소속 직원들에 대한 부동노동행위 주체로서의 적격성을 인정받을 수 있는지 여부가 문제되며, 이에 앞서 부당노동행위 제도의 제도적 의의에 대하여 검토할 필요가 있다.

# Ⅱ. 부당노동행위제도의 제도적 의의

부당노동행위제도는 사용자에 대한 근로3권의 부당한 침해를 방지하기 위함에 그 취지가 있으며, 사용자가 근로3권의 보장질서를 침해함으로써 근로자들의 집단적 교섭력을 약화시키는 불공정한 행위를 부당노동행위로 규정하여 이를 금지하고, 그 위반에 대하여 노동위원회의 구제절차를 마련함으로써 정상적인 집단적 노사관계질서를 회복 · 유지시키는 것을 그 내용으로 하고 있다.

판례 또한 "부당노동행위 금지규정은 헌법이 규정하는 근로3권을 구체적으로 확보하기 위한 것으로 이에 위반하는 행위에 대하여 처벌규정을 두고 있는 한편 부당노동행위에 대하여 신속한 권리구제를 받을 수 있도록 같은 법 제42조, 제43조에서 행정상의 구제절차까지 규정하고 있는 점에 비추어 이는 효력규정인 강행법규라고 풀이되므로 위 규정에 위반된 법률행위는 사법상으로도 그 효력이 없다(대법원 1993.12.21. 선고 93다11463 판결)"고 판시하고 있다.

## Ⅲ. H사의 사내하청노동조합에 대한 부당노동행위 주체성 인정 여부

### 1. 문제의 소재

노동조합 및 노동관계 조정법 제81조는 부당노동행위의 주체로 '사용자'를 예정하고 있는바, 사안에서 H사내하청노동조합 소속 근로자들과 직접적인 근로관계가 없는 H사를 위 부당노동행위의 주체인 '사용자'로 볼 수 있는지가 문제된다. 이와 관련하여 이른바 노조법상 사용자개념의 분열 내지 확대에 관한 논의가 이루어지고 있다.

### 2. 부당노동행위의 주체인 '사용자'개념에 대한 판례의 태도

판례는 위와 비슷한 사안에서 "근로자의 기본적인 노동조건 등에 관하여 그 근로자를 고용한 사업주로서의 권한과 책임을 일정 부분 담당하고 있다고 볼 정도로 실질적이고 구체적으로 지배·결정할 수 있는 지위에 있는 자가, 노동조합을 조직 또는 운영하는 것을 지배하거나 이에 개입하는 등으로 노동조합 및 노동관계조정법 제81조 제4호 에서 정한 행위를 하였다면, 그 시정을 명하는 구제명령을 이행하여야 할 사용자에 해당한다(대법원 2010.3.25. 선고 2007두8881 판결)"라고 판시함으로써, 일정한 요건 하에서 부당노동행위와 관련하여 원청업체의 사용자성을 인정하고 있다.

### 3. 사안의 적용

사안에서 H사는 하청업체에 대한 개별 도급계약의 체결 여부 및 물량의 결정, 도급계약의 해지 및 사내 하청업체의 등록해지, 사내하청 근로자들의 기본적인 근로조건의 결정 등과 관련하여 그 근로자를 직접 고용한 사업주로서의 권한과 책임을 일정 부분 담당하였다는 사실이 인정된다. 따라서 H사는 그 하청업체 노동조합과의 관계에서 부당노동행위 주체인 '사용자'에 해당한다고 할 것이다.

## Ⅳ. 설문의 해결

따라서 H사는 그 하청업체의 소속 근로자에 대한 관계에서 사실상의 고용사업주로 볼 수 있는 사정이 인정되는바, 노동조합 및 노동관계 조정법 제81조에서 말하는 '사용자'에 해당한다.

# [문제 02]의 해결

Ⅰ. 설문의 쟁점
Ⅱ. 문제되는 부당노동행위의 유형
1. 부당노동행위의 유형 / 2. 사안의 경우
Ⅲ. 부당노동행위 구제의 내용과 절차
1. 부당노동행위 구제절차의 의의와 내용 / 2. 부당노동행위 구제의 절차
3. 구제명령의 내용과 효력 및 성질
Ⅳ. 설문의 해결

## Ⅰ. 설문의 쟁점

사안에서 H사는 하청업체 노동조합의 설립을 이유로 그 근로자들이 속해 있는 하청업체의 폐업을 유도하는 행위를 하였는바, 이러한 반조합적 행위가 부당노동행위의 각 유형 중 어디에 속하는지가 문제되며, 그 구제와 관련하여 부당노동행위 구제철차의 내용 및 절차를 검토할 필요가 있다.

## Ⅱ. 문제되는 부당노동행위의 유형

### 1. 부당노동행위의 유형

노동조합 및 노동관계조정법 제81조는 각 항에서 부당노동행위의 유형을 규정하고 있는데, 다음의 다섯 가지가 있다. 각 유형을 살펴보면, ① 근로자가 노동조합에 가입하거나 기타 정당한 조합활동을 한 것을 이유로 불이익을

주는 행위, ② 근로자가 노동조합에 가입하지 않거나 또는 노동조합으로부터 탈퇴할 것을 고용조건으로 하는 행위, ③ 노동조합과의 단체협약체결 또는 단체교섭을 정당한 이유 없이 거부 또는 해태하는 행위, ④ 노동조합의 조직 또는 운영에 지배·개입하는 행위와 노조 전임자에게 급여를 지원하거나 노조의 운영비를 원조하는 행위, ⑤ 근로자가 정당한 쟁의행위에 참가하거나 사용자의 부당노동행위를 신고한 것 등을 이유로 불이익을 주는 행위가 그것이다.

한편, 위 유형 중 ③, ④는 노동조합 자체에 대한 침해행위이고, 나머지 유형은 근로자에 대한 침해행위로 구분된다는 견해도 있으나, 근로3권은 복합적인 성격의 권리이므로 이와 같은 분류가 반드시 들어맞는다고 할 수는 없다.

### 2. 사안의 경우

사안에서 H사는 하청업체 노동조합이 설립되자 이를 와해시키려는 목적으로 각 하청업체의 폐업을 유도하는 행위를 한 것이라고 할 수 있다. 따라서 H사의 이 같은 행위는 노동조합의 조직 및 운영에 지배·개입하기 위하여 영향력을 행사하는 행위라고 볼 수 있는바, 노동조합 및 노동관계조정법 제81조 제4항에서 금지하고 있는 이른바 '지배·개입'의 부당노동행위에 해당한다고 할 것이다.

## Ⅲ. 부당노동행위 구제의 내용과 절차

### 1. 부당노동행위 구제절차의 의의와 내용

부당노동행위 구제절차란 사용자의 부당노동행위로부터 노동조합 및 근로자의 근로3권을 보호하기 위해 마련된 행정적 구제절차를 의미하며, 근로관계 영역에서 기존의 사법적 구제절차가 갖는 한계를 극복하고, 구제의 신속성·경제성·전문성·탄력성을 제고하기 위해 마련되었다고 볼 수 있다. 위 구제절차는 기본적으로 지방노동위원회와 특별노동위원회에 의한 초심절차, 중앙노동위원회에 의한 재심절차로 나뉘며, 노동위원회의 판정에 대한 취소소송을 포함한다.

### 2. 부당노동행위 구제의 절차

부당노동행위 구제절차는 근로자 또는 노동조합이 사업장 소재지를 관할하는 지방노동위원회(또는 특별노동위원회)에 구제신청을 함으로써 개시되며(노조법 제82조 제1항), 지방노동위원회의 결정에 불만이 있는 경우에는 사용자 또는 근로자 및 노동조합이 중앙노동위원회에 재심을 청구할 수 있다(노조법 제85조 제1항). 재심결정에 대해서는 일반적인 행정심판과 마찬가지로 행정법원에 중앙노동위원장을 피고로 그 결정의 취소를 구하는 행정소송을 제기할 수 있다(노조법 제85조 제2항).

한편 위 구제신청은 사용자의 부당노동행위가 있은 날 또는 종료한 날로부터 3개월 이내에, 재심은 그 명령서 및 판정서 송달일로부터 10일 이내에 하여야 하며, 행정소송의 경우에는 재심판정의 송달일로부터 15일 이내에 제기하여야 한다(노조법 제82조, 제85조). 노동위원회에서 이뤄지는 초심 및 재심절차는 각 '신청 → 조사 → 심문 → 의결 → 명령'의 순서로 진행된다.

### 3. 구제명령의 내용과 효력 및 성질

노동위원회가 발할 수 있는 구제명령의 내용에 관하여 법률에 특별한 규정이 없으므로 해당 부당노동행위에 의하여 침해된 상태를 회복시키는데 필요하고도 적절한 구체적인 조치를 하여야 한다. 지배·개입의 부당노동행위가 인정되는 경우 일반적으로 지배·개입행위에 대한 중지명령, 지배·개입행위 사실을 인정하는 공고문의 부착 내지 사과문 게시명령 등이 이루어진다. 구제의 전부 또는 일부를 인정한 명령을 하는 경우에는 그 확정 여부와 상관없이 사용자는 그 명령을 이행할 의무를 부담한다(노조법 제84조 제3항). 그러나 사용자의 이러한 의무는 공법상의 의무에 불과하므로 사법상 효력에 영향을 미치는 것은 아니다.

## Ⅳ. 설문의 해결

H사의 행위는 노동조합 및 노동관계 조정법 제81조 제4항에서 금지하고 있는 이른바 '지배·개입'의 부당노동행위에 해당한다고 할 것이므로 H사하청노동조합의 부당노동행위 구제신청은 인용될 것이다. 그리고 이에 관한 절

차와 내용은 위에서 서술한 바와 같다.

【관련쟁점】

1. 부당노동행위 구제명령의 수규자로서의 사용자는?
2. 근로계약관계에 있지 아니한 외부의 제3자도 지배·개입의 주체가 될 수 있는가?

【참고문헌】

김형배, 1077~1086면, 1112~117; 임종률, 261~266면, 279~286면; 이철수 외 4인, 473~477면.

**【관련판례】**

○ 부당노동행위 금지규정의 성격

대법원 1993.12.21. 선고 93다11463 판결

노동조합법 제39조 의 부당노동행위금지규정은 헌법이 규정하는 근로3권을 구체적으로 확보하기 위한 것으로 이에 위반하는 행위에 대하여 처벌규정을 두고 있는 한편 부당노동행위에 대하여 신속한 권리구제를 받을 수 있도록 같은 법 제42조, 제43조에서 행정상의 구제절차까지 규정하고 있는 점에 비추어 이는 효력규정인 강행법규라고 풀이되므로 위 규정에 위반된 법률행위는 사법상으로도 그 효력이 없고, 근로자에 대한 불이익취급행위로서의 법률행위가 부당노동행위로서 무효인 이상 그것이 근로기준법 제27조 소정의 정당한 이유가 있는지 여부는 더 나아가 판단할 필요가 없다.

○ 원청회사의 하청업체 근로자에 대한 부당노동행위 주체성

대법원 2010.3.25. 선고 2007두8881 판결

[1] 근로자의 기본적인 노동조건 등에 관하여 그 근로자를 고용한 사업주로서의 권한과 책임을 일정 부분 담당하고 있다고 볼 정도로 실질적이고 구체적으로 지배·결정할 수 있는 지위에 있는 자가, 노동조합을 조직 또는 운영하는 것을 지배하거나 이에 개입하는 등으로 노동조합 및 노동관계조정법 제81조 제4호에서 정한 행위를 하였다면, 그 시정을 명하는 구제명령을 이행하여야 할 사용자에 해당한다.

[2] 원청회사가 개별도급계약을 통하여 사내 하청업체 근로자들의 기본적인 노동조건 등에 관하여 고용사업주인 사내하청업체의 권한과 책임을 일정 부분 담당하고 있다고 볼 정도로 실질적이면서 구체적으로 지배·결정할 수 있는 지위에 있고 사내하청업체의 사업폐지를 유도하는 행위와 그로 인하여 사내하청업체 노동조합의 활동을 위축시키거나 침해하는 지배·개입 행위를 하였다면, 원청회사는 노동조합 및 노동관계조정법 제81조 제4호에서 정한 부당노동행위의 시정을 명하는 구제명령을 이행할 주체로서의 사용자에 해당한다고 한 사례.

# 44. 준법투쟁 및 쟁의행위와 유급휴일 동안의 임금

【사실관계】

B노동조합은 A종합병원의 근로자들로 구성된 노동조합이다. B노동조합은 A종합병원과 2013년 4월 2일부터 15일까지 여러 차례 단체교섭을 진행하였으나, 대체휴일제도 도입에 관한 견해가 첨예하게 대립하여 합의를 이루지 못하였다.

이에, B노동조합의 위원장 갑은 A종합병원에 2013년 4월 20일을 최종협상 시한으로 통보하는 한편, 최종협상에서 보다 유리한 고지를 점하기 위한 방편으로 B노동조합 근로자들은 2013년 4월 16일부터 그 동안 탄력적으로 운영해오던 '병원안전수칙'을 철저히 준수하고, 일체의 연장근로를 거부하는 한편, 출・퇴근 및 업무 인수인계 시간을 엄수하였다.

그로 인하여 A종합병원의 업무는 상당한 타격을 입게 되었으나, B노동조합과의 대립은 여전하였다. 그러던 중 A종합병원 원장 C는 B노동조합의 위원장 甲에 대하여 불법적인 쟁의행위를 주도하였다는 이유로 징계위원회에 회부하여 해고처분하자, B노동조합은 조합원 찬반투표를 거쳐 4월 30일 05:00경을 전후하여 총파업에 돌입하였다.

총파업에 돌입한 지 10일이 지난 후에 양측은 극적으로 화해하여 대체휴일제도를 도입하는 내용을 포함하는 단체협약을 체결하였다. 그러나 A종합병원은 甲에 대한 해고는 정당한 징계권의 행사라며 복직신청을 거부하였다.

그리고 A종합병원은 5월 20일 급여를 지급하면서 위 총파업에 참가한 근로자 을 등에 대하여 4월 30일부터 5월 9일까지의 10일 동안의 급여를 공제한 나머지를 지급하였다. A종합병원의 취업규칙에는 5월 1일 노동절과 5월 5일 어린이날은 유급휴일로 한다는 규정이 있다.

[문제 01] B노동조합의 위원장 甲은 자신이 주도한 것은 복무규율에 따른 준법행위에 해당할 뿐 쟁의행위가 아니므로 이를 불법적인 쟁의행위

라고 하여 해고의 이유로 삼은 것은 부당하다고 주장하고 있다. 이 같은 甲의 주장은 타당한가?

[문제 02] 한편, 乙 등 근로자들은 4월 30일부터 5월 9일까지 파업으로 인한 급여가 공제된다고 하더라도 5월 1일과 5일은 유급휴일에 해당하기 때문에 이 기간 임금을 공제하는 것은 받아들일 수 없다고 주장한다. 이 같은 주장은 타당한가?

## 《관련조문》

근로기준법

제55조(휴일) 사용자는 근로자에게 1주일에 평균 1회 이상의 유급휴일을 주어야 한다.

근로기준법 시행령

30조(주휴일) 법 제55조에 따른 유급휴일은 1주 동안의 소정근로일을 개근한 자에게 주어야 한다.

근로자의날제정에관한법률

5월 1일을 근로자의 날로 하고 이 날을 "근로기준법"에 의한 유급휴일로 한다.

노동조합 및 노동관계조정법

제2조(정의) 이 법에서 사용하는 용어의 정의는 다음과 같다.

5. "노동쟁의"라 함은 노동조합과 사용자 또는 사용자단체(이하 "노동관계 당사자"라 한다) 간에 임금·근로시간·복지·해고 기타 대우 등 근로조건의 결정에 관한 주장의 불일치로 인하여 발생한 분쟁상태를 말한다. 이 경우 주장의 불일치라 함은 당사자 간에 합의를 위한 노력을 계속하여도 더 이상 자주적 교섭에 의한 합의의 여지가 없는 경우를 말한다.

**【사실관계】의 논점정리**

이 사례는 준법투쟁이 쟁의행위로서 정당성을 갖추어야 하는지와 쟁의행위기간 중 유급휴일에 대한 사용자의 임금지급의무가 주된 쟁점이다.

[문제 01]은 근로자들이 주장 관철의 목적으로 법령이나 취업규칙에서 정한 규

정을 평소보다 철저히 지키는 집단행동, 소위 말하는 준법투쟁이 쟁의행위에 해당하는지 여부가 문제된다. 주장 관철을 위한 집단행위라는 점에서 쟁의행위의 다른 요건을 충족하나 업무저해성을 인정할 수 있는지, 이를 쟁의행위의 유형으로 볼 수 있는지에 대하여 견해의 대립이 있는 부분이다.

[문제 2]는 근로자가 파업기간 중에 포함된 유급휴일에 대한 임금의 지급을 청구할 수 있는지 여부가 문제되는데, 가부에 관한 판례의 태도가 중요한 것이 아니라 파업기간 중 사용자와 근로자의 관계를 어떻게 파악해야 하는 것인지에 관한 설명이 필요하다.

## 논점의 해설

### [문제 01]의 해결 — 준법투쟁의 쟁의행위 인정 여부

Ⅰ. 설문의 쟁점
Ⅱ. B노동조합의 준법투쟁이 쟁의행위인지 여부
1. 문 제 점 / 2. 판례의 태도 / 3. 사안의 적용
Ⅲ. B노동조합의 준법투쟁의 정당성 인정 여부
Ⅳ. 설문의 해결

## Ⅰ. 설문의 쟁점

B노동조합 근로자들은 A종합병원과 단체교섭을 앞두고 보다 유리한 고지를 점령하기 위한 방편으로 그 동안 탄력적으로 운영해오던 '병원안전수칙'을 철저히 준수하고, 일체의 연장근로를 거부하는 한편, 출·퇴근 및 업무 인수인계 시간을 엄수하는 등 이른바 준법투쟁을 전개하였다. 이에 대하여 A 종합병원은 준법투쟁을 주도한 조합위원장 甲을 해고 하였는바, 해고의 정당성과 관련하여 위 준법투쟁이 정당성 없는 쟁의행위에 해당하는지가 문제된다.

# Ⅱ. B노동조합의 준법투쟁이 쟁의행위인지 여부

## 1. 문 제 점

준법투쟁이란 근로자들이 주장 관철의 목적으로 법령이나 취업규칙에서 정한 규정을 평소보다 철저히 지키는 집단행동으로 안전투쟁과 권리행사투쟁으로 유형화된다. 준법투쟁의 쟁의행위성이 문제되는 이유는 근로자들의 법령 등 준수나 권리행사에 따른 결과를 쟁의행위의 요소 중 하나인 '사용자의 업무가 저해되는 것'으로 판단할 수 있는지와 관련된다. 사실상태를 기준으로 하면 업무저해성을 인정할 수 있는 반면, 규범상태를 기준으로 하면 업무저해성이 부정되기 때문이다.

## 2. 판례의 태도

판례는 "택시회사의 노동조합의 간부들이 운영위원회의 결의를 거쳐 준법운행(당시까지 관행화되어 있던 과속, 부당요금징수, 합승행위 등 불법적 운행의 중지)을 주도하여 시행하면서 그 준법운행사항 외에 수입금의 상한선까지 정하여 1일 입금액을 통제함으로써 회사에 큰 손해를 입히고, 일부 조합원들은 이에 맞추기 위하여 파행적인 운행까지 하게 된 경우, 이는 노동쟁의조정법 제3조 소정의 쟁의행위(태업 또는 부분파업)에 해당한다(대법원 1991.12.10. 선고 91누636 판결)"고 하거나, "사용자와의 단체협약갱신협상에서 유리한 지위를 차지하기 위하여 조합원들로 하여금 집단으로 월차휴가를 실시하게 한 것은 이른바 쟁의적 준법투쟁으로서 쟁의행위에 해당한다(대법원 1994.6.14. 선고 93다29167 판결)"고 판시하여 모든 유형의 준법투쟁을 쟁의행위로 판단하고 있다.

## 3. 사안의 적용

판례의 입장에 따르면, B노동조합이 요구관철의 목적으로 '병원안전수칙'을 철저히 준수하고, 일체의 연장근로를 거부하는 한편, 출·퇴근 및 업무 인수인계 시간을 엄수하는 등의 행위는 사용자의 업무를 저해하는 행위로서 쟁의행위에 해당한다.

## Ⅲ. B노동조합의 준법투쟁의 정당성 인정 여부

사안에서 B노동조합의 준법투쟁이 쟁의행위에 해당하는 이상 정당성을 갖기 위해서는 일반적인 쟁의행위와 마찬가지로 주체, 수단, 목적, 시기 및 절차상의 정당성이 인정되어야 한다. 그러나 B노동조합은 위 쟁의행위에 있어 찬반투표 절차를 거치지 않았으므로, 판례에 따르면 그 절차를 따를 수 없는 객관적인 사정이 인정되지 아니하는 한 정당성이 없다고 할 것이다. 사안에서는 이러한 사정을 찾아볼 수 없으므로 B노동조합의 준법투쟁은 정당하다고 할 수 없다.

## Ⅳ. 설문의 해결

따라서 B노동조합의 준법투쟁은 정당성이 없는 위법한 쟁의행위라고 할 것이고, 이 같은 쟁의행위를 주도한 조합 위원장 甲에게는 징계사유가 존재한다고 할 것이다. 그러므로 보다 구체적인 사정에 비추어 해고라는 징계가 과하다는 사정이 있음은 별론으로 하고, 甲의 징계사유가 없다는 주장은 타당하지 않다.

# [문제 02]의 해결 — 파업기간 중의 근로관계

Ⅰ. 설문의 쟁점
Ⅱ. 판례의 태도
Ⅲ. 설문의 해결

## Ⅰ. 설문의 쟁점

을 등 근로자들은 파업기간 중 급여가 공제된다고 하더라도 그 중 유급휴일에 해당하는 기간 동안의 임금을 공제하는 부당하다고 주장한다. 파업기간 동안 근로관계의 성격은 무엇이며, 유급휴일제도가 그 취지에 비추어 근로관계의 성격과 관계없이 적용되어야 할 것인지가 쟁점이라고 할 것이다.

## Ⅱ. 판례의 태도

판례는 파업기간 중 유급휴일이 포함된 경우 사용자가 그에 대한 임금을 지급하여야 하는지와 관련하여 "근로기준법상 휴일 및 유급휴일 제도를 규정한 규범적 목적에 비추어 보면, 근로의 제공 없이도 근로자에게 임금을 지급하도록 한 유급휴일의 특별규정이 적용되기 위해서는 평상적인 근로관계, 즉 근로자가 근로를 제공하여 왔고 또한 계속적인 근로제공이 예정되어 있는 상태가 당연히 전제되어 있다고 볼 것이다. 그러므로 근로자는 휴직기간 중 또는 그와 동일하게 근로제공의무 등의 주된 권리·의무가 정지되어 근로자의 임금청구권이 발생하지 아니하는 파업기간 중에는 그 기간 중에 유급휴일이 포함되어 있다 하더라도 그 유급휴일에 대한 임금의 지급을 구할 수 없다고 본다(대법원 2009.12.24. 선고 2007다73277 판결 등 참조). 나아가 관련법률의 규정이나 단체협약·취업규칙·근로계약 등에 의하여 근로자에게 부여되는 유급휴가 역시 이를 규정한 규범적 목적에 비추어 보면 유급휴일과 마찬가지로 평상적인 근로관계를 당연히 전제하고 있는 것이다. 따라서 근로자가 유급휴가를 이용하여 파업에 참여하는 것은 평상적인 근로관계를 전제로 하는 유급휴가권의 행사라고 볼 수 없으므로 파업기간 중에 포함된 유급휴가에 대한 임금청구권 역시 발생하지 않는다(대법원 2010.7.15. 선고 2008다33399 판결)"고 판시하고 있다.

## Ⅲ. 설문의 해결

따라서 乙 등 근로자와 A종합병원과의 근로관계는 파업 중 주된 권리·의무가 정지된 것이라고 할 것이고, 근로기준법이 유급휴일을 마련하고 있는 취지에 비추어 이와 같은 주된 권리·의무가 발생하지 않는 기간에 적용되지 않는다고 할 것이다. 그러므로 파업기간 중 유급휴일에 대한 임금이 지급되어야 한다는 乙 등의 주장은 타당하지 않다.

【관련쟁점】

1. 판례에 따르면 쟁의행위로 인하여 조업이 중단된 경우 근로희망자에 대해 사용자는 근로기준법 제46조의 휴업수당지급의무가 있는가?
2. 판례에 따르면 개인적인 사정에 의한 휴직 등의 경우 휴직기간 등에 포함된 유급휴일에 대한 임금청구권이 발생하는가?

【참고문헌】

김형배, 976~977면, 1033~1040면; 김희성(2), 312~328면; 임종률, 243~249면; 이철수 외 4인, 431~434면.

**【관련판례】**

○ 준법투쟁

대법원 1991.12.10. 선고 91누636 판결

택시회사의 노동조합의 간부들이 운영위원회의 결의를 거쳐 준법운행(당시까지 관행화되어 있던 과속, 부당요금징수, 합승행위 등 불법적 운행의 중지)을 주도하여 시행하면서 그 준법운행사항 외에 수입금의 상한선까지 정하여 1일 입금액을 통제함으로써 회사에 큰 손해를 입히고, 일부 조합원들은 이에 맞추기 위하여 파행적인 운행까지 하게 된 경우, 이는 노동쟁의조정법 제3조 소정의 쟁의행위(태업 또는 부분파업)에 해당한다.

대법원 1994.6.14. 선고 93다29167 판결

사용자와의 단체협약갱신협상에서 유리한 지위를 차지하기 위하여 조합원들로 하여금 집단으로 월차휴가를 실시하게 한 것은 이른바 쟁의적 준법투쟁으로서 쟁의행위에 해당한다.

○ 근로자가 파업기간 중에 포함된 유급휴일에 대한 임금

대법원 2010.7.15. 선고 2008다33399 판결

근로기준법상 휴일 및 유급휴일 제도를 규정한 규범적 목적에 비추어 보면, 근로의 제공 없이도 근로자에게 임금을 지급하도록 한 유급휴일의 특별규정이 적용되기 위해서는 평상적인 근로관계, 즉 근로자가 근로를 제공하여 왔고 또한 계속적인 근로제공이 예정되어 있는 상태가 당연히 전제되어 있다고 볼 것이다. 그러므로 근로자는 휴직기간 중 또는 그와 동일하게 근로제공의무 등의 주된 권리·의무가 정지되어 근로자의 임금

청구권이 발생하지 아니하는 파업기간 중에는 그 기간 중에 유급휴일이 포함되어 있다 하더라도 그 유급휴일에 대한 임금의 지급을 구할 수 없다(대법원 2009.12.24. 선고 2007다73277 판결 등 참조). 나아가 관련 법률의 규정이나 단체협약 · 취업규칙 · 근로계약 등에 의하여 근로자에게 부여되는 유급휴가 역시 이를 규정한 규범적 목적에 비추어 보면 유급휴일과 마찬가지로 평상적인 근로관계를 당연히 전제하고 있는 것이다. 따라서 근로자가 유급휴가를 이용하여 파업에 참여하는 것은 평상적인 근로관계를 전제로 하는 유급휴가권의 행사라고 볼 수 없으므로 파업기간 중에 포함된 유급휴가에 대한 임금청구권 역시 발생하지 않는다.

# 45. 대체근로의 금지 및 직장점거와 피케팅의 정당성

【사실관계】

자동차부품을 생산하는 A회사에는 기업별 노동조합(이하 'B노조'라고 한다)이 설립되어 있다. A회사와 B노조는 2013.5.초부터 2013.6. 말까지 여러 차례 임금인상에 관한 교섭을 하였지만 합의가 이루어지지 않았다. 이에 B노조는 2013.7.3. 관할 지방노동위원회에 노동쟁의조정을 신청하였다. 이후 B노조는 조정안의 수락을 거부하였고, 임시총회에서 파업 찬반투표를 실시한 결과 재적 조합원의 80%가 파업에 찬성하여 2013.7.16.부터 같은 해 9. 말까지 파업을 하였다. A회사는 2013.7.4.부터 7일 동안 근로자 甲을 비롯하여 총 5명(이하 '근로자 甲 등'이라고 한다)을 신규 채용하였다. A회사는 근로자 甲 등에게 같은 달 15.까지는 총무과에서 업무를 보조하도록 하다가 파업기간 동안에는 B노조의 파업으로 중단된 여러 부서의 업무를 수행하도록 하였다.

한편, 파업에 참가한 조합원들은 파업기간 동안 A회사 부지 내 주차장 일부를 점거하고, 회사 정문에서 출근하는 근로자들에게 파업의 필요성을 설명하며 파업 참여를 독려하였다. 그 과정에서 파업참가 조합원들은 "다른 조합원들 보기에 부끄럽지 않느냐?", "너희들은 일할 자격이 없다"라고 소리를 지르면서 파업에 참가하지 않은 조합원들과 근로자 甲 등의 출근을 저지하였다.

(2014년 변호사모의시험 제2회)

[문제 01] B노조는 근로자 甲 등을 채용한 것은 법이 금지하는 대체근로라고 주장한다. 이 주장은 타당한가?

[문제 02] A회사는 파업에 참가한 조합원들이 회사 주차장을 무단 점거

한 행위 및 소리를 지르며 근로자들의 출근을 막은 행위는 정당성이 없다고 주장한다. 이 주장은 타당한가?

**【사실관계】의 논점정리**

이 사례에서 첫째로 근로자 甲등의 신규채용이 노동조합 및 노동관계조정법 제43조가 정하는 대체근로금지 규정에 위반하는지가 문제되며, 두 번째로 쟁의행위의 수단 및 방법의 정당성이 문제된다.

[문제 01]은 A회사가 쟁의행위기간 중이 아닌 B노조의 파업개시 이전에 근로자 甲 등을 신규 채용하고 이들을 파업으로 인해 중단된 업무를 수행케 한 사실을 알 수 있는바, 이러한 A회사의 근로자 甲 등의 신규채용이 노동조합 및 노동관계조정법 제43조가 정하는 대체근로금지 규정에 위반하는지가 쟁점이고 이에 대한 판례법리에 따라 사안을 해결하면 된다.

[문제 02]는 쟁의행위의 수단 및 방법의 정당성을 묻는 것으로 ① 회사 정문 앞 주차장을 점거한 행위가 정당한 수단·방법으로 인정될 수 있는지 여부와 ② 쟁의행위의 참가를 호소하고 설득하는 행위 이른바 피케팅이 쟁의행위의 정당한 수단으로 인정될 수 있는지 여부 및 피케팅 과정에서 대체근로자나 조합원에 대한 출근저지가 용인되는지 여부가 쟁점이고 이에 대한 판례법리에 따라 사안을 해결하면 된다.

## 논점의 해설

### [문제 01]의 해결 — 대체근로금지 규정 위반 여부

Ⅰ. 설문의 쟁점
Ⅱ. 관련규정 및 판례
  1. 관련규정 / 2. 판례의 태도 / 3. 사안에의 적용
Ⅲ. 결 론

# Ⅰ. 설문의 쟁점

원칙적으로 파업이 시작된 경우에도 사용자는 조업계속의 자유를 가지므로 비조합원 또는 파업에 가담하지 않은 조합원들에게 작업을 명할 수 있다. 그러나 노동조합 및 노동관계조정법 제43조는 헌법상 근로자의 쟁의권을 실질적으로 보장하기 위하여 쟁의행위기간 중 그 쟁의행위로 중단된 업무수행을 위한 근로자를 채용, 대체, 도급, 하도급 줄 수 없다고 규율하고 있다. 그러나 설문에서는 A회사가 쟁의행위기간 중이 아닌 B노조의 파업개시 이전에 근로자 甲 등을 신규 채용하고 이들을 파업으로 인해 중단된 업무를 수행케 한 사실을 알 수 있는 바, 이러한 A회사의 근로자 甲 등의 신규채용이 노동조합 및 노동관계조정법 제43조가 정하는 대체근로금지 규정에 위반하는지가 쟁점이라고 하겠다.

# Ⅱ. 관련규정 및 판례

## 1. 관련규정

노동조합 및 노동관계조정법 제43조 제1항은 '사용자는 쟁의행위 기간 중 그 쟁의행위로 중단된 업무의 수행을 위하여 당해 사업과 관계없는 자를 채용 또는 대체할 수 없다'고 규정하면서 같은 조 제2항에서 '사용자는 쟁의행위기간 중 그 쟁의행위로 중단된 업무를 도급 또는 하도급 줄 수 없다'고 규정하고 있다. 이는 사용자의 대체근로의 제한은 노동조합의 단체행동권의 실효성을 담보하기 위한 최소한의 제도적 장치이자 무기대등의 원칙을 실현하기 위하여 마련된 불가피한 조치인 것이다. 특히 쟁의대등성과 관련해서 이 규정은 쟁의대등성을 침해할 수 있는 사용자의 대응조치(즉, 대등근로를 통한 사용자의 경제적 손실 방지)를 제한하는 규정이다.

## 2. 판례의 태도

판례는 노동조합 및 노동관계조정법 제43조 제1항이 가지는 의미에 대하여"노동조합의 쟁의행위권을 보장하기 위한 규정으로서 사용자가 노동조합의 쟁의행위기간 중 당해 사업 내의 비노동조합원이나 쟁의행위에 참가하지 아니한 노동조합원 등 기존의 근로자를 제외한 자를 새로 채용 또는 대체할 수 없다(대법원 2000.11.28. 선고 99도317 판결)"고 보면서, "사용자가 노동조합이 쟁의행위에 들어가기 전에 근로자를 새로 채용하였다 하더라도 쟁의행위기간 중 쟁의행위에 참가한 근로자들의 업무를 수행케 하기 위하여 그 채용이 이루어졌고 그 채용한 근로자들로 하여금 쟁의행위기간 중 쟁의행위에 참가한 근로자들의 업무를 수행케 하였다면 위 조항 위반죄를 구성하게 된다(대법원 2000.11.28. 선고 99도317 판결)"고 본다.

나아가 판례는 "노동조합 및 노동관계조정법 제43조 제1항은 노동조합의 쟁의행위권을 보장하기 위한 것으로서 쟁의행위권의 침해를 목적으로 하지 않는 사용자의 정당한 인사권 행사까지 제한하는 것은 아니므로, 자연감소에 따른 인원충원 등 쟁의행위와 무관하게 이루어지는 신규 채용은 쟁의행위 기간 중이라 하더라도 가능하다. 결원충원을 위한 신규 채용 등이 위 조항 위반인지 여부는 표면상의 이유만으로 판단할 것이 아니라 종래의 인력충원 과정·절차 및 시기, 인력부족 규모, 결원 발생시기 및 그 이후 조치내용, 쟁의행위기간 중 채용의 필요성, 신규채용 인력의 투입시기 등을 종합적으로 고려하여 판단하여야 한다"는 기준을 제시하면서, "사용자가 쟁의기간 중 쟁의행위로 중단된 업무를 수행하기 위해 당해 사업과 관계있는 자인 비노동조합원이나 쟁의행위에 참가하지 아니한 노동조합원 등 당해 사업의 근로자로 대체하였는데 대체한 근로자마저 사직함에 따라 사용자가 신규 채용하게 되었다면, 이는 사용자의 정당한 인사권 행사에 속하는 자연감소에 따른 인원충원에 불과하고 노동조합 및 노동관계조정법 제43조 제1항 위반죄를 구성하지 않는다(대법원 2008.11.13. 선고 2008도4831 판결)"고 판시한 바 있다. 즉 쟁의행위기간 중이라도 사용자는 사업이 운영을 계속할 자유를 갖기 때문에 쟁의행위와 무관한 당해 사업의 근로자를 사용하여 쟁의행위로 중단된 업무를 수행하게 하는 것은 가능하지만 여러 가지 상황을 종합적으로 고려하였을 때 쟁의행위 개시 이전에 채용하였더라도 대체근로금지 위반에 해당할 수 있다는 입장이다.

### 3. 사안에의 적용

A회사는 파업이 개시되기 전인 2013.7.4.부터 7일 간 근로자 甲 등을 신규 채용한 사실을 알 수 있다. 그러나 ① A회사가 근로자 甲 등의 신규 채

용을 진행하기 시작한 날이 B노조와의 임금교섭의 합의가 이루어지지 않아 B노동조합이 지방노동위원회에 노동쟁의조정신청을 한 다음 날부터 진행된 점, ② A회사가 신규 채용을 진행하던 기간 중 B노조가 지방노동위원회의 조정안 수락을 거부하고 파업 찬반투표를 실시하여 파업을 결의한 점, ③ 신규 채용된 근로자 甲 등은 파업이 개시되기 전에는 총무과 업무를 보조하다가 파업기간 동안에는 파업으로 중단된 여러 부서의 업무를 수행한 점 등을 미루어 볼 때 파업으로 인해 중단된 업무를 수행하게 하기 위하여 채용이 이루어진 것으로 보이고 실제 파업으로 중단된 업무를 수행하였다고 보여진다.

## Ⅲ. 결 론

A회사의 근로자 甲 등에 대한 신규 채용은 노동조합 및 노동관계조정법 제43조가 규율하고 있는 대체근로금지 규정을 위반한 것으로 보여지므로 B 노동조합이 근로자 甲등을 채용한 것이 법이 금지하는 대체근로라고 주장하는 것은 타당하다.

# [문제 02]의 해결 — 직장점거 및 피케팅(Picketing)의 정당성

Ⅰ. 설문의 쟁점
Ⅱ. 직장점거의 정당성 판단
  1. 관련규정 / 2. 직장점검의 정당성 판단 / 3. 사안의 적용
Ⅲ. 피케팅(Picketing)의 정당성 판단
  1. 관련규정 / 2. 피케팅(Picketing)의 정당성 판단 / 3. 사안의 적용
Ⅳ. 결 론

## Ⅰ. 설문의 쟁점

노동조합 및 노동관계조정법 제37조는 '쟁의행위는 그 목적 · 방법 및 절차에 있어서 법령 기타 사회질서에 위반되어서는 아니 된다'는 쟁의행위의 기본원칙, 즉 정당성 기준을 제시하고 있다. 설문은 쟁의행위의 수단 및 방

법의 정당성을 묻는 것으로 ① 회사 정문 앞 주차장을 점거한 행위가 정당한 수단 · 방법으로 인정될 수 있는지 여부와 ② 쟁의행위의 참가를 호소하고 설득하는 행위 이른바 피케팅이 쟁의행위의 정당한 수단으로 인정될 수 있는지 여부 및 피케팅 과정에서 대체근로자나 조합원에 대한 출근저지가 용인되는지 여부가 쟁점이라고 하겠다.

## Ⅱ. 직장점거의 정당성 판단

### 1. 관련규정

노동조합 및 노동관계조정법 제42조 제1항에서는 '쟁의행위는 폭력이나 파괴행위 또는 생산 기타 주요업무에 관련되는 시설과 이에 준하는 시설로서 대통령령이 정하는 시설을 점거하는 형태로 이를 행할 수 없다'고 규정하고 있다.

### 2. 직장점거의 정당성 판단

직장점거는 파업의 진행을 막으려는 사용자의 방해행위에 대처하기 위하여 사용자의 의사에 반해 사업장에 체류하는 행위로 파업에 참가한 근로자들의 단결을 강화하고 더불어 파업의 실효성을 확보하기 위하여 이루어진다. 판례는 이러한 직장점거가 정당하기 위하여는 "직장 또는 사업장시설의 점거는 적극적인 쟁의행위의 한 형태로서 그 점거의 범위가 직장 또는 사업장시설의 일부분이고 사용자측의 출입이나 관리지배를 배제하지 않는 병존적인 점거에 지나지 않을 때에는 정당한 쟁의행위로 볼 수 있으나, 이와 달리 직장 또는 사업장시설을 전면적, 배타적으로 점거하여 조합원 이외의 자의 출입을 저지하거나 사용자측의 관리지배를 배제하여 업무의 중단 또는 혼란을 야기케 하는 것과 같은 행위는 이미 정당성의 한계를 벗어난 것이라고 볼 수 밖에 없다(대법원 2007.12.28. 선고 2007도5204 판결)"고 보고 있다.

### 3. 사안에의 적용

① 점거된 사용자의 시설의 범위가 주차장 일부로서 통상적인 업무를 수행하기 위한 공간이라고 보기 어려운 점, ② 사용자의 시설에 대하여 전면

적, 배타적으로 점거한 것이 아닌 주차장 일부를 부분적, 병존적으로 점거한 점, ③ 사용자의 출입이나 관리지배를 배제하였다는 사실은 제시되지 않은 점 등을 미루어 볼 때 B노조의 회사 주차장 점거행위는 정당성을 상실하였다고 보기 어렵다. 따라서 B노조의 행위가 정당성을 결여하였다는 A회사의 주장은 타당하지 않다. 다만 설문에 제시되지 않았지만 점거된 주차장 시설이 통상적인 업무를 수행함에 있어 필수적이거나 필수적인 통로인 경우에는 B노조의 점거행위는 정당성이 없을 수도 있다.

## Ⅲ. 피케팅(Picketing)의 정당성 판단

### 1. 관련규정

노동조합 및 노동관계조정법 제38조 제1항은 '쟁의행위는 그 쟁의행위와 관계없는 자 또는 근로를 제공하고자 하는 자의 출입·조업 기타 정상적인 업무를 방해하는 방법으로 행하여져서는 아니 되며 쟁의행위의 참가를 호소하거나 설득하는 행위로서 폭행·협박을 사용하여서는 아니 된다'고 규정하고 있다.

### 2. 피케팅(Picketing)의 정당성 판단

피케팅은 파업을 효과적으로 수행하기 위하여 근로자들에게 파업에 참여할 것을 호소하고 설득하는 행위로 파업에 수반되는 보조적 행위이다. 이러한 피케팅이 정당하기 위하여 판례는 "쟁의행위 중 파업은 그 노무정지의 효율성을 확보, 강화하기 위하여 그 보조수단으로 소위 피케팅을 동반하거나, 직장에 체류하여 연좌, 농성하는 직장점거를 동반하기도 하는 것으로서 그 자체는 위법하다고 할 수 없으나, 이 경우 피케팅은 파업에 가담하지 않고 조업을 계속하려는 자에 대하여 평화적 설득, 구두와 문서에 의한 언어적 설득의 범위 내에서 정당성이 인정되는 것이 원칙이고, 폭행, 협박 또는 위력에 의한 실력적 저지나 물리적 강제는 정당화 될 수 없는 것(대법원 1992.7.14. 선고 91다43800 판결)"이라고 판시함으로써 폭력, 협박 등 물리적 강제수단을 사용한 피케팅은 정당할 수 없지만 평화적 방법을 사용한 피케팅은 정당성인 인정된다고 본다.

또한 회사의 불법한 대체근로를 저지하기 위한 피케팅에 대하여 판례는 대체근로 금지규정 위반행위를 저지하기 위하여 상당한 정도의 실력을 행사하는 것은 근로자들의 쟁의행위가 실효를 거둘 수 있도록 하기 위하여 허용된다는 입장이나 그 방법이 위력이나 협박을 사용하는 경우에는 정당한 노조활동으로 볼 수 없고 사회상규상으로도 허용될 수 없다고 본다(대법원 1992. 7.14. 선고 91다43800 판결).

### 3. 사안에의 적용

① B노조의 조합원들이 회사 정문에서 출근하는 근로자에게 폭력, 협박을 사용하지 않고 파업의 필요성을 설명하는 등 비교적 평화적으로 파업참여를 독려하였던 점, ② 피케팅 과정에서 B노조 조합원들이 근로자 甲 등에게 소리를 지르면서 출근을 저지하였지만, 이는 A회사가 대체근로금지 규정에 위반하여 근로자 甲 등을 신규 채용한 것을 저지하기 위한 행위로 위력이나 협박을 사용하지 않았던 점을 미루어 볼 때 B노조의 행위는 정당하다고 보여진다. 따라서 A회사가 파업에 참가한 조합원들이 소리를 지르며 근로자들의 출근을 막은 행위는 정당하지 않다고 주장하는 것은 타당하지 않다.

## Ⅳ. 결 론

B노조의 직장점거는 전면적, 배타적 점거가 아닌 부분적, 병존적 점거이었고, 피케팅 과정에서 근로자 甲 등에 대한 출근저지행위가 있었지만 이는 A회사의 대체근로금지 규정 위반행위를 저지하기 위한 것으로 쟁의행위의 실효성 확보를 위해 허용되는 상당한 실력의 행사로 보인다. 따라서 A회사가 파업에 참가한 조합원들이 회사 주차장을 무단점거하고 근로자들의 출근을 저지한 행위는 정당성이 없다고 주장하는 것은 타당하지 않다.

【관련쟁점】

1. 판례에 따르면 위법한 대체근로의 경우 노동조합의 대항행위의 허용(정당성) 요건은?
2. 직장점거의 정당성 요건은?

【참고문헌】

김형배, 1017~1018면; 김희성(2), 287~296면; 이철수 외 4인, 440~442면.

**【관련판례】**

○ 쟁의행위기간 중 대체근로의 금지위반의 경우

대법원 2000.11.28. 선고 99도317 판결

구 노동쟁의조정법(1996.12.31. 법률 제5244호 노동조합 및 노동관계조정법 부칙 제3조에 의하여 폐지) 제15조는 노동조합의 쟁의행위권을 보장하기 위한 규정으로서 사용자가 노동조합의 쟁의행위기간 중 당해 사업 내의 비노동조합원이나 쟁의행위에 참가하지 아니한 노동조합원 등 기존의 근로자를 제외한 자를 새로 채용 또는 대체할 수 없다는 것으로 풀이되는바, 사용자가 노동조합이 쟁의행위에 들어가기 전에 근로자를 새로 채용하였다 하더라도 쟁의행위기간 중 쟁의행위에 참가한 근로자들의 업무를 수행케 하기 위하여 그 채용이 이루어졌고 그 채용한 근로자들로 하여금 쟁의행위기간 중 쟁의행위에 참가한 근로자들의 업무를 수행케 하였다면 위 조항 위반죄를 구성하게 된다.

○ 쟁의행위기간 중 대체근로의 허용의 경우

대법원 2008.11.13. 선고 2008도4831 판결

노동조합 및 노동관계조정법 제43조 제1항에 의하면, 사용자는 쟁의행위기간 중 그 쟁의행위로 중단된 업무의 수행을 위하여 당해 사업과 관계없는 자를 채용 또는 대체할 수 없고, 여기서 당해 사업과 관계없는 자란 당해 사업의 근로자 또는 사용자를 제외한 모든 자를 가리키는바, 이 규정은 노동조합의 쟁의행위권을 보장하기 위한 것으로서 쟁의행위권의 침해를 목적으로 하지 않는 사용자의 정당한 인사권 행사까지 제한하는 것은 아니어서 자연감소에 따른 인원충원 등 쟁의행위와 무관하게 이루어지는 신규채용은 쟁의행위기간 중이라고 하더라도 가능하다고 할 것이나, 결원충원을 위한 신규 채용 등이 위 조항 위반인지 여부는 표면상의 이유만을 가지고 판단할 것이 아니라 종래의 인력충원 과정 · 절차 및 시기, 인력부족 규모, 결원 발생시기 및 그 이후 조치내용, 쟁의행위기간 중 채용의 필요성, 신규 채용 인력의 투입시기 등을 종합적으로 고려하여 판단하여야 한다. 이러한 법리에 의할 때, 사용자가 쟁의기간 중 쟁의행위로 중단된 업무의 수행을 위해 당해 사업과 관계있는 자인 비노동조합원이나 쟁의행위에 참가하지 아니한 노동조합원 등 당해 사업의 근로자

로 대체하였는데 그 대체한 근로자마저 사직함에 따라 사용자가 신규 채용하게 되었다면, 이는 사용자의 정당한 인사권 행사에 속하는 자연감소에 따른 인원충원에 불과하다고 보아야 하므로 특별한 사정이 없는 한 위 조항 위반죄를 구성하지 않는다.

○ 직장점거의 정당성

대법원 2007.12.28. 선고 2007도5204 판결

[1] 직장 또는 사업장시설의 점거는 적극적인 쟁의행위의 한 형태로서 그 점거의 범위가 직장 또는 사업장시설의 일부분이고 사용자 측의 출입이나 관리지배를 배제하지 않는 병존적인 점거에 지나지 않을 때에는 정당한 쟁의행위로 볼 수 있으나, 이와 달리 직장 또는 사업장시설을 전면적, 배타적으로 점거하여 조합원 이외의 자의 출입을 저지하거나 사용자 측의 관리지배를 배제하여 업무의 중단 또는 혼란을 야기케 하는 것과 같은 행위는 이미 정당성의 한계를 벗어난 것이라고 볼 수밖에 없다.

[2] 노동조합의 조합원들이 쟁의행위로 사용자인 서울특별시건축사회의 사무실 일부를 점거한 사안에서, 점거한 곳의 범위와 평소의 사용형태, 사용자 측에서 이를 사용하지 못하게 됨으로써 입은 피해의 내용과 정도 등에 비추어 이는 폭력의 행사에 해당하지 않는 사업장시설의 부분적·병존적인 점거로서 사용자의 재산권과 조화를 이루고 있고, 사용자의 업무가 실제로 방해되었거나 업무방해의 결과를 초래할 위험성이 발생하였다고 보기 어려우므로, 위 점거행위는 노동관계 법령에 따른 정당한 행위로서 위법성이 조각되어 업무방해죄의 책임을 물을 수 없다고 한 사례.

○ 피케팅 및 직장점거의 정당성의 한계

대법원 1992.7.14. 선고 91다43800 판결

나. 쟁의행위 중 파업은 그 노무정지의 효율성을 확보, 강화하기 위하여 그 보조수단으로 소위 '피케팅'을 동반하거나, 직장에 체류하여 연좌, 농성하는 직장점거를 동반하기도 하는 것으로서 그 자체는 위법하다고 할 수 없으나, 이 경우 '피케팅'은 파업에 가담하지 않고 조업을 계속하려는 자에 대하여 평화적 설득, 구두와 문서에 의한 언어적 설득의 범위 내에서 정당성이 인정되는 것이 원칙이고, 폭행, 협박 또는 위력에 의한 실력적 저지나 물리적 강제는 정당화될 수 없는 것이며, 직장점거는 사용자 측의 점유를 완전히 배제하지 아니하고 그 조업도 방해하지 않는 부분적,

병존적 점거일 경우에 한하여 정당성이 인정되는 것이고, 이를 넘어 사용자의 기업시설을 장기간에 걸쳐 전면적, 배타적으로 점유하는 것은 사용자의 시설관리권능에 대한 침해로서 정당화될 수 없는 것이다.

다. 국민연금관리공단 근로자들의 파업기간 중 국민연금갹출료 고지서 발송업무가 파업에 참가하지 아니한 노조원이나 비노조원에 의하여 수행되고, 일부 출장소에서는 그 작업에 아르바이트 학생까지 동원하여 돕게 한 경우 노동쟁의조정법 제15조에 의하면 사용자는 쟁의기간 중 쟁의에 관계없는 자를 채용 또는 대체할 수 없다고 되어 있어 위 공단이 쟁의에 관계없는 자를 채용 또는 대체하여 고지서 발송작업을 하게 하거나 도와주도록 한 부분은 정당한 쟁의대항행위라고 할 수는 없다고 한 사례.

라. 파업에 참가한 근로자들이 파업에 동조하지 아니하고 조업을 하는 사람들에게 '피케팅'을 하고, 위 "다"항과 같은 위 공단의 법규위반행위를 저지하기 위하여 상당한 정도의 실력을 행사하는 것은 동맹파업 등 근로자들에 의한 쟁의행위가 실효를 거둘 수 있도록 하기 위하여 마련된 노동쟁의조정법 제15조의 규정 취지에 비추어 허용된다고 할 것이나, 그렇다고 하더라도 모든 사람에 의한 고지서 발송작업을 전면적으로 저지하기 위하여 그 작업현장에 있던 고지서를 전부 탈취하여 은닉한 행위는 파업의 보조적 쟁의수단인 '피케팅'으로서도 정당화될 수 없다 할 것이어서, 위 고지서 발송업무의 저지행위가 위법하다고 한 사례.

# 46. 단체교섭의 대상과 조정전치

## 【사실관계】

가전제품을 제조하는 A회사에는 근로자 3,000명이 근무하고 있고, 그 중 2,000명이 조합원으로 가입한 기업별 B노동조합이 활동하고 있다. A회사는 몇 년간 계속된 매출부진과 금융비용의 증가로 인한 경영상 어려움을 극복하기 위한 방안을 찾기 위해 전문기관에 경영진단을 의뢰하였다. 해당 기관은 사옥매각 등을 통한 금융비용의 감소방안 및 사업의 효율적 운영을 위해 600명 정도의 근로자 감축이 필요하다고 제안하였다.

A회사는 경영상 위기를 극복하기 위한 위의 제안에 동의하고, 전체 근로자와 B노동조합을 상대로 경영상황을 설명하면서 희망퇴직을 신청 받아 그 숫자가 600명보다 부족한 경우에는 근로기준법에 따라 경영상 해고를 하겠다고 설득하였다. A회사는 근속기간에 따라 최대 2년에서 최소 6개월분의 통상임금 상당액을 위로금으로 추가 지급하는 희망퇴직안을 B노동조합에 제시하였다.

B노동조합은 A회사에게 위 희망퇴직안을 받아들일 수 없고, 경영상 해고를 A회사가 일방적으로 실시할 경우 강력하게 투쟁하겠다고 통보하였다. 그 후 B노동조합은 A회사에 대해 희망퇴직안 및 경영상 해고의 필요성 등에 대해서 단체교섭을 통해 해결하자고 교섭을 요구하였다. A회사는 희망퇴직안 및 경영상 해고의 실시 등은 경영적 사항으로 단체교섭의 대상이 아니라고 주장하며 단체교섭에 응하지 않았다.

이에 B노동조합은 관할 노동위원회에 노동쟁의의 조정을 신청하였지만, 관할 노동위원회는 단체교섭이 이루어지지 않은 것을 이유로 조정절차를 개시하지 않고, 노사 당사자가 자주적으로 교섭할 것을 권고하였다.

(2013년 제2회 변호사시험 모의시험)

[문제 01] A회사는 B노동조합이 희망퇴직안 및 경영상 해고에 관해 단

체교섭을 요구한 것에 대하여 단체교섭의무가 없다고 주장한다. 이러한 A회사의 주장은 타당한가?

[문제 02] 위 관할 노동위원회의 권고에도 불구하고 B노동조합은 노동쟁의 조정신청 후 2주가 경과된 시점에서 조합원 찬반투표를 거쳐 재적 조합원 과반수의 찬성을 얻어서 파업을 개시하였다. 이러한 B노동조합의 쟁의행위는 정당한가?

## 《관련조문》

노동조합 및 노동관계조정법

제81조(부당노동행위) 사용자는 다음 각 호의 어느 하나에 해당하는 행위(이하 "부당노동행위"라 한다)를 할 수 없다.

3. 노동조합의 대표자 또는 노동조합으로부터 위임을 받은 자와의 단체협약체결 기타의 단체교섭을 정당한 이유없이 거부하거나 해태하는 행위

제45조(조정의 전치) ① 노동관계 당사자는 노동쟁의가 발생한 때에는 어느 일방이 이를 상대방에게 서면으로 통보하여야 한다.

② 쟁의행위는 제5장 제2절 내지 제4절의 규정에 의한 조정절차(제61조의2의 규정에 따른 조정종료 결정 후의 조정절차를 제외한다)를 거치지 아니하면 이를 행할 수 없다. 다만, 제54조의 규정에 의한 기간 내에 조정이 종료되지 아니하거나 제63조의 규정에 의한 기간 내에 중재재정이 이루어지지 아니한 경우에는 그러하지 아니하다.

**【사실관계】의 논점정리**

이 사례는 사용자의 경영사항이 단체교섭의 대상이 될 수 있는지 여부와 노동조합 및 노동관계조정법상의 조정기간을 준수하지 않은 쟁의행위의 효력 여부를 묻고 있다.

[문제 01]은 A회사의 희망퇴직안 및 경영상 해고가 단체교섭의 대상이 될 수 있는지를 묻고 있으므로, 이와 관련된 판례를 서술하고 사안을 포섭하면 간단하게 해결할 수 있다.

[문제 02]는 조정전치주의를 규정한 노동조합 및 노동관계조정법 제45조 제

2항에서 말하는 '조정이 종료되지 아니한 경우'의 의미에 관하여 '반드시 조정이 종료될 필요가 없다'는 판례의 태도를 기술하면 된다.

## 논점의 해설

## [문제 01]의 해결 — 단체교섭의 대상

Ⅰ. 설문의 쟁점
Ⅱ. 단체교섭사항에 해당하는지 여부
1. 단체교섭의 대상
2. 경영상 해고가 단체교섭의 대상인지 여부
Ⅲ. 설문의 해결

# Ⅰ. 설문의 쟁점

사용자는 일정한 경우 단체교섭에 응하여야 하는 교섭의무를 지며 정당한 이유 없이 교섭을 거부하거나 해태하는 경우 부당노동행위가 성립한다(노조법 제81조 제3호). 사안의 경우 희망퇴직의 제안 및 경영상 해고가 단체교섭의무가 인정되는 단체교섭사항에 해당하는지가 문제되며 이와 관련하여 단체교섭권의 취지 및 경영권과의 관계를 검토하여야 한다.

# Ⅱ. 단체교섭사항에 해당하는지 여부

### 1. 단체교섭의 대상

노조법은 노동조합과 사용자가 교섭의 대상으로 삼을 수 있는 사항에 관하여 구체적인 규정을 두고 있지 않으므로, 구체적인 사안이 단체교섭사항에 해당하는지 여부는 헌법 제33조 제1항과 노조법 제29조에서 근로자에게 단체교섭권을 보장한 취지에 비추어 판단하여야 한다. 헌법 제33조 제1항의 근로3권은 근로조건의 향상을 위하여 근로자에게 부여된 것이며, 노조법 제29

조는 노동조합 또는 조합원을 위하여 단체교섭권을 행사하는 것으로 규정되어 있는 점에 비추어 보면, 원칙적으로 근로조건에 관련된 것으로서 집단적 교섭 내지 협약자치의 범위에 속할 수 있는 사항이면 단체교섭의 대상이 된다.

대법원도 일반적으로 구성원인 근로자의 노동조건 기타 근로자의 대우 또는 당해 단체적 노사관계의 운영에 관한 사항으로 사용자가 처분할 수 있는 사항은 단체교섭의 대상인 단체교섭사항이 된다고 보고 있다.

## 2. 경영상 해고가 단체교섭의 대상인지 여부

### (1) 판례의 태도

대법원은 "정리해고나 사업조직의 통폐합 등 기업의 구조조정의 실시 여부는 경영주체의 고도의 경영상 결단에 속하는 사항으로서 이는 원칙적으로 단체교섭의 대상이 될 수 없고, 그것이 긴박한 경영상의 필요나 합리적 이유 없이 불순한 의도로 추진되는 등의 특별한 사정이 없는 한, 노동조합이 실질적으로 그 실시 자체를 반대하기 위하여 쟁의행위에 나아간다면, 비록 그 실시로 인하여 근로자들의 지위나 근로조건의 변경이 필연적으로 수반된다고 하더라도 그 쟁의행위는 목적의 정당성을 인정할 수 없다. 또한 쟁의행위에서 추구되는 목적이 여러 가지이고 그 중 일부가 정당하지 못한 경우에는 주된 목적 내지 진정한 목적의 당부에 의하여 그 쟁의목적의 당부를 판단하여야 하고, 부당한 요구사항을 제외하였다면 쟁의행위를 하지 않았을 것이라고 인정되는 경우에는 그 쟁의행위 전체가 정당성을 갖지 못한다고 보아야 한다(대법원 2011.1.27. 선고 2010도11030 판결 등)"고 판단하여 사용자의 경영사항을 원칙적으로 단체교섭의 대상으로 보지 않고 있다.[1)]

### (2) 사안의 적용

A회사의 희망퇴직안의 제안 및 경영상 해고의 실시는 사용자의 경영상 판단에 의한 것으로서 긴박한 경영상의 필요나 합리적 이유 없이 불순한 의도로 추진되는 등의 특별한 사정은 보이지 않는다. 따라서 A회사는 이에 관

---

1) 이에 대하여 노동자의 근로3권은 심각하게 축소되어 헌법이 보장하는 근로3권의 취지에 반하므로, 경영권에 속하는 사항이더라도 근로조건 및 고용계속과 직접 영향이 있는 경우에는 단체교섭의 대상이 된다는 견해가 있다. 이 견해에 의하면 경영상 결정에 의한 정리해고는 근로조건에 중대한 영향을 미치는 사항이며, 노조법 제2조 제5호에서 해고에 대한 쟁의행위를 인정하고 있는데 이를 정리해고를 제외한 개념으로 볼 특별한 이유가 없으므로 정리해고에 관한 사항도 원칙적으로 단체교섭의 대상이 된다고 한다.

하여 단체교섭을 요구하는 B노동조합에 대하여 교섭의무가 없다.

## Ⅲ. 설문의 해결

A회사의 희망퇴직안 및 경영상 해고는 경영상 판단에 해당하며, 합리적인 이유가 없다고 볼 수 없으므로 단체교섭의 대상에 해당하지 아니하고, 따라서 A회사는 B노동조합의 교섭요구에 응할 의무가 없다.

# [문제 02]의 해결 — 조정전치주의

Ⅰ. 설문의 쟁점
Ⅱ. 조정전치절차 위반 여부
  1. 조정전치주의의 내용 / 2. 조정결정을 요하는지 여부
  3. 사안의 경우
Ⅲ. 설문의 해결

## Ⅰ. 설문의 쟁점

노동조합 및 노동관계조정법 제37조 제1항은 '쟁의행위는 그 목적·방법 및 절차에 있어서 법령 기타 사회질서에 위반되어서는 아니 된다'고 규정하고 있으며, 동법 제45조 제2항은 '쟁의행위는 제5장 제2절 내지 제4절의 규정에 의한 조정절차를 거치지 아니하면 이를 행할 수 없다. 다만, 제54조의 규정에 의한 기간 내에 조정이 종료되지 아니하거나 제63조의 규정에 의한 기간 내에 중재재정이 이루어지지 아니한 경우에는 그러하지 아니하다'고 규정하고 있는바, 사안에서 조정회부 후 조정위원회의 결정 없이 이루어진 쟁의행위가 정당한 것인지가 문제된다.

## Ⅱ. 조정전치절차 위반 여부

### 1. 조정전치주의의 내용

쟁의행위는 조정절차 또는 중재절차를 거치지 아니하면 이를 행할 수 없다(노조법 제45조 제2항). 따라서 쟁의행위는 조정 등의 절차를 거친 후에만 가능하나, 조정절차의 진행을 이유로 근로자의 기본권인 단체행동권의 행사가 부당하게 장기간 제한되어서는 불합리하므로 일반사업의 경우에는 10일, 공익사업의 경우에는 15일의 기간 내에 조정이 이루어지지 않은 때에는 쟁의행위를 개시할 수 있고(노조법 제54조), 이러한 조정기간은 당사자가 조정을 신청한 때로부터 기산된다.

### 2. 조정결정을 요하는지 여부

쟁의행위는 평화적 단체교섭이 결렬되어 더 이상 교섭의 진행이 무의미한 경우에 최후적 수단으로 사용되어야 한다. 노조법 제45조 제2항 및 제54조의 취지 또한 노동쟁의의 평화적 해결을 재고하기 위한 것으로서 조정절차를 거치지 않은 쟁의행위는 특별한 사정이 없는 한 최후수단의 원칙 내지 과잉금지의 원칙에 의해 정당성이 인정되기 어렵다는 것이지 반드시 노동위원회의 조정결정이 내려질 것을 쟁의행위 개시의 요건으로 하는 것은 아니다.

대법원은 "노동조합이 노동위원회에 노동쟁의 조정신청을 하여 조정절차가 마쳐지거나 조정이 종료되지 아니한 채 조정기간이 끝나면 노동조합은 쟁의행위를 할 수 있는 것으로 노동위원회가 반드시 조정결정을 한 뒤에 쟁의행위를 하여야지 그 절차가 정당한 것은 아니다(대법원 2001.6.26. 선고 2000도2871 판결)"고 판시[2]하여 조정신청 후 조정결정 없이 조정기간이 지난 경우

---

2) 대상판결에 관해서는 대체로 다음과 같은 긍정적인 평가를 내리고 있다. 대상판결은 노동위원회의 행정지도 후에 행해진 쟁의행위의 적법성과 정당성에 대해 명백하게 판단한 최초의 대법원 판결이라는 중요한 의미를 갖는다(김선수, '노동쟁의조정신청에 대한 행정지도와 쟁의행위의 정당성', 「노동법률」, 2001.8, 37면). 쟁의행위와 조정전치주의에 관한 헌법과 노조법, 그리고 노동위원회법과 동규칙을 제대로 해석하였다고 본다(박수근, '조정절차와 쟁의행위의 정당성', 「2001 노동판례 비평」, 252면). 조정절차를 거치지 않은 쟁의행위의 정당성에 관해서는 궁극적으로 법원이 최후수단의 원칙 내지 과잉금지의 원칙에 따라 판단해야 할 문제라고 생각한다. 따라서 어느 경우를 막론하고 노동위원회의 조정절차를 거치지 않는 한 정당한 쟁의행위는 할 수 없다고 하는 의미의 조정전치강제주의는 인정되지 않는다. 조정전치제도는 헌법상의 과잉금지 내지 최후수단의 원칙에 따라 그 효력과 한계가 정해져야 할 것이고, 거꾸로 법률에 의한 조정전치제도에 의하

에도 조정전치절차를 거친 것으로서 쟁의행위의 정당성이 인정된다고 본다.

### 3. 사안의 경우

B노동조합은 노동쟁의 조정신청에 따른 조정이 개시되지는 않았으나 신청 후 2주가 경과된 시점에서 조합원 찬반투표를 거쳐 재적 조합원 과반수의 찬성을 얻어서 파업을 개시하였으므로 노조법 제45조 제2항의 조정전치절차를 위반한 것이 아니다.

## Ⅲ. 설문의 해결

노동조합 및 노동관계조정법 제45조 제2항 단서에서 말하는 '조정이 종료되지 아니한 경우'란 조정신청이 있은 후 아무런 결과가 없는 상태를 포함하는 것이지 반드시 조정위원회의 결정을 요하는 것이 아니므로 B노동조합이 조정신청 후 2주가 경과한 시점에서 적법한 절차를 거쳐 쟁의행위로 나갔다면 정당성을 부정할 이유가 없다.

**【관련쟁점】**

1. 판례는 조정전치강제와 관련하여 어떠한 판단을 하고 있는가?
2. 조정전치제도와 헌법상의 과잉금지원칙과의 관계는?

**【참고문헌】**

김희성(2), 264~268면; 김형배, 875~880면, 969~973면; 이철수 외 4인, 340~344면; 임종률, 124~133면, 231~232면.

---

여 헌법상의 과잉금지 내지 최후수단의 원칙이 제한적으로 해서되어서는 안 될 것이다. 다시 말하면 노동조합이 노조및조정법상의 조정절차를 거치기 위한 모든 노력을 다했다면 결과적으로 조정을 받지 못했다는 이유로 쟁의행위를 정당하지 않다고 볼 수는 없다(김형배, 971면; 김형배, '조정시청 후의 행정지도와 쟁의행위의 정당성', 「조정과 심판」 제7호, 2001 참고).

**【관련판례】**

○ 경영사항과 쟁의행위의 정당성

대법원 2002.2.26. 선고 99도5380 판결(경영사항에 관한 주장)

정리해고나 사업조직의 통폐합, 공기업의 민영화 등 기업의 구조조정의 실시 여부는 경영주체에 의한 고도의 경영상 결단에 속하는 사항으로서 이는 원칙적으로 단체교섭의 대상이 될 수 없고, 그것이 긴박한 경영상의 필요나 합리적인 이유 없이 불순한 의도로 추진되는 등의 특별한 사정이 없는 한, 노동조합이 실질적으로 그 실시 자체를 반대하기 위하여 쟁의행위에 나아간다면, 비록 그 실시로 인하여 근로자들의 지위나 근로조건의 변경이 필연적으로 수반된다 하더라도 그 쟁의행위는 목적의 정당성을 인정할 수 없다.

대법원 2001.4.24. 선고 99도4893 판결(경영사항에 관한 주장)

긴박한 경영상의 필요에 의하여 하는 이른바 정리해고의 실시는 사용자의 경영상의 조치라고 할 것이므로, 정리해고에 관한 노동조합의 요구내용이 사용자는 정리해고를 하여서는 아니 된다는 취지라면 이는 사용자의 경영권을 근본적으로 제약하는 것이 되어 원칙적으로 단체교섭의 대상이 될 수 없고, 단체교섭사항이 될 수 없는 사항을 달성하려는 쟁의행위는 그 목적의 정당성을 인정할 수 없다.

대법원 2011.1.27. 선고 2010도11030 판결

정리해고나 사업조직의 통폐합 등 기업의 구조조정의 실시 여부는 경영주체의 고도의 경영상 결단에 속하는 사항으로서 이는 원칙적으로 단체교섭의 대상이 될 수 없고, 그것이 긴박한 경영상의 필요나 합리적 이유 없이 불순한 의도로 추진되는 등의 특별한 사정이 없는 한, 노동조합이 실질적으로 그 실시 자체를 반대하기 위하여 쟁의행위에 나아간다면, 비록 그 실시로 인하여 근로자들의 지위나 근로조건의 변경이 필연적으로 수반된다고 하더라도 그 쟁의행위는 목적의 정당성을 인정할 수 없다. 또한 쟁의행위에서 추구되는 목적이 여러 가지이고 그 중 일부가 정당하지 못한 경우에는 주된 목적 내지 진정한 목적의 당부에 의하여 그 쟁의목적의 당부를 판단하여야 하고, 부당한 요구사항을 제외하였다면 쟁의행위를 하지 않았을 것이라고 인정되는 경우에는 그 쟁의행위 전체가 정당성을 갖지 못한다고 보아야 한다.

○ 조정전치절차 준수의 의미

대법원 2001.6.26. 선고 2000도2871 판결

노동조합이 노동위원회에 노동쟁의 조정신청을 하여 조정절차가 마쳐지거나 조정이 종료되지 아니한 채 조정기간이 끝나면 노동조합은 쟁의행위를 할 수 있는 것으로 노동위원회가 반드시 조정결정을 한 뒤에 쟁의행위를 하여야지 그 절차가 정당한 것은 아니다.

# 47. 노동조합의 소극적 요건과 부당노동행위

**【사실관계】**

A금융회사(이하, 'A회사'라 한다)에는 근로자 약 1,500명이 근무하고, A회사의 직급체계(부장, 차장, 과장, 대리, 사원)는 사무직 및 기능직을 포함하여 단일하게 구성되어 있다. A회사에는 금융산업종사자 및 구직 중인 관련 산업 근로자들을 조직대상으로 하는 전국금융산업노조(甲)의 지부(이하 'B지부'라 한다)가 설치되어 있으며, 과장급에서 사원까지 약 900명이 조합원으로 가입해있다. 조합원 중에는 해당 부서에서 예산, 경리 또는 기획조정 업무를 담당하거나 사장의 비서 내지 전속 운전기사 등 직무에 종사하는 자 약 10명(이하 'C그룹'이라 한다)도 포함되어 있다.

B지부에서 사무국장으로 활동하던 D는 A회사의 경영방침을 왜곡하고 과장된 글을 직원들에게 보내고 관련 자료를 외부단체에 유출한 사유로 징계해고를 당하였다. D는 노동위원회에 부당해고 및 부당노동행위 구제를 신청하였다가 모두 기각당하였고, 그에 불복하여 제기한 행정소송에서 패소하였으나 계속하여 B지부에서 활동하고 있다.

B지부(전국금융산업노조(갑)로부터 적법하게 교섭권을 위임받았음을 전제로 함)는 A회사에 조합원들의 복지확대와 D의 복직을 주요 내용으로 하는 단체교섭을 요청하였다. 그러나 A회사는 「노동조합 및 노동관계조정법」(이하, '노조법'이라 한다)상 노동조합에 가입이 허용되지 않는 C그룹과 D가 B지부에 가입하여 활동한다는 이유로 단체교섭을 거부하였다. 또한 A회사는 B지부와 C그룹 및 D에게 노동조합의 탈퇴를 요청하는 이메일로 3회 보내고, 특히 C그룹에 대해서 1개월 이내에 B지부를 탈퇴하지 않으면 징계절차를 진행하겠다는 전화를 몇 차례 하였다.

(2014년 변호사시험 제3회 2문 변형)

[문제 01] C그룹과 D가 B지부에 가입 · 활동하는 것이 노조법 제2조 제4호에 위반되는지를 판단하시오.

[문제 02] 단체교섭을 거부하고 B지부에서 탈퇴를 요청하는 등 A회사의 행위가 노조법상 부당노동행위에 해당하는지를 설명하시오.

## 《관련조문》

노동조합 및 노동관계조정법

제2조 (정의) 이 법에서 사용하는 용어의 정의는 다음과 같다.

4. "노동조합"이라 함은 근로자가 주체가 되어 자주적으로 단결하여 근로조건의 유지 · 개선 기타 근로자의 경제적 · 사회적 지위의 향상을 도모함을 목적으로 조직하는 단체 또는 그 연합단체를 말한다. 다만, 다음 각 목의 1에 해당하는 경우에는 노동조합으로 보지 아니한다.

가. 사용자 또는 항상 그의 이익을 대표하여 행동하는 자의 참가를 허용하는 경우

나. 경비의 주된 부분을 사용자로부터 원조받는 경우

다. 공제 · 수양 기타 복리사업만을 목적으로 하는 경우

라. 근로자가 아닌 자의 가입을 허용하는 경우. 다만, 해고된 자가 노동위원회에 부당노동행위의 구제신청을 한 경우에는 중앙노동위원회의 재심판정이 있을 때까지는 근로자가 아닌 자로 해석하여서는 아니 된다.

마. 주로 정치운동을 목적으로 하는 경우

제81조 (부당노동행위) 사용자는 다음 각 호의 어느 하나에 해당하는 행위(이하 "부당노동행위"라 한다)를 할 수 없다.

1. 근로자가 노동조합에 가입 또는 가입하려고 하였거나 노동조합을 조직하려고 하였거나 기타 노동조합의 업무를 위한 정당한 행위를 한 것을 이유로 그 근로자를 해고하거나 그 근로자에게 불이익을 주는 행위

4. 근로자가 노동조합을 조직 또는 운영하는 것을 지배하거나 이에 개입하는 행위와 노동조합의 전임자에게 급여를 지원하거나 노동조합의 운영비를 원조하는 행위. 다만, 근로자가 근로시간 중에 제24조 제4항에 따른 활동을 하는 것을 사용자가 허용함은 무방하며, 또한 근로자의 후생자금 또는 경제상의 불행 기타 재액의 방지와 구제 등을 위한 기금의 기부와 최소한의 규모의 노동조합사무소의 제공은 예외로 한다.

**【사실관계】의 논점정리**

사례는 노동조합 및 노동관계조정법의 규정상 노동조합의 소극적 요건을 구성

하는 근로자가 조합활동을 하는 것이 정당한 것인지, 또 이 경우 사용자가 이를 이유로 근로자에 대한 불이익취급등의 행위를 한 경우 부당노동행위에 해당하는 것인지의 쟁점을 연결하여 묻고 있다.

[문제 01]에서는 'C그룹'과 근로자 'D'의 노동조합 참여가 가능한지와 관련하여 노조법 제2조 제4호의 해석이 문제되는데, 이와 관련하여 판례가 '사용자의 이익을 대표하여 행동하는자' 및 '근로자가 아닌 자'의 해석에 관한 어떠한 기준을 가지고 있는지가 중요하다.

[문제 02]에서는 [문제 01]의 상황에서 사용자가 이를 이유로 한 근로자에 대한 불이익취급 및 노동조합과의 단체교섭 거부가 부당노동행위에 해당하는지 여부가 문제되는바, 앞 선 문제의 해결에 따라 그 결과가 달라질 수 있음에 유의해야 한다.

## 논점의 해설

### [문제 01]의 해결 — 노동조합의 소극적 요건

Ⅰ. 설문의 쟁점
Ⅱ. 'C그룹'이 '항상 사용자의 이익을 대표하여 행동하는 자'인지 여부
  1. 문제의 소재
  2. '항상 사용자의 이익을 대표하여 행동하는 자'의 판단기준
  3. 사안의 적용
Ⅲ. 'D'가 '근로자 아닌 자'에 해당하는지 여부
  1. 문제의 소재
  2. 노조법 제2조 제4호 라목 단서의 해석
  3. 사안의 적용
Ⅳ. 설문의 해결

## Ⅰ. 설문의 쟁점

사안에서 B지부에 속한 근로자들 중에는 '해당 부서에서 예산, 경리 또는 기획조정 업무를 담당하거나 사장의 비서 내지 전속 운전기사 등 직무에

종사하는 자 약 10명(C그룹)'이 포함되어 있고, 이미 해고된 근로자 D도 포함되어 있다. 노동조합 및 노동관계조정법 제2조 제4호에서는 '항상 사용자의 이익을 대표하여 행동하는 자'와 '근로자가 아닌 자'의 참가를 노동조합의 소극적 요건으로 규정하고 있는바, 위 'C그룹'이 전자의, D가 후자의 소극적 요건을 각 충족하는 것인지가 문제된다.

## Ⅱ. 'C그룹'이 '항상 사용자의 이익을 대표하여 행동하는 자'인지 여부

### 1. 문제의 소재

노동조합은 '근로자가 주체가 되어 자주적으로 단결하여 근로조건의 유지·개선 기타 근로자의 경제적·사회적 지위의 향상을 도모함을 목적으로 조직하는 단체 또는 그 연합단체'를 의미하는바, 자주성과 근로조건의 유지·개선 등의 목적에 위배되는 자들의 참여를 차단할 필요성이 크다고 할 수 있다.

따라서 노조법 제2조 제4호에서는 근로자라고 하더라도 '항상 사용자의 이익을 대표하여 행동하는 자'의 노동조합 참여를 노동조합의 소극적 요건으로 정함으로써 간접적으로 이들의 참여를 차단하고 있다. 그러나 위 개념정의는 해석에 따라 상당히 넓게 인정될 소지가 있고, 그 경우 근로자의 헌법상 보장된 단결권을 필요 이상으로 제한할 수 있는 염려가 있기 때문에 이에 관한 판단 기준이 무엇보다 중요하다.

### 2. '항상 사용자의 이익을 대표하여 행동하는 자'의 판단기준

대법원은 무엇을 기준으로 근로자가 '항상 사용자의 이익을 대표하여 행동하는 자'에 해당하는지와 관련하여, "'그 사업의 근로자에 관한 사항에 대하여 사업주를 위하여 행동하는 자'란 근로자의 인사, 급여, 후생, 노무관리 등 근로조건 결정 또는 업무상 명령이나 지휘·감독을 하는 등의 사항에 대하여 사업주로부터 일정한 권한과 책임을 부여받은 자를 말하고, '항상 사용자의 이익을 대표하여 행동하는 자'란 근로자에 대한 인사, 급여, 징계, 감사, 노무관리 등 근로관계 결정에 직접 참여하거나 사용자의 근로관계에 대한 계획과 방침에 관한 기밀사항 업무를 취급할 권한이 있는 등과 같이 직무상 의무와 책임이 조합원으로서 의무와 책임에 직접적으로 저촉되는 위치에 있는 자를 의미한다. 따라서 이러한 자에 해당하는지는 일정한 직급이나 직책 등에 의하여 일률적으로 결정되어서는 안 되고, 업무 내용이 단순히 보조적·조언적인 것에 불과하여 업무수행과 조합원 활동 사이에 실질적인 충돌이 발생할 여지가 없는 자도 여기에 해당하지 않는다(대법원 2011.9.8. 선고 2008두13873 판결)"라고 판시하였다.

판례의 이 같은 태도는 일정한 직급이나 직책에 비추어 형식적으로 노동조합의 참여 가능 여부를 판단할 것이 아니라, 실질적으로 직무 담당자와 조합원으로서의 역할갈등이 존재하느냐에 따라 판단하여야 한다는 뜻으로 근로자의 단결권을 더욱 보장하고 있다는 점에서 바람직하다고 판단된다.

### 3. 사안의 적용

사안에서 'C그룹' 근로자들이 담당하고 있는 예산, 경리 또는 기획조정 업무는 사용자의 근로관계에 대한 계획과 방침에 관한 기밀업무라고 볼 수 있는 여지가 없는 것은 아니나, 그 담당업무의 범위가 해당 부서에 한정되어 있다는 점에서 이들이 사업주로부터 일정한 권한과 책임을 부여받은 것이라고 판단하기 어렵다. 또한 경영진의 비서 내지 전속 운전기사 등의 경우에도 실질적으로 단순한 업무를 담당하고 있는 것이라고 판단되므로, 이들이 '항상 사용자의 이익을 대표하여 행동하는 자'에 해당한다고 할 수 없을 것이다.

## Ⅲ. 'D'가 '근로자 아닌 자'에 해당하는지 여부

### 1. 문제의 소재

노동조합 및 노동관계조정법 제2조 제4호는 노동조합의 '근로자 주체성'을 보호하기 위하여 '근로자 아닌 자'의 참여를 제한하고 있는데, D와 같이 해고된 근로자의 참여가 허용되는지가 문제된다. 특히 동법 제2조 제1호가 정의하는 '근로자'가 특정한 사업 또는 사업장에 고용되어 있는 것을 전제로 하지 않는다고 해석되는바, 이에 따르면 D는 언제나 조합원의 자격이 인정된다.

그러나 동법 제2조 제4호 라목 단서는 '해고된 자가 노동위원회에 부당노동행위의 구제신청을 한 경우에는 중앙노동위원회의 재심판정이 있을 때까지는 근로자가 아닌 자로 해석하여서는 아니 된다'고 규정하고 있으므로, 두 규정의 충돌을 어떻게 해결해야 할 것인지가 문제된다.

## 2. 노조법 제2조 제4호 라목 단서의 해석

판례는 "노동조합 및 노동관계조정법(이하 '노조법'이라 한다)은 '노무공급자들 사이의 단결권 등을 보장해 줄 필요성이 있는가'라는 관점에서 집단적 노사관계를 규율할 목적으로 제정된 것으로 그 입법목적에 따라 근로자의 개념을 상이하게 정의하고 있는 점, 일정한 사용자에의 종속관계를 조합원의 자격요건으로 하는 기업별 노동조합의 경우와는 달리 산업별·직종별·지역별 노동조합 등의 경우에는 원래부터 일정한 사용자에의 종속관계를 조합원의 자격요건으로 하는 것이 아닌 점에 비추어, 노조법 제2조 제4호 라목 단서는 '기업별 노동조합'의 조합원이 사용자로부터 해고됨으로써 근로자성이 부인될 경우에 대비하여 마련된 규정으로서, 이와 같은 경우에만 한정적으로 적용되고, 원래부터 일정한 사용자에의 종속관계를 필요로 하지 않는 산업별·직종별·지역별 노동조합 등의 경우에까지 적용되는 것은 아닌 점 등을 근거로, 노조법 제2조 제1호 및 제4호 라목 본문에서 말하는 '근로자'에는 특정한 사용자에게 고용되어 현실적으로 취업하고 있는 자뿐만 아니라, 일시적으로 실업 상태에 있는 자나 구직 중인 자도 노동3권을 보장할 필요성이 있는 한 그 범위에 포함되고, 따라서 지역별 노동조합의 성격을 가진 원고가 그 구성원으로 '구직 중인 여성 노동자'를 포함시키고 있다 하더라도, '구직 중인 여성 노동자' 역시 노조법상의 근로자에 해당하므로, 구직 중인 여성 노동자는 근로자가 아니라는 이유로 원고의 이 사건 노동조합설립신고를 반려한 이 사건 처분을 위법하다(대법원 2004.2.27. 선고 2001두8568 판결)"고 판시함으로써, 동법 제2조 제4호 라목 단서가 '기업별 노동조합'의 경우에 적용되는 것임을 분명히 하고 있다.

## 3. 사안의 적용

사안에서 D는 B지부의 조합원이지만 동시에 '전국금융산업노조(甲)'의 조합원이기도 하다. 따라서 노조법 제2조 제1호의 해석상 D가 A기업으로부터 해고된 근로자라고 하더라도 전국금융산업노조(甲)의 조합원이 되는데 아무런 문제가 없다고 할 것이다.

## Ⅳ. 설문의 해결

따라서 'C그룹'과 D는 전국금융산업노조(甲)의 조합원으로서 자격이 인정되는 바, 그 하부 단체인 B지부에 가입하여 활동하는 것은 얼마든지 허용된다고 할 것이다.

# [문제 02]의 해결 — 부당노동행위 인정 여부

Ⅰ. 설문의 쟁점
Ⅱ. A회사의 단체교섭 거부가 부당노동행위에 해당하는지 여부
1. 문제의 소재 / 2. 판례의 태도 / 3. 사안의 적용
Ⅲ. A회사의 'C그룹'에 대한 탈퇴 요청이 부당노동행위에 해당하는지 여부
1. 문제의 소재 / 2. 판례의 태도 / 3. 사안의 적용
Ⅳ. 설문의 해결

## Ⅰ. 설문의 쟁점

사안에서 A회사는 B지부의 단체교섭 요청에 대하여 노조법상 노동조합의 가입이 허용되지 않는 C그룹과 D가 포함되어 있다는 이유로 단체교섭을 거부하였고, C그룹 및 D에게는 노동조합의 탈퇴를 요청하는 이메일을 3차례 보내고, 특히 C그룹에 대하여는 탈퇴하지 않으면 징계하겠다는 통보를 하기도 하였다.

따라서 A회사의 이 같은 행위들이 노동조합에 대한 반조합활동으로 평가되어 노조법상 부당노동행위에 해당하는지가 문제되는바, 단체교섭 거부에 정당한 사유가 있는 것인지, 근로자들에 대한 노동조합 탈퇴 요구에 정당한 근거가 있는 것인지가 문제된다.

# Ⅱ. A회사의 단체교섭 거부가 부당노동행위에 해당하는지 여부

## 1. 문제의 소재

노조법 제81조 제3호는 '3. 노동조합의 대표자 또는 노동조합으로부터 위임을 받은 자와의 단체협약체결 기타의 단체교섭을 정당한 이유없이 거부하거나 해태하는 행위'를 부당노동행위로 규정하고 있는바, A회사가 전국금융산업노조(甲)로부터 교섭권한의 위임을 받은 B지부의 단체교섭 요구를 거절한 것은 부당노동행위에 해당할 가능성이 크다.

다만, A회사는 B노조에 노동조합에 가입이 허용되지 않는 C그룹과 D가 B지부에 가입하여 활동한다는 이유로 단체교섭을 거부하였는바, 이와 같은 A회사의 거부 이유에 정당성이 있는지가 문제된다.

## 2. 판례의 태도

대법원은 C그룹과 같이 노동조합에 가입할 수 없는 사용자의 이익대표자인지가 문제되는 경우 "'그 사업의 근로자에 관한 사항에 대하여 사업주를 위하여 행동하는 자'란 근로자의 인사, 급여, 후생, 노무관리 등 근로조건 결정 또는 업무상 명령이나 지휘 · 감독을 하는 등의 사항에 대하여 사업주로부터 일정한 권한과 책임을 부여받은 자"이어야 하며, 해고 근로자인 D가 노조법 제2조 제4호 라목 단서에 해당하여 조합원 자격이 없는 것인지와 관련하여는 "원래부터 일정한 사용자에의 종속관계를 필요로 하지 않는 산업별 · 직종별 · 지역별 노동조합 등의 경우에까지 적용되는 것은 아닌 점 등을 근거로, 노조법 제2조 제1호 및 제4호 라목 본문에서 말하는 '근로자'에는 특정한 사용자에게 고용되어 현실적으로 취업하고 있는 자뿐만 아니라, 일시적으로 실업 상태에 있는 자나 구직 중인 자도 노동3권을 보장할 필요성이 있는 한 그 범위에 포함"된다고 판시하고 있다.

## 3. 사안의 적용

앞서 살펴본 바와 같이 C그룹의 근로자들은 근로조건의 결정이나 업무상 지휘 · 감독 등의 사항에 관하여 사용자로부터 일정한 권한을 부여받은 자로 보기 어려우며, 해고된 D의 경우 이미 노동위원회의 구제절차를 모두 마쳤다고 하더라도 D가 속한 전국금융산업노조(甲)는 산업별 노동조합에 해당하므로 노조법 제2조 제1호 및 제4호 라목이 적용되지 않는다. 따라서 C그룹과 D 모두 전국금융산업노조(甲)의 조합원 자격이 인정되는바, 이를 문제삼는 A회사의 단체교섭 거부는 정당하지 않다.

## Ⅲ. A회사의 'C그룹'에 대한 탈퇴 요청이 부당노동행위에 해당하는지 여부

### 1. 문제의 소재

A회사는 B지부와 C그룹 및 D에게 노동조합의 탈퇴를 요청하는 이메일로 3회 보내고, 특히 C그룹에 대해서 1개월 이내에 B지부를 탈퇴하지 않으면 징계절차를 진행하겠다는 전화를 몇 차례하였는바, 이 같은 행위가 노동조합의 조직·운영에 관하여 지배·개입하는 것으로서 노동조합 및 노동관계조정법 제81조 제4호에서 금지하는 부당노동행위에 해당하는지가 문제된다. 이와 관련하여 외형상 지배·개입 행위에 해당한다고 하더라도 부동노동행위가 성립하기 위해서는 노동조합의 자주성이 감소되거나 조직력이 약화되는 등 실제 단결활동권의 침해라는 결과가 요구되는지 여부 및 사용자의 지배·개입 의사가 필요한지 여부가 부가적인 쟁점이 된다.

### 2. 판례의 태도

대법원은 "구 노동조합법 제3조 제4호 단서의 규정은 노동조합의 설립 및 존속을 보호하고 사용자의 부당한 인사권의 행사에 의하여 노동조합의 활동이 방해되지 않도록 하기 위한 규정이므로 (대법원 1993.6.8. 선고 92다42354 판결 참조) 위 규정이 오직 노동조합의 설립 및 존속만을 보호하기 위한 규정이라고 할 수 없고, 구 노동조합법 제39조 제4호의 지배·개입으로서의 부당노동행위의 성립에 반드시 근로자의 단결권의 침해라는 결과의 발생을 요하는 것은 아니라고 할 것이다(대법원 1997.5.7. 선고 96누2057 판결)"라고 하여 사용자의 지배·개입이 반드시 단결권의 침해라는 결과를 요구하는 것은 아니라고 하였다.

그러나 부당노동행위 의사의 요부와 관련하여 "사용자가 근로자를 해고함에 있어서 표면적으로 내세우는 해고사유와는 달리 실질적으로는 근로자의 정당한 노동조합 활동을 이유로 해고한 것으로 인정되는 경우에 있어서는 그 해고는 부당노동행위라고 보아야 할 것이고, 근로자의 노동조합 업무를 위한 정당한 행위를 실질적인 해고사유로 한 것인지의 여부는 사용자 측이 내세우는 해고사유와 근로자가 한 노동조합 업무를 위한 정당한 행위의 내용, 해고를 한 시기, 사용자와 노동조합과의 관계, 동종의 사례에 있어서 조합원과 비조합원에 대한 제재의 불균형 여부, 종래 관행에의 부합 여부, 사용자의 조합원에 대한 언동이나 태도, 기타 부당노동행위 의사의 존재를 추정할 수 있는 제반사정 등을 비교 검토하여 판단하여야 한다(대법원 2000.4.11. 선고 99두2963 판결)"고 하여 필요하다는 입장이다.

### 3. 사안의 적용

사안에서 A회사는 그 소속 근로자들로 구성된 B지부를 비롯해 문제된 C그룹 근로자들과 D에게 노동조합의 탈퇴를 여러 차례 요청하고, 이에 더하여 불이행시 징계절차를 진행하겠다는 위협을 하였는바, 외형상 노동조합의 조직·운영을 지배 · 개입하는 행위에 해당한다고 할 수 있다. 다만 이 같은 행위로 전국금융산업노조(甲) 및 소속 조합원들의 단결권을 침해하는 결과가 있었는지 여부는 불분명하나 부당노동행위의 성립과 무관함이 판례의 태도이고, 실제로 A회사가 노동조합 탈퇴를 요청한 C그룹 및 D는 외관상 노동조합의 조합원 자격이 인정됨을 쉽게 알 수 있었음에도 거듭 탈퇴를 종용하고, 그 불이행에 대하여 불이익을 경고하였는바 지배 · 개입의 의사가 추정된다고 할 수 있다.

## Ⅳ. 설문의 해결

따라서 A회사가 B지부의 단체교섭을 거부한 행위와 전국금융산업노조(甲) 소속 조합원인 C그룹 근로자들과 D에게 노동조합의 탈퇴를 요구한 행위 등은 모두 C그룹과 D의 조합원 자격에 대한 자의적인 해석에 기인한 것으로 그 행위에 정당성을 찾아볼 수 없고, 노동조합 및 노동관계조정법 제81조 제3호 및 제4호에서 금지하고 있는 각 부당노동행위에 해당한다고 할 것이다.

【관련쟁점】

1. 판례의 태도에 따르면 '그 사업의 근로자에 관한 사항에 대하여 사업주를 위하여 행동하는 자'와 '항상 사용자의 이익을 대표하여 행동하는 자'의 구별기준은?
2. 판례의 태도에 따르면 부당노동행위 성립의 판단방법과 증명책임은?

【참고문헌】

김형배, 774~781면, 1109~1121면; 김희성(2) 60~69면; 임종률 48~51면, 278~286면; 이철수외 4인 284~295면, 473~477면.

**【관련판례】**

○ '항상 사용자의 이익을 대표하여 행동하는 자'의 판단기준

대법원 2011.9.8. 선고 2008두13873 판결

노동조합 및 노동관계조정법(이하 '노동조합법'이라 한다) 제2조 제2호, 제4호 단서 (가)목에 의하면, 노동조합법상 사용자에 해당하는 사업주, 사업의 경영담당자 또는 그 사업의 근로자에 관한 사항에 대하여 사업주를 위하여 행동하는 자와 항상 사용자의 이익을 대표하여 행동하는 자는 노동조합 참가가 금지되는데, 그 취지는 노동조합의 자주성을 확보하려는 데 있다. 여기서 '그 사업의 근로자에 관한 사항에 대하여 사업주를 위하여 행동하는 자'란 근로자의 인사, 급여, 후생, 노무관리 등 근로조건 결정 또는 업무상 명령이나 지휘·감독을 하는 등의 사항에 대하여 사업주로부터 일정한 권한과 책임을 부여받은 자를 말하고, '항상 사용자의 이익을 대표하여 행동하는 자'란 근로자에 대한 인사, 급여, 징계, 감사, 노무관리 등 근로관계 결정에 직접 참여하거나 사용자의 근로관계에 대한 계획과 방침에 관한 기밀사항 업무를 취급할 권한이 있는 등과 같이 직무상 의무와 책임이 조합원으로서 의무와 책임에 직접적으로 저촉되는 위치에 있는 자를 의미한다. 따라서 이러한 자에 해당하는지는 일정한 직급이나 직책 등에 의하여 일률적으로 결정되어서는 안 되고, 업무 내용이 단순히 보조적·조언적인 것에 불과하여 업무 수행과 조합원 활동 사이에 실질적인 충돌이 발생할 여지가 없는 자도 여기에 해당하지 않는다.

○ 해고가 부당노동행위에 해당되는지 여부의 판단기준

대법원 2000.4.11. 선고 99두2963 판결

사용자가 근로자를 해고함에 있어서 표면적으로 내세우는 해고사유와는 달리 실질적으로는 근로자의 정당한 노동조합 활동을 이유로 해고한 것으로 인정되는 경우에 있어서는 그 해고는 부당노동행위라고 보아야 할 것이고, 근로자의 노동조합 업무를 위한 정당한 행위를 실질적인 해고사유로 한 것인지의 여부는 사용자 측이 내세우는 해고사유와 근로자가 한 노동조합 업무를 위한 정당한 행위의 내용, 해고를 한 시기, 사용자와 노동조합과의 관계, 동종의 사례에 있어서 조합원과 비조합원에 대한 제재의 불균형 여부, 종래 관행에의 부합 여부, 사용자의 조합원에 대한 언동이나 태도, 기타 부당노동행위 의사의 존재를 추정할 수 있는 제반사정 등을 비교 검토하여 판단하여야 한다.

# 48. 부당노동행위와 손해배상

【사실관계】

근로자 25,000여 명을 사용하여 선박 건조 및 수리판매업 등을 영위하는 A회사는 선박 건조업무를 공정 및 내용 별로 나눈 후 각 부분의 업무를 소위 사내하청업체에게 도급계약 형식으로 맡겼고 사내하청업체는 각기 근로자를 고용하여 각 업무를 수행해 왔다.

A회사는 사내하청업체와의 개별 도급계약을 통해 작업일시, 작업시간, 작업장소, 작업내용 등에 관하여 A회사의 공정관리자의 지휘, 감독하에 업무를 수행토록하고, 사내하청업체 소속 근로자는 A회사가 제공한 도구 및 자재를 사용하여 A회사 직영근로자와 함께 근무해왔다.

그러던 중 A회사의 사내하청업체인 B회사에 종사하는 근로자들이 2013년 1월 1일 B노동조합을 설립하자 A회사는 B노동조합의 위원장이자 B회사의 근로자인 '근로자 甲'을 해고토록 하였고, B노동조합이 A회사 사업장 안에 작업환경 개선을 요구하며 단체교섭을 요청하자 B회사에 대해 계약해지를 경고하였다. 그 후 B회사는 2013년 1월 30일 노동조합을 와해시키기 위한 수단으로서 이른바 위장폐업결정을 하고 '근로자 乙' 등 조합원 전원을 해고한 다음, 그 다음 날 새로운 사내하청업체 C회사를 설립하여 B노동조합 조합원이 아닌 근로자들만을 고용승계하여 종전 B회사가 담당하던 업무를 그대로 수행하였다.

[문제 01] B노동조합은 A회사는 B회사의 근로관계에 대하여 실질적 영향력 내지 지배력을 가지고 근로자 및 노동조합의 자주적 단결활동에 영향을 미칠 수 있는 지위에 있는 자로서, A회사가 B노동조합의 단결 및 활동을 방해하기 위하여 조합원들에 대한 해고 압력 및 도급계약의 해지 등을 통해 하청업체의 폐업을 유도하고 이에 하청업체가 조합원들을 해고하게 된 것이므로 A회사의 이러한 행위는 노동조합 및 노동관계

조정법 제81조 제4호의 지배·개입의 부당노동행위에 해당한다고 주장한다. B노동조합의 주장은 타당한가?

[문제 02] 해고당한 '근로자 乙 등 조합원 전원'은 B회사의 폐업은 노동조합을 와해시키기 위한 위장폐업으로서 당해 해고는 무효이며, 불법행위에 해당한다는 이유로 손해배상 및 위자료청구소송을 제기하였다. '근로자 을 등 조합원 전원'은 부당해고에 따른 손해배상 및 위자료를 받을 수 있는가?

## 《관련조문》

노동조합 및 노동관계조정법

제81조(부당노동행위) 사용자는 다음 각 호의 어느 하나에 해당하는 행위(이하 "부당노동행위"라 한다)를 할 수 없다.

4. 근로자가 노동조합을 조직 또는 운영하는 것을 지배하거나 이에 개입하는 행위와 노동조합의 전임자에게 급여를 지원하거나 노동조합의 운영비를 원조하는 행위. 다만, 근로자가 근로시간 중에 제24조 제4항에 따른 활동을 하는 것을 사용자가 허용함은 무방하며, 또한 근로자의 후생자금 또는 경제상의 불행 기타 재액의 방지와 구제 등을 위한 기금의 기부와 최소한의 규모의 노동조합사무소의 제공은 예외로 한다.

**【사실관계】의 논점정리**

사례는 원청회사가 하청회사의 근로자들로 구성된 노동조합에 대하여 실질적 영향력을 행사할 수 있는 지위에 있는 경우, 부당노동행위의 주체가 될 수 있는 지위에 있는지와 부당노동행위가 인정된다면 어떤 책임을 부담하는지를 묻고 있다.

[문제 01]과 관련하여 원청회사인 A회사가 하청회사인 B회사의 소속 근로자들로 구성된 B노동조합에 대한 부당노동행위의 사용자성이 어떤 요건하에서 인정될 수 있는지 및 하청업체의 폐업을 유도한 행위가 노동조합에 대한 지배·개입 행위가 될 수 있는지가 쟁점이다.

[문제 02]에서는 A회사의 B노동조합에 대한 부당노동행위가 인정된다면, 이와 별도로 B노동조합 및 근로자들에 대한 불법행위를 구성하는지 및 그렇다면 불법행위로 인한 손해배상의 내용은 무엇인지가 쟁점이라 하겠다.

## 논점의 해설

### [문제 01]의 해결 — A 회사의 B 노동조합에 대한 부당노동행위 인정 여부

Ⅰ. 설문의 쟁점
Ⅱ. A회사의 B노동조합에 대한 부당노동행위의 주체로서의 '사용자' 인정 여부
1. 문 제 점 / 2. 판례의 태도 / 3. 사안의 적용
Ⅲ. A회사의 폐업 유도 등의 행위가 지배 · 개입의 부당노동행위에 해당하는지 여부
1. 문 제 점 / 2. 판례의 태도
Ⅳ. 사안의 해결
Ⅴ. 설문의 해결

## Ⅰ. 설문의 쟁점

사안에서 B노동조합은 원청회사 A가 하청업체에 대한 해고 압력 및 도급계약의 해지 등을 통해 폐업을 유도한 것이 부당노동행위에 해당한다고 주장하고 있다. 따라서 이 같은 주장의 배경에는 직접 교섭의 대상자가 아닌 A회사가 B노동조합과의 관계에서 노동조합 및 노동관계조정법상의 부당노동행위의 '사용자'라는 주장과 하청업체에 대한 폐업유도 행위가 동법 제81조 제4호 지배 · 개입에 해당한다는 주장을 포함하고 있는바, 이 같은 주장의 타당성이 사안의 쟁점이라 할 것이다.

## Ⅱ. A회사의 B노동조합에 대한 부당노동행위의 주체로서의 '사용자' 인정 여부

### 1. 문 제 점

노동조합 및 노동관계조정법 제81조는 '사용자는 다음 각 호의 어느 하나에 해당하는 행위(이하 "부당노동행위"라 한다)를 할 수 없다'고 규정하여 부당노동행위의 주체를 '사용자'로 제한하고 있다. 따라서 원청회사와 하청회사의 근로자와 같은 간접적인 고용관계에 있어서는 사실상 원청회사의 반노동조합 행위가 있더라도 문언상 부당노동행위에 해당하지 않는바, 이러한 경우에 '사용자 개념의 확장' 논의가 적용될 수 있는지가 문제된다.

### 2. 판례의 태도

판례는 "법 제81조 제4호는 '근로자가 노동조합을 조직 또는 운영하는 것을 지배하거나 이에 개입하는 행위' 등을 부당노동행위로 규정하고 있고, 이는 단결권을 침해하는 행위를 부당노동행위로서 배제·시정하여 정상적인 노사관계를 회복하는 것을 목적으로 하고 있으므로, 그 지배·개입 주체로서의 사용자인지 여부는 당해 구제신청의 내용, 그 사용자가 근로관계에 관여하고 있는 구체적 형태, 근로관계에 미치는 실질적인 영향력 내지 지배력의 유무 및 행사의 정도 등을 종합하여 결정하여야 할 것이다"라고 하여 노동조합의 교섭의 상대방뿐만 아니라 그 근로관계에 실질적 영향력을 미치는 자 역시도 부당노동행위의 주체가 될 수 있다고 보고 있다.

또한 "노조법 제81조 내지 제86조는 헌법이 규정하는 근로3권을 구체적으로 확보하고 집단적 노사관계의 질서를 파괴하는 사용자의 행위를 예방·제거함으로써 근로자의 단결권·단체교섭권 및 단체행동권을 확보하여 노사관계의 질서를 신속하게 정상화하기 위하여 부당노동행위에 대한 구제제도에 관하여 규정하고 있고, 이에 의하면 부당노동행위의 예방·제거는 노동위원회의 구제명령을 통해서 이루어지는 것이므로, 구제명령을 이행할 수 있는 법률적 또는 사실적인 권한이나 능력을 가지는 지위에 있는 한 그 한도 내에서는 부당노동행위의 주체로서 구제명령의 대상자인 사용자에 해당한다고 볼 수 있을 것이다(대법원 2010.3.25. 선고 2007두8881 판결)"라고 하여 역시 직접

교섭 상대방이 아니더라도 구제명령의 대상자인 사용자에 해당할 수 있다고 보았다.

### 3. 사안의 적용

사안에서 A회사는 사내하청업체와의 개별 도급계약을 통해 작업일시, 작업시간, 작업장소, 작업내용 등에 관하여 A회사의 공정관리자의 지휘, 감독하에 업무를 수행토록 하였고, 사내하청업체 소속 근로자는 A회사가 제공한 도구 및 자재를 사용하여 A회사 직영근로자와 함께 근무하였다는 점 등을 알 수 있다. 따라서 A회사가 B노동조합 조합원들에 대한 실질적 영향력을 가지고 있음을 알 수 있으므로 부당노동행위의 주체성이 인정된다고 할 것이다.

## Ⅲ. A회사의 폐업 유도 등의 행위가 지배·개입의 부당노동행위에 해당하는지 여부

### 1. 문 제 점

A회사는 B노동조합에 대한 직접적인 실력행사 없이 하청업체와의 계약해지 등 폐업을 유도하는 행위를 하고 있는바, 이 같은 행위가 지배·개입에 해당할 수 있는지가 문제되며, 해당한다면 부당노동행위 의사를 인정할 수 있는지가 문제된다.

### 2. 판례의 태도

판례는 “원청회사가 개별 도급계약을 통하여 사내 하청업체 근로자들의 기본적인 노동조건 등에 관하여 고용사업주인 사내 하청업체의 권한과 책임을 일정 부분 담당하고 있다고 볼 정도로 실질적이면서 구체적으로 지배·결정할 수 있는 지위에 있고 사내 하청업체의 사업폐지를 유도하는 행위와 그로 인하여 사내 하청업체 노동조합의 활동을 위축시키거나 침해하는 지배·개입 행위를 하였다면, 원청회사는 노동조합 및 노동관계조정법 제81조 제4호에서 정한 부당노동행위의 시정을 명하는 구제명령을 이행할 주체로서의 사용자에 해당한다”고 하였으며, 부당노동행위 의사와 관련하여 “사용자가 연설, 사내방송, 게시문, 서한 등을 통하여 의견을 표명하는 경우 표명된 의견의 내용과 함께 그것이 행하여진 상황, 시점, 장소, 방법 및 그것이 노동조합의 운영이나 활동에 미치거나 미칠 수 있는 영향 등을 종합하여 노동조합의 조직이나 운영 및 활동을 지배하거나 이에 개입하는 의사가 인정된다면 노동조합 및 노동관계조정법 제81조 제4호에 규정된 '근로자가 노동조합을 조직 또는 운영하는 것을 지배하거나 이에 개입하는 행위'로서 부당노동행위가 성립하고, 또 그 지배 · 개입으로서 부당노동행위의 성립에 반드시 근로자의 단결권 침해라는 결과 발생까지 요하는 것은 아니다"라고 판시하였다.

## Ⅳ. 사안의 해결

A회사의 하청회사에 대한 폐업 유도 등 행위는 B노동조합의 운영과 활동을 위축시키거나 침해하는 행위임에 틀림없고, 위장폐업으로 인한 조합원 전원 해고 후 비조합원만을 선별하여 재고용한 정황 등에 비추어 부당노동행위 의사도 인정된다고 할 것이다.

## Ⅴ. 설문의 해결

A회사는 B회사의 근로관계에 대하여 실질적 영향력 내지 지배력을 가지고 근로자 및 노동조합의 자주적 단결활동에 영향을 미칠 수 있는 지위에 있는 자로서, A회사의 '근로자 甲' 등에 대한 해고지시와 폐업 유도 행위는 B노동조합의 단결 및 활동을 방해하는 행위로서 지배 · 개입의 부당노동행위에 해당하는바, B노동조합의 주장은 타당하다.

# [문제 02]의 해결 — 위장폐업과 손해배상책임 인정 여부

Ⅰ. 설문의 쟁점
Ⅱ. 위장폐업에 따른 부당해고와 불법행위책임
  1. 위장폐업에 따른 해고의 불법행위 해당 여부
  2. 불법행위에 해당하는 부당해고와 근로자의 손해배상 및 위자료 청구권
Ⅲ. 설문의 해결

# Ⅰ. 설문의 쟁점

기업의 운영과 그 폐지는 원칙적으로 헌법이 보장한 기업경영의 자유에 속하는 영역으로 분류된다. 그러나 사안의 B회사와 같이 사업주가 노동조합의 활동을 방해하기 위한 목적으로 이른바 위장폐업을 통해 사실상 조합원들을 해고하는 행위까지도 허용된다면 정의와 형평에 반할 소지가 크기 때문에 부당노동행위 제도를 통해 제재수단을 마련하고 있다. 그런데 이 같은 행위가 별도로 민사상 불법행위에 해당하여 손해배상의 책임을 지게 되는지, 진다면 그 범위는 어떠한지는 별도의 논의가 필요하며, 이 부분이 설문의 쟁점이라고 하겠다.

# Ⅱ. 위장폐업에 따른 부당해고와 불법행위책임

## 1. 위장폐업에 따른 해고의 불법행위 해당 여부

판례는 "부당노동행위가 되는 위장폐업이란 기업이 진실한 기업폐지의 의사가 없이, 다만 노동조합의 결성 또는 조합활동을 혐오하고 노동조합을 와해시키기 위한 수단으로서 기업을 해산하고 조합원을 전원 해고한 다음 새로운 기업을 설립하는 등의 방법으로 기업의 실체가 존속하면서 조합원을 배제한 채 기업활동을 계속하는 경우를 말한다(대법원 1991.12.24. 선고 91누2762 판결 등 참조)"고 하며, 부당노동행위가 불법행위에 해당하는지 여부와 관련하여 "일반적으로 사용자의 근로자에 대한 해고 등의 불이익처분이 정당하지 못하여 무효로 판단되는 경우 그러한 사유만에 의하여 곧바로 그 해고 등의 불이익처분이 불법행위를 구성하게 된다고 할 수는 없다. 그러나 사용자가 근로자에 대하여 해고 등 불이익처분을 할 만한 사유가 전혀 없는데도 오로지 근로자를 사업장에서 몰아내려는 의도하에 고의로 어떤 명목상의 사유 등을 내세워 해고 등의 불이익처분을 한 경우나 해고 등의 불이익처분이 우리의 건전한 사회통념이나 사회상규상 용인될 수 없음이 분명한 경우에는 그 해고가 「근로기준법」 제23조 제1항에서 말하는 정당성을 갖지 못하여 효력이 부정되는 데 그치는 것이 아니라, 근로자에 대한 관계에서 불법행위를 구성할 수 있다(대법원 1992.10.12. 선고 92다43586 판결 등 참조)"고 하여 일정한 요건하에 부당해고의 불법행위 성립을 긍정하고 있다.

### 2. 불법행위에 해당하는 부당해고와 근로자의 손해배상 및 위자료 청구권

판례는 근로자에 대한 해고가 부당해고이자 불법행위에 해당하게 되는 경우 "근로자들로서는 위장폐업에 의한 부당해고가 무효임을 이유로 민법 제538조 제1항에 따라 구 회사 내지는 그와 실질적으로 동일성을 유지하고 있는 신설회사에 대하여 계속 근로하였을 경우 그 반대급부로 받을 수 있는 임금의 지급을 구할 수 있음은 물론이고, 아울러 위장폐업에 의한 부당해고가 불법행위에 해당함을 이유로 손해배상을 구할 수 있으며, 그 중 어느 쪽의 청구권이라도 선택적으로 행사할 수 있으며, 위장폐업에 의한 부당해고는 사회통념이나 사회상규상 용인될 수 없는 것이어서 불법행위를 구성하므로, 사용자는 그로 인하여 근로자들이 입게 된 정신적 고통에 대한 위자료를 배상할 책임이 있다(대법원 2011.3.10. 선고 2010다13282 판결 참조)"고 하여 손해배상의 범위에 임금과 위자료를 포함시키고 있다.

## Ⅲ. 설문의 해결

B회사의 폐업은 근로자들에게 어떠한 해고사유도 존재하지 아니함에도 노동조합 활동을 혐오한 나머지 근로자들을 해고함으로써 노동조합을 와해시키기 위한 의도에서 이루어진 위장폐업으로서 이는 건전한 사회통념이나 사회상규상 용인될 수 없는 행위이므로, 이러한 위장폐업에 의한 부당해고는 근로자에 대한 관계에서 불법행위를 구성한다고 보아야 할 것이다.

따라서 근로자들로서는 위장폐업에 의한 부당해고가 무효임을 이유로 「민법」 제538조 제1항에 따라 B회사 내지는 그와 실질적으로 동일성을 유지하고 있는 신설회사(C회사)에 대하여 계속 근로하였을 경우 받을 수 있는 임금의 지급 또는 그에 해당하는 손해배상의 지급을 선택적으로 행사할 수 있으며, 불법행위로 인한 정신적 고통에 대한 위자료 청구도 가능하다.

**【관련쟁점】**

1. 위장폐업에 의한 부당해고가 불법행위를 구성하는가?
2. 1.의 경우 근로자들은 해고가 무효임을 이유로 민법 제538조 제1항에 따라 부당해고기간 중 임금의 지급을 구하거나 선택적으로 해고가 불법행위에 해당함을 이유로 손해배상을 구할 수 있는가?

**【참고문헌】**

김형배, 719~720면, 1080~1086면; 김희성(1), 481~496면; 임종률, 264~266면; 이철수 외 4인, 447~450면.

**【관련판례】**

○ 부당노동행위에 있어서 원청회사의 사용자성

대법원 2010.3.25. 선고 2007두8881 판결(현대중공업 사건)

[1] 근로자의 기본적인 노동조건 등에 관하여 그 근로자를 고용한 사업주로서의 권한과 책임을 일정 부분 담당하고 있다고 볼 정도로 실질적이고 구체적으로 지배·결정할 수 있는 지위에 있는 자가, 노동조합을 조직 또는 운영하는 것을 지배하거나 이에 개입하는 등으로 노동조합 및 노동관계조정법 제81조 제4호에서 정한 행위를 하였다면, 그 시정을 명하는 구제명령을 이행하여야 할 사용자에 해당한다.

[2] 원청회사가 개별 도급계약을 통하여 사내하청업체 근로자들의 기본적인 노동조건 등에 관하여 고용사업주인 사내하청업체의 권한과 책임을 일정 부분 담당하고 있다고 볼 정도로 실질적이면서 구체적으로 지배·결정할 수 있는 지위에 있고 사내하청업체의 사업폐지를 유도하는 행위와 그로 인하여 사내하청업체 노동조합의 활동을 위축시키거나 침해하는 지배·개입 행위를 하였다면, 원청회사는 노동조합 및 노동관계조정법 제81조 제4호에서 정한 부당노동행위의 시정을 명하는 구제명령을 이행할 주체로서의 사용자에 해당한다고 한 사례.

○ 부당노동행위와 불법행위에 의한 손해배상책임

대법원 2011.3.10. 선고 2010다13282 판결

[1] 사용자가 근로자들에게 어떠한 해고사유도 존재하지 아니함에도 노동조합 활동을 혐오한 나머지, 경영상 어려움 등 명목상 이유를 내세워 사업 자체를 폐지하고 근로자들을 해고함으로써 일거에 노동조합을 와해

시키고 조합원 전원을 사업장에서 몰아내고는 다시 기업재개, 개인기업으로의 이행, 신설회사 설립 등 다양한 방법으로 종전 회사와 다를 바 없는 회사를 통하여 여전히 예전의 기업활동을 계속하는 것은 우리의 건전한 사회통념이나 사회상규상 용인될 수 없는 행위이므로, 이러한 위장폐업에 의한 부당해고는 근로자에 대한 관계에서 불법행위를 구성한다. 따라서 근로자들로서는 위장폐업에 의한 부당해고가 무효임을 이유로 민법 제538조 제1항에 따라 구 회사 내지는 그와 실질적으로 동일성을 유지하고 있는 신설회사에 대하여 계속 근로하였을 경우 그 반대급부로 받을 수 있는 임금의 지급을 구할 수 있음은 물론이고, 아울러 위장폐업에 의한 부당해고가 불법행위에 해당함을 이유로 손해배상을 구할 수 있으며, 그 중 어느 쪽의 청구권이라도 선택적으로 행사할 수 있다.

[2] 구 회사를 실질적으로 운영하는 사주가 쟁의행위로서 정당성을 결여한 직장폐쇄를 감행하여 전 직원을 퇴직처리한 다음 구 회사를 폐업하고 새로이 회사를 설립하는 위장폐업의 방법으로 근로자들을 부당해고한 사안에서, 부당해고된 근로자가 해고 무효를 주장하면서 사용자에게 민법 제538조 제1항에 의하여 해고기간 중의 임금지급을 청구하는 소는 그 실체가 근로계약에 따른 임금청구권의 행사인 반면, 부당해고가 불법행위를 구성한다는 이유로 임금 상당의 손해배상을 청구하는 것은 그 자체로는 근로계약과 무관한 청구로서 양자는 그 법적 근거와 성질을 달리하고, 부당해고로 인하여 근로자에게 손해가 발생하였는지 여부는 부당해고 피해자인 근로자가 부당해고가 없었더라면 향유하거나 취득할 수 있었던 이익이 부당해고로 말미암아 상실되거나 취득할 수 없게 된 것에 따른 불이익이 발생하였는지 여부에 의하여 판단할 것이지, 부당해고가 존재하지 아니하였을 경우에 취득할 수 있는 법률상 권리인 임금청구권을 유효하게 가지고 있느냐 여부에 따라 그 손해의 발생 여부가 좌우되는 것은 아님에도, 위장폐업에 따른 부당해고는 그 효력이 부정되어 근로자들과 구 회사(또는 신설회사) 사이에 여전히 근로관계가 존속하기 때문에 근로자들은 특별한 사정이 없는 한 사용자인 구 회사(또는 신설회사)에 대하여 부당해고기간 중의 임금을 청구할 수 있으므로 임금 상당의 손해가 발생하였다고 볼 수 없다고 하며, 위 해고가 불법행위에 해당함을 이유로 한 손해배상청구는 인정되지 않는다고 본 원심판단을 파기한 사례.

[3] 위장폐업에 의한 부당해고는 사회통념이나 사회상규상 용인될 수 없는 것이어서 불법행위를 구성하므로, 사용자는 그로 인하여 근로자들이 입게 된 정신적 고통에 대한 위자료를 배상할 책임이 있다.

# 49. 사용자의 언론활동 및 노무지휘권과 부당노동행위

【사실관계】

A주식회사는 상시 근로자 300명을 고용하여 자동차부품을 생산하는 회사이고, B노동조합은 A주식회사의 근로자 200명으로 구성된 노동조합이다. A주식회사와 B노동조합이 체결한 단체협약은 만료기한이 2012년 5월 31일이었는데, A주식회사는 새로운 단체협약의 체결을 위한 단체교섭에 적극적인 태도를 보이지 않고 있었다.

B노동조합은 계속된 단체교섭에도 별다른 합의점을 찾지 못하자, A주식회사에 대하여 2012년 5월 31일까지 교섭이 결렬될 경우 파업에 돌입하겠다고 예고하였고 파업 예정일은 2012년 6월 1일 05:00경이었다.

한편, A주식회사의 인사부장이자 단체교섭의 사용자 측 교섭위원 중 한 명인 C는 2012년 5월 25일부터 같은 달 30일까지 전국 영업소와 공장을 순회하면서 직원설명회를 개최하기로 하는 계획을 세우고 실제로 같은 기간 동안 직원설명회를 개최하였다(직원설명회의 내용은 주로 회사 사정의 어려움을 알리는 것이었으며, 파업의 불참을 요구하거나 참가 시 불이익을 주겠다는 내용 등은 없었다).

그런데 C가 A주식회사 부산공장에 도착하자, B노동조합의 간부 갑을 비롯한 조합원 20여명이 건물 1층 현관 앞을 막아서며 “내일이 파업인데 파업을 막을 생각은 하지 않고 또 무슨 꿍꿍이를 꾸미러 부산까지 왔느냐?”고 하거나 “이럴 정성으로 교섭준비나 더 하라”는 등의 말을 하면서 멱살을 잡는 등 공장 진입을 못하게 하였다.

한편, A주식회사는 2012년 말부터 해외판로의 개척에 성공하여 고속 성장을 하였고, 주문량을 감당하기 위해 공장 증설 및 새로운 공장 건설을 검토하고 있는 중이었다. 그런데, B노동조합의 간부인 갑이 연장근로를 신청하면 다른 직원들과는 달리 왜 연장근로 등이 필요한지에 대하여 지나칠 정도로 까다롭게 물어보고 그 허가에 있어서 엄격한 기준을 적용하는 바람에 甲

은 연장근로 신청을 포기하게 되었다.

[문제 01] 검찰은 甲에 대하여 C를 공장 안으로 들어가지 못하게 몸으로 가로막는 등 위력으로 그 정당한 업무를 방해하였다는 이유로 업무방해죄로 기소하였다. 이에 대하여 甲은 C가 파업이 임박한 상황에서 A주식회사의 각 공장을 순회하며 근로자들을 상대로 설명회를 개최하는 것은 부당노동행위에 해당하므로 업무방해죄의 보호법익이 될 수 없다고 항변하는바 이 같은 甲의 주장은 타당한가?

[문제 02] 한편, 甲은 A주식회사가 자신의 연장근로 신청에 대하여 다른 직원들과 달리 엄격한 기준을 적용하여 연장근로 신청을 사실상 거부하는 것은 조합활동을 이유로 한 불이익한 처우에 해당한다며 부당노동행위 구제신청을 하였다. 甲의 구제신청은 인용될 것인가?

## 《관련조문》

노동조합 및 노동관계조정법

제81조(부당노동행위) 사용자는 다음 각 호의 어느 하나에 해당하는 행위(이하 "부당노동행위"라 한다)를 할 수 없다.

1. 근로자가 노동조합에 가입 또는 가입하려고 하였거나 노동조합을 조직하려고 하였거나 기타 노동조합의 업무를 위한 정당한 행위를 한 것을 이유로 그 근로자를 해고하거나 그 근로자에게 불이익을 주는 행위.
4. 근로자가 노동조합을 조직 또는 운영하는 것을 지배하거나 이에 개입하는 행위와 노동조합의 전임자에게 급여를 지원하거나 노동조합의 운영비를 원조하는 행위. 다만, 근로자가 근로시간 중에 제24조 제4항에 따른 활동을 하는 것을 사용자가 허용함은 무방하며, 또한 근로자의 후생자금 또는 경제상의 불행 기타 재액의 방지와 구제 등을 위한 기금의 기부와 최소한의 규모의 노동조합사무소의 제공은 예외로 한다.

근로기준법

제53조(연장 근로의 제한) ① 당사자 간에 합의하면 1주간에 12시간을 한도로 제50조의 근로시간을 연장할 수 있다.

> ② 당사자 간에 합의하면 1주간에 12시간을 한도로 제51조의 근로시간을 연장할 수 있고, 제52조 제2호의 정산기간을 평균하여 1주간에 12시간을 초과하지 아니하는 범위에서 제52조의 근로시간을 연장할 수 있다.

**【사실관계】의 논점정리**

이 사례는 사용자의 언론활동과 노무지휘가 다른 측면에서 노동조합에 대한 부당노동행위가 될 수 있는지를 묻고 있다.

[문제 01]에서는 사용자의 언론활동을 방해한 노동조합 소속 근로자의 행위가 업무방해죄에 해당하는지를 통해 우회적으로 사용자의 언론활동이 노동조합에 대한 부당노동행위를 구성하고 있는지를 묻고 있다.

[문제 02]에서는 사용자의 노무지휘권에 속해 있는 연장근로 신청에 대한 허가가 경우에 따라서는 노동조합 소속 근로자에 대한 불이익처우가 될 수 있는지가 쟁점이라 하겠는데, 해고 등 징계와 달리 이 같은 경제상 또는 업무상 불이익이 '불이익 처우'에 해당하는지에 관한 판례의 태도를 언급하는 것이 필요하다.

## 논점의 해설

### [문제 01]의 해결 — C의 직원설명회가 부당노동행위에 해당하는지 여부

Ⅰ. 설문의 쟁점
Ⅱ. 사용자의 언론활동과 부당노동행위 성립 여부
  1. 문 제 점 / 2. 판례의 태도 / 3. 사안의 적용
Ⅲ. 설문의 해결

# Ⅰ. 설문의 쟁점

검찰은 甲이 C를 공장 안으로 들어가지 못하게 몸으로 가로막는 등 행위에 대해 위력에 의한 업무방해죄로 기소하였다. 이에 대하여 갑은 C가 파업이 임박한 상황에서 A주식회사의 각 공장을 순회하며 근로자들을 상대로 설명회를 개최하는 것은 부당노동행위에 해당하므로 업무방해죄의 보호법익이 될 수 없다고 항변하는바, 이 경우 사용자의 언론활동이 노동조합에 대하여 지배·개입의 부당노동행위에 해당하는지 여부가 쟁점이라고 할 것이다.

# Ⅱ. 사용자의 언론활동과 부당노동행위 성립 여부

## 1. 문 제 점

사용자는 일반적으로 또는 근로관계를 전제로 연설, 사내방송, 게시문 등의 형식으로 자신의 의견을 표명할 수 있는 언론의 자유를 가지고 있음에는 의문의 여지가 없다. 문제는 이 같은 의견의 표명이 한편으로 노동조합에 대한 적대적 의도를 가지고 노동조합의 조직이나 운영을 방해하기 위한 수단으로 활용되는 경우 그 같은 활동이 노동조합 및 노동관계조정법상의 부당노동행위에 해당하는 것인지가 문제된다.

## 2. 판례의 태도

판례는 “사용자가 연설, 사내방송, 게시문, 서한 등을 통하여 의견을 표명할 수 있는 언론의 자유를 가지고 있음은 당연하나, 그것이 행하여진 상황, 장소, 그 내용, 방법, 노동조합의 운영이나 활동에 미친 영향 등을 종합하여 노동조합의 조직이나 운영을 지배하거나 이에 개입하는 의사가 인정되는 경우에는 구 노동조합법(1996.12.31. 법률 제5244호 부칙 제3조로 폐지되기 전의 것) 제39조 제4호에 정한 부당노동행위가 성립한다”고 하면서 전쟁기념사업회 노동조합의 조합원들이 위 사업회의 회장 등을 업무상 횡령혐의로 고소함으로써 위 사업회와 당해 조합 간의 갈등이 일어난 상황 속에서, 위 회장이 종무식장에서 전직원을 상대로 위 사업회 조직의 성질상 태어나지 말아야 할 노동조합이 생겼으며, 자신을 포함한 우리 모두가(감독관청인 국방부에 대하여) 노동자인 것이고, 위 사업회 조직의 성격상 노조활동에는 한계가 있다고 보며, 계속하여 분쟁이 야기되어 전직원으로부터 사표를 받고 공개채용으로 다시 충원해야 하는 일이 없기 바란다는 취지로 발언한 것을 부당노동행위라고 판단하였다(대법원 1998.5.22. 선고 97누8076 판결 참조).

그러나 다른 판결에서는 "사용자 또한 자신의 의견을 표명할 수 있는 자유를 가지고 있으므로, 사용자가 노동조합의 활동에 대하여 단순히 비판적 견해를 표명하거나 근로자를 상대로 집단적인 설명회 등을 개최하여 회사의 경영상황 및 정책방향 등 입장을 설명하고 이해를 구하는 행위 또는 비록 파업이 예정된 상황이라 하더라도 파업의 정당성과 적법성 여부 및 파업이 회사나 근로자에 미치는 영향 등을 설명하는 행위는 거기에 징계 등 불이익의 위협 또는 이익제공의 약속 등이 포함되어 있거나 다른 지배·개입의 정황 등 노동조합의 자주성을 해칠 수 있는 요소가 연관되어 있지 않는 한, 사용자에게 노동조합의 조직이나 운영 및 활동을 지배하거나 이에 개입하는 의사가 있다고 가볍게 단정할 것은 아니다(대법원 2013.1.10. 선고 2011도15497 판결)"라고 판시하고 있다.

### 3. 사안의 적용

설문에서 C가 각 공장을 순회하며 개최한 직원설명회의 내용은 회사의 경영상황에 대한 설명을 그 내용으로 하고 있었고, 파업으로 인한 불이익의 위협 내지 이익제공의 약속 등의 내용이 포함되지 않았다는 점을 알 수 있다. 따라서 사용자에게 노동조합의 조직이나 운영 및 활동을 지배하거나 이에 개입하려는 의사를 인정하기 어려울 것이므로, 사용자의 정당한 언론활동에 해당하고 이를 위력으로 제지한 甲 등의 행위는 업무방해죄의 구성요건을 충족한다고 판단된다.

## Ⅲ. 설문의 해결

사안에서 C의 사원설명회는 그 내용에 비추어 노동조합의 조직이나 운영 및 활동을 지배·개입하려는 의사를 추단할 수 없는바 정당한 사용자의 언론활동이라 할 것이어서 이를 위력으로 막은 甲 등의 행위는 업무방해에 해당하고 따라서 검사의 기소에 대한 甲의 항변은 타당하지 않다.

# [문제 02]의 해결 — 甲의 연장근로 신청 거부와 부당노동행위 성립 여부

Ⅰ. 설문의 쟁점
Ⅱ. A주식회사의 甲에 대한 부당노동행위 성립 여부
1. 문 제 점 / 2. 판례의 태도 / 3. 사안의 적용
Ⅲ. 설문의 해결

## Ⅰ. 설문의 쟁점

사안에서 A주식회사는 조합간부인 甲의 연장근로 신청에 대해 보다 엄격한 사유를 요구하는 등의 방법으로 사실상 연장근로신청을 거부하고 있다. 이 경우 A주식회사의 연장근로 신청 거부행위를 부당노동행위라고 판단할 수 있는지, 그렇다면 그 근거는 무엇인지가 사례의 쟁점이라 하겠다.

## Ⅱ. A주식회사의 甲에 대한 부당노동행위 성립 여부

### 1. 문 제 점

근로기준법 제53조 제1항에 따르면 연장근로는 원칙적으로 당사자 사이의 합의에 의하여 이루어진다. 따라서 연장근로에 관한한 사용자와 근로자 사이의 자치적 문제라고 할 것이다. 그런데, 동법 제56조에서 연장근로에 대한 가산임금을 규정하고 있으므로, 실질적으로 연장근로는 근로자의 경제상황에 큰 영향을 미치고 있는 게 보통이므로 사용자는 근로자의 연장근로 신청을 거부하는 방법으로 '사실상 불이익 처우'를 할 수 있게 된다. 따라서 해고 등 징계와 달리 이 같은 경제상 또는 업무상 불이익이 부당노동행위의 '불이익 처우'에 해당하는지가 문제된다.

### 2. 판례의 태도

판례는 이와 관련하여, "일반적으로 근로자가 연장 또는 휴일근로를 희

망할 경우 회사에서 반드시 이를 허가하여야 할 의무는 없지만, 특정 근로자가 파업에 참가하였거나 노조활동에 적극적이라는 이유로 해당 근로자에게 연장근로 등을 거부하는 것은 해당 근로자에게 경제적 내지 업무상의 불이익을 주는 행위로서 부당노동행위에 해당할 수 있다. 한편, 사용자가 근로자를 해고함에 있어 표면적으로 내세우는 해고사유와는 달리 실질적으로는 근로자의 정당한 노동조합 활동을 이유로 해고한 것으로 인정되는 경우에는 그 해고는 부당노동행위라고 보아야 하고, 근로자의 노동조합 업무를 위한 정당한 행위를 실질적인 해고사유로 한 것인지의 여부는 사용자 측이 내세우는 해고사유와 근로자가 한 노동조합 업무를 위한 정당한 행위의 내용, 해고를 한 시기, 사용자와 노동조합과의 관계, 동종의 사례에 있어서 조합원과 비조합원에 대한 제재의 불균형 여부, 종래 관행에의 부합 여부, 사용자의 조합원에 대한 언동이나 태도, 기타 부당노동행위 의사의 존재를 추정할 수 있는 제반 사정 등을 비교 검토하여 판단하여야 하는바, 이는 근로자에게 연장근로 등을 거부하여 해당 근로자에게 경제적 내지 업무상의 불이익을 주는 행위의 경우에도 마찬가지이다(대법원 2006.9.8. 선고 2006도388 판결 참조)"라고 판시하여, 근로자에 대한 징계 등의 직접적인 신분상 불이익 말고도 경제적 내지 업무상 불이익도 부당노동행위의 불이익 처우에 포함시켜 판단하고 있다.

### 3. 사안의 적용

사안에서 A주식회사는 해외판로의 개척에 성공함으로써 어느 때보다 근로자들의 연장근로가 필요한 상황이었다는 점, 다른 근로자들의 연장근로 신청은 별다른 사유 없이 승낙하면서도 노동조합의 간부인 甲에 대해서는 신청기준을 엄격히 제한하여 사실상 연장근로 신청을 거부함으로써 신청을 포기하게 만들었다는 점 등에 비추어 A주식회사의 甲에 대한 연장근로 신청 거부는 甲의 조합활동을 원인으로 하는 경제적 내지 업무상 불이익 처우임을 인정할 수 있다.

## Ⅲ. 설문의 해결

따라서 A주식회사의 근로자 甲에 대한 연장근로 거부행위는 부당노동행위 의사에 기한 '불이익 처우'에 해당하므로, 이에 대한 甲의 부당노동행위 구제신청은 인용될 수 있다.

【관련쟁점】

1. 보상휴가제의 내용과 문제점은?
2. 탄력적 근로시간제에서 연장근로의 상한은?

【참고문헌】

김형배, 441~452면, 1112~1119면; 김희성(1), 270~276면; 임종률, 279~286면, 420~425면; 이철수 외 4인, 125~128면.

**【관련판례】**

○ 사용자의 언론활동과 부당노동행위

대법원 2013.1.10. 선고 2011도15497 판결

[1] 사용자가 연설, 사내방송, 게시문, 서한 등을 통하여 의견을 표명하는 경우 표명된 의견의 내용과 함께 그것이 행하여진 상황, 시점, 장소, 방법 및 그것이 노동조합의 운영이나 활동에 미치거나 미칠 수 있는 영향 등을 종합하여 노동조합의 조직이나 운영 및 활동을 지배하거나 이에 개입하는 의사가 인정된다면 노동조합 및 노동관계조정법 제81조 제4호에 규정된 '근로자가 노동조합을 조직 또는 운영하는 것을 지배하거나 이에 개입하는 행위'로서 부당노동행위가 성립하고, 또 그 지배·개입으로서 부당노동행위의 성립에 반드시 근로자의 단결권 침해라는 결과 발생까지 요하는 것은 아니다. 그러나 사용자 또한 자신의 의견을 표명할 수 있는 자유를 가지고 있으므로, 사용자가 노동조합의 활동에 대하여 단순히 비판적 견해를 표명하거나 근로자를 상대로 집단적인 설명회 등을 개최하여 회사의 경영상황 및 정책방향 등 입장을 설명하고 이해를 구하는 행위 또는 비록 파업이 예정된 상황이라 하더라도 파업의 정당성과 적법성 여부 및 파업이 회사나 근로자에 미치는 영향 등을 설명하는 행위는 거기에 징계 등 불이익의 위협 또는 이익제공의 약속 등이 포함되어 있거나 다른 지배·개입의 정황 등 노동조합의 자주성을 해칠 수 있는 요소가 연관되어 있지 않는 한, 사용자에게 노동조합의 조직이나 운영 및 활동을 지배하거나 이에 개입하는 의사가 있다고 가볍게 단정할 것은 아니다.

[2] 전국철도노동조합(이하 '노동조합'라 한다)이 한국철도공사(이하 '철도공사'라 한다)와 단체교섭 결렬을 이유로 파업을 예고한 상태에서 파업

예정일 하루 전에 사용자 측 교섭위원인 甲이 직원들을 상대로 설명회를 개최하려고 지역 차량사업소에 도착하자, 노동조합 간부인 피고인들 등이 청사 안으로 들어가지 못하게 몸으로 가로막는 등 위력으로 甲의 업무를 방해하였다는 내용으로 기소된 사안에서, 甲이 설명회에서 발언하고자 한 내용과 설명회 전 다른 지역 순회설명회에서 표명한 발언 내용 및 그러한 발언 등이 조합원이나 노동조합 활동에 미쳤거나 미칠 수 있는 영향, 당초 예정된 파업의 정당성 여부 등 부당노동행위를 인정하는 전제가 되는 전후 상황 등에 관하여구체적으로 심리하여, 설명회 개최가 사용자 입장에서 단순히 파업에 대한 의견을 개진하는 수준을 넘어 사용자에게 노동조합의 운영이나 활동을 지배하거나 그 활동에 개입하려는 의사가 있었던 것으로 추단되는지를 판단하지 아니한 채, 설명회 개최가 '근로자가 노동조합을 운영하는 것을 지배하거나 이에 개입하는 행위'로서 업무방해죄의 보호법익인 '업무'에 해당하지 않는다는 등의 이유로 피고인들에게 무죄를 선고한 원심판결에 법리오해 및 심리미진의 위법이 있다고 한 사례.

### ○ 연장 · 휴일근로 거부와 부당노동행위

대법원 2006.9.8. 선고 2006도388 판결

일반적으로 근로자가 연장 또는 휴일근로를 희망할 경우 회사에서 반드시 이를 허가하여야 할 의무는 없지만, 특정 근로자가 파업에 참가하였거나 노조활동에 적극적이라는 이유로 해당 근로자에게 연장근로 등을 거부하는 것은 해당 근로자에게 경제적 내지 업무상의 불이익을 주는 행위로서 부당노동행위에 해당할 수 있다. 한편, 사용자가 근로자를 해고함에 있어 표면적으로 내세우는 해고사유와는 달리 실질적으로는 근로자의 정당한 노동조합 활동을 이유로 해고한 것으로 인정되는 경우에는 그 해고는 부당노동행위라고 보아야 하고, 근로자의 노동조합 업무를 위한 정당한 행위를 실질적인 해고사유로 한 것인지의 여부는 사용자 측이 내세우는 해고사유와 근로자가 한 노동조합 업무를 위한 정당한 행위의 내용, 해고를 한 시기, 사용자와 노동조합과의 관계, 동종의 사례에 있어서 조합원과 비조합원에 대한 제재의 불균형 여부, 종래 관행에의 부합 여부, 사용자의 조합원에 대한 언동이나 태도, 기타 부당노동행위 의사의 존재를 추정할 수 있는 제반사정 등을 비교 검토하여 판단하여야 하는바, 이는 근로자에게 연장근로 등을 거부하여 해당 근로자에게 경제적 내지 업무상의 불이익을 주는 행위의 경우에도 마찬가지이다.

# 50. 위장폐업과 부당노동행위

## 【사실관계】

A회사는 1976년경부터 철제 휀스 제작 및 설치업을 영위해 오다가 1991.4.1. 이를 법인화하여 A주식회사가 되었고, 갑 등은 사무직 근로자로서 근무하다가 2004.1.1. 퇴직처리되었다.

갑 등은 2003.2.11. 대구지역 일반노동조합에 가입하여 'A지부' 소속 조합원이 되었고, 이후 그 甲 등 주도 아래 조합원으로 활동하면서 사업주인 A주식회사에게 '근로기준법상 주당 44시간 근로하도록 되어 있음에도 매일 1시간씩 초과근로하였으므로 지난 3년 간 누적된 개인별 연장근로수당 등을 지급하여야 한다, 임금수준이 너무 낮으므로 급료인상이 되어야 한다, 기본급과 수당지급 체계로 된 근로계약을 체결해야 한다'는 등의 주장을 하며 단체협약체결을 위한 단체교섭을 요구하였다.

그러나 甲 등은 2003.4.24.부터 2003.5.22.까지 5차례에 걸쳐 진행된 단체교섭에서 A주식회사와 사이에 별다른 합의를 이루지 못한데다 A주식회사가 대표이사를 교체하자 단체교섭에 대한 성의가 없다고 판단하고, 2003.6.9. 대구지방노동위원회에 쟁의행위 신고서를 제출함과 아울러 쟁의행위에 돌입하였다.

파업기간 중 쟁의행위는 조합원인 甲이 다른 조합원들과 함께 회사 주위에서 피켓을 들고 구호를 외치며 집회를 개최하거나 농성하는 형태로 이루어졌는데, 이에 대하여 A주식회사는 바로 당일 직장폐쇄조치에 들어갔고 2003.7.3. 甲 등들을 포함한 노동조합의 조합원 전원에 대하여 기간을 2003.12.31.까지로 하여 직장폐쇄 실시를 공고하고 이를 대구지방노동청에 신고하였다.

甲 등은 A주식회사의 직장폐쇄 이후 2003.7.16.부터 4차례에 걸쳐 업무에 복귀할 의사로 직장폐쇄의 철회를 요청하였는데 A주식회사가 이를 무시하고 노동조합과의 교섭에 응하지 아니하자 위법한 직장폐쇄를 주장하며 시위를 계속하는 한편, 연장근로수당 등의 임금 체불에 대하여 A주식회사를 근로기준법 위반으로 고소하고 A주식회사와 A주식회사를 상대로 체불임금의 지급

을 구하는 소를 제기하였으며, 대구지역 일반노동조합 명의로 A주식회사가 사용하고 있던 KS 인증과 전문건설업 면허를 취소하라거나 A주식회사의 부실공사를 조사해 달라는 민원을 관할관청 등에 제기하기도 하였다.

그러자 乙 사장은 2004.1.1. 이종 처남인 D에게 A주식회사의 사무실을 임대하고, A주식회사 소유의 공장 기계 및 자재 일체를 매도하는 것처럼 허위의 부동산임대차계약서 및 매매계약서를 각 작성한 후 2004.1.2. A 주식회사에 대하여 폐업신고를 하고, 甲 등들을 비롯한 전 직원을 2004.1.1.자로 퇴직처리하였으며, 같은 달 27. A주식회사의 본점 소재지에서 D를 대표이사로, 乙 사장의 아들인 E를 이사로 각 등재하여 같은 업종의 B주식회사를 설립한 위 회사의 전반적인 업무를 관장하는 등 위 회사를 실질적으로 운영하고 있다.

한편, A지부의 소속 근로자 병 등 10명은 A지부 대표 갑에게 기업별 노동조합으로의 조직변경을 위한 임시총회 소집을 요구하였으나 갑이 거절하자 그들만이 모인 자리에서 임시총회를 개최하여 A지부의 조직형태를 기업별 노동조합으로 변경하는 결의를 하고 그에 따른 규약 제정, 신규 임원 선출을 마치고 ○○광역시 ○○구청장에게 설립신고를 하였다. 또한 유효한 조직형태변경의 결의가 있었다고 오인한 D는 丙 등의 요구에 따라 B주식회사 사업장 내의 A지부 사무실을 폐쇄하고, 인터넷 접속을 차단하였다.

---

[문제 01] 근로자 甲 등은 2004.5.경 A주식회사의 폐업이 위장폐업이므로 乙에 대하여 불법행위를 원인으로 하는 부당해고 기간 중 임금 상당의 손해배상 및 위자료 청구를 하였다. 이 같은 주장에 대한 乙은 부당해고에 해당한다고 하더라도 A 또는 B회사에 대하여 임금을 청구할 수 있으므로 불법행위에 해당하지 않는다고 항변한다. 위 청구와 乙의 항변에 대한 타당성은?

[문제 02] A 지부는 D가 A지부 사무실을 폐쇄하고 인터넷 접속을 차단한 행위가 부당노동행위에 해당한다며 관할 지방노동위원회에 부당노동행위 구제신청을 하였다. 이 같은 구제신청은 인용될 수 있는가?

## 《관련조문》

노동조합 및 노동관계조정법

제81조(부당노동행위) 사용자는 다음 각 호의 어느 하나에 해당하는 행위(이하 "부당노동행위"라 한다)를 할 수 없다.

4. 근로자가 노동조합을 조직 또는 운영하는 것을 지배하거나 이에 개입하는 행위와 노동조합의 전임자에게 급여를 지원하거나 노동조합의 운영비를 원조하는 행위. 다만, 근로자가 근로시간 중에 제24조 제4항에 따른 활동을 하는 것을 사용자가 허용함은 무방하며, 또한 근로자의 후생자금 또는 경제상의 불행 기타 재액의 방지와 구제 등을 위한 기금의 기부와 최소한의 규모의 노동조합사무소의 제공은 예외로 한다.

**【사실관계】의 논점정리**

[문제 01]은 위장폐업에 의한 부당해고가 불법행위를 구성하는지 여부 및 그 경우 근로자들은 해고가 무효임을 이유로 민법 제538조 제1항에 따라 부당해고기간 중 임금의 지급을 구하거나 선택적으로 해고가 불법행위에 해당함을 이유로 손해배상을 구할 수 있는지 여부가 쟁점이며, 위장폐업에 의한 부당해고가 불법행위를 구성하는 경우, 사용자는 근로자들이 입은 정신적 고통에 대한 위자료를 배상할 책임이 있는지가 부수적 쟁점이라 하겠다.

[문제 02]는 사용자가 새로운 기업별 노동조합의 설립이 같은 사업장에 설치된 산업별 노동조합의 지부의 유효한 조직변경형태의 결의에 따른 것이라고 오인하였다고 주장하는 경우 부당노동행위에 해당하는지 여부가 쟁점이며, 조합원 일부의 조직형태변경 결의 및 설립신고가 갖는 의미가 부수적 쟁점이다.

## 논점의 해설

### [문제 01]의 해결 — 위장폐업과 불법행위에 의한 손해배상책임

Ⅰ. 설문의 쟁점
Ⅱ. 甲 등의 청구의 타당성
1. 문 제 점 / 2. 판례의 태도 / 3. 사안의 적용
Ⅲ. 乙의 항변과 타당성
1. 乙의 항변 / 2. 乙의 항변에 대한 타당성 여부
Ⅳ. 설문의 해결

## Ⅰ. 설문의 쟁점

A주식회사의 사장 乙은 A노동조합과의 노사갈등이 격화되자 자신의 사업을 위장폐업하고 처남 D를 이용하여 새롭게 B주식회사를 설립하였다. 이에 甲 등 근로자는 乙의 위장폐업에 따른 부당해고로 인한 임금 및 손해배상의 청구를 하였는바, 乙은 부당해고라 하더라도 甲 등 근로자들이 여전히 임금청구권을 가지고 있으므로 불법행위로 인한 손해배상청구는 인정될 수 없다는 항변을 하고 있는바 각자 주장의 타당성을 검토해야 한다.

## Ⅱ. 甲 등의 청구의 타당성

### 1. 문 제 점

기업의 운영과 그 폐지는 원칙적으로 사업주의 기업경영의 자유에 속한다. 그러나 사안의 A주식회사와 같이 노동조합의 활동을 방해하기 위한 목적으로 이른바 위장폐업을 통해 사실상 조합원들을 해고하는 경우, 이 같은 행위가 민사상 불법행위에 해당하여 손해배상의 책임을 지게 되는지, 진다면 그 범위는 어떠한지가 문제된다.

### 2. 판례의 태도

판례는 "사용자가 근로자들에게 어떠한 해고사유도 존재하지 아니함에도 노동조합 활동을 혐오한 나머지, 경영상 어려움 등 명목상 이유를 내세워 사업 자체를 폐지하고 근로자들을 해고함으로써 일거에 노동조합을 와해시키고 조합원 전원을 사업장에서 몰아내고는 다시 기업 재개, 개인기업으로의 이행, 신설회사 설립 등 다양한 방법으로 종전 회사와 다를 바 없는 회사를 통하여 여전히 예전의 기업 활동을 계속하는 것은 우리의 건전한 사회통념이나 사회상규상 용인될 수 없는 행위이므로, 이러한 위장폐업에 의한 부당해고는 근로자에 대한 관계에서 불법행위를 구성한다. 따라서 근로자들로서는 위장폐업에 의한 부당해고가 무효임을 이유로 민법 제538조 제1항에 따라 구 회사 내지는 그와 실질적으로 동일성을 유지하고 있는 신설회사에 대하여 계속 근로하였을 경우 그 반대급부로 받을 수 있는 임금의 지급을 구할 수 있음은 물론이고, 아울러 위장폐업에 의한 부당해고가 불법행위에 해당함을 이유로 손해배상을 구할 수 있으며, 그 중 어느 쪽의 청구권이라도 선택적으로 행사할 수 있다"고 하였으며, 나아가 "위장폐업에 의한 부당해고는 사회통념이나 사회상규상 용인될 수 없는 것이어서 불법행위를 구성하므로, 사용자는 그로 인하여 근로자들이 입게 된 정신적 고통에 대한 위자료를 배상할 책임이 있다(대법원 2011.3.10. 선고 2010다13282 판결)"고 판시하였다.

### 3. 사안의 적용

따라서 甲 등이 을에 대하여 위장폐업에 의한 부당해고가 무효임을 주장하면서 임금의 지급 또는 불법행위로 인한 손해배상을 선택적으로 청구할 수 있으며, 불법행위로 인한 정신적 고통에 대한 위자료도 청구할 수 있다.

## Ⅲ. 乙의 항변과 타당성

### 1. 乙의 항변

사안에서 乙은 위장폐업에 따른 부당해고는 그 효력이 부정되어 근로자들과 A회사(또는 B회사) 사이에 여전히 근로관계가 존속하기 때문에 근로자들은 특별한 사정이 없는 한 사용자인 A회사(또는 B회사)에 대하여 부당해고 기간 중의 임금을 청구할 수 있으므로 임금 상당의 손해가 발생하였다고 볼 수 없다고 하며, 위 해고가 불법행위에 해당함을 이유로 한 손해배상청구는 인정되지 않는다는 주장을 하고 있다.

### 2. 乙의 항변에 대한 타당성 여부

판례는 구 회사를 실질적으로 운영하는 사주가 쟁의행위로서 정당성을 결여한 직장폐쇄를 감행하여 전 직원을 퇴직처리한 다음 구회사를 폐업하고 새로이 회사를 설립하는 위장폐업의 방법으로 근로자들을 부당해고한 사안에서, "부당해고된 근로자가 해고 무효를 주장하면서 사용자에게 민법 제538조 제1항에 의하여 해고기간 중의 임금지급을 청구하는 소는 그 실체가 근로계약에 따른 임금청구권의 행사인 반면, 부당해고가 불법행위를 구성한다는 이유로 임금 상당의 손해배상을 청구하는 것은 그 자체로는 근로계약과 무관한 청구로서 양자는 그 법적 근거와 성질을 달리하고, 부당해고로 인하여 근로자에게 손해가 발생하였는지 여부는 부당해고 피해자인 근로자가 부당해고가 없었더라면 향유하거나 취득할 수 있었던 이익이 부당해고로 말미암아 상실되거나 취득할 수 없게 된 것에 따른 불이익이 발생하였는지 여부에 의하여 판단할 것이지, 부당해고가 존재하지 아니하였을 경우에 취득할 수 있는 법률상 권리인 임금청구권을 유효하게 가지고 있느냐 여부에 따라 그 손해의 발생 여부가 좌우되는 것은 아니라고(대법원 2011.3.10. 선고 2010다13282 판결)"고 판시하여, 근로계약상 임금청구와 불법행위에 의한 손해배상의 근거를 별개로 파악하고 있다.

따라서 이 같은 판례에 비추어 을이 갑 등 근로자에게 임금청구권이 존재하므로 손해가 발생하지 않았다는 항변은 타당성을 가질 수 없다.

## Ⅳ. 설문의 해결

따라서 근로자 甲 등은 2013.5.경 A주식회사의 위장폐업에 따른 부당해고라는 불법행위로 입은 손해에 대해 乙에 대하여 손해배상 및 위자료 청구가 가능하며, 乙은 甲 등이 A주식회사(또는 B주식회사)에 대하여 해고의 무효로 인한 임금청구권을 가지고 있다고 항변하더라도 위 甲의 손해배상청구에 영향이 없다.

# [문제 02]의 해결 — A지부에 대한 지배 · 개입의 부당노동행위 성립 여부

Ⅰ. 설문의 쟁점
Ⅱ. 판례의 태도
Ⅲ. 설문의 해결

## Ⅰ. 설문의 쟁점

사례에서 A지부의 조합원 일부가 조직형태변경 결의 및 설립신고를 한 경우 유효한 조직형태변경으로 인정할 수 있는지, 사용자 D가 위 조직형태변경의 결의가 유효한 것으로 오인하고, A지부에게 제공하던 사무실을 폐쇄하는 등 편의시설의 제공을 일방적으로 거절한 것이 노동조합의 운영에 개입하는 부당노동행위에 해당하는지 여부가 쟁점이다.

## Ⅱ. 판례의 태도

대법원은 "일부 탈퇴한 근로자들이 집단으로 평가원지부에 재가입신청을 함과 아울러 평가원지부의 기업별 노동조합으로의 조직형태변경, 조직형태변경에 따른 신규규약 제정 및 집행부 선출 등을 위하여 임시총회의 소집을 요구하였으나, 평가원지부가 그 요구를 거절하자, 위 탈퇴한 근로자들이 그들만이 모인 자리에서 임시총회를 개최하여서 평가원지부의 조직형태를 기업별 노동조합으로 변경하여, 그에 따른 규약을 제정하고, 신규 임원을 선출하고, 서울특별시 강남구청장이 위 임시총회의 결의에 따라 설립된 한국산업기술평가원노동조합(이하 '평가원 노조'라고 한다)에게 설립신고증을 교부한 경우 평가원지부에서 평가원 노조로의 조직형태변경의 효력이 없으며, 사용자가 기업별 노동조합의 설립이 같은 사업장에 설치된 산업별 노동조합의 지부의 유효한 조직형태변경의 결의에 따른 것이라고 오인하였다고 하여도, 사용자가 산업별 노동조합의 지부에게 제공하던 사무실을 폐쇄하는 등 편의시설의 제공을 일방적으로 거절한 것은 산업별 노동조합의 운영에 개입하는 부당노동행위에 해당한다(대법원 2008.10.9. 선고 2007두15506 판결 참조)"고 판시하였다.

## Ⅲ. 설문의 해결

따라서 D가 A지부 사무실을 폐쇄하고 인터넷 접속을 차단한 행위는 비록 A지부의 유효한 조직형태변경의 결의가 있었다고 오인한데서 비롯되었다고 하더라도 A지부에 대한 부당노동행위에 해당한다고 할 것이므로 이에 대한 구제신청은 인용될 것이다.

【관련쟁점】

1. 시설관리권의 행사와 지배개입과의 관계는?
2. 사용자의 부당한 복직 거부는 불법행위를 구성하는가?

【참고문헌】

김형배, 719~720면, 1080~1086면; 김희성(1), 481~496면; 임종률, 264~266면; 이철수 외 4인, 447~450면.

**【관련판례】**

○ 위장폐업과 불법행위로 인한 손해배상책임

대법원 2011.3.10. 선고 2010다13282 판결

[1] 사용자가 근로자들에게 어떠한 해고사유도 존재하지 아니함에도 노동조합 활동을 혐오한 나머지, 경영상 어려움 등 명목상 이유를 내세워 사업 자체를 폐지하고 근로자들을 해고함으로써 일거에 노동조합을 와해시키고 조합원 전원을 사업장에서 몰아내고는 다시 기업 재개, 개인기업으로의 이행, 신설회사 설립 등 다양한 방법으로 종전 회사와 다를 바 없는 회사를 통하여 여전히 예전의 기업활동을 계속하는 것은 우리의 건전한 사회통념이나 사회상규상 용인될 수 없는 행위이므로, 이러한 위장폐업에 의한 부당해고는 근로자에 대한 관계에서 불법행위를 구성한다. 따라서 근로자들로서는 위장폐업에 의한 부당해고가 무효임을 이유로 민법 제538조 제1항에 따라 구 회사 내지는 그와 실질적으로 동일성을 유지하고 있는 신설회사에 대하여 계속 근로하였을 경우 그 반대급부로 받을

수 있는 임금의 지급을 구할 수 있음은 물론이고, 아울러 위장폐업에 의한 부당해고가 불법행위에 해당함을 이유로 손해배상을 구할 수 있으며, 그 중 어느 쪽의 청구권이라도 선택적으로 행사할 수 있다.

[2] 구 회사를 실질적으로 운영하는 사주가 쟁의행위로서 정당성을 결여한 직장폐쇄를 감행하여 전 직원을 퇴직처리한 다음 구 회사를 폐업하고 새로이 회사를 설립하는 위장폐업의 방법으로 근로자들을 부당해고한 사안에서, 부당해고된 근로자가 해고 무효를 주장하면서 사용자에게 민법 제538조 제1항에 의하여 해고기간 중의 임금지급을 청구하는 소는 그 실체가 근로계약에 따른 임금청구권의 행사인 반면, 부당해고가 불법행위를 구성한다는 이유로 임금 상당의 손해배상을 청구하는 것은 그 자체로는 근로계약과 무관한 청구로서 양자는 그 법적 근거와 성질을 달리하고, 부당해고로 인하여 근로자에게 손해가 발생하였는지 여부는 부당해고 피해자인 근로자가 부당해고가 없었더라면 향유하거나 취득할 수 있었던 이익이 부당해고로 말미암아 상실되거나 취득할 수 없게 된 것에 따른 불이익이 발생하였는지 여부에 의하여 판단할 것이지, 부당해고가 존재하지 아니하였을 경우에 취득할 수 있는 법률상 권리인 임금청구권을 유효하게 가지고 있느냐 여부에 따라 그 손해의 발생 여부가 좌우되는 것은 아님에도, 위장폐업에 따른 부당해고는 그 효력이 부정되어 근로자들과 구 회사(또는 신설회사) 사이에 여전히 근로관계가 존속하기 때문에 근로자들은 특별한 사정이 없는 한 사용자인 구 회사(또는 신설회사)에 대하여 부당해고기간 중의 임금을 청구할 수 있으므로 임금 상당의 손해가 발생하였다고 볼 수 없다고 하며, 위 해고가 불법행위에 해당함을 이유로 한 손해배상청구는 인정되지 않는다고 본 원심판단을 파기한 사례.

[3] 위장폐업에 의한 부당해고는 사회통념이나 사회상규상 용인될 수 없는 것이어서 불법행위를 구성하므로, 사용자는 그로 인하여 근로자들이 입게 된 정신적 고통에 대한 위자료를 배상할 책임이 있다.

○ 노조 사무실 폐쇄와 지배 · 개입의 부당노동행위

대법원 2008.10.9. 선고 2007두15506 판결

사용자가 기업별 노동조합의 설립이 같은 사업장에 설치된 산업별 노동조합의 지부의 유효한 조직형태변경의 결의에 따른 것이라고 오인하였다고 하여도, 사용자가 산업별 노동조합의 지부에게 제공하던 사무실을 폐쇄하는 등 편의시설의 제공을 일방적으로 거절한 것은 산업별 노동조합의 운영에 개입하는 부당노동행위에 해당한다.

# 51. 조합활동 및 징계해고의 정당성과 퇴직금

## 【사실관계】

X는 Y사에 근무하는 종업원이고, 소외 H노동조합의 조합원이다. H조합은 개인 가맹 조합으로, Y사에서는 X 외에 1명이 가입하여 H조합 Y사 지부를 구성하고 있다. X는 근무시간 외에 Y사 사택에서 아래와 같은 내용의 전단지를 배포했다. 「Y사는 저임금에, 노동법 위반 상태를 방치하고, 조합원에 대한 차별이나 따돌림을 하고 있습니다. 이러한 자의적이고 비이성적인 경영을 하고 있는 것은 O사장 개인의 사리사욕을 만족시키기 위해서이고, 이러한 상황을 방임해 둘 수 없습니다. Y사가 조합활동가를 따돌리고 있는 현실이나 Y사의 나쁜 계략을 지금이야말로 밝혀내야만 합니다. 사리사욕을 채우는 O사장에게 엄벌을 내립시다.」

이 전단지를 배포하고 있는 광경이 당해 사택에 거주하는 관리직에게 목격되어, 다음 날, X의 상사로부터 당해 전단지 배포에 관해서 사정 청취를 받았지만, X는 조합원으로써 당연한 일을 한 것이고 또한 근무시간 외에 한 것이기 때문에 회사로부터 이러쿵저러쿵 얘기를 들을 이유는 없다고 대답했다. 게다가 이 사정 청취를 하고 1주일 후, X가 이 전단지와 같은 내용을 게재한 회사 이외의 서버에서 블로그 활동을 시작한 것이 판명되었다. 그래서 Y사는 X에 대해 이러한 행위들이 취업규칙의 「업무 이외의 목적으로 회사 시설을 이용하여 집회・연설・선전・문서 배포・게시, 이 외에 이것들과 유사한 행위를 한 경우」, 「회사의 명예・신용을 매우 실추시키는 행위를 한 경우」라는 징계사유에 해당하고, 또한 이전에 업무명령 위반으로 출근 정지 처분을 두 번 받은 경험과 함께 「거듭 감봉, 출근 정지, 정직의 징계처분을 받았음에도 불구하고 개전의 정이 명확하지 않은 경우」에 해당한다고 하여 징계해고 처분을 했다. 또한 Y사는 퇴직금 규정의 「징계 해고된 경우에 퇴직금은 지급하지 아니할 수 있다」는 규정에 근거하여 X에 대해 퇴직금을 지급하지 않았다.

[설문 01] X는 Y사의 징계해고가 부당하다고 주장하고 있는바, 이 같은 X의 주장은 타당한가?

[설문 02] X는 징계해고가 정당하다고 하더라도, Y사가 일방적으로 퇴직금을 지급하지 않은 것은 부당하다고 주장한다. X의 주장은 타당한가?

## 《관련조문》

근로기준법

제23조(해고 등의 제한) ① 사용자는 근로자에게 정당한 이유 없이 해고, 휴직, 정직, 전직, 감봉, 그 밖의 징벌(懲罰)(이하 "부당해고등"이라 한다)을 하지 못한다.

제96조(단체협약의 준수) ① 취업규칙은 법령이나 해당 사업 또는 사업장에 대하여 적용되는 단체협약과 어긋나서는 아니 된다.

**【사실관계】의 논점정리**

이 사례는 Y사의 종업원 X가 조합활동의 일환으로 근무시간 외 회사 사택에서 전단지를 배포하고, 블로그에 같은 내용을 게시한 행위가 Y사의 취업규칙에 정한 징계사유에 해당한다는 이유로 해고한 사안이다. 따라서 이러한 경우 Y사의 징계해고가 정당성을 갖을 수 있는지가 문제된다.

또한 Y사는 X를 해고하면서 징계해고의 경우에는 퇴직금을 지급하지 않을 수 있다는 취업규칙에 근거하여 퇴직금을 지급하지 않았는바, 그러한 취업규칙이 유효한지와 관련하여 퇴직금에 관한 규정 및 그 성격에 대한 검토가 필요하다.

[문제 01]은 위 징계해고가 정당한지와 관련하여, X의 조합활동의 정당성, 징계처분의 유효요건을 검토하여야 한다.

[문제 02]는 Y사의 취업규칙상 징계해고 시 퇴직금 미지급 조항이 유효한지와 관련하여, 퇴직금의 법적 성격 및 관련 규정, 이에 관한 판례의 태도를 살펴보아야 한다.

## 논점의 해설

### [문제 01]의 해결 — Y사의 X에 대한 징계해고의 정당성

Ⅰ. 설문의 쟁점
Ⅱ. X의 조합활동의 정당성 인정 여부
1. 조합활동의 정당성 / 2. 조합활동의 정당성에 관한 판례의 태도
3. 사안의 적용
Ⅲ. Y사의 징계처분의 유효성
1. 문제의 소재 / 2. 판례의 태도 / 3. 사안의 적용
Ⅳ. 설문의 해결

## Ⅰ. 설문의 쟁점

Y회사는 X에 대하여 근무시간 외에 Y사 사택에서 위 사례와 같은 내용의 전단지를 배포하고, 블로그에 같은 내용을 게시한 행위가 취업규칙상 「업무 이외의 목적으로 회사 시설을 이용하여 집회 · 연설 · 선전 · 문서 배포 · 게시, 이 외에 이것들과 유사한 행위를 한 경우」, 「회사의 명예 · 신용을 매우 실추시키는 행위를 한 경우」라고 판단하고, 그 전 두 차례의 징계처분을 합쳐 「거듭 감봉, 출근 정지, 정직의 징계처분을 받았음에도 불구하고 개전의 정이 명확하지 않은 경우」로 판단 징계해고 하였다.

근로기준법 제23조 제1항은 해고에 있어 '정당한 이유'를 요구하고 있으므로, 이와 같은 징계해고가 정당한지와 관련하여, X의 조합활동이 정당한 것인지가 문제되는데, 그 활동이 정당하다면 Y사의 징계는 당연히 정당성을 상실하기 때문이다. 그렇지 않은 경우라면 위 취업규칙상 징계사유 그 자체가 정당하고, 징계수단과의 상당성을 갖추었는지가 문제된다.

## Ⅱ. X의 조합활동의 정당성 인정 여부

### 1. 조합활동의 정당성

근로자의 조합활동이 정당성을 가지려면 우선 노동조합의 조합원이 노동

조합의 결정이나 지시·승인에 근거한 활동일 것이 요구된다. 다만 노동조합의 지시·승인이 없는 경우에도 근로조건의 유지·개선 등 정당한 목적을 달성하기 위한 것이라면 노동조합의 묵시적인 승인이 있었다고 볼 여지가 있다. 또한 근무시간 중은 물론 근무시간 외 사업장 밖의 조합활동이라고 하더라도 근로자의 근로계약상의 성실의무를 위반하지 않을 것이 요구된다.

## 2. 조합활동의 정당성에 관한 판례의 태도

판례는 "노동조합활동으로 배포된 문서에 기재되어 있는 문언에 의하여 타인의 인격·신용·명예 등이 훼손 또는 실추되거나 그렇게 될 염려가 있고, 또 그 문서에 기재되어 있는 사실 관계의 일부가 허위이거나 그 표현에 다소 과장되거나 왜곡된 점이 있다고 하더라도, 그 문서를 배포한 목적이 타인의 권리나 이익을 침해하려는 것이 아니라 노동조합원들의 단결이나 근로조건의 유지 개선과 근로자의 복지증진 기타 경제적·사회적 지위의 향상을 도모하기 위한 것이고, 또 그 문서의 내용이 전체적으로 보아 진실한 것이라면, 그와 같은 문서의 배포행위는 노동조합의 정당한 활동범위에 속하는 것으로 보아야 한다(대법원 2011.2.24. 선고 2008다29123 판결)"고 하면서도, 경영진 내지 관리자의 명예를 손상시키는 인신공격적이고 사생활에 관한 내용을 담고 있는 경우(대법원 1992.2.28. 선고 91누9572 판결), 근로조건의 개선이라는 노동조합의 업무를 위한 활동과 관련된 것이라고 하더라도 과격하고 불손한 문구를 사용하여 인신공격을 한 경우(서울고등법원 1993.1.29. 선고 92구6411, 17664 판결)에 조합활동의 정당성을 인정할 수 없다고 한다.

## 3. 사안의 적용

사안에서 X는 H노동조합의 조합원으로서 조합활동의 자격 및 노동조합원들의 단결이나 근로조건의 유지 개선, 근로자의 복지증진 등의 목적은 인정될 수 있다고 하더라도, 과격하고 인신공격적인 문구를 담고 있는 유인물을 배포하였다는 점과 그 문서의 내용이 전체적으로 보아 진실한 것으로 인정하기 부족하다는 점에서 그 정당성에 의심을 갖게 한다.

## Ⅲ. Y사의 징계처분의 유효성

### 1. 문제의 소재

Y사는 X를 취업규칙에 따라 징계해고 하였는바, 취업규칙이 징계권의 근거가 된다고 할 것이고, 따라서 취업규칙의 징계사유가 정당성을 갖출 것이 요구된다.

### 2. 판례의 태도

Y사가 근거로 든 취업규칙을 보면 '이 외에 이것들과 유사한 행위를 한 경우', '회사의 명예 · 신용을 매우 실추시키는 행위를 한 경우' 부분은 다소 추상적 · 포괄적으로 규정된 것으로 그 정당성이 의심되나, 판례는 이러한 경우 "근로자보호의 견지에서 한정적으로 해석하여야 한다(대법원 1992.7.14. 선고 92다3230 판결)"고 하여 그러한 규정의 유효성을 제한적으로나마 인정하고 있다.

### 3. 사안의 적용

따라서 X의 유인물 배포 및 블로그 게시 활동이 그 내용에 비추어 일응 징계사유에 해당한다고 인정할 수 있을 것이고, Y회사가 그 전에 업무명령 위반으로 출근 정지처분을 두 번 받은 경력을 포괄하여 '거듭 감봉, 출근 정지, 정직의 징계처분을 받았음에도 불구하고 개전의 정이 명확하지 않은 경우'에 해당한다는 이유로 X를 징계해고 처분을 한 것은 정당한 징계권의 행사라고 판단된다.

## Ⅳ. 설문의 해결

X의 전단지를 배포 및 관련 블로그 활동은 근무시간 외에 이루어진 것으로서 정당한 조합활동에 해당한다고 볼 여지가 있으나, 그 내용이 과격하고 인신공격적이며, 전체적으로 보아 진실한 것으로 인정하기 부족하다는 점에 비추어 정당성을 인정하기 어렵다.

한편, Y사가 이에 대한 징계해고는 취업규칙상 근거규정이 추상적이라는 점이 지적되나, 그렇더라도 앞선 두 번의 징계처분의 전력을 고려할 때 상당성을 부정하기 어렵다. 따라서 징계해고가 부당하다는 X의 주장은 받아들이기 어렵다.

## [문제 02]의 해결 — Y사의 퇴직금지급 의무

Ⅰ. 설문의 쟁점
Ⅱ. 퇴직금의 법적 성격과 제한가능성
Ⅲ. 설문의 해결

### Ⅰ. 설문의 쟁점

Y사는 X를 해고하면서 징계해고의 경우에는 퇴직금을 지급하지 않을 수 있다는 취업규칙에 근거하여 퇴직금을 지급하지 않았는바, 이러한 취업규칙이 유효한지가 문제되는데, 이와 관련하여 퇴직금의 법적 성격 및 제한가능성이 쟁점이라 하겠다.

### Ⅱ. 퇴직금의 법적 성격과 제한가능성

퇴직금의 법적 성격에 관하여 공로보상설, 생활보장설, 임금후불설 등의 대립이 있으나, 판례는 일찍부터 "퇴직금은 근로계약이 얼마간 계속되다가 그 근로계약이 종료될 때에 근로자에게 지급되는 후불적 임금의 성질을 띤 것으로 근로기준법에서 말하는 임금에 해당한다 할 것(대법원 1969.1.21. 선고 68다2130 판결)"이라고 하여 임금후불설을 취하고 있다.

따라서 사용자가 일방적으로 퇴직금을 지급하지 않을 수 있다는 내용의 취업규칙은 근로자의 재산권을 침해하고, 우리 근로기준법은 제43조에서 '임금은 통화로 직접 근로자에게 그 전액을 지급하여야 한다'고 규정하고 있으므로, 사용자가 취업규칙에서 일정한 사유에 퇴직금을 지급하지 않거나 감액할 수 있다고 규정한다면 동법 제96조에 따라 '법령에 어긋나는' 취업규칙이라고 할 것이다.

## Ⅲ. 설문의 해결

따라서 Y사가 취업규칙에 '징계 해고된 경우에 퇴직금은 미지급으로 하는 경우가 있다'는 규정은 근로기준법에 위반되는 규정으로 효력이 없으므로, Y사는 X에게 근로자퇴직급여 보장법 제9조에 따라 14일 이내에 퇴직금을 전액 지급하여야 할 의무가 있다. 그러므로 이를 지적하는 X의 주장은 타당하다.

【관련쟁점】

1. 정당한 조합활동의 법적 근거는?
2. 취업시간 중의 조합활동에 관한 판례의 태도는?

【참고문헌】

김형배, 817~825면; 임종률, 99~105면; 이철수 외 4인, 461~462면.

**【관련판례】**

○ 정당한 조합활동의 판단기준

대법원 2011.2.24. 선고 2008다29123 판결

[1] 노동조합 및 노동관계조정법 제81조 제1호의 '노동조합의 업무를 위한 정당한 행위'란 일반적으로는 노동조합의 정당한 활동을 가리킨다고 할 것이나, 조합원이 조합의 결의나 구체적인 지시에 따라서 한 노동조합의 조직적인 활동 그 자체가 아닐지라도 그 행위의 성질상 노동조합의 활동으로 볼 수 있거나 노동조합의 묵시적인 수권 혹은 승인을 받았다고 볼 수 있을 때에는 그 조합원의 행위를 노동조합의 업무를 위한 행위로 보아야 한다.

[2] 노동조합활동으로 배포된 문서에 기재되어 있는 문언에 의하여 타인의 인격·신용·명예 등이 훼손 또는 실추되거나 그렇게 될 염려가 있고, 또 그 문서에 기재되어 있는 사실관계의 일부가 허위이거나 그 표현에 다소 과장되거나 왜곡된 점이 있다고 하더라도, 그 문서를 배포한 목적이 타인의 권리나 이익을 침해하려는 것이 아니라 노동조합원들의 단결이나 근로조건의 유지 개선과 근로자의 복지증진 기타 경제적·사회적 지위의 향상을 도모하기 위한 것이고, 또 그 문서의 내용이 전체적으로

보아 진실한 것이라면, 그와 같은 문서의 배포행위는 노동조합의 정당한 활동범위에 속하는 것으로 보아야 하고, 따라서 그와 같은 행위를 한 것을 이유로 그 문서를 작성·배포한 근로자를 해고하거나 근로자에게 불이익을 주는 행위는 허용되지 않는 것이다.

[3] 갑이 인터넷 신문에 게재된 기사를 그대로 복사하여 개인 홈페이지 등에 게시한 행위가 노동조합의 정당한 활동범위에 속하는지 여부가 문제된 사안에서, 기사 내용에 일부 과장되거나 왜곡된 표현의 사용으로 회사의 명예 등이 훼손되거나 그러한 염려가 있다고 하더라도, 기본적으로는 갑이 속한 노조원들의 단결을 도모하여 근로조건의 향상과 복지 증진 등을 도모하기 위한 것이고 기사 내용도 전체적으로는 진실한 것이라 할 수 있으므로, 갑의 위 신문기사 게시행위는 노동조합의 업무를 위한 정당한 활동범위에 속한다고 한 사례.

대법원 1992.2.28. 선고 91누9572 판결

사용자가 근로자를 해고함에 있어서 근로자의 노동조합의 업무를 위한 정당한 행위를 그 실질적인 이유로 삼았으면서도 표면적으로는 다른 해고사유를 들어 해고한 것으로 인정되는 경우에는 노동조합법 제39조 제1호에 정한 부당노동행위로 보아야 할 것이고, 근로자의 노동조합업무를 위한 정당한 행위를 실질적인 해고사유로 한 것인지의 여부는 사용자 측이 내세우는 해고사유와 근로자가 한 노동조합업무를 위한 정당한 행위의 내용, 징계해고를 한 시기, 회사와 노동조합과의 관계, 동종의 사례에 있어서 조합원과 비조합원에 대한 제재의 불균형 여부, 기타 부당노동행위 의사의 존재를 추정할 수 있는 제반사정을 비교 검토하여 종합적으로 판단하여야 할 것이므로 징계양정이 부당하다거나 그 징계절차가 단체협약에 정하여진 규정에 위반한다는 등의 사정은 회사의 부당노동행위 의사를 판단하는 하나의 자료가 된다.

○ 취업규칙상 징계사유의 해석

대법원 1992.7.14. 선고 92다3230 판결

취업규칙에 징계사유에 관한 규정이 추상적·포괄적으로 규정되어 있는 경우에는 이를 그대로 받아들일 것이 아니라 근로자 보호의 견지에서 한정적으로 해석하여야 한다.

○ <비교판례> 회사 임원의 퇴직금의 법적 성격

대법원 2003.9.26. 선고 2002다64681 판결

[2] 주식회사의 이사, 감사 등 임원은 회사로부터 일정한 사무처리의 위임을 받고 있는 것이므로, 사용자의 지휘·감독 아래 일정한 근로를 제공하고 소정의 임금을 받는 고용관계에 있는 것이 아니며, 따라서 일정한 보수를 받는 경우에도 이를 근로기준법 소정의 임금이라 할 수 없고, 회사의 규정에 의하여 이사 등 임원에게 퇴직금을 지급하는 경우에도 그 퇴직금은 근로기준법 소정의 퇴직금이 아니라 재직 중의 직무집행에 대한 대가로 지급되는 보수에 불과하다.

[3] 근로기준법의 적용을 받는 근로자에 해당하는지 여부는 계약의 형식에 관계없이 그 실질에 있어서 임금을 목적으로 종속적 관계에서 사용자에게 근로를 제공하였는지 여부에 따라 판단하여야 할 것이므로, 회사의 이사 또는 감사 등 임원이라고 하더라도 그 지위 또는 명칭이 형식적·명목적인 것이고 실제로는 매일 출근하여 업무집행권을 갖는 대표이사나 사용자의 지휘·감독 아래 일정한 근로를 제공하면서 그 대가로 보수를 받는 관계에 있다거나 또는 회사로부터 위임받은 사무를 처리하는 외에 대표이사 등의 지휘·감독 아래 일정한 노무를 담당하고 그 대가로 일정한 보수를 지급받아 왔다면 그러한 임원은 근로기준법상의 근로자에 해당한다.

# 52. 연차유급휴가와 쟁의행위기간 중 대체근로

## 【사실관계】

A회사는 영업용 택시운수업체이다. 회사 소속 택시운전기사들은 2005년 및 2006년에는 1일 운송수입금 중 노사 간에 책정된 일일 사납금 8만원과 1개월 근로일인 26일을 기준으로 계산된 월 208만 원을 회사에 납부하면 특정액인 기본급 월 90만 원을 지급받고, 1일 그 이상의 수입을 올리는 경우에는 운전기사의 수입으로 하되, 그렇지 못하더라도 위 일정액을 회사에 납입하여야 했지만, 회사로부터 기본급 외에 승무수당, 근속수당, 야간근로수당, 상여금 등을 지급받아왔다. 그런데 회사 측에서는 2004.7.27. A회사의 택시운전기사들로 구성된 B노조에 공문을 보내 2004년도 유급휴가를 실시하지 않는다고 통보하였고, 2004.12.13. 취업규칙 제19조 제5항에 "사납금제 차량은 사납금 이외의 수입으로 연차휴가를 대체한다"고 규정하였다. 이후 근로자들이 휴가를 신청하면 위 조항을 들어 휴가신청을 거부하였으며, 2004.7. 이후 노조에서 그간 연차휴가를 실시하지 아니한 것을 이유로 노동위원회 등에 진정을 하는 등 대내외적으로 문제를 삼자 노조에 공문을 보내거나 회사에 공고문을 게시하는 방법으로 "위 조항은 연차휴가수당을 안 준다는 의미이지 연차휴가를 실시하지 않는다는 의미는 아니니 휴가를 신청하라"고 변명을 하였다. 이에 B노조에서 근로자들의 휴가신청을 받아 회사에 휴가시기를 3부류로 나누어 신청을 하고 일부 근로자들이 개별적으로 휴가신청을 하였으나 회사 측에서는 또 다시 위 조항을 들어 휴가 실시를 거부하는 바람에 그 전년도에 9할 이상의 근무일수를 채웠던 근로자들이 휴가를 가지 못하였고, 휴가를 간 2~3명의 일부 근로자들은 결근으로 처리되었다.

이후 B노조는 연차휴가 실시 등과 관련해서 A회사와 단체교섭을 하였으나 끝내 교섭이 결렬되어 2007.3.28. 노동쟁의가 발생하였음을 회사, 행정관청, 관할노동위원회에 신고하고, 같은 해 4.15.부터 쟁의행위에 돌입하였는데, A회사는 같은 해 3.30.경부터 4.14.경 사이에 갑 등 10명의 택시운전기사를 채용하여 쟁의행위기간 중인 같은 해 4.15.부터 같은 해 6.25.까지 사이에 대체근로를 시켰다.

[문제 01] A회사의 주소지를 관할하는 검사는 A회사의 대표이사인 乙을 연차유급휴가규정 제60조 제5항(연차휴가의 시기지정과 시기변경 관련조항) 위반으로 기소하려고 한다. 검사의 판단은 타당한가?

[문제 02] A회사의 주소지를 관할하는 검사는 A회사의 대표이사인 乙을 노동조합 및 노동관계조정법 제43조 제1항(사용자의 채용제한) 위반으로 기소하려고 한다. 검사의 판단은 타당한가?(B노조의 쟁의행위가 정당한 경우와 위법한 경우로 나누어 검토하시오)

## 《관련조문》

근로기준법

제60조(연차 유급휴가) ① 사용자는 1년 간 80퍼센트 이상 출근한 근로자에게 15일의 유급휴가를 주어야 한다.

⑤ 사용자는 제1항부터 제4항까지의 규정에 따른 휴가를 근로자가 청구한 시기에 주어야 하고, 그 기간에 대하여는 취업규칙 등에서 정하는 통상임금 또는 평균임금을 지급하여야 한다. 다만, 근로자가 청구한 시기에 휴가를 주는 것이 사업 운영에 막대한 지장이 있는 경우에는 그 시기를 변경할 수 있다.

노동조합 및 노동관계조정법

제43조(사용자의 채용제한) ① 사용자는 쟁의행위 기간 중 그 쟁의행위로 중단된 업무의 수행을 위하여 당해 사업과 관계없는 자를 채용 또는 대체할 수 없다.

**【사실관계】의 논점정리**

이 사례는 사용자가 연차유급휴가를 미실시한 경우 연차유급휴가에 관한 근로기준법상 어떤 구체적 규정을 위반하였는지를 묻는 것과 나아가 노동조합 및 노동관계조정법 제43조 제1항의 쟁의행위기간 중 신규채용의 제한을 의미를 묻고 있는바, 이에 관한 판례를 검토할 수 있도록 사례를 구성한 것이다.

[문제 01]은 근로기준법 제60조 제1항이 사용자의 근로자에 대한 연차유급휴가의 부여의무를 규정하고 있고, 같은 조 제5항이 사용자의 연차휴가기간의 임금지급의무 및 적법한 시기변경권에 관하여 규정하고 있으며, 같은 법 제110조 제1호에는 위 제60조 제1항 및 제5항을 위반한 경우 모두 형사처벌하도록 규정하고 있는바, 이 사례에서는 특히 어느 조항 위반에 대한 형사책임이 문제되는 것인가를 검토하기 위해 사안을 구성한 것이다.

[문제 02]는 노동조합 및 노동관계조정법 제43조 제1항이 쟁의행위기간 중 사용자 신규채용을 제한하고 있는데, 이 제한의 대상이 되는 "그 쟁의행위로 중단된 업무의 수행을 위하여"를 어떻게 해석할 것인가를 검토하기 위해 사례를 구성한 것이다. 그리고 이 경우 쟁의행위의 정당성 여부가 대체근로제한규정의 적용범위와 직결되므로 이 또한 검토하도록 사례를 구성한 것이다.

## 논점의 해설

## [문제 01]의 해결 — 연차휴가 미실시의 근로기준법 위반 여부

Ⅰ. 설문의 쟁점
Ⅱ. 연차유급휴가의 취득절차인 근로자의 시기지정권
1. 연차유급휴가 시기지정권의 법적 의의
2. 연차유급휴가 시기지정권의 행사요건 / 3. 사안의 적용
Ⅲ. 사용자가 근로자의 연차휴가를 방해한 경우의 형사책임
Ⅳ. 설문의 해결

## Ⅰ. 설문의 쟁점

근로기준법 제60조 제1항이 사용자의 근로자에 대한 연차유급휴가의 부여의무를 규정하고 있고, 같은 조 제5항이 사용자의 연차휴가 기간의 임금지급의무 및 적법한 시기변경권에 관하여 규정하고 있으며, 같은 법 제110조 제1호에는 위 제60조 제1항 및 제5항을 위반한 경우 모두 형사처벌하도록 규정하고 있는바, 이 사례에서는 특히 어느 조항 위반에 대한 형사책임이 문제

되는 것인지가 문제된다.

## Ⅱ. 연차유급휴가의 취득절차인 근로자의 시기지정권

### 1. 연차유급휴가 시기지정권의 법적 의의

근로기준법 제60조 제5항에서는 연차유급휴가는 근로자의 청구가 있는 시기에 주어야 하고 다만, 근로자가 청구한 시기에 유급휴가를 주는 것이 사업운영에 심대한 지장이 있는 경우에는 그 시기를 변경할 수 있다고 규정하고 있다. 이 규정은 이미 발생하고 있는 연차휴가권에 대하여 그 휴가의 구체적 시기를 특정하기 위한 '시기지정권'을 정한 것이다. 즉 시기지정권이란 근로기준법 제60조 제5항에 근거하여 근로자가 연차유급휴가의 시기를 지정하는 권리이고 위 조항에서 '청구'란 원하는 휴가시기의 '지정'을 의미한다. 다시 말하면 같은 조 제1항 · 제2항의 요건이 충족될 때 근로자는 그 규정에 의하여 당연히 소정 일수의 연차유급휴가권을 취득한다는 것이 연차유급휴가권의 실체적인 권리이지만, 근로자는 이에 따라 같은 조 제5항에 의하여 그가 가지는 휴가일수의 범위 내에서 연차휴가 시기를 특정할 권리를 취득한다. 그러므로 객관적 요건을 갖춤으로써 당연히 성립하는 연차휴가권과 휴가시기를 특정하기 위한 시기지정권은 명확히 구별된다.

### 2. 연차유급휴가 시기지정권의 행사요건

근로자의 연차유급휴가에 관한 시기지정권의 행사는 휴가의 종류, 휴가의 개시일과 종료일을 특정하여 행사하여야 한다. 왜냐하면, 연차유급휴가의 시기지정권이 위와 같은 방식으로 이루어지지 아니한 경우에 있어서는 사용자가 근로자에게 어떤 휴가를 얼마 동안 부여하여야 하는지 확정할 수 없어 대체노동력의 확보 등 업무수행에 차질을 초래할 수 있고, 특히 근로자의 휴가지정에 대하여 사용자가 어떠한 방법으로 시기변경권을 행사할 수 있는지 여부가 불명확하게 되기 때문이다. 따라서 근로자가 연차유급휴가에 대하여 이와 같이 특정함이 없이 이를 지정하더라도 그 지정의 효력이 발생할 수 없어 구체적인 연차유급휴가권은 발생하지 아니하고, 사용자도 연차유급휴가에 대한 시기변경권을 행사할 필요도 없다 할 것이다.

판례 또한 근로자의 시기지정권 행사요건에 관하여 일관하여 "연차유급휴가는 근로자의 청구가 있는 시기에 주어야 하고 다만, 근로자의 청구한 시기에 유급휴가를 주는 것이 사업운영에 심대한 지장이 있는 경우에는 사용자가 그 시기를 변경할 수 있고, 연차유급휴가는 1년 간 행사하지 아니한 때에는 사용자의 귀책사유로 사용하지 못한 경우가 아닌 한 소멸되는 것임을 알 수 있는바, 연 · 월차휴가권이 근로기준법상의 성립요건을 충족하는 경우에 당연히 발생하는 것이라고 하여도 그와 같이 발생한 휴가권을 구체화하려면 근로자가 자신에게 맡겨진 시기지정권을 행사하여 어떤 휴가를, 언제부터 언제까지 사용할 것인지에 관하여 특정하여야 할 것이고, 근로자가 이와 같은 특정을 하지 아니한 채 시기지정권을 행사하더라도 이는 적법한 시기지정이라고 할 수 없어 그 효력이 발생할 수 없으며, 이와 같은 경우에는 적법한 휴가시기 지정이 있음을 전제로 하는 사용자의 시기변경권의 행사도 필요하지 않다"고 판시하고 있다(대법원 1997.3.25. 선고 96다4930 판결; 대법원 1997.3.28. 선고 96누4220 판결 등 다수).

### 3. 사안의 적용

이 사례는, 근로자가 연차휴가의 시기지정권을 행사하였지만 그 지정된 시기에 유급휴가를 주는 것이 사업운영에 심대한 지장이 있는 등의 특단의 사정이 없음에도 연차휴가를 부여하지 않았다거나 취업규칙 등에 정하는 바에 의한 통상임금 또는 평균임금을 지급하지 않은 행위(근로기준법 제110조 제1호, 제60조 제5항)에 해당하는 것이 아니다.

사실관계에서 본 바와 같이 이 사례에서 문제가 된 것은 사용자가, 운전기사들의 임금은 사납금제이므로 연차휴가는 사납금 이외의 수입으로 대체한다는 취지로 연차휴가의 신청을 전면적으로 거부한, 즉 사용자가 연차휴가 자체를 인정하지 않은 행위에 관한 것이다. 따라서 이 사례는 사용자가 연차휴가의 실시를 금지하였다는 것으로 보아야 하므로 아래에서 보듯이 근로기준법 제60조 제1항 소정의 연차휴가 미실시죄의 위반 여부가 문제된다. 따라서 검사가 운전기사들이 연차휴가를 신청하였다는 것에 주목하여 단순히 근로기준법 제60조 제5항 위반을 이유로 사용자를 기소한 것은 타당하지 않다.

## Ⅲ. 사용자가 근로자의 연차휴가를 방해한 경우의 형사책임

위에서 본 바와 같이 근로기준법 제60조 제1항의 위반에 대한 형사책임이 문제되므로 이에 관해 검토하기로 한다.

근로자의 연차유급휴가권은 근로기준법 제60조 제1항의 요건을 갖추면 당연히 성립하고, 다만 근로자가 시기를 지정하여 그 청구를 하면 사용자의 적법한 시기변경권의 행사를 해제조건으로 그 권리가 구체적으로 실현되는 것으로, 사용자가 휴가를 부여한다고 하는 적극적 작위가 요구되는 것은 아니어서, 위 조항 위반죄의 구성요건의 기본은 사용자가 근로자의 연차유급휴가권의 행사를 방해하지 않는다고 하는 부작위의무에 위반한 행위가 되는 것이다(대법원 2000.11.28. 선고 99도317 판결). 그러므로 근로자가 연차유급휴가에 대하여 적법한 시기지정권을 행사하였음에도 불구하고 사용자가 시기변경권을 행사하지도 아니하고(부적법한 시기변경권을 행사한 경우에는 근로기준법 제60조 제5항의 위반죄가 성립할 뿐이다) 근로자의 연차유급휴가를 방해한 경우, 즉 근로자가 연차휴가시기로 지정한 기간에 출근명령을 내리거나 근로자의 연차휴가실시를 무단결근으로 처리한 경우뿐만 아니라, 사용자가 근로자의 연차유급휴가권의 행사를 사전에 혹은 행사 시에 억제한 경우와 같이 사용자의 시기변경권이라고 해석하여 그 적법성을 논할 필요도 없이 근로자의 연차휴가 시기지정권의 행사 자체를 방해하는 것이라고 평가할 수 있을 정도의 경우에는 근로자의 시기지정권의 행사가 적법한 요건을 갖추었는지 여부에 관하여 더 나아가 판단할 필요 없이 근로기준법 제60조 제1항 위반죄를 구성한다고 할 것이다(대법원 2000.11.28. 선고 99도317 판결).

## Ⅳ. 설문의 해결

그러므로 검사는 A회사의 대표이사 을을 기소하면서 적용법조를 근로기준법 제60조 제5항 위반으로 삼는 것은 타당하지 않고, 동조 제1항 위반의 점을 들어 기소하여야 한다.

# [문제 02]의 해결 — 쟁의행위기간 중 대체근로의 제한

Ⅰ. 설문의 쟁점
Ⅱ. 노동조합 및 노동관계조정법 제43조 제1항의 해석
1. 쟁의행위기간 중 대체근로 제한규정의 입법취지
2. 쟁의행위기간 중 신규채용의 제한의 해석
Ⅲ. 대체근로 제한규정의 적용범위
Ⅳ. 설문의 해결

## Ⅰ. 설문의 쟁점

노동조합 및 노동관계조정법 제43조 제1항이 쟁의행위기간 중 사용자 신규채용을 제한하고 있는데, 이 제한의 대상이 되는 "그 쟁의행위로 중단된 업무의 수행을 위하여"를 어떻게 해석할 것인가가 문제되며, 그리고 이 경우 쟁의행위의 정당성 여부가 대체근로제한규정의 적용과 어떤 연관을 갖는지가 설문의 쟁점이라고 하겠다.

## Ⅱ. 노동조합 및 노동관계조정법 제43조 제1항의 해석

### 1. 쟁의행위기간 중 대체근로 제한규정의 입법취지

노동조합 및 노동관계조정법에서는 「사용자는 쟁의행위로 인하여 중단된 작업의 수행을 위하여 당해 사업과 관계가 없는 제3자를 채용하거나 이들로 하여금 대체근로를 시킬 수 없으며(제43조 제1항), 또한 쟁의행위기간 중에 그 쟁의행위로 중단된 업무를 도급 또는 하도급 줄 수 없다(제43조 제2항)」고 규정함으로써 파업 중의 사용자의 조업의 자유(대체고용의 자유)를 제한하고 있다. 이에 위반하는 경우에는 동법 제91조의 벌칙이 적용된다. 이러한 벌칙규정은 노조법상 대체근로의 금지에 대한 실효성을 확보하기 위한 것이다.

대체근로 제한규정의 입법취지는 헌법상 근로자의 쟁의권을 실질적으로 보장하기 위한 것이다. 다시 말하면 사용자의 대체근로의 제한은 노동조합의 단체행동권의 실효성을 담보하기 위한 최소한의 제도적 장치이자 무기대등의 원칙을 실현하기 위하여 마련된 불가피한 조치라는 것이다. 특히 쟁의대등성

과 관련해서 이 규정은 쟁의대등성을 침해할 수 있는 사용자의 대응조치(즉 대체근로를 통한 사용자의 경제적 손실 방지)를 제한하는 규정이다.

## 2. 쟁의행위기간 중 신규채용의 제한의 해석

### (1) 채용의 의미

"채용"이라 함은 근로자를 새로 고용하는 것으로서 그 고용형태나 기간은 불문하므로, 파업 등 쟁의행위에 참가한 조합원의 업무를 수행하기 위하여 아르바이트 학생 등 임시적 근로자를 동원하는 것도 이에 해당한다.

### (2) 쟁의행위기간 중 신규채용의 제한에 관한 판례

제43조 제1항은 쟁의행위기간 중 사용자 신규채용을 제한하고 있는데, 이 제한의 대상이 되는 "그 쟁의행위로 중단된 업무의 수행을 위하여"를 어떻게 해석할 것인가가 문제된다. 판례는 두 가지 경우에 각각 판단을 달리하고 있다.

우선 쟁의행위기간 중 쟁의행위 참가자들의 업무를 수행시킬 의도로 쟁의행위기간 전에 근로자들을 신규채용한 경우에는 "사용자가 노동조합이 쟁의행위에 들어가기 전에 근로자를 새로 채용하였다 하더라도 쟁의행위기간 중 쟁의행위에 참가한 근로자들의 업무를 수행케 하기 위하여 그 채용이 이루어졌고 그 채용한 근로자들로 하여금 쟁의행위기간 중 쟁의행위에 참가한 근로자들의 업무를 수행케 하였다면 위 조항 위반죄를 구성하게 된다(대법원 2000.11.28. 선고 99도317 판결)"고 판시하였다.

그러나 한편으로 "노동조합 및 노동관계조정법 제43조 제1항은 노동조합의 쟁의행위권을 보장하기 위한 것으로서 쟁의행위권의 침해를 목적으로 하지 않는 사용자의 정당한 인사권행사까지 제한하는 것은 아니므로, 자연감소에 따른 인원충원 등 쟁의행위와 무관하게 이루어지는 신규채용은 쟁의행위기간 중이라 하더라도 가능하다. 결원충원을 위한 신규채용 등이 위 조항 위반인지 여부는 표면상의 이유만으로 판단할 것이 아니라 종래의 인력충원 과정·절차 및 시기, 인력부족 규모, 결원 발생시기 및 그 이후 조치내용, 쟁의행위기간 중 채용의 필요성, 신규채용 인력의 투입시기 등을 종합적으로 고려하여 판단하여야 한다. 그리고 사용자가 쟁의기간 중 쟁의행위로 중단된 업무를 수행하기 위해 당해 사업과 관계있는 자인 비노동조합원이나 쟁의행위에 참가하지 아니한 노동조합원 등 당해 사업의 근로자로 대체하였는데 대체한 근로자마저 사직함에 따라 사용자가 신규채용하게 되었다면, 이는 사용자의 정당한 인사권행사에 속하는 자연감소에 따른 인원충원에 불과하고 노동조합 및 노동관계조정법 제43조 제1항 위반죄를 구성하지 않는다(대법원 2008.11.13. 선고 2008도4831 판결)"는 입장이다.

따라서 신규채용 등이 노조법 제43조에 위반되는지 여부는 신규채용 등의 시기에 관계없이 그 목적이 쟁의행위로 인하여 중단된 업무를 대체할 목적으로 이루어졌는지 여부에 따라 판단하여야 한다. 그러므로 쟁의행위기간 중이라 하더라도 쟁의행위 이전부터 계획된 사업확장 또는 신규 채용계획에 따라 근로자를 신규채용하거나 결원을 보충하는 것은 위법한 채용에 해당되지 아니한다고 해석함에 이견이 없다. 위의 판결은 이러한 해석을 확인해주고 있으며, 채용 목적과 범위에 관한 판단 기준을 제시하고 있다는 데 그 의의가 있다 할 것이다.

## Ⅲ. 대체근로 제한규정의 적용범위

정당성이 없는 쟁의행위에도 대체근로의 금지규정은 적용되는가에 관해서는 일단 다음과 같이 해석된다. 노조법상 쟁의행위 시 민사상의 면책규정을 비롯한 쟁의행위 관련법규(형사상의 면책규정은 예외: 노조법 제4조)는 특별한 사정이 없는 한 정당한 쟁의행위를 전제로 하므로, 반대해석상 정당성이 없는 쟁의행위에 대해서는 사용자가 대체근로를 이용하여 업무수행을 계속할 수 있는 것은 당연하다. 또한 정당성이 없는 쟁의행위는 근로자의 쟁의권행사의 범위를 벗어난 이상 그로 인하여 업무가 중단된 경우까지 사용자로 하여금 신규채용 또는 대체근로를 금지시킴으로써 그로 인한 손실을 감수하게 하여야 할 이유는 없다 할 것이다. 따라서 정당성이 없는 쟁의행위의 경우에는 대체근로금지규정은 적용되지 않는다는 것에 대해 이견이 없다.

판례 또한 불법파업 시 대체근로의 인정에 관해서는 이견이 없고, 다만 대체근로(투입)비용과 관련된 손해배상의 범위만이 문제될 뿐이다[지하철공사 노동조합의 불법파업으로 인한 손해액을 산정함에 있어 사용자인 지하철공사가 무노동 무임금의 원칙에 따라 지출하지 않은 미지급 임금 중 지하철공사가 지출한 대체투입비를 초과하는 부분을 운수수입 감소분에서 공제하여야 한다(대법원 2006.10.27. 선고 2004다12240 판결)]고 판시한 바 있다.

## Ⅳ. 설문의 해결

이 사례가 정당한 쟁의행위라고 전제한다면, 비록 사용자가 쟁의행위기간 전에 근로자들을 신규채용한 경우라고 하더라도 그것은 쟁의행위기간 중 쟁의행위 참가자들의 업무를 수행시킬 의도로 채용한 것(대법원 2000.11.28. 선고 99도317 판결)에 해당하므로, 노동조합 및 노동관계조정법 제43조 제1항 위반의 죄가 성립한다.

다만 이 사례의 쟁의행위가 정당성이 없다고 한다면, 대체근로의 금지규정은 적용되지 않고 따라서 위의 대체근로는 당연히 인정된다고 할 것이다.

【관련쟁점】

1. 연차유급휴가의 사용목적(용도)에 대해서 근로기준법은 어떠한 태도를 취하고 있는가?
2. 대체근로에 대한 노동조합의 대항행위의 정당성 요건(허용요건)은?(적법한 대체근로와 위법한 대체근로를 나누어 검토)
3. 쟁의행위기간 중의 대체근로가 제한 또는 허용되는 단위로서의 「사업」은 무엇인가?

【참고문헌】

김형배, 445~459면, 974~975면; 김희성(2), 287~296면; 임종률, 429~440면; 이철수 외 4인, 135~139면, 399~401면.

**【관련판례】**

○ 연·월차휴가에 관한 시기지정권 행사의 적법요건

대법원 1997.3.25. 선고 96다4930 판결

연·월차휴가권이 근로기준법상의 성립요건을 충족하는 경우에 당연히 발생하는 것이라고 하여도 이와 같이 발생한 휴가권을 구체화하려면 근로자가 자신에게 맡겨진 시기지정권을 행사하여 어떤 휴가를 언제부터 언제까지 사용할 것인지에 관하여 특정하여야 할 것이고 근로자가 이와 같은 특정을 하지 아니한 채 시기지정을 하더라도 이는 적법한 시기지정이라고 할 수 없어 그 효력이 발생할 수 없다.

○ 연차유급휴가에 관한 구 근로기준법 제48조 제1항 위반죄의 성립요건

대법원 2000.11.28. 선고 99도317 판결

근로자의 연차유급휴가권은 구 근로기준법(1996.12.31. 법률 제5245호로 개정되기 전의 것) 제48조 제1항의 요건을 갖추면 당연히 성립하고, 다만 근로자가 시기를 지정하여 그 청구를 하면 사용자의 적법한 시기변경권의 행사를 해제조건으로 그 권리가 구체적으로 실현되는 것으로, 사용자가 휴가를 부여한다고 하는 적극적 작위가 요구되는 것은 아니어서, 위 조항 위반죄의 구성요건의 기본은 사용자가 근로자의 연차유급휴가권의 행사를 방해하지 않는다고 하는 부작위 의무에 위반한 행위가 되는 것이므로, 위 죄는 근로자가 연차유급휴가에 대하여 시기를 지정하여 그 청구를 하였음에도 불구하고 사용자가 적법한 시기변경권을 행사하지도 아니한 채 근로자의 연차유급휴가를 방해한 경우에 성립함은 물론이고, 사용자가 근로자의 연차유급휴가 자체를 인정하지 아니하여 그 시기지정권의 행사를 사전에 방해하는 것이라고 평가할 수 있을 정도에 이르면 근로자가 시기지정권을 행사하지 아니하고 그 청구를 한 경우에도 마찬가지로 성립한다.

○ 대체근로금지 의무 위반의 판단

대법원 2000.11.28. 선고 99도317 판결

구 노동쟁의조정법(1996.12.31. 법률 제5244호 노동조합및노동관계조정법 부칙 제3조에 의하여 폐지) 제15조는 노동조합의 쟁의행위권을 보장하기 위한 규정으로서 사용자가 노동조합의 쟁의행위기간 중 당해 사업 내의 비노동조합원이나 쟁의행위에 참가하지 아니한 노동조합원 등 기존의 근로자를 제외한 자를 새로 채용 또는 대체할 수 없다는 것으로 풀이되는 바, 사용자가 노동조합이 쟁의행위에 들어가기 전에 근로자를 새로 채용하였다 하더라도 쟁의행위기간 중 쟁의행위에 참가한 근로자들의 업무를 수행케 하기 위하여 그 채용이 이루어졌고 그 채용한 근로자들로 하여금 쟁의행위기간 중 쟁의행위에 참가한 근로자들의 업무를 수행케 하였다면 위 조항 위반죄를 구성하게 된다.

대법원 2008.11.13. 선고 2008도4831 판결

[1] 노동조합 및 노동관계조정법 제43조 제1항은 노동조합의 쟁의행위권을 보장하기 위한 것으로서 쟁의행위권의 침해를 목적으로 하지 않는 사용자의 정당한 인사권행사까지 제한하는 것은 아니므로, 자연감소에 따른 인원충원 등 쟁의행위와 무관하게 이루어지는 신규채용은 쟁의행위

기간 중이라 하더라도 가능하다. 결원충원을 위한 신규채용 등이 위 조항 위반인지 여부는 표면상의 이유만으로 판단할 것이 아니라 종래의 인력 충원 과정·절차 및 시기, 인력부족 규모, 결원 발생시기 및 그 이후 조치내용, 쟁의행위기간 중 채용의 필요성, 신규채용 인력의 투입시기 등을 종합적으로 고려하여 판단하여야 한다.

[2] 사용자가 쟁의기간 중 쟁의행위로 중단된 업무를 수행하기 위해 당해 사업과 관계있는 자인 비노동조합원이나 쟁의행위에 참가하지 아니한 노동조합원 등 당해 사업의 근로자로 대체하였는데 대체한 근로자마저 사직함에 따라 사용자가 신규채용하게 되었다면, 이는 사용자의 정당한 인사권행사에 속하는 자연감소에 따른 인원충원에 불과하고 노동조합 및 노동관계조정법 제43조 제1항 위반죄를 구성하지 않는다.

# 53. 쟁의행위의 주체 및 목적의 정당성

**【사실관계】**

A회사는 순수하게 경기불황을 이유로 일부 생산라인을 축소 내지 폐지하기로 결정하고, 이 사실을 사내 게시판, 사내 방송 등을 통하여 근로자들에게 공지하였다. 이에 A회사 근로자 가운데 노동조합 가입자격이 있는 모든 근로자는 합법적으로 설립되어 있는 전국 금속산업노동조합의 A회사지부(이하 '지부노동조합'이라 함)를 설립하였다. 지부노동조합은 독립된 규약과 집행기구를 두고 있으나, 노동조합설립신고는 하지 않았다. 다른 한편 근로자들 가운데 지부노동조합 외에 다른 노동조합에 가입한 자는 없다. 지부노동조합은 A회사의 생산라인의 축소 내지 폐지 결정 자체는 반대하지 않았지만, 그에 따른 실직 대상이 될 수 있는 근로자인 조합원들과 근로자 지위를 유지하는 조합원들의 근로조건 등의 처우에 관하여 협의할 것을 요구하였다. 그러나 A회사는 생산라인의 축소 내지 폐지와 관련한 일체의 문제들은 단체교섭의 대상이 될 수 없는 사용자의 경영사항이라고 주장하면서 단체교섭을 거부하였고, 결국 지부노동조합은 A회사에 대하여 위 교섭요구사항에 관한 단체교섭에 응할 것을 요구하면서 쟁의행위에 돌입하였다. 다음 물음에 답하시오.

(2013년 공인노무사시험)

[문제 01] 지부노동조합의 쟁의행위가 주체 면에서 정당한지 대법원 판례를 중심으로 논하시오.

[문제 02] 지부노동조합의 쟁의행위가 목적 면에서 정당한지 대법원 판례를 중심으로 논하시오.

## 《관련조문》

노동조합 및 노동관계조정법

제37조(쟁의행위의 기본원칙) ① 쟁의행위는 그 목적·방법 및 절차에 있어서 법령 기타 사회질서에 위반되어서는 아니 된다.

② 조합원은 노동조합에 의하여 주도되지 아니한 쟁의행위를 하여서는 아니 된다.

노동조합 및 노동관계조정법 시행령

제7조(산하조직의 신고) 근로조건의 결정권이 있는 독립된 사업 또는 사업장에 조직된 노동단체는 지부·분회 등 명칭 여하에 불구하고 법 제10조 제1항의 규정에 의한 노동조합의 설립신고를 할 수 있다.

**【사실관계】의 논점정리**

사안은 사용자의 경영상 판단에 대하여 산업별 노동조합의 지부·분회가 개별적으로 단체교섭을 요구하고, 쟁의행위를 할 수 있는지를 묻고 있다.

[문제 01]에서는 특히 산업별 노동조합의 지부·분회가 쟁의행위의 주체가 될 수 있는지와 관련하여 대법원이 이를 인정하면서 설시하고 있는 요건을 기술한 뒤 이 요건에 사례의 A지부가 부합하는지 검토를 하여야 한다.

[문제 02]에서는 A지부가 쟁의행위를 하면서 A회사에 요구한 내용이 사용자의 경영상 판단에 해당하여 쟁의행위의 목적으로 삼을 수 없는 것인지를 묻고 있는데, 대법원이 경영에 관한 사항인지를 판단하는 기준 및 이를 쟁의행위의 목적으로 삼는 것을 허용하는지 여부, 근로조건과 결부되었을 때 어떻게 판단하고 있는지를 구별하여 서술할 필요가 있다.

## 논점의 해설

### [문제 01]의 해결 — 쟁의행위의 주체의 정당성

Ⅰ. 설문의 쟁점
Ⅱ. A지부의 쟁의행위의 주체의 정당성
1. 문 제 점 / 2. 판례의 태도 / 3. 사안의 적용
Ⅲ. 설문의 해결

## Ⅰ. 설문의 쟁점

사안에서 전국 금속산업노동조합 A회사 지부(이하 "A지부"라 함)는 A회사의 생산라인의 축소 내지 폐지 결정으로 인한 조합원들의 근로조건 등의 처우에 관하여 협의할 것을 요구하며 쟁의행위에 돌입하였다.

쟁의행위가 정당하기 위하여는 주체, 목적, 수단과 방법, 시기와 절차 등의 측면에서 정당성요건을 갖추어야 하는바, 여기에서는 A지부가 쟁의행위의 주체가 될 수 있는지가 쟁점이다.

## Ⅱ. A지부의 쟁의행위의 주체의 정당성

### 1. 문 제 점

쟁의행위의 주체라 함은 쟁의행위를 할 수 있는 법적 자격을 갖추고 있는 자를 말하며, 원칙적으로 실질적 요건과 형식적 요건을 구비한 노동조합이 이에 해당한다. 즉, 판례는 '단체교섭의 주체로 될 수 있는 자'가 쟁의행위의 주체가 될 수 있다고 본다(대법원 1998.1.20. 선고 97도588 판결; 대법원 2001.10.25. 선고 99도4837 전원합의체 판결 등).

지부 · 분회 등은 어디까지나 단일조합의 활동의 편의를 위한 하부조직에 지나지 아니하므로 단체교섭의 주체가 될 수 없고, 지부 · 분회가 쟁의행위를 하는 것 또한 원칙적으로 허용되지 않는다고 본다. 다만, 현행 노동조합 및 노동관계조정법(이하 "노조법"이라 함) 시행령 제7조는 「근로조건의 결정권이

있는 독립된 사업 또는 사업장에 조직된 노동단체는 지부·분회 등 명칭 여하에 불구하고 노조법 제10조 제1항 규정에 의한 노동조합의 설립신고를 할 수 있다」고 규정하고 있는바, 지부·분회가 독자적인 조직, 규약을 갖추어 독립된 조직체로서의 실질이 인정되는 경우에는 단체교섭의 당사자자격이 인정되어, 예외적으로 쟁의행위의 주체가 될 수 있는지 문제된다.

### 2. 판례의 태도

대법원은 "노동조합의 하부단체인 분회나 지부가 독자적인 규약 및 집행기관을 가지고 독립된 조직체로서 활동을 하는 경우 당해 조직이나 그 조합원에 고유한 사항에 대하여는 독자적으로 단체교섭하고 단체협약을 체결할 수 있고, 이는 그 분회나 지부가 노동조합 및 노동관계조정법 시행령 제7조의 규정에 따라 그 설립신고를 하였는지 여부에 영향받지 아니한다(대법원 2001.2.23. 선고 2000도4299 판결)"고 판시한 바 있다.

### 3. 사안의 적용

사안에서 A지부는 비록 노동조합설립신고는 하지 않았으나, 독립된 규약과 집행기구를 두고 있으므로, 독립된 조직체로서의 실질이 인정된다. 따라서 A지부는 당해 조직이나 그 조합원에 고유한 사항에 대하여 단체교섭의 당사자가 될 수 있고, A지부의 쟁의행위가 주체면에서 정당하다고 평가할 수 있다.

## Ⅲ. 설문의 해결

A지부는 독립된 규약과 집행기구를 두어, 독립된 조직체로서의 실질이 인정되므로, 쟁의행위가 주체면에서 정당하다.

## [문제02]의 해결 — A지부의 쟁의행위의 목적의 정당성

Ⅰ. 설문의 쟁점
Ⅱ. 경영에 관한 사항과 쟁의행위 목적의 정당성

1. 경영에 관한 사항의 의의 / 2. 판례의 태도 / 3. 사안의 적용
Ⅲ. 설문의 해결

# Ⅰ. 설문의 쟁점

헌법 제33조 제1항은 「근로자는 근로조건의 향상을 위하여 자주적인 단결권·단체교섭권 및 단체행동권을 가진다」고 규정하여 근로조건의 향상이 단체교섭의 대상이자, 쟁의행위(단체행동권)의 목적임을 밝히고 있다. 즉, 쟁의행위의 목적은 근로조건의 집단적 유지 내지 개선으로, 단체교섭의 대상에 해당하는 사항이어야 한다. 대법원 또한 쟁의행위의 목적이 '근로조건의 향상을 위한 노사 간의 자치적 교섭을 조성하는 데에 있다'고 판시하고 있다(대법원 1998.1.20. 선고 97도588 판결; 대법원 2001.10.25. 선고 99도4837 전원합의체 판결 등).

사안에서 A지부는 단순히 임금, 근로시간 등 기본적인 근로조건의 향상을 위하여 쟁의행위에 돌입한 것이 아니라, A회사의 '생산라인의 축소 내지 폐지 결정으로 인한' 조합원들의 근로조건 등의 처우에 관하여 협의할 것을 요구하고 있으므로, 경영에 관한 사항에 해당하여 쟁의행위의 목적의 정당성이 부정된다고 보아야 할 것인지 문제된다.

# Ⅱ. 경영에 관한 사항과 쟁의행위 목적의 정당성

## 1. 경영에 관한 사항의 의의

경영에 관한 사항이란 경영주체에 의한 고도의 경영상 결단에 속하는 사항이라고 볼 여지가 있는 사항으로서 단체교섭의 대상이 되지 않는 것을 말한다. 예를 들어, 신기계의 도입, 설비 및 생산방법의 변경, 공장·사무소의 이전, 경영자·상급관리자의 인사, 영업양도, 회사조직의 변경, 업무의 하도급화 등이 경영사항으로 인정된다.

경영에 관한 사항은 그 결정으로 인하여 근로조건에 영향을 주기도 하지만, 근본적으로 사용자의 전권(專權)인 '경영권'이 인정되는 영역이므로 단체

교섭의 대상이 될 수 없다고 보아야 한다는 주장이 있다. 따라서 현행법상 ① '경영권'의 개념을 인정할 수 있는지, ② 인정한다면 경영사항에 관한 요구를 쟁의행위의 목적으로 인정할 수 있는지가 문제된다.

## 2. 판례의 태도

① 대법원은 소위 가스공사사건에서 헌법 제23조 제1항 전문(前文)의 재산권, 제119조 제1항의 자본주의 시장경제질서, 헌법 제15조의 경영의 자유를 근거로, '기업이 그가 선택한 사업 또는 영업을 자유롭게 경영하고 이를 위한 의사결정의 자유를 가지며, 사업 또는 영업을 변경(확장·축소·전환)하거나 처분(폐지·양도)할 수 있는 자유'인 경영권 개념을 인정한 바 있다(대법원 2003.7.22. 선고 2002도7225 판결).

② 또한, 「기업의 구조조정의 실시 여부는 경영주체에 의한 고도의 경영상 결단에 속하는 사항으로서 이는 원칙적으로 단체교섭의 대상이 될 수 없고, 그것이 긴박한 경영상의 필요나 합리적인 이유 없이 불순한 의도로 추진되는 등의 특별한 사정이 없는 한 노동조합이 그 실시를 반대하기 위하여 벌이는 쟁의행위에는 목적의 정당성을 인정할 수 없다」고 본다(대법원 2002.2.26. 선고 99도5380 판결; 대법원 2003.2.11. 선고 2000도4169 판결; 대법원 2003.2.28. 선고 2002도5881 판결; 대법원 2003.3.14. 선고 2002도5883 판결; 대법원 2003.3.28. 선고 2002도6060 판결 등).

③ 한편 최근 판례는 「이 사건 노조가 원고 회사와의 특별단체교섭과정에서 10년간 회사의 매각 금지 및 해고의 금지 등 회사의 구조조정의 실시와 관련하여 경영주체에 의한 고도의 경영상 결단에 속하는 사항이라고 볼 여지가 있는 사항을 단체교섭의 대상으로 포함시킨 것은 사실이나, 이 사건 쟁의행위의 진정한 목적은 회사의 매각에 따른 고용안정이나 임금인상 등 근로조건의 유지와 향상에 있었다고 할 것이고, 이 사건 쟁의행위가 회사의 매각 금지 등을 주된 목적으로 하여 개시되었다거나 다른 쟁의행위의 목적이 모두 소멸되었음에도 오로지 회사의 매각 금지 등을 목적으로 하여 계속된 것으로 볼 수 없다」고 하여 구조조정 실시 그 자체가 아니라, 구조조정에 따른 근로조건 유지 향상을 위한 쟁의행위의 경우 목적의 정당성을 인정한 바 있다(대법원 2013.2.15. 선고 2010두20362 판결).

### 3. 사안의 적용

경영사항에 관하 판례의 태도는 '① 경영권 개념을 인정함을 전제로, ② 경영사항에 관한 결정 그 자체를 반대하기 위한 쟁의행위의 목적의 정당성은 부정하고, 예외적으로 ③ 경영사항에 관한 결정이 긴박한 경영상의 필요나 합리적인 이유 없이 불순한 의도로 이루어지거나, ④ 경영사항에 관한 결정으로 인한 근로조건의 유지와 향상을 위한 쟁의행위인 경우 목적의 정당성은 인정한다'고 정리할 수 있다.

사안의 경우 일부 생산라인을 축소 내지 폐지하는 결정이 불순한 의도에 의한 것이 아니라, 순수하게 경기불황을 이유로 이루어졌으므로, 원칙적으로 경영사항에 해당한다.

다만, A지부는 생산라인의 축소 내지 폐지 결정 자체를 반대하는 것이 아니라, 조합원들의 근로조건 등의 처우에 관하여 단체교섭을 요구하였고, 이를 관철하기 위하여 쟁의행위에 돌입하였기 때문에 예외적으로 A지부의 쟁의행위가 목적면에서 정당하다고 평가된다.

## Ⅲ. 설문의 해결

A지부는 생산라인의 축소 내지 폐지 결정 자체를 반대하는 것이 아니라, 조합원들의 근로조건 등의 처우에 관한 협의를 목적으로 쟁의행위에 돌입하였기 때문에 쟁의행위가 목적면에서 정당하다.

【관련쟁점】

1. 판례에 의하면 단체협약에서 '쟁의기간 중에는 징계나 전출 등의 인사조치를 아니한다'고 정하고 있는 경우, 정당하게 개시된 쟁의 과정에서 발생한 징계사유를 들어 쟁의기간 중에 징계 등 인사 조치를 할 수 있는가?
2. 정당한 쟁의행위 도중에 새로운 쟁의사항이 부가된 경우 별도의 노동쟁의발생신고를 하고 조정기간을 거쳐야 하는가?

【참고문헌】

김희성, 209~237면; 김형배, 963~974면; 이철수 외 4인, 296~408면,

221~229면.

**【관련판례】**

○ 분회나 지부의 독자적인 단체교섭 및 단체협약 체결 능력

대법원 2001.2.23. 선고 2000도4299 판결

노동조합의 하부단체인 분회나 지부가 독자적인 규약 및 집행기관을 가지고 독립된 조직체로서 활동을 하는 경우 당해 조직이나 그 조합원에 고유한 사항에 대하여는 독자적으로 단체교섭하고 단체협약을 체결할 수 있고, 이는 그 분회나 지부가 노동조합및노동관계조정법 시행령 제7조의 규정에 따라 그 설립신고를 하였는지 여부에 영향받지 아니한다.

○ 경영주체의경영상 조치가 노동쟁의의 대상이 될 수 있는지 여부

대법원 2003.7.22. 선고 2002도7225 판결

기업의 구조조정의 실시 여부는 경영주체에 의한 고도의 경영상 결단에 속하는 사항으로서 이는 원칙적으로 단체교섭의 대상이 될 수 없고, 그것이 긴박한 경영상의 필요나 합리적인 이유 없이 불순한 의도로 추진되는 등의 특별한 사정이 없는 한 노동조합이 그 실시를 반대하기 위하여 벌이는 쟁의행위에는 목적의 정당성을 인정할 수 없다.

○ 쟁의행위에서 추구되는 목적이 여러 가지인 경우

대법원 2013.2.15. 선고 2010두20362 판결

쟁의행위에서 추구하는 목적이 여러 가지이고 그 중 일부가 정당하지 못한 경우에는 주된 목적 내지 진정한 목적의 당부에 의하여 그 쟁의목적의 당부를 판단하여야 한다(대법원 2009.6.23. 선고 2007두12859 판결 등 참조).

원심은 채택 증거에 의하여 인정되는 판시와 같은 사정에 의하면 이 사건 노조가 원고 회사와의 특별단체교섭과정에서 10년 간 회사의 매각금지 및 해고의 금지 등 회사의 구조조정의 실시와 관련하여 경영주체에 의한 고도의 경영상 결단에 속하는 사항이라고 볼 여지가 있는 사항을 단체교섭의 대상으로 포함시킨 것은 사실이나, 이 사건 쟁의행위의 진정한 목적은 회사의 매각에 따른 고용안정이나 임금인상 등 근로조건의 유지와 향상에 있었다고 할 것이고, 이 사건 쟁의행위가 회사의 매각 금지 등을 주된 목적으로 하여 개시되었다거나 다른 쟁의행위의 목적이 모두

소멸되었음에도 오로지 회사의 매각 금지 등을 목적으로 하여 계속된 것으로 볼 수 없다고 하여 이 사건 쟁의행위의 목적의 정당성을 인정하였다.

위 법리 및 기록에 비추어 살펴보면, 이러한 원심판결은 정당한 것으로 수긍이 가고, 거기에 상고이유로 주장하는 바와 같이 쟁의행위 목적의 정당성에 관한 법리오해 등의 위법이 없다.

# 54. 단체협약의 일반적 구속력과 해고근로자의 조합원 자격

【사실관계】

A회사는 상시 100명의 근로자를 사용하여 무선단말기 부품을 제조·판매하는 주식회사이고, B노동조합은 전자·통신 산업에 종사하는 모든 근로자들을 조직대상으로 하는 산업별 단위노동조합이다. 2013년 3월 말 현재 A회사의 근로자 70명이 B노동조합의 조합원이고, B노동조합 외에 다른 노동조합에 가입한 A회사의 근로자는 존재하지 않는다.

A회사와 B노동조합 사이에 체결된 2012년도 단체협약(유효기간: 2012년 9월 1일~2014년 8월 31일)에 따르면, 사용자 또는 사용자의 이익을 대표하는 자는 조합원이 될 수 없고(제5조), 사용자가 근로자를 징계하고자 하는 경우에는 징계대상 근로자를 징계위원회에 출석시켜 소명의 기회를 부여하여야 한다(제33조)고 규정하고 있다. 그러나 A회사의 취업규칙에는 진계대상 근로자에 대한 징계위원회 출석의 통지 및 소명의 기회 부여에 관한 규정은 없다.

A회사의 생산직 근로자이자 비조합원인 갑은 2013년 3월 중순경 근무시간 중에 동료근로자 을과 말다툼을 하다가 을을 폭행하였다. 이에 대해 A회사는 甲에게 징계위원회 출석 통지를 하지 않고, 소명의 기회도 부여하지 않은 채, 같은 해 3월 27일 정직 3개월의 징계처분을 하였다.

한편, 2013년 4월에 B노동조합은 전자·통신 산업에 재직 중인 근로자만이 조합원 자격을 가지는 것으로 규정되어 있던 노동조합 규약 제2조(조합원의 범위)를 "전자·통신 산업에 종사하다가 해고된 근로자"도 조합원 자격이 있는 것으로 변경하였다.

[문제 01] 甲은 A회사가 위 단체협약 제33조에 따른 징계절차를 거치지 않고 자신을 징계한 것은 위법하다고 주장한다. 이러한 甲의 주장은 타

당한가?

[문제 02] 관할 행정관청은 2013년 4월에 개정된 B노동조합의 규약 제2조가 위법하다는 이유로 관할 노동위원회의 의결을 얻어 그 시정을 명하였다. 관할 행정관청의 이러한 시정명령은 적법한가?

## 《관련조문》

근로기준법

제23조(해고 등의 제한) ① 사용자는 근로자에게 정당한 이유 없이 해고, 휴직, 정직, 전직, 감봉, 그 밖의 징벌(懲罰)(이하 "부당해고등"이라 한다)을 하지 못한다.

노동조합 및 노동관계조정법

제2조(정의) 이 법에서 사용하는 용어의 정의는 다음과 같다.

4. "노동조합"이라 함은 근로자가 주체가 되어 자주적으로 단결하여 근로조건의 유지 · 개선 기타 근로자의 경제적 · 사회적 지위의 향상을 도모함을 목적으로 조직하는 단체 또는 그 연합단체를 말한다. 다만, 다음 각 목의 1에 해당하는 경우에는 노동조합으로 보지 아니한다.
가. 사용자 또는 항상 그의 이익을 대표하여 행동하는 자의 참가를 허용하는 경우
나. 경비의 주된 부분을 사용자로부터 원조받는 경우
다. 공제 · 수양 기타 복리사업만을 목적으로 하는 경우
라. 근로자가 아닌 자의 가입을 허용하는 경우. 다만, 해고된 자가 노동위원회에 부당노동행위의 구제신청을 한 경우에는 중앙노동위원회의 재심판정이 있을 때까지는 근로자가 아닌 자로 해석하여서는 아니 된다.
마. 주로 정치운동을 목적으로 하는 경우

**【사실관계】의 논점정리**

이 사례는 노동조합의 구성원이 될 수 있는 자격과, 단체협약의 적용과 관련된 쟁점을 바탕으로 중요한 두 개의 판례를 묻고 있다.

[문제 01]은 단체협약의 일반적 구속력을 규정한 노동조합 및 노동관계조정법

제35조의 해석과 관련하여, 일반적 구속력의 요건을 충족한 경우 그 적용 대상으로 예정하고 있는 '동종의 근로자'의 의미를 밝히는 것이 설문 해결의 관건이라 할 수 있다.

[문제 02]는 노동조합 및 노동관계조정법 제2조 제4호 단서에서 규정한 노동조합의 소극적 사유의 해석과 관련된 쟁점을 묻고 있는데, 해고된 근로자에게 조합원의 자격을 인정할 수 있는지에 관한 판례의 태도를 정확하게 기술하여야 한다.

## 논점의 해설

### [문제 01]의 해결 — 단체협약의 일반적 구속력

Ⅰ. 설문의 쟁점
Ⅱ. 甲에게 단체협약이 적용되는 것인지 여부
  1. 문 제 점 / 2. 판례의 태도 / 3. 사안의 적용
Ⅲ. 설문의 해결

## Ⅰ. 설문의 쟁점

A회사의 비조합원인 근로자 甲은 취업규칙에 규정된 징계절차를 준수하지 않고 자신을 해고한 것에 대하여 무효를 주장하고 있으므로, A회사의 해고가 징계절차상의 하자가 있는 것인지가 문제된다. 이와 관련하여 A회사의 과반수 근로자가 가입한 B노동조합과 체결한 단체협약이 일반적 구속력을 갖는 것에는 의문이 없으나, 근로자 甲이 위 단체협약의 적용을 받을 수 있는 동종의 근로자로 인정받을 수 있는지가 쟁점이라고 할 수 있다.

## Ⅱ. 甲에게 단체협약이 적용되는 것인지 여부

### 1. 문 제 점

노동조합 및 노동관계조정법 제35조는 "하나의 사업 또는 사업장에 상시 사용되는 동종의 근로자 반수 이상이 하나의 단체협약의 적용을 받게 된 때에는 당해 사업 또는 사업장에 사용되는 다른 동종의 근로자에 대하여도 당해 단체협약이 적용된다."고 규정하여, 이른바 일반적 구속력을 인정하고 있다. 문제는 근로자 甲이 위 규정에서 말하는 '동종의 근로자'에 해당하는지 여부라고 할 수 있다.

### 2. 판례의 태도

이와 관련하여 대법원은 "노동조합 및 노동관계조정법 제35조는 하나의 사업 또는 사업장에 상시 사용되는 동종의 근로자 반수 이상이 하나의 단체협약의 적용을 받게 된 때에는 당해 사업 또는 사업장에 사용되는 다른 동종의 근로자에 대하여도 당해 단체협약이 적용된다고 규정하는바, 이에 따라 단체협약의 적용을 받게 되는 동종의 근로자라 함은 당해 단체협약의 규정에 의하여 그 협약의 적용이 예상되는 자를 가리키며, 한편 단체협약 등의 규정에 의하여 조합원의 자격이 없는 자는 단체협약의 적용이 예상된다고 할 수 없어 단체협약의 일반적 구속력이 미치는 동종의 근로자라고 할 수 없다(대법원 2005.4.14. 선고 2004도1108 판결 등 참조)"고 하였으며, "노동조합 및 노동관계조정법 제35조의 규정에 따라 단체협약의 적용을 받게 되는 '동종의 근로자'라 함은 당해 단체협약의 규정에 의하여 그 협약의 적용이 예상되는 자를 가리키는바, 사업장 단위로 체결되는 단체협약의 적용 범위가 특정되지 않았거나 협약 조항이 모든 직종에 걸쳐서 공통적으로 적용되는 경우에는 직종의 구분 없이 사업장 내의 모든 근로자가 동종의 근로자에 해당된다(대법원 1999.12.10. 선고 99두6927 판결)"고 판시하고 있다.

### 3. 사안의 적용

사안의 경우 A회사와 B노동조합이 맺은 단체협약은 적어도 甲에 대한 징계가 있던 2013.3.27. 그 협약의 적용 범위가 특정되지 않았고, 징계절차에 관한 규정은 그 성질상 모든 직종에 걸쳐서 공통적으로 적용되는 것이라 할 것이므로, 위 단체협약은 일반적 구속력을 정한 노동조합 및 노동관계조정법 제35조에 따라 甲에게 적용된다.

## Ⅲ. 설문의 해결

B노동조합은 A회사의 근로자 과반수가 가입한 노동조합이므로 이들이 체결한 단체협약은 일반적 구속력이 인정되고, 단체협약의 적용 범위와 해당 조항의 성격상 모든 근로자에게 적용이 인정된다고 할 것이므로 근로자 甲도 그 적용을 받게 된다.

따라서 단체협약에 정한 징계절차를 위반한 A회사의 甲에 대한 징계해고는 그 절차상 하자로 인하여 무효라고 할 것이며, 이를 지적하는 甲의 주장은 타당하다.

# [문제 02]의 해결 — 노동조합의 소극적 요건(해고근로자의 조합원 자격)

Ⅰ. 설문의 쟁점
Ⅱ. '해고근로자'에게 노동조합 조합원 자격 인정 여부
1. 문 제 점 / 2. 판례의 태도 / 3. 사안의 해결
Ⅲ. 설문의 해결

## Ⅰ. 설문의 쟁점

관할관청은 B노동조합 규약 중 제2조(조합원의 범위)를 "전자 · 통신 산업에 종사하다가 해고된 근로자"도 조합원 자격이 있는 것으로 변경한 부분이 위법하다는 이유로 시정을 명하였다. 따라서 이 같은 시정명령의 적법성은 노동조합 및 노동관계 조정법상 '해고된 근로자'에게 조합원의 자격을 인정하는 것이 가능한지의 문제로 귀결된다고 할 것이다.

## Ⅱ. '해고근로자'에게 노동조합 조합원 자격 인정 여부

### 1. 문 제 점

노동조합 및 노동관계 조정법 제2조 제4호 라목에서는 "근로자가 아닌 자의 가입을 허용하는 경우. 다만, 해고된 자가 노동위원회에 부당노동행위의 구제신청을 한 경우에는 중앙노동위원회의 재심판정이 있을 때까지는 근로자가 아닌 자로 해석하여서는 아니 된다."라고 규정하고 있다. 따라서 문언상으로 해고된 근로자는 노동위원회에 부당노동행위 구제신청이 계속된 경우를 제외하고 조합원 자격을 가질 수 없다. 사안에서 B노동조합은 산업별 노동조합으로서 이 같은 규정의 적용을 받는지가 문제된다.

### 2. 판례의 태도

이와 관련하여 대법원은 지역별 노동조합이 그 구성원으로 '구직 중인 여성노동자'를 포함하여 노동조합설립신고를 하였는데, 행정청이 위 규정에 따라 노동조합설립신고를 반려한 사건에서 '근로기준법은 현실적으로 근로를 제공하는 자에 대하여 국가의 관리 · 감독에 의한 직접적인 보호의 필요성이 있는가'라는 관점에서 개별적 노사관계를 규율할 목적으로 제정된 것인 반면에, 노동조합 및 노동관계조정법은 '노무공급자들 사이의 단결권 등을 보장해 줄 필요성이 있는가'라는 관점에서 집단적 노사관계를 규율할 목적으로 제정된 것으로 그 입법목적에 따라 근로자의 개념을 상이하게 정의하고 있는 점, 일정한 사용자에의 종속관계를 조합원의 자격요건으로 하는 기업별 노동조합의 경우와는 달리 산업별 · 직종별 · 지역별 노동조합 등의 경우에는 원래부터 일정한 사용자에의 종속관계를 조합원의 자격요건으로 하는 것이 아닌 점에 비추어, 노조법 제2조 제4호 라목 단서는 '기업별 노동조합'의 조합원이 사용자로부터 해고됨으로써 근로자성이 부인될 경우에 대비하여 마련된 규정으로서, 이와 같은 경우에만 한정적으로 적용되고, 원래부터 일정한 사용자에의 종속관계를 필요로 하지 않는 산업별 · 직종별 · 지역별 노동조합 등의 경우에까지 적용되는 것은 아닌 점 등을 근거로, 노조법 제2조 제1호 및 제4호 라목 본문에서 말하는 '근로자'에는 특정한 사용자에게 고용되어 현실적으로 취업하고 있는 자뿐만 아니라, 일시적으로 실업 상태에 있는 자나 구직 중인 자도 노동3권을 보장할 필요성이 있는 한 그 범위에 포함되고, 따라서 지역별 노동조합의 성격을 가진 원고가 그 구성원으로 '구직 중인 여성노동자'를 포함시키고 있다 하더라도, '구직 중인 여성노동자' 역시 노조법상의 근로자에 해당하므로, 구직 중인 여성노동자는 근로자가 아니라는 이유로 원고의 이 사건 노동조합설립신고를 반려한 이 사건 처분을 위법하다(대법원 2004. 2.27. 선고 2001두8568 판결 참조)고 판시하였다.

따라서 특정한 사용자에게 고용되어 있을 것을 노동조합 조합원의 자격으로 삼을 것을 규정한 위 규정은 기업별 노동조합에만 해당된다고 보아야 할 것이다.

### 3. 사안의 해결

사안에서 B 노동조합은 산업별 노동조합에 해당하는바, 노동조합 및 노동관계조정법 제2조 제4호 라목 단서는 적용되지 않으므로, 반드시 특정한 사용자에게 고용될 것을 조합원 자격으로 삼을 필요가 없다. 따라서 해고근로자에게 조합원 자격을 인정하는 규약개정을 하는 것은 얼마든지 가능하다.

## Ⅲ. 설문의 해결

B 노동조합은 산업별 노동조합으로서, 그 조합원 자격을 정함에 있어 특정 사용자와의 고용관계를 필요로 하지 않으므로, 이를 원인으로 하는 관할 행정청의 시정명령은 위법한 것이라고 할 것이다.

【관련쟁점】

1. 판례는 "하나의 단체협약의 적용을 받는 근로자"를 어떻게 보고 있는가?
2. 조합원이 아닌 근로자들에게도 불리하게 변경된 단체협약이 확장적용될 수 있는가?

【참고문헌】

김희성(2), 157~172면; 김형배, 923~925면; 이철수 외 4인, 174~177면; 임종률, 162~166면.

**【관련판례】**

○ 노동조합 및 노동관계조정법 제35조에 따라 단체협약의 적용을 받게 되는 동종의 근로자의 의미

대법원 2005.4.14. 선고 2004도1108 판결

[3] 노동조합 및 노동관계조정법 제35조는 하나의 사업 또는 사업장에 상시 사용되는 동종의 근로자 반수 이상이 하나의 단체협약의 적용을 받게 된 때에는 당해 사업 또는 사업장에 사용되는 다른 동종의 근로자에 대하여도 당해 단체협약이 적용된다고 규정하는바, 이에 따라 단체협약의 적용을 받게 되는 동종의 근로자라 함은 당해 단체협약의 규정에 의하여 그 협약의 적용이 예상되는 자를 가리키며, 한편 단체협약 등의 규정에 의하여 조합원의 자격이 없는 자는 단체협약의 적용이 예상된다고 할 수 없어 단체협약의 일반적 구속력이 미치는 동종의 근로자라고 할 수 없다.

[4] 택시회사와 노동조합 사이에 체결된 단체협약이 정규기사와 마찬가지로 그 택시회사의 일용 대무기사들에게도 적용된다고 판단한 원심판결을, 위 대무기사들이 단체협약의 규정 등에 비추어 노동조합에의 가입자격이 없는 것으로 볼 여지가 있다는 이유로 파기한 사례.

대법원 1999.12.10. 선고 99두6927 판결

[1] 노동조합 및 노동관계조정법 제35조의 규정에 따라 단체협약의 적용을 받게 되는 '동종의 근로자'라 함은 당해 단체협약의 규정에 의하여 그 협약의 적용이 예상되는 자를 가리키는바, 사업장 단위로 체결되는 단체협약의 적용범위가 특정되지 않았거나 협약 조항이 모든 직종에 걸쳐서 공통적으로 적용되는 경우에는 직종의 구분 없이 사업장 내의 모든 근로자가 동종의 근로자에 해당된다.

[2] 단체협약 규정상 사용자에 해당하지 않는 한 기능직 · 일반직 등 직종의 구분 없이 사업장 내의 모든 근로자가 노동조합의 조합원으로 가입하여 단체협약의 적용을 받을 수 있도록 되어 있다면 일반직 근로자도 기능직 근로자와 함께 노동조합 및 노동관계조정법 제35조에서 말하는 '동종의 근로자'에 해당한다고 할 것이고, 조합원수가 상시 사용되는 근로자 과반수에 해당하였던 이상, 실제로 노동조합에 가입한 여부에 관계없이 일반직 근로자에 대하여도 단체협약이 적용된다.

○ 노동조합 및 노동관계조정법 제2조 제4호 라목의 의미

대법원 2004.2.27. 선고 2001두8568 판결

원심판결 및 원심이 인용한 제1심판결 이유에 의하면, 원심은 근로기

준법은 '현실적으로 근로를 제공하는 자에 대하여 국가의 관리·감독에 의한 직접적인 보호의 필요성이 있는가'라는 관점에서 개별적 노사관계를 규율할 목적으로 제정된 것인 반면에, 노동조합 및 노동관계조정법(이하 '노조법'이라 한다)은 '노무공급자들 사이의 단결권 등을 보장해 줄 필요성이 있는가'라는 관점에서 집단적 노사관계를 규율할 목적으로 제정된 것으로 그 입법목적에 따라 근로자의 개념을 상이하게 정의하고 있는 점, 일정한 사용자에의 종속관계를 조합원의 자격요건으로 하는 기업별 노동조합의 경우와는 달리 산업별·직종별·지역별 노동조합 등의 경우에는 원래부터 일정한 사용자에의 종속관계를 조합원의 자격요건으로 하는 것이 아닌 점에 비추어, 노조법 제2조 제4호 라목 단서는 '기업별 노동조합'의 조합원이 사용자로부터 해고됨으로써 근로자성이 부인될 경우에 대비하여 마련된 규정으로서, 이와 같은 경우에만 한정적으로 적용되고, 원래부터 일정한 사용자에의 종속관계를 필요로 하지 않는 산업별·직종별·지역별 노동조합 등의 경우에까지 적용되는 것은 아닌 점 등을 근거로, 노조법 제2조 제1호 및 제4호 라목 본문에서 말하는 '근로자'에는 특정한 사용자에게 고용되어 현실적으로 취업하고 있는 자뿐만 아니라, 일시적으로 실업 상태에 있는 자나 구직 중인 자도 노동3권을 보장할 필요성이 있는 한 그 범위에 포함되고, 따라서 지역별 노동조합의 성격을 가진 원고가 그 구성원으로 '구직 중인 여성노동자'를 포함시키고 있다 하더라도, '구직 중인 여성노동자' 역시 노조법상의 근로자에 해당하므로, 구직 중인 여성노동자는 근로자가 아니라는 이유로 원고의 이 사건 노동조합설립신고를 반려한 이 사건 처분을 위법하다고 판단하였는바, 이러한 원심의 판단은 정당하고, 거기에 노조법에 정한 근로자의 개념에 관한 법리를 오해한 위법이 있다고 할 수 없다.

# 55. 골프장 캐디의 근로자 여부와 부당노동행위

## 【사실관계】

甲은 A골프장의 운영을 국가보훈처로부터 위탁받아 골프장 이용객들에게 골프장 이용용역을 제공하는 회사이고, B~H는 乙노동조합 조합원들로서 A골프장에서 경기보조원(이른바 '골프장 캐디')으로 근무하고 있다. 경기보조원 B~H는 甲과 직접적인 근로계약을 체결하지 않고, 이용객의 경기보조업무를 수행한 대가로 직접 이용객으로부터 캐디 피(caddie fee)라는 명목의 봉사료만을 수령할 뿐 甲으로부터 어떠한 금품도 지급받지 않고, 다만 甲이 정해놓은 순번에 따라 경기보조업무를 수행하며, 경기보조업무가 끝난 뒤 이용한 카트 청소 및 간단한 그린 정비를 마치고 귀가하였다.

2014.3.1. B는 위 골프장 코스에서 경기를 보조하던 중 甲의 경기팀장 丙으로부터 경기 지연에 대한 지적을 받게 되었는데, 이를 지켜본 이용객은 당시 코스 운영상황을 지켜보기 위해 나온 甲의 대표이사에게 경기팀장의 경기진행 재촉에 대하여 항의하였다.

丙은 경기가 끝난 후 B를 불러 골프장 이용객이 회사 대표이사에게 항의를 하게 한 경위 등에 대해 지적하였는데, 그 와중에 丙과 B 사이에 상호 고성이 오갔다(다만, 丙의 일방적인 인신공격성 발언에 B가 격하게 항의한 수준이었다). 丙은 2014.3.2. B에 대하여 '경기지연행위, 경기팀장에 대한 폭언 및 협박행위, 그린훼손행위 미신고' 등의 행위를 이유로 1개월 동안 출장유보처분을 하였다.

한편, 2014.3.6. 乙노동조합 조합원 C~H는 B에 대한 출장유보처분이 부당하다고 항의하면서 오전 40여 분 동안 출장을 거부하여 당일 경기가 지연되기도 하였다. 또한 乙노동조합 집행부의 결정에 따라 2014.3.8. 오전, 오후 두 번에 걸쳐 3명씩 팀을 나누어 각 2~30분씩 B에 대한 출장유보처분에 항의하는 피켓팅을 하였고, 같은 날 단체로 '정성을 다해 모시겠습니다'라고 리본을 달고 인사하는 방식으로 시위를 하였으며, 2014.3.8.부터 같은 달 25.까지 국가보훈처 홈페이지의 자유게시판에 'B의 출장유보처분, 골프장 운영의 문제점, 관리자의 횡포' 등을 알리는 글을 게시하였다(다만, B~H의 위

활동들은 정당한 조합활동에 해당한다고 가정한다).

甲은 2014.4.1. B에 대하여 "경기진행 소홀과 관련하여 처벌 심의 중임에도 반성이나 개선의 정이 없으며, 오히려 허위사실 유포, 회사방침에 대한 저항, 피켓시위 등 회사 이미지 실추, 영업방해에 가담한 사실" 등을 이유로 제명처분하였다.

또한 C~H에 대하여는 업무방해, 허위사실 유포로 인한 명예훼손 등을 이유로 하여 각 출장유보처분하였다.

---

[문제 01] B는 甲의 2014.4.1.자 제명처분이 부당해고에 해당한다며 해고무효확인소송을 하려고 한다. 위 소송은 인용될 수 있는가?

[문제 02] B~H는 甲의 2014.4.1.자 제명처분 및 출장유보처분이 부당한 불이익처분에 해당한다며 법적 대응을 고민하고 있다. 이들에게 알맞은 구제절차는 무엇인가?

## 《관련조문》

근로기준법

제2조(정의) ① 이 법에서 사용하는 용어의 뜻은 다음과 같다.

1. "근로자"란 직업의 종류와 관계없이 임금을 목적으로 사업이나 사업장에 근로를 제공하는 자를 말한다.

노동조합 및 노동관계조정법

제2조(정의) 이 법에서 사용하는 용어의 정의는 다음과 같다.

1. "근로자"라 함은 직업의 종류를 불문하고 임금·급료 기타 이에 준하는 수입에 의하여 생활하는 자를 말한다.

**【사실관계】의 논점정리**

사례는 골프장 경기보조원(이른바 '골프장 캐디')와 같은 특수직 근로자를 둘러싼 법적인 견해의 문제, 즉 근로자성의 인정 여부와 관련된 쟁점을 다루고 있다.

[문제 01]에서는 골프장 경기보조원이 사실상 취업하여 노무를 제공하는 사업

장의 사업주와의 관계에서 근로관계를 인정받을 수 있는지가 문제되며, 그간 유지된 근로관계를 부정하는 법원의 견해가 시대상황의 변천에 따라 어떤 변화를 겪고 있는지 주목할 필요가 있다.

[문제 02]는 골프장 운영회사가 골프장 경기보조원으로 조직된 노동조합의 조합원들에 대하여 조합활동을 이유로 징계를 한 경우 부당노동행위에 해당하는지의 문제로, 甲회사가 부당노동행위의 주체성을 인정받을 수 있는지 여부가 문제된다.

## 논점의 해설

## [문제 01]의 해결 — 근로기준법상 근로자성

Ⅰ. 설문의 쟁점
Ⅱ. B의 甲에 대한 근로기준법상 근로자성 인정 여부
  1. 문제의 소재 / 2. '사용종속관계'의 판단기준에 관한 판례의 태도
  3. 사안의 적용
Ⅲ. 설문의 해결

### Ⅰ. 설문의 쟁점

B는 甲의 2014.4.1.자 제명처분이 부당해고에 해당한다며 해고무효확인소송을 하려고 한다. 경기보조원인 B가 해고무효확인소송을 제기하기 위하여는 A골프장의 운영회사인 甲과의 관계에서 근로관계가 존재하고 있어야 한다. B는 甲에 대하여 사용종속관계 하에서 임금 또는 임금 등을 목적으로 근로를 제공하는 근로기준법상 근로자이어야 하지만, 설문에서 보듯 B와 甲 사이에서는 직접적인 근로계약을 체결하지 않았음을 알 수 있는바, 이러한 경우에도 경기보조원인 B를 甲의 근로자로 볼 수 있는지 문제된다. 즉 제명처분의 효력 유무를 판단하기 위해서는 첫 번째로 B가 근로기준법상의 근로자인지 여부가 쟁점이 된다고 할 것이고, 만약 B와의 관계에서 사용종속관계가

인정된다면 두 번째로 甲의 제명처분이 부당해고인지가 쟁점이 된다.

## Ⅱ. B의 甲에 대한 근로기준법상 근로자성 인정 여부

### 1. 문제의 소재

근로기준법 제2조 1항 1호는 "근로자란 직업의 종류와 관계없이 임금을 목적으로 사업이나 사업장에 근로를 제공하는 자를 말한다"고 규정하고 있다. 즉 근로기준법상의 근로자란 임금을 목적으로 사용자의 지휘 · 명령을 받으면서 사용종속관계에서 노무를 제공하는 자를 말한다.

따라서 B가 甲의 근로자인지 여부를 판단하기 위해서는 B가 甲의 지휘 · 명령 하에 노무를 제공하는 자로서 사용종속관계가 인정되는지가 검토되어야 한다.

### 2. '사용종속관계'의 판단기준에 관한 판례의 태도

판례는 사용종속관계를 판단함에 있어 근로기준법상의 근로자에 해당하는지 여부는 계약의 형식이 고용계약인지 도급계약인지보다 그 실질에 있어 근로자가 사업 또는 사업장에 임금을 목적으로 종속적인 관계에서 사용자에게 근로를 제공하였는지 여부에 따라 판단하여야 하고 여기에서 "종속적인 관계가 있는지 여부는 업무 내용을 사용자가 정하고 취업규칙 또는 복무(인사)규정 등의 적용을 받으며 업무 수행 과정에서 사용자가 상당한 지휘 · 감독을 하는지, 사용자가 근무 시간과 근무 장소를 지정하고 근로자가 이에 구속을 받는지, 노무제공자가 스스로 비품 · 원자재나 작업도구 등을 소유하거나 제3자를 고용하여 업무를 대행하게 하는 등 독립하여 자신의 계산으로 사업을 영위할 수 있는지, 노무 제공을 통한 이윤의 창출과 손실의 초래 등 위험을 스스로 안고 있는지와, 보수의 성격이 근로 자체의 대상적 성격인지, 기본급이나 고정급이 정하여졌는지 및 근로소득세의 원천징수 여부 등 보수에 관한 사항, 근로제공 관계의 계속성과 사용자에 대한 전속성의 유무와 그 정도, 사회보장제도에 관한 법령에서 근로자로서 지위를 인정받는지 등의 경제적 · 사회적 여러 조건을 종합하여 판단하여야 한다. 다만, 기본급이나 고정급이 정하여졌는지, 근로소득세를 원천징수하였는지, 사회보장제도에 관하여 근로자로 인정받는지 등의 사정은 사용자가 경제적으로 우월한 지위를 이용하여 임의로 정할 여지가 크다는 점에서, 그러한 점들이 인정되지 않는다는 것만으로 근로자성을 쉽게 부정하여서는 안 된다(대법원 2006.12.7. 선고 2004다29736 판결 등 참조)"라고 판시하였다. 이러한 사용종속관계 판단기준을 적용하여 판례는 골프장 캐디에 대하여 "골프장에서 일하는 캐디는, ① 골프장 시설운영자와 사이에 근로계약·고용계약 등의 노무공급계약을 전혀 체결하고 있지 않고, ② 그 경기보조업무는 원래 골프장 측이 내장객에 대하여 당연히 제공하여야 하는 용역 제공이 아니어서 캐디에 의한 용역 제공이 골프장 시설운영에 있어서 필요불가결한 것이 아니며, ③ 내장객의 경기보조업무를 수행한 대가로 내장객으로부터 직접 캐디 피(caddie fee)라는 명목으로 봉사료만을 수령하고 있을 뿐 골프장 시설운용자로부터는 어떠한 금품도 지급받지 아니하고, ④ 골프장에서 용역을 제공함에 있어 그 순번의 정함은 있으나 근로시간의 정함이 없어 자신의 용역 제공을 마친 후에는 골프장 시설에서 곧바로 이탈할 수 있고, ⑤ 내장객의 감소 등으로 인하여 예정된 순번에 자신의 귀책사유 없이 용역 제공을 할 수 없게 되더라도 골프장 시설운용자가 캐디 피에 상응하는 금품이나 근기법 소정의 휴업수당을 전혀 지급하고 있지도 아니하며, ⑥ 내장객에 대한 업무 수행과정에서 골프장 시설운용자로부터 구체적이고 직접적인 지휘·감독을 받고 있지 않으며, ⑦ 근로소득세를 납부하고 있지 않고, ⑧ 내장객에 대한 경기보조업무 수행을 해태하여도 그 용역을 제공하는 순번이 맨 끝으로 배정되는 등의 사실상의 불이익을 받고 있을 뿐 달리 골프장 시설운용자가 캐디에 대하여 회사의 복무질서 위배 등을 이유로 한 징계처분을 하지 아니하는 등의 여러 사정을 종합하여 볼 때, 골프장 시설운영자에 대하여 사용종속관계 하에서 임금을 목적으로 근로를 제공하는 근기법 소정의 근로자로 볼 수 없다 할 것이다(대법원 2014.2.13. 선고 2011다78804 판결)"라고 판시하면서 골프장 운영주체와 경기보조원 사이의 사용종속관계를 부정하였다.

### 3. 사안의 적용

사안에서 B가 甲의 지시에 좇아 순번대로 경기보조업무를 수행하였고, 경기보조업무가 끝난 뒤 골프장 내 그린정비와 카트 청소 등의 업무를 하였다는 점에서 어느 정도 사용종속적인 관계에서 노무를 제공하였다고 볼 수 있다. 그러나 ① B의 경기보조업무라는 주된 노무제공의 상대방이 甲이 아닌 캐디피를 지급하는 이용객이라고 볼 수 있는 점, ② B와 甲 사이에 직접적인 근로계약이 체결되어 있지 않은 점, ③ B는 甲이 아닌 골프장 이용객으로부터 캐디피라는 명목의 봉사료만을 수령할 뿐 甲으로부터 어떠한 금품도 지급받지 않은 점 등으로 미루어 볼 때 사용종속관계가 있다고 보기 어렵다. 따라서 B는 근로기준법상의 근로자에 해당한다고 볼 수 없다.

## Ⅲ. 설문의 해결

따라서, B는 甲에 대하여 사용종속관계가 인정되는 근로자라고 할 수 없으므로, 2014.4.1.자 제명처분이 해고에 해당한다고 볼 수 없는바, 甲을 상대로 한 해고무효소송은 인용될 수 없다.

# [문제 02]의 해결 — 부당노동행위의 주체성

Ⅰ. 설문의 쟁점
Ⅱ. 경기보조원 B~H가 노조법상 근로자에 해당하는지 여부
Ⅲ. 甲의 노동조합 노동관계법상 사용자성 인정 여부
1. 문제의 소재 / 2. 판례의 태도 / 3. 사안의 적용
Ⅳ. 제명처분 및 출장유보처분이 부당노동행위에 해당하는지 여부
Ⅴ. 설문의 해결

## Ⅰ. 설문의 쟁점

설문에서 甲은 2014.3.1. 경기보조원 B에 대하여 '경기지연행위, 경기팀장에 대한 폭언 및 협박행위, 그린훼손행위 미신고' 등의 이유로 출장유보처분을 내렸고, 2014.4.1. 경기보조원 C~H가 B의 출장유보처분에 대하여 항의하면서 출장거부, 피케팅, 관리자의 횡포 등을 알리는 글을 게시하였다는 이유로 각 출장유보처분을 하고, 경기보조원 B에 대하여 제명처분을 하였다는 사실을 알 수 있다. 앞서 경기보조원은 근로기준법상 근로자에 해당하지 않는다는 사실을 알 수 있으나, 만약 경기보조원 B~H가 노동조합 및 노동관

계조정법상 근로자에 해당한다면 정당한 조합활동을 하였다는 이유로 甲으로부터 불이익한 처분을 받은 것이 되어 부당노동행위가 성립할 수 있다. 따라서 설문에서는 첫 번째로 경기보조원 B~H가 노동조합 및 노동관계조정법상 근로자에 해당하는지 살펴보아야 하고, 두 번째로 甲이 노동조합 및 노동관계조정법상 사용자에 해당하는지를 살펴보아야 하고, 세 번째로 제명처분 및 출장유보처분이 부당노동행위에 해당하는지 살펴야 한다.

## Ⅱ. 경기보조원 B~H가 노동조합 및 노동관계조정법상 근로자에 해당하는지 여부

### 1. 문제의 소재

노동조합 및 노동관계조정법 제2조 1호는 근로자란 "직업의 종류를 불문하고 임금·급료 기타 이에 준하는 수입에 의하여 생활하는 자"라고 규정하고 있다. 경기보조원은 근로기준법상 근로자에 해당하지 않으나, 노조법상의 근로자에 해당하는지 문제된다.

### 2. 판례의 태도

판례는 "근로기준법은 '현실적으로 근로를 제공하는 자에 대하여 국가의 관리·감독에 의한 직접적인 보호의 필요성이 있는가'라는 관점에서 개별적 노사관계를 규율할 목적으로 제정된 것인 반면에, 노동조합 및 노동관계조정법은 '노무공급자들 사이의 단결권 등을 보장해 줄 필요성이 있는가'라는 관점에서 집단적 노사관계를 규율할 목적으로 제정된 것으로 그 입법목적에 따라 근로자의 개념을 상이하게 정의하고 있는 점" 등을 근거로 노조법상 근로자는 "특정한 사용자에게 고용되어 현실적으로 취업하고 있는 자뿐만 아니라, 일시적으로 실업 상태에 있는 자나 구직 중인 자도 노동3권을 보장할 필요성이 있는 한 그 범위에 포함된다"고 판시(대법원 2004.2.27. 선고 2001두8568 판결)하고 있다.

### 3. 사안에의 적용

경기보조원 B~H는 甲과의 사이에 직접적인 근로계약관계가 존재하지 않는다고 하더라도, 甲이 정한 순번에 따라 경기보조원 B~H는 경기보조업무를 수행하고 그 대가로 캐디피를 받아 생활하는 자로서 노조법 제2조 1호의 '기타 이에 준하는 수입에 의하여 생활하는 자'에 해당된다고 보여진다.

## Ⅲ. 甲의 노동조합 및 노동관계조정법상 사용자성 인정 여부

### 1. 문제의 소재

노동조합 및 노동관계조정법 제81조는 부당노동행위의 주체로 '사용자'를 규정하고 있다. 그러나 위 '사용자'란 근로기준법에서 의미하는 사용자보다 더 넓은 의미로 해석되는 것이 일반적인데, 판례는 일찍부터 원청회사가 하청회사 근로자의 기본적인 노동조건 등에 실질적이고 구체적으로 지배·결정할 수 있는 지위에 있으면서, 노동조합의 조직 또는 운영을 해할 목적으로 지배하거나 개입하였다면 그 시정을 명하는 구제명령을 이행하여야 할 사용자에 해당한다는 취지로 판시하여 왔다(대법원 2010.3.25. 선고 2007두8881 판결 등). 다만, 사안의 경우와 같이 간접고용 등의 매개관계가 없는 골프장 운영회사와 경기보조원 사이에 위와 같은 법리를 직접 적용하는 것이 가능한지가 문제된다.

### 2. 판례의 태도

위와 유사한 사건에서 대법원은 "근로자의 기본적인 노동조건 등에 관하여 그 근로자를 고용한 사업주로서의 권한과 책임을 일정 부분 담당하고 있다고 볼 정도로 실질적이고 구체적으로 지배·결정할 수 있는 지위에 있는 자가, 노동조합을 조직 또는 운영하는 것을 지배하거나 이에 개입하는 등으로 노조법 제81조 제4호에서 정한 행위를 하였다면, 그 시정을 명하는 구제명령을 이행하여야 할 사용자에 해당한다(대법원 2010.3.25. 선고 2007두8881 판결 등 참조)"는 기존 판례를 인용하면서, "이 사건 골프장의 캐디인 원고들은 피고의 구체적인 지휘·감독에 따라 자신들의 노무제공을 하고 있고, 캐디들의 업무수행과정에 피고가 관여하는 정도가 커서 캐디들의 피고에 대한 업무의 종속성이 상당하며, 지역별 노조이자 그 조합원 자격으로 특정한 사용자에의 종속관계를 필요로 하지 않는, 즉 피고와 사이의 근로계약관계를 전제로 하지 않는 이 사건 노동조합의 정당한 조합원이고, 피고는 근기법상의 사용자가 아니어서 근기법에서 정한 의무를 부담하지는 않으나 노조법상의 사용자에 해당하므로 노조법에 따른 의무를 부담한다"고 판시하였다(대법원 2014.2.13. 선고 2011다78804 판결).

### 3. 사안의 적용

사안에서 甲은 乙노동조합의 조합원인 B~H에 대하여 직접적인 계약관계가 존재하지 않으므로 근로기준법상 사용자로 볼 수는 없으나, 경기보조원 B~H는 노조법상 근로자로 정당한 조합원이라 할 수 있으므로 甲은 노조법상의 사용자에 해당된다고 보이므로 노조법에 따른 의무를 부담한다고 할 것이다.

## Ⅳ. 제명처분 및 출장유보처분이 부당노동행위에 해당하는지 여부

### 1. 문제의 소재

노조법 제81조 1호는 "근로자가 노동조합에 가입 또는 가입하려고 하였거나 노동조합을 조직하려고 하였거나 기타 노동조합의 업무를 위한 정당한 행위를 한 것을 이유로 그 근로자를 해고하거나 그 근로자에게 불이익을 주는 행위"를 사용자가 할 수 없다고 규정하고 있다. 설문에서 甲이 행한 경기보조원 B~H에게 행한 제명처분 및 출장유보처분이 부당노동행위에 해당하는지 문제된다.

### 2. 판례의 태도

판례는 "사용자의 행위가 노조법이 정한 부당노동행위에 해당하는지 여부는 사용자의 부당노동행위 의사의 존재 여부를 추정할 수 있는 모든 사정을 전체적으로 심리 검토하여 종합적으로 판단하여야 하고, 부당노동행위에 대한 증명책임은 이를 주장하는 근로자 또는 노동조합에게 있으므로, 필요한 심리를 다하였어도 사용자에게 부당노동행위 의사가 존재하였는지 여부가 분명하지 아니하여 그 존재 여부를 확정할 수 없는 경우에는 그로 인한 위험이나 불이익은 그것을 주장한 근로자 또는 노동조합이 부담할 수밖에 없다. 이와 관련하여 사용자가 근로자에게 징계나 해고 등 기타 불이익한 처분을 하였지만 그에 관하여 심리한 결과 그 처분을 할 만한 정당한 사유가 있는 것으로 밝혀졌다면 사용자의 그와 같은 불이익한 처분이 부당노동행위 의사에 기인하여 이루어진 것이라고 섣불리 단정할 수 없다(대법원 2007.11.15. 선고 2005두4120 판결)"고 판시하고 있다.

### 3. 사안의 적용

경기보조원 B~H는 정당한 조합활동을 한 이유로 甲으로부터 제명처분 및 출장유보처분을 받았음을 알 수 있는 바 이는 부당노동행위에 해당된다고 보여진다.

## Ⅴ. 설문의 해결

B~H는 甲의 부당한 지휘·감독에 항의하는 차원에서 피케팅, 리본착용, 인터넷 게시판 항의글 게재 등의 활동을 한 것이며, 이는 乙노동조합의 정당한 조합활동의 일환으로 진행된 것이라고 할 것이다. 따라서 이를 원인으로 하는 甲의 처분은 乙노동조합에 대한 부당노동행위가 될 수 있으므로, 노동위원회에 부당노동행위 구제신청을 하는 것이 현재로서 가장 알맞은 구제절차에 해당한다고 판단된다.

【관련쟁점】

1. 판례는 근로기준법상 근로자 개념과 노조법상 근로자 개념을 어떠한 관점에 따라 판단하는가?
2. 대법원 2014.2.13. 선고 2011다78804 판결(골프장캐디의 근로자성)과

2004.2.27. 선고 2001두8568 판결(구직 중인 자의 근로성 문제)의 태도는 다른 것인가? 다르다면 어떠한 근거에서 다른 것인가?

【참고문헌】

김형배, 774~781면; 김희성(2), 60~69면; 임종률, 28~40면; 이철수 외 4인, 284~289면.

**【관련판례】**

○ 골프장 캐디의 근로자성

대법원 2014.2.13. 선고 2011다78804 판결

[1] 골프장에서 일하는 캐디는, ① 골프장 시설운영자와 근로계약·고용계약 등의 노무공급계약을 전혀 체결하고 있지 않고, ② 경기보조업무는 원래 골프장 측이 내장객에 대하여 당연히 제공하여야 하는 용역 제공이 아니어서 캐디에 의한 용역 제공이 골프장 시설운영에 있어서 필요불가결한 것이 아니며, ③ 내장객의 경기보조업무를 수행한 대가로 내장객으로부터 직접 캐디 피(caddiefee)라는 명목으로 봉사료만을 수령하고 있을 뿐 골프장 시설운용자로부터는 어떠한 금품도 지급받지 아니하고, ④ 골프장에서 용역을 제공하면서 순번의 정함은 있으나 근로시간의 정함이 없어 자신의 용역 제공을 마친 후에는 골프장 시설에서 곧바로 이탈할 수 있고, ⑤ 내장객의 감소 등으로 예정된 순번에 자신의 귀책사유 없이 용역 제공을 할 수 없게 되더라도 골프장시설운용자가 캐디 피에 상응하는 금품이나 근로기준법에서 정한 휴업수당을 전혀 지급하고 있지도 아니하며, ⑥ 내장객에 대한 업무 수행과정에서 골프장 시설운용자로부터 구체적이고 직접적인 지휘·감독을 받고 있지 않으며, ⑦ 근로소득세를 납부하고 있지 않고, ⑧ 내장객에 대한 경기보조업무 수행을 해태하여도 용역을 제공하는 순번이 맨 끝으로 배정되는 등의 사실상의 불이익을 받고 있을 뿐 달리 골프장 시설운용자가 캐디에 대하여 회사의 복무질서 위배 등을 이유로 한 징계처분을 하지 아니하는 등의 여러 사정을 종합하여 볼 때, 골프장 시설운영자에 대하여 사용종속관계 하에서 임금을 목적으로 근로를 제공하는 근로기준법상 근로자로 볼 수 없다.

[2] 사용자의 행위가 노동조합 및 노동관계조정법(이하 '노조법'이라 한다)에서 정한 부당노동행위에 해당한다는 점은 이를 주장하는 근로자 또는 노동조합이 증명하여야 하므로, 필요한 심리를 다하였어도 사용자에게 부당노동행위의사가 존재하였는지가 분명하지 아니하여 존재 여부를 확정할 수 없는 경우에는 그로 인한 위험이나 불이익은 이를 주장하는 근

로자 또는 노동조합이 부담할 수밖에 없다. 그리고 사용자가 근로자를 해고하면서 적법한 징계해고사유가 있어 징계해고한 이상 사용자가 근로자의 노동조합활동을 못마땅하게 여긴 흔적이 있다 하여 그 사유만으로 징계해고가 징계권 남용에 의한 노조법상의 부당노동행위에 해당한다고 단정할 것도 아니다.

[3] 골프장 캐디인 甲 등이 골프장을 운영하는 乙주식회사로부터 제명처분 등 징계를 받은 후 乙회사를 상대로 징계무효확인을 구한 사안에서, 甲등은 임금을 목적으로 사용종속적인 관계에서 乙회사에 근로를 제공하는 근로기준법상 근로자에 해당한다고 볼 수 없으나, 노동조합 및 노동관계조정법상 근로자성은 인정할 수 있다고 본 원심판단을 수긍한 사례.

[4] 근로자의 기본적인 노동조건 등에 관하여 근로자를 고용한 사업주로서 권한과 책임을 일정 부분 담당하고 있다고 볼 정도로 실질적이고 구체적으로 지배·결정할 수 있는 지위에 있는 자가, 노동조합을 조직 또는 운영하는 것을 지배하거나 이에 개입하는 등으로 노동조합 및 노동관계조정법 제81조 제4호에서 정한 행위를 하였다면, 그 시정을 명하는 구제명령을 이행하여야 할 사용자에 해당한다.

○ 노동조합 및 노동관계조정법상의 근로자

대법원 2004.2.27. 선고 2001두8568 판결

근로기준법은 '현실적으로 근로를 제공하는 자에 대하여 국가의 관리·감독에 의한 직접적인 보호의 필요성이 있는가'라는 관점에서 개별적 노사관계를 규율할 목적으로 제정된 것인 반면에, 노동조합 및 노동관계조정법(이하 '노조법'이라 한다)은 '노무공급자들 사이의 단결권 등을 보장해 줄 필요성이 있는가'라는 관점에서 집단적 노사관계를 규율할 목적으로 제정된 것으로 그 입법목적에 따라 근로자의 개념을 상이하게 정의하고 있는 점, 일정한 사용자에의 종속관계를 조합원의 자격요건으로 하는 기업별 노동조합의 경우와는 달리 산업별·직종별·지역별 노동조합 등의 경우에는 원래부터 일정한 사용자에의 종속관계를 조합원의 자격요건으로 하는 것이 아닌 점에 비추어, 노조법 제2조 제4호 (라)목 단서는 '기업별 노동조합'의 조합원이 사용자로부터 해고됨으로써 근로자성이 부인될 경우에 대비하여 마련된 규정으로서, 이와 같은 경우에만 한정적으로 적용되고, 원래부터 일정한 사용자에의 종속관계를 필요로 하지 않는 산업별·직종별·지역별 노동조합 등의 경우에까지 적용되는 것은 아닌 점 등을 근거로, 노조법 제2조 제1호 및 제4호 (라)목 본문에서 말하는 '근로자'에는 특정한 사용자에게 고용되어 현실적으로 취업하고 있는 자

뿐만 아니라, 일시적으로 실업 상태에 있는 자나 구직 중인 자도 노동3권을 보장할 필요성이 있는 한 그 범위에 포함되고, 따라서 지역별 노동조합의 성격을 가진 원고가 그 구성원으로 '구직 중인 여성 노동자'를 포함시키고 있다 하더라도, '구직 중인 여성 노동자' 역시 노조법상의 근로자에 해당하므로, 구직 중인 여성 노동자는 근로자가 아니라는 이유로 원고의 이 사건 노동조합설립신고를 반려한 이 사건 처분을 위법하다.

○ 부당노동행위

대법원 2007.11.15. 선고 2005두4120 판결

[1] 사용자의 행위가 노동조합 및 노동관계조정법에 정한 부당노동행위에 해당하는지 여부는 사용자의 부당노동행위 의사의 존재 여부를 추정할 수 있는 모든 사정을 전체적으로 심리 검토하여 종합적으로 판단하여야 하고, 부당노동행위에 대한 증명책임은 이를 주장하는 근로자 또는 노동조합에게 있으므로, 필요한 심리를 다하였어도 사용자에게 부당노동행위 의사가 존재하였는지 여부가 분명하지 아니하여 그 존재 여부를 확정할 수 없는 경우에는 그로 인한 위험이나 불이익은 그것을 주장한 근로자 또는 노동조합이 부담할 수밖에 없다. 이와 관련하여 사용자가 근로자에게 징계나 해고 등 기타 불이익한 처분을 하였지만 그에 관하여 심리한 결과 그 처분을 할 만한 정당한 사유가 있는 것으로 밝혀졌다면 사용자의 그와 같은 불이익한 처분이 부당노동행위 의사에 기인하여 이루어진 것이라고 섣불리 단정할 수 없다.

[2] 음주 · 무면허운전으로 집행유예를 선고받은 근로자에 대한 면직처분이 사회통념상 고용관계를 계속할 수 없을 정도로 근로자에게 책임 있는 사유가 발생한 경우에 해당한다고 보기 어려우므로 정당한 사유가 없어 위법하지만, 위 면직처분이 사용자의 부당노동행위 의사에 기인한 것이라는 점에 대해서는 증명이 부족하여 부당노동행위에는 해당하지 않는다고 본 사례.

# 판례색인

대법원 1969.1.21. 선고 68다2130 판결 ········· 503
대법원 1974.1.29. 선고 72다2565 판결 ········· 60
대법원 1975.6.24. 선고 74다1625, 1626 판결 ········· 25
대법원 1975.7.22. 선고 74다1840 판결 ········· 52, 62, 102
대법원 1978.2.28. 선고 77다2479 판결 ········· 60
대법원 1979.4.10. 선고 78다1753 판결 ········· 25
대법원 1985.10.8. 선고 85도1262 판결 ········· 91
대법원 1987.9.8. 선고 88다카1045 판결 ········· 105
대법원 1989.11.24. 선고 88다카25038 판결 ········· 107, 108
대법원 1990.4.23. 선고 90도2961 판결 ········· 413
대법원 1990.4.27. 선고 89다카7754 판결 ········· 82
대법원 1990.10.12. 선고 90도1431 판결 ········· 343
대법원 1990.10.23. 선고 89누3243 판결 ········· 261, 265
대법원 1990.11.23. 선고 90다카21589 판결 ········· 181, 214
대법원 1990.12.7. 선고 90다카19647 판결 ········· 74
대법원 1990.12.26. 선고 90다카12493 판결 ········· 94, 98
대법원 1991.1.25. 선고 90누4952 판결 ········· 262, 265
대법원 1991.1.29. 선고 90도2852 판결 ········· 336
대법원 1991.3.27. 선고 90다카25420 판결 ········· 173, 177
대법원 1991.4.23. 선고 90누7658 판결 ········· 279
대법원 1991.6.11. 선고 91도383 판결 ········· 342
대법원 1991.7.9. 선고 90다8077 판결 ········· 183, 185, 191
대법원 1991.11.12. 선고 91누4164 판결 ········· 282
대법원 1991.12.10. 선고 91누636 판결 ········· 433, 436
대법원 1991.12.24. 선고 90다12991 판결 ········· 185
대법원 1991.12.24. 선고 91누2762판결 ········· 476
대법원 1992.1.21. 선고 91누5204 판결 ········· 167, 190, 192, 307, 309
대법원 1992.2.25. 선고 91다25055 판결 ········· 73
대법원 1992.2.25. 선고 91다26232 판결 ········· 60
대법원 1992.2.28. 선고 91누9572 판결 ········· 501, 505
대법원 1992.4.10. 선고 91도3044 판결 ········· 278
대법원 1992.5.12. 선고 91다27518 판결 ········· 181, 185, 214
대법원 1992.6.26. 선고 92도674 판결 ········· 18
대법원 1992.7.14. 선고 91다43800 판결 ········· 444, 445, 447, 266
대법원 1992.7.14. 선고 92다3230 판결 ········· 502, 505

대법원 1992.9.22. 선고 91다36123 판결 ……… 183, 198
대법원 1992.10.12. 선고 92다43586 판결 ……… 477
대법원 1992.12.22. 선고 91다45165 전원합의체 판결 ……… 82, 85
대법원 1993.1.26. 선고 92누8200 판결 ……… 163
대법원 1993.1.26. 선고 92다11695 판결 ……… 161, 162, 163, 166
대법원 1993.4.27. 선고 91누12257 전원합의체 판결 ……… 351, 352, 394, 396
대법원 1993.5.14. 선고 93다1893 판결 ……… 70, 73, 78, 83
대법원 1993.5.27. 선고 92다20316 판결 ……… 91
대법원 1993.6.8. 선고 92다42354 판결 ……… 466
대법원 1993.7.13. 선고 93다3721 판결 ……… 144
대법원 1993.8.24. 선고 92다34926 판결 ……… 289
대법원 1993.9.28. 선고 91다30620 판결 ……… 363
대법원 1993.10.12. 선고 92다43586 판결 ……… 215, 218
대법원 1993.10.26. 선고 92다54210 판결 ……… 144, 147, 223, 227
대법원 1993.12.21. 선고 93누5796 판결 ……… 124, 128
대법원 1993.12.21. 선고 93다11463 판결 ……… 35, 423, 428
대법원 1994.1.11. 선고 93다17843 판결 ……… 20
대법원 1994.2.8. 선고 92다893 판결 ……… 165
대법원 1994.2.22. 선고 92누14502 판결 ……… 274
대법원 1994.2.22. 선고 93도613 판결 ……… 278, 284
대법원 1994.6.14. 선고 93다29167 판결 ……… 433, 436
대법원 1994.6.24. 선고 92다28556 판결 ……… 140, 142, 145
대법원 1994.6.28. 선고 93다33173 판결 ……… 204, 209
대법원 1994.9.30. 선고 94다4042 판결 ……… 278, 283
대법원 1994.12.9. 선고 94다22859 판결 ……… 17
대법원 1995.2.10. 선고 94다19228 판결 ……… 124, 128
대법원 1995.3.10. 선고 94다18072 판결 ……… 83
대법원 1995.3.24. 선고 94다42082 판결 ……… 144
대법원 1995.4.11. 선고 94다58087 판결 ……… 270, 273
대법원 1995.7.11. 선고 93다26168 전원합의체 판결 ……… 21, 25
대법원 1995.10.12. 선고 94다36186 판결 ……… 56, 103
대법원 1995.10.13. 선고 94다52928 판결 ……… 165
대법원 1995.12.5. 선고 95누12347 판결 ……… 134, 136
대법원 1995.12.5. 선고 95다36138 판결 ……… 186, 199, 200
대법원 1995.12.26. 선고 95다41659 판결 ……… 206
대법원 1996.2.9. 선고 94다19501 판결 ……… 94, 98
대법원 1996.4.26. 선고 95누1972 판결 ……… 162
대법원 1996.8.29. 선고 95다5783 전원합의체 판결 ……… 134, 136
대법원 1996.10.25. 선고 96다5346 판결 ……… 53
대법원 1996.12.6. 선고 95다13104 판결 ……… 50
대법원 1996.12.6. 선고 95다24944, 24951 판결 ……… 55, 60, 61, 64

대법원 1996.12.6. 선고 95다24951 판결 ……… 50
대법원 1996.12.20. 선고 95다52222 판결 ……… 50
대법원 1997.2.11. 선고 96누2125판결 ……… 264
대법원 1997.3.25. 선고 96다4930 판결 ……… 511, 516
대법원 1997.3.28. 선고 96누4220 판결 ……… 511
대법원 1997.5.7. 선고 96누2057 판결 ……… 466
대법원 1997.5.16. 선고 96다2507 판결 ……… 79, 84
대법원 1997.7.8. 선고 96누5087 판결 ……… 134
대법원 1997.7.22. 선고 97다18165, 18172 판결 ……… 164, 165
대법원 1997.9.12. 선고 97누7165 판결 ……… 278
대법원 1997.10.10. 선고 97누5732 판결 ……… 362
대법원 1998.1.20. 선고 97도588 판결 ……… 521, 523
대법원 1998.1.23. 선고 97다42489 판결 ……… 20, 134
대법원 1998.3.24. 선고 96누16070 판결 ……… 349, 353
대법원 1998.4.24. 선고 97다28421 판결 ……… 98
대법원 1998.5.8. 선고 97누7448 판결 ……… 35
대법원 1998.5.22. 선고 97누8076 판결 ……… 319, 322, 484
대법원 1999.3.26. 선고 98두4672 판결 ……… 126, 129
대법원 1999.9.3. 선고 98두18848 판결 ……… 223, 227
대법원 1999.11.12. 선고 98다49357 판결 ……… 115, 119
대법원 1999.12.10. 선고 99두6927 판결 ……… 531, 535
대법원 2000.1.14. 선고 97다41349 판결 ……… 272, 274
대법원 2000.4.11. 선고 99두2963 판결 ……… 167, 190, 192, 467, 469
대법원 2000.5.26. 선고 98다34331 판결 ……… 308, 311
대법원 2000.5.26. 선고 99도4836 판결 ……… 416
대법원 2000.6.9. 선고 98다13747 판결 ……… 379, 382
대법원 2000.6.23. 선고 98다54960 판결 ……… 129, 132, 183, 184
대법원 2000.9.29. 선고 99다67536 판결 ……… 378, 381, 386, 388, 389, 393, 395
대법원 2000.11.28. 선고 2000다51476 판결 ……… 41, 42, 45
대법원 2000.11.28. 선고 99도317 판결 ……… 441, 446, 512, 514, 516, 517
대법원 2001.1.5. 선고 99다70846 판결 ……… 207
대법원 2001.2.23. 선고 2000도4299 판결 ……… 327, 330, 400, 404, 522, 526
대법원 2001.4.24 선고 99도4893 판결 ……… 338
대법원 2001.4.24. 선고 2000두7988 판결 ……… 133
대법원 2001.4.24. 선고 99도4893 판결 ……… 405, 456
대법원 2001.5.29. 선고 2001다15422, 15439 판결 ……… 95
대법원 2001.6.26. 선고 2000도2871 판결 ……… 454, 457
대법원 2001.7.27. 선고 99두2680 판결 ……… 204, 208
대법원 2001.10.23. 선고 2001다25184 판결 ……… 53, 62, 107, 109
대법원 2001.10.25. 선고 99도4837 전원합의체 판결 ……… 340, 343, 410, 411, 413, 416, 521, 523

대법원 2002.2.26. 선고 99도5380 판결 ……… 296, 301, 328, 329, 330, 332, 403, 405, 456, 524
대법원 2002.4.12. 선고 2001다41384 판결 ……… 386
대법원 2002.5.28. 선고 2001두10455 판결 ……… 181
대법원 2002.8.27. 선고 2001다79457 판결 ……… 381
대법원 2002.9.6. 선고 2002다29442 판결 ……… 104
대법원 2002.12.10. 선고 2000다25910 판결 ……… 41
대법원 2003.2.11. 선고 2000도4169 판결 ……… 332, 524
대법원 2003.2.28. 선고 2002도5881 판결 ……… 332, 524
대법원 2003.3.14. 선고 2002도5883 판결 ……… 332, 524
대법원 2003.3.28. 선고 2002도6060 판결 ……… 332, 524
대법원 2003.5.16. 선고 2001다54977 판결 ……… 104
대법원 2003.7.22. 선고 2002도7225 판결 ……… 256, 338, 342, 524
대법원 2003.9.23. 선고 2003두3420 판결 ……… 28, 29, 31, 34
대법원 2003.9.26. 선고 2002다64681 판결 ……… 506
대법원 2003.10.23. 선고 2003다7388 판결 ……… 55, 64
대법원 2003.11.13. 선고 2003도687 판결 ……… 336
대법원 2003.11.13. 선고 2003두4119 판결 ……… 152
대법원 2003.11.14. 선고 2001다18322 판결 ……… 73, 79, 84
대법원 2003.12.26. 선고 2001도1863 판결 ……… 413
대법원 2003.12.26. 선고 2003두8906 판결 ……… 336
대법원 2004.2.12. 선고 2001다63599 판결 ……… 126
대법원 2004.2.27. 선고 2001두8568 판결 ……… 255, 463, 534, 535, 543, 546, 548
대법원 2004.4.28. 선고 2001다53875 판결 ……… 54, 60, 64
대법원 2004.5.14. 선고 2002다23185 판결 ……… 71
대법원 2004.5.14. 선고 2002다23185, 23192 판결 ……… 73, 209, 349
대법원 2004.9.24. 선고 2004도4641 판결 ……… 401, 405
대법원 2005.2.18. 선고 2003다63029 판결 ……… 171, 175
대법원 2005.4.14. 선고 2004도1108 판결 ……… 531, 535
대법원 2005.5.12. 선고 2003다52456 판결 ……… 73
대법원 2005.5.26. 선고 99도4836 판결 ……… 410
대법원 2005.7.8. 선고 2002두8640 판결 ……… 235
대법원 2005.11.10. 선고 2005다21494 판결 ……… 141, 142
대법원 2006.1.12. 선고 2005두9873 판결 ……… 162
대법원 2006.1.26. 선고 2003다69393 판결 ……… 153, 156, 157, 158
대법원 2006.2.24. 선고 2005도8606 판결 ……… 307, 310, 316, 370, 373
대법원 2006.2.24. 선고 2005두5673 판결 ……… 235
대법원 2006.8.25. 선고 2006두5151 판결 ……… 170, 174
대법원 2006.9.8. 선고 2006도388 판결 ……… 322, 486, 488
대법원 2006.10.26. 선고 2004다11070 판결 ……… 320, 323, 371, 374
대법원 2006.10.27. 선고 2004다12240 판결 ……… 515

대법원 2006.11.23. 선고 2006다48069 판결 ……… 173, 176
대법원 2006.12.7. 선고 2004다29736 판결 ……… 17, 18, 23, 24, 541
대법원 2007.2.23. 선고 2005다3991 판결 ……… 171, 175
대법원 2007.3.30. 선고 2004다8333 판결 ……… 56
대법원 2007.5.31. 선고 2007두1460 판결 ……… 170, 172, 173, 175, 176
대법원 2007.9.6. 선고 2005두8788 판결 ……… 290, 291, 361, 364
대법원 2007.9.7. 선고 2005두16901 판결 ……… 225, 228
대법원 2007.10.25. 선고 2007두2067 판결 ……… 223, 227
대법원 2007.11.15. 선고 2005두4120 판결 ……… 546, 549
대법원 2007.12.28. 선고 2007도5204 판결 ……… 309, 311, 443, 447
대법원 2008.2.29. 선고 2007다85997 판결 ……… 49, 54, 71, 74, 146
대법원 2008.10.9. 선고 2007두15506 판결 ……… 496, 497
대법원 2008.10.9. 선고 2008다41666 판결 ……… 113, 118
대법원 2008.10.23. 선고 2006다37274 판결 ……… 55, 64
대법원 2008.11.13. 선고 2008도4831 판결 ……… 441, 446, 515, 517
대법원 2009.2.12. 선고 2007다62840 판결 ……… 223, 227
대법원 2009.5.28. 선고 2006다17287 판결 ……… 116, 120
대법원 2009.5.28. 선고 2007두979 판결 ……… 184
대법원 2009.5.28. 선고 2009두2238 판결 ……… 72, 74, 141, 147
대법원 2009.6.23. 선고 2007두12859 판결 ……… 403, 406, 526
대법원 2009.12.24. 선고 2007다73277 판결 ……… 435, 437
대법원 2010.1.14. 선고 2009두6605 판결 ……… 197, 200
대법원 2010.1.28. 선고 2009다32362 판결 ……… 84, 209
대법원 2010.3.25. 선고 2007두8881 판결 ……… 33, 35, 317, 321, 368, 372, 424, 428, 473, 478, 544
대법원 2010.4.15. 선고 2009다99396 판결 ……… 116, 119
대법원 2010.5.13. 선고 2008다6052 판결 ……… 233, 237
대법원 2010.5.20. 선고 2007다90760 전원합의체 판결 ……… 56, 62, 65
대법원 2010.7.15. 선고 2008다33399 판결 ……… 435, 436
대법원 2011.1.27. 선고 2010도11030 판결 ……… 452, 456
대법원 2011.2.24. 선고 2008다29123 판결 ……… 501, 504
대법원 2011.3.10. 선고 2010다13282 판결 ……… 477, 478, 493, 494, 496
대법원 2011.3.17. 선고 2007도482 전원합의체 판결 ……… 414, 417
대법원 2011.4.14, 선고 2009다35040 판결 ……… 21
대법원 2011.7.14. 선고 2011다23149 판결 ……… 217, 219
대법원 2011.7.28. 선고 2009두2665 판결 ……… 226, 228
대법원 2011.8.25. 선고 2010다63393 판결 ……… 97
대법원 2011.9.8. 선고 2008두13873 판결 ……… 254, 256, 462, 468
대법원 2011.10.27. 선고 2007나72327 판결 ……… 191
대법원 2011.10.27. 선고 2010두17205 판결 ……… 236, 237
대법원 2011.10.27. 선고 2011다42324 판결 ……… 133, 135, 193

대법원 2011.12.22. 선고 2010두3237 판결 ……… 244, 246
대법원 2012.3.29. 선고 2011두2132 판결 ……… 242, 423, 245
대법원 2012.5.10. 선고 2011다45217 판결 ……… 208
대법원 2012.6.28. 선고 2010다38007 판결 ……… 296, 302
대법원 2012.7.26. 선고 2011다6106 판결 ……… 91
대법원 2013.1.10. 선고 2011도15497 판결 ……… 280, 284, 319, 322, 484, 487
대법원 2013.2.15. 선고 2010두20362 판결 ……… 524, 526
대법원 2013.12.18. 선고 2012다89399 전원합의체 판결 ……… 91, 94, 96, 98
대법원 2014.2.13. 선고 2011다78804 판결 ……… 541, 545, 546, 547
대법원 2014.2.13. 선고 2011다86287 판결 ……… 295, 300
대법원 2014.3.27. 선고 2011두20406 판결 ……… 298, 299, 303

서울고등법원 1993.1.29. 선고 92구6411, 17664 판결 ……… 501
서울고등법원 1995.1.19. 선고 94구6378 판결 ……… 182

헌재결 1995.7.21, 94헌바27, 29 ……… 103
헌재결 1998.6.25, 96헌바27 ……… 103
헌재결 1998.6.25, 96헌바27 ……… 52
헌재결 2008.7.31, 2004헌바9 ……… 264

# 사항색인


[ㄱ]
감시 · 단속적 근로 233
강행법규 95
갱신기대권 221, 225, 234
결과발생 280
경영권 337, 524
경영권사항 327
경영상 이유에 의한 해고 41, 149
경영상 해고 452
경영에 관한 사항 523
계속근로 22, 25
계속된 차별적 처우 244
계약갱신거절 20
계약설 126
고용승계배제특약 203, 204
고용안정협약 293, 295, 297
고유권설 126
고정성 91
공로보상설 104
구제명령의 내용과 효력 427
구제명령의 이행 370
구직 중인 자 463
규범적 부분 379
그 사업의 근로자에 관한 사항에 대하여 사업주를 위하여 행동하는 자 461
근로계약 358
근로계약과 근로관계 46
근로계약관계의 전속성 161
근로계약기간 221
근로계약상「사용자」 29
근로관계 자동소멸사유 222
근로관계의 성립 37
근로관계의 승계 203
근로기준법상 근로자 15, 23
근로기준법상 근로자성 539
근로기준법상 사용자 26
근로기준법상 근로자 18, 540
근로의 대상 217
근로자 과반수의 동의 79
근로자 아닌 자 462
근로자 251
근로자개념의 정의 18
근로자의 구체적 개별적 동의 161
근로자의 손해배상책임의 범위 105
근로자집단의 동의 75
근로조건의 명시 357
근무시간 중 조합활동 278
기간제근로자 242

[ㄴ]
노동위원회 구제신청 281
노동조합 대표자의 단체교섭체결권 352
노동조합 및 노동관계조정법상 근로자 543
노동조합 및 노동관계조정법상 사용자 32, 316
노동조합의 동의 78
노동조합대표자의 단체협약체결권 394
노동조합의 소극적 요건(해고근로자의 조합원 자격) 532
노동조합의 소극적 요건 248, 458, 460
노조법상 근로자 543
노조전임자 269
노조전임자의 의의 269

[ㄷ]
단체교섭 거부 306, 369, 465
단체교섭 당사자 325
단체교섭 응낙의무 368
단체교섭사항 316
단체교섭의 거부 304, 313

단체교섭의 당사자 324
단체교섭의 대상 298, 324, 327, 333, 336, 337
단체교섭의 대상 451
단체협약 불이익변경의 합리성 판단기준 388
단체협약상 해고합의(동의)조항 289
단체협약의 불이익변경 385, 392
단체협약의 성립요건 377
단체협약의 여후효 378
단체협약의 인사협의(합의)조항 296
단체협약의 일반적 구속력 349, 350, 530
단체협약의 해석 293, 296
단체협약의 효력 288
당연퇴직 처분 172
당연퇴직 144
당연퇴직의 법률적 성격 147
대기발령 170
대체근로금지 440
대항행위로 308
동의를 얻지 못한 취업규칙의 효력 81
동의의 방법 141
동의의 주체 141
동의의 주체가 되는 근로자집단의 범위 49, 71
동종의 근로자 531

[ㅁ]
명절상여금 92
묵시적 근로계약관계 29
민사상 구제 282, 320

[ㅂ]
법규범설 126
법외노조 260
법인격부인의 법리 30
법적 구제수단 319
부당노동행위 구제신청 262
부당노동행위 구제절차 426
부당노동행위 315, 318, 458, 464, 467, 483
부당노동행위의 유형 425
부당노동행위의 주체 424
부당노동행위의 주체로서의 '사용자' 473
부당노동행위의 주체성 542
부당노동행위의사 279
부당노동행위제도 423
부당해고 구제신청의 구제이익 134
부당해고 213
부당해고구제신청의 17
불법행위 214
불법행위에 의한 손해배상책임 492
불법행위책임 476
불이익 처우 485
불이익변경에 대한 근로자 동의의 방식 71
불이익변경의 의미 140
불이익변경의 판단기준 70, 77
비교대상 근로자의 확정 242

[ㅅ]
사실상 기간의 정함이 없는 근로계약 224, 234
사용자 253, 424
사용자개념의 확장 317
사용자의 언론의 자유 318
사용자의 언론활동 483
사용자의 이익대표자 465
사용자의 인사권 165
사용종속관계 18, 540
사용종속관계의 판단기준 540
사전협의절차의무 153
사회통념상 합리성 이론 80
상계 53, 106
상대적 무효 82
서면통지의무 위반 191
설립신고서의 반려 또는 보완지시 261
소수 노조의 단체교섭권 350
시기변경권 510
시말서 제출명령 197
시설관리권 278
신의칙 위반 95
신의칙 95
실업 상태에 있는 자 463
실질적인 근로관계 21

[ㅇ]
언론의 자유 318
여후효 375
연장근로 신청 거부 485

연장근로 123, 485
연장근로의 거부 124
연차유급휴가 시기지정권 510
연차유급휴가 510
연차휴가 110, 112
영업양도 시 근로조건 결정 206
영업양도 203
원칙승계설 204
위력에 의한 업무방해죄 413
위법한 직무상 명령 위반 196
위약예정금지 46, 50, 59, 103
위장폐업 476, 492
유니언 숍 345, 349
일률성 91
임금 216
임금에 대한 상계계약의 유효성 62
임금전액지급원칙 52, 107
임금후불설 102

**[ㅈ]**
자동연장 규정 379
자동연장조항 288
재고용의무 149, 154
재고용의무의 인정요건 156
재고용의무의 제도적 취지 155
쟁의행위 목적의 정당성 523
쟁의행위 찬반투표 410
쟁의행위 333
쟁의행위기간 중 대체근로의 제한 513
쟁의행위와 업무방해죄 412
쟁의행위의 기본원칙 442
쟁의행위의 목적 523
쟁의행위의 목적의 정당성 335, 336, 402
쟁의행위의 업무저해성 413
쟁의행위의 위력성 413
쟁의행위의 절차적 정당성 409, 410
쟁의행위의 정당성 기준 336
쟁의행위의 정당성 409
쟁의행위의 주체 및 절차의 정당성 400
쟁의행위의 주체 521
쟁의행위의 주체의 정당성 521
전근 164, 187
전근명령의 정당성 요건 164
전근명령의 정당성 163
전보 164
전보명령 189
전적 161
전적명령의 정당성 160
전적의 의의 161
전적의 정당성 요건 161
전직 189
전직명령의 정당성 189
전출 121
절대적 무효설 82
절차 보완 후 재징계 199
정기상여금 92
정기성 91
정당한 이유에 181
정리해고계획의 성질 337
정리해고의 요건 152
정리해고의 정당성 판단기준 152
정리해고의 정당성 151
정리해고의 효력 299
정직기간 113
제척기간의 기산점 244
조업계속의 자유 440
조정결정 454
조정전치주의 454
조합비 일괄공제조항 379
조합운영의 민주성 271
조합원 찬반투표의 범위 401
조합원의 찬반투표 340
조합활동의 정당성 277, 500
준법투쟁 433
지배 · 개입 280, 313, 318, 426, 474, 495
지배 · 개입의사 280
지부 · 분회의 단체교섭권 325
직위해제 170
직장점거의 정당성 341
직장폐쇄의 정당성 판단기준 308
직장폐쇄의 정당성 304, 308
진출 124
징계 187
징계권 126

징계권의 근거 132
징계양정 180
징계의 효력 198
징계절차상 하자 183, 196, 198
징계절차의 하자 191
징계처분의 유효성 502
징계해고 213, 214

**[ㅊ]**
차별적 처우의 '합리적 이유' 242
차별적 취급 241
채무적 부분 379
채용 514
채용내정 취소 40
채용내정 37
채용내정의 의의 40
채용내정의 취소 42
취업규칙 불이익변경의 판단기준 73
취업규칙 121
취업규칙의 불이익변경 46, 69, 75, 139
취업규칙의 불이익변경의 유효성 76
취업규칙의 의의 139
취업규칙의 주지 126
취업규칙의 효력 126

**[ㅌ]**
통상임금 90, 117
통상임금에 관한 노사합의의 효력 93
통상임금의 의의 90
통상임금의 판단기준 90
퇴직금감액의 적법성 102
퇴직금의 법적 성격 503
퇴직금의 법적 성질 52, 102
퇴직금지급청구 21
퇴직통보 143

**[ㅍ]**
파업기간 중의 근로관계 434
평균임금 산정에 포함되는 임금 216
평균임금을 산정할 수 없는 경우 114, 115
평균임금의 산정 211
평균임금의 산정방법 110
포괄임금제 232
포괄적 사전동의 162
피케팅(Picketing)의 정당성 444

**[ㅎ]**
항상 사용자의 이익을 대표하여 행동하는 자 461
해고근로자 533
해고기간 중의 임금지급 494
해고예고 133
해고예고규정 44
해고예고수당 44
해고의 서면통지의무 132
해고의 의의 143
해고의 정당성 143
해고의무 349
해고절차 132
해고제한의 법리 180
해고합의 조항 360
행정적 구제 319
협약자치의 원칙 385
형사적 제재 320
형사제재 281

## [저 자 약 력]


### 김희성(金熙聲)

고려대학교 법과대학 졸업, 동 대학원 졸업(법학박사)
사법시험, 행정고등고시, 공인노무사시험, 경영지도사시험, 사회복지사시험 위원 등 역임
현 강원대학교 법학전문대학원 교수
산업재해보상보험재심사위원회 위원, (사)한국비교노동법학회 부회장, (사)노동법이론실무학회 부회장

**저서 · 논문**
「객관식 노동법(1, 2)」, 공저, 신조사, 2014.
「노동사회의 변화와 노동법」, 한국학술정보(주), 2007
「집단적 노사관계법 -이론과 판례 -」, 지인북스, 2011.3
통상임금에 관한 법적 문제점과 개선방안
등 논문 다수

### 김기용

국민대학교 법과대학 졸업
서울대학교 대학원 석사과정(수료)
강원대학교 법학전문대학원 졸업
법무법인 서해 소속변호사
현 로암법률사무소 변호사



제 2 판
**노동법연습**

2014년 2월 28일 초 판 제 1 쇄발행
2015년 4월 20일 제 2 판 제 2 쇄인쇄
2015년 4월 30일 제 2 판 제 2 쇄발행

공저자와 협의하여 인지첩부를 생략함

공저자 김 희 성 · 김 기 용
발행인 이 명 재 · 이 종 은
발행처 **신 조 사**
서울특별시 마포구 독막로 295 삼부골든타워 212호
전화 (02) 713-0402 FAX (02) 713-0403
등록 1994. 7. 4, 제17-179호(윤)
E-mail: sinjosa@sinjosa.co.kr http: //www.sinjosa.co.kr





**정가 35,000원** **ISBN 978-89-92841-96-2**